AF829873

Die besonderen Therapierichtungen und der Neutralitäts- und Objektivitätsanspruch des Staates

Schriften zum deutschen und europäischen Recht der Arbeit und der Sozialen Sicherheit

Herausgegeben von
Stefan Greiner, Gregor Thüsing und Raimund Waltermann

Band 18

PETER LANG

Mathias Benedix

Die besonderen Therapierichtungen und der Neutralitäts- und Objektivitätsanspruch des Staates

PETER LANG

Bibliografische Information der Deutschen Nationalbibliothek
Die Deutsche Nationalbibliothek verzeichnet diese Publikation in der Deutschen Nationalbibliografie; detaillierte bibliografische Daten sind im Internet über http://dnb.d-nb.de abrufbar.

Zugl.: Bonn, Univ., Diss., 2016

D 5
ISSN 1861-678X
ISBN 978-3-631-72885-7 (Print)
E-ISBN 978-3-631-72886-4 (E-PDF)
E-ISBN 978-3-631-72887-1 (EPUB)
E-ISBN 978-3-631-72888-8 (MOBI)
DOI 10.3726/b11451

© Peter Lang GmbH
Internationaler Verlag der Wissenschaften
Frankfurt am Main 2017
Alle Rechte vorbehalten.

Peter Lang – Frankfurt am Main · Bern · Bruxelles · New York · Oxford · Warszawa · Wien

Das Werk einschließlich aller seiner Teile ist urheberrechtlich geschützt. Jede Verwertung außerhalb der engen Grenzen des Urheberrechtsgesetzes ist ohne Zustimmung des Verlages unzulässig und strafbar. Das gilt insbesondere für Vervielfältigungen, Übersetzungen, Mikroverfilmungen und die Einspeicherung und Verarbeitung in elektronischen Systemen.

Diese Publikation wurde begutachtet.

www.peterlang.com

Vorwort

Die vorliegende Arbeit wurde von der Rechts- und Staatswissenschaftlichen Fakultät der Rheinischen Friedrich-Wilhelms-Universität Bonn im Sommersemester 2016 als Dissertation angenommen. Literatur und Rechtsprechung sind bis Anfang 2016 berücksichtigt.

Ich bedanke mich zunächst bei meinem Doktorvater, Prof. Dr. Stefan Greiner, für die hervorragende und umfassende Betreuung und Unterstützung. Zudem bedanke ich mich bei Prof. Dr. Raimund Waltermann, der das Zweitgutachten erstellt hat.

Ebenfalls bedanke ich mich bei der Gesellschaft zur Förderung der sozialrechtlichen Forschung e.V. für die Auszeichnung mit dem Förderpreis 2017, insbesondere bei den Jury-Mitgliedern Prof. Dr. Dr. h.c. Ulrich Preis und Prof. Dr. Ulrich Becker. Ferner danke ich den Herausgebern der Bonner Schriftenreihe zum deutschen und europäischen Recht der Arbeit und der Sozialen Sicherheit.

Mein besonderer Dank gilt meiner Mutter, Dagmar Benedix, die mich bei der Erstellung der Dissertation und meinem gesamten Bildungsweg vollumfänglich unterstützt hat.

Auch wenn die Dissertation die Problematik der Alternativmedizin aus juristischer Perspektive betrachtet, ist ein Abgleich mit der medizinischen Praxis doch hilfreich und nötig. Hierfür möchte ich mich insbesondere bei Esther Heck und Niklas Benedix bedanken.

Schließlich gilt mein Dank auch meinen verstorbenen Großeltern, Rosemarie und Dr. Hermann Richard Busch, deren sehr unterschiedliche Blickwinkel zum Thema Alternativmedizin mich zur Wahl des Dissertationsthemas inspiriert haben.

Düsseldorf, im Mai 2017 — Mathias Benedix

Inhaltsverzeichnis

Einleitung

A. Einführung in die Thematik

Die Regelungen des Medizin- und Krankenversicherungsrechts sind im Grundsatz auf Therapieformen und Behandlungsmethoden ausgerichtet, die von rein rationalen Erwägungen geleitet werden und die sich am Maßstab der Naturwissenschaften überprüfen lassen: die sogenannte Schulmedizin. Da diese Regelungen für „alternative“ Heilmethoden als unangemessen empfunden wurden, hat der Gesetzgeber insbesondere mit dem AMG 1976 und dem SGB V Sonderregelungen für einige Heilkonzepte geschaffen, die den Grundsätzen der Schulmedizin nicht entsprechen. In Abgrenzung zur Schulmedizin als der „allgemeinen“ Therapierichtung[1] bezeichnet das Gesetz diese als „besondere“ Therapierichtungen. Verstanden wird dies als Ausdruck der weltanschaulichen Neutralität des Staates, der für einen so grundrechtsrelevanten Bereich wie die Krankenversorgung nicht einseitig auf naturwissenschaftlich ausgelegte und begründete Therapien verweisen soll.[2]

Ausdrücklich zählt das Gesetz Homöopathie, anthroposophische Medizin und Phytotherapie als besondere Therapierichtungen auf (§ 34 III 2 SGB V, § 25 VI 6 AMG). Innerhalb der Ärzteschaft sind gerade Homöopathie und anthroposophische Medizin umstritten. Besonders intensiv wird die Diskussion um die Wirksamkeit der Homöopathie geführt. Die anthroposophische Medizin steht angesichts ihres geringeren Verbreitungsgrades weniger im Zentrum der Diskussion; Schulmediziner, die sich mit ihr befassen, kritisieren sie jedoch umso vehementer.

Ausgetragen wird die Diskussion aber nicht nur im Bereich der Medizin selbst. Mit anderen Mitteln setzt sich der Konflikt in der politischen und schließlich auch in der juristischen Diskussion fort. Oft stößt die Rechtswissenschaft jedoch bei der Beurteilung bestimmter Fragestellungen – wie der Frage nach der Wirksamkeit homöopathischer Methoden – an ihre Grenzen. Derartige Grundfragen lassen sich juristisch nicht klären; die Rechtswissenschaft muss die Erkenntnisse der Medizin als gegeben hinnehmen. Der Politik verbleibt ein Spielraum hinsichtlich der Rechtsfolgen; Tatsachenfragen wie die nach der Wirksamkeit muss aber auch sie letztlich der medizinischen Wissenschaft überlassen.

Eine zentrale Frage im Recht der Alternativmedizin ist, wessen Auffassung letztlich für die Bewertung grundlegender Kriterien wie Wirksamkeit, Geeignetheit oder Unbedenklichkeit ausschlaggebend ist. Die Vertreter verschiedener alternativmedizinischer Strömungen nehmen für sich in Anspruch, in gleichem oder ähnlichem Maße „wissenschaftlich“ zu sein wie die Schulmedizin. Daher dürften die Kriterien der Schulmedizin nicht allein maßgeblich sein. Auf der anderen Seite erscheint es als höchst unbefriedigend, rein subjektive Wertungen genügen zu lassen, auf die sich

1 Hauck/Noftz/*Noftz*, SGB V, § 2 Rn 45.
2 BSG, 16.09.1997, 1 RK 28/95, BSGE 81, 54 (juris-Rn 42).

viele alternativmedizinische Methoden letztlich gründen, während die Schulmedizin sich (zumindest überwiegend) dadurch auszeichnet, dass sie ihre Methoden einer objektivierten Prüfung durch kontrollierte Studien unterzieht. In anderen Bereichen der Rechtsordnung werden belastbare Beweise eingefordert, ehe eine Tatsache als gegeben akzeptiert wird. Eine bedeutende Vorfrage ist daher, inwieweit Homöopathie und anthroposophische Medizin überhaupt in der Lage sind, die Geeignetheit ihrer Methoden stichhaltig zu belegen, oder ob zumindest gute Gründe vorliegen, Anforderungen für diese (und ggf. andere) Therapierichtungen abzusenken.

B. Ziel der Untersuchung

Die vorliegende Arbeit soll das Recht der besonderen Therapierichtungen beleuchten und die zugrundeliegenden Prinzipien herausarbeiten. Zudem sollen gemeinsame Linien und Unterschiede in den verschiedenen betroffenen Rechtsgebieten untersucht werden.

Im Zentrum der Arbeit steht das Recht der gesetzlichen Krankenversicherungen und die Frage, unter welchen Bedingungen diese als Solidargemeinschaft auch für die Kosten von Methoden aufkommen, deren Wirksamkeit und Nutzen aus wissenschaftlicher Perspektive in Zweifel stehen. Hierbei stehen sich zwei Ziele gegenüber, die kaum miteinander in Einklang zu bringen sind. Auf der einen Seite steht die Forderung nach einem Pluralismus der Methoden. Therapeutische Konzepte, die nicht dem wissenschaftlichen „Mainstream" entsprechen, sollen nicht majorisiert und an den Rand gedrängt werden. Auf der anderen Seite ist ein gewisses Maß an gesicherten Erkenntnissen über Wirksamkeit und Zweckmäßigkeit der Leistungen zu verlangen, um eine Kostenübernahme durch die solidarisch finanzierten Krankenkassen zu rechtfertigen. Das SGB V enthält Regelungen, die beiden Zielen zur Geltung verhelfen sollen, ohne aber zu klären, in welchem Verhältnis diese Regelungen zueinander stehen und wie sie miteinander in Einklang zu bringen sind. Seit Inkrafttreten des SGB V sind zahlreiche Versuche unternommen worden, die teilweise in offenem Widerspruch zueinander stehenden Regelungen zu harmonisieren, sei es durch Zurückstellung des einen oder des anderen Ziels, sei es durch praktische Konkordanz. Ziel dieser Arbeit ist es, diese Ansätze im Lichte der Gesamtrechtsordnung zu betrachten – ausgehend vom Verfassungsrecht – und eine Systematik zu erarbeiten, innerhalb derer das Recht der besonderen Therapierichtungen nicht wie ein Fremdkörper erscheint.

Um der Problematik gerecht zu werden, genügt es nicht, isoliert das Sozialrecht zu betrachten. Dem Krankenversicherungsrecht ist das Arzneimittelrecht vorgelagert, das darüber entscheidet, welche Arzneimittel überhaupt in den Verkehr gebracht werden sollen. Gerade nachdem die Regelungen der privaten und der gesetzlichen Krankenversicherungen mit dem GKV-Wettbewerbsstärkungsgesetz einander angenähert worden sind, drängt es sich auf, vergleichend auch die Behandlung der Alternativmedizin im privaten Versicherungsrecht zu betrachten. Mit dem Beihilferecht besteht ein drittes System zur Absicherung von Kosten der Gesundheitsversorgung, das seinerseits eigene, mit dem SGB V zu vergleichende

Regelungen trifft. Schließlich enthält das Medizinrecht verschiedene Regelungen, die in Wechselwirkung mit dem Krankenversicherungsrecht stehen.

Eine Differenzierung zwischen besonderen Therapierichtungen und sonstiger Alternativmedizin lässt sich außerhalb des Arzneimittel- und Sozialrechts nicht durchhalten, da das Konzept der besonderen Therapierichtungen außerhalb dieser Rechtsgebiete allenfalls eingeschränkte Bedeutung besitzt, zumindest aber nicht im Gesetz angelegt ist.

C. Gang der Untersuchung

Zunächst sind im 1. Kapitel das Wesen, die Besonderheiten und Gemeinsamkeiten der jeweiligen Therapierichtungen zu untersuchen. Ohne ein Verständnis dessen, was die Homöopathie, die anthroposophische Medizin und die Phytotherapie ausmacht und wie sich ihre Konzeption zu den gängigen „schulmedizinischen" Erkenntnissen verhält, wird sich eine sachgerechte Lösung kaum finden lassen.

Im Anschluss sind im 2. Kapitel die verfassungsrechtlichen Rahmenbedingungen zu erörtern. Beide Kerngedanken des Rechts der besonderen Therapierichtungen, Methodenpluralismus und Wissenschaftlichkeitsanspruch bzw. Objektivität, finden Rückhalt im Verfassungsrecht, was eine nähere Betrachtung der einzelnen betroffenen Grundrechte erforderlich macht.

Im 3. Kapitel soll die besondere Situation homöopathisch hergestellter und traditioneller pflanzlicher Arzneimittel im Arzneimittelrecht dargestellt werden. Im Zentrum stehen hierbei Ziele und Auswirkungen der vereinfachten Registrierungsverfahren gemäß §§ 38 ff. AMG.

Im Hauptteil der Arbeit, dem 4. Kapitel, sind die konkreten Regelungen des SGB V und ihre Bedeutung für die besonderen Therapierichtungen zu erörtern. Im Einzelnen darzustellen ist einerseits, unter welchen Bedingungen Leistungen der besonderen Therapierichtungen von der allgemeinen Versorgung durch die gesetzlichen Krankenversicherungen eingeschlossen sind. Zu untersuchen ist, inwieweit die einander widersprechenden Ziele tatsächlich Niederschlag im Gesetz gefunden haben und unter welchen Umständen eine Kostenübernahme für alternativmedizinische Leistungen in Betracht kommt. Andererseits ist zu erörtern, inwieweit Leistungen besonderer Therapierichtungen durch Vereinbarung zwischen Patient und gesetzlicher Krankenversicherung einbezogen werden können, insbesondere im Rahmen des Wahltarifs gemäß § 53 V SGB V.

Schließlich ist eine vergleichende Betrachtung anderer Rechtsgebiete vorzunehmen. Ein Schwerpunkt liegt hierbei auf dem Recht der privaten Krankenversicherungen (5. Kapitel), auch und gerade in Abgrenzung zum Recht der gesetzlichen Krankenversicherungen. Ebenfalls zu vergleichen ist die Erstattung der Kosten alternativmedizinischer Behandlungsmethoden im Beihilferecht (6. Kapitel). Betrachtet werden soll im 7. Kapitel auch die Behandlung alternativmedizinischer Methoden im Arztvertrags- und Arzthaftungsrecht und die Wechselwirkung mit den Regelungen des Sozialrechts. Am Rande sind hierbei auch das Gebührenrecht und das Berufsrecht der Ärzte und Heilpraktiker zu betrachten.

Kapitel 1 – Vorüberlegungen

A. Besondere Therapierichtungen und andere Formen der Alternativmedizin im Gesetz

I. Allgemeines

Der Begriff der besonderen Therapierichtungen wird sowohl im SGB V als auch im Arzneimittelrecht verwendet. Er bezeichnet jeweils nicht einzelne Behandlungsmethoden, sondern umfassende therapeutische Konzepte, die bestimmte Besonderheiten gegenüber der Schulmedizin aufweisen.[3] Hierbei unterfällt nicht jede von der Schulmedizin abweichende Methode einem Sonderstatus als besondere Therapierichtung.[4] Untersuchungs- und Behandlungsmethoden, die weder durch die Schulmedizin noch durch eine der besonderen Therapierichtungen anerkannt sind, werden als „echte Außenseitermethoden" bezeichnet.[5] Der Begriff der „Außenseitermethode" beschreibt grundsätzlich sämtliche Methoden, die dem derzeitigen allgemein anerkannten Stand der medizinischen Erkenntnisse nicht entsprechen, und schließt damit die besonderen Therapierichtungen ein.[6] Auch die sogenannten Neulandmethoden, bei denen eine allgemeine Anerkennung noch nicht erfolgt ist, bei denen aber noch Aussicht auf diese Anerkennung besteht, sind zunächst Außenseitermethoden.[7] Die Bezeichnung als „echte" Außenseitermethoden hat sich eingebürgert, sollte jedoch nicht zu dem Fehlschluss führen, dass die besonderen Therapierichtungen im Verhältnis zu diesen besser belegt seien oder gar allgemein anerkannt seien.

Die Definition der besonderen Therapierichtungen ist dem Gesetz nicht ohne Weiteres zu entnehmen. Das AMG bezieht den Begriff der Therapierichtung in Klammerzusätzen (z.B. in § 25 VI 6 AMG) auf drei bestimmte Heilkonzepte: Homöopathie, anthroposophische Medizin und Phytotherapie. Auch in § 34 III 2 SGB V werden diese drei als Beispiele besonderer Therapierichtungen aufgeführt. Diese drei Therapierichtungen werden aufgrund ihrer Nennung im Gesetz regelmäßig als „anerkannte besondere Therapierichtungen" bezeichnet.[8] Die Verwendung dieses

---

3 Allg. Meinung: BSG, 04.04.2006, B 1 KR 12/05 R, SozR 4–2500 § 27 Nr. 8; Hauck/Noftz/*Noftz*, SGB V, § 2 Rn 50; Peters/*Schmidt*, Handbuch der Krankenversicherung, § 27 SGB V Rn 308; *Zuck*, NZS 1999, 313.

4 BSG, 22.03.2005, B 1 A 1/03 R, BSGE 94, 221 (juris-Rn 40 ff.); Hauck/Noftz/*Noftz*, SGB V, § 2 Rn 50.

5 BSG, 10.02.1993, 1 RK 17/91, SozR 3–2200 § 182 Nr 13 (juris-Rn 20); KassKomm/*Roters*, SVR, § 12 SGB V Rn 47; *Estelmann/Eicher*, SGb 1991, 247, 255.

6 BSG, 10.02.1993, 1 RK 17/91, SozR 3–2200 § 182 Nr 13 (juris-Rn 19 f.); *Schulin*, ZSR 1994, 546; uneindeutig BT-Drs. 11/2237, S. 157.

7 *Biehl/Ortwein*, SGb 1991, 529.

8 *Zuck*, Das Recht der anthroposophischen Medizin, Rn 118; Eichenhofer/Wenner/*Axer*, SGB V, § 2 Rn 9.

Begriffes ist jedoch nicht unproblematisch. Teilweise wird aus dem Begriff selbst gefolgert, die Therapierichtung sei als solche anerkannt.[9] Anerkannt wird durch die Aufzählung als Regelbeispiel jedoch allenfalls der Status als besondere Therapierichtung im Sinne des Gesetzes. Entsprechend hat das BSG klargestellt, dass es „anerkannte" besondere Therapierichtungen im SGB V nicht gibt.[10]

II. Verwandte und entgegengesetzte Begriffe

1. Schulmedizin

Der Begriff der Schulmedizin zur Beschreibung der herrschenden Meinung ist unter Medizinern[11] wie unter Juristen[12] umstritten. Verwendet wurde er erstmals von Anhängern der Homöopathie, die sich von der Mehrheitsmeinung abgrenzen wollten.[13] Ursprünglich handelt es sich somit um einen von den Gegnern der „Schulmedizin" verwendeten Kampfbegriff.[14] Alternativ wird von vielen Vertretern der „Schulmedizin" selbst der Begriff der „wissenschaftlichen Medizin" bevorzugt.[15]

Im Gesetz wird der Begriff der Schulmedizin an keiner Stelle verwendet; zumindest im Recht der privaten Krankenversicherung wird er jedoch relevant, da die Musterbedingungen der Krankenkassen auf ihn zurückgreifen (vgl. § 4 VI 1 MB/KK). Die Auslegung ist hierbei umstritten. Nach einer Auffassung soll die Schulmedizin diejenigen Formen der Heilkunde umfassen, die an medizinischen Hochschulen gelehrt werden.[16] Dies spiegelt aber gerade nicht das Selbstverständnis der Schulmedizin wider. An den Hochschulen und innerhalb der Ärzteschaft hat sich in den vergangenen Jahrzehnten ein Verständnis von Schulmedizin herausgebildet, das sich nicht mehr an Mehrheitsmeinungen orientiert, sondern an einem streng naturwissenschaftlichen Wissenschaftsbegriff, der evidenzbasierten Medizin (s. sogleich u. 2.). Die Schulmedizin unterscheidet sich von der Alternativmedizin hiernach dadurch, dass ihre Ergebnisse unter kontrollierten Bedingungen reproduzierbar sind.[17] Diesem medizinischen Selbstverständnis sollte auch der juristische Begriff der Schulmedizin folgen.[18]

---

9 In diesem Sinne *Zuck*, Das Recht der anthroposophischen Medizin, Rn 118, 185; *ders.*, NZS 1999, 313, 314.

10 BSG, 24.04.2002, B 7 1/1 A 4/00 R, BSGE 89, 227 (juris-Rn 51).

11 Vgl. etwa *Köbberling*, Der Begriff der Wissenschaft in der Medizin, S. 1 f.

12 Vgl. *L. Schneider*, Neue Behandlungsmethoden, S. 46 f.; Eichenhofer/Wenner/*Axer*, SGB V, § 2 Rn 9; *Wimmer* in Oepen/Prokop, Außenseitermethoden in der Medizin, S. 275, 276.

13 Vgl. *Köbberling*, Der Begriff der Wissenschaft in der Medizin, S. 1 f.

14 *Jütte*, Geschichte der Alternativen Medizin, S. 35.

15 Etwa *Prang*, Alternativmedizin, S. 19.

16 Vgl. BGH, 23.06.1993, IV ZR 135/92, BGHZ 123, 83, 85 f.; *Zuck*, NJW 1991, 2933, 2934; kritisch schon *Kriele*, NJW 1976, 355, 356.

17 OLG Stuttgart, 13.10.1988, 14 U 14/88, VersR 1989, 294, 295.

18 Vgl. *L. Schneider*, Neue Behandlungsmethoden, S. 46 f.; s. zur Problematik auch Kap. 5 C III 1.

2. Evidenzbasierte Medizin („Evidence based medicine")

Jede Form der Heilkunde unterliegt der Gefahr, dass die Beurteilung ihrer Methoden und Ergebnisse nicht nach objektiven Maßstäben erfolgt, sondern von Meinungen und Vorurteilen geprägt ist. Selbst wenn eine große Anzahl von Experten über einen langen Zeitraum positive Ergebnisse mit einer Methode erzielt – bzw. zu erzielen glaubt –, bedeutet dies nicht, dass die Methode tatsächlich wirksam ist.[19] Scheinbare Erfolge können sich einerseits durch Placebo-Effekte, andererseits durch sog. Confirmation Bias einstellen, bei der Ergebnisse im Sinne einer bestimmten Auffassung fehlinterpretiert werden. Auch Spontanheilungen oder Wirkungen unerkannter Drittursachen können zu einer Verzerrung der Erkenntnisse beitragen. Um einen möglichst objektiven Blick auf erprobte ebenso wie neue Methoden zu erreichen, wurde die Methode der „Evidence based medicine", der evidenzbasierten Medizin entwickelt.[20]

Die evidenzbasierte Medizin ist eine empirische Methode, mit der die konsequente Umsetzung des Wissenschaftlichkeitsprinzips in der Medizin angestrebt wird.[21] Theorien, die für sich in Anspruch nehmen, wissenschaftlich zu sein, aber weder verifizierbar noch falsifizierbar sind, werden demgegenüber als pseudo-wissenschaftlich abgelehnt.[22] Evidenz bedeutet in diesem Sinne nicht, dass keinerlei Zweifel mehr an der Wirksamkeit der Methode bestehen.[23] Vergleichbar ist sie eher den im Prozessrecht vorausgesetzten Beweisanforderungen, also einer für den praktischen Gebrauch ausreichenden Wahrscheinlichkeit, die Zweifeln Schweigen gebietet.[24]

Angestrebt wird in der evidenzbasierten Medizin stets die bestmögliche Evidenz.[25] Dies hat u.a. zur Folge, dass nach bisherigen Erkenntnissen wirksame Untersuchungs- oder Behandlungsmethoden aufgrund verbesserter Erkenntnismethoden einer Neuüberprüfung zu unterwerfen sein können. Mögliche Fehlerquellen in Studien werden identifiziert und in die Bewertung mit einbezogen.[26] Maßgeblich ist die externe Evidenz, die sich aus Befunden aus Studien und der wissenschaftlichen Literatur ergibt, im Gegensatz zur internen Evidenz, den Gründen, die zur subjektiven Überzeugung des Arztes (oder Patienten) von einer Methode führen und

---

19 Vgl. Kunz/*Köbberling*, Evidenzbasierte Medizin, S. 5 ff. zur Abwehrfermenttheorie; *Evans/Thornton/Chalmers/Glasziou*, Wo ist der Beweis?, S. 32 f. zur Skorbuttherapie im 18. Jahrhundert; *Raspe*, GesR 2012, 584, 585.

20 Vgl. *Eckart*, Geschichte der Medizin, S. 316; Kunz/*Köbberling*, Evidenzbasierte Medizin, S. 3 ff.

21 Vgl. *Hart*, MedR 2000, 1; *ders.*, MedR 2015, 1.

22 *Rossboth/Gay/Lin*, Evidence Based Medicine, S. 21 f.; vgl. auch *Raspe*, GesR 2012, 584, 585 zu veralteten Theorien.

23 Vgl. Kunz/*Köbberling*, Evidenzbasierte Medizin, S. 3 ff.

24 Vgl. BGH, 06.05.2015, VIII ZR 161/14, NJW 2015, 2111 (juris-Rn 11).

25 Kunz/*Raspe*, Evidenzbasierte Medizin, S. 15; *Rossboth/Gay/Lin*, Evidence Based Medicine, S. 35; Chiappeli, Evidence-Based Health Care, S. 65 ff.; *Steffen* in FS Deutsch, S. 615.

26 Vgl. etwa *Raspe*, GesR 2012, 584, 587.

bei denen Placebo- und Bias-Effekte kaum vermeidlich sind.[27] Die interne Evidenz ist aber ergänzend zu berücksichtigen, um eine rein schematische Behandlung zu verhindern.[28]

Die evidenzbasierte Medizin nimmt eine Einordnung der jeweiligen medizinischen Methoden entsprechend der Evidenz ihrer Wirksamkeit in Evidenzklassen bzw. -stufen vor.[29] Die höchste Evidenzstufe I verlangt randomisierte, kontrollierte Studien (RCT[30]), wobei der Idealfall der Stufe Ia eine Metastudie in Form einer systematischen Übersicht von randomisierten, kontrollierten Studien voraussetzt, während für Stufe Ib eine einzelne randomisierte und kontrollierte Studie genügt. Auch in den Evidenzklassen II und III wird zwischen Studienübersichten (IIa/IIIa) und Einzelstudien (IIb/IIIb) unterschieden. Die Evidenz der Stufe II wird auf Kohortenstudien gestützt. Alternativ kommen randomisierte kontrollierte Studien in Betracht, die methodische Mängel haben und den strengen Anforderungen der Evidenzklasse I nicht genügen. Stufe III setzt kontrollierte Fall-Kontrollstudien voraus. Nicht kontrollierte Fall-Serien führen ebenso wie Kohortenstudien mit methodischen Mängeln zur Stufe IV. Stufe V basiert schließlich auf Konsensuskonferenzen bzw. klinischer Erfahrung anerkannter Autoritäten. Von Evidenz lässt sich hier nur im weiteren Sinne sprechen.[31]

Ein bedeutendes Problem bei der Bewertung medizinischer Methoden ist der Placebo-Effekt, demzufolge allein die Erwartung einer Heilwirkung eine solche auslösen kann.[32] Auch das bloße Vertrauen des Patienten in den Arzt kann positive Auswirkungen haben.[33] Daher gilt auch die Verblindung kontrollierter Studien, die eben diese Effekte ausschließen soll, als entscheidendes Qualitätskriterium zur Studienbewertung.[34]

Unterschieden wird zwischen einfacher Verblindung, bei der der Patient selbst nicht weiß, ob er der Test- oder Kontrollgruppe angehört, doppelter Verblindung, bei der auch dem Behandelnden die Zugehörigkeit unbekannt ist, und dreifacher Verblindung, bei der auch die Personen, die für die Auswertung der Daten verantwortlich sind, keine Kenntnis von der Gruppenzugehörigkeit haben.[35]

---

27 Vgl. Kunz/*Kühlein/Forster*, Evidenzbasierte Medizin, S. 39.

28 Vgl. *Hart*, MedR 2015, 1.

29 Vgl. Kunz/*Bertelsmann/Lerzynski/Kunz*, Evidenzbasierte Medizin, S. 136; *Hart*, MedR 2000, 1.

30 Randomized controlled trial.

31 Kunz/*Bertelsmann/Lerzynski/Kunz*, Evidenzbasierte Medizin, S. 136; *Augsberg*, GesR 2012, 595, 598.

32 *Prang*, Alternativmedizin, S. 22 f.; *Piechowiak* in Oepen/Prokop, Außenseitermethoden in der Medizin, S. 3, 11 ff.; *Much*, Der veräppelte Patient?, S. 35 ff.

33 *Prang*, Alternativmedizin, S. 23.

34 Vgl. Kunz/*Kaduszkiewicz/Wächtler*, Evidenzbasierte Medizin, S. 272.

35 Kunz/*Bertelsmann/Lerzynski/Kunz*, Evidenzbasierte Medizin, S. 138; *Eckart*, Geschichte der Medizin, S. 315.

Kritik an der evidenzbasierten Medizin löst die Tatsache aus, dass diese „ganzheitliche" Ansätze außer Betracht lässt. Die individualisierte Medizin, wie sie etwa in der Homöopathie und anthroposophischen Medizin üblich ist, werde nicht hinreichend gewürdigt.[36] Zudem bedeute die evidenzbasierte Medizin eine Einschränkung der ärztlichen Therapiefreiheit[37] und behindere durch Formalisierung den Fortschritt.[38]

3. *Alternativ- und Komplementärmedizin*

Methoden, die nicht der „Schulmedizin" angehören, deren Wirksamkeit also nicht wissenschaftlich nachweisbar ist und deren Vertreter diesen Nachweis auch nicht anstreben, werden als „Alternativmedizin" bezeichnet.[39] Der Begriff der „Komplementärmedizin" beschreibt die Anwendung nicht schulmedizinischer neben schulmedizinisch anerkannten Methoden, also als Ergänzung derselben.[40]

III. Rechtsquellen

1. *Sonderregelungen bezüglich der besonderen Therapierichtungen*

Für die besonderen Therapierichtungen sehen SGB V und AMG verschiedene Sonderregelungen vor, mit denen die von ihren Vertretern angenommene unterschiedliche Wirkungsweise gegenüber der Schulmedizin gewürdigt werden soll. Die Einzelheiten werden jeweils in den folgenden Kapiteln näher dargestellt.

a) AMG

Relevant wird der Begriff der besonderen Therapierichtung zunächst im Arzneimittelzulassungsrecht (Kap. 3). Während das Zulassungsverfahren für Arzneimittel grundsätzlich recht stark formalisiert ist, bestehen für die im Gesetz genannten Therapierichtungen – Homöopathie, anthroposophische Medizin und Phytotherapie – verschiedene Verfahrenserleichterungen. Hierdurch wird einerseits die Mitwirkung der Interessenverbände gewahrt, andererseits aber auch dem Umstand Rechnung getragen, dass das umfangreiche und kostenintensive Zulassungsverfahren angesichts der geringen Gefahren, die insbesondere von Homöopathika im

---

36 Vgl. *Kienle/Kiene/Albonico*, Anthroposophische Medizin, S. 36 f.; *Genneper/Wegener*, Lehrbuch der Homöopathie, S. 408; *Hart*, MedR 2000, 1, 5; s. auch *Danzer*, Personale Medizin, S. 210 f.

37 Vgl. *Kienle/Kiene/Albonico*, Anthroposophische Medizin, S. 37 f.; ablehnend *Hart*, MedR 2000, 1, 4; näher zur Kritik Kap. 2 A II 1.

38 *Kienle/Kiene/Albonico*, Anthroposophische Medizin, S. 36 f.; ähnlich auch *Kriele*, NJW 1976, 355, 358.

39 *Prang*, Alternativmedizin, S. 20; *Grupp*, MedR 1992, 256.

40 *Prang*, Alternativmedizin, S. 20.

Hochpotenzbereich und traditionellen pflanzlichen Arzneimitteln ausgehen, unverhältnismäßig erscheint.[41]

aa) Registrierung homöopathisch erstellter Zubereitungen

Grundsätzlich dürfen Arzneimittel gemäß § 21 I AMG nur nach Zulassung durch die zuständige Bundesoberhörde in den Verkehr gebracht werden. Demgegenüber genügt gemäß § 38 I 1, 2 AMG für homöopathische Arzneimittel eine bloße Registrierung bei derselben Behörde. In den in § 39 II AMG aufgeführten Fällen steht dieses vereinfachte Verfahren[42] jedoch nicht zur Verfügung. Insbesondere sind homöopathische Arzneimittel dann zulassungsbedürftig, wenn eine Verdünnung der Ursubstanz von weniger als 1:10.000 vorliegt bzw. der Wirkstoffgehalt 1% der für die Zulassung „allopathischer" – nicht homöopathischer – (s. hierzu B I 2) Arzneimittel maßgeblichen Grenze erreicht (Nr. 5b) oder deren Wirkstoff (bzw. einer deren Wirkstoffe) nicht allgemein als homöopathisches oder anthroposophisches Arzneimittel bekannt ist (Nr. 7a). Aus der Erwähnung der anthroposophischen Medizin wird deutlich, dass sich §§ 38 f. AMG nicht auf die Homöopathie als besondere Therapierichtung beziehen, sondern allgemein auf nach homöopathischen Methoden hergestellte Arzneien.

bb) Registrierung traditioneller pflanzlicher Arzneimittel

Eine ähnliche Regelung trifft nunmehr § 39a I AMG auch für traditionelle pflanzliche Arzneimittel, um die Phytotherapie vor als übermäßig empfundener Regulierung zu schützen.[43] Auch hier genügt eine Registrierung. Die Begriffe „pflanzlich" und „phytotherapeutisch" können hierbei synonym gebraucht werden. Die Definition pflanzlicher Arzneimittel enthält § 4 XXIX AMG. Voraussetzung ist demnach, dass die Arznei ausschließlich pflanzliche Stoffe und Zubereitungen als Wirkstoffe enthält. Pflanzliche Stoffe i.S.d. § 4 XXIX AMG sind gemäß Art. 1 Nr. 31 der Richtlinie 2001/83/EG nicht etwa chemisch isolierte Wirkstoffe pflanzlicher Herkunft, sondern die Pflanzen oder Pflanzenteile selbst.[44] Nach § 39a I 2 AMG steht der Zusatz von Vitaminen oder Mineralstoffen einer Einstufung als traditionelles pflanzliches Arzneimittel nicht entgegen, wenn diese die Wirkung des Arzneimittelwirkstoffes anwendungsbezogen ergänzen.

Das vereinfachte Verfahren der §§ 39a ff. AMG wird jedoch nicht bei jedem Phytopharmakum angewandt, sondern ausschließlich bei „traditionellen" pflanzlichen Arzneimitteln. Das Attribut „traditionell" lässt sich hierbei nicht einfach in Abgrenzung zur Wirkstoffisolation auffassen, da die Verwendung ganzer Pflanzen (bzw. Teilen oder Zubereitungen dieser) schon Voraussetzung des pflanzlichen

---

41 Vgl. Spickhoff/*Heßhaus*, Medizinrecht, § 39a AMG Rn 2.
42 Spickhoff/*Heßhaus*, Medizinrecht, § 38 AMG Rn 1.
43 Vgl. KMH/*Heßhaus*, Arzneimittelrecht, § 39a AMG Rn 5.
44 *Rehmann*, AMG, § 4 Rn 31.

Arzneimittels ist. Hinzukommen muss eine konkrete Tradition medizinischer Anwendung. Zur Auslegung herangezogen wird Art. 16c Abs. 1 c) RL 2001/83/EG, sodass sich der medizinische Gebrauch über einen Zeitraum von mindestens 30 Jahren erstreckt haben muss, davon 15 Jahre innerhalb der EU.[45] Ähnlich wie bei homöopathischen Arzneimitteln zählt § 39c II AMG diverse Versagungsgründe auf, bei deren Vorliegen auf eine Zulassung nicht verzichtet werden kann. Aufgrund dieser Einschränkung sind Phytotherapie und Anwendung traditioneller pflanzlicher Arzneimittel nicht deckungsgleich. Ebenso wie bei der Homöopathie können die Definitionen des AMG daher allenfalls sehr bedingt zur Bestimmung der Therapierichtung „Phytotherapie“ herangezogen werden.

cc) Zulassungs- und Aufbereitungskommissionen

Soweit Arzneimittel der besonderen Therapierichtungen zulassungsbedürftig sind, bestehen gleichwohl Sonderregelungen, damit die jeweiligen Besonderheiten – die gemäß § 25 II 4 AMG bei der Beurteilung der Versagungsgründe zu berücksichtigen sind – nicht einfach (etwa aus Unkenntnis) übergangen werden.[46] Nach § 25 VI AMG ist eine Zulassungskommission zu hören, in die spezialisierte Sachverständige der einzelnen Therapierichtungen berufen werden.

Bei nicht verschreibungspflichtigen Arzneimitteln (§ 25 VII 4 AMG) und der Zulassung von Arzneimitteln für Kinder und Jugendliche (§ 25 VIIa 8 AMG) kommen der zuständigen Aufbereitungskommission[47] ebenfalls erweiterte Kompetenzen zu.

Die Bundesbehörde kann jeweils entgegen der Stellungnahme der Kommission entscheiden, ist in diesem Fall jedoch zur Begründung verpflichtet (§ 25 VI 3, VII 5, VIIa 6 AMG).

b) SGB V

Während die Sonderregelungen der besonderen Therapierichtungen im AMG den Arzneimitteln der besonderen Therapierichtungen lediglich einen vereinfachten Marktzugang verschaffen, dienen die im SGB V getroffenen Sonderregelungen der Umsetzung der Therapievielfalt im Leistungskatalog der gesetzlichen Krankenkassen.[48]

aa) Allgemeine Bestimmungen

Gemäß § 2 I 2 SGB V sind Behandlungsmethoden, Arznei- und Heilmittel der besonderen Therapierichtungen nicht von der Leistungspflicht der GKV ausgeschlossen. Die Auslegung dieser Vorschrift kann als die umstrittenste Frage im Recht der besonderen Therapierichtungen gelten (vgl. Kap. 4 B). Eine besondere Ausprägung

---

45 *Rehmann*, AMG, § 39a Rn 1; Spickhoff/*Heßhaus*, Medizinrecht, § 39a AMG Rn 3.
46 Vgl. KMH/*Kügel*, Arzneimittelrecht, § 25 AMG Rn 160.
47 Vgl. Spickhoff/*Heßhaus*, Medizinrecht, § 25 AMG Rn 23.
48 Näher Kap. 4.

dieses Problems findet sich in § 34 I 3 SGB V, nach welchem bei der Verordnung nicht verschreibungspflichtiger Medikamente der therapeutischen Vielfalt Rechnung zu tragen ist (vgl. Kap. 4 E).

bb) Wahltarife

Die gesetzlichen Krankenversicherungen können gemäß § 53 V SGB V Wahltarife anbieten, welche auch die grundsätzlich nach § 34 I SGB V ausgeschlossenen nicht verschreibungspflichtigen Arzneimittel der besonderen Therapierichtungen abdecken (vgl. Kap. 4 H).

cc) Verpflichtungen des G-BA

Gemäß §§ 92 ff., 135 ff. SGB V kann der Gemeinsame Bundesausschuss (G-BA) Richtlinien erlassen, durch welche das Wirtschaftlichkeitsgebot der §§ 12, 70 SGB V konkretisiert wird. Das Gesetz enthält allerdings auch hier Sonderregelungen, die einen Ausschluss der besonderen Therapierichtungen verhindern sollen (vgl. Kap. 4 C). Insbesondere ist bei Richtlinien über neue Untersuchungs- und Behandlungsmethoden (NUB-Richtlinien) gemäß § 135 I der jeweilige wissenschaftliche Stand innerhalb der Therapierichtung maßgeblich.

2. Sonstige Regelungen der Alternativmedizin

Außerhalb des AMG und SGB V finden sich weitere Regelungen, die für alternativmedizinische Methoden relevant sind, jedoch auf das Konzept der besonderen Therapierichtungen überwiegend verzichten. Auch insoweit werden die Einzelheiten jeweils in den folgenden Kapiteln erörtert.

a) EBM und Gebührenordnungen

Die Einheitlichen Bewertungsmaßstäbe (EBM-Ä, BEMA) enthalten keine besonderen Regelungen alternativmedizinischer Therapieformen.[49] Gleiches gilt für die Gebührenordnungen (GOÄ, GOZ). Letztere enthalten jeweils in § 1 II das Erfordernis der medizinischen Notwendigkeit. Die Bedeutung dieses Kriteriums für alternativmedizinische Methoden bedarf der näheren Erörterung.[50]

b) VVG und Musterbedingungen

Die für das Recht der privaten Krankenversicherungen maßgeblichen Vorschriften des Versicherungsvertragsgesetzes und die Musterbedingungen der Krankenkassen kennen den Begriff der besonderen Therapierichtung nicht. Das VVG enthält keine Sonderregelungen zu alternativ-medizinischen Methoden. § 192 I VVG setzt jedoch wie die Gebührenordnungen die medizinische Notwendigkeit voraus. Konkreter

---

49 Näher Kap. 4 D II.
50 Näher Kap. 7 C.

werden die Musterbedingungen: § 4 VI 1, 2 MB/KK enthält eine Regelung, unter welchen Umständen nicht wissenschaftlich anerkannte Methoden erstattungsfähig sind.[51]

c) Beihilferecht

Das Beihilferecht des Bundes und der Länder ist – auch im Hinblick auf die Einbeziehung alternativmedizinischer Methoden – unterschiedlich ausgestaltet. Teilweise greifen die Regelungen auf den Begriff der besonderen Therapierichtungen zurück (vgl. § 4 I Nr. 7 S. 5 BVO NRW).[52]

B. Überblick über die einzelnen gesetzlich genannten besonderen Therapierichtungen

I. Homöopathie

1. Ursprünge (Hahnemann)

Die Idee, Arzneimittel einzusetzen, die – bzw. deren Wirkungen – in irgendeiner Form Ähnlichkeit mit der zu behandelnden Krankheit aufweisen, ist bereits seit der Antike überliefert.[53] Schon Hippokrates von Kos hielt neben der Heilung einer Krankheit durch das der Krankheit „Entgegengesetzte" auch die Heilung durch das Ähnliche für möglich, insbesondere bei chronischen Krankheiten.[54] Überlegungen zur möglichen Heilung nach dem Ähnlichkeitsprinzip finden sich u.a. auch bei Paracelsus.[55]

Als eigenständige Therapierichtung wurde die Homöopathie um 1800 von dem aus Meißen stammenden Arzt und Chemiker *Samuel Hahnemann* (1755–1843) begründet.[56] *Hahnemann* grenzte sich scharf von den seinerzeit von der Ärzteschaft verwendeten Methoden ab, die oftmals – wie etwa der Aderlass – noch auf der galenischen Viersäftelehre beruhten.[57] Leitgedanke der Homöopathie ist die Annahme, dass Krankheiten am besten durch Arzneien geheilt werden könnten, deren Wirkungen auf den Menschen den Symptomen der Krankheit ähneln (Simile-Prinzip).[58]

---

51 Näher Kap. 5.

52 Näher Kap. 6.

53 *Genneper/Wegener*, Lehrbuch der Homöopathie, S. 417.

54 Vgl. *Geißler/Quak*, Leitfaden Homöopathie, S. 8; *Dannheiser/Edwards*, Homöopathie, S. 10.

55 Vgl. *Geißler/Quak*, Leitfaden Homöopathie, S. 8f.; *Gebhardt*, Beweisbare Homöopathie, S. 17; *Schmitz*, Strömungen der Homöopathie, S. 193 f.

56 *Jütte*, Geschichte der Alternativen Medizin, S. 23 f.; *Eckart*, Geschichte der Medizin, S. 222; *Geißler/Quak*, Leitfaden Homöopathie, S. 7 ff.; *Schmitz*, Strömungen der Homöopathie, S. 1.

57 *Hahnemann*, Organon, § 1, Fn 1; vgl. *Gebhardt*, Beweisbare Homöopathie, S. 15.

58 Vgl. *Hahnemann*, Organon, § 24.

Als Hauptwerk Hahnemanns gilt das „Organon der Heilkunst" (in der ersten Auflage „Organon der rationellen Heilkunst"), das in insgesamt sechs Auflagen von Hahnemann selbst bearbeitet wurde. In der Regel wird heute die fünfte oder sechste Auflage als maßgeblich angesehen; letztere wurde erst 1921 posthum veröffentlicht, sodass sie früheren Homöopathen nicht zur Verfügung stand.[59]

Die Homöopathie verstand sich von Anfang an als erfahrungsbasierte Wissenschaft. Empirische Erkenntnisse genießen Vorrang vor theoretischen, nicht überprüfbaren Überlegungen. Hahnemann kritisierte seine Kollegen scharf, deren Heilmethoden auf nicht überprüfbaren, spekulativen und teils seit der Antike tradierten Theorien beruhten.[60]

Nicht zu verwechseln ist dies jedoch mit den in der Schulmedizin gebräuchlichen Studien und der evidenzbasierten Medizin. Die Auswertung der Beobachtungen nimmt der Homöopath selbst anhand seiner Erfahrung vor.

2. *Terminologie: Homöopathie und Allopathie*

Der Begriff „Homöopathie" setzt sich aus den griechischen Wörtern ὅμοιος (ähnlich) und πάθος (Leid) zusammen und beschreibt somit die Heilungen durch Arzneien, die der Krankheit ähnlich wirken. Die verbreitete zeitgenössische Medizin bezeichnete Hahnemann demgegenüber als „Allöopathie" oder „Allopathie"[61], abgeleitet von gr. ἄλλος (ein anderes). Dieser Begriff wird insbesondere von Homöopathen bis heute zur Bezeichnung der Schulmedizin verwendet. Dies ist jedoch zumindest unpräzise und entspricht auch nicht der Hahnemannschen Vorstellung. Hahnemann unterschied zwischen der Heilung durch das Entgegengesetzte, das Ähnliche und durch ungezielte „beliebige Einwirkung".[62] Nur letztere bezeichnete er als „Allöopathie".[63] Das Prinzip der Heilung durch das Entgegensetzte (*„contraria contrariis curantur"*) nannte er demgegenüber „Antipathie"[64] oder „Enantiopathie"[65]. Die Behandlung durch Erzeugung entgegengesetzter Symptome, – ein Modell, das der heutigen Schulmedizin zumindest eher entspricht als das „allopathische" – lehnte er ebenfalls ab, wenn auch nicht mit derselben Vehemenz.

Der Begriff „Allopathie" beschreibt das Wesen der heutigen Schulmedizin folglich nicht oder zumindest sehr unzulänglich.[66] Überdies wird er regelmäßig als Kampfbegriff von homöopathischer Seite verwendet, von Vertretern der Schulmedizin aber überwiegend abgelehnt. Trotz dieser Problematik hat die Bezeichnung ihren

---

59 *Schmitz*, Strömungen der Homöopathie, S. 21.

60 Vgl. *Hahnemann*, Organon, § 1, Fn 1.

61 Hahnemann selbst verwendete zumeist den Begriff „Allöopathie", eine sprachliche Analogiebildung zur Homöopathie, die aus dem Griechischen nicht zu begründen ist.

62 *Hahnemann*, Organon, § 70; *Geißler/Quak*, Leitfaden Homöopathie, S. 2.

63 *Hahnemann*, Organon, § 22; s. auch *Jütte*, Geschichte der Alternativen Medizin, S. 25.

64 *Hahnemann*, Organon, § 60.

65 *Hahnemann*, Organon, § 23; s. auch *Geißler/Quak*, Leitfaden Homöopathie, S. 3.

66 *Geißler*/Quak, Leitfaden Homöopathie, S. 3.

Niederschlag sowohl in Art. 14 I der Richtlinie 2001/83 des Europäischen Parlaments und des Rates als auch in § 39 II 5b AMG gefunden. Infolgedessen wird die nicht-homöopathische Medizin auch von Juristen mitunter als „Allopathie" bezeichnet.[67] Aus den genannten Gründen erscheint es aber vorzugswürdig, diesen Begriff zu meiden.[68] Der Begriff „Schulmedizin" als Gegenbegriff zur Homöopathie ist allerdings dann nicht geeignet, wenn auch Arzneien anderer Therapierichtungen erfasst sein sollen. Richtiger erscheint es dann, von „Enantiopathie" zu sprechen;[69] die präziseste Lösung dürfte aber die in § 38 I Nr. 2 AMG verwendete reine Verneinung sein, der von „nicht homöopathischen" Arzneimitteln spricht.

3. Konzept

a) Selbstverständnis und Therapieziel

Nach Hahnemann ist das „höchste Ideal der Heilung" die „schnelle, sanfte, dauerhafte Wiederherstellung der Gesundheit".[70] Um dies zu erreichen, sei die Erkenntnis der Krankheit, die Kenntnis der Arzneikräfte und die dementsprechende rechte Wahl und Gabe des Heilmittels erforderlich.[71] Die Wahl des Arzneimittels soll ausschließlich aus den Symptomen der Krankheit folgen,[72] ohne „übersinnliche", nicht empirisch nachweisbare Überlegungen.[73]

b) Simile-Prinzip

Das zentrale und namensgebende Merkmal der Homöopathie ist das sogenannte Simile-Prinzip: Nach dem Grundsatz *„similia similibus curantur"* („Ähnliches wird von Ähnlichem geheilt") werden Arzneimittel eingesetzt, deren Einnahme Symptome hervorruft, die denen der zu behandelnden Krankheit ähneln. Dem entspricht die Vorstellung, dass zwei Krankheiten mit gleichen oder sehr ähnlichen Symptomen in einem Körper nicht koexistieren könnten, sondern sie sich gegenseitig auslöschen müssten.[74]

---

67 Z.B. LSG Rheinland-Pfalz, NJW 1991, 1992; FKF/*Quellmann*, Arzneimittelrecht, § 4 Rn 6 ff.

68 Hinzu kommt, dass mit der Verwendung des Begriffs „Allopathie" die Homöopathie gewissermaßen zum Maßstab aller Dinge gemacht wird.

69 Auch dies führt allerdings zu Missverständnissen: Zum einen sind bestimmte nicht homöopathische Heilweisen tatsächlich „Allopathie", z.B. die anthroposophische Medizin, zum anderen wird auch mit dem Begriff der Enantiopathie das homöopathische Grundverständnis vorausgesetzt.

70 *Hahnemann*, Organon, § 2.

71 *Hahnemann*, Organon, § 3.

72 *Hahnemann*, Organon, § 6 f.

73 *Hahnemann*, Organon, § 6.

74 *Hahnemann*, Organon, §§ 26, 43 ff.

Die Behandlung durch entgegengesetzt wirkende Arzneimittel führe demgegenüber zwar oft eine vorübergehende Linderung herbei. Die Symptome kehrten aber nach Ende der Behandlung zurück, und zwar oftmals schlimmer als zuvor.[75]

c) *Lebenskraft (vis vitalis, Autokratie, dynamis)*

Hahnemanns Vorstellungen des menschlichen Körpers knüpfen an den im 18. und frühen 19. Jahrhundert verbreiteten Vitalismus an, der sich gegen die Vorstellung des Menschen als Maschine richtete.[76] Hahnemann ging – im Einklang mit vielen Ärzten seiner Zeit – davon aus, dass im menschlichen Körper eine „geistartige" Lebenskraft existiere.[77] Krankheiten seien einzig eine Folge aus der krankhaften Verstimmung dieser Lebenskraft.[78] Demzufolge könne eine (nachhaltige) Heilung nur durch Umstimmung des Menschenbefindens erfolgen.[79] Einzelne Homöopathen gehen gar noch weiter und sehen die Homöopathie als Mittel zur Austreibung böser Geister.[80]

d) *Bedeutung der Dosis; Potenzierung*

Eine Besonderheit der Homöopathie liegt in der Verwendung von Wirkstoffen in mitunter extrem geringen Konzentrationen, den sogenannten Potenzen.[81] Zur Herstellung homöopathischer Arzneimittel wird zunächst der Ausgangsstoff der Potenzierungen zubereitet. Diese „Urtinktur" wird in der Folge mit einem Lösungsmittel verdünnt und durch rhythmische Schüttelschläge mit diesem vermengt.[82] Bei Feststoffen erfolgt dieser Prozess stattdessen durch Verreiben mit Laktose (Milchzucker).[83]

Die Wirkstoffkonzentration wird durch wiederholte Verdünnung (mit anschließender Verschüttelung bzw. Verreibung) immer weiter herabgesetzt. Dies geschieht üblicherweise jeweils im Verhältnis 1:10 (D-Potenzen) bzw. 1:100 (C-Potenzen). Vereinzelt werden auch andere Mischungsverhältnisse verwendet, etwa 1:1.000 (M-Potenzen) oder 1:50.000 (die von Hahnemann selbst zuletzt favorisierten[84] Q-Potenzen, auch LM-Potenzen genannt). Hierbei wird die Potenz eines Medikaments mit einem Buchstaben (in der Regel C oder D) für das bei den Verdünnungsschritten verwendete Mischverhältnis und einer Zahl für die Anzahl der Verdünnungsschritte bezeichnet. Somit stehen z.B. C3[85] und D6[86] für auf unterschiedliche Weise zustande

---

75 Vgl. *Hahnemann*, Organon, §§ 23, 59, 70.

76 *Geißler/Quak*, Leitfaden Homöopathie, S. 18.

77 *Hahnemann*, Organon, § 9; vgl. *Vithoulkas*, Die wissenschaftliche Homöopathie, S. 65 ff.

78 *Hahnemann*, Organon, § 11 f.

79 *Hahnemann*, Organon, § 19.

80 *Eick*, Homöopathie 2000, S. 53 f.

81 *Hahnemann*, Organon, § 269.

82 *Geißler/Quak*, Leitfaden Homöopathie, S. 25 f.

83 *Hahnemann*, Organon, § 270; *Geißler/Quak*, Leitfaden Homöopathie, S. 27 f.

84 *Hahnemann*, Organon, § 270.

85 $1:100^3$.

86 $1:10^6$.

gekommene Verdünnungen von 1:1.000.000. Verabreicht werden die Arzneimittel als Flüssigkeit (Dilution) oder in Form von kleinen Zuckerstreukügelchen (Globuli), in der Anfangszeit der Homöopathie auch (zur weiteren Reduzierung der Dosis) durch Riechflaschen.[87]

Nach Überzeugung der Homöopathen unterscheiden sich die auf diese Weise gewonnenen Arzneimittel von einfachen Verdünnungen.[88] Dem liegt die Vorstellung zugrunde, dass die rhythmische Verschüttelung bzw. Verreibung das Lösungsmittel verändere und diesem gewissermaßen die Eigenschaften der Urtinktur aufzwinge.[89] Von Homöopathen wird dieser Vorgang als „Dynamisierung", „Energetisierung" oder „Potenzierung" bezeichnet.[90] Hierbei soll nach Hahnemann mit der Verringerung der materiellen Wirkung die Steigerung einer „geistartigen" Wirkung einhergehen.[91] Von Kritikern werden diese Begriffe abgelehnt, da ein Fortbestehen stofflicher Eigenschaften nicht nachweisbar und mit den anerkannten naturwissenschaftlichen Theorien unvereinbar sei.[92]

Da die von Hahnemann postulierte „geistartige" Wirkung die stoffliche Anwesenheit des Wirkstoffs nicht voraussetzt, werden in der Homöopathie auch Dosierungen eingesetzt, in denen selbst einzelne Atome bzw. Moleküle des Wirkstoffs nicht mehr oder nur noch zufällig vorhanden sind. Die Grenze, ab der der Ausgangsstoff nicht mehr vorhanden ist, ergibt sich aus der Avogadroschen (auch: Loschmidtschen[93]) Zahl, welche die Anzahl der Moleküle (bei elementaren Metallen: der Atome) in einem Mol eines Stoffes angibt.[94] Je nach Größe der Wirkstoffmoleküle und der eingenommenen Menge des Arzneimittels wird ab einer Größenordnung von etwa C10 bzw. D20 in der Regel kein einziges Wirkstoffmolekül mehr eingenommen.[95] In der Schulmedizin werden schon wesentlich größere Dosierungen für völlig wirkungslos gehalten, da erst eine relativ große absolute Anzahl von Molekülen überhaupt eine Wirkung auf den Körper entfalte.[96]

Auch innerhalb der Homöopathie ist umstritten, bis zu welcher Potenz die Arzneimittel noch eine Wirkung entfalten. Während manche Homöopathen der Kritik

87 Vgl. *Schmitz*, Strömungen der Homöopathie, S. 18.

88 *Hahnemann*, Organon, § 269; *Eichelberger*, Klassische Homöopathie, S. 11.

89 Vgl. *Hahnemann*, Organon, §§ 11, 269.

90 *Hahnemann*, Organon, § 269; Hentschel/*Siebenwirth*, Naturheilverfahren, S. 287; *Eick*, Homöopathie 2000, S. 45.

91 Vgl. *Schmitz*, Strömungen der Homöopathie, S. 11.

92 *Hopff*, Homöopathie, S. 28 ff.

93 *Hopff*, Homöopathie, S. 15; *Prokop* in Oepen/Prokop, Außenseitermethoden in der Medizin, S. 160, 172.

94 Ein Mol ist definiert als eine Menge von rund $6{,}022 \cdot 10^{23}$ Molekülen; seine Masse beträgt in Abhängigkeit von der Masse des Moleküls mindestens 1 g (nur theoretisch existierender atomarer Wasserstoff), kann aber auch mehrere Millionen g betragen (etwa Kunststoffe, DNA); vgl. *Mortimer/Müller*, Chemie, S. 43, 155 f.

95 Vgl. *Singh/Ernst*, Gesund ohne Pillen, S. 126.

96 *Hopff*, Homöopathie, S. 25.

der Schulmedizin insoweit nachgeben, dass sie nur Nieder- oder Tiefpotenzen verwenden, in denen – jedenfalls rechnerisch oder sogar nachweisbar[97] – noch Wirkstoffmoleküle vorhanden sind, wird von anderen die Potenzierung fast beliebig fortgesetzt.[98] Hahnemann selbst nahm an, dass die Potenzierung nicht unbegrenzt fortgesetzt werden solle, und verwendete die 30. Potenz (C30 bzw. Q30) als Standardgabe.[99]

Auch der Effekt der Potenzierung wird keineswegs einheitlich beurteilt. Von vielen Homöopathen wird aber Hahnemanns – aus seiner praktischen Erfahrung gewonnene – Annahme geteilt, dass das Arzneimittel mit steigender Potenz – also sinkender stofflicher Konzentration – in ihrer Wirkung zunähme, also heilsamer werde.[100] Die gängige Vorstellung, dass Arzneimittel hoher Potenzierungen ungefährlich seien, wird ebenfalls nicht von allen Homöopathen geteilt.[101]

e) Arzneimittelprüfung

Hahnemann führte ein in dieser Form bis dahin unbekanntes Konzept der Arzneimittelprüfung ein.[102] Nach dem Selbstverständnis der Homöopathie als Erfahrungsmedizin mussten die Symptome jeder Arznei genau beobachtet werden. Im Gegensatz zur späteren evidenzbasierten Medizin wird jedoch nicht die Heilungswirkung überprüft, sondern die Auswirkungen der Arznei beim Gesunden, da sich nach homöopathischem Verständnis beim Kranken die Wirkung der Arznei und die Krankheitssymptome nicht eindeutig unterscheiden ließen.[103] Das Ähnlichkeitsprinzip selbst wird hierbei vorausgesetzt; aus diesem wird deduktiv gefolgert, dass die Arznei sich zur Heilung der ausgelösten Symptome eigne.

f) Einzelmittel

Nach Auffassung der (klassischen) Homöopathie bedarf es zur Heilung stets nur eines einzelnen Mittels.[104] Eine Gabe mehrerer Arzneien sei ungeeignet, da ihre Wechselwirkungen niemals vorhersehbar seien.[105] Selbst bei Gabe derselben Arznei in kurzen Abständen solle eine unterschiedliche Potenzierung gewählt werden.[106]

---

97 Von manchen Homöopathen werden diejenigen homöopathischen Arzneimittel, deren Konzentration zwischen 1:1.000.000 (D6 bzw. C3) und der Stofflichkeitsgrenze liegt, als Mittelpotenzen bezeichnet; vgl. *Dorcsi*, Homöopathie, Band 1, S. 146.

98 Vgl. *Vithoulkas*, Die wissenschaftliche Homöopathie, S. 174 f.

99 *Schmitz*, Strömungen der Homöopathie, S. 12.

100 *Hahnemann*, Organon, § 277; vgl. *Schmitz*, Strömungen der Homöopathie, S. 11; *Day*, Gesunde Rinderbestände durch Homöopathie, S. 20 f.

101 Vgl. *Freiherr von Bönninghausen*, Systematisch-alphabetisches Repertorium der homöopathischen Arzneien, S. 9.

102 Vgl. *Geißler/Quak*, Leitfaden Homöopathie, S. 19 f.

103 *Genneper/Wegener*, Lehrbuch der Homöopathie, S. 9.

104 *Hahnemann*, Organon, § 273.

105 *Hahnemann*, Organon, § 274.

106 *Hahnemann*, Organon, § 246 f.

g) Individuelle Anamnese

Ein Charakteristikum der Homöopathie ist die ausführliche Beschäftigung des Arztes mit dem Patienten im Rahmen der Anamnese. Es erscheint nicht unplausibel, dass gerade dieser intensive Patientenkontakt für die Beliebtheit der Homöopathie maßgeblich ist, und mittelbar auch die Heilaussichten verbessert.[107]

Nach der reinen Lehre Hahnemanns wird die Arznei stets auf den einzelnen Patienten und dessen individuelle Symptome abgestimmt. Der Arzt befragt den Patienten – auf möglichst nicht suggestive Weise –, um ein möglichst vollständiges Bild zu erhalten.[108] Einbezogen werden Familien-, Eigen- und Krankheitsanamnese sowie eine körperliche Untersuchung.[109]

In einigen Formen der Homöopathie, insbesondere der klinischen Homöopathie (s.u., B I 6 a cc) wird aber bei bestimmten Indikationen stets auf dasselbe Medikament zurückgegriffen („bewährte Indikationen“[110]), ohne dass eine aufwendige Anamnese erfolgt.[111]

h) Selbstdispension

Von Anfang an einen großen Streitpunkt zwischen Homöopathen und der herkömmlichen Medizin – insbesondere den Apothekern – bildete Hahnemanns Forderung, der Arzt müsse sämtliche Medikamente selbst herstellen, um für diese garantieren zu können.[112] Hahnemann selbst wurde die Selbstdispension wiederholt und an zahlreichen Orten untersagt,[113] bis er schließlich in Köthen die Erlaubnis zur Selbstdispension erhielt.[114] Unter dem Druck des Arzneimittelrechts ist die Selbstdispension heute weitgehend ungebräuchlich.

i) Behandlung chronischer Krankheiten; Miasmentheorie

Die Vorstellung von Miasmen (gr. μίασμα: übler Dunst, Verunreinigung), der Krankheit zugrundeliegende Ur-Übeln, geht auf die Antike zurück.[115] In Anlehnung hieran ging Hahnemann – und mit ihm die klassische Homöopathie – davon aus, dass chronischen Krankheiten stets auf einem Miasma als behandlungsbedürftigem Grundleiden beruhten. Hahnemann unterschied hierbei drei verschiedene Miasmen, in welchen er die Ursachen aller chronischen Krankheiten sah: Psora (Krätze), Sykose

---

107 Vgl. *Prang*, Alternativmedizin, S. 144 ff.

108 *Hahnemann*, Organon, § 84; *Geißler/Quak*, Leitfaden Homöopathie, S. 90 ff.; *Genneper/Wegener*, Lehrbuch der Homöopathie, S. 45 ff.

109 *Gebhard*, Beweisbare Homöopathie, S. 17 f.

110 Vgl. *Dorcsi*, Homöopathie, Band 1, S. 53.

111 *Schmitz*, Strömungen der Homöopathie, S. 195.

112 *Hahnemann*, Organon, § 265.

113 *Schmitz*, Strömungen der Homöopathie, S. 2; vgl. auch *Hahnemann*, Organon, § 265, Fn 2.

114 *Schmitz*, Strömungen der Homöopathie, S. 4 f.

115 Vgl. *Schmitz*, Strömungen der Homöopathie, S. 14.

(Feigwarzenkrankheit, Tripper) und Syphilis, die jeweils mit eigenständigen Arzneien zu behandeln seien.[116]

4. Praktische Bedeutung

Nach Informationen des Deutschen Zentralverbands homöopathischer Ärzte wird die Homöopathie von derzeit über 7.000 Ärzten in Deutschland angewendet.[117] Nach einer repräsentativen Umfrage des Instituts für Demoskopie Allensbach aus dem Jahre 2009 haben 53% der deutschen Bevölkerung über 16 Jahren bereits mindestens einmal homöopathische Arzneimittel eingenommen.[118] Der jährliche Umsatz der homöopathischen Arzneimittelindustrie in Deutschland liegt bei rund 400 Millionen Euro,[119] im deutschen Apothekenmarkt werden rund 270 Millionen Euro mit homöopathischen Arzneimitteln umgesetzt.[120]

5. Verhältnis zur Schulmedizin

a) Unterschiedliches Wissenschaftsverständnis; Kritik an der Homöopathie

aa) Evidenz- und Erfahrungsmedizin

Im Gegensatz zur Schulmedizin, die sich in den vergangenen Jahrzehnten den strengen und weitgehend formalisierten Regeln der evidenzbasierten Medizin verschrieben hat, beruht die Homöopathie praktisch ausschließlich auf ärztlicher Erfahrung.[121] Vorkehrungen gegen eine Verfälschung durch Zufälle, Placebo-Effekte oder eine bestimmte Erwartungshaltung des Arztes werden hierbei in der Regel nicht getroffen.[122] Die Schulmedizin moniert daher, dass ein schlüssiger Beweis für die Wirkung der Homöopathie fehle.[123]

Die von der Homöopathie vollzogene Orientierung weg von theoretischen Überlegungen (wie der für die Medizin vor Hahnemann prägenden galenschen Viersäftelehre) hin zu empirischen Beobachtungen – die „reine Erfahrung“[124] – kann historisch als Fortschritt im Hinblick auf die Wissenschaftlichkeit betrachtet werden.[125] Gleiches gilt für die Einführung und Ausweitung der Anamnese, der

---

116 Näher *Geißler/Quak*, Leitfaden Homöopathie, S. 55 ff.; *Genneper/Wegener*, Lehrbuch der Homöopathie, S. 251 ff.; Hentschel/*Siebenwirth*, Naturheilverfahren, S. 307 ff.

117 Pressemitteilung des DZVhÄ, https://www.dzvhae.de/homoeopathie-presse/forschung-1-124/forschung.html.

118 Allensbach-Umfrage 2009, Nr. 14, Archivnr. 10039.

119 Stand: 2011; vgl. *Prang*, Alternativmedizin, S. 11.

120 BPI-Pharmadaten 2014, S. 74.

121 *Zuck*, NZS 1999, 313, 317.

122 Vgl. *Willi*, Homöopathie und Wissenschaftlichkeit, S. 139.

123 *Prokop* in Oepen/Prokop, Außenseitermethoden in der Medizin, S. 160, 178.

124 *Hahnemann*, Organon, § 25.

125 Vgl. *Jütte*, Geschichte der Alternativen Medizin, S. 182 f.

Betrachtung der Krankengeschichte, die auch von Kritikern der Homöopathie als Leistung Hahnemanns gewürdigt wird.[126]

Die der Homöopathie zugrundeliegenden wissenschaftlichen Ansätze werden allerdings von der heutigen Schulmedizin als unzureichend angesehen. Beispielsweise werden in der Homöopathie durchaus Arzneimittelprüfungen vorgenommen. Mit diesen werden jedoch die Symptome ermittelt, die das Heilmittel beim Gesunden hervorruft. Eine systematische Überprüfung, ob das Arzneimittel ebendiese Symptome entsprechend der – quasi-axiomatisch vorausgesetzten – Simile-Regel auch beim Kranken tatsächlich heilt bzw. lindert, erfolgt aber nicht.

bb) Wissenschaftliche Studien

Studien über die Wirksamkeit homöopathischer Arzneimittel zeigen widersprüchliche Ergebnisse. Auch die Analyse der einzelnen Studien durch Meta-Studien konnte diesen Konflikt nicht beilegen. Die Anhänger der Homöopathie berufen sich zumeist auf eine Meta-Studie aus dem Jahre 1997,[127] nach welcher eine nur auf Zufällen und Placebo-Effekten beruhende Wirkung der Homöopathie unwahrscheinlich sei. Die Gegner der Homöopathie halten diese Studie hingegen durch eine neuere, umfassendere Meta-Studie[128] für überholt. Ein zentraler Kritikpunkt liegt darin, dass die Studien, die eine Wirksamkeit der Homöopathie belegen sollen, nicht durch unabhängige Stellen bestätigt werden konnten. Zudem verliert bereits die Meta-Studie aus dem Jahr 1997 ihre Aussagekraft, wenn man allein die methodisch hochwertigeren der zugrundegelegten Studien berücksichtigt.[129]

cc) Keine überzeugende wissenschaftliche Erklärung für die Wirkung der Homöopathie

Entscheidend für die Ablehnung der Homöopathie durch die Mehrheit der Schulmediziner ist – neben dem nicht vorhandenen eindeutigen Befund über die Wirksamkeit – das Fehlen einer schlüssigen Erklärung für die (angenommene) Wirkungsweise der Homöopathie. Dies gilt insbesondere für den Bereich der Hochpotenzen, in denen Wirkstoffmoleküle überhaupt nicht mehr vorhanden sind. Die von Homöopathen vertretene These von der „Merkfähigkeit" des Wassers[130] ist mit dem derzeitigen Stand der Naturwissenschaften nicht vereinbar.[131] Physikalische Unterschiede zwischen Hochpotenzarzneimitteln und dem reinen Lösungsmittel

---

126 Etwa *Hopff*, Homöopathie, S. 7 f.
127 *Linde u.a.*, Lancet 350, No. 9081, S. 834.
128 *Shang u.a.*, Lancet 366, No. 9487, S. 726.
129 Vgl. *Ernst*, Praxis Naturheilverfahren, S. 64.
130 Vgl. *Steingassner*, Homöopathie verstehen, S. 68 ff.
131 *Hopff*, Homöopathie, S. 5 ff.; *Prang*, Alternativmedizin, S. 144; *Much*, Der veräppelte Patient?, S. 43 f.; *Grams*, Homöopathie neu gedacht, S. 67 f.

sind nicht nachweisbar.[132] Ebenso wenig liefern die Naturwissenschaften Hinweise auf eine über das rein materielle hinausgehende Lebenskraft.[133]

Viele Homöopathen sehen kein Bedürfnis für einen derartigen Erklärungsmechanismus. Die Homöopathie wird als phänomenologische Wissenschaft angesehen, die sich auf wahrnehmbare Symptome beschränkt und von weiteren spekulativen Erwägungen Abstand nimmt.[134] Schon Hahnemann hielt eine wissenschaftliche Erklärung seiner Methode für entbehrlich.[135]

dd) Kritik an den der Homöopathie zugrundeliegenden Beobachtungen

Der Homöopathie wird darüber hinaus vorgeworfen, sie beruhe auf grundlegend falschen Beobachtungen und Interpretationen derselben. Prominentestes Beispiel ist der Chinarinde-Versuch Hahnemanns: Nach der Einnahme von Chinarinde – die seinerzeit u.a. zur Fiebersenkung verwendet wurde[136] – beobachtete Hahnemann an sich fieberartige, malariaähnliche Symptome.[137] Nach neueren Erkenntnissen löst das in der Chinarinde enthaltene Chinin aber nicht etwa Fieber aus, sondern im Gegenteil eine Senkung der Körpertemperatur. Hahnemann, dem noch keine Fieberthermometer zur Verfügung standen, deutete demnach wohl die Folgen der (leichten) Hypothermie fälschlicherweise als Fiebersymptome.[138]

Als weiteres Beispiel können Hahnemanns Schlussfolgerungen aus der Kuhpocken-Impfung gelten.[139] Zu Hahnemanns Zeit war bekannt, dass die Infektion mit Kuhpocken vor der Ansteckung mit Menschenpocken schützte. Eine schlüssige Erklärung hierfür fehlte aber noch; Viren und Antikörper waren noch nicht entdeckt.[140] Auch die ebenfalls von Hahnemann angeführte Gewöhnung an z.B. Kaffee, die zur Erzielung einer gleichbleibenden Wirkung eine immer größere Dosierung erfordere und somit nach Hahnemanns Auffassung langfristig das Gegenteil des beabsichtigten Effektes bewirke,[141] lassen sich mit dem heutigen Verständnis der Aufnahme von Arzneien und Chemikalien durch die körpereigenen Rezeptoren erklären.

---

132 Vgl. *Weingärtner*, Homöopathische Potenzen, S. 80 ff.; *Singh/Ernst*, Gesund ohne Pillen, S. 149 ff., 158.

133 Vgl. *Hopff*, Homöopathie, S. 5 ff.

134 *Geißler/Quak*, Leitfaden Homöopathie, S. 7, 23.

135 *Hahnemann*, Organon, § 28.

136 *Hopff*, Homöopathie, S. 13 f.

137 Vgl. *Helmstädter*, Hahnemann und die Homöopathie, PharmR 2006, 13, 14; *Prang*, Alternativmedizin, S. 142 f.; *Genneper/Wegener*, Lehrbuch der Homöopathie, S. 6 f., 416; Hentschel/*Siebenwirth*, Naturheilverfahren, S. 284; *Frei-Erb*, Schweizer Zeitschrift für Ganzheitsmedizin 2011, 237.

138 *Hopff*, Homöopathie, S. 13 f.

139 *Hahnemann*, Organon, § 46.

140 Vgl. *Singh/Ernst*, Gesund ohne Pillen, S. 143 f.; *Eckart*, Geschichte, Theorie und Ethik der Medizin, S. 247 f.

141 *Hahnemann*, Organon, § 59.

Hahnemann folgerte aus diesen – und zahlreichen weiteren – Beobachtungen durch Induktionsschluss ein generelles Prinzip der Ähnlichkeitsheilung. Unter Berücksichtigung der neueren Erkenntnisse über die biologischen Prozesse im menschlichen Körper verbleiben zumindest erhebliche Zweifel an dieser Schlussfolgerung.

Von Kritikern werden die Prinzipien der Homöopathie dementsprechend als „magisches", auf keinen wissenschaftlichen Erkenntnissen beruhendes Denken eingestuft.[142] Die Beobachtungen, auf denen die Homöopathie aufbaut, seien im Übrigen nicht eindeutig reproduzierbar.[143] Auch sei die Vorstellung, Krankheit und Symptom seien dasselbe, überholt.[144]

ee) Besonderheiten des Wirksamkeitsnachweises

Nach Auffassung vieler Homöopathen eignen sich randomisierte Doppelblindstudien nur eingeschränkt zur Bewertung homöopathischer Methoden.[145] Bevorzugt wird die Prüfung durch intra-individuellen Vergleich, bei welchem jeweils nur ein Patient betrachtet wird.[146] Begründet wird dies damit, dass das Arzneimittel jeweils individuell ausgewählt wird.[147] Zwingend ist diese Annahme aber nicht: Soweit Homöopathen auf „bewährte Indikationen" zurückgreifen, das Arzneimittel also gerade nicht individuell auswählen, greift dieses Argument nicht. Denkbar ist auch ein Studienaufbau, bei dem nur in denjenigen Fällen, in denen der Arzt ein bestimmtes homöopathisches Arzneimittel verschreiben würde, zufällig bestimmt wird, ob der Patient dieses oder ein Placebo erhält.[148] In der Praxis erweist sich dies als schwer durchführbar,[149] im Einzelfall sind allerdings auch diesen Grundsätzen entsprechende Studien durchgeführt worden, bei denen eine Überlegenheit der Homöopathie gegenüber einem Placebo ebenfalls nicht belegt werden konnte.[150]

---

142 *Glowatzki* in Oepen/Prokop, Außenseitermethoden in der Medizin, S. 45, 60 f.; vgl. auch *Singh/Ernst*, Gesund ohne Pillen, S. 179, die die Homöopathie als „ultimative Form von Quacksalberei" bezeichnen.

143 *Prokop* in Oepen/Prokop, Außenseitermethoden in der Medizin, S. 45, 160, 163 f.; *Much*, Der veräppelte Patient?, S. 57.

144 *Much*, Der veräppelte Patient?, S. 56.

145 Vgl. *Genneper/Wegener*, Lehrbuch der Homöopathie, S. 408; *Coulter*, Hahnemann und die Homöopathie, S. 173.

146 *Gebhardt*, Beweisbare Homöopathie, S. 36 ff.

147 *Genneper/Wegener*, Lehrbuch der Homöopathie, S. 408.

148 Vgl. etwa Hentschel/*Siebenwirth*, Naturheilverfahren, S. 312.

149 Vgl. *Wein*, Qualitätsaspekte klinischer Studien zur Homöopathie, S. 160 ff.

150 Vgl. *Singh/Ernst*, Gesund ohne Pillen, S. 173 f.

b) Nebeneinander von Homöopathie und Schulmedizin

Hahnemann selbst schloss die alternative (oder kumulative) Anwendung der Homöopathie und der „Allopathie" aus.[151] Fraglich (und innerhalb der Homöopathie umstritten) ist, inwieweit sich dies auch auf die heutige Schulmedizin bezieht. Hahnemann selbst forderte, eine die Krankheit offenbar veranlassende oder unterhaltende Ursache zuerst zu entfernen.[152] Da die heutige Diagnosemöglichkeiten mit denen zur Zeit Hahnemanns nicht zu vergleichen sind, könnte eine Behandlung etwa bakterieller Erkrankungen mit Antibiotika durchaus von dieser Konzeption gedeckt sein.

Die allermeisten heutigen Homöopathen wenden jedenfalls auch schulmedizinische Methoden an, und sei es nur, um haftungsrechtliche oder gar strafrechtliche Folgen abzuwenden, die aus einer unterlassenen schulmedizinischen Behandlung folgen können.[153]

6. Unterschiedliche Strömungen innerhalb der Homöopathie

Auch unter den Anhängern der Homöopathie genießen nicht alle Prämissen und Schlussfolgerungen Hahnemanns die gleiche Anerkennung.[154] Insbesondere wird die von Hahnemann postulierte Ausschließlichkeit homöopathischer und allopathischer Arzneitherapie von den heutigen Homöopathen überwiegend abgelehnt.

Die heutige Homöopathie beruht nicht auf einem einheitlichen Konzept, sondern unterteilt sich in verschiedene Strömungen, die teilweise aber fließend ineinander übergehen und nicht klar abgrenzbar sind.[155] Dabei sind allen Varianten der Homöopathie einige wenige Prinzipien gemein, aus denen die Zugehörigkeit zur Homöopathie folgt, insbesondere die Heilung nach dem Simile-Prinzip.

a) Hauptströmungen

aa) Klassische Homöopathie

Die Anwendung homöopathischer Arzneimittel in enger Anlehnung nach Hahnemanns Vorgaben wird als „Klassische Homöopathie" bezeichnet. Die klassische Homöopathie hält sich überwiegend an Hahnemanns Vorgaben, ist bestrebt, ihn „genau nachzumachen".[156] Sie grenzt sich daher auch stärker als die anderen homöopathischen Richtungen von der Schulmedizin ab und lehnt Versuche einer Vereinigung beider strikt ab.[157]

---

151 *Hahnemann*, Organon, § 22; heute noch etwa *Steingassner*, Homöopathie verstehen, S. 28 f.

152 *Hahnemann*, Organon, § 7.

153 Vgl. *Riker*, Homöopathie, S. 64; s. auch Kap. 7 B.

154 Vgl. *Sander*, Arzneimittelrecht, § 38 AMG Rn 4.

155 Ausführlich, Geißler/Quak/*Schmitz*, Leitfaden Homöopathie, S. 215 ff.

156 *Eichelberger*, Klassische Homöopathie, S. 39; *Steingassner*, Homöopathie verstehen, S. 223.

157 *Eichelberger*, Klassische Homöopathie, S. 43; *Steingassner*, Homöopathie verstehen, S. 28 f.

bb) Die naturwissenschaftlich-kritische Homöopathie

Während die klassische Homöopathie sich auf Erfahrungswerte beruft, insbesondere auch auf Erfahrungen Hahnemanns selbst, nähert sich die naturwissenschaftlich-kritische Homöopathie der Schulmedizin insoweit an, als dass sie die Methoden und Vorstellungen der Homöopathie hinterfragt und ausleuchtet.[158]

Auch die wissenschaftlich-kritische Homöopathie geht vom Ähnlichkeitsprinzip aus. Die Wahl der Heilmittel ist somit grundsätzlich mit der klassischen Homöopathie vergleichbar. Von vielen wissenschaftlich-kritischen Homöopathen werden allerdings bevorzugt Niederpotenzen eingesetzt. Abgelehnt werden demgegenüber in der Regel die Miasmentheorie Hahnemanns wie auch die Lehre von der vis vitalis.[159] Beide gelten als Relikte der vor-wissenschaftlichen Medizin. Teilweise werden auch andere Grundlagen der Homöopathie verworfen, etwa die Arzneimittelprüfung am Gesunden.[160]

Zum wissenschaftlich-kritischen Ansatz gehört auch eine Annäherung an wissenschaftliche Methoden der Schulmedizin, die allerdings in der Regel nicht so weit reicht, dass die Prinzipien der evidenzbasierten Medizin auf die Homöopathie übertragen werden. Beispielsweise werden aber die Arzneimittelprüfungen am Gesunden mitunter der (einfach- oder doppelblinden) Placebo-Kontrolle unterworfen,[161] teilweise mit für einzelne Grundannahmen der Homöopathie niederschmetternden Ergebnissen.[162]

cc) Klinische Homöopathie

Ein Hauptanliegen der klinischen Homöopathie ist, die Anwendung homöopathischer Arzneimittel für den Einsatz in Kliniken und Arztpraxen praktikabler zu gestalten. Darüber hinaus ist die klinische Homöopathie auf eine Aussöhnung zwischen verschiedenen dogmatischen Richtungen ausgerichtet und beschreitet insbesondere einen Mittelweg zwischen klassischer und wissenschaftlich-kritischer Homöopathie.[163] Bekanntester Vertreter dieser Schule ist Mathias Dorcsi (1923–2001).[164]

---

158 Vgl. *Grams*, Homöopathie neu gedacht, S. 53 ff.

159 Vgl. *Grams*, Homöopathie neu gedacht, S. 72 ff., 160 f.

160 *Grams*, Homöopathie neu gedacht, S. 77 ff.

161 Vgl. *Geißler/Quak*, Leitfaden Homöopathie, S. 20; *Gebhardt*, Beweisbare Homöopathie, S. 21; *Hopff*, Homöopathie, S. 103.

162 So etwa der „Donner-Report", ein Bericht *Fritz Donners* über das im Dritten Reich durchgeführte Forschungsprogramm zur Homöopathie, dessen (*Donner* zufolge negative) Ergebnisse – möglicherweise wegen des nicht der Zielsetzung entsprechenden Ergebnisses – nie veröffentlicht wurden; *Willi*, Homöopathie und Wissenschaftlichkeit, S. 129 ff.; vgl. auch *Prokop* in Oepen/Prokop, Außenseitermethoden in der Medizin, S. 160, 165 ff.; *Singh/Ernst*, Gesund ohne Pillen, S. 146.

163 Vgl. *Schmitz*, Strömungen der Homöopathie, S. 66.

164 Vgl. *Schmitz*, Strömungen der Homöopathie, S. 62.

Die klinische Homöopathie greift unter anderem auf „bewährte Indikationen“ zurück, wendet also bei bestimmten Diagnosen jeweils das gleiche Arzneimittel an, ohne dies – wie von Hahnemann gefordert – jeweils auf den einzelnen Patienten abzustimmen. Für die Wahl der Arznei gilt das Hauptsymptom der Krankheit als entscheidend.[165]

b) Einzelne umstrittene Theorien und Methoden

Bei der Betrachtung der homöopathischen Literatur zeigt sich, dass – vom Ähnlichkeitsprinzip selbst abgesehen – kaum eine gängige These unumstritten ist. Angezweifelt werden insbesondere die Miasmentheorie[166], die Vorstellung von der Merkfähigkeit des Wassers und die Vorstellung einer geistartigen Lebenskraft und Arzneimittelwirkung.[167] Von besonderer Bedeutung ist auch der Hochpotenz-Streit; die Vorstellungen, ab welcher Potenzierung eine Wirksamkeit des Arzneimittels nicht mehr möglich ist, reichen von Niederpotenzen, bei denen eine Wirkstoffkonzentration noch nachweisbar ist, über die durch die Avogadrosche Zahl gebildete Grenze der Stofflichkeit und die von Hahnemann (und ähnlich auch der Anthroposophie[168]) vertretene C30-Grenze bis zu (maschinell hergestellten) Größenordnungen der millionsten Potenz und darüber hinaus.[169]

Umstritten sind auch einzelne Herstellungsverfahren, wie z.B. die Einglasmethode, bei welcher die Arznei mehrfach in demselben Glas verschüttelt wird.[170]

aa) Isopathie

Bereits zu Hahnemanns Lebzeiten begründete Johann Josef Wilhelm Lux (1776–1849) die Isopathie[171] (von gr. ἴσος: gleich), die von ersterem jedoch abgelehnt wurde. Heilung soll hierbei nicht durch Arzneien erfolgen, deren Symptome der Krankheit ähneln, sondern durch die krankmachende Substanz bzw. den Krankheitserreger selbst in potenzierter Dosis.

bb) Symptomgewichtung

Da sich die Auswahl des homöopathischen Arzneimittels nach den Symptomen richtet, jedoch oft keine auf alle Symptome passende Arznei existiert, ist die Gewichtung der einzelnen Symptome entscheidend.[172] Hierzu stehen verschiedene

---

165 Vgl. *Singh/Ernst*, Gesund ohne Pillen, S. 129, 132.
166 Vgl. *Schmitz*, Strömungen der Homöopathie, S. 204.
167 Vgl. *Grams*, Homöopathie neu gedacht, S. 67, 160.
168 *Schmitz*, Strömungen der Homöopathie, S. 186.
169 Vgl. *Vithoulkas*, Die wissenschaftliche Homöopathie, S. 174 f.
170 *Geißler/Quak*, Leitfaden Homöopathie, S. 32 f.
171 *Geißler/Quak*, Leitfaden Homöopathie, S. 3.
172 Vgl. *Genneper/Wegener*, Lehrbuch der Homöopathie, S. 91 ff.; *Vithoulkas*, Die wissenschaftliche Homöopathie, S. 201 ff.

Konzeptionen nebeneinander[173]: Beispielsweise kommt nach James Tyler Kent (1849–1916) den Geist- und Gemütssymptomen eine besondere Stellung zu,[174] während nach Clemens Maria Franz Freiherr von Bönninghausen (1785–1864) nach (dem sog. „Genius“ der Arznei entsprechenden) Hauptsymptomen und Nebensymptomen unterschieden wird.[175]

Auch bei der Bestimmung der Wirkungen einer Arznei bestehen unterschiedliche Auffassungen, z.B. sollen nach Constantin Hering (1800–1880) nur Erst-, nicht aber Nachwirkungen ausschlaggebend sein.[176]

cc) Komplexmittelstreit

Hahnemanns Anweisung, niemals mehr als ein Medikament einzunehmen, wird außerhalb der klassischen Homöopathie eher selten befolgt. Oft werden sogenannte Komplexmittel eingesetzt, die mehrere Wirkstoffe oder verschiedene Potenzierungen desselben Wirkstoffes (Potenzakkorde) enthalten.[177] § 4 XXVI 2 AMG lässt Komplexmittel ausdrücklich zu.

c) Fazit

Die Homöopathie ist keine homogene Therapierichtung, sondern im Gegenteil sehr vielfältig beschaffen. Gemeinsam ist aller Homöopathie nur das Ähnlichkeitsprinzip sowie eine Vorliebe für – zumindest im Verhältnis zur Schulmedizin – geringe Arzneimitteldosierungen. Probleme bereitet diese Vielfalt bei der Frage nach dem wissenschaftlichen Stand innerhalb der jeweiligen Therapierichtung (§ 135 I 1 Nr. 3 SGB V) und der thematisch eng verwandten Problematik der Binnenanerkennung.

II. Anthroposophische Medizin

1. Allgemeines; Ursprünge

Die anthroposophische Medizin beruht im Gegensatz zu Homöopathie und Phytotherapie auf einer – im Wesentlichen – vollständigen und einheitlichen Weltanschauung, der Anthroposophie (abgeleitet von gr. ἄνθροπος: Mensch, gr. σοφία: Weisheit). Diese wurde ab ca. 1901 von *Rudolf Steiner* (1861–1925) begründet.[178] Wichtigste Einflüsse waren die naturwissenschaftlichen und philosophischen

173 Vgl. *Schmitz*, Strömungen der Homöopathie, S. 203.
174 *Geißler/Quak*, Leitfaden Homöopathie, S. 12, 219 ff.
175 Vgl. *Geißler/Quak*, Leitfaden Homöopathie, S. 217 ff.; ähnlich *Hahnemann*, Organon, § 153.
176 Vgl. *Coulter*, Hahnemann und die Homöopathie, S. 130.
177 Vgl. *Schmitz*, Strömungen der Homöopathie, S. 208 f.; kritisch etwa *Vithoulkas*, Die wissenschaftliche Homöopathie, S. 175.
178 *Jütte*, Geschichte der Alternativen Medizin, S. 237 ff.; *Kienle/Kiene/Albonico*, Anthroposophische Medizin, S. 4.

Schriften *Johann Wolfgang von Goethes* (1749–1832) sowie die theosophische Bewegung um *Helena Blavatsky* (1831–1891).[179] Gemeinsam mit der Ärztin *Ita Wegmann* (1876–1943) entwickelte *Steiner* aus diesem philosophischen Konzept die anthroposophische Medizin. Das von beiden verfasste Hauptwerk der anthroposophischen Medizin, „Grundlegendes zur Erweiterung der Heilkunst – Nach geisteswissenschaftlichen Erkenntnissen" (1925) blieb aufgrund der Erkrankung und des Todes Steiners unvollendet.[180]

2. *Das anthroposophische Menschenbild und seine Bedeutung für die Therapieauswahl*

a) Menschenbild

Das anthroposophische Welt- und Menschenbild ist im Grundsatz an die aristotelische Einteilung der Dinge in Mineralien, Pflanzen, Tiere und Menschen angelehnt.[181] Die Anthroposophie geht davon aus, dass in diesen Gruppen vier unterschiedliche Arten von Kräften wirkten, wobei mit jeder höheren Seinsebene ein weiter Krafttypus zu den vorhandenen hinzutrete. Dem entspricht die Unterscheidung vierer unterschiedlicher „Leiber" bzw. „Leiblichkeiten" oder „Wesensglieder", die gemeinsam das Wesen des Menschen ausmachen sollen.[182]

Auf der untersten Ebene sei der „physische Leib" angesiedelt, der allen körperlichen Gegenständen innewohne. Bei Lebewesen – Pflanzen, Tieren und Menschen – trete der „Ätherleib" hinzu, der die Lebenskraft in sich trage,[183] und dessen Ursprung in einer „außerirdischen" Kraft ausgemacht wird.[184] Empfindungsfähige Wesen – Tiere und Menschen – verfügten darüber hinaus über einen „Astralleib".[185] Dem entspreche eine den beiden vorangehenden Kräftearten übergeordnete Kraft, durch die Tiere und Menschen zu einer selbständigen Individualität im Weltraum würden.[186] Nur dem Menschen wird als vierte Seinsebene der „Ich-Leib" oder „Geistleib"

---

179 Vgl. *Schmitz*, Strömungen der Homöopathie, S. 186; *Sieweke*, Anthroposophische Medizin, S. 16.

180 Vgl. *Steiner/Wegmann*, Erweiterung der Heilkunst, S. 111 (Nachwort).

181 *Steiner/Wegmann*, Erweiterung der Heilkunst, S. 3 ff.; *Ganz*, Schweizer Zeitschrift für Ganzheitsmedizin, 2013, 214.

182 Vgl. *Kienle/Kiene/Albonico*, Anthroposophische Medizin, S. 5; *Ganz*, Schweizer Zeitschrift für Ganzheitsmedizin, 2013, 214, 215; *Sieweke*, Gesundheit und Krankheit, S. 23 ff.; *Burkhard*, Anthroposophische Arzneimittel, S. 10f.

183 *Steiner/Wegmann*, Erweiterung der Heilkunst, S. 4 f.; vgl. auch *Burkhard*, Anthroposophische Arzneimittel, S. 10.

184 Vgl. *Steiner/Wegmann*, Erweiterung der Heilkunst, S. 18, 21.

185 Vgl. *Steiner/Wegmann*, Erweiterung der Heilkunst, S. 7; *Burkhard*, Anthroposophische Arzneimittel, S. 11.

186 *Steiner/Wegmann*, Erweiterung der Heilkunst, S. 21.

zugeschrieben, der zur Selbstorganisation und freien Selbstbestimmung befähige.[187] Die unterschiedlichen Seinsebenen beruhen nach dieser Vorstellung jeweils auf einer Klasse von unterschiedlichen – naturwissenschaftlich nicht nachweisbaren – Gestaltungskräften.[188]

Die anthroposophische Medizin geht von der Annahme aus, dass ein Ungleichgewicht zwischen den einzelnen Seinsebenen Krankheiten hervorrufe.[189] Dieses äußere sich durch eine zu intensive oder zu lose Verbindung zwischen den beiden niederen und den beiden höheren Leiblichkeiten.[190]

Hierbei werden vier Krankheitstypen unterschieden, je nachdem welchem Wesensglied ein Übergewicht zugeschrieben wird: sklerotische Erkrankungen (physischer Leib), geschwulstartige Erkrankungen (Ätherleib), entzündliche Erkrankungen (Astralleib) und Lähmungen (Geistleib).[191]

Neben den vier Wesensgliedern ist nach anthroposophischer Vorstellung auch die Dreigliederung der menschlichen Organisation relevant. Unterschieden werden Nerven-Sinnes-System (NSS), Stoffwechsel-Gliedmaßen-System (SGS) und rhythmisches System (RS).[192]

b) Therapie- und Arzneiauswahl

Im Rahmen der anthroposophischen Medizin werden verschiedene Diagnose- und Therapieverfahren eingesetzt, die teils der Schulmedizin, teils speziellen anthroposophischen Heilkonzepten entstammen.[193] Neben Arzneimitteln (typischerweise pflanzlicher oder mineralischer Herkunft)[194] und äußeren Anwendungen werden u.a. Kunsttherapien, Heileurythmie[195] und rhythmische Massagen eingesetzt.[196]

Zur Auswahl der Therapie soll sich der Arzt nach Vorstellung der Anthroposophie nicht allein auf sinnliche Wahrnehmungen verlassen, sondern auch auf eine Form übersinnlicher Erkenntnis, die „imaginative Erkenntnis-Kraft". Diese könne durch Übung erlangt werden, und nur durch sie sei eine Erkenntnis über die physische Leiblichkeit hinaus möglich.[197]

---

187 Vgl. *Steiner/Wegmann*, Erweiterung der Heilkunst, S. 8; *Burkhard*, Anthroposophische Arzneimittel, S. 11, 25.

188 Vgl. *Kienle/Kiene/Albonico*, Anthroposophische Medizin, S. 5.

189 Vgl. *Burkhard*, Anthroposophische Arzneimittel, S. 12.

190 *Steiner/Wegmann*, Erweiterung der Heilkunst, S. 14 f.

191 *Burkhard*, Anthroposophische Arzneimittel, S. 12 f.; vgl. *Steiner/Wegmann*, Erweiterung der Heilkunst, S. 37 ff.

192 Vgl. *Schad*, Komplementäre und Integrative Medizin 2008, 38 ff.; *Sieweke*, Gesundheit und Krankheit, S. 23 ff.

193 *Kienle/Kiene/Albonico*, Anthroposophische Medizin, S. 12 f.

194 Vgl. *Steiner/Wegmann*, Erweiterung der Heilkunst, S. 80 ff.

195 *Steiner/Wegmann*, Erweiterung der Heilkunst, S. 77 ff.; *Kienle/Kiene/Albonico*, Anthroposophische Medizin, S. 13 f.

196 *Kienle/Kiene/Albonico*, Anthroposophische Medizin, S. 13 f.

197 *Steiner/Wegmann*, Erweiterung der Heilkunst, S. 4 f.

Die Behandlung ist dem anthroposophischen Krankheitsverständnis entsprechend darauf ausgerichtet, das gestörte Verhältnis der einzelnen Leiblichkeiten zueinander zu beheben. So sollen einzelne Arzneimittel dazu dienen, die Ich-Organisation[198], den Astralleib[199] oder den Ätherleib[200] zu stärken. Zur Verwendung einer Substanz als Arzneimittel müsse der Arzt die möglichen Kräftewirkungen der Substanz innerhalb und außerhalb des menschlichen Organismus kennen.[201] Bei der Erkenntnis dieser Kräftewirkungen seien nicht allein die chemischen Eigenschaften der Substanz maßgeblich, sondern auch von einem naturwissenschaftlichen Standpunkt eher zufällig erscheinende Eigenschaften wie z.B. die büschelförmige Gestalt des Antimons, die auf Ätherwirkungen hindeute.[202] Auch Assoziationen zu verschiedenen Himmelskörpern[203] oder äußere Eigenschaften von Pflanzen, wie etwa die Farbe,[204] kämen als Kriterien in Betracht. Bekanntestes Beispiel ist die Verwendung von Mistelpräparaten in der Krebstherapie, wobei die Mistel aufgrund ihrer parasitären Lebensweise und geschwürartigen Ausbildung als geeignete Arznei angesehen wird.[205]

3. *Anthroposophische Heilmittel*

Als einzige der im Gesetz aufgezählten besonderen Therapierichtungen greift die anthroposophische Medizin auf spezifische Heilmittel zurück. Dies umfasst Heileurythmie, anthroposophische Kunsttherapie und rhythmische Massage.

Die Eurythmie ist eine von *Rudolf Steiner* und *Ita Wegmann* entwickelte Bewegungsform, bei der Konsonanten und Vokale in korrespondierende Bewegungen übertragen werden.[206] In der Heileurythmie wird dieses Konzept als Bewegungstherapie eingesetzt. Im Gegensatz zur herkömmlichen Krankengymnastik soll die Heileurythmie die seelisch-geistige Dimension des Menschen mit integrieren.[207]

Die auf *Margarethe Hauschka* zurückgehende anthroposophische Kunsttherapie bildet den Sammelbegriff für verschiedene Therapieformen, die durch Malerei, Plastik, Musik oder Sprachgestaltung geprägt werden.[208] Ziel ist die Anregung der Selbstheilfähigkeit des Patienten.[209]

---

198 *Steiner/Wegmann*, Erweiterung der Heilkunst, S. 82.
199 *Steiner/Wegmann*, Erweiterung der Heilkunst, S. 83.
200 *Steiner/Wegmann*, Erweiterung der Heilkunst, S. 95.
201 *Steiner/Wegmann*, Erweiterung der Heilkunst, S. 69.
202 *Steiner/Wegmann*, Erweiterung der Heilkunst, S. 69 f.
203 Vgl. *Burkhard*, Anthroposophische Arzneimittel, S. 20 ff.; *Schmitz*, Strömungen der Homöopathie, S. 191.
204 Vgl. *Burkhard*, Anthroposophische Arzneimittel, S. 33 ff.
205 Vgl. *Singh/Ernst*, Gesund ohne Pillen, S. 363.
206 *Kienle/Kiene/Albonico*, Anthroposophische Medizin, S. 13 f. Allgemein bekannt ist die Eurythmie insbesondere aufgrund ihrer Verwendung in der Waldorfpädagogik.
207 Vgl. Leitlinie zur Methode der Heileurythmie / Eurythmietherapie, 17. Fassung, Stand: September 2013, S. 4.
208 *Kienle/Kiene/Albonico*, Anthroposophische Medizin, S. 13.
209 *Pütz*, Gesundheit aktiv, Ausgabe 11 (Sommer 2013), S. 1.

Die rhythmische Massage nach *Ita Wegmann* ist eine spezielle auf anthroposophischen Vorstellungen beruhende Form der Massage, bei der mit weniger Druck gearbeitet wird als bei der konventionellen Massage und die in einem Rhythmus, namentlich in an- und abschwellenden, kreisenden und lemniskatischen[210] Bewegungen, der dem menschlichen Organismus entsprechen soll, durchgeführt wird.[211]

4. Verhältnis zur Schulmedizin

Die anthroposophische Medizin erhebt für sich selbst ebenso wie die Schulmedizin den Anspruch der Wissenschaftlichkeit. Allerdings sieht sie sich weniger als Naturwissenschaft, sondern als „Geisteswissenschaft".[212] Der anthroposophische Begriff der „Geisteswissenschaft" unterscheidet sich hierbei erheblich vom üblichen Verständnis der Geisteswissenschaften; insbesondere gelten im Rahmen der „geisteswissenschaftlichen" Betätigung im Sinne der Anthroposophie „übersinnliche" Wahrnehmungen als eine taugliche Quelle der Erkenntnis.[213] Die naturwissenschaftlich begründete Medizin wird jedoch nicht etwa abgelehnt, sondern „in ihren Prinzipien voll anerkannt", mit der Konsequenz, dass die anthroposophische Medizin nur von schulmedizinisch ausgebildeten Ärzten ausgeübt werden soll.[214] Die anthroposophische Medizin wird demnach lediglich als geisteswissenschaftliche Erweiterung der konventionellen Medizin verstanden.

Auf der anderen Seite zweifelte Steiner aber grundsätzliche Erkenntnisse der naturwissenschaftlichen Medizin an. Insbesondere ging er davon aus, dass für die Wirkungsweise der Chemikalien im menschlichen Körper die chemischen Gesetze keine Gültigkeit mehr hätten.[215] Während die Erkenntnisse der Naturwissenschaft auf Sinneseindrücken beruhten,[216] liege der Anthroposophie darüber hinaus eine übersinnliche Wahrnehmung – ein „höheres Wahrnehmen"[217] – zugrunde, die imaginative Erkenntnis-Kraft.[218] Mit dieser ließen sich auch die jenseits des physischen Leibs liegenden Leiblichkeiten erkennen (s.o., 2 a).

210 D.h. in Form einer liegenden 8 ausgeführten.
211 *Kienle/Kiene/Albonico*, Anthroposophische Medizin, S. 14.
212 Vgl. *Kienle/Kiene/Albonico*, Anthroposophische Medizin, S. 4.
213 *Steiner*, Die Geheimwissenschaft im Umriss, S. 93; *Steiner/Wegmann*, Erweiterung der Heilkunst, S. 91; *Kienle/Kiene/Albonico*, Anthroposophische Medizin, S. 4 ff.
214 *Steiner/Wegmann*, Erweiterung der Heilkunst, S. 1; *Wolf*, Schweizer Zeitschrift für Ganzheitsmedizin, 2010, 304.
215 *Steiner/Wegmann*, Erweiterung der Heilkunst, S. 72.
216 *Steiner/Wegmann*, Erweiterung der Heilkunst, S. 2.
217 *Steiner/Wegmann*, Erweiterung der Heilkunst, S. 6.
218 *Steiner/Wegmann*, Erweiterung der Heilkunst, S. 4.

Dass die der anthroposophischen Medizin zugrundeliegenden Lehren umgekehrt von der Schulmedizin als „magisches" Denken und Esoterik abgelehnt werden, kann kaum überraschen.[219]

5. *Abgrenzung zur Homöopathie*

In der anthroposophischen Medizin werden unter anderem auch Arzneimittel eingesetzt, die durch Potenzieren gewonnen werden. Die Auswahl des Arzneimittels erfolgt jedoch nach anthroposophischen, nicht nach homöopathischen Grundsätzen. Die anthroposophische Medizin ist also nach homöopathischem Verständnis als Allo- bzw. Enantiopathie zu qualifizieren.[220]

Auch die Homöopathie nach *Georgos Vithoulkas* (*1932), der ebenfalls verschiedene Seinsebenen des Menschen unterscheidet,[221] ist durch die Anwendung des Ähnlichkeitsprinzips klar von anthroposophischen Methoden abzugrenzen.

6. *Praktische Bedeutung*

Verglichen mit Homöopathie und Phytotherapie ist die Verbreitung der anthroposophischen Medizin eher gering. Der Umsatz mit anthroposophischen Arzneimitteln am Apothekenmarkt beträgt derzeit jährlich rund 60 Millionen Euro, was rund 5% des Umsatzes aller Arzneimittel der besonderen Therapierichtungen entspricht.[222] Allerdings darf hierbei nicht vernachlässigt werden, dass die anthroposophische Medizin über reine Arzneimitteltherapien hinausgeht, sodass der Marktanteil der anthroposophischen Medizin insgesamt wohl etwas größer ist, als diese Zahlen vermuten lassen.

III. Phytotherapie

1. *Grundgedanke*

Die Phytotherapie (Pflanzenheilkunde, von gr. φυτόν: Pflanze, gr. θεραπεία: Dienst, Heilung) beschäftigt sich mit der Vorbeugung und Behandlung von Krankheiten durch Pflanzen, Pflanzenteile sowie aus diesen gewonnene Zubereitungen.[223] Im Gegensatz zu Homöopathie und anthroposophischer Medizin beruht die Phytotherapie weder auf einer besonderen, von der Schulmedizin abweichenden Weltanschauung noch auf einer grundlegend anderen Vorstellung von Krankheit und

---

219 Vgl. *Glowatzki* in Oepen/Prokop, Außenseitermethoden in der Medizin, S. 45, 61; vgl. auch *Ostendorf*, VersMed 1991, 134 ff.; *Burkhard/Kittel*, VersMed 2009, 126 ff.; *Burkhard*, VersMed 2011, 33 ff.; *Singh/Ernst*, Gesund ohne Pillen, S. 363.

220 Vgl. *Geißler/Quak*, Leitfaden Homöopathie, S. 254.

221 *Vithoulkas*, Die wissenschaftliche Homöopathie, S. 27 ff.; *Geißler/Quak*, Leitfaden Homöopathie, S. 225 ff.

222 BPI-Pharmadaten 2014, S. 74.

223 *Fintelmann/Weiss*, Lehrbuch der Phytotherapie, S. 3.

Heilung.[224] Teilweise wird die Phytotherapie daher auch als Strömung innerhalb der Schulmedizin angesehen.[225]

Die in der Phytotherapie verwendeten Arzneimittel werden mit den heute synonym verwendeten Begriffen „Phytotherapeutika" oder „Phytopharmaka" bezeichnet. Frühere Unterscheidungen zwischen beiden Begriffen nach der Stärke der Wirksamkeit sind heute ungebräuchlich.[226]

Im weiteren Sinne können neben ganzen Pflanzen, Pflanzenteilen und -zubereitungen auch die aus selbigen isolierten Wirkstoffe zur Phytotherapie gezählt werden.[227] Weil isolierte pflanzliche Wirkstoffe allerdings auch in der Schulmedizin verwendet werden, ist insoweit kein Unterschied zwischen beiden Therapierichtungen erkennbar. Da die Verwendung isolierter pflanzlicher Wirkstoffe Bestandteil der Schulmedizin ist, also der allgemeinen Therapierichtung, kann sie mangels Besonderheit nicht gleichzeitig Teil einer besonderen Therapierichtung sein. Unabhängig davon, ob die Wirkstoffisolation terminologisch die Zurechnung zur Phytotherapie aufhebt, kann sie somit nicht mehr der Phytotherapie als besonderer Therapierichtung, also in einem enger verstandenen Sinne, angehören.

2. Ursprünge

Die Verwendung von Heilpflanzen ist eine der ältesten Formen der Heilkunst. Ihre Ursprünge sind nicht exakt zu ermitteln; Hinweise auf den Anbau von Heilpflanzen finden sich ab dem 6. Jahrtausend v. Chr.[228] Die ayurvedischen Schriften und die traditionelle chinesische Medizin (TCM) beschäftigen sich bereits u.a. mit der Heilwirkung von Pflanzen.[229] Auch in Europa wurden Heilkräuter spätestens seit der Antike eingesetzt,[230] womöglich bereits zuvor.[231]

Bis in die Neuzeit wurde den Heilpflanzen oft ein magisches Element zugeschrieben, etwa das „Arcanum" bei Paracelsus.[232] Mit der Aufklärung und dem Fortschritt der Naturwissenschaften wurde aber die Pflanzenkunde ab dem 18. Jahrhundert modernisiert und (zumindest weitgehend) entmystifiziert.[233] In der ersten Hälfte des 20. Jahrhundert entstand hieraus die moderne Phytotherapie, wobei insbesondere

---

224 Vgl. *Fintelmann/Weiss*, Lehrbuch der Phytotherapie, S. 8.
225 *Wenigmann*, Phytotherapie, S. 5, 10.
226 *Wenigmann*, Phytotherapie, S. 7.
227 *Fintelmann/Weiss*, Lehrbuch der Phytotherapie, S. 3.
228 *Wenigmann*, Phytotherapie, S. 3.
229 *Fintelmann/Weiss*, Lehrbuch der Phytotherapie, S. 5.
230 Vgl. *Rätsch*, Heilkräuter der Antike, S. 54 ff.
231 Vgl. *Singh/Ernst*, Gesund ohne Pillen, S. 237 f.
232 Vgl. *Wenigmann*, Phytotherapie, S. 4; *Glowatzki* in Oepen/Prokop, Außenseitermethoden in der Medizin, S. 45, 50; zur Antike vgl. *Rätsch*, Heilkräuter der Antike, S. 63 ff.
233 Vgl. *Wenigmann*, Phytotherapie, S. 5; *Jütte*, Geschichte der Alternativen Medizin, S. 165.

Henri Leclerc (1870–1955), der den Begriff der Phytotherapie prägte,[234] und Rudolf Fritz Weiss (1895–1992)[235] maßgeblich waren.

An der heutigen Gestalt der Phytotherapie hatte auch ihre Einordnung als besondere Therapierichtung durch das AMG 1976 ihren Anteil. Erst durch diese gesetzlichen Rahmenbedingungen wurden die Voraussetzungen geschaffen, durch welche die Phytotherapie zu einer einheitlichen Therapierichtung verschmolzen wurde.[236]

3. *Verhältnis und Abgrenzung zur Schulmedizin*

Die moderne Phytotherapie beruft sich ebenso wie die Schulmedizin auf naturwissenschaftliche Grundsätze und entsprechende Forschung. Zahlreiche phytotherapeutische Arzneimittel genügen auch den strengen Anforderungen der evidenzbasierten Medizin. Es überrascht nicht, dass die Phytotherapie sich nach eigenem Selbstverständnis nicht eindeutig als besondere Therapierichtung einordnet.[237]

Gleichwohl verlässt sich die Phytotherapie nicht allein auf kontrollierte Studien, die den Ansprüchen der evidenzbasierten Medizin genügen, sondern räumt auch der ärztlichen Erfahrung einen wissenschaftlichen Wert ein.[238] Diese Sonderstellung wird allerdings von manchen Phytotherapeuten kritisiert, da sie die Phytotherapie zu Unrecht weg von der Schulmedizin und in die Nähe der Alternativmedizin rücke.[239] Während homöopathische und anthroposophische Medikamente aufgrund der Unvereinbarkeit mit anerkannten naturwissenschaftlichen Grundsätzen von der Schulmedizin durchweg abgelehnt werden, gibt es zwischen Phytotherapie und Schulmedizin Überschneidungen, die eine Abgrenzung erschweren. Hinzu kommt, dass die ganz überwiegende Mehrheit der Phytotherapeuten im Bedarfsfalle auch auf Mittel der Schulmedizin zurückgreift. Phytopharmaka werden lediglich bevorzugt, nicht aber ausschließlich angewandt.[240]

Mitunter wird als Eigenart der Phytotherapie benannt, dass diese im Gegensatz zur Schulmedizin der Intuition des Arztes einen größeren Spielraum einräume[241] und im Patientengespräch dem Wort als „spirituelles Heilmittel" eine Bedeutung

---

234 *Fintelmann/ Weiss*, Lehrbuch der Phytotherapie, S. 4; *Stachels*, Marktzugangsregeln für pflanzliche Arzneimittel, S. 13.

235 *Fintelmann/ Weiss*, Lehrbuch der Phytotherapie, S. 5.

236 Vgl. *Fintelmann/ Weiss*, Lehrbuch der Phytotherapie, S. 5.

237 Vgl. *Fintelmann/ Weiss*, Lehrbuch der Phytotherapie, S. 7 f.; *Jütte*, Geschichte der Alternativen Medizin, S. 169.

238 *Fintelmann/ Weiss*, Lehrbuch der Phytotherapie, S. 8 ff.

239 Vgl. *Wenigmann*, Phytotherapie, S. 9.

240 *Weiss* schlug etwa – in Anlehnung an Asklepios von Thessalien – die Anwendung von Heilmethoden in folgender Reihenfolge vor: „zuerst das Wort – dann das pflanzliche Heilmittel – dann das große synthetische Chemotherapeutikum – und zuletzt das Messer!": *Fintelmann/ Weiss*, Lehrbuch der Phytotherapie, S. 8.

241 Vgl. *Fintelmann/ Weiss*, Lehrbuch der Phytotherapie, S. 8.

zumesse.[242] Nach diesem Verständnis liegt der Phytotherapie zumindest im Ansatz ein „ganzheitliches“ Konzept zugrunde.[243] Ein brauchbares Abgrenzungskriterium lässt sich aus alledem jedoch nicht gewinnen.

Als gut handhabbares Kriterium erweist sich demgegenüber die bereits angesprochene Verwendung ganzer Pflanzen bzw. Pflanzenteile. Die Verwendung isolierter pflanzlicher oder synthetisch hergestellter naturidentischer Wirkstoffe unterfällt demnach der Schulmedizin, sodass nur die Verwendung von Pflanzenteilen oder ganzen Pflanzen oder Zubereitungen aus diesen Phytotherapie im eigentlichen Sinne – und auch im Sinne des Gesetzes – ist.[244] Die Phytotherapie zeichnet sich hierbei allein dadurch aus, dass pflanzliche Arzneien ohne Wirkstoffisolation überhaupt verwendet werden. Bei der Arzneimittelwahl werden die Phytotherapeutika aber in der Regel lediglich bevorzugt, nicht aber ausschließlich angewandt.

Von schulmedizinischer Seite wird allerdings kritisiert, dass die Qualitätsschwankungen bei Phytotherapeutika deutlich stärker als bei chemisch hergestellten Arzneimitteln ausfallen könnten und schädliche Langzeitwirkungen kaum untersucht seien.[245]

4. *Praktische Bedeutung*

Auch wenn der Begriff der „Phytotherapie“ im allgemeinen Sprachgebrauch fast unbekannt ist, ist der Verbreitungsgrad phytotherapeutischer Arzneimittel umso höher.[246] Besondere Bedeutung kommt den Phytotherapeutika im Rahmen der Selbstmedikation zu, insbesondere auch zu Präventionszwecken.[247] Der Umsatz mit Phytotherapeutika am Apothekenmarkt liegt mit jährlich rund 775 Millionen Euro fast dreimal so hoch wie der Umsatz mit homöopathischen Arzneimitteln.[248]

C. Annäherung an eine Begriffsbestimmung der besonderen Therapierichtungen

I. Der Begriff der Therapierichtung im AMG

Der Begriff der „Therapierichtung“ (hier ohne den Zusatz „besondere“) wird im AMG eher am Rande verwendet. Eine gesetzliche Definition besteht nicht. Aus dem Klammerzusatz in § 25 VI 6 AMG und seinen Entsprechungen in den beiden folgenden Absätzen wird aber deutlich, dass in diesem Zusammenhang nur Homöopathie, anthroposophische Medizin und Phytotherapie besondere Therapierichtungen sind.

---

242 Vgl. *Fintelmann/Weiss*, Lehrbuch der Phytotherapie, S. 9.
243 Vgl. *Wenigmann*, Phytotherapie, S. 10.
244 Vgl. *Rehmann*, AMG, § 4 Rn 31.
245 Vgl. *Oepen*, VersMed 1992, 22.
246 Vgl. *Stachels*, Marktzugangsregeln für pflanzliche Arzneimittel, S. 14 ff.
247 Vgl. *Stachels*, Marktzugangsregeln für pflanzliche Arzneimittel, S. 15.
248 BPI-Pharmadaten 2014, S. 74.

Dies deckt sich auch mit Sinn und Zweck der Vorschrift. § 25 VI-VIIa AMG regeln die Anhörung spezieller Kommissionen. Um die Einrichtung dieser Kommissionen gewährleisten zu können, muss feststehen, für welche Therapierichtungen eine Kommission einzuberufen ist. In Erwägung zu ziehen ist aber, ob hierin eine verfassungswidrige Ungleichbehandlung anderer Therapierichtungen liegt (s.u., Kap. 3 E III 2).

II. Bestimmung des sozialrechtlichen Begriffs der besonderen Therapierichtung

1. Problematik

Auch im SGB V findet sich keine gesetzliche Definition der besonderen Therapierichtung. Als Anhaltspunkt für eine Begriffsbestimmung kann allerdings die Aufzählung in § 34 III 2 SGB V dienen. Dort wird „Arzneimitteln der besonderen Therapierichtungen wie homöopathischen, phytotherapeutischen und anthroposophischen Arzneimitteln" ein Sonderstatus bei der Beurteilung eingeräumt. Auch wenn sich der Passus bei strenger grammatischer Auslegung nur auf die jeweiligen Arzneimittel, nicht die Therapierichtung als Ganzes bezieht, sind keine Anhaltspunkte ersichtlich, dass der Gesetzgeber insoweit eine Differenzierung vornehmen wollte.

Hiernach sind jedenfalls die Homöopathie, die anthroposophische Medizin und die Phytotherapie als besondere Therapierichtungen anzusehen. Das Wort „wie" macht aber deutlich, dass die Regelung – im Gegensatz zum Arzneimittelrecht (vgl. Kap. 3 E III) – keinen abschließenden Charakter haben soll.[249] Die drei genannten Gruppen dienen vielmehr als Regelbeispiele.

Auch wenn eine gesetzliche Definition fehlt, wird durch die Aufzählung in § 34 III 2 SGB V doch deutlich, wie der Gesetzgeber den Begriff der „besonderen Therapierichtung" verstanden wissen möchte. Der Gesetzgeber grenzt den Begriff der „besonderen Therapierichtung" ein, indem er einen Typus vorgibt, der sich aus den drei genannten Richtungen ergibt.[250] Die Annahme einer weiteren besonderen Therapierichtung setzt voraus, dass diese zumindest gewisse Gemeinsamkeiten mit den drei aufgeführten Therapierichtungen aufweist.

Die Definition der besonderen Therapierichtung ist folglich aus den Regelbeispielen in der Art zu entwickeln, dass alle drei gesetzlich genannten besonderen Therapierichtungen erfasst sind. Auf der anderen Seite dürfen die Methoden der Schulmedizin nicht dem Begriff unterfallen, da er sonst *ad absurdum* geführt würde. Festzustellen sind daher zunächst die Gemeinsamkeiten der beispielhaft genannten

---

249 So auch die hM; vgl. BSG, 16.07.96, 1 RS 1/94, BSGE 79, 41, 47 (juris-Rn 27); *Schulin*, ZSR 1994, 546, 554; Hauck/Noftz/*Noftz*, SGB V, § 2 Rn 50 m.w.N.; a.A. *Estelmann/Eicher*, SGb 1991, 247, 252; Peters/*Hauck*, Handbuch der Krankenversicherung, § 34 SGB V Rn 34; für eine rein praktische Beschränkung auf die drei genannten Therapierichtungen *Francke*, SGb 1999, 5, 9 f.

250 Hauck/Noftz/*Noftz*, SGB V, § 2 Rn 50; *Busse*, SGb 2000, 61 ff.

besonderen Therapierichtungen in Abgrenzung zu Schulmedizin und „echten" Außenseitermethoden. In einem späteren Schritt (Kap. 2 A II 5 c) ist zu prüfen, inwieweit die Kriterien einer verfassungsrechtlichen Kontrolle standhalten.

2. *Gemeinsamer Befund aller gesetzlich genannten besonderen Therapierichtungen*

Allen im Gesetz aufgezählten besonderen Therapierichtungen ist zunächst gemeinsam, dass sie sich mit einer Vielzahl von Erkrankungen und deren Behandlung beschäftigten. Hierbei verfügen Homöopathie und anthroposophische Medizin über allgemeine Konzepte, die ihnen – zumindest theoretisch – die Behandlung nahezu jeder Krankheit ermöglicht. Die Phytotherapie beschränkt sich demgegenüber auf die Behandlung derjenigen Krankheiten, für welche wirksame Phytotherapeutika verfügbar sind. Von einigen wenigen klassischen Homöopathen abgesehen[251] greifen jedoch Mediziner aller drei Therapierichtungen bei Bedarf auf schulmedizinische Therapieformen zurück.

Gegenüber der großen Zahl zu behandelnder Krankheiten ist die Methodenvielfalt weniger deutlich ausgeprägt. Phytotherapie und Homöopathie verstehen sich selbst als reine Arzneitherapien, während die anthroposophische Medizin darüber hinaus spezifische Heilmittel anwendet (z.B. die Eurythmie, s. B II 3). Methodenvielfalt liegt aber in allen drei Therapierichtungen insoweit vor, als dass eine Vielzahl verschiedener Arzneimittel eingesetzt wird, nicht etwa nur ein „Allheilmittel" für alle erdenklichen Krankheiten. Die Vielfalt an Einzeltherapien geht auch mit einer Offenheit der Therapierichtungen einher: Da keine der Therapierichtungen durch eine abgeschlossene Anzahl von Therapien bestimmt wird, ist eine wissenschaftliche Entwicklung innerhalb der jeweiligen Therapierichtung möglich. Hierzu gehört auch die Möglichkeit einer offenen Wissenschaftsdiskussion.[252]

Unterschiede bestehen bei der Art und Weise, in welcher sich die besonderen Therapierichtungen von der Schulmedizin abgrenzen. Von Vertretern aller besonderen Therapierichtungen wird zunächst eine besondere Hinwendung zum Patienten befürwortet. Es liegt nahe, darüber hinaus mit der Rechtsprechung auf einen abweichenden weltanschaulichen Denkansatz abzustellen.[253] Ein solcher weltanschaulicher Denkansatz liegt unzweifelhaft bei der anthroposophischen Medizin vor: Dieser liegt mit der Anthroposophie Steiners und Wegmanns eine eigenständige Weltanschauung zugrunde. Für die Homöopathie ist ein abweichender weltanschaulicher Denkansatz schon weniger erkennbar. Der zentrale Unterschied zur Schulmedizin liegt in dem – zum leitenden Prinzip erhobenen – Grundsatz „similia similibus curantur". Dieser lässt sich allerdings nur in einem recht weit verstandenen Sinne als weltanschaulicher Denkansatz begreifen. Eine im engeren

251 So zumindest die reine Lehre Hahnemanns; *Hahnemann*, Organon, § 22. In der Praxis dürfte dies vor allem bei homöopathischen Heilpraktikern anzutreffen sein.
252 *Zuck*, NZS 1999, 313.
253 So etwa BSG, 16.09.1997, 1 RK 28/95, BSGE 81, 54 (juris-Rn 49).

Sinne weltanschauliche Abweichung von der Schulmedizin kann aber in der Vorstellung von der „vis vitalis“ und der dementsprechenden „geistartigen“ Heilkraft der Arzneien (s.o., B I 3 c) gesehen werden.

Die Phytotherapie weist hingegen kaum Abweichungen von der Schulmedizin auf, die als „weltanschaulich“ anzusehen wären. Am nächsten kommt einem weltanschaulichen Ansatz die Annahme, dass phytotherapeutische Arzneimittel in irgendeiner Form hilfreicher, unschädlicher oder bekömmlicher seien als konventionelle Arzneimittel. Ob dies bereits zur Begründung eines weltanschaulichen Ansatzes ausreicht, bleibt näher zu erörtern. In jedem Falle wird der Begriff des weltanschaulichen Denkansatzes in einem sehr weiten Sinne zu verstehen sein, der allen gesetzlich genannten Therapierichtungen gerecht wird.

Allen gesetzlich genannten besonderen Therapierichtungen kommt ein im Verhältnis zur Schulmedizin zwar geringerer, aber dennoch nicht völlig unerheblicher Anteil an der inländischen Medizin zu. Bei Betrachtung allein der Arzneimittelverbreitung am Apothekenmarkt entfallen rund 3% des Umsatzes auf phytotherapeutische Arzneimittel, knapp 1% auf Homöopathika und rund 0,2% auf anthroposophische Arzneimittel.[254]

Daneben findet sich die auffällige Gemeinsamkeit, dass Homöopathie, anthroposophische Medizin und (moderne) Phytotherapie allesamt ihren Ausgangspunkt in Deutschland haben.[255] Der Begriff der „besonderen Therapierichtung“ bietet sicherlich keinen Anlass, den Entstehungsort zum Kriterium zu machen; ein Verstoß gegen den allgemeinen Gleichheitssatz wäre insoweit auch evident, da ein sachlicher Grund nicht erkennbar ist.[256] Gleichwohl zeigt sich deutlich, dass die gesetzlich genannten Therapierichtungen auch und gerade in Deutschland einen gewissen Verbreitungsgrad erfahren haben. Einige weltweit sehr verbreitete, hierzulande aber eher selten angewandte Therapierichtungen wie Ayurveda und Traditionelle Chinesische Medizin (TCM) sind hingegen nicht erwähnt. Hieraus kann zwar nicht gefolgert werden, dass diese keine besonderen Therapierichtungen darstellen, ihre Nichterwähnung deutet aber darauf hin, dass die weltweite Verbreitung für den Gesetzgeber keine oder zumindest eine sehr untergeordnete Rolle spielte.

3. Vorläufige Kriterien

a) Therapierichtung

Der Begriff der Therapierichtung bezeichnet nach dem natürlichen Wortsinn eine Strömung, die verschiedene Therapien zusammenfasst. Diese Therapien müssen bestimmte Gemeinsamkeiten auffassen, die ihnen eine gemeinsame „Richtung“ geben.[257]

254 BPI-Pharmadaten 2014, S. 74.

255 Für die moderne Phytotherapie ist einschränkend zu sagen, dass ihr Ursprung neben Frankreich zumindest auch in Deutschland liegt, vgl. B III 2.

256 Näher Kap. 2 A II 5.

257 Vgl. Hauck/Noftz/*Noftz*, SGB V, § 2 Rn 50.

Einzelnen Therapien und Behandlungsmethoden kann demgegenüber nicht der Status einer besonderen Therapierichtung zuerkannt werden. Eine Gleichsetzung beider Begriffe scheidet schon nach dem Gesetzeswortlaut aus, der zwischen „Therapierichtung“ und „Behandlungsmethode“ eindeutig unterscheidet.[258]

b) Mögliche Kriterien für die Anerkennung als besondere Therapierichtung

Zusammenfassend kommen folgende Kriterien in Betracht:

- Vielzahl behandelbarer Krankheiten
- Kein *numerus clausus* der Einzeltherapien
- Offener wissenschaftlicher Austausch
- Von der Schulmedizin abweichender weltanschaulicher Denkansatz in weitestem Sinne
- Hoher Verbreitungsgrad (insbesondere im Inland)
- Verwurzelung in der deutschen Kultur
- Besondere Patientenfürsorge

Eine abschließende Bewertung der Kriterien setzt eine verfassungsrechtliche Analyse unter besonderer Berücksichtigung des allgemeinen Gleichheitssatzes gemäß Art. 3 Abs. 1 GG voraus (s. hierzu Kap. 2 A II 5).

258 BSG, 16.09.1997, 1 RK 28/95, BSGE 81, 54 (juris-Rn 49).

Kapitel 2 – Vorgaben höherrangigen Rechts

A. Verfassungsrechtliche Vorgaben

I. Allgemeines

Das Recht der besonderen Therapierichtungen wird in hohem Maße durch die Kollision unterschiedlicher Interessen und Rechtsgüter von Verfassungsrang geprägt. Grundrechtlich geschützt ist zunächst die Entscheidungsbefugnis, welche Therapie zur Behandlung einer konkreten Krankheit eingesetzt wird: Der Patient kann sich auf sein auf Art. 2 I bzw. II GG gestütztes Selbstbestimmungsrecht berufen, der Arzt (und im Grundsatz auch der Heilpraktiker) auf die Therapiefreiheit aus Art. 12 I GG. Für die Erforschung der besonderen Therapierichtungen (und deren Lehre) gilt die Wissenschaftsfreiheit nach Art. 5 III GG. Grundrechte wie die Weltanschauungsfreiheit nach Art. 4 I GG sind zwar nicht unmittelbar betroffen, beanspruchen aber doch einen gewissen Einfluss. Dem steht das Interesse der Krankenversicherung – und mittelbar auch des Fiskus und der Versicherten – an einer sparsamen und wirtschaftlichen Verwendung der zur Verfügung stehenden Mittel, um eine Überlastung des Systems zu verhindern, gegenüber.

In gleich mehrerer Hinsicht kann sich der allgemeine Gleichheitssatz auswirken. Sowohl Ungleichbehandlungen zugunsten der Schulmedizin als auch zugunsten der besonderen Therapierichtungen (oder anderer Richtungen alternativer Medizin, was nach geltendem Recht jedoch praktisch nicht relevant ist) bedürfen der Rechtfertigung. Nimmt man mit der herrschenden Meinung[259] auch ein Verbot zur Gleichbehandlung von wesentlich Ungleichem an, kann dieses unter Umständen eine Differenzierung zwischen einzelnen Therapierichtungen gebieten (s. hierzu II 5 d). Schließlich fällt auch die Ungleichbehandlung privater und gesetzlicher Krankenversicherungen ins Auge (II 5 e).

1. *Gründe für die Anerkennung der besonderen Therapierichtungen*

a) Therapiefreiheit

Regelungen, die bestimmte Therapieformen und Methoden einschränken, greifen in die Therapiefreiheit des Arztes ein. Diese wird verfassungsrechtlich primär durch die Berufsausübungsfreiheit gemäß Art. 12 I 1 GG geschützt (s.u., II 1). Dem Arzt obliegt für das Wohlergehen des Patienten eine besondere Verantwortung, als deren Spiegelbild die Therapiefreiheit verstanden werden kann. Art. 12 I GG unterscheidet

259 BVerfG, 12.05.1992, 1 BvR 1467/91, 1 BvR 1501/91, BVerfGE 86, 81 (juris-Rn 23); kritisch *Sachs*, Verfassungsrecht II, B 3 Rn 44.

nicht zwischen verschiedenen Berufen, sodass sich auch Vertreter anderer Heilberufe, insbesondere Heilpraktiker, auf die Therapiefreiheit berufen können.[260]

b) *Therapievielfalt und Selbstbestimmungsrecht des Patienten*

aa) Bedeutung

Nur scheinbar in die gleiche Richtung wie die Therapiefreiheit des Arztes wirkt das Selbstbestimmungsrecht des Patienten (näher II 3).[261] Der Wille des Patienten und die professionelle Einschätzung des Arztes, welche Methoden zielführend sind, können auseinanderfallen.[262] Das Verlangen des Patienten, selbst über die an ihm durchgeführten Therapien mitentscheiden zu können, wird zunächst durch die allgemeine Verhaltensfreiheit gemäß Art. 2 I GG bzw. – soweit er selbst durch kein Tun oder Unterlassen an der Therapie mitwirkt – durch das allgemeine Persönlichkeitsrecht geschützt. Daneben sind auch seine Rechte aus Art. 2 II GG auf körperliche Unversehrtheit und ggf. Leben betroffen.

Allen genannten Grundrechten des Patienten kommt primär eine Funktion als Abwehrrecht zu; allgemein anerkannt ist jedoch auch, dass mit ihnen daneben eine Schutzpflicht des Staates verbunden ist. Der Patient wird davor geschützt, gegen seinen Willen oder ohne hinreichende Aufklärung einer Therapie unterzogen zu werden.[263] Der Staat darf sich also an einer Therapie, die eine Verletzung seiner Grundrechte bedeutet, nicht beteiligen und muss zusätzlich aufgrund der Schutzpflichtdimension die nötigen Maßnahmen ergreifen, um entsprechende Therapien durch Dritte zu unterbinden.

bb) Das Selbstbestimmungsrecht als Mittel zur Verbesserung der Heilungsaussichten

Als wissenschaftlich unumstritten kann heute angesehen werden, dass Heilungsvorgänge durch psychische Vorgänge wesentlich mitgeprägt werden. Prominentestes Beispiel ist der Placebo-Effekt, bei dem allein die Überzeugung, eine wirksame Behandlung zu erhalten, einen Heilungserfolg bewirkt.[264] Ebenso kann oft bereits eine besondere Zuwendung die Heilung begünstigen.[265] Dies ist womöglich nicht auf den Menschen beschränkt: Eben dieser Effekt wird etwa von Kritikern der Homöopathie als Erklärung für (einzelne) positive Studienbefunde zur Tierhomöopathie herangezogen.[266] Ob man die besondere ärztliche Zuwendung eher dem letzteren

---

260 *Zuck*, Das Recht der anthroposophischen Medizin, S. 83, Rn 102.
261 Quaas/Zuck/*Zuck*, Medizinrecht, § 2 Rn 54.
262 Vgl. etwa BGH, 22.02.1978, 2 Str 372/77, NJW 1978, 1206.
263 Vgl. BVerfG, 05.03.1997, 1 BvR 1071/95, NJW 1997, 3085.
264 *Prang*, Alternativmedizin, S. 22 f.; *Piechowiak* in Oepen/Prokop, Außenseitermethoden in der Medizin, S. 3, 11 ff.
265 Vgl. *Benedetti*, Placebo Effects, S. 75 ff.
266 Vgl. *Benedetti*, Placebo Effects, S. 56 ff.

Phänomen oder dem Placebo-Effekt zurechnet, kann dabei letztlich dahinstehen. Auch wenn das Vertrauen in die Selbstheilungskräfte des Patienten unterschiedlich ausgeprägt ist, werden diese Zusammenhänge auch von Vertretern der Schulmedizin anerkannt.[267]

Das Selbstbestimmungsrecht kann somit – unabhängig von seinem abstrakten Schutz durch die Grundrechte – auch rein praktische Vorteile mit sich bringen. Ist der Patient von der Wirksamkeit der Behandlungsmethode selbst überzeugt, kann dies den Heilungsverlauf positiv beeinflussen.

c) *Weltanschauliche Neutralität des Staates*

Die Entscheidung des Gesetzgebers, nicht ausschließlich schulmedizinische Methoden anzuerkennen, wird als Ausdruck der weltanschaulichen Neutralität des Staates gewertet.[268] Dieses – im Grundgesetz nicht ausdrücklich festgeschriebene – Prinzip wird primär aus dem allgemeinen Gleichheitssatz des Art. 3 I GG und den besonderen Diskriminierungsverboten der Art. 3 III, 33 III GG abgeleitet, findet aber auch in der Religions- und Gewissensfreiheit (Art. 4 I GG)[269] und dem Staatskirchenrecht (Art. 140 GG i.V.m. Art. 136 I, IV und 137 I WRV) ihren Ausdruck.[270] Daneben klingt es etwa in der Meinungsfreiheit (Art. 5 I GG) und der Wissenschaftsfreiheit (Art. 5 III GG) an. Auch Art. 141 GG – die Befreiung einzelner Bundesländer[271] von der Gewährleistung des Religionsunterrichts in Art. 7 III GG – wird zur Begründung des Prinzips herangezogen.[272]

Grundrechtlich abgesichert sind konkret der Schutz vor Diskriminierung wegen der politischen oder religiösen Anschauung (Art. 3 III, 33 III GG) und die Freiheit des weltanschaulichen Bekenntnisses (Art. 4 I GG). Auch wenn umstritten ist, ob Art. 3 III GG die Weltanschauung umfasst, genießt diese zumindest einen ähnlich hohen Stellenwert, was bei der Prüfung des Art. 3 I GG zu berücksichtigen ist (s.u., II 5 c ee). Zudem verbietet Art. 33 III 2 GG in seinem Anwendungsbereich ausdrücklich die Diskriminierung aufgrund der Weltanschauung.

Der grundsätzlichen Gleichbehandlung aller Weltanschauungen und der Gewährleistung der entsprechenden individuellen Freiheiten stehen allerdings mehrere Normen gegenüber, die gegen ein solches Prinzip sprechen. So gewährleistet Art. 7 III 1 GG den Religionsunterricht im Grundsatz – also jedenfalls für die Mehrheit der alten Bundesländer – gerade doch. Auch die von Art. 140 GG in Bezug genommenen Regelungen der WRV sind gerade nicht weltanschaulich neutral. Als Beispiel kann

---

267 Vgl. *Benedetti*, Placebo Effects, S. 43 ff.

268 BSG, 16.09.1997, 1 RK 28/95, BSGE 81, 54 (juris-Rn 42).

269 Für Art. 4 I GG als primäre Quelle des Neutralitätsgebots *Goerlich*, NVwZ 1998, 820.

270 Vgl. BVerfG, 14.12.1965, 1 BvR 413/60, 1 BvR 416/60, BVerfGE 19, 206 (juris-Rn 32).

271 Zumindest gilt dies für Bremen und Berlin; vgl. Maunz/Dürig/*Badura*, GG, Art. 141 Rn 4. Str. für die neuen Bundesländer; vgl. Maunz/Dürig/*Badura*, GG, Art. 141 Rn 5; *Goerlich*, NVwZ 1998, 819 f. m.w.N.

272 *Goerlich*, NVwZ 1998, 819 ff.

hier der Schutz der Sonntagsruhe nach Art. 140 GG i.V.m. Art. 139 WRV gelten,[273] die eindeutig der christlichen Tradition zuzuordnen ist, wohingegen Samstag (der jüdische Sabbat) bzw. Freitag (der islamische Yaum al-Dschum'a) diesen Schutz nicht genießen.

Der verfassungsrechtliche Befund ist letztlich zu diffus, um ein allgemeines Prinzip mit konkreten Rechtsfolgen über das Staatskirchenrecht hinaus anzunehmen.[274] Soweit das BVerfG das Prinzip der weltanschaulichen Neutralität herangezogen hat, bezog sich dies ausschließlich auf das Verhältnis zwischen Kirche und Staat,[275] nicht darauf, inwiefern der Staat sich weltanschaulich begründete Wertungen zu eigen machen darf. Auch insoweit verbietet die Neutralität nur die Identifizierung des Staates mit einer Weltanschauung und gebietet keine vollständige Distanzierung.[276] Zu prüfen ist daher nicht, ob ein – in seinen genauen Ausprägungen ohnehin noch zu bestimmendes – Neutralitätsgebot verletzt ist, sondern ob konkrete Grundrechtsverletzungen vorliegen. Als denkbar, allerdings nicht unproblematisch, erscheint demgegenüber eine Berücksichtigung der weltanschaulichen Neutralität im Rahmen einer verfassungsnahen Auslegung von Vorschriften, freilich nur als eines von mehreren Kriterien.

d) Wettbewerb unterschiedlicher Therapierichtungen

Als eine Begründung für die Einbeziehung der besonderen Therapierichtungen kommt auch das Ziel in Betracht, einen Wettbewerb zwischen unterschiedlichen Therapierichtungen zu erreichen.[277] Ob ein solcher Wettbewerb wirtschaftlich sinnvoll ist, erscheint allerdings zweifelhaft, da die Vor- und Nachteile der einzelnen Therapierichtungen für den Patienten kaum abschätzbar sind, also nur eine sehr geringe Marktransparenz vorliegt. Das Ziel, möglichst wirtschaftliche Leistungen zu erbringen, wird auf diesem Wege kaum zu erreichen sein. Für sich genommen genießt das Ziel des Wettbewerbs – im Gegensatz zum Wirtschaftlichkeitsgebot (s.u., 2 c) – keinen Verfassungsrang.

2. Widerstreitende Prinzipien

a) Garantie der bestmöglichen Leistung

Das Gesundheitssystem ist im Grundsatz auf optimale Patientenversorgung ausgerichtet.[278] Dies umfasst das Ziel, dem Patienten die bestmöglichen Leistungen zu verschaffen.

---

273 Vgl. *Heinig*, JZ 2009, 1136, 1139.

274 Kritisch auch *Holzke*, NVwZ 2002, 903, 910 f.; *Heinig*, JZ 2009, 1136, 1139 f.

275 BVerfG, 14.12.1965, 1 BvR 413/60, 1 BvR 416/60, BVerfGE 19, 206 (juris-Rn 32).

276 Vgl. BeckOK-GG/*Germann* Art. 4 Rn 84.

277 Vgl. Becker/Kingreen/*Scholz*, SGB V, § 2 Rn 13 zur Vielfalt der Leistungserbringer.

278 Vgl. BSG, 24.01.2013, B 3 KR 5/12 R, BSGE 113, 40 (juris-Rn 21).

Vollständig unwirksame Leistungen entsprechen dem Zweck bestmöglicher Versorgung von vornherein nicht. Umstritten ist jedoch, nach welchen Kriterien die Wirksamkeit zu bestimmen ist. Die evidenzbasierte Medizin stellt hierbei gerade im Arzneimittelbereich hohe Anforderungen, indem sie grundsätzlich nur Therapien zulässt, deren Wirksamkeit in kontrollierten und randomisierten klinischen Studien nachgewiesen werden konnte.[279] Demgegenüber wird insbesondere von Verfechtern der Homöopathie und anthroposophischen Medizin eine auf individueller Erfahrung beruhende Bewertung propagiert.[280] Räumt man den Kriterien der evidenzbasierten Medizin keine universelle Gültigkeit ein, so ist doch sicherzustellen, dass die Leistungen in anderer Form einer Wirksamkeitskontrolle unterliegen, die in ähnlicher Weise den Qualitätsstandard sichern (näher Kap. 4 B, C).

Auch eine wirksame Therapie stellt nicht zwingend die bestmögliche Behandlungsmethode dar. Verspricht eine andere Therapie bessere Heilungsaussichten, garantiert nur diese die optimale Versorgung des Patienten. Bietet eine Therapie geringere Heilungsaussichten als eine andere, lässt sie sich vor diesem Hintergrund als im Hinblick auf die bestmögliche Heilung „nicht ausreichend" (näher Kap. 4 E II 1) ansehen.

b) Wirtschaftlichkeit (Zweckmäßigkeit, Notwendigkeit, Wirtschaftlichkeit i.e.S.)

Dem Interesse des Patienten an einer optimalen Gesundheitsversorgung steht das Interesse der Allgemeinheit gegenüber, die Kosten des Gesundheitssystems möglichst gering zu halten. Eine ungezügelte Verschwendung der zur Verfügung stehenden Mittel könnte im Extremfall den Zusammenbruch der gesamten umlagefinanzierten Gesundheitsversorgung herbeiführen. Das Wirtschaftlichkeitsgebot kann dementsprechend dort als Schranke herangezogen werden, wo die Finanzierung von Gesundheitsleistungen durch den Staat verlangt wird, namentlich im Recht der gesetzlichen Krankenversicherungen und im Beihilferecht.

Gemäß § 7 I BHO ist der Bundestag bei der Aufstellung und Ausführung[281] des Haushaltsplans den Geboten der Wirtschaftlichkeit und Sparsamkeit verpflichtet. Diese Prinzipien werden in Art. 114 II 1 GG zwar nicht ausdrücklich geregelt, aber doch vorausgesetzt und erhalten so mittelbar Verfassungsrang.[282] Aufgrund der Umlagefinanzierung ist mittelbar auch der Bundeshaushalt von einer finanziellen Schieflage der gesetzlichen Krankenkassen betroffen. Auch das BVerfG hat einen hohen Rang der finanziellen Stabilität und der sich auf diese stützenden Funktionsfähigkeit der gesetzlichen Krankenversicherungen betont.[283]

---

279 Vgl. *Hart*, MedR 2000, 1.

280 *Kienle/Kiene/Albonico*, Anthroposophische Medizin, 2006, 45; *Zuck*, Das Recht der anthroposophischen Medizin, Rn 23.

281 Vgl. *von Lewinski/Burbat*, BHO, § 7 Rn 2.

282 *Von Lewinski/Burbat*, BHO, § 7 Rn 2.

283 BVerfG, 20.03.2001, 1 BvR 491/96, BVerfGE 103, 172 (juris-Rn 41); vgl. auch *Sodan*, NZS 2003, 393, 396.

Für den Bereich des SGB V hat der Gesetzgeber das Wirtschaftlichkeitsgebot an verschiedenen Stellen für verbindlich erklärt; zentrale Normen sind § 12 SGB V für das Leistungsrecht und § 70 SGB V für das Leistungserbringungsrecht. § 12 SGB V schlüsselt das Wirtschaftlichkeitsgebot in verschiedene Kriterien (ausreichend, zweckmäßig, notwendig und wirtschaftlich i.e.S.) auf, deren genaues Verhältnis höchst umstritten ist (näher Kap. 4 E).

Das Wirtschaftlichkeitsgebot kann im Grundsatz sowohl zugunsten wie auch zu Lasten der besonderen Therapierichtungen angewendet werdet. Einerseits lässt sich insbesondere die Eignung der Methoden der besonderen Therapierichtungen anzweifeln. Bei geringen Heilungsaussichten kann die Bewertung des Kosten-Nutzen-Verhältnisses negativ ausfallen. Im Einzelfall kann auch eine wirksame, aber besonders kostenintensive alternative Heilbehandlung als nicht notwendig bzw. unwirtschaftlich anzusehen sein (näher zu den Kriterien s.u., Kap. 4 E). Umgekehrt könnte eine geeignete Behandlung u.U. aus Wirtschaftlichkeitserwägungen den Vorrang vor einer kostenintensiveren schulmedizinischen Behandlung erhalten, die keine signifikant größere Heilwirkung besitzt.

Der Pluralismus verschiedener Therapierichtungen und das Wirtschaftlichkeitsgebot stehen in diesen Fällen in offener Konkurrenz: Bejaht man die freie Auswahl zwischen verschiedenen Therapierichtungen, kann nicht mehr die jeweils insgesamt wirtschaftlichste Methode ermittelt werden. Stattdessen fände eine Wirtschaftlichkeitskontrolle nur noch im Vergleich mit anderen Methoden der jeweiligen Therapierichtung statt (näher Kap. 4 E IV 4, V).

c) *Weltanschauliche Neutralität des Staates als widerstreitendes Prinzip*

Die weltanschauliche Neutralität des Staates kann nicht nur als Argument für eine Sonderstellung der besonderen Therapierichtungen herangezogen werden. Sie verbietet insgesamt die Privilegierung einzelner Weltanschauungen.[284] Werden die Voraussetzungen für die Anerkennung von Methoden der besonderen Therapierichtungen geringer angesetzt, kann dies in Widerspruch zum Gebot der weltanschaulichen Neutralität des Staates stehen. Auffällig ist in diesem Zusammenhang, dass das BSG den Begriff der „Privilegierung" der besonderen Therapierichtungen vermeidet und eine „Sonderstellung" verneint.[285]

Privilegierungen der besonderen Therapierichtungen sind im Hinblick auf den Grundsatz der weltanschaulichen Neutralität nicht prinzipiell unzulässig. Jede Privilegierung einer Therapierichtung muss sich jedoch daran messen lassen, ob sie eine unzulässige Ungleichbehandlung von Weltanschauungen darstellt.

284 Gegen eine Bevorzugung atheistischer und areligiöser Vorstellungen etwa *Holzke*, NVwZ 2002, 903, 906 f.

285 Etwa BSG, 08.09.1993, 14a RKa 7/92, BSGE 73, 66 (juris-Rn 27).

II. Konkrete Bedeutung der einzelnen Grundrechte

1. *Therapiefreiheit des Arztes (Art. 12 I 1, 2; 2 I 1 GG)*

a) Allgemeines

Die richtige Behandlungsmethode lässt sich nicht nach exakten Kategorien, anhand eines eindeutigen Regelwerks im Vorhinein bestimmen.[286] Für die Wahl der richtigen Behandlungsmethode ist die Entscheidungsfreiheit des Arztes im Vertrauen auf seine eigene Erfahrung zumindest in gewissem Umfang unverzichtbar.[287] Die Therapiefreiheit ist primär durch das ärztliche Berufsrecht garantiert.[288] Das GG enthält hingegen keine ausdrückliche Regelung. Die Therapiefreiheit ist jedoch als eine besondere Ausprägung der Berufsausübungsfreiheit durch Art. 12 I GG anzusehen.[289] Daneben ist die Therapiefreiheit auch als Bestandteil der allgemeinen Verhaltensfreiheit als umfassendes Auffanggrundrecht[290] gemäß Art. 2 I GG geschützt. Die Berufsfreiheit gemäß Art. 12 I GG ist demgegenüber lex specialis, sodass Art. 2 I GG vollständig verdrängt wird, soweit die Berufsfreiheit betroffen ist.[291]

b) Schutzbereich

aa) persönlich

Die Therapiefreiheit als besondere Ausprägung der Berufsausübungsfreiheit steht zunächst naturgemäß den Ärzten zu, ist aber nicht auf diese begrenzt. Nicht-Ärzte, die beruflich Heilleistungen erbringen, z.B. Heilpraktiker und Krankenpfleger, können sich ebenfalls auf die Berufsausübungsfreiheit berufen.[292] Da das GG die Therapiefreiheit nicht gesondert regelt, ist eine Unterscheidung, ob ein Leistungserbringer der Therapiefreiheit oder allgemein der Berufsausübungsfreiheit unterfällt, unergiebig. Für alle Erbringer von Heilbehandlungen ist im Ausgangspunkt die grundrechtliche Situation dieselbe.

---

286 Vgl. LKL/*Katzenmeier*, Arztrecht, X Rn 60.

287 LKL/*Katzenmeier*, Arztrecht, X Rn 60 f.

288 Vgl. LKL/*Lipp*, Arztrecht, II Rn 4.

289 BVerfGE 102, 26, 36 (juris-Rn 46); BVerfGE 106, 275 (juris-Rn 125); *Zuck*, Homöopathie und Verfassungsrecht, Rn 78; *Hart*, MedR 2000, 1 f.; Quaas/Zuck/*Zuck*, Medizinrecht, § 2 Rn 52.

290 GhM und st. Rspr.; vgl. BVerfG, 16.01.1957, 1 BvR 253/56, BVerfGE 6, 32, 36 (juris-Rn 14 f.); 26.10.2005, 1 BvR 396/98, BVerfGE 114, 371, 383 f. (juris-Rn 53); Dreier/*Dreier*, GG, Art. 2 Rn 26 m.w.N.

291 Vgl. Stern/Becker/*Nolte*, Grundrechte, Art. 12 GG Rn 104; Dreier/*Dreier*, GG, Art. 2 I Rn 98; Dreier/*Wieland*, GG, Art. 12 Rn 170.

292 *Zuck*, Das Recht der anthroposophischen Medizin, Rn 102.

bb) sachlich

Der sachliche Schutzbereich des Art. 12 I GG umfasst Regelungen der Berufswahl ebenso wie Regelungen der Berufsausübung.[293] Beruf ist hierbei jede Tätigkeit, die auf eine gewisse Dauer angelegt ist und der Schaffung und Erhaltung einer Lebensgrundlage dient.[294] Ob der Begriff des Berufes auf wirtschaftlich sinnvolle[295], einen Beitrag zur gesellschaftlichen Gesamtleistung darstellende[296], erlaubte[297] oder nicht sozial- bzw. gemeinschaftsschädliche[298] Tätigkeiten zu beschränken ist, kann dahinstehen, da diese Kriterien für Ärzte und vergleichbare Heilberufe im Grundsatz nicht in Frage stehen.

c) Eingriff

Ein Eingriff in die Therapiefreiheit kann zunächst in einem Gebot oder Verbot einer bestimmten Therapiehandlung bestehen. Wird eine Therapie untersagt, liegt ein Eingriff in die positive Therapiefreiheit vor, im Falle eines Gebotes in die negative. Zu denken ist insbesondere an das Verbot nicht zugelassener Arzneimittel, § 21 AMG,[299] und an Beschränkungen bestimmter Leistungen auf Ärzte, was ein Verbot für alle anderen Heilberufe bedeutet, z.B. die Verschreibung von Arzneimitteln gemäß § 48 I 1 AMG.

Auch jenseits dieser klassischen Eingriffe kann die Therapiefreiheit von staatlichen Maßnahmen betroffen sein. Bedeutsamster mittelbarer Eingriff ist der Ausschluss bestimmter Leistungen bzw. Therapieformen aus der gesetzlichen Krankenversicherung.[300] Dem Arzt – oder sonstigen Leistungserbringer – steht es hierbei frei, die entsprechenden Leistungen als individuelle Gesundheitsleistungen (IGeL) zu erbringen; er kann für diese auch vom Patienten Vergütung verlangen. Ausgeschlossen ist aber die Erbringung zu Lasten der Krankenversicherung. Hierdurch wird die Freiheit, eine bestimmte Therapie durchzuführen, faktisch erheblich beeinträchtigt, da der Patient oftmals nicht bereit – oder finanziell in der Lage – sein wird, die Kosten der Therapie selbst zu tragen.

---

293 Dreier/*Wieland*, GG, Art. 12 Rn 48.

294 BVerfG, Entscheidung vom 11.06.1958, 1 BvR 596/56, BVerfGE 7, 377, 397 (juris-Rn 55); Sachs/*Mann*, GG, Art. 12 Rn 45.

295 Vgl. BVerfGE 7, 377, 397 (juris-Rn 55, im Ergebnis unklar); 50, 290, 362 f. (juris-Rn 171); kritisch Sachs/*Mann*, GG, Art. 12 Rn 50; Maunz/Dürig/*Scholz*, GG, Art. 12 Rn 34; *Rupp*, AöR 92, 212, 219.

296 BVerfGE 7, 377, 397 (juris-Rn 55); 50, 290, 362 f. (juris-Rn 171).

297 BVerfGE 7, 377, 397 (juris-Rn 56); 32, 311, 317 (juris-Rn 16); 48, 376, 388 (juris-Rn 28); kritisch Sachs/*Mann*, GG, Art. 12 Rn 52; v. Münch/Kämmerer Art. 12 Rn 17; nunmehr auch BVerfGE 115, 276, 301 (juris-Rn 83).

298 BVerfGE 115, 276, 301 (juris-Rn 83); BVerfGE 117, 126, 137 (juris-Rn 32).

299 Nicht dem Verbot unterfällt allerdings die Verabreichung selbsthergestellter Arzneimittel durch den Arzt; vgl. BVerwG, 02.12.1993, 3 C 42/91, BVerwGE 94, 341 (juris-Rn 37); BVerfG, 16.02.2000, 1 BvR 420/97, BVerfGE 102, 26 (juris-Rn 40).

300 Vgl. *Katzenmeier*, NVersZ 2002, 537, 538.

d) *Rechtfertigung*

Liegt ein Eingriff in die Therapiefreiheit vor, bedarf dieser der Rechtfertigung. Das BVerfG geht davon aus, dass Berufswahl- und Berufsausübungsfreiheit entgegen dem Wortlaut des Art. 12 GG im Grundsatz ein einheitliches Grundrecht bilden, da sich diese beiden Ausprägungen nicht präzise unterscheiden lassen.[301] Der Entscheidung des Verfassungsgebers, nur die Berufsausübungsfreiheit einem Gesetzesvorbehalt zu unterstellen, hat das BVerfG jedoch Rechnung getragen, indem es eine Stufenlehre entwickelt hat.

Hiernach ist zu unterscheiden, ob eine bloße Berufsausübungsbeschränkung, eine subjektive Berufswahlbeschränkung oder eine objektive Berufswahlbeschränkung vorliegt.[302] Für den Bereich des Kassenarztrechts wird zudem unterschieden, ob eine Berufsausübungsregelung einer Einschränkung der Berufswahlfreiheit nahekommt[303] und ob sie statusrelevant ist,[304] sodass anstelle der sonst gebräuchlichen Drei-Stufen-Theorie eine Fünf-Stufen-Theorie tritt.[305]

Die Berufswahlfreiheit wird durch keine Regelung, die die Rechtsstellung der besonderen Therapierichtungen betrifft, berührt. Geregelt wird lediglich, inwieweit deren Methoden angewendet bzw. deren Kosten abgerechnet werden dürfen. Die Regelungen betreffen Inhalte und Verfahrensweisen der Tätigkeit, nicht jedoch in irgendeiner Form den Zugang zur Tätigkeit selbst.[306] Es handelt es sich um bloße Modalitäten der Berufsausübung. Die Regelungen kommen einer Einschränkung der Berufswahl auch nicht nahe. Das BVerfG hat diese Nähe bei der Zulassung als Kassenarzt bejaht.[307] Die Frage, ob eine bestimmte Leistung auf Kosten der Krankenversicherung erbracht werden darf, ähnelt der dort entschiedenen Fragestellung nur scheinbar: Es geht gerade nicht um das generelle Recht, erstattungsfähige Leistungen zu erbringen, sondern um das Recht, eine bestimmte erstattungsfähige Leistung zu erbringen. Diese mittelbare Einschränkung verhält sich gewissermaßen zu einer Berufsausübungsregelung wie die Kassenarztzulassung zu einer Regelung der Berufswahl.

Zur Legitimation bloßer Berufsausübungsbeschränkungen kommt jede vernünftige Erwägung des Gemeinwohls in Betracht, wenn diese die Beschränkung

---

301 BVerfG, Entscheidung vom 11.06.1958, 1 BvR 596/56, BVerfGE 7, 377 (juris-Rn 68); 21.02.1995, 1 BvR 1397/93 (juris-Rn 46).

302 BVerfG, Entscheidung vom 11.06.1958, 1 BvR 596/56, BVerfGE 7, 377, 401 ff. (juris-Rn 75 ff.); Jarass/Pieroth/*Jarass*, GG, Art. 12 Rn 33 ff.; MKS/*Manssen*, GG, Art. 12 Abs. 1 Rn 140.

303 BVerfGE 11, 30, 42 ff. (juris-Rn 41); Umbach/Clemens/*Clemens*, GG, Anh. zu Art. 12, Rn 81.

304 BSG, MedR 1999, 476, 478 (juris-Rn 13); Umbach/Clemens/*Clemens*, GG, Anh. zu Art. 12, Rn 84 f., 120 ff.

305 Umbach/Clemens/*Clemens*, GG, Anh. zu Art. 12, Rn 86 ff.

306 Vgl. hierzu Sachs/*Mann*, GG, Art. 12 Rn 79.

307 BVerfG, 23.03.1960, 1 BvR 216/51, BVerfGE 11, 30 (juris-Rn 41).

zweckmäßig erscheinen lässt.[308] In Betracht kommen hier insbesondere Beschränkungen zum Schutze der individuellen Gesundheit des Patienten, der „Volksgesundheit“[309] oder der Funktionsfähigkeit der gesetzlichen Krankenversicherung.[310]

Die Stufenlehre wird allerdings in erheblichem Maße durch den Verhältnismäßigkeitsgrundsatz überlagert;[311] Eingriffe müssen also im Hinblick auf den angestrebten Zweck geeignet, erforderlich und angemessen bzw. zumutbar sein.[312] Für den Bereich der reinen Berufsausübungsregelungen besteht hierbei ein relativ weiter Gestaltungsspielraum des Gesetzgebers.[313] Dies gilt erst recht, wenn die Regelung nicht final auf die Regelung des Berufes gerichtet ist,[314] sondern einem Zweck im Bereich der Arbeits-, Sozial- oder Wirtschaftspolitik dient.[315]

Bei kassenarztrechtlichen Regelungen gilt ein etwas strengerer Maßstab, soweit Eingriffe in die Berufsausübungsfreiheit statusrelevant sind,[316] also den vertragsärztlichen Zulassungsstatus betreffen.[317] Ist dies der Fall, genügen gleichwohl vernünftige Gründe des Gemeinwohls. Gefordert wird aber, dass die wesentlichen Fragen zumindest in ihren Grundzügen ausdrücklich im Gesetz geregelt werden.[318]

Einschränkungen der Therapiefreiheit aus Gründen des Gemeinwohls, etwa der Volksgesundheit, dem Schutz der Patienten oder der Wirtschaftlichkeit der Krankenversicherung, können mit relativ geringem Begründungsaufwand gerechtfertigt werden. Letztlich setzt die ärztliche Therapiefreiheit den Regelungsmöglichkeiten nur geringe verfassungsmäßige Grenzen.[319]

---

308 BVerfG, Entscheidung vom 11.06.1958, 1 BvR 596/56, BVerfGE 7, 377 (juris-Rn 74); 78, 155 (juris-Rn 21); 85, 248, 259 (juris-Rn 55); 123, 186, 238 (juris-Rn 165); Jarass/Pieroth/*Jarass*, GG, Art. 12 Rn 45; Dreier/*Wieland*, GG, Art. 12 Rn 99; SHH/*Hofmann*, GG, Art. 12 Rn 52.

309 Praktisch kommt dem abstrakten, im Grundgesetz nicht geregelten Rechtsgut der Volksgesundheit eine untergeordnete Bedeutung zu. Die „Volksgesundheit“ lässt sich letztlich nur aus den Individualgrundrechten der Patienten ableiten, die dementsprechend vorangig heranzuziehen sind.

310 BVerfGE 70, 1, 29 (juris-Rn 85); 103, 172, 184 (juris-Rn 42); 114, 196, 244 (juris-Rn 231); v. Münch/Kunig/*Kämmerer*, GG, Art. 12 Rn 72.

311 Vgl. BVerfGE 46, 120, 138 (juris-Rn 71 ff.); BVerfGE 103, 1 (juris-Rn 26); Dreier/*Wieland*, GG, Rn 94; MKS/*Manssen*, GG, Art. 12 I Rn 144 ff.

312 Dreier/*Wieland*, GG, Art. 12 Rn 94; SHH/*Hofmann*, GG, Art. 12 Rn 62.

313 Dreier/*Wieland*, GG, Art. 12 Rn 99 f.; Sachs/*Mann*, GG, Art. 12 Rn 142.

314 BVerfG, NJW 1992, 735, 736.

315 Dreier/*Wieland*, GG, Art. 12 Rn 100.

316 BSG, MedR 1999, 476, 478 (juris-Rn 13); Umbach/Clemens/*Clemens*, GG, Anh. zu Art. 12, Rn 120 ff.

317 BSG, MedR 1999, 476, 478 (juris-Rn 13); Umbach/Clemens/*Clemens*, GG, Anh. zu Art. 12, Rn 122.

318 BVerfGE 33, 125 (juris-Rn 113); Umbach/Clemens/*Clemens*, GG, Anh. zu Art. 12, Rn 121, 84.

319 So im Grundsatz auch *Zuck*, Homöopathie und Verfassungsrecht, Rn 78; *ders.*, Das Recht der anthroposophischen Medizin, Rn 102.

e) Sonderfall: Therapiefreiheit außerhalb von Art. 12 GG

Die Konstellation, dass eine Heilbehandlung durch einen Laien erfolgt – in dem Sinne, dass der Behandelnde weder als Arzt noch sonst in irgendeiner Weise beruflich Heilbehandlungen vornimmt – kann in der Schulmedizin getrost als exotisches Sonderproblem ignoriert werden. In der Alternativmedizin erscheint dies weniger abwegig. Insbesondere die Homöopathie kennt eine lange Tradition der Selbstmedikation. Da der Schutzbereich der Berufsfreiheit nicht eröffnet ist, bleibt in diesen Fällen nur der Rückgriff auf die allgemeine Verhaltensfreiheit nach Art. 2 I GG. Dies umfasst nicht nur die Selbsteinnahme von Medikamenten, sondern auch die Verabreichung an Dritte, etwa an Minderjährige durch ihre Eltern oder andere Aufsichtspersonen.

Freilich ist der Grundrechtsschutz in diesen Fällen eher gering. Eingriffe in diese „Therapiefreiheit für Laien" werden in der Regel unter Rückgriff auf die Volksgesundheit bzw. den Schutz der körperlichen Unversehrtheit und Gesundheit Dritter zu rechtfertigen sein.

2. Unternehmer-/Unternehmensfreiheit

Auch die Tätigkeit des Arzneimittelherstellers ist grundrechtlich geschützt. Einerseits ergibt sich aus Art. 2 I GG das Recht, sich wirtschaftlich zu betätigen.[320] Einschränkungen in diesem Bereich sind jedoch unproblematisch möglich;[321] Grenze ist im Wesentlichen nur die Verhältnismäßigkeit. Andererseits kann sich der Arzneimittelhersteller ebenso wie der Arzt auf die Berufsausübungsfreiheit nach Art. 12 I 1, 2 GG berufen. Hinsichtlich der Schranken gilt hier die allgemein anzuwendende Drei-Stufen-Theorie (s.o., 1 d). Die Berufsfreiheit gilt auch für weitere im Gesundheitssystem tätige Personen, etwa die privaten Krankenversicherungen.[322]

3. Selbstbestimmungsrecht des Patienten (Art. 2 I, II 1; 1 I GG)

a) Allgemeines

Während die Therapiefreiheit dem Arzt und anderen Leistungserbringern zusteht, kann der Patient selbst sich auf das Selbstbestimmungsrecht berufen.[323] Dass sich ein solches Recht aus dem GG ergibt, wird im Grundsatz nicht angezweifelt.[324] Umstritten ist jedoch seine genaue verfassungsrechtliche Verankerung. Nach der hM ist das Selbstbestimmungsrecht als eine besondere Ausprägung der allgemeinen

---

320 Vgl. *Zuck*, Homöopathie und Verfassungsrecht, Rn 84.

321 Vgl. *Zuck*, Homöopathie und Verfassungsrecht, Rn 84 f.

322 *Sodan*, NZS 2003, 393, 400.

323 BVerfGE 52, 171 (juris-Rn 113).

324 BVerfGE 52, 171 (juris-Rn 113) einschließlich der abw. Meinung; BGH, NJW 1983, 328, 329; NJW 1989, 764, 765; BVerwG, NJW 1989, 2960; *Höfling*, JuS 2000, 111, 114.

Verhaltensfreiheit nach Art. 2 I GG anzusehen.[325] Ebenfalls verbreitet ist die Auffassung, das Selbstbestimmungsrecht sei eine Ausprägung des allgemeinen Persönlichkeitsrechts nach Art. 2 I i.V.m. Art. 1 I GG.[326] In Betracht kommt auch eine Ableitung des Selbstbestimmungsrechts des Patienten aus den Rechten auf Leben und körperliche Unversehrtheit gemäß Art. 2 II 1 GG.[327]

Hierin ist allerdings kein entscheidungsbedürftiger Streit zu sehen. Die genannten Grundrechte erfassen jeweils unterschiedliche Aspekte des Selbstbestimmungsrechtes. Die allgemeine Verhaltensfreiheit gewährleistet vorrangig die Entscheidungsfreiheit, ob ein bestimmter Eingriff vorgenommen wird.[328] Die Grundrechte auf Leben und körperliche Unversehrtheit sind einerseits dann betroffen, wenn durch die Behandlung gesundheitliche Nachteile entstehen,[329] andererseits kann aber auch die Heilbehandlung selbst – u.U. auch der Verzicht auf eine konkrete Heilbehandlung – gegen den Willen des Patienten einen Eingriff darstellen. Soweit speziellere Grundrechte eintreten, sind allgemeine Verhaltensfreiheit und allgemeines Persönlichkeitsrecht subsidiär.[330]

Im Folgenden wird unabhängig voneinander erörtert, inwieweit die möglichen verfassungsrechtlichen Anknüpfungspunkte ein Selbstbestimmungsrecht des Patienten garantieren.

b) Art. 2 II 1 GG

Art. 2 II 1 GG garantiert die Rechte auf Leben sowie körperliche Unversehrtheit. Auch diese Rechte sind hierbei im Grundsatz als Freiheitsrechte anzusehen,[331] mag ihr Schutz auf einfachgesetzlicher Ebene auch im Einzelfall der freien Entscheidung des Grundrechtsträgers entzogen sein.[332]

aa) Verletzung durch positiven Eingriff

Primär schützen die Rechte auf Leben und körperliche Unversehrtheit den Patienten vor Eingriffen des Staates (Abwehrrechtsdimension).[333] Dieser hat auch den Schutz dieser Rechtsgüter vor Verletzungen durch Dritte sicherzustellen (Schutzpflichtdimension).[334]

---

325 BVerfGE 52, 171 (juris-Rn 113); im Grundsatz auch BGH, NJW 1983, 328, 329; NJW 1989, 764, 765.

326 BVerwG, NJW 1989, 2960; *Zuck*, NJW 1991, 2933 m.w.N.; für eine unmittelbare Anknüpfung an die Menschenwürde neben der allgemeinen Handlungsfreiheit BGH, NJW 1983, 328, 329; NJW 1989, 764, 765.

327 So etwa die abw. Meinung zu BVerfGE 52, 171 (juris-Rn 123 ff.); *Höfling*, JuS 2000, 111, 114.

328 Vgl. *Zuck*, NJW 1991, 2933.

329 Vgl. *Zuck*, NJW 1991, 2933.

330 Vgl. BeckOK-GG/*Lang*, Art. 2 Rn 29 f.

331 BVerfGE 89, 120 (juris-Rn 38 f.); Sachs/*Murswiek*, GG, Art. 2 Rn 8.

332 Vgl. MKS/*Starck*, GG, Art. 2 Abs. 2 Rn 207.

333 Maunz/Dürig/*Di Fabio*, GG, Art. 2 II 1 Rn 51.

334 Vgl. BVerfGE 39, 1 (juris-Rn 153); Sachs/*Murswiek*, GG, Art. 2 Rn 24 ff.

Ein positiver Grundrechtseingriff in das Grundrecht auf Leben bzw. körperliche Unversehrtheit liegt nur dann vor, wenn eine Behandlung – aufgrund staatlicher Anordnung – gegen (oder zumindest ohne) den Willen des Patienten erfolgt. Derartige Behandlungspflichten sind jedoch nur ausnahmsweise vorgesehen, z.B. bei der Verpflichtung zu Impfungen im Falle einer drohenden epidemischen Verbreitung einer übertragbaren Krankheit mit klinisch schweren Verlaufsformen gemäß § 20 VI IfSG. Relevant wird dies insbesondere im Verhältnis zur anthroposophischen Medizin, die in besonderem Maße den Grundsatz der individuellen Impfentscheidung propagiert.[335] Die Rechte des Art. 2 II GG werden in Satz 3 einem Gesetzesvorbehalt unterstellt;[336] als Rechtfertigungsgrund kommt insbesondere der Schutz der Volksgesundheit – bzw. der ihr zugrundeliegenden Individualgrundrechte – in Betracht.[337]

Zumindest für den Bereich der besonderen Therapierichtungen relevanter ist der umgekehrte Fall: Wird eine an sich verfügbare Therapiemethode durch eine staatliche Regelung eingeschränkt, liegt hierin ebenfalls ein Eingriff in das Recht auf körperliche Unversehrtheit, ggf. auch in das Lebensgrundrecht, da dem Patienten hierdurch der Zugang zu einer Methode verwehrt wird, die zur Erhaltung oder Verbesserung seiner körperlichen Unversehrtheit bestimmt ist.[338] Entsprechende Regelungen finden sich etwa im Arzneimittelrecht (näher dazu Kap. 3). Auch insoweit lassen sich insbesondere Volksgesundheit und Patientengrundrechte zur Rechtfertigung heranziehen.

bb) Leistungsdimension

Nach heute hM kommt dem Recht auf körperliche Unversehrtheit (ebenso wie dem Recht auf Leben) in engen Grenzen auch eine leistungsrechtliche Komponente zu.[339] Allerdings gilt dies nur in engem Rahmen und sehr generell: Ansprüche auf konkrete Leistungen können aus dem Grundrecht auf Leben und körperliche Unversehrtheit nicht abgeleitet werden.[340] Grundsätzlich stehen Leistungsrechte unter einem „Vorbehalt des Möglichen"; der Staat wird durch die Grundrechte nicht gezwungen, sich finanziell zu überfordern.[341] Auch im Zusammenspiel mit dem

---

335 *Zuck*, Das Recht der anthroposophischen Medizin, Rn 316 ff.

336 Vgl. auch § 20 VI 2 IfSG.

337 Vgl. BGH, Gutachten vom 25.01.1952, VRG 5/51, BGHSt 4, 375 (Impfzwang); BVerwG, NJW 1959, 2325, 2326.

338 BVerfG, NJW 1999, 3399 (juris-Rn 66 ff.) zu Organtransplantationen; Jarass/Pieroth/*Jarass* Art. 2 Rn 87.

339 Maunz/Dürig/*Di Fabio*, GG, Art. 2 Rn 94; vgl. BVerfG, NJW 1999, 857 (juris-Rn 7) *obiter dictum* zur verfassungskonformen Auslegung zahnärztlicher Bestimmungen; weitergehend *Hollenbach*, Grundrechtsschutz im Arzt-Patienten-Verhältnis, S. 362 ff.

340 BVerfG, NJW 1998, 1775 (juris-Rn 8); BSG, NZS 2002, 312 (juris-Rn 21); Maunz/Dürig/*Di Fabio*, GG, Art. 2 Rn 94; *Eykmann*, Verfassungsrechtliche Anforderungen, S. 9 f.

341 BVerfG, 18.07.1972, 1 BvL 32/70, 1 BvL 25/71, BVerfGE 33, 303 (juris-Rn 63); Isensee/Kirchhof/*Denninger*, Handbuch des Staatsrechts, IX, § 193 Rn 83; *Sachs*, Verfassungsrecht II, A 4 Rn 25.

Sozialstaatsprinzip[342] kommt allenfalls eine durch objektive Betrachtungsweise zu ermittelnde Grundsicherung in Betracht; eine bestimmte vom Patienten favorisierte Behandlungsmethode wird nicht erfasst.[343] Der Gesetzgeber hat einen weiten Gestaltungsspielraum bei der Ausgestaltung seiner Pflicht zur Erhaltung des Lebens und der körperlichen Unversehrtheit.[344] Ein allgemeines Grundrecht auf Gesundheit, das – ähnlich einem Recht auf Arbeit oder Bildung – seinem Wesen nach ein Leistungsgrundrecht wäre, ist jedenfalls im Grundgesetz nicht geregelt und kann diesem auch nicht entnommen werden.[345]

c) Allgemeine Handlungsfreiheit

aa) Schutzbereich

Als umfassendes Freiheitsgrundrecht[346] schützt die allgemeine Handlungsfreiheit auch das Recht, eine bestimmte Behandlung vornehmen zu lassen oder zu verweigern.[347] Hierunter fällt insbesondere das Recht zur freien Wahl des Arztes.[348] Da Art. 2 I GG grundsätzlich jedes Verhalten schützt, ist es folgerichtig, auch darüber hinaus den Schutzbereich auf alle Entscheidungen zu erstrecken, welche die Therapie betreffen.[349] Mit der Wahl des Arztes verliert der Patient nicht etwa sein Selbstbestimmungsrecht zugunsten der Therapiefreiheit des Arztes. Art. 2 I GG schützt auch die freie Auswahl eines Arznei- bzw. Hilfsmittels[350] und das Recht, gemeinsam mit dem Arzt über Behandlungsmethoden zu bestimmen,[351] letztlich also generell die Freiheit, in eine bestimmte Behandlung einzuwilligen oder die Einwilligung zu verweigern.

Nicht unmittelbar erfasst ist hingegen das Recht, Zugang zu einer bestimmten Heilmethode zu erhalten. Eine derartige leistungsrechtliche Komponente ist der allgemeinen Handlungsfreiheit allenfalls in Ausnahmefällen zuzuerkennen (s. hierzu unten cc).[352] Ein Recht, eine bestimmte Behandlung zur Verfügung gestellt bekommen, lässt sich auch der allgemeinen Handlungsfreiheit jedenfalls nicht entnehmen.[353]

---

342 Vgl. Sachs/*Murswiek*, GG, Art. 2 Rn 224.
343 BVerfG, 06.12.2005, 1 BvR 347/98, BVerfGE 115, 25 (Nikolaus-Beschluss; juris-Rn 55).
344 BSG, 19.10.2004, B 1 KR 9/04 R, juris (Rn 19); Sachs/*Murswiek*, GG, Art. 2 Rn 225.
345 Spickhoff/*Steiner*, Medizinrecht, Art. 2 GG Rn 14; *Sodan*, NZS 2003, 393.
346 BVerfGE 6, 32, 36 (juris-Rn 14 f.); 114, 371, 383 f. (juris-Rn 53); Dreier/*Dreier*, GG, Art. 2 Rn 26; Maunz/Dürig/*Di Fabio*, GG, Art. 2 I Rn 12 ff.
347 *Hufen*, NJW 2001, 849, 851; Dreier/*Dreier*, GG, Art. 2 I Rn 29.
348 Vgl. *Wigge*, MedR 1996, 51, 59; Maunz/Dürig/*Di Fabio*, GG, Art. 2 Rn 60; offen gelassen in BVerfG, 23.07.1963, 1 BvL 1/61, 1 BvL 4/61, BVerfGE 16, 286, 304 (juris-Rn 46).
349 *Wigge*, MedR 1996, 51, 58 f.; *Papier*, VSSR 1990, 123, 129.
350 BVerfGE 106, 275 (juris-Rn 125).
351 *Wigge*, MedR 1996, 51, 58; *Papier*, VSSR 1990, 123, 129; Sachs/*Murswiek*, GG, Art. 2 Rn 54.
352 Vgl. Sachs/*Murswiek*, GG, Art. 2 Rn 38.
353 BVerfG, 06.12.2005, 1 BvR 347/98, BVerfGE 115, 25 (juris-Rn 51).

bb) Maßstäbe der Einschränkungen

Für die allgemeine Handlungsfreiheit sieht Art. 2 I GG einen Gesetzesvorbehalt vor; Eingriffe sind zulässig nach Maßgabe der „Schrankentrias“, also bei Verstoß gegen Rechte anderer, die verfassungsmäßige Ordnung oder das Sittengesetz. Insbesondere die verfassungsmäßige Ordnung stellt eine umfassende Schranke dar: Nach ghM umfasst der Begriff jede formell und materiell mit der Verfassung in Einklang stehende Norm,[354] sodass die allgemeine Verhaltensfreiheit letztlich das Recht ist, zu tun oder zu lassen, was nicht verboten (bzw. geboten) ist.[355] Freilich müssen entsprechende Verbote bzw. Gebote den allgemeinen Anforderungen an Grundrechtsbeschränkungen genügen, insbesondere verhältnismäßig sein.[356]

cc) Sonderproblem: Art. 2 I GG i.V.m. dem Sozialstaatsprinzip

Für das Verhältnis zwischen Alternativ- und Schulmedizin ebenso wie für die Frage nach der leistungsrechtlichen Dimension der Verhaltensfreiheit bedeutend ist ein Sonderproblem, das sich in dem sog. Nikolaus-Beschluss des BVerfG[357] stellt. Die zentrale Fragestellung ist, ob bzw. unter welchen Umständen die Übernahme der Kosten einer nicht allgemein anerkannten Therapiemethode durch die GKV auch dann verweigert werden kann, wenn eine allgemein anerkannte Methode nicht besteht.

Das BVerfG ist hierbei der Auffassung, Art. 2 I GG könne (in Verbindung mit dem in Art. 20 I GG normierten Sozialstaatsprinzip) mittelbar doch Auswirkungen auf den Leistungsumfang der GKV haben.[358] Da der Patient regelmäßig keinen Einfluss auf die zu zahlenden Beiträge habe, könne ein Eingriff darin liegen, dass ihm die Beitragszahlungen ohne angemessene Gegenleistung aufgebürdet würden.[359]

Besonderes Gewicht bei der Beurteilung des Verhältnisses zwischen Beitrag und Leistung komme dem Recht auf Leben und körperliche Unversehrtheit zu; insbesondere genieße das Recht auf Leben als Höchstwert innerhalb der verfassungsmäßigen Ordnung besonderen Schutz.[360] Im Falle lebensbedrohlicher oder regelmäßig tödlicher Erkrankungen bestehe eine Pflicht zur verfassungsorientierten Auslegung der einfach-gesetzlichen Regelungen.[361] Im Ergebnis könne hieraus auch ein Anspruch auf eine Behandlungsmethode erfolgen, die dem allgemein anerkannten medizinischen Standard nicht entspricht, wenn ernsthafte Hinweise auf einen

---

354 St. Rspr. seit BVerfGE 6, 32, 37 f. (Elfes; juris-Rn 14 ff.); Dreier/*Dreier*, GG, Art. 2 I Rn 53; Sachs/*Murswiek*, GG, Art. 2 Rn 89.

355 Vgl. MKS/*Starck*, GG, Art. 2 Abs. 1 Rn 8.

356 Vgl. statt aller BeckOK-GG/*Lang*, Art. 2 Rn 25 f.

357 BVerfG, 06.12.2005, 1 BvR 347/98, BVerfGE 115, 25.

358 BVerfGE 115, 25 (juris-Rn 51 ff.); vgl. Spickhoff/*Steiner*, Medizinrecht, Art. 2 GG Rn 7; Sachs/*Murswiek*, GG, Art. 2 Rn 113; kritisch *Huster*, JZ 2006, 466, 467 f.

359 BVerfGE 115, 25 (juris-Rn 51 ff.) vgl. Spickhoff/*Steiner*, Medizinrecht, Art. 2 GG Rn 15.

360 BVerfGE 115, 25 (juris-Rn 56).

361 BVerfGE 115, 25 (juris-Rn 55 f.).

nicht ganz entfernt liegenden Erfolg der Heilung oder zumindest auf eine spürbare positive Einwirkung auf den Krankheitsverlauf vorliegen[362] und eine notstandsähnliche Situation besteht.[363]

Dogmatisch verleiht das BVerfGE nicht etwa der Verhaltensfreiheit eine leistungsrechtliche Komponente, sondern knüpft an die Verpflichtung zur GKV-Mitgliedschaft und Beitragszahlung an, die eindeutig einen klassischen Eingriff in die Verhaltensfreiheit bedeutet. Trotz der eher umständlichen Konstruktion vermag dies dogmatisch im Grundsatz zu überzeugen. Auf der Rechtfertigungsebene erscheint es unverhältnismäßig, jemanden zu erheblichen Beitragszahlungen zu verpflichten und dann im Versicherungsfall nicht einmal zur Rettung des Lebens des Patienten alles Erdenkliche zu unternehmen. Als problematisch erweist sich in der Praxis allerdings das Kriterium des „nicht ganz fernliegenden“ Erfolgs der Behandlungsmethode. Denn aus Sicht der Schulmedizin – und damit der herrschenden Meinung innerhalb der Ärzteschaft – ist ein Heilerfolg vieler alternativer Behandlungsmethoden ja gerade völlig fernliegend. Unklar bleibt, wessen Urteil für diese Entscheidung maßgeblich ist (näher Kap. 4 B IV).

d) Allgemeines Persönlichkeitsrecht

Heileingriffe können auch das allgemeine Persönlichkeitsrecht des Patienten berühren. Das allgemeine Persönlichkeitsrecht schützt die „Integrität der menschlichen Person in geistig-seelischer Beziehung“.[364] Neben den Rechten auf Leben und körperliche Unversehrtheit sowie freie Entfaltung der Persönlichkeit bleibt der Anwendungsbereich relativ gering. Anerkannt ist etwa das Recht, bei Organversagen ohne Intensivmedizin sterben zu können.[365] Das allgemeine Persönlichkeitsrecht kann zudem zu einem Anspruch auf Akteneinsicht führen.[366]

e) Fazit

Das Selbstbestimmungsrecht des Patienten, in die Anwendung einer bestimmten Heilmethode einwilligen oder dieser widersprechen zu können, wird durch das Grundgesetz garantiert. Soweit das Recht auf Leben bzw. körperliche Unversehrtheit betroffen ist, wird das Selbstbestimmungsrecht durch Art. 2 II GG garantiert, darüber hinaus durch Art. 2 I GG.

Eine leistungsrechtliche Komponente ist diesen Grundrechten nur sehr eingeschränkt zu entnehmen. Ein Recht auf Gesundheit existiert nicht. Besonderheiten gelten im Hinblick auf die GKV, da die Zwangsversicherung mit der damit verbundenen Verpflichtung zur Beitragszahlung ihrerseits einen Eingriff in die allgemeine

362 BVerfGE 115, 25 (juris-Rn 62 ff.).
363 Vgl. BVerfG, 26.03.2014, 1 BvR 2415/13, NJW 2014, 2176, 2177.
364 MKS/Starck, GG, Art. 2 Abs. 1 Rn 86.
365 MKS/Starck, GG, Art. 2 Abs. 1 Rn 113.
366 BVerwG, 27.04.1989, 3 C 4/86, NJW 1989, 2960, 2962.

Verhaltensfreiheit darstellt und daher besonderer Rechtfertigung – einschließlich der Garantie eines Mindeststandards – bedarf.

4. Wissenschaftsfreiheit

a) Problematik

Während die Bedeutung der Therapiefreiheit und des Selbstbestimmungsrechts für die Diskussion auf der Hand liegen und im Grundsatz auch unumstritten sind, erscheint es fraglich, inwieweit die Wissenschaftsfreiheit für die Stellung der besonderen Therapierichtungen Bedeutung hat. Während ein Großteil der Literatur die Wissenschaftsfreiheit überhaupt nicht thematisiert, berufen sich einzelne Befürworter einer Sonderstellung der besonderen Therapierichtungen darauf, dass die Wissenschaftsfreiheit eine Autonomie der einzelnen Therapierichtungen im Hinblick auf die Bewertung ihrer Methoden gebiete.[367] Insbesondere sei es mit der Wissenschaftsfreiheit unvereinbar, dass – für die Schulmedizin prägende – naturwissenschaftliche Vorstellungen auch für die „anerkannten" besonderen Therapierichtungen Anwendung fänden.[368] Während der von der Phytotherapie zugrunde gelegte Wissenschaftsbegriff mit dem der Schulmedizin weitgehend identisch ist, unterscheidet sich das Wissenschaftsverständnis der Homöopathie und in noch stärkerem Maße das der anthroposophischen Medizin vom schulmedizinischen Verständnis erheblich (s.o., Kap. 1 B I 5, II 4).

Die Wissenschaftsfreiheit umfasst als Oberbegriff einerseits die Freiheit der Forschung, andererseits die Freiheit der Lehre.[369] Besondere Probleme im Hinblick auf die Lehrfreiheit stellen sich im Hinblick auf alternativmedizinische Konzepte nicht. Schwerpunkt der folgenden Ausführungen ist daher naturgemäß die Freiheit der Forschung selbst.

b) Schutzbereich der Wissenschaftsfreiheit

aa) Allgemeines

(1) Zweck und Bedeutung der Wissenschaftsfreiheit

Die Wissenschaftsfreiheit ist eine besondere Ausprägung des Rechts auf freie Persönlichkeitsentfaltung, welche auch als primäres Schutzgut anzusehen ist.[370] Darüber hinaus soll die Wissenschaftsfreiheit sicherstellen, dass Forschung und Lehre nicht an politische, gesellschaftliche oder sonstige Zwänge gebunden sind, sondern

---

367 So vor allem Quaas/Zuck/*Zuck*, Medizinrecht, § 2 Rn 61 ff.; *ders.*, Homöopathie und Verfassungsrecht, Rn 90.

368 Quaas/Zuck/*Zuck*, Medizinrecht, § 2 Rn 61; *ders.*, Homöopathie und Verfassungsrecht, Rn 90 ff.

369 Sachs/*Bethge*, GG, Art. 5 Rn 200; Maunz/Dürig/*Scholz*, GG, Art. 5 III Rn 85; Jarass/Pieroth/*Jarass*, GG, Art. 5 Rn 136.

370 Vgl. Dreier/*Britz*, GG, Art. 5 III (Wissenschaft) Rn 14 m.w.N.

sich frei von diesen entfalten können. Dem liegt die Vorstellung zugrunde, dass eine freie Wissenschaft „Staat und Gesellschaft im Ergebnis am besten" diene.[371] Eine Wissenschaft, die sich von vornherein an von außen vorgegebenen Vorstellungen zu orientieren hat – seien diese politischen, gesellschaftlichen, religiösen oder wirtschaftlichen Ursprungs –, ist weitaus eher gefährdet, Fehlvorstellungen zu erliegen, als eine Wissenschaft, in der jederzeit die Möglichkeit besteht, Dogmen zu hinterfragen, und die einen offenen Diskurs gestattet. Dies kann nur gewährleistet werden, wenn jegliche Denkverbote ausgeschlossen sind. Die Wissenschaftsfreiheit muss daher pluralistisch, offen und wertungsmäßig autonom sein.[372]

Um diese Unabhängigkeit und Offenheit sicherzustellen, geht das BVerfG von einem weiten Wissenschaftsbegriff aus.[373] Die Literatur schließt sich dem ganz überwiegend an.[374] Geschützt wird demnach jede Gewinnung und Vermittlung wissenschaftlicher „Wahrheiten"[375] bzw. Erkenntnisse, ohne dass ein bestimmtes Vorverständnis von Wissenschaftlichkeit vorausgesetzt würde.[376] Dem ist zuzustimmen: Freiheit der Wissenschaft kann nur garantiert werden, wenn keine apriorischen Voraussetzungen gestellt werden. Anderenfalls liefe die Wissenschaftsfreiheit weitgehend leer. Gerade Mindermeinungen und wissenschaftliche Ansätze, die nur geringe Anerkennung genießen, bedürfen des Schutzes der Wissenschaftsfreiheit.[377] Die Wissenschaftsfreiheit garantiert demnach Pluralität der Theorien, der Methoden und auch des Grundverständnisses von Wissenschaft.

Auch objektiv unrichtige Methoden und Ergebnisse sind erfasst.[378] Dem ist schon deshalb beizupflichten, weil die Verwerfung eines wissenschaftlichen Konzepts nicht Aufgabe des Staates und seiner Organe sein kann, sondern im wissenschaftlichen Diskurs festgestellt werden muss.[379]

(2) Grenzen des sachlichen Schutzbereichs

Gleichwohl erstreckt sich die Wissenschaftsfreiheit nicht auf jeden Denkansatz, der für sich den Anspruch der Wissenschaftlichkeit erhebt. Die persönliche Einschätzung desjenigen, der für sich die Wissenschaftsfreiheit in Anspruch nimmt, genügt nicht.[380]

---

371 BVerfG, 20.07.2010, 1 BvR 748/06, BVerfGE 127, 87, 115 (juris-Rn 89); Jarass/Pieroth/*Jarass*, GG, Art. 5 Rn 133.

372 Maunz/Dürig/*Scholz*, GG, Art. 5 III Rn 95.

373 BVerfG, 11.01.1994, 1 BvR 434/87, BVerfGE 90, 1 (juris-Rn 46 ff.) = NJW, 1994, 1781, 1782.

374 Vgl. Stern, Staatsrecht Bd. IV/2, S. 739, BeckOK-GG/*Schemmer*, Art. 5 Rn 180.

375 Kritisch zum Begriff etwa *Stern*, Staatsrecht Bd. IV/2, S. 742.

376 BVerfGE 90, 1 (juris-Rn 46 ff.); BeckOK-GG/*Schemmer*, Art. 5 Rn 180; Leibholz/Rinck/*Burghart*, GG, Art. 5 Rn 1091.

377 BVerfGE 90, 1 (juris-Rn 47); BeckOK-GG/*Schemmer*, Art. 5 Rn 180.

378 Jarass/Pieroth/*Jarass*, GG, Art. 5 Rn 136.

379 Vgl. BVerfGE 90, 1 (juris-Rn 47, 74); *Siekmann/Duttge*, Staatsrecht I, Rn 485.

380 BVerfGE 90, 1 (juris-Rn 48); BeckOK-GG/*Schemmer*, Art. 5 Rn 180.

(a) „Ernsthaftigkeit"; Ziel des Erkenntnisgewinns

Versucht wurde, nur den „ernsthaften" Versuch eines Erkenntnisgewinns als Wissenschaft im Sinne des Art. 5 III GG zu qualifizieren.[381] Die Forschung müsse tatsächlich – und nicht nur vorgeblich – auf Erkenntnisgewinn gerichtet sein. Dies kann insbesondere dann fraglich sein, wenn die Forschung eigentlich nur ein zuvor postuliertes Ergebnis bestätigen soll.

Der Wert des Kriteriums der Ernsthaftigkeit lässt sich anzweifeln. Sicherlich ist der ergebnisoffene Diskurs das Idealbild der Wissenschaft. In der Praxis lässt sich dies jedoch oft nicht durchhalten. Als prominentes Beispiel lässt sich die Debatte der Klimaforschung anführen, welchen Anteil der menschlich verursachte Anstieg von Treibhausgasen auf die Klimaerwärmung hat: Hier werfen sich beide Seiten gegenseitig vor, ihre Forschung sei von vornherein auf ein bestimmtes Ergebnis ausgerichtet. Da die Wissenschaftsfreiheit gerade auch den Diskurs fördern will, hat sich die Rechtswissenschaft beim Ausschluss aus dem Schutzbereich zurückzuhalten. In Betracht kommt eine Ausgrenzung aus dem Schutzbereich der Wissenschaftsfreiheit nur, wenn – auch aus rechtswissenschaftlicher Perspektive und unmittelbar einleuchtenden Grundsätzen des gesunden Menschenverstandes – evident ist, dass ein Erkenntnisgewinn nicht beabsichtigt ist.[382] Auch interessengebundene Forschung genießt daher den Schutz der Wissenschaftsfreiheit.[383]

Das BVerfG hat es jedoch – im Anschluss an das BVerwG – für zulässig gehalten, eine Veröffentlichung dann von der Wissenschaftsfreiheit auszunehmen, wenn sie Literatur und Belege, die der vertretenen These entgegenstehen, völlig ausspart.[384] Dies erscheint im Ergebnis sachgerecht. Werden nur solche Veröffentlichungen von der Wissenschaftsfreiheit ausgenommen, die den bereits bestehenden Erkenntnisstand völlig ausblenden und sich nicht einmal ansatzweise damit auseinandersetzen, lässt sich hieraus mit hinreichender Sicherheit schlussfolgern, dass

---

381 BVerfG, 03.09.2014, 1 BvR 3353/13, NVwZ 2014, 1571(juris-Rn 8); BVerwG, 12.01.1966, V C 104.63, BVerwGE 23, 112, 120 (juris-Rn 24); Maunz/Dürig/*Scholz*, GG, Art. 5 Rn 91; Isensee/ Höfling/*Mager*, Handbuch des Staatsrechts, VII, § 166 Rn 8; *Smend*, VVDStRL 4, 44, 67.

382 Die Schwierigkeit der Abgrenzung wird auch an der insbesondere in den USA geführten Kreationismusdebatte deutlich. Während dem sogenannten „Young Earth Creationism", der von einer Erschaffung der Welt innerhalb von 6 Tagen nach 1. Mose 1 ausgeht, noch vorgeworfen werden kann, dass hier eher die Erhaltung von Dogmen als Erkenntnisgewinn im Vordergrund steht – und auch insoweit ist zu beachten, dass sich aus der „Unwissenschaftlichkeit" der Grundannahmen nicht zwingend die Unwissenschaftlichkeit der Forschung selbst folgern lässt –, lässt sich dies in Bezug auf die gemäßigteren Strömungen des Kreationismus, die unter dem Begriff des „Intelligent Design" zusammengefasst werden, nicht mehr eindeutig sagen.

383 *Stern*, Staatsrecht, Bd. IV/2, S. 744.

384 BVerfGE 90, 1 (juris-Rn 53); BVerwG, 03.03.1987, 1 C 39/84, NJW 1987, 1431, 1433 f. (juris-Rn 27).

ein Erkenntnisgewinn tatsächlich nicht beabsichtigt ist. Die bloße Voreingenommenheit, etwa durch das eigene Weltbild oder den Wunsch ein bestimmtes Ergebnis zu erreichen, schließt die Anwendbarkeit der Wissenschaftsfreiheit hingegen nicht aus. Insbesondere bleibt es den Behörden und Gerichten verwehrt, die Wissenschaftlichkeit wegen Unwahrheit der Ergebnisse abzusprechen.[385]

(b) Methodische Reflexion

Als Einschränkung des weiten Forschungsbegriffs kommt eine Beschränkung auf Forschungstätigkeiten in Betracht, denen eine methodische Reflexion zugrunde liegt. So geht das BVerfG davon aus, Forschung müsse zum Ziel haben, „in methodischer, systematischer und nachprüfbarer Weise neue Erkenntnisse zu gewinnen".[386]

Letztendlich ist hierin wohl keine eigenständige Voraussetzung des Vorliegens von Forschung bzw. Wissenschaft im Sinne des Art. 5 III GG zu sehen. Wie gezeigt, ist der Forschende in der Wahl seiner Methoden frei. Ein völlig unreflektiertes, unsystematisches oder nicht überprüfbares Vorgehen, kann aber Zweifel an der Ernsthaftigkeit der Forschung wecken, welche – in Ermangelung besserer Kriterien – als zentrales Abgrenzungsmerkmal dienen muss.[387]

(c) Innenperspektivische Wissenschaften; „engagierte Erkenntnis"

Der Einordnung als Wissenschaft im Sinne des Art. 5 GG steht es auch nicht entgegen, wenn der angestrebte Erkenntnisgewinn auf der Innenperspektive einer bestimmten Weltanschauung beruht bzw. eine Erkenntnis angestrebt wird, bei der ein bestimmtes Ergebnis erwünscht ist („engagierte Erkenntnis"[388]). So unterfällt z.B. die Theologie dem Wissenschaftsbegriff, obwohl sie nicht in jeder Hinsicht ergebnisoffen ist, sondern ihrer Forschung eine bestimmte, auf religiösen Vorstellungen beruhende Tendenz zugrunde liegt.[389] Dies gilt im Grundsatz sogar dann, wenn – im Gegensatz zur vorherrschenden Meinung – nicht nach der sogenannten historisch-kritischen Methode vorgegangen wird, sondern etwa biblische Aussagen von Vornherein als wahr unterstellt werden. Denn Wissenschaft kann sich auch auf einzelne abgegrenzte Fragestellungen beziehen. Solange die gefundenen Ergebnisse in irgendeiner Form hinterfragt werden und ein Erkenntnisgewinn angestrebt wird, kommt es auf die angewandten Methoden nicht an.

---

385 BVerfGE 90, 1 (juris-Rn 52).

386 BVerfG, 29.05.1973, 1 BvR 424/71, 1 BvR 325/72, BVerfGE 35, 79 (juris-Rn 93); vgl. auch *Thieme*, Hochschulrecht, Rn 110; *Dickert*, Naturwissenschaften und Forschungsfreiheit, S. 223 f., 226.

387 Vgl. Dreier/*Britz*, GG, Art. 5 III (Wissenschaft) Rn 19.

388 Maunz/Dürig/*Scholz*, GG, Art. 5 Rn 96.

389 Maunz/Dürig/*Scholz*, GG, Art. 5 Rn 181.

(3) Persönlicher Schutzbereich

Auch wenn naturgemäß Hochschullehrer die „geborenen" Träger des Grundrechts auf Wissenschaftsfreiheit sind,[390] ist die Wissenschaftsfreiheit letztlich ein Jedermann-Grundrecht.[391] Wer öffentlich oder privat wissenschaftlich tätig ist, kann sich auch auf die Wissenschaftsfreiheit berufen,[392] nach hL gilt dies auch für juristische Personen und Organisationen.[393]

bb) Phytotherapeutische Forschung als Wissenschaft im Sinne des Art. 5 III GG

An der Einordnung der Phytotherapie als Wissenschaft bestehen keine Zweifel. In der modernen Phytotherapie werden Wirksamkeit und Unbedenklichkeit der Arzneimittel kritisch hinterfragt und auch mit kontrollierten Doppelblindstudien überprüft.

cc) Homöopathische Forschung als Wissenschaft im Sinne des Art. 5 III GG

Da einige der Kernthesen der Homöopathie mit dem naturwissenschaftlichen Verständnis schwer in Einklang zu bringen sind (s.o., Kap. 1 B I 5 a) und die Methoden der evidenzbasierten Medizin von Homöopathen überwiegend abgelehnt werden, wird ihr von Kritikern regelmäßig die Anerkennung der Wissenschaftlichkeit verweigert. Umgekehrt wird von der Gegenauffassung die Anwendbarkeit der Wissenschaftsfreiheit damit begründet, dass das therapeutische Konzept der Homöopathie dem Wissenschaftsbegriff unterfalle.[394] Bei derartigen Überlegungen besteht die Gefahr mangelnder Präzision durch Vermischung verschiedener Begriffe. Die Wissenschaftsfreiheit bezieht sich primär nicht auf ein wissenschaftliches Konzept insgesamt, sondern schützt die auf konkrete Fragestellungen bezogene Forschung (und im Anschluss daran die Veröffentlichung und Lehre der hieraus gewonnenen Erkenntnisse). Die Frage, ob die Homöopathie insgesamt „wissenschaftlich" ist, geht an Art. 5 III GG vorbei. Dem Wissenschaftsbegriff des Art. 5 III GG kann nur die Erforschung der Homöopathie und ihrer Methoden unterfallen.

Zu untersuchen ist, ob die homöopathische Forschung den Mindestanforderungen an Wissenschaftlichkeit im Sinne des Art. 5 III GG genügt. Dies könnte nur dann ausgeschlossen sein, wenn sie nicht ernsthaft auf Erkenntnisgewinn ausgerichtet wäre. Ein Indiz hierfür wäre das völlige Fehlen methodischer Reflexion.

---

390 BVerfGE 35, 79 (juris-Rn 142); Sachs/*Bethge*, GG, Art. 5 Rn 207.

391 BVerfGE 35, 79 (juris-Rn 187); Sachs/*Bethge*, GG, Art. 5 Rn 209; MKS/*Starck*, GG, Art. 5 III Rn 405; Leibholz/Rinck/*Burghart*, GG, Art. 5 Rn 1091; *Stern*, Staatsrecht, Bd. IV/2 S. 804.

392 Sachs/*Bethge*, GG, Art. 5 Rn 209.

393 Sachs/*Bethge*, GG, Art. 5 Rn 210; MKS/*Starck*, GG, Art. 5 III Rn 408; offen gelassen in BVerfGE 15, 256 (juris-Rn 16, 22); 85, 360 (juris-Rn 79).

394 *Zuck*, Homöopathie und Verfassungsrecht, Rn 90.

Konkrete Wirksamkeitsuntersuchungen, wie sie in der Schulmedizin üblich sind, werden in der homöopathischen Forschung nicht durchgeführt. Dies bedeutet jedoch nicht, dass eine methodische Reflexion nicht stattfindet. Die der Homöopathie widersprechenden wissenschaftlichen Erkenntnisse werden wahrgenommen. Die Auseinandersetzung findet zumindest in der Form statt, dass die Anwendbarkeit der allgemeinen wissenschaftlichen Methoden angezweifelt und alternative wissenschaftliche Methoden vorgeschlagen und angewendet werden.[395] Nicht zu prüfen ist demgegenüber, ob die wissenschaftlichen Erkenntnisse wahr oder mit wissenschaftlichen Erkenntnissen aus anderen Forschungsgebieten vereinbar oder die Argumentation auch nur stichhaltig ist.[396]

Eine völlige Nichtbeachtung entgegenstehender Forschungen lässt sich der Homöopathie jedenfalls nicht vorwerfen. Die homöopathische Forschung (nebst Lehre) unterliegt demnach der Wissenschaftsfreiheit nach Art. 5 III GG. Um Missverständnisse auszuschließen, muss jedoch betont werden, dass die Homöopathie hierdurch mitnichten „als wissenschaftlich anerkannt" ist.[397] Anerkannt ist lediglich, dass die homöopathische Forschung dem grundrechtlichen Schutzbereich unterfällt.

dd) Anthroposophisch-medizinische Forschung als Wissenschaft im Sinne des Art. 5 III GG

Während die Homöopathie nach eigenem Verständnis zwar ein von der verbreiteten naturwissenschaftlich-medizinischen Forschung abweichendes Verständnis verschiedener Phänomene und Naturgesetzlichkeiten mitbringt, sich aber doch als Naturwissenschaft sieht[398], versteht sich die Anthroposophie primär als „Geisteswissenschaft" (zum eigenen Begriff s.o., Kap. 1 B II 4). Die anthroposophische Medizin basiert folglich auf beidem, einem naturwissenschaftlichen Verständnis, das dem der anderen Therapierichtungen weitgehend entspricht, und einem „geisteswissenschaftlichen" Verständnis.[399]

Die Anthroposophie befasst sich demnach primär mit Phänomenen, die in Verbindung zu Geist und Seele des Menschen (bzw. nach anthroposophischer Terminologie den verschiedenen „Leibern" des Menschen und ihres Verhältnisses zueinander) stehen. Einer exakten naturwissenschaftlichen Betrachtung sind diese insoweit gar nicht zugänglich.

Darauf kommt es aber auch hier letztlich nicht an. Zumindest ist eine völlige Ignoranz gegenüber anderen wissenschaftlichen Ausrichtungen nicht gegeben. Ähnlich wie bei der Homöopathie werden die Maßstäbe der Evidence Based Medicine

---

395 Vgl. *Coulter*, Hahnemann und die Homöopathie, S. 157 f.

396 Vgl. BVerfGE 90, 1 (juris-Rn 47).

397 So aber *Zuck*, Homöopathie und Verfassungsrecht, Rn 91.

398 Hentschel/*Siebenwirth*, Naturheilverfahren, S. 311; vgl. auch *Hahnemann*, Organon, § 54.

399 *Steiner*, Die Geheimwissenschaft im Umriss, S. 93; *Steiner*/*Wegmann*, Erweiterung der Heilkunst, S. 91; *Kienle*/*Kiene*/*Albonico*, Anthroposophische Medizin, S. 4 ff.

wahrgenommen und nach kritischer Betrachtung als ungeeignet für die eigene Therapierichtung angesehen.[400] Die Ernsthaftigkeit der Forschung wird hierdurch nicht grundsätzlich in Frage gestellt. Zweifel an der Wissenschaftlichkeit der Forschung können aufkommen, soweit von Steiner und Wegmann aufgestellte Grundsätze quasi als Dogmen übernommen und kaum hinterfragt werden. Hierbei handelt es sich allerdings lediglich um eine bloße Voreingenommenheit, die der Anwendung der Wissenschaftsfreiheit nicht entgegensteht. Auch die anthroposophische-medizinische Forschung unterfällt somit der Wissenschaftsfreiheit.

ee) Weitere Strömungen

In Frage steht, inwieweit sich auch andere Therapiekonzepte und -strömungen außerhalb der Schulmedizin auf die Wissenschaftsfreiheit berufen können. Insoweit gelten keine anderen Kriterien als die genannten. Jeder, der ernsthafte Untersuchungen zur Wirksamkeit, Wirkungsweise, den Folgen etc. bestimmter Therapiemethoden anstellt, kann sich auf die Wissenschaftsfreiheit berufen.

ff) Zwischenfazit

Die Zugrundelegung der Denkansätze und Methoden der besonderen Therapierichtungen bei der medizinischen Forschung führt nicht zu einem Ausschluss aus dem Schutzbereich der Wissenschaftsfreiheit. Phytotherapeutische, homöopathische und anthroposophisch-medizinische Forschung und Lehre sind frei. Die Wissenschaftsfreiheit erstreckt sich im Übrigen auch auf die Forschung und Lehre anderer Richtungen und Methoden, soweit ein ernsthafter Erkenntnisgewinn angestrebt wird.

c) Eingriff

aa) Klassische Eingriffe und mittelbare Beeinträchtigung

Wird die Wissenschaftsfreiheit durch Verbote oder Gebote eingeschränkt, liegt hierin ein klassischer Eingriff, der mangels Gesetzesvorbehalt nur unter sehr engen Voraussetzungen – insbesondere der Erforderlichkeit und Verhältnismäßigkeit im Hinblick auf den Schutz eines kollidierenden Verfassungsguts[401] – zulässig ist. Relevant könnte dies etwa werden, wenn Vertretern der Homöopathie oder anthroposophischen Medizin Lehrveranstaltungen untersagt würden.

Wird entsprechende Forschung und Lehre nicht untersagt, aber mit mittelbaren Benachteiligungen verknüpft, liegt auch hierin ein Eingriff. Praktisch ist dies – wie auch die klassischen Eingriffe – allerdings eher unbedeutend. Mittelbare Beschränkungen wenden sich in aller Regel nicht gegen die alternativmedizinische Forschung und Lehre, sondern gegen die tatsächliche Anwendung, etwa durch arzneimittelrechtliche Regelungen oder Festsetzungen in der GOÄ.

---

400 *Kienle/Kiene/Albonico*, Anthroposophische Medizin, S. 24 ff.

401 Sachs/*Bethge*, GG, Art. 5 Rn 223; MKS/*Starck*, GG, Art. 5 III Rn 415; *Sodan*, GG, Art. 5 Rn 50.

bb) Die Problematik der Deutungsautonomie innerhalb einer Therapierichtung

(1) Problemanalyse

Fraglich ist, inwieweit neben der eigentlichen Forschung (einschließlich der Publikation) auch die von der freien Wissenschaft gefundenen Ergebnisse einen besonderen Schutz genießen. Grundsätzlich wird dies von der hM verneint.[402]

Im Bereich der besonderen Therapierichtungen stellt sich jedoch ein Problem, das Überlegungen in dieser Richtung zumindest erwägenswert erscheinen lässt. Die Forschung im Bereich der Homöopathie und der anthroposophischen Medizin beruht auf einem jeweils eigenen Wissenschaftsverständnis. Die rein naturwissenschaftlich orientierten Grundsätze der evidenzbasierten Medizin werden abgelehnt. In der Folge beanspruchen beide Therapierichtungen für sich selbst das Recht, innerhalb ihres eigenen Bereiches selbst über Fragen der Wirksamkeit und im Anschluss daran der Wirtschaftlichkeit ihrer eigenen Methoden urteilen zu können. Eine solche Deutungsautonomie leitet insbesondere *Zuck* aus der Wissenschaftsfreiheit ab.[403]

Relevant wird die Problematik im Bereich des Leistungsrechts der gesetzlichen Krankenkassen (näher Kap. 4 B). Im Zentrum steht die Frage, ob bei der Bestimmung der Wirksamkeit und letztlich auch der Wirtschaftlichkeit (im weiten, dem § 12 SGB V zugrunde liegenden Sinne) allgemeine, außerhalb der Therapierichtung liegende wissenschaftliche Denkansätze Anwendung finden dürfen.

(2) Stellungnahme

(a) Forschungsfreiheit als Recht auf Berücksichtigung der Forschungsergebnisse?

Selbstverständlich garantiert die Wissenschaftsfreiheit jeder Therapierichtung auch die Möglichkeit, eigenständige Kriterien zur Bewertung ihrer Leistungen zu entwickeln. Nach Auffassung *Zucks*[404] soll die Wissenschaftsfreiheit jedoch darüber hinaus gebieten, dass die „anerkannten" besonderen Therapierichtungen nicht nach Maßstäben beurteilt werden dürfen, die einem anderen Wissenschaftsbegriff entspringen. Namentlich soll der schulmedizinisch geprägte Evidenzbegriff der evidenzbasierten Medizin keine Anwendung finden. Stattdessen sei die Wirksamkeit der Methode ebenso wie ihre Zweckmäßigkeit, Notwendigkeit, Wirtschaftlichkeit etc. therapieimmanent zu bestimmen.[405] Aus der Wissenschaftsfreiheit wird mittelbar ein Anspruch abgeleitet, dass die Krankenversicherungen

---

402 Insbesondere bezogen auf politische und weltanschauliche Aktionen; vgl. Maunz/Dürig/*Scholz*, GG, Art. 5 III Rn 93.

403 Quaas/Zuck/*Zuck*, Medizinrecht, § 2 Rn 57 ff.; *ders.*, MedR 2006, 515, 517.

404 *Zuck*, Homöopathie und Verfassungsrecht, Rn 90 f.; *ders.*, Das Recht der anthroposophischen Medizin, Rn 104; Quaas/Zuck/*Zuck*, Medizinrecht, § 2 Rn 61 ff.

405 Quaas/Zuck/*Zuck*, Medizinrecht, § 2 Rn 65.

und der Staat die innerhalb einer bestimmten Therapierichtung gewonnenen Erkenntnisse zugrunde legen.

Grundsätzlich sind nur die wissenschaftliche Tätigkeit selbst und die Verbreitung ihrer Ergebnisse geschützt.[406] Die aus diesen folgenden praktischen Konsequenzen hingegen gehen über die bloße Wissenschaft hinaus. Im Gegenteil wird mitunter sogar Forschung mit dem Ziel, ein Verhalten Dritter zu bewirken, vom Wissenschaftsbegriff insgesamt ausgenommen.[407] Die Wissenschaftsfreiheit führt nicht dazu, dass der Staat die Wissenschaftlichkeit einer Forschungstätigkeit bzw. der gefundenen Ergebnisse nicht beurteilen dürfe.[408]

Ein entsprechender Anspruch stellt somit keine Ausübung eines freiheitlichen Abwehrrechts mehr dar, sondern dem Staat wird – für einen bestimmten Bereich – ein besonderes Wissenschaftsverständnis aufoktroyiert.

Selbst wenn man entgegen der hier vertretenen Auffassung davon ausgeht, dass der Gesetzgeber Phytotherapie, Homöopathie und anthroposophische Medizin im SGB V als besondere Therapierichtungen „anerkannt“ habe (vgl. Kap. 1 A I), ändert dies an der Bewertung nichts.[409] Das SGB V als einfaches Recht hat keinerlei Einfluss auf den Schutzbereich des Art. 5 III GG.

(b) Vergleichende Betrachtung: das Vorgehen von Behörden und Gerichten bei der Ausfüllung unbestimmter Rechtsbegriffe

Bei den infrage stehenden Merkmalen wie der Wirksamkeit oder Wirtschaftlichkeit eines Arzneimittels handelt es sich um unbestimmte Rechtsbegriffe, deren Inhalt nicht aufgrund subjektiver Erwägungen, sondern objektiv zu bestimmen und aus diesem Grund gerichtlich voll überprüfbar ist.[410]

Zur objektiven Bestimmung des Inhalts kommen nur allgemein anerkannte, erprobte Kriterien in Betracht. Eine Separation innerhalb der Wissenschaft, sodass für jede wissenschaftliche Schule nur immanente Kriterien zu gelten hätten, ist im Grundrecht auf Wissenschaftsfreiheit nicht angelegt. Nicht allgemein anerkannte, letztlich subjektive Wertungen einzelner wissenschaftlicher Strömungen bleiben außer Betracht.

Dies gilt in derselben Weise in anderen Bereichen der Rechtsordnung: Behörden und Gerichten verlassen sich bei ihrer Tätigkeit auch im Übrigen auf allgemein anerkannte wissenschaftliche Erkenntnisse. Auf diese Tätigkeiten erstreckt sich der durch die Wissenschaftsfreiheit grundsätzlich vorgeschriebene Pluralismus nicht.

---

406 Vgl. *Stern*, Staatsrecht, Bd. IV/2 S. 743.
407 Maunz/Dürig/*Scholz*, GG, Art. 5 Rn 93; ähnlich *Thieme*, Hochschulrecht, Rn 110.
408 Friauf/Höfling/*von Coelln*, GG, Art. 5 (3. Teil) Rn 21.
409 So aber wohl *Zuck*, Homöopathie und Verfassungsrecht, Rn 92.
410 DTW/*Waschull*, SGB X, § 31 Rn 78.

(c) Praktische Konsequenzen eines Rechts auf therapieimmanente Beurteilung

Ein Recht auf die Beurteilung einer Therapierichtung anhand von besonderen, dieser Richtung immanenten, Kriterien ist im Übrigen mit dem weiten Wissenschaftsbegriff kaum zu vereinbaren. Da die Schwelle, ab der Forschung den Schutz der Wissenschaftsfreiheit genießt, sehr niedrig ist, können sich nahezu sämtliche Außenseitermethoden ebenfalls – zumindest hinsichtlich einzelner Fragestellungen – auf die Wissenschaftsfreiheit berufen. Der Nachweis, dass keine ernsthafte wissenschaftliche Betätigung betrieben wird, ist im Einzelfall schwer zu führen. Gerade aufgrund des weiten Wissenschaftsbegriffs darf Forschungsergebnissen nicht schon aufgrund der Wissenschaftsfreiheit ein besonderer Stellenwert zugewiesen werden. Da die Wissenschaftsfreiheit auch objektiv verfehlte Methoden und falsche Forschungsergebnisse umfasst, würde eine angemessene Bewertung der in Frage stehenden Kriterien faktisch unmöglich gemacht.

Darüber hinaus sind auch innerhalb der einzelnen Therapierichtungen (einschließlich der Schulmedizin) nicht alle wissenschaftlichen Kriterien unumstritten. Erkennt man ein Grundrecht auf therapieimmanente Beurteilung an, kann dieses nicht auf die besonderen Therapierichtungen beschränkt bleiben. Wenn aber jeweils subjektive Maßstabe Anwendung fänden, würden die unbestimmten Rechtsbegriffe uferlos. Insbesondere würde das Wirtschaftlichkeitsgebot völlig ausgehöhlt.

d) Ergebnis

Jede ernsthaft auf Erkenntnisgewinn ausgerichtete Forschung unterliegt der Wissenschaftsfreiheit. Allerdings garantiert diese lediglich die freie Ausübung der Forschung und Lehre. Ein Anspruch, dass die durch diese Forschung gewonnenen Ergebnisse von Dritten bei der Beurteilung der eigenen Methoden zugrunde gelegt werden, ergibt sich hieraus nicht.

Der Begriff der Wissenschaftlichkeit[411] bzw. wissenschaftlichen Anerkennung steht in keinem Zusammenhang mit der Wissenschaftsfreiheit. Die Wissenschaftsfreiheit gewährleistet das sehr weitreichende Recht zu forschen und seine Ergebnisse zu veröffentlichen, während die Wissenschaftlichkeit als Maßstab dient, ob eine Aussage – etwa die Wirksamkeit einer Methode – hinreichend belegt ist, um von der Rechtsordnung als bewiesene Tatsache anerkannt zu werden. Bei der Beurteilung unbestimmter Rechtsbegriffe durch staatliche Behörden oder Gerichte kann der Wissenschaftspluralismus schon rein praktisch allenfalls insoweit Beachtung finden, als dass entgegenstehende Forschungsergebnisse nicht einfach ignoriert werden dürfen, sondern in die Beurteilung einfließen müssen. Auch dies ergibt sich allerdings nicht aus der Wissenschaftsfreiheit.

411 In einem engeren Sinne, wie er im einfachen Recht verwendet wird, vgl. Kap. 4 B III 3 c, Kap. 5 C III 1, 2.

5. *Gleichheitssatz*

a) Einführung

Gemäß Art. 3 I GG sind alle Menschen vor dem Gesetz gleich. Nach hM[412] untersagt dies nicht nur die unmittelbare ungerechtfertigte Ungleichbehandlung von Menschen, sondern auch die ungerechtfertigte Ungleichbehandlung vergleichbarer Sachverhalte, von denen ja mittelbar immer auch Menschen betroffen sind. Widerfährt einer Therapierichtung im Vergleich zu anderen Richtungen eine Sonderbehandlung, muss sich dies am allgemeinen Gleichheitssatz des Art. 3 I GG messen lassen. Hierbei wirkt der Gleichheitssatz in beide Richtungen: Er begrenzt nicht nur die Möglichkeiten einer Privilegierung der Schulmedizin, sondern auch einer Privilegierung der besonderen Therapierichtungen. Jede Privilegierung einer besonderen Therapierichtung bedarf damit ebenso der Rechtfertigung wie eine Privilegierung der Schulmedizin. Zu hinterfragen ist jeweils, warum die allgemeinen Regeln keine Anwendung finden, denen sowohl schulmedizinische Behandlungsmethoden als auch diejenigen Formen der Alternativmedizin, die keiner besonderen Therapierichtung unterfallen, unterworfen sind.

Schließlich kann der allgemeine Gleichheitssatz auch im Verhältnis zwischen den einzelnen besonderen Therapierichtungen und im Verhältnis zwischen den Mitgliedern gesetzlicher und privater Krankenversicherungen relevant werden.

b) Allgemein: Maßstäbe

Gemäß Art. 3 I GG ist es dem Gesetzgeber untersagt, vergleichbare Sachverhalte ohne ausreichende Rechtfertigung ungleich zu behandeln. Als Mindestanforderung an eine Rechtfertigung ist die Willkürformel des BVerfG[413] anerkannt, nach welcher ein „sachlich einleuchtender Grund" für die gesetzliche Differenzierung zu verlangen ist. Angesichts des weiten Spielraums des Gesetzgebers wären danach nur evident unsachliche Unterscheidungen untersagt.[414] Nach der sog. „neuen Formel"[415] verlangte das BVerfG zunächst bei Anknüpfung an nach personenbezogenen Kriterien unterschiedene Gruppen von Normadressaten eine weitergehende Rechtfertigung: Die personenbezogenen Unterschiede müssten ein solches Gewicht haben, dass sie die Ungleichbehandlung rechtfertigen können.[416] In der Folge hat sich ein

---

412 BVerfG, 23.10.1951, 2 BvG 1/51, BVerfGE 1, 14 (juris-Rn 139); BeckOK-GG/*Kischel*, Art. 3 Rn 14; Merten/Papier/*Pietzcker*, Handbuch der Grundrechte, § 125 Rn 3; i.E. auch Isensee/Kirchhof/*Kirchhof*, Handbuch des Staatsrechts, VIII, § 181 Rn 15.

413 BVerfGE 1, 14, 52 (juris-Rn 139); 61, 138, 147 (juris-Rn 34); 83, 1, 23 (juris-Rn 84); Sachs/*Osterloh*, GG, Art. 3 Rn 8.

414 Sachs/*Osterloh*, GG, Art. 3 Rn 9.

415 Vgl. BeckOK-GG/*Kischel*, Art. 3 Rn 14; *Wendt*, NVwZ 1988, 778, 781.

416 BVerfGE 55, 72, 88 (juris-Rn 47); 58, 369 (juris-Rn 11); 71, 39, 58 f. (juris-Rn 51).

fließender Übergang herausgebildet,[417] der letztlich de facto eine Einführung von Verhältnismäßigkeitserwägungen in den Gleichheitssatz bedeutet.[418]

Für den Maßstab entscheidend ist letztlich, wie einfach und in welchem Ausmaß die Betroffenen durch eigenes Verhalten das Unterscheidungsmerkmal beeinflussen können und inwieweit grundrechtlich geschützte Freiheiten beeinträchtigt werden.[419] Besonderen Schutz genießen hierbei die in Art. 3 III GG aufgeführten Persönlichkeitsmerkmale. Insoweit besteht kein Gesetzesvorbehalt, sodass allein besonders schwerwiegende Gründe, insbesondere Rechtsgüter von Verfassungsrang, eine Unterscheidung rechtfertigen.[420] Soweit der Schutzbereich des Art. 3 III GG nicht unmittelbar berührt wird, kann der besondere Schutz der genannten Rechtsgüter dennoch Auswirkungen auf die im Rahmen des Art. 3 I GG anzustellende Abwägung haben. Je näher Unterscheidungskriterien an die in Art. 3 III GG genannten Persönlichkeitsmerkmale rücken, desto höhere Anforderungen sind an die Rechtfertigung einer Ungleichbehandlung zu stellen.[421] Dies wird üblicherweise als fließender Übergang begriffen: von rein sachbezogenen Kriterien, die einer bloßen Willkürkontrolle unterliegen, über personenbezogene Kriterien, die einer besonderen Rechtfertigung bedürfen, hin zur Anknüpfung an die besonders eng mit der Person verbundenen Merkmale des Art. 3 III GG, die nur ganz ausnahmsweise zulässig ist.[422]

Hinsichtlich der besonderen Therapierichtungen stellt sich das in der Literatur bisher nicht diskutierte Sonderproblem, dass eine Differenzierung zwar grundsätzlich an sachbezogene Kriterien anknüpft, hierbei aber eine Sonderbehandlung aufgrund von Erwägungen erfolgt, die eng mit der nach hM[423] von Art. 3 III GG erfassten Weltanschauung zusammenhängen (s.u., c ee).

Ebenfalls zu unterscheiden ist, ob der Staat in die Rechtssphäre des Einzelnen eingreift oder Leistungen gewährt.[424] Im letzteren Falle sind die Anforderungen geringer, da keine Freiheitsrechte betroffen sind.[425] Dies gilt jedoch nur ergänzend zu den anderen Kriterien, die hierdurch mitnichten außer Kraft gesetzt sind.[426]

---

417 BVerfGE 105, 73, 110 (juris-Rn 157); 129, 49 (juris-Rn 64 f.); Sachs/*Osterloh*, GG, Art. 3 Rn 26 ff.; BeckOK-GG/*Kischel*, Art. 3 Rn 28.

418 Vgl. BVerfGE 129, 49 (juris-Rn 64 f.); Sachs/*Osterloh*, GG, Art. 3 Rn 18 ff.; *Huster*, Rechte und Ziele, S. 61 ff.; Dreier/*Heun*, GG, Art. 3 Rn 26 ff.; BeckOK-GG/*Kischel*, Art. 3 Rn 34.

419 BVerfGE 95, 267 (juris-Rn 194); Spickhoff/*Steiner*, Medizinrecht, Art. 3 GG Rn 1.

420 BeckOK-GG/*Kischel*, Art. 3 Rn 214.

421 BVerfGE 88, 87, 96 (juris-Rn 35); 92, 26, 52 (juris-Rn 94); *Sachs*, JuS 1997, 124, 127; Dreier/*Heun*, GG, Art. 3 Rn 32 m.w.N.

422 Vgl. BVerfGE 99, 367, 389 (juris-Rn 81); Dreier/*Heun*, GG, Art. 3 Rn 32; v. Münch/Kunig/*Boysen*, GG, Art. 3 Rn 106.

423 Jarass/Pieroth/*Jarass*, GG, Art. 3 Rn 127; MKS/*Starck*, GG, Art. 3 Rn 402; a.A. BeckOK-GG/*Kischel*, Art. 3 Rn 220.

424 Vgl. Dreier/*Heun*, GG, Art. 3 Rn 38; Isensee/Kirchhof/*Kirchhof*, VIII, § 181 Rn 205.

425 Vgl. BVerfGE 49, 280, 283 (juris-Rn 11); Dreier/*Heun*, GG, Rn 38; vgl. auch BVerfGE 110, 412 (juris-Rn 63 ff.).

426 Vgl. Dreier/*Heun*, GG, Art. 3 Rn 38; Isensee/Kirchhof/*Kirchhof*, VIII, § 181 Rn 200 ff.

c) *Die Maßstäbe in Bezug auf die besonderen Therapierichtungen im Sinne des SGB V; Kriterien*

aa) Zielsetzung

Die oben (Kap. 1 C) herausgearbeitete vorläufige Definition der besonderen Therapierichtungen für den Bereich des Sozialrechts greift auf verschiedene Kriterien zurück, deren Konformität mit Art. 3 I GG Fragen aufwirft. Freilich ist die Definition für sich allein genommen unproblematisch, da eine Ungleichbehandlung sich erst aus den an den Begriff der besonderen Therapierichtung anknüpfenden Rechtsfolgen ergibt. Insoweit kann eine letztgültige Überprüfung der Verfassungskonformität einzelner Regelungen oder Auslegungen nur anhand der konkreten Norm erfolgen und bleibt somit den folgenden Kapiteln vorbehalten. Allerdings ist es möglich, abstrakt von konkreten Rechtsfolgen zu beurteilen, welcher Art die jeweiligen Differenzierungsmerkmale sind, und welche Maßstäbe an Ungleichbehandlungen jeweils anzulegen sind. Außerdem lässt sich allgemein beurteilen, ob ein Kriterium überhaupt einen geeigneten Sachgrund für eine Ungleichbehandlung darstellen kann. Anderenfalls wäre es zur Definition des Begriffs der besonderen Therapierichtung von vornherein ungeeignet und verstieße gegen das Gebot zur verfassungskonformen Gesetzesauslegung.

bb) Der Begriff der Therapierichtung

Nach der vorläufigen Definition ist unter dem Begriff der Therapierichtung zunächst eine Zusammenfassung verschiedener, nicht durch einen *numerus clausus* begrenzter Einzeltherapien zu verstehen, die zur Behandlung einer Vielzahl von Krankheiten dienen. Sonderregeln sollen demnach nicht für Einzeltherapien bestehen, sondern die Gesamtheit der Therapien erfassen, die einem bestimmten Konzept folgen (Kap. 1 C II 2).

Diese Kriterien sind im Ausgangspunkt rein sachbezogen; sie knüpfen nicht an persönliche Eigenschaften der Therapeuten oder Patienten an. Zur Rechtfertigung bedarf es demnach im Grundsatz lediglich eines sachlichen Grundes. Als sachlicher Grund kommen auch Praktikabilitätserwägungen in Betracht;[427] der Gesetzgeber darf generalisieren und pauschalieren.[428] Besondere Regelungen für einzelne Therapien aufzustellen, wäre einerseits durch Aufzählung dieser Therapien möglich, anderseits durch allgemeine Regelungen, die durch geeignete Kriterien ermitteln, welche Therapien erfasst sein sollen.

Eine Einzelbenennung wäre nicht nur mit erheblichem Aufwand verbunden, sie trüge auch das Risiko einer ungerechtfertigten Einbeziehung oder Nichteinbeziehung einzelner Therapien in sich. Auch spätere wissenschaftliche Erkenntnisse oder gesellschaftliche Entwicklungen, durch die eine Therapierichtung ihren Status

427 Dreier/*Heun*, GG, Art. 3 Rn 34.

428 Vgl. BVerfGE 101, 297, 309 f. (juris-Rn 37); 103, 310, 319 (juris-Rn 44); 103, 392, 397 (juris-Rn 24); Dreier/*Heun*, GG, Art. 3 Rn 34.

als besondere Therapierichtung gewönne oder verlöre, könnten nicht angemessen berücksichtigt werden. Eine unflexible Regelung wäre demnach im Hinblick auf den allgemeinen Gleichheitssatz nach Art. 3 I GG weitaus problematischer.

cc) Abgrenzung zu den Außenseitermethoden

(1) Offener wissenschaftlicher Diskurs

Als besondere Therapierichtungen sollen nach einer Auffassung nur solche Therapierichtungen in Betracht kommen, in denen – zumindest in gewissem Rahmen – ein offener wissenschaftlicher Austausch stattfindet.[429] Da ein solcher Diskurs in der Schulmedizin ebenfalls üblich ist, dient das Kriterium lediglich der Abgrenzung zu denjenigen Methoden und Richtungen der Alternativmedizin, die keiner besonderen Therapierichtung unterfallen, also den echten Außenseitermethoden.

Therapierichtungen sollen nur dann eine gewisse Sonderstellung erfahren, insbesondere die Möglichkeit zur Abrechnung von Leistungen bei den Krankenkassen, wenn ein Mindestmaß an Wissenschaftlichkeit garantiert ist. Ein theoretisches Konzept, dessen Grundannahmen von Anhängern einer Therapierichtung als nicht zu hinterfragendes Dogma angesehen werden, genügt dem nicht. Aussagen über die Wirksamkeit von Therapien, die dem offenen Diskurs zugänglich sind, können grundsätzlich als belastbarer angesehen werden, als über solche, deren Wirksamkeit von ihren Anhängern weder hinterfragt noch überprüft wird.[430] Zudem lässt sich eine Differenzierung auf den Rechtsgedanken der Wissenschaftsfreiheit gemäß Art. 5 III GG stützen: Der Staat wirkt darauf hin, dass auch innerhalb der Therapierichtung freie Forschung nicht unterbunden wird. Sachliche Gründe für eine Unterscheidung anhand der Offenheit des Diskurses sind gegeben, sodass eine Ungleichbehandlung gerechtfertigt sein kann.

(2) Hoher Verbreitungsgrad

Gemeinsames Merkmal der benannten besonderen Therapierichtungen ist ihr relativ hoher Verbreitungsgrad, und zwar insbesondere ein hoher Verbreitungsgrad im Inland (s.o., Kap. 1 C II 2).[431] Diese Verbreitung wird i.d.R. an zwei Merkmalen festgemacht, und zwar der Verbreitung in weiten Bevölkerungskreisen (Resonanz)[432] und der Anerkennung durch größere Teile der Ärzteschaft (Akzeptanz).[433]

Fraglich ist, inwieweit ein Merkmal, das letztlich lediglich nach der Popularität einer Therapierichtung differenziert, einen sachlichen Grund für eine Ungleichbehandlung bilden kann. Denkbar erscheint, in der Popularität einer Methode einen Indikator für ihre Wirksamkeit zu sehen. Auf den ersten Blick erscheint

---

429 *Zuck*, NZS 1999, 313.
430 Vgl. BVerfGE 127, 87 (juris-Rn 90); Jarass/Pieroth/*Jarass*, GG, Art. 5 Rn 133.
431 Kritisch *Zuck*, Das Recht der anthroposophischen Medizin, Rn 80.
432 BSGE 81, 54 (juris-Rn 42); BSG, NZS 2003, 206 (juris-Rn 26).
433 BSG, NZS 2003, 206 (juris-Rn 26); Hauck/Noftz/*Noftz*, SGB V, § 2 Rn 50.

dies plausibel, da eine Heilmethode, die sich als unwirksam erweist, schnell an Popularität verlieren müsste. Die Erkenntnis der Unwirksamkeit erweist sich jedoch mitunter als sehr schwierig, da der Ursache-Wirkungs-Zusammenhang gerade im medizinischen Bereich schwer zu überblicken ist. Um aus der hohen Verbreitung einer Therapierichtung Rückschlüsse auf den Wirksamkeitsgrad ziehen zu können, müsste unterstellt werden, dass die Anhänger der Richtung ein tieferes Verständnis für die Wirksamkeit einer Methode haben. Dies erscheint zumindest hinsichtlich der Patienten sehr zweifelhaft. Unbestritten ist, dass gerade alternative Heilmethoden oft einen Placebo-Effekt mit sich bringen.

Weniger einfach ist die Frage im Hinblick auf die Ärzteschaft zu beantworten. Hier sind die notwendigen Kenntnisse der Funktionsweise des menschlichen Körpers etc. sicherlich als gegeben vorauszusetzen. Gleichwohl sind auch Ärzte nicht gegen Fehleinschätzungen, etwa durch unzulässige Induktion – also Rückschlüsse aus Einzelfällen auf eine allgemeine Regel – oder Confirmation Bias – die Tendenz, einmal für richtig befundene Regeln bestätigt zu finden – gefeit (Kap. 1 A II 2). Auch der Verbreitung innerhalb der Ärzteschaft kommt somit nur eine eingeschränkte Indizwirkung zu.

Hieraus lässt sich jedoch nicht folgern, dass entsprechende Erwägungen unsachlich sind. Während eine Akzeptanz durch Teile der Ärzteschaft nur eingeschränkte Rückschlüsse ziehen lässt, kann umgekehrt aus dem Fakt, dass eine Methode bzw. Therapierichtung von der Ärzteschaft einhellig oder nahezu einhellig abgelehnt wird, gefolgert werden, dass erhebliche Zweifel an der Wirksamkeit bzw. an der Zweckmäßigkeit einer Methode bestehen. Das Kriterium der Akzeptanz durch Teile der Ärzteschaft ist folglich nicht schlechthin unsachlich, sein Vorliegen weist jedoch im Hinblick auf die Wirksamkeit nur sehr geringe Indizwirkung auf.

Das sog. Resonanzkriterium, also die Popularität unter den Patienten, lässt sich demgegenüber nur unter Rückgriff auf eine Hilfsüberlegung als sachlicher Grund ansehen. Die hohe Verbreitung bedeutet einen verbreiteten Wunsch nach der entsprechenden Leistung. Hier ließe sich ggf. der Gedanke des Demokratieprinzips anführen: Eine Leistung, die von einem signifikanten Teil der Bevölkerung gewünscht wird, soll auch gewährt werden. Als handfester dürfte sich allerdings ein pragmatischer, auf Heilung ausgerichteter Ansatz erweisen. Besteht die Wirkung der besonderen Therapierichtung (ganz oder teilweise) gerade in einem Placebo-Effekt, so erscheint es sinnvoll, Maßnahmen anzuwenden, von denen sich viele Patienten eine Wirksamkeit erhoffen, da in diesen Fällen die Erwartung eines Placebo-Effekts besonders hoch ist.

(3) Verwurzelung in der deutschen Kultur

Die drei benannten besonderen Therapierichtungen unterscheiden sich von anderen alternativen Methoden und Therapierichtungen durch ihre deutsche Herkunft und die Verwurzelung in der deutschen Kultur. Eine Anknüpfung hieran erscheint insofern als nicht unbedenklich, als dass dies dem Grundgedanken einer Diskriminierung „nach Herkunft" zumindest nahe kommt. Art. 3 III GG meint freilich nur die Herkunft von Menschen, nicht die Herkunft eines theoretischen Abstraktums.

Dieses Problem lässt sich umgehen, indem man das Kriterium der Verwurzelung nicht wesentlich anders als die bloße Verbreitung im Inland versteht. In diesem Fall gilt das zuvor gesagte: Die weite Verbreitung lässt auf eine hohe Aussicht auf einen positiven Placebo-Effekt schließen. Ein anderer Gesichtspunkt, unter dem die Verwurzelung ein Sachgrund für eine Sonderbehandlung sein könnte, ist nicht erkennbar. Eine Begründung etwa als „Brauchtumspflege" ist angesichts der hohen Bedeutung der Gesundheitsfürsorge als sachwidrig anzusehen. Verfassungskonform lässt sich das Kriterium der Verwurzelung in der deutschen Kultur daher nur dann verwenden, wenn es neben dem Verbreitungskriterium keine weitergehenden Anforderungen stellt.

dd) Besondere Patientenfürsorge

Als gemeinsamer Befund der benannten besonderen Therapierichtungen lässt sich auch die im Verhältnis zur Schulmedizin besondere Patientenfürsorge ansehen. Gerade der empfundene oder tatsächliche Mangel an einer Patientenfürsorge, bei der der Patient auch als Person betrachtet wird, ist letztlich ein wichtiger, wenn nicht der zentrale Grund für das Bedürfnis der Patienten nach alternativen Heilmethoden.[434]

Auf den ersten Blick handelt es sich beim Kriterium der besonderen Patientenfürsorge um eine Abgrenzung zur Schulmedizin. Allerdings ist das Kriterium nicht eindeutig auf diese bezogen. Sieht man den Grund darin, warum die besonderen Therapierichtungen im System der Krankenversorgung ihren Platz neben der Schulmedizin haben, gerade in der Patientenfürsorge, lässt sie sich auch als Abgrenzungskriterium gegenüber anderen Richtungen der Alternativmedizin verwenden, in dem Sinne, dass nur eine besondere Patientenfürsorge eine Einbeziehung in das Krankenversicherungssystem rechtfertigt, wenn wissenschaftliche Standards nach Maßstäben der Schulmedizin nicht eingehalten werden.

Als Abgrenzungskriterium ist die besondere Patientenfürsorge allerdings nur eingeschränkt geeignet, da sie nicht hinreichend konkret ist. Maßstäbe, die festlegen, wodurch genau sich eine besondere Patientenfürsorge auszeichnet, fehlen bisher. Es erscheint auch zweifelhaft, ob diese sich allgemein aufstellen lassen, da u.U. gerade die Orientierung an den sehr subjektiven Bedürfnissen des jeweils einzelnen Patienten das „Besondere" ausmachen kann. Als gemeinsamer Befund der benannten Therapierichtungen lässt sich dies so konkret aber nicht erkennen. Z.B. ist eine individuelle Betrachtung des Patienten in der Phytotherapie mitnichten üblich.[435]

---

434 Vgl. *Koch* in Oepen/Prokop, Außenseitermethoden in der Medizin, S. 21, 23.

435 Auch die Phytotherapie nimmt für sich jedoch in Anspruch, den Patienten mehr als die konventionelle Schulmedizin in den Mittelpunkt zu stellen.

Denkbar erscheint es jedoch, Therapierichtungen die Anerkennung als besondere Therapierichtung mit der Begründung zu verweigern, dass keine besondere Patientenfürsorge bestehe. Insbesondere kommt dies in Betracht, wenn eine Therapierichtung nicht einmal nach ihrem eigenen Selbstverständnis ein besonderes Augenmerk auf die individuellen Bedürfnisse des Patienten legt.

Vor dem Hintergrund des Art. 3 I GG bestehen jedenfalls keine Bedenken gegen dieses Abgrenzungskriterium. Die besondere Patientenfürsorge ist sowohl im Hinblick auf das psychische Wohl des Patienten als auf die gerade hierdurch verbesserten Heilungsaussichten als sachlicher Grund für eine Sonderstellung anzuerkennen.

ee) Abgrenzung zur Schulmedizin: Abweichender weltanschaulicher Denkansatz

Von der herrschenden Meinung wird auch gefordert, die besonderen Therapierichtungen müssten einen von der Schulmedizin abweichenden weltanschaulichen Denkansatz aufweisen.[436] In solchen abweichenden Konzeptionen liegt letztlich der Grund, warum für Homöopathie und anthroposophische Medizin Sonderregelungen getroffen werden. Hinsichtlich der Phytotherapie ist ein abweichender weltanschaulicher Denkansatz kaum feststellbar; in Betracht kommt allein die Wertung, dass pflanzliche Arzneimittel chemisch hergestellten vorzuziehen seien (s.o., Kap. 1 B III 3).

Das Kriterium birgt auch im Hinblick auf Art. 3 I, III GG ein erhebliches Konfliktpotenzial. Eine Diskriminierung einer Person nach ihrer Weltanschauung oder eines sonstigen in Art. 3 III GG aufgeführten Persönlichkeitsmerkmals liegt im engeren Sinne nicht vor. Unterschieden werden soll nicht nach der Weltanschauung einer Person, sondern nach der einer Therapierichtung abstrakt zugrundeliegenden Weltanschauung. Von daher scheidet eine unmittelbare Anknüpfung an Art. 3 III GG aus. Bei der Wertung, ob eine Ungleichbehandlung gerechtfertigt ist, kann jedoch nicht unberücksichtigt bleiben, dass hier bestimmten Weltanschauungen ein Vorteil zuerkannt wird, der anderen Weltanschauungen versagt bleibt.

Ob die Weltanschauung überhaupt dem Art. 3 III GG unterfällt, ist nicht unumstritten. Die hM[437] bejaht dies. Glaube und religiöse Anschauungen i.S.d. Art. 3 III GG seien ebenso zu verstehen wie religiöses Bekenntnis und Weltanschauung i.S.d. Art. 33 III GG bzw. Glaube und religiöses und weltanschauliches Bekenntnis in Art. 4 I GG.[438] Die Gegenauffassung[439] lehnt eine Einbeziehung der Weltanschauung ab und beruft sich auf den Wortlaut der Norm.

---

436 BSG, 16.09.1997, 1 RK 28/95, BSGE 81, 54 (juris-Rn 42); Hauck/Noftz/*Noftz*, SGB V, § 2 Rn 50; KassKomm/*Roters*, SVR, § 135 SGB V Rn 14.

437 Etwa MKS/*Starck*, GG, Art. 3 Rn 402; Jarass/Pieroth/*Jarass*, GG, Art. 3 Rn 127; Sachs/*Osterloh*/*Nußberger*, GG, Art. 3 Rn 302.

438 MKS/*Starck*, GG, Art. 3 Rn 402; SHH/*Krieger*, GG, Art. 3 Rn 84.

439 BeckOK-GG/*Kischel*, Art. 3 Rn 220.

Die besseren Argumente sprechen für die hM, da ein Wille des Verfassungsgebers an dieser Stelle nur Anschauungen und Überzeugungen mit einem metaphysischen Bezug zu schützen, nicht erkennbar ist.[440] Der Streit wird allerdings nur bei unmittelbarer Anwendung des Art. 3 III GG relevant. Soweit ein weltanschaulicher Bezug nur über Art. 3 I GG in die Bewertung einfließt,[441] dürfte die abweichende Auffassung für das konkrete Problem unerheblich sein.

Eine unmittelbare Ungleichbehandlung wegen der Weltanschauung liegt nicht vor, da die Weltanschauung des Patienten bzw. anderer Personen nicht in Bezug genommen wird. Denkbar erscheint es, die Ungleichbehandlung wegen eines bestimmten weltanschaulichen Denkansatzes als mittelbare Diskriminierung zu begreifen. Dies setzt voraus, dass eine Regelung an Merkmale anknüpft, die typischerweise eine unterschiedliche Behandlung herbeiführen,[442] also der Anteil der betroffenen Personen innerhalb der einen oder anderen Gruppe wesentlich unterschiedlich ausfällt.[443] Eine mittelbare Diskriminierung in diesem Sinne ist bei der Ungleichbehandlung wegen der Weltanschauung schwer feststellbar. Anders als beim Geschlecht – und bis zu einem gewissen Grade auch als bei anderen Merkmalen des Art. 3 III GG wie Herkunft oder Abstammung – ist die Weltanschauung nicht ohne Weiteres erkennbar, sodass schon die Bildung zweier Vergleichsgruppen schwer fällt. Auch sind mittelbare Diskriminierung und das Problem der Ungleichbehandlung wegen eines weltanschaulich begründeten Ansatzes konzeptionell deutlich verschieden. Auf der einen Seite, bei der mittelbaren Diskriminierung, geht es darum, eine (durch Art. 3 III GG geschützte) Gruppe nicht faktisch dadurch zu benachteiligen, dass rechtlich eine (nicht Art. 3 III GG unterfallende) Gruppe, die überwiegend aus Personen der ersten Gruppe besteht, benachteiligt wird.[444] Auf der anderen Seite steht, wie im hier erörterten Fall, der Dispens von bestimmten Anforderungen wegen weltanschaulich begründeter Überlegungen im Zentrum. Diese Anknüpfung an die Weltanschauung ist einerseits sehr weitläufig und weniger greifbar als bei der mittelbaren Diskriminierung, andererseits aber auch unmittelbarer, wird doch die Ungleichbehandlung wegen des weltanschaulichen Ansatzes gerade als Begründung benannt; die Bevorzugung aufgrund der Weltanschauung ist final. Letztlich lassen sich daher die Grundsätze der mittelbaren Diskriminierung nicht unmittelbar übertragen, da die Problematiken zu verschieden sind.

Das Problem ist überzeugender zu lösen, indem die Anknüpfung an die Weltanschauung im Rahmen der Rechtfertigungsprüfung berücksichtigt wird. Bei einer solchen Anknüpfung handelt es sich gleichzeitig um einen Eingriff in das Prinzip der weltanschaulichen Neutralität des Staates (s.o., I 1 c, 2 c). Wie bereits festgestellt,

440 Vgl. Isensee/Kirchhof/*Sachs*, Handbuch des Staatsrechts, VIII, § 182 Rn 50.

441 Vgl. v. Münch/Kunig/*Boysen*, GG, Art. 3 Rn 106.

442 Sachs/*Osterloh*/*Nußberger*, GG, Art. 3 Rn 255

443 Vgl. BVerfG, 18.06.2008, 2 BvL 6/07, BVerfGE 121, 241 (juris-Rn 49); Jarass/Pieroth/*Jarass*, GG, Art. 3 Rn 87.

444 Vgl. BVerfG, 05.04.2005, 1 BvR 774/02, BVerfGE 113, 1 (juris-Rn 52 ff.); a.A. Isensee/Kirchhof/*Sachs*, Handbuch des Staatsrechts, VIII, § 182 Rn 96.

können hieraus zwar unmittelbar keine konkreten Rechtsfolgen abgeleitet werden; bei der Frage, ob ein hinreichend gewichtiger Grund für eine Ungleichbehandlung vorliegt, ist dieser Grundsatz aber zu berücksichtigen.

Ob eine Ungleichbehandlung gerechtfertigt ist, kann jeweils nur konkret beantwortet werden. Um den Spielraum aber nicht schon von vornherein einzuschränken, wäre es erstrebenswert, auf ein Kriterium, das an die Weltanschauung anknüpft, zu verzichten. Die Begründung dieses Merkmals bei der Phytotherapie zeigt bereits, dass eine bestimmte Weltanschauung im klassischen Sinne nicht gemeint ist. In der Abgrenzung zur Schulmedizin lässt sich aus der Klassifizierung der Phytotherapie als besondere Therapierichtung schließen, dass letztlich jeder von der Schulmedizin in irgendeiner Weise abweichende Denkansatz ausreichen kann, um eine Einstufung als besondere Therapierichtung zu rechtfertigen. Ein Verzicht auf diesen weltanschaulichen Bezug wäre jedoch nur möglich, wenn die besonderen Therapierichtungen auch ohne dieses Kriterium klar von der Schulmedizin abgrenzbar wären. Ein anderes geeignetes Kriterium ist allerdings nicht erkennbar. Würde man etwa an die fehlende naturwissenschaftliche Belegbarkeit einer Therapierichtung anknüpfen, wäre dies evident unsachlich: Gerade die fehlende Evidenz der Wirksamkeit würde zum Verzicht auf Evidenzkriterien führen. Dies hätte letztlich die Einbeziehung praktisch aller Methoden bzw. Therapierichtungen zur Folge. Mehr noch: Je geringer der wissenschaftliche Anspruch einer Therapierichtung wäre, desto geringer fielen die Anforderungen an ihre Wissenschaftlichkeit aus. Auch eine Anknüpfung etwa an Tradition ist nicht überzeugend, da die Schulmedizin gegenüber der anthroposophischen Medizin und auch zumindest der modernen Phytotherapie die deutlich älteren Wurzeln aufweist. Letztlich ist es gerade der abweichende weltanschauliche Denkansatz, und sei er auch eher vage gefasst, der sich als das zentrale Unterscheidungskriterium zwischen besonderen Therapierichtungen und Schulmedizin erweist. Allen drei benannten besonderen Therapierichtungen ist gemein, dass sie sich von einem naturwissenschaftlich begründeten, auf Evidenz basierenden Verständnis des Körpers bis zu einem gewissen Grade absetzen und ein eher intuitiv begründetes Verständnis danebenstellen.[445]

Diese Anknüpfung an weltanschauliche Gesichtspunkte bedeutet somit allerdings auch, dass eine Ungleichbehandlung der besonderen Therapierichtungen gegenüber der Schulmedizin immer auch eine Ungleichbehandlung wegen weltanschaulicher Besonderheiten darstellt. Ein einfacher Sachgrund vermag dies nicht zu rechtfertigen; es bedarf stets eines Grundes von solchem Gewicht, dass er eine Ungleichbehandlung aus weltanschaulichen Gesichtspunkten rechtfertigt. Der Rechtfertigungsgrund muss nicht zwingend in der Verfassung verankert sein, eine einfache Willkürkontrolle genügt jedoch nicht.

445 Die Unterschiede sind allerdings im Bereich der Phytotherapie sehr gering und beschränken sich im Wesentlichen auf die Bevorzugung pflanzlicher Arzneimittel, s. Kap. 1 B III 3.

ff) Fazit; endgültige Definition

Im Grundsatz bleibt es somit bei den in Kapitel 1 (unter C II 3) gefundenen Kriterien. Eine praktikable Definition der besonderen Therapierichtungen, die geringere Anforderungen an die Begründung einer Ungleichbehandlung stellt und gleichwohl den Zielen des Gesetzes Rechnung trägt, lässt sich nicht bilden. Die Verwurzelung in der deutschen Kultur ist allerdings entbehrlich; entscheidend ist allein der Verbreitungsgrad im Inland.

Eine besondere Therapierichtung im Sinne des SGB V ist somit eine Zusammenfassung verschiedener Einzelmethoden, die auf einem gemeinsamen Denkansatz beruhen, der sich zumindest in einem Teilbereich von dem auf naturwissenschaftlichen Grundlagen und Evidenz basierenden Ansatz der Schulmedizin unterscheidet, sich nach eigenem Selbstverständnis besonders um die Fürsorge und die Bedürfnisses des einzelnen Patienten bemüht und einen hohen Verbreitungsgrad im Inland aufweist, der sich durch Popularität in weiten Teilen der Bevölkerung wie auch durch die Anerkennung und Anwendung durch Teile der Ärzteschaft auszeichnet.

d) Benachteiligung und Bevorzugung der besonderen Therapierichtungen

aa) Unterschiedliche Maßstäbe bei der Bewertung einer Therapie

Von zentraler Bedeutung ist die Frage, inwiefern Maßnahmen und Therapien der besonderen Therapierichtungen nach denselben Maßstäben und Kriterien zu bewerten sind wie Maßnahmen der Schulmedizin. Relevant wird dies etwa bei der Beurteilung der Zweckmäßigkeit, Notwendigkeit und Wirtschaftlichkeit im Rahmen der §§ 12, 70 SGB V (s.u., Kap. 4 E). Der allgemeine Gleichheitssatz lässt sich als Argument für beide Seiten anführen. Einerseits wird darauf verwiesen, dass die Kriterien, nach denen schulmedizinische Leistungen beurteilt werden, ihren Ursprung in einer schulmedizinischen Betrachtungsweise hätten.[446] Die besonderen Therapierichtungen seien daher ebenfalls nach ihren jeweils eigenen Bewertungsmaßstäben zu beurteilen. Andererseits lässt gerade die Anwendung spezifischer, von der evidenzbasierten Medizin abweichender Bewertungsmaßstäbe als rechtfertigungsbedürftige Ungleichbehandlung ansehen.

(1) Die Deutungsautonomie als Konsequenz des Art. 3 I GG?

Nach der letztgenannten Ansicht ist die Beurteilungsautonomie als Konsequenz des allgemeinen Gleichheitssatzes anzusehen. Eine Ungleichbehandlung wird hierbei nicht darin gesehen, dass an die Anerkennung alternativer Behandlungsmethoden höhere Ansprüche gesetzt würden. Derartige Regelungen bestehen nicht und werden auch nicht diskutiert. Eine unmittelbare Benachteiligung der Alternativmedizin kommt allein bei der Problematik in Betracht, ob bei der Beurteilung einer Methode ein bestimmtes Vorverständnis zugrunde gelegt werden darf, etwa

446 *Zuck*, Das Recht der anthroposophischen Medizin, Rn 49; *Schulin*, ZSR 1994, 546, 552.

die auf naturwissenschaftlichen Erkenntnissen beruhende Grundannahme, dass die Hochpotenzhomöopathie *a priori*[447] gar nicht wirksam sein könne. Eine Ungleichbehandlung wird jedoch von Teilen der Literatur auch angenommen, wenn alternativmedizinische Methoden nicht an den Maßstäben der jeweiligen Therapierichtung, sondern an den allgemeinen Maßstäben, insbesondere der Evidence Based Medicine, gemessen werden.[448]

Dieser Auffassung liegt jedoch ein Missverständnis zugrunde. Die Leistungen der Schulmedizin werden nach den Kriterien der Evidence Based Medicine (s.o., Kap. 1 A II 2) beurteilt.[449] Ziel dieser Vorgehensweise ist nicht die Feststellung der Wirksamkeit, Zweckmäßigkeit etc. „aus Sicht der Schulmedizin", sondern eine objektive, von weltanschaulichen Vorstellungen losgelöste Erkenntnis. Die Kriterien der Evidence Based Medicine sind darauf ausgerichtet, größtmögliche Sicherheit zu erlangen, dass Behandlungsmethoden tatsächlich den Ansprüchen genügen. Wenn diese Maßstäbe für alle Behandlungsmethoden unabhängig von ihrer Zugehörigkeit zu einer Therapierichtung gleichermaßen gelten, liegt eine Ungleichbehandlung gerade nicht vor. Die unterschiedslose Bewertung nach den Maßstäben der Evidence Based Medicine stellt somit keine ungerechtfertigte Ungleichbehandlung dar.

Ein Verstoß gegen den allgemeinen Gleichheitssatz kommt folglich allenfalls im Hinblick auf die negative Dimension in Betracht, also das Verbot, wesentlich Ungleiches gleich zu behandeln. Es könnte dem sog. Ungleichheitsgebot zuwiderlaufen, alle Therapien und Methoden unterschiedslos den auf naturwissenschaftlicher Betrachtungsweise beruhenden Maßstäben der Evidence Based Medicine zu unterwerfen. Das BVerfG[450] – und mit ihm die hL[451] – schreibt dem allgemeinen Gleichheitssatz des Art. 3 I GG neben der normierten positiven auch eine negative Dimension zu: Art. 3 I GG verlange, dass wesentlich Gleiches nicht willkürlich ungleich und wesentlich Ungleiches nicht willkürlich gleich behandelt werden dürfe.[452] Allerdings wird das Ungleichbehandlungsgebot, die negative Dimension des Gleichheitssatzes, von Teilen der Literatur in Zweifel gezogen, da sich der Grundsatz nicht unmittelbar aus Art. 3 I GG ergibt.[453]

Anders als bei der positiven Ausprägung des Art. 3 I GG sind die Kriterien der negativen Ausprägung eher vage und schwer zu fassen. Erfasst werden (von

447 Nicht im strengen Sinne, also ohne jegliche empirischen Erkenntnisse, aber ohne wissenschaftliche Überprüfung des Heileffekts im Einzelfall.

448 In diese Richtung *Zuck*, Das Recht der anthroposophischen Medizin, Rn 49; jedenfalls für den Fall eines vollständigen Ausschlusses alternativmedizinischer Methoden auch *Schulin*, ZSR 1994, 546, 552.

449 Vgl. *Welti/Raspe*, NJW 2002, 874 f.

450 St. Rspr. seit BVerfG, 16.03.1957, 2 BvK 1/54, BVerfGE 4, 144, 155 (juris-Rn 37).

451 BeckOK-GG/*Kischel*, Art. 3 Rn 15; Dreier/*Heun*, GG, Art. 3 Rn 20; Jarass/Pieroth/*Jarass*, GG, Art. 3 Rn 8.

452 Dreier/*Heun*, GG, Art. 3 Rn 20.

453 *Sachs*, Verfassungsrecht II, B 3 Rn 44 ff.; vgl. auch Sachs/*Osterloh*, GG, Art. 3 Rn 2: „Das ‚allgemeine' Gesetz behandelt also auch immer ungleiche Fälle gleich."

Konstellationen abgesehen, in denen letztlich ein anderes verfassungsrechtliches Prinzip eine Ungleichbehandlung verlangt[454]) lediglich Fälle, in denen eine rechtliche Gleichbehandlung zu einer faktischen Ungleichbehandlung führt, da die Folgen für eine Vergleichsgruppe schwerer wiegen als für eine andere.[455] Klassischer Fall ist die Gleichbesteuerung verschieden hoher Einkommen, bei denen die gebotene Messung an der wirtschaftlichen Leistungsfähigkeit unterbleibt.[456]

Ob dies bei der Gleichbehandlung von Schul- und Alternativmedizin überhaupt gegeben ist, erscheint zweifelhaft. Die hohen Anforderungen treffen zunächst die Alternativmedizin in demselben Maße wie die Schulmedizin. Der Unterschied liegt lediglich darin, dass sich die Schulmedizin vergleichbare Anforderungen bereits selbst auferlegt, während diese von der Alternativmedizin oft abgelehnt werden.

Ein Verstoß liegt jedenfalls nur dann vor, wenn die tatsächlichen Ungleichheiten so gewichtig sind, dass bei einer am Gerechtigkeitsgedanken orientierten Betrachtungsweise die Beachtung der Ungleichheit geboten ist.[457] Die Vertreter eines autonomen Beurteilungsrechts der besonderen Therapierichtungen berufen sich im Kern auf den ganzheitlichen Betrachtungsansatz, bei dem nicht allein die konkrete Heilmethode, sondern die gesamte Therapie, insbesondere auch das Vertrauensverhältnis zwischen Arzt und Patienten im Zentrum steht. Dies ändert jedoch nichts daran, dass auch die Anhänger der besonderen Therapierichtungen davon ausgehen, dass letztlich eine konkrete Heilmethode einen bestimmten Heileffekt aufweist. Wenn aber eine Kausalität zwischen Methode und Effekt postuliert wird, muss es möglich sein, diese zu überprüfen. Die Sachverhalte sind demnach im Ausgangspunkt vergleichbar. Demzufolge besteht grundsätzlich kein Anlass, auf eine wissenschaftliche Überprüfung zu verzichten. Im Übrigen ist unklar, wie eine Sonderregelung für die besonderen Therapierichtungen aussehen sollte. Vorstellbar wäre eine solche Regelung, wenn ein von der Evidence Based Medicine abweichendes Bewertungsverfahren bestünde, mit dessen Hilfe sich die Leistungen der besonderen Therapierichtungen in vergleichbarem Maße überprüfen ließen, wie dies die Evidence Based Medicine gewährleistet. Ein solches Verfahren haben die besonderen Therapierichtungen aber zumindest bisher nicht hervorgebracht. Angeführt wird lediglich die sog. „Experience Based Medicine“, bei der die Erfahrungswerte der behandelnden Ärzte (bzw. Heilpraktiker) als Grundlage herangezogen werden.[458] Die Experience Based Medicine unterscheidet sich jedoch von der Evidence Based

---

454 Näher *Stern*, Staatsrecht, Bd. IV/2, S. 1546 m.w.N.

455 Vgl. Jarass/Pieroth/*Jarass*, GG, Art. 3 Rn 8; BVerfG, 12.05.1992, 1 BvR 1467/91, 1 BvR 1501/91, BVerfGE 86, 81 (juris-Rn 23).

456 BVerfG, 23.11.1976, 1 BvR 150/75, BVerfGE 43, 108 (juris-Rn 25); *Stern*, Staatsrecht, Bd. IV/2 S. 1572 f. m.w.N.

457 In diesem Sinne schon BVerfGE 1, 264, 275 f. (juris-Rn 34); ausdrücklich BVerfG, 12.05.1992, 1 BvR 1467/91, 1 BvR 1501/91, BVerfGE 86, 81 (juris-Rn 23); 98, 365, 385 (juris-Rn 63); Jarass/Pieroth/*Jarass*, GG, Art. 3 Rn 28.

458 *Zuck*, NZS 1999, 313, 317.

Medicine dadurch, dass eine objektive, von den Ansichten des behandelnden Arztes losgelöste Bewertung gerade nicht stattfindet. Schon in Ermangelung eines vergleichbar geeigneten Verfahrens stellt es keinen Gleichheitsverstoß dar, auch die besonderen Therapierichtungen und andere alternativmedizinische Leistungen den Anforderungen der Evidence Based Medicine zu unterwerfen.

(2) Konflikt zwischen Beurteilungsautonomie und Gleichheitssatz

Umgekehrt erscheint die Anerkennung einer Beurteilungsautonomie der Therapierichtungen im Hinblick auf den Gleichheitssatz als problematisch. Die zugrundeliegenden Sachverhalte sind, wie oben festgestellt, im Ausgangspunkt vergleichbar: Überprüft wird, ob eine Heilmethode den Vorgaben der gesetzlichen Kriterien genügt, also z.B., ob sie zur Erreichung des Heilerfolgs zweckmäßig ist.

Unterfallen nun Methoden grundsätzlich der strengen Kontrolle der Evidence Based Medicine, liegt eine Ungleichbehandlung vor, wenn bestimmte Heilmethoden von diesem Maßstab freigestellt und geringeren Anforderungen unterworfen werden. Dies schließt nicht aus, dass eine differenzierende Regelung gerechtfertigt ist. Zu beachten ist aber, dass die Ungleichbehandlung durch Gründe von solchem Gewicht bedingt sein muss, dass diese eine Unterscheidung anhand weltanschaulicher Gesichtspunkte rechtfertigen.

Inwieweit eine Unterscheidung nach diesen Maßstäben zulässig ist, lässt sich nicht allgemeingültig, sondern nur anhand der konkreten Norm und ihres jeweiligen Zweckes und Regelungsgehalts beantworten. Insofern kann an dieser Stelle nur auf die entsprechenden Ausführungen in den folgenden Kapiteln verwiesen werden.

bb) Ungleichbehandlung durch Voraussetzung eines bestimmten Vorverständnisses

Gegenüber den besonderen Therapierichtungen wird teilweise eingewandt, deren Methoden könnten gar keinen Erfolg haben, da sie den anerkannten naturwissenschaftlichen Erkenntnissen zuwiderliefen. Insbesondere sei die Hochpotenzhomöopathie nicht mit der Erkenntnis zu vereinbaren, dass ab einer bestimmten Verdünnung allenfalls noch rein zufällig Elementarteilchen des Ausgangsstoffes vorhanden sind (vgl. Kap. 1 B I 3 d, 5 a cc).[459]

Fraglich ist, ob bereits hierin ein zulässiges Unterscheidungskriterium liegt. Die Naturgesetze, wie sie die naturwissenschaftliche Forschung ermittelt hat, beanspruchen universelle Gültigkeit. Gerade dieser Anspruch der universellen Gültigkeit (bzw. umgekehrt die Ablehnung dieses Anspruchs) lässt sich jedoch als Weltanschauung charakterisieren. Die Weltanschauungsfreiheit nach Art. 4 GG garantiert auch die Freiheit, nach naturwissenschaftlichem Verständnis objektiv widerlegte Ansichten aufrechtzuerhalten. Da wissenschaftliche Erkenntnisse ihrer

---

459 *Hopff*, Homöopathie, S. 15.

Natur nach immer nur den vorübergehenden Erkenntnisstand wiedergeben, wäre es unangebracht, aus ihnen allein deduktiv auf die fehlende Wirksamkeit und Eignung einer Therapie zu schließen.

Vor diesem Hintergrund erscheint es jedenfalls problematisch, Methoden der besonderen Therapierichtungen ohne konkrete Wirksamkeitsüberprüfung die Anerkennung zu versagen (näher zur konkreten Auswirkung im SGB V s.u., Kap. 4 B).

e) *Ungleichbehandlung von gesetzlich und privat Krankenversicherten*

Im welchem Umfang die besonderen Therapierichtungen Bestandteil der Krankenversorgung sind, ergibt sich für die gesetzlichen Krankenversicherungen aus dem SGB V. Für die privaten Krankenversicherungen richtet sich dies nach zivilrechtlichen Regelungen, insbesondere BGB und VVG. Die Anwendbarkeit unterschiedlicher Regelungssysteme – und auch die damit einhergehende Zuständigkeit unterschiedlicher Gerichte – bringt zwangsläufig mit sich, dass privat und gesetzlich Krankenversicherte in vielerlei Hinsicht unterschiedlich behandelt werden.

Die Unterscheidung knüpft an eine Eigenschaft der Person an, die Zugehörigkeit zur gesetzlichen oder privaten Krankenversicherung. Für die gesetzliche Krankenversicherung besteht nach Maßgabe der §§ 5 f. SGB V eine Versicherungspflicht. Nur unter bestimmten dort normierten Bedingungen tritt Befreiung von der Versicherungspflicht ein, etwa bei hauptberuflicher Selbständigkeit (§ 5 V SGB V), Beamtenstatus (§ 6 I Nr. 2 SGB V) oder Überschreitungen der Jahresarbeitsentgeltsgrenze für Arbeitnehmer (§ 6 I Nr. 1, VI-VIII SGB V). Welcher Gruppe ein Versicherter zugehörig ist, entzieht sich somit nicht vollständig seinem Einfluss. Solange keine Änderung der Berufs- bzw. Einkommensverhältnisse eintritt – was sich nur eingeschränkt beeinflussen lässt – bleibt ein Versicherungszwang in der GKV jedoch bestehen. Denkbar wäre allenfalls eine – wirtschaftlich oft schwer realisierbare[460] – private Zusatzversicherung. Da das Differenzierungskriterium an persönliche Merkmale des Versicherten anknüpft, richtet sich der Rechtfertigungsmaßstab nach der neuen Formel, sodass nicht jeder Sachgrund zur Rechtfertigung genügt, sondern dieser Grund hinreichend gewichtig sein muss.

Als Rechtfertigungsgrund kommt die Unterschiedlichkeit beider Systeme in Betracht.[461] Die gesetzliche Krankenversicherung ist im Grundsatz als Pflichtversicherung ausgelegt. Zwar besteht die Möglichkeit zur Wahl der Krankenversicherung, doch werden die Versicherungspflicht und im Wesentlichen auch die Beitragshöhe durch hoheitliches Handeln des Staates bestimmt. Das Recht der privaten Krankenversicherung ist vom Grundsatz der Privatautonomie und Vertragsfreiheit geprägt und lässt den Vertragsparteien einen weitaus größeren Spielraum. Angesichts der grundlegenden systematischen Unterschiede zwischen privater und gesetzlicher Krankenversicherung ergeben sich Verschiedenbehandlungen im Einzelfall auf der

460 Vgl. LSG Niedersachsen, NZS 1996, 74, 76.

461 BVerwGE 125, 21 (juris-Rn 33 ff.); bestätigt durch BVerfG, NVwZ 2008, 1004 (juris-Rn 19).

Leistungsseite bereits aus der Natur der Sache.[462] Nicht nur auf Leistungs-, sondern auch auf Beitragsseite bestehen erhebliche Unterschiede zwischen privater und gesetzlicher Krankenversicherung. Vor diesem Hintergrund ist die Ungleichbehandlung durch sachliche Gründe von hinreichendem Gewicht gerechtfertigt.

B. Europäisches Recht

Das Recht der Zulassung und Registrierung von Arzneimitteln ist maßgeblich durch die Richtlinie 2001/83/EG geprägt. Die Richtlinie enthielt von Beginn an Vorgaben für die Registrierung homöopathischer Arzneimittel (Art. 13 ff.). Für diese soll anstelle des aufwendigen allgemeinen Zulassungsverfahrens ein besonderes Verfahren der Registrierung eingeführt werden. Durch die Richtlinie 2004/24/EG wurde in Art. 16a ff. RL 2001/83/EG auch ein besonderes Verfahren für die Registrierung traditioneller pflanzlicher Arzneimittel vorgeschrieben. Für anthroposophische Arzneimittel ist kein besonderes Verfahren vorgesehen. Der 22. Erwägungsgrund der RL 2001/83/EG fordert jedoch, dass anthroposophische Arzneimittel, die nach homöopathischen Verfahren hergestellt werden, homöopathischen Arzneimitteln gleichzustellen sind. In den §§ 38 ff. AMG wurden die Vorgaben in nationales Recht umgesetzt. Die Einzelheiten des Verfahrens sind im folgenden Kapitel zu erörtern.[463]

Bedeutung für das Arzneimittel- und Krankenversicherungsrecht hat auch die Transparenzrichtlinie.[464] Diese verlangt für Entscheidungen über das Inverkehrbringen von Arzneimitteln zu einem bestimmten Preis und ihre Einbeziehung in das staatliche Krankenversicherungssystem jeweils das Vorliegen einer auf objektiven und überprüfbaren Kriterien beruhenden Begründung. Vorgeschrieben wird dies für ablehnende Entscheidungen über das Inverkehrbringen des betreffenden Arzneimittels zu dem vom Antragsteller vorgeschlagenen Preis (Art. 2 Nr. 2 RL 89/105/EWG), eine Preiserhöhung (Art. 3 Nr. 2 RL 89/105/EWG) oder die Aufnahme in die Liste der unter das staatliche Krankenversicherungssystem fallenden Erzeugnisse (Art. 6 Nr. 2 RL 89/105/EWG), ebenso wie für die Streichung eines Erzeugnisses (Art. 6 Nr. 5 RL 89/105/EWG) oder einer Arzneimittelkategorie (Art. 6 Nr. 6 RL 89/105/EWG) aus dieser Liste. Schließlich gilt diese qualifizierte Begründungspflicht auch für die Entscheidung, einzelne Erzeugnisse (Art. 7 Nr. 3 RL 89/105/EWG) oder Arzneimittelkategorien (Art. 7 Nr. 1 RL 89/105/EWG) durch Negativlisten vom staatlichen Krankenversicherungssystem auszuschließen.

---

462 Vgl. BVerwGE 125, 21 (juris-Rn 34).

463 S. Kap. 3 B, C.

464 Richtlinie 89/105/EWG des Rates vom 21. Dezember 1988 betreffend die Transparenz von Maßnahmen zur Regelung der Preisfestsetzung bei Arzneimitteln für den menschlichen Gebrauch und ihre Einbeziehung in die staatlichen Krankenversicherungssysteme, ABl. L 40 vom 11.02.1989, S. 8–11.

Kapitel 3 – Die besonderen Therapierichtungen im Arzneimittelrecht

A. Allgemeines

I. Zielsetzung des Arzneimittelgesetzes

Die Zielsetzung des AMG ist für die Auslegung der einzelnen Normen von so zentraler Bedeutung,[465] dass der Gesetzgeber in § 1 AMG ausdrücklich den Zweck des Gesetzes benannt hat. Etwas ineinander verschachtelt werden mehrere Ziele dargestellt: *„Es ist der Zweck dieses Gesetzes, im Interesse einer ordnungsgemäßen Arzneimittelversorgung von Mensch und Tier für die Sicherheit im Verkehr mit Arzneimitteln, insbesondere für die Qualität, Wirksamkeit und Unbedenklichkeit der Arzneimittel nach Maßgabe der folgenden Vorschriften zu sorgen.“* Im Zentrum steht die Sicherheit der Arzneimittel; Hauptzweck des Gesetzes ist demnach der Schutz des Patienten (wobei ausdrücklich auch Tiere eingeschlossen sind) vor schädlichen und bedenklichen Arzneimitteln. Allerdings betont das Gesetz, dass der Sicherheitsbegriff weit verstanden wird: Auch Qualität und Wirksamkeit sind zu gewährleisten.

II. Grundsatz der Zulassungspflicht

Grundsätzlich sind alle Arzneimittel i.S.v. § 2 AMG gemäß § 21 AMG zulassungsbedürftig. Für Arzneimittel der besonderen Therapierichtungen bestehen allerdings verschiedene Sonderregelungen und Einschränkungen dieses Grundsatzes. Das Verhältnis dieser Vorschriften zur Zulassungspflicht ist im Folgenden näher zu beleuchten.

B. Das Registrierungsverfahren für homöopathische Arzneimittel

I. Systematik

Gemäß § 38 I 1, 2 AMG sind homöopathische Fertigarzneimittel unter bestimmten Voraussetzungen von der Zulassungspflicht befreit. An deren Stelle tritt eine Registrierung in einem vereinfachten Verfahren durch Eintragung in das Register für homöopathische Arzneimittel.

Nicht ausdrücklich im Gesetz geklärt ist, ob alternativ das allgemeine Zulassungsverfahren nach § 21 AMG zur Verfügung steht. Nach dem erklärten Willen des Gesetzgebers ist dies jedoch der Fall; dem pharmazeutischen Unternehmer soll

---

465 Vgl. KMH/*Müller*, Arzneimittelrecht, § 1 AMG Rn 4.

ein Wahlrecht zwischen Zulassungs- und Registrierungsverfahren zustehen.[466] §§ 21 I, 38 I AMG sind demzufolge als Verbot mit zwei alternativen Erlaubnisvorbehalten zu verstehen.

Gemäß § 39 II AMG ist die Registrierung zu versagen, wenn einer der dort aufgeführten Gründe vorliegt. Ein Ermessensspielraum der Bundesoberbehörde besteht nicht. Das Vorliegen auch nur eines Versagungsgrundes führt zum Ausschluss des vereinfachten Verfahrens; ein Ermessensspielraum besteht im Gegensatz zu § 25 AMG nicht.[467] Das allgemeine Zulassungsverfahren nach § 21 AMG bleibt jedoch eröffnet.

II. Zweck des vereinfachten Verfahrens

Der Gesetzgeber geht davon aus, dass homöopathischen Arzneimitteln eine besondere, von schulmedizinischen Vorstellungen abweichende Wirkungsweise zugrunde liege. In der Gesetzesbegründung[468] wird hervorgehoben, dass ein Wirksamkeitsnachweis, wie er zur Erteilung der Zulassung nach § 21 I AMG erforderlich ist, bei homöopathischen Arzneimitteln nicht zu erbringen sei. Daher müsse auf diesen verzichtet werden. Der 21. Erwägungsgrund Richtlinie 2001/83/EG, die mit den §§ 38 f. AMG umgesetzt wurde, spricht demgegenüber nur von der „Schwierigkeit der Anwendung der herkömmlichen statistischen Methoden bei klinischen Versuchen", also nicht der „Unmöglichkeit", wie sie die Gesetzesbegründung unterstellt. Letztlich ergeben sich aus dieser Abweichung zwischen Richtlinien- und Gesetzesbegründung keine Unterschiede, da die Frage, ob ein Beweis unmöglich oder nur (mit den herkömmlichen Methoden) schwierig zu erbringen ist, nicht politisch, sondern nur von der medizinischen Forschung beantwortet werden kann.

Daneben ist zu berücksichtigen, dass homöopathische Arzneimittel in weitaus geringerem Maße mit Risiken und Nebenwirkungen behaftet sind als konventionelle Medikamente. Zweck des Zulassungsverfahrens nach § 21 AMG ist der Schutz des Patienten vor Arzneimitteln, die den Qualitätsanforderungen nicht genügen.[469] Dies beinhaltet einerseits den Schutz vor Arzneimitteln ohne hinreichenden Wirksamkeitsnachweis, andererseits aber auch den Schutz vor Arzneimitteln, deren Einsatz mit unverhältnismäßigen oder nicht absehbaren Risiken verbunden ist. § 39 II Nr. 5b AMG garantiert, dass nur Arzneimittel geringer Dosen registriert werden können. Das Risiko des Einsatzes homöopathischer Arzneimittel im Hochpotenzbereich wird von der Mehrheit der Homöopathen wie von Schulmedizinern übereinstimmend als gering bis nicht vorhanden eingestuft.[470] Hierauf nimmt auch der 21.

---

466 BT-Drs. 7/3060, S. 53 zu § 36 des Regierungsentwurfs; vgl. Quaas/Zuck/*Zuck*, Medizinrecht, § 52 Rn 42; *Sander*, Arzneimittelrecht, § 10 AMG Rn 22.

467 Vgl. KMH/*Pannenbecker*, Arzneimittelrecht, § 39 AMG Rn 16.

468 BT-Drs. 7/3060, S. 52 f.

469 Vgl. KMH/*Winnands*, Arzneimittelrecht, § 21 AMG Rn 2.

470 Vgl. *Steingassner*, Homöopathie verstehen, S. 73; *Grams*, Homöopathie neu gedacht, S. 218; *Hopff*, Homöopathie, S. 19.

Erwägungsgrund der Richtlinie 2001/83/EG Bezug, der ein vereinfachtes Verfahren nur für homöopathische Arzneimittel vorsieht, deren Verabreichung nach Form und Dosis kein Risiko für den Patienten darstellt.

III. Versagensgründe nach § 39 II AMG

§ 38 I 1 AMG verlangt nur implizit, dass ein homöopathisches Arzneimittel i.S.d. § 4 XXVI AMG vorliegt. Die näheren Anforderungen regelt allein § 39 II AMG. Die dort aufgeführten Versagensgründe lassen sich in zwei Gruppen unterteilen. Einige Kriterien dienen dazu, den Anwendungsbereich der §§ 38 ff. AMG zu bestimmen. Bei den übrigen Versagensgründen handelt es sich um Mindestanforderungen, auf die auch im Rahmen eines vereinfachten Verfahrens nicht verzichtet werden kann. Letztere zeichnen sich dadurch aus, dass ihnen eine entsprechende Regelung im Rahmen der §§ 21 ff. AMG gegenübersteht.

1. Mindestanforderungen

Auch zur Registrierung homöopathischer Arzneimittel sind die Unterlagen vollständig vorzulegen; § 39 II Nr. 1 entspricht § 25 II 1 Nr. 1 AMG. Das Arzneimittel ist nach dem jeweils gesicherten Stand der wissenschaftlichen Erkenntnisse ausreichend analytisch zu prüfen (§ 39 II Nr. 2 bzw. § 25 II 1 Nr. 2 HS. 1 AMG), wobei eine pharmakologisch-toxikologische Prüfung ggf. gemäß § 38 II AMG entbehrlich ist,[471] sodass es bei einer bloßen Entwicklungsprüfung nach therapieimmanenten Maßstäben bleibt.[472] Die Vorschriften bezüglich der pharmazeutischen Qualität (§ 39 II Nr. 3; § 25 II 1 Nr. 3 AMG), der Wartezeit (§ 39 II Nr. 5; § 25 II 1 Nr. 6 AMG), des *numerus clausus* der Wirkstoffe bei Tieren, die der Lebensmittelgewinnung dienen (§ 39 II Nr. 4a; § 25 II 1 Nr. 6a AMG) und des Verstoßes gegen sonstige gesetzliche Vorschriften (§ 39 II Nr. 9; § 25 II 1 Nr. 7 AMG) sind mit den allgemeinen Regelungen identisch.

2. Sondervorschriften

Eine Registrierung als homöopathisches Arzneimittel ist an verschiedene besondere Voraussetzungen gekoppelt, die im Wesentlichen die Unbedenklichkeit des Arzneimittels sicherstellen sollen (§ 39 II Nr. 5a-7 AMG). Für die Einordnung als homöopathisches Arzneimittel sind insbesondere die Verfahrenstechnik (Nr. 7) und die Dosis (Nr. 5b) maßgeblich. Überdies müssen die einzelnen Wirkstoffe als homöopathisches oder anthroposophisches Arzneimittel allgemein anerkannt sein (Nr. 7a).[473] Der Ausschluss verschreibungspflichtiger (Nr. 6) Arzneimittel und solcher, die zur Anwendung bei Menschen auf anderem Wege als Einnahme oder äußerlicher Anwendung

471 *Rehmann*, AMG, § 39 Rn 4.
472 KMH/*Pannenbecker*, Arzneimittelrecht, § 39 AMG Rn 18.
473 Kritisch hierzu *Pannenbecker*, PharmR, 2004, 181 ff.

bestimmt sind (Nr. 5a) beruht auf der potenziellen Gefahr, die mit diesen verbunden ist. § 39 II Nr. 8 regelt demgegenüber lediglich die Subsidiarität des Registrierungsverfahrens: Ist eine Zulassung bereits erteilt, ist dieses obsolet.[474]

Bei geringen Herstellungsmengen von bis zu 1.000 Packungen pro Jahr sind homöopathische Arzneimittel von der Registrierungspflicht befreit, wenn sie die Anforderungen an eine Registrierung erfüllt hätten.[475]

3. *Nach § 39 II AMG unbeachtliche Kriterien*

Einige Umstände, die einer Zulassung nach § 25 II AMG entgegenstehen können, sind im Kriterienkatalog des § 39 II AMG nicht enthalten; eine Registrierung des homöopathischen Arzneimittels darf nicht ihretwegen versagt werden.

a) Therapeutische Wirksamkeit

Die wohl bedeutendste Sonderregelung ist die Entscheidung des Gesetzgebers, auf einen Nachweis der therapeutischen Wirksamkeit im Registrierungsverfahren gemäß § 25 II Nr. 4 AMG zu verzichten. Es muss also nicht nachgewiesen werden, dass das homöopathische Arzneimittel für einen erzielten Heilerfolg ursächlich ist.[476]

b) Nutzen-Risiko-Verhältnis

Nicht zu prüfen ist überdies, ob ein ungünstiges Nutzen-Risiko-Verhältnis (§ 25 II 1 Nr. 5 AMG) besteht. Hierin liegt nach hM keine Abweichung vom älteren Sprachgebrauch, dass das Arzneimittel keine unvertretbaren Nebenwirkungen haben dürfe.[477]

Dem Verzicht auf dieses Kriterium liegt die Vorstellung zugrunde, dass Nebenwirkungen bei homöopathischen Arzneimitteln zu vernachlässigen seien (vgl. 21. Erwägungsgrund der Richtlinie 2001/83/EG, s. unter II). Es besteht somit kein Anlass zu einer regelmäßigen Prüfung. Dennoch ist gemäß § 39 II Nr. 4 AMG im Einzelfall eine Registrierung zu versagen, wenn der begründete Verdacht schädlicher Wirkungen besteht. Da hier jedoch das Regel-Ausnahme-Verhältnis verkehrt wird, liegt eine erhebliche Erleichterung gegenüber dem Zulassungsverfahren nach §§ 21 ff. AMG vor.

c) Begründung für die Verwendung mehrerer wirksamer Bestandteile

Mehrere wirksame Bestandteile dürfen grundsätzlich nur verwendet werden, wenn hierfür eine Begründung vorliegt (§ 25 II 1 Nr. 5a AMG). Hintergrund dieser Regelung ist das höhere Risiko, das mit der Verwendung weiterer Inhaltsstoffe verbunden ist. Dementsprechend sind auch die Anforderungen an die Begründung erhöht, je

474 Vgl. KMH/*Pannenbecker*, Arzneimittelrecht, § 39 AMG Rn 34.
475 Vgl. *Kloesel*/*Cyran*, Arzneimittelrecht, A 1.0, § 38 AMG Rn 15.
476 Vgl. Deutsch/Lippert/*Anker*, AMG, § 25 Rn 22.
477 Deutsch/Lippert/*Anker*, AMG, § 25 Rn 27.

riskanter der Wirkstoff ist.[478] Das nahezu auszuschließende Risiko aufgrund weiterer Wirkstoffe in homöopathischer Dosierung rechtfertigt es demgegenüber, auf eine Begründung zu verzichten, auch wenn dies den Grundsätzen der klassischen Homöopathie widerspricht (s.o., Kap. 1 B I 3 f). Im Zulassungsverfahren muss hingegen auch für homöopathische Arzneimittel eine Begründung vorliegen.[479]

d) Kontrollmethoden bei Fütterungsarzneimitteln

In Abweichung zu § 25 II Nr. 6a AMG werden im Registrierungsverfahren keine besonderen Anforderungen an den quantitativen und qualitativen Nachweis der Wirkstoffe in Fütterungsarzneimitteln gestellt. Ein Nachweis der Wirkstoffe ist in höheren Potenzen nicht mehr möglich, sodass die Anwendung dieses Kriteriums letztlich einen Ausschluss homöopathischer Fütterungsarzneimittel zur Folge hätte. Zudem besteht das Risiko einer unbeabsichtigten Konzentration der Wirkstoffe nicht.[480]

IV. Informationspflichten

1. Kennzeichnungspflicht

§§ 10 IV, 11 III AMG treffen besondere Vorschriften für die Kennzeichnung auf der Verpackung und den Inhalt der Packungsbeilage für homöopathische Arzneimittel. § 10 IV 1 AMG schreibt vor, dass Behältnis und ggf. Verpackung durch den deutlichen Hinweis „Homöopathisches Arzneimittel“ kenntlich zu machen sind, zudem gemäß § 10 IV 1 Nr. 9 AMG durch die Angabe „Registriertes homöopathisches Arzneimittel, daher ohne Angabe einer therapeutischen Indikation“. Gemäß § 10 IV 1 Nr. 1 AMG sind Ursubstanzen und Verdünnungsgrad anzugeben. Abweichend von den allgemeinen Regelungen in § 10 I AMG nicht anzugeben ist der Verwendungszweck (§ 10 I 1 Nr. 13 AMG). Angaben über Anwendungsgebiete sind unzulässig: Homöopathische Arzneimittel werden ohne Anwendungsindikation in den Verkehr gebracht.[481] Vorgeschrieben ist jedoch die Angabe einer Dosierungsempfehlung in der Packungsbeilage gemäß § 11 I Nr. 11 AMG. Nach homöopathischem Selbstverständnis ist dies problematisch, da die Dosierung nicht schematisiert werden dürfe und eine Dosierungsempfehlung ohne Kenntnis des Anwendungsgebiets ohnehin nicht möglich sei.[482]

---

478 Vgl. Deutsch/Lippert/*Anker*, AMG, § 25 Rn 28.

479 Zum Nachzulassungsverfahren BVerwG, 16.10.2008, 3 C 23/07, Buchholz 418.32 AMG Nr 53 (juris-Rn 12 ff.); KMH/*Kügel*, Arzneimittelrecht, § 25 AMG Rn 63.

480 Vgl. KMH/*Heßhaus*/*Laber-Probst*, Arzneimittelrecht, § 23 AMG Rn 16.

481 Deutsch/Lippert/*Deutsch*, AMG, § 10 Rn 10; *Rehmann*, AMG, § 11 Rn 18; *Sander*, Arzneimittelrecht, § 10 AMG Rn 22. Dies gilt nicht im Zulassungsverfahren; kritisch hierzu *Pannenbecker/Natz*, PharmR 2005, 266, 268 f.

482 Vgl. *Zuck*, Homöopathie und Verfassungsrecht, Rn 255 f.

Homöopathische Arzneimittel, die nach den allgemeinen Regeln zugelassen sind, dürfen demgegenüber nicht als „Homöopathisches Arzneimittel" in den Verkehr gebracht werden.[483] Sie müssen aber gemäß § 10 IV 2 AMG mit einem Hinweis auf die homöopathische Beschaffenheit gekennzeichnet werden.

2. Werbung für homöopathische Arzneimittel

Grundsätzlich gestattet das HWG auch Werbung für homöopathische Arzneimittel.[484] Dies ergibt sich im Umkehrschluss zu § 5 HWG, der für registrierte homöopathische Arzneimittel Werbung unter Angabe von Anwendungsgebieten untersagt.[485] Das Verbot irreführender Werbung gemäß § 3 S. 1 HWG gilt jedoch auch für homöopathische Arzneimittel, einschließlich des Regelbeispiels in § 3 S. 2 Nr. 1 HWG, wonach in der Werbung Arzneimitteln, Medizinprodukten, Verfahren, Behandlungen, Gegenständen oder anderen Mitteln keine therapeutische Wirksamkeit bzw. Wirkungen beigelegt werden dürfen, die sie nicht haben. Legt man den allgemein anerkannten Stand der wissenschaftlichen Erkenntnisse zugrunde, dürften bei der Bewerbung homöopathischer Arzneimittel überhaupt keine Wirksamkeitsversprechungen gemacht werden,[486] zumindest aber nicht der Eindruck erweckt werden, die Wirksamkeit sei wissenschaftlich unangefochten.[487] Unzulässig sind jedenfalls unbelegte Behauptungen, ein homöopathisches Arzneimittel seien „etwa gleich wirksam" wie das entsprechende schulmedizinische Arzneimittel.[488] Werbeversprechungen können ohnehin nur recht vage bleiben, wenn sie nicht entgegen § 5 HWG die Angabe eines Anwendungsgebiets beinhalten sollen.[489] Eine Irreführung liegt auch dann vor, wenn aus der Werbung nicht eindeutig hervorgeht, dass es sich um ein homöopathisches Arzneimittel handelt.[490]

V. Verschreibungspflicht

§ 48 AMG regelt, in welchem Umfang Arzneimittel verschreibungspflichtig sind. Dies beinhaltet

- gemäß § 48 I 1 Nr. 1 AMG Arzneimittel, die durch Rechtsverordnung nach § 48 II, IV, V AMG bestimmte Stoffe oder Zubereitungen, oder solche enthalten,

---

483 *Sander*, Arzneimittelrecht, § 38 AMG Rn 2 f.

484 *Krüger*, PharmR 2006, 10, 11.

485 Nicht aber für zugelassene homöopathische Arzneimittel, vgl. Bülow/Ring/*Bülow*, HWG, § 5 Rn 8.

486 In diese Richtung OLG Hamburg, 18.09.2003, 3 U 70/02, MedR 2004, 262 (juris-Rn 37); OLG Sachsen-Anhalt, 10.06.2004, 7 U (Hs) 11/04, juris.

487 OLG Celle, 31.07.2008, 13 U 69/08, PharmR 2009, 32 (juris-Rn 10)

488 OLG Hamburg, 10.08.2006, 3 U 30/06, MedR 2007, 350 (juris-Rn 34 ff.).

489 So hat das OLG Hamm die Werbung für ein homöopathisches Arzneimittel als „sanfter Begleiter in der Schwangerschaft" untersagt, OLG Hamm, 13.12.2012, I-4 U 141/12, 4 U 141/12, PharmR 2013, 173 (juris-Rn 45).

490 Vgl. *Krüger*, PharmR 2006, 10, 11.

- gemäß § 48 I 1 Nr. 2 AMG sonstige Arzneimittel, die zur Anwendung bei Tieren, die der Gewinnung von Lebensmitteln dienen, bestimmt sind, sofern keine Ausnahme nach § 48 VI AMG i.V.m. § 6 der Arzneimittelverschreibungsverordnung (AMVV) vorliegt,[491]
- sowie gemäß § 48 I 1 Nr. 3 AMG Arzneimittel im Sinne des § 2 I, II Nr. 1 AMG, die Stoffe mit in der medizinischen Wissenschaft nicht allgemein bekannten Wirkungen oder Zubereitungen solcher Stoffe enthalten.

§ 5 S. 1 AMVV nimmt nach homöopathischen Verfahrenstechniken hergestellte Arzneimittel aus, sofern die Endkonzentration dieser Arzneimittel im Fertigprodukt die vierte Dezimalpotenz nicht übersteigt. Verschreibungspflichtig ist somit nur ein sehr geringfügiger Anteil der homöopathischen Arzneimittel, da selbst die Niedrigpotenzhomöopathie selten auf Konzentrationen oberhalb von D4 zurückgreift.

VI. Verfassungsrechtliche Bewertung

Die Entscheidung des Gesetzgebers, bei homöopathischen Arzneimitteln auf ein Zulassungsverfahren und den damit verbundenen Wirksamkeitsnachweis zu verzichten, ist verfassungsrechtlich nicht unbedenklich.[492] In Betracht kommt ein Verstoß gegen den allgemeinen Gleichheitssatz des Art. 3 I GG, da homöopathische und „allopathische" Arzneimittel unterschiedlichen Zulassungsvoraussetzungen unterworfen werden.

1. *Ungleichbehandlung; Bewertungsmaßstab*

Voraussetzung des vereinfachten Verfahrens nach § 38 I AMG ist zunächst eine besondere Herstellungsweise, nämlich gemäß § 39 II Nr. 7 AMG entsprechend dem Homöopathischen Teil des Arzneibuches. Auch die weiteren Voraussetzungen nach § 39 II Nr. 4–7a AMG knüpfen an objektive Kriterien an, nicht an die Zugehörigkeit zu einer bestimmten Therapierichtung.

Abstrakt betrachtet handelt es sich hierbei um rein sachbezogene Unterscheidungsgründe, die eine Anwendung strengerer Maßstäbe als des bloßen Willkürverbotes nicht erfordern. Die homöopathischen Arzneimittel werden hier nicht wegen eines besonderen weltanschaulichen Denkansatzes, sondern wegen ihrer besonderen Herstellungsart und Unbedenklichkeit privilegiert.

2. *Sachgründe für die Ungleichbehandlung*

a) Unmöglichkeit des Wirksamkeitsnachweises

Aufgrund der Besonderheiten der Homöopathie ist ein Wirksamkeitsnachweis im Einzelfall allenfalls mit erheblichen Schwierigkeiten zu führen. Da in der

491 Vgl. *Weber*, BtMG/AMG, § 48 AMG Rn 43.
492 Vgl. *Kloesel/Cyran*, Arzneimittelrecht, A 1.0, § 38 AMG Rn 10.

(klassischen) Homöopathie jeder Fall im Grundsatz isoliert betrachtet wird, werden insbesondere randomisierte Doppelblindstudien als ungeeignete Methode des Wirksamkeitsnachweises abgelehnt.[493]

Ob praktische Schwierigkeiten indes einen sachlichen Grund darstellen können, auf einen Wirksamkeitsnachweis insgesamt zu verzichten, erscheint indes zweifelhaft. Lässt sich die erforderliche Wirksamkeit nicht objektiv im Vergleich der Behandlung einer größeren Anzahl von Patienten nachweisen, legt dies den Schluss zumindest nahe, dass eine Wirksamkeit tatsächlich nicht gegeben ist. Gerade aus der Unmöglichkeit des Wirksamkeitsnachweises zu folgern, dass ein solcher entbehrlich zu sein hat, führt das Erfordernis des Wirksamkeitsnachweises letztlich *ad absurdum*.

Darüber hinaus lässt sich dasselbe Argument auch auf verschiedene andere umstrittene Therapien erstrecken, deren Wirksamkeit ebenfalls – nach derzeitigem Stand der Forschung – nicht nachweisbar ist. Ein sachlicher Grund für eine Differenzierung ist aber nicht nur im Verhältnis zur Schulmedizin, sondern auch zu anderen Therapierichtungen erforderlich. Die Unmöglichkeit eines Wirksamkeitsnachweises könnte insoweit nur ein sachlicher Unterscheidungsgrund sein, wenn der Nachweis aus Gründen nicht erbracht werden kann, die lediglich die Homöopathie betreffen.

Der Wirksamkeitsnachweis müsste demnach gerade aufgrund spezifischer Besonderheiten der Homöopathie unmöglich sein. Hierfür bestehen indes keine Anhaltspunkte. Von den Befürwortern der Homöopathie werden die Schwierigkeiten des Wirksamkeitsnachweises in erster Linie darauf zurückgeführt, dass jeder Patient individuell betrachtet werde. Dies ist jedoch kein Alleinstellungsmerkmal der Homöopathie, sondern allen „ganzheitlichen" Heilansätzen gemeinsam, letztlich also weiten Teilen der Alternativmedizin.

Praktische Schwierigkeiten bei der Durchführung eines Wirksamkeitsnachweises sind für sich genommen folglich kein geeigneter Sachgrund für einen Verzicht auf diesen Nachweis; vielmehr liegt hierin ein evident unsachlicher Grund.

b) Geringere Risiken

Ist ein Arzneimittel auch aus schulmedizinischer Sicht wirksam, ist es in aller Regel auch mit Risiken behaftet. Demgegenüber wird bei homöopathischen Präparaten, besonders im Hochpotenzbereich, davon ausgegangen, dass ein Risiko für den Patienten letztlich nicht – oder zumindest nicht in annähernd vergleichbarem, sondern vernachlässigbarem Maße – besteht. Hierin liegt unzweifelhaft ein sachlicher Grund, auf die Kosten-Nutzen-Bewertung nach § 25 II Nr. 5 AMG zu verzichten, da die Nebenwirkungen und Risiken niemals unvertretbar sind. Zweifelhaft ist demgegenüber, ob das fehlende Risiko auch einen Verzicht auf den Wirksamkeitsnachweis rechtfertigt.

Hauptzweck des AMG ist der Schutz des Patienten vor bedenklichen und unsicheren Arzneimitteln.[494] Vor diesem Hintergrund wäre es durchaus vorstellbar,

493 *Gebhardt*, Beweisbare Homöopathie, S. 36 ff.
494 Vgl. Deutsch/Lippert/*Koyuncu*, AMG, § 1 Rn 6 f.

Arzneimittel ohne schädliche Nebenwirkungen und Risiken vom Geltungsbereich des AMG auszunehmen. Gerade so ist das Gesetz aber nicht beschaffen: § 25 II Nr. 4 und 5 AMG verlangen kumulativ einen Wirksamkeitsnachweis und das Fehlen unvertretbarer Nebenwirkungen. Das Gesetz schützt demnach den Patienten nicht nur vor potenziell gefährlichen, sondern auch vor unwirksamen Medikamenten. Da § 25 II Nr. 4 AMG gerade diesen Aspekt im Blick hat, ist die Unbedenklichkeit homöopathischer Arzneimittel insoweit kein sachlicher Grund für den Verzicht auf dieses Kriterium.

c) *Tradition*

Hinter der Entscheidung des Gesetzgebers, auf einen Wirksamkeitsnachweis zu verzichten, steht das Ziel, der Homöopathie trotz der Nachweisschwierigkeiten einen Bestandsschutz zu gewähren. Die Homöopathie genießt in Deutschland eine weite Verbreitung sowohl bei Ärzten als auch bei Patienten, weshalb ihr die Stellung einer besonderen Therapierichtung zuerkannt wird.

Inwiefern eine anerkannte Tradition für sich genommen ein sachlicher Grund sein kann, ist allerdings zweifelhaft. Die Ausübung bestimmter Praktiken in der Vergangenheit kann zwar Rückschlüsse auf die Wirksamkeit und den Nutzen in der Gegenwart zulassen, die jedoch einer Überprüfung nicht völlig entzogen sind. Entsprechend können auch historisch gewachsene Unterscheidungen keinen sachlichen Grund darstellen.[495] Die Tatsache, dass homöopathische Arzneimittel in größerem Umfang traditionell angewendet wurden und werden, rechtfertigt demnach noch nicht eine Bevorzugung bei der Arzneimittelzulassung.

d) *Positive Prognose aufgrund der homöopathischen Erfahrung*

Die Anerkennung und Tradition der Homöopathie wird regelmäßig als Argument herangezogen, dass die Anwendung homöopathischer Arzneimittel einen Heilerfolg nach sich ziehe. Es wäre zu erwarten, dass ein Arzneimittel ohne jegliche Wirkung von Patienten und Ärzten einhellig abgelehnt würde. Auf der anderen Seite sind Ursache-Wirkungs-Zusammenhänge durch reine Beobachtung von Einzelfällen ohne wissenschaftliche Aufarbeitung nur eingeschränkt aussagekräftig. Es besteht sowohl die Gefahr, dass Zusammenhänge irrtümlich angenommen werden, als auch die Möglichkeit, dass lediglich Placebo-Effekte wirken (vgl. Kap. 1 A II 2).

Dennoch lässt sich dieses Kriterium nicht von vornherein als evident unsachlich verwerfen. Einer näheren Begründung bedarf allerdings, warum gerade bei der Homöopathie die Tradition und Anerkennung zu einer Wirksamkeitsvermutung führen soll. Einen solchen Zusammenhang kennt das Arzneimittelrecht sonst nur bei der Registrierung traditioneller pflanzlicher Arzneimittel (s.u., C). Allerdings ist bei diesen gemäß § 39b I 1 Nr. 4 AMG eine Dokumentation erforderlich, die jeweils

---

495 Vgl. BVerfGE 62, 256 (juris-Rn 74 ff.); a.A. *Kloesel/Cyran*, Arzneimittelrecht, A 1.0, § 38 AMG Rn 10.

für ein konkretes Arzneimittel die traditionelle Anwendung und die daraus folgende Plausibilität belegen soll. An einer solchen Regelung fehlt es in den § 38 f. AMG.

Im Gegensatz zu den traditionellen pflanzlichen Arzneimitteln wird zur Legitimation der Homöopathie nicht die Tradition eines bestimmten Arzneimittels, sondern der gesamten Therapierichtung als Legitimationsgrund herangezogen. Eine ungerechtfertigte Ungleichbehandlung der Homöopathie wäre dann ausgeschlossen, wenn nach den in § 39b I 1 Nr. 4 AMG aufgestellten Grundsätzen die Kerngedanken der Homöopathie belegbar wären, insbesondere das Simile-Prinzip und – da § 38 f. AMG sich auf Arzneimittel höherer Potenzen beziehen – die Besonderheiten der homöopathischen Dosierung. Gerade diese Grundsätze werden jedoch von einem Großteil der Mediziner für hochgradig unplausibel gehalten. Nach dem allgemein anerkannten Stand der medizinischen Erkenntnisse ist ein Rückschluss auf die Plausibilität der homöopathischen Grundsätze nicht möglich. Auch über den Umweg der positiven Prognose ist die Tradition der Homöopathie daher nicht geeignet, eine Ungleichbehandlung zu rechtfertigen.

e) Therapievielfalt

Als Sachgrund für den Verzicht auf einen Wirksamkeitsnachweis kommt demnach nur noch der Grundsatz der Therapievielfalt selbst in Betracht. Dieser ergibt sich sowohl aus dem Selbstbestimmungsrecht des Patienten als auch der Therapiefreiheit des Arztes. Dass diese beiden Rechte im Einzelfall entgegengerichtet sein können (s.o., Kap. 2, A I 1 b aa), ist hier nicht von Belang, da beide in diesem Zusammenhang auf das gleiche Ziel gerichtet sind: die Möglichkeit, homöopathische Arzneimittel im Handel zu erhalten und einzusetzen.

Allerdings kennt das Arzneimittelrecht keine absolute Therapiefreiheit. Arzneimittel bedürfen grundsätzlich des Nachweises der Wirksamkeit und des Fehlens unvertretbarer Nebenwirkungen nach § 25 II Nr. 4 und 5 AMG. Erforderlich ist auch diesbezüglich ein sachlicher Grund, gerade für homöopathische Arzneimittel einen Dispens von diesen Kriterien zu erteilen.

Einerseits wird hier wiederum die Unbedenklichkeit homöopathischer Arzneimittel relevant. Wie zuvor gezeigt soll das AMG jedoch grundsätzlich auch vor Arzneimitteln schützen, deren Wirksamkeit in Zweifel steht. Da die Wirksamkeit der Homöopathie umstritten ist, muss gewährleistet sein, dass der Patient auf diese Zweifel hingewiesen wird. Aus diesem Grund dürfen nach §§ 38 f. AMG registrierte Arzneimittel gemäß § 38 I 1 AMG nur „als homöopathische Arzneimittel" in den Verkehr gebracht werden. Dies setzt eine ausdrückliche Kennzeichnung auf der Packung voraus.[496] Gerade weil das Arzneimittel als homöopathisches Arzneimittel in den Verkehr gebracht wird, kann der Patient selbst entscheiden, ob er ein Arzneimittel der besonderen Therapierichtung Homöopathie wählt.

Die Homöopathie ist ein in sich abgeschlossenes System, das von einer größeren Anhängerschaft unter Ärzten und Patienten getragen wird. Die Bezeichnung

496 Vgl. den 23. Erwägungsgrund der Richtlinie 2001/83/EG.

„Homöopathisches Arzneimittel“ weist auf eine bestimmte, klar abgrenzbare Kategorie von Arzneimitteln hin. Für den durchschnittlichen Patienten ist bereits aus der Produktverpackung erkennbar, dass er ein Arzneimittel vor sich hat, das einer besonderen Therapierichtung angehört, die von der Schulmedizin abweicht. Nicht erforderlich ist, dass der Patient nähere Kenntnisse über Wirkungsweise und Besonderheiten der Homöopathie hat.[497]

Der oben genannten Aufklärungsfunktion würde ein entsprechender Hinweis bei Arzneimitteln, die keiner der anerkannten besonderen Therapierichtungen zuzuordnen sind, nicht genügen. Eine Bezeichnung etwa als „naturheilkundliches“ oder „alternatives“ Arzneimittel würde dem Patienten nur sehr eingeschränkten Erkenntnisgewinn bescheren.

f) Fazit

Die Sonderbehandlung homöopathischer Arzneimittel durch §§ 38 f. AMG ist durch Sachgründe gerechtfertigt. Bei den homöopathischen Arzneimitteln, die von §§ 38 f. AMG umfasst werden, – und nur dort – liegen drei Kriterien kumulativ vor, die gemeinsam sicherstellen, dass die zentralen Ziele des AMG auch ohne Wirksamkeits- und Unbedenklichkeitsnachweis erreicht werden. Erstens besteht ein Bedürfnis der Patienten und Ärzte, diese Arzneimittel am Markt zu erhalten. Zweitens sind unvertretbare Nebenwirkungen schon wegen der Art des Arzneimittels nicht gegeben. Drittens ist eine Angabe auf der Verpackung möglich, die auf den besonderen Charakter des Medikaments hinweist und den Patienten – wegen der hohen Bekanntheit und Verbreitung der Homöopathie – in die Lage versetzt, selbst zu entscheiden, ob er ein homöopathisches Arzneimittel einnehmen möchte.

C. Das Registrierungsverfahren für traditionelle pflanzliche Arzneimittel

I. Systematik

Die mit Wirkung vom 06.09.2005 eingefügten §§ 39a ff. AMG sehen für traditionelle pflanzliche Arzneimittel ein vereinfachtes Zulassungsverfahren in Form einer bloßen Registrierung vor, das an das Registrierungsverfahren für homöopathische Medikamente angelehnt ist. Angesichts der Unterschiede zwischen Homöopathie und Pflanzenheilkunde bestehen jedoch Abweichungen bei den Versagungsgründen. Die Möglichkeit zur Registrierung tritt wie bei den homöopathischen Arzneimitteln neben das allgemeine Zulassungsverfahren.[498] Das Registrierungsverfahren gemäß

497 Später zu erörtern, für die Arzneimittelzulassung aber unerheblich, ist die Frage, inwieweit den behandelnden Arzt bzw. Heilpraktiker diesbezüglich weitergehende Auskunftspflichten treffen (s. Kap. 7, A III 2, 4).

498 *Sander*, Arzneimittelrecht, § 10 AMG Rn 22.

§§ 39a ff. AMG ist gegenüber dem Zulassungsverfahren nach §§ 21 ff. AMG und dem Registrierungsverfahren für homöopathische Arzneimittel jedoch subsidiär.[499]

Der Begriff des traditionellen pflanzlichen Arzneimittels ist nicht mit dem des Phytotherapeutikums identisch (s.o., Kap. 1 A III 1 a bb). Art. 1 Nr. 29 der Richtlinie 2001/83/EG definiert solche pflanzlichen Arzneimittel als traditionell, welche die in Art. 16b der Richtlinie festgelegten Bedingungen erfüllen. Ob ein Arzneimittel nach §§ 39a ff. AMG registrierungsfähig ist, richtet sich nach den im Gesetz in Umsetzung der Richtlinie niedergelegten Kriterien.

§§ 39a-39d AMG knüpfen nicht unmittelbar an die Phytotherapie als Therapierichtung an, sondern verlangt das Bestehen einer Tradition. Arzneimittel werden vom umständlichen Verfahren der Arzneimittelzulassung gerade deshalb befreit, weil in dieser Tradition ein Hinweis auf Wirksamkeit und Unbedenklichkeit gesehen wird.[500]

II. Zweck

§§ 39a ff. AMG dienen der Umsetzung der Richtlinie 2004/24/EG ins deutsche Recht. Nach dem 3. Erwägungsgrund der Richtlinie soll sichergestellt werden, dass Arzneimittel mit langer Tradition auch am Markt bestehen bleiben sollen, obwohl sie den – durch die Richtlinie 2001/83/EG vereinheitlichten – Standards u.U. nicht genügen.[501] Klinische Tests sollen entbehrlich oder zumindest in geringerem Maße als bei nicht traditionellen Arzneimitteln erforderlich sein, wenn durch umfangreiche Informationen über die traditionelle Anwendung der Nachweis erbracht werden kann, dass das Arzneimittel unschädlich ist. Gleichwohl war sich der Richtliniengeber bewusst, dass auch traditionelle pflanzliche Arzneimittel nicht völlig frei von Risiken sind, sodass insbesondere die Qualitätskontrolle denselben Standards unterworfen wird, die bei anderen nicht homöopathischen Arzneimitteln zu fordern sind.[502]

III. Versagungsgründe nach § 39c II AMG

1. Ermessen der Behörde?

Wie gemäß § 39 II AMG „hat“ auch nach § 39c II AMG die zuständige Bundesoberbehörde die Registrierung zu versagen. Dem Wortlaut nach ist ein Ermessensspielraum somit auch hier nicht gegeben. Dennoch wird vertreten, eine Registrierung unter Erteilung von Auflagen sei möglich, auch wenn einzelne Versagungsgründe

499 Vgl. Dieners/Reese/*Wagner*, Handbuch des Pharmarechts, § 6 Rn 211 ff.

500 Vgl. Spickhoff/*Heßhaus*, Medizinrecht, § 39a AMG Rn 2.

501 Vgl. den 5. Erwägungsgrund der Richtlinie 2004/24/EG des europäischen Parlamentes und des Rates.

502 S. 3 des 5. Erwägungsgrundes der Richtlinie 2004/24/EG des europäischen Parlamentes und des Rates.

vorliegen.[503] Da der Wortlaut jedoch eindeutig ist, überschreitet dies die Grenzen bloßer Auslegung und wäre nur im Rahmen einer teleologischen Reduktion zulässig. Es ist nicht zu erkennen, dass der Ausschluss jeglichen behördlichen Ermessens dem gesetzgeberischen Plan widerspräche. Im Übrigen bleibt dem Antragsteller der Weg über das Zulassungsverfahren nach § 25 AMG. Ein Ermessensspielraum ist nicht gegeben.[504]

2. Einordnung als traditionelles Arzneimittel

Die Versagungsgründe nach § 39c II Nr. 2, 5–8 AMG stellen sicher, dass es sich beim zu registrierenden Medikament tatsächlich um ein traditionelles pflanzliches Arzneimittel handelt. Damit ein Arzneimittel als traditionell eingestuft werden kann, bedarf es zunächst eines Zeitelements (Nr. 8). Nach § 39b I 1 Nr. 4 HS. 1 AMG muss das Arzneimittel seit mindestens 30 Jahren medizinisch oder tiermedizinisch verwendet werden, davon mindestens seit 15 Jahren innerhalb der EU. Die langjährige Verwendung allein etwa im Bereich der TCM oder ayurvedischen Medizin genügt demgegenüber nicht.[505] Daneben wird das vereinfachte Verfahren nach § 39a ff. AMG gemäß Nr. 2 auf Arzneimittel beschränkt, die der Selbstmedikation dienen.[506] Dies beurteilt sich anhand der Indikation, bei der das Arzneimittel eingesetzt werden soll. Erfordert die Indikation eine ärztliche Aufsicht im Hinblick auf Diagnose, Verschreibung oder Überwachung, ist nur das allgemeine Zulassungsverfahren nach § 25 AMG statthaft.

3. Mindestanforderungen

a) Entsprechend § 25 II AMG

Wie beim Zulassungsverfahren (§ 25 II Nr. 1 AMG) ist nach § 39c II HS. 1 AMG vorgeschrieben, dass die vorgeschriebenen Angaben und Unterlagen im Antrag enthalten sind. § 39c II Nr. 3 und 4 AMG stellen sicher, dass weder Wirkstoffe noch Vitamin- oder Mineralstoffzusätze unvertretbare Nebenwirkungen haben, entsprechen somit im Wesentlichen der Vorschrift in § 25 II Nr. 5 AMG.[507] § 39c II Nr. 10 AMG ist deckungsgleich mit § 25 II Nr. 7 AMG und stellt sicher, dass kein Verstoß gegen sonstige Rechtsvorschriften vorliegt.

503 *Kloesel/Cyran*, Arzneimittelrecht, § 25 AMG Anm. 20.

504 Ebenso KMH/*Heßhaus*, Arzneimittelrecht, § 39c AMG Rn 13; *Sander*, Arzneimittelrecht, § 25 AMG Erl. 2.

505 Vgl. *Stachels*, Marktzugangsregeln für pflanzliche Arzneimittel, S. 254 ff.

506 Vgl. KMH/*Heßhaus*, Arzneimittelrecht, § 39b AMG Rn 21.

507 Vgl. *Heßhaus*, PharmR 2006, 158, 162.

b) Besondere Voraussetzungen

Anders als die Registrierung homöopathischer Arzneimittel setzt die Registrierung traditioneller Arzneimittel voraus, dass sich aus der langjährigen Anwendung Belege für die Unbedenklichkeit des Arzneimittels und die Plausibilität seiner Wirksamkeit entnehmen lassen (§ 39c II Nr. 5). Bei traditionellen pflanzlichen Arzneimitteln lässt sich die Unbedenklichkeit – die § 5 I AMG generell vorschreibt[508] – nicht bereits aus der Dosis folgern.

Gemäß § 39c II Nr. 6 f. AMG darf das Arzneimittel darüber hinaus nur der Verabreichung in einer bestimmten Stärke und Dosierung und in oraler oder äußerlicher Anwendung dienen. Nur unter diesen Bedingungen kann die Unbedenklichkeit auch im Rahmen der Selbstmedikation garantiert werden.[509]

4. Erleichterungen gegenüber § 25 II AMG

Keine Entsprechung in § 39c AMG finden die Vorschriften in § 25 II Nr. 2, 4–6b AMG. Entgegen § 25 II Nr. 2, 4 AMG wird die Wirksamkeit nicht wissenschaftlich nachgewiesen, sondern gemäß § 39c II Nr. 5 AMG aus der langjährigen Verwendung geschlossen und lediglich auf Plausibilität überprüft. Entbehrlich ist auch die Begründung für die Verwendung mehrerer Wirkstoffe gemäß § 25 II Nr. 5a AMG. Dies ist im Kern auf das abweichende Wirkstoffverständnis der Pflanzenheilkunde zurückzuführen: Da ganze Pflanzen oder Pflanzenteile bzw. deren Zubereitungen verwendet werden, nicht aber extrahierte Einzelwirkstoffe, lässt sich bei pflanzlichen Arzneimitteln oft nicht ermitteln, welcher Wirkstoff im Einzelnen welche Wirkung nach sich zieht. Die traditionelle Anwendung eines Arzneimittels lässt im Übrigen nur Rückschlüsse auf Wirksamkeit und Unbedenklichkeit des gesamten Präparats zu, nicht aber seiner einzelnen Bestandteile.

Traditionelle pflanzliche Arzneimittel sind überdies nicht an die spezifischen Anforderungen gebunden, die § 25 II Nr. 6–6b AMG an Arzneimittel zur Verwendung in der Tiermedizin stellen. Soweit § 39 II 1 AMG unmittelbar angewendet wird, ist dies selbstverständlich, da dieser sich nur auf die Humanmedizin bezieht. Allerdings finden die Versagungsgründe gemäß § 39 II 2 AMG auf tiermedizinische Arzneimittel entsprechende Anwendung. Da nicht ausgeschlossen werden kann, dass traditionelle pflanzliche Fütterungsarzneimittel auch beim Verzehr von Tierprodukten noch unerwünschte Nebenwirkungen verursachen, erscheint es sinnvoll, auch diese Aspekte zu berücksichtigen. Dies lässt sich jedoch auch ohne analoge Anwendung des § 25 II Nr. 6–6b AMG erreichen, indem § 39c II Nr. 4 AMG entsprechend weit ausgelegt wird.

---

508 Vgl. *Stachels*, Marktzugangsregeln für pflanzliche Arzneimittel, S. 226 ff.

509 Vgl. KMH/*Heßhaus*, Arzneimittelrecht, § 39c AMG Rn 28.

IV. Kennzeichnungspflicht

§§ 10 IVa, 11 IIIb AMG stellen auch für traditionelle pflanzliche Arzneimittel besondere Kennzeichnungspflichten auf. Im Gegensatz zu homöopathischen Arzneimitteln bleiben die allgemeinen Vorschriften des § 10 I AMG unberührt, neben sie muss allerdings der Hinweis treten, dass das Arzneimittel als traditionelles Arzneimittel ausschließlich aufgrund langjähriger Anwendung für das Anwendungsgebiet registriert ist (§ 10 IVa 1 Nr. 1 AMG) und der Anwender bei fortdauernden Krankheitssymptomen oder beim Auftreten nicht in der Packungsbeilage erwähnter Nebenwirkungen einen Arzt oder eine andere qualifizierte heilkundige Person konsultieren sollte (§ 10 IVa 1 Nr. 2 AMG). Dies entspricht den Vorgaben in Art. 16g II RL 2001/83/EG.[510] Beide Hinweise sind gemäß § 11 IIIb AMG auch in die Packungsbeilage zu übernehmen.

V. Verfassungsrechtliche Rechtfertigung

1. Maßstab

Im Gegensatz zur Homöopathie unterscheidet sich die Pflanzenheilkunde von der Schulmedizin durch keine grundlegenden weltanschaulichen Erwägungen. Die Gefahr einer mittelbaren Diskriminierung wegen der Weltanschauung ist schon daher in geringerem Maße gegeben als bei der Homöopathie. Die Gründe, die bei der Privilegierung der Homöopathie (s. B VI 1) zu einer Anwendung des bloßen Willkürverbots führten, gelten jedoch auch hier: Auch traditionelle pflanzliche Arzneimittel werden nicht aufgrund weltanschaulicher Überlegungen, sondern wegen ihrer besonderen Herstellungsart und Unbedenklichkeit privilegiert. Eine Ungleichbehandlung ist daher unzweifelhaft bereits zulässig, wenn ein einfacher sachlicher Grund gegeben ist.

2. Sachgründe für die Ungleichbehandlung

Auch bei der Registrierung traditioneller pflanzlicher Arzneimittel rechtfertigt nicht die Tradition allein, dass auf eine wissenschaftliche Wirksamkeitsprüfung verzichtet wird. Allerdings liegt auch hier ein Sachgrund vor, wenn auf anderem Wege sichergestellt wird, dass die Hauptziele des AMG erfüllt sind.

Eine Abweichung zur Homöopathie ergibt sich insoweit, als dass die Unbedenklichkeit nicht bereits aus der unschädlichen Dosis folgt. Die Unbedenklichkeit ist jedoch gemäß § 39c II Nr. 4 AMG zu prüfen und sicherzustellen.

Wie bei homöopathischen Präparaten lässt sich der Verzicht auf einen streng wissenschaftlich begründeten Wirksamkeitsnachweis mit dem Ziel der Therapievielfalt begründen. § 39a I 1 AMG stellt sicher, dass traditionelle pflanzliche Arzneimittel nur als solche registriert werden dürfen. Aus der Bezeichnung „traditionelles

510 *Sander*, Arzneimittelrecht, § 10 AMG Rn 22a.

pflanzliches Arzneimittel" kann der Patient schließen, dass die Annahme der Wirksamkeit sich in erster Linie auf diese Tradition und weniger auf wissenschaftliche Nachweise stützt. Insofern ist dem zur Gewährleistung des Selbstbestimmungsrechts erforderlichen Transparenzgebot genüge getan.

Das Registrierungsverfahren nach §§ 39a ff. AMG stellt demnach sicher, dass die registrierten Arzneimittel unbedenklich sind und ihre Wirksamkeit zumindest plausibel ist, zumindest aber der Patient hinreichend informiert wird. Ein sachlicher Grund liegt demnach vor.

D. Anwendbarkeit auf anthroposophische Arzneimittel

I. Kein eigenes Verfahren

Das AMG sieht für anthroposophische Arzneimittel kein vereinfachtes Zulassungsverfahren vor. Demzufolge dürfen diese grundsätzlich nach Zulassung gemäß §§ 21 ff. AMG in den Verkehr gebracht werden.

Eine analoge Anwendung der §§ 38 f. bzw. 39a ff. AMG käme nur in Betracht, wenn eine planwidrige Regelungslücke bestünde. Da der Gesetzgeber aber an mehreren Stellen (insbesondere § 25 VI 1, 6 AMG) die anthroposophische Medizin als dritte besondere Therapierichtung aufführt, kann schwerlich davon ausgegangen werden, dass ein besonderes Registrierungsverfahren nur deshalb nicht existiert, weil dieses Problem übersehen wurde.

Darüber hinaus ist auch die zugrundeliegende Richtlinie als abschließend anzusehen.[511] Unterfällt ein Medikament dem Arzneimittelbegriff, ist eine Zulassung (bzw. Registrierung) nach einem der in den Richtlinien vorgesehenen Verfahren erforderlich.[512]

II. Registrierung über §§ 38 f. und 39a ff. AMG

Soweit anthroposophische Arzneimittel den Anforderungen eines der Registrierungsverfahren genügen, ist eine Registrierung unabhängig von der Zugehörigkeit zur besonderen Therapierichtung der anthroposophischen Medizin zulässig.[513]

§ 39 II Nr. 7a AMG lässt für die Registrierung als homöopathisches Arzneimittel sogar ausdrücklich allgemein anerkannte anthroposophische Wirkstoffe zu. Allerdings sind im Übrigen alle Voraussetzungen zu erfüllen; insbesondere darf die Dosierung nach § 39 II Nr. 5b AMG nicht überschritten werden, und die Herstellung muss nach einem Verfahren nach dem HAB erfolgen.

Ebenso ist eine Registrierung nach §§ 39a ff. AMG zumindest theoretisch möglich. Die Zugehörigkeit zur anthroposophischen Medizin steht einer Einordnung als

---

511 EuGH, 20. 9. 2007 – C-84/06, EuZW 2007, 647 (juris-Rn 35).

512 EuGH, 20. 9. 2007 – C-84/06, EuZW 2007, 647 (juris-Rn 37); a.A. *Zuck*, Anthroposophische Medizin, Rn 264.

513 Vgl. Quaas/Zuck/*Zuck*, Medizinrecht, § 52 Rn 54 f.

traditionelles pflanzliches Arzneimittel nicht entgegen. Allerdings sind die Anforderungen an die Plausibilitätsbegründung einzuhalten. Soweit der angenommene Zusammenhang zwischen Heilmittel und Wirksamkeit nur auf dem anthroposophischen Menschenbild beruht oder magieartige Züge trägt, kann dies nicht genügen.

E. Besonderheiten bei zulassungsbedürftigen Arzneimitteln

I. Überblick

Die Regelungen der §§ 38 ff. AMG führen im Ergebnis dazu, dass eine Zulassung nach § 25 AMG für den besonderen Therapierichtungen zuzurechnende Arzneimittel in einem Großteil der Fälle nicht erforderlich ist. Allerdings umfassen die Registrierungsregelungen nicht alle Arzneimittel, die einer besonderen Therapierichtung zuzurechnen sind.

Gemäß § 25 II 1 AMG darf die zuständige Bundesoberbehörde die Zulassung des Arzneimittels nur verweigern, wenn ein Verstoß gegen eines oder mehrere der dort genannten Kriterien vorliegt. Es handelt sich um eine (einseitige) Ermessensvorschrift, sodass auch bei Vorliegen eines der Kriterien eine Zulassung möglich ist. Denkbar ist jedoch eine Ermessensreduzierung auf Null, etwa bei Vorliegen einer evident ungünstigen Kosten-Nutzen-Relation i.S.d. § 25 II 1 Nr. 5 AMG.

Arzneimittel der besonderen Therapierichtungen sind dann zulassungsbedürftig, wenn ein Registrierungsverfahren ausscheidet. Dies betrifft insbesondere Homöopathika in niedrigen Potenzen, pflanzliche Arzneimittel, die nicht nachweislich die Anforderungen erfüllen,[514] um als traditionelles pflanzliches Arzneimittel eingestuft zu werden, und anthroposophische Arzneimittel, die keinem der beiden Registrierungsverfahren unterfallen.

II. Die Berücksichtigung der medizinischen Erfahrungen der jeweiligen Therapierichtung

1. *Allgemein*

Arzneimittel der besonderen Therapierichtungen sind grundsätzlich im Zulassungsverfahren an denselben Kriterien zu messen wie schulmedizinische Präparate. Soweit keine einfache Registrierung möglich ist, könnte bei den verlangten Wirksamkeits- und Qualitätsnachweisen eine Anwendung derselben Maßstäbe wie bei schulmedizinischen Arzneimitteln zu einem weitgehenden Ausschluss homöopathischer und anthroposophischer Arzneimittel führen.

---

514 Insoweit ist das gesetzliche Regel-Ausnahme-Verhältnis allerdings umgekehrt konzipiert, vgl. C I.

§ 25 I 4 AMG[515] sieht aus diesem Grunde vor, dass die „Erkenntnisse der jeweiligen Therapierichtung" zu berücksichtigen sind. Wortlaut und Systematik lassen die Auslegung zu, dass sich S. 4 auf die Sätze 1 bis 3 insgesamt bezieht, die Erkenntnisse der jeweiligen Therapierichtung mithin bei allen Kriterien zu berücksichtigen sind. S. 4 könnte aber auch nur auf den vorangegangenen Satz bezogen werden, sodass die Erkenntnisse der jeweiligen Therapierichtung lediglich bei der Beurteilung der therapeutischen Wirksamkeit i.S.d. § 25 I 1 Nr. 4 AMG zu beachten wären.

Während § 25 I 1 Nr. 4 AMG die Wirksamkeit des Arzneimittels sicherstellen soll, dienen die anderen Versagungsgründe der Unbedenklichkeit des Arzneimittels. Anders als bei den besonderen Registrierungsverfahren nach § 38 ff. AMG bestehen keine Sondervorschriften, durch welche die Unbedenklichkeit sichergestellt wird. Es ist nicht erkennbar, warum etwa im Bereich der Niedrigpotenz-Homöopathika oder pflanzlichen Arzneimittel ohne hinreichende Tradition geringere Anforderungen an die Unbedenklichkeit zu stellen sein sollen als bei Arzneimitteln der konventionellen Medizin. Die besonderen Erkenntnisse innerhalb der jeweiligen Therapierichtung sind demzufolge nur bei der Prüfung der Wirksamkeit zu berücksichtigen. Anders als beim Registrierungsverfahren ist eine Privilegierung von Arzneimitteln der besonderen Therapierichtungen hier allerdings nicht gerechtfertigt: Weder ist das Arzneimittel hinreichend transparent als „homöopathisches Arzneimittel" bzw. „traditionelles pflanzliches Arzneimittel" gekennzeichnet, noch kann eine schädliche Wirkung ausgeschlossen werden. Maßgeblich sind therapieimmanente Erkenntnisse allein im Hinblick auf § 25 I 1 Nr. 3 HS. 1 AMG. Ein homöopathisches Arzneimittel ist demnach nach den innerhalb der Homöopathie anerkannten pharmazeutischen Regeln herzustellen. Eine „Berücksichtigung" der besonderen Erkenntnisse bedeutet im Übrigen nicht, dass diese bei der Bewertung den Ausschlag geben. Eine Beschränkung auf – bestenfalls der Evidenzstufe V entsprechende – bloße Expertenmeinungen unter Verzicht auf Wirksamkeitsnachweise höherer Evidenzstufen wird hierdurch nicht begründet.

2. Das Verhältnis zwischen § 25 I 1 Nr. 4 und 5 AMG

Ob das Arzneimittel ein angemessenes Kosten-Nutzen-Verhältnis aufweist, also ob unvertretbare Nebenwirkungen vorliegen, ist demgegenüber anhand allgemeiner Maßstäbe zu bestimmen. Ist die Erfolgsaussicht eines Arzneimittels aus wissenschaftlicher Sicht als sehr gering einzuschätzen, ist eine Zulassung grundsätzlich nur möglich, wenn keine oder vernachlässigbare Risiken und Nebenwirkungen zu erwarten sind.

---

515 Ebenso § 22 III 2 AMG in Bezug auf das vorzulegende wissenschaftliche Erkenntnismaterial.

III. Zulassungskommissionen

1. Gesetzlich benannte besondere Therapierichtungen

Um sicherzustellen, dass bei der Entscheidung über die Zulassung die besonderen Erfahrungen innerhalb der jeweiligen Therapierichtung tatsächlich gewürdigt werden, ist in § 25 VI, VII 4 und VIIa 8 AMG vorgesehen, dass spezielle Zulassungskommissionen zu hören sind. Allerdings sind die Empfehlungen der Kommission nicht bindend; die zuständige Bundesoberbehörde bleibt gemäß § 25 VI 3 AMG in ihrer Entscheidung frei, muss diese aber bei Abweichung begründen.

2. Unbenannte besondere Therapierichtungen

Besondere Kommissionen bestehen nur für die drei Therapierichtungen Homöopathie, anthroposophische Medizin und Phytotherapie. Solange keinen weiteren Therapierichtungen der Status der besonderen Therapierichtung zuerkannt wird, sei es durch den Gesetzgeber oder die Rechtsprechung, besteht keine Veranlassung zur Einrichtung weiterer Kommissionen. Schon aus praktischen Gründen ist es nicht möglich, diese zu berufen, da nicht absehbar ist, welchen Therapierichtungen möglicherweise in Zukunft der Status einer besonderen Therapierichtung zuerkannt wird. Hierin liegt auch ein sachlicher Grund für eine Ungleichbehandlung gegenüber den anerkannten besonderen Therapierichtungen.

Kapitel 4 – Die besonderen Therapierichtungen im Recht der gesetzlichen Krankenversicherungen

A. Überblick

Das SGB V trifft verschiedene Regelungen, die entweder ein bestimmtes Maß an wissenschaftlicher Absicherung der erbrachten Leistungen sicherstellen sollen oder umgekehrt auf die Einbeziehung weniger abgesicherter Methoden gerichtet sind. Der zentrale Konflikt wird bereits in § 2 I SGB V deutlich. S. 2 legt fest, dass die besonderen Therapierichtungen nicht ausgeschlossen seien. S. 3 verlangt demgegenüber, dass Wirksamkeit und Qualität der Leistungen dem allgemein anerkannten Stand der medizinischen Erkenntnisse zu entsprechen haben (s. hierzu sogleich B). Hinzu tritt der infolge des Nikolausbeschlusses (vgl. Kap. 2 A II 3 c cc) eingeführte § 2 Ia SGB V, der eine Sonderregelung für unheilbare lebensbedrohliche oder vergleichbar schwere Krankheiten trifft (s. B IV).

Der Konflikt zwischen Wissenschaftlichkeit und Methodenpluralismus kehrt an verschiedenen anderen Stellen des SGB V wieder. So trifft § 34 SGB V mehrere Regelungen, unter welchen Voraussetzungen Arzneimittel von der Versorgung ausgeschlossen sein sollen. Bei der Frage, wann nicht verschreibungspflichtige Arzneimittel bei schwerwiegenden Krankheiten ausnahmsweise Bestandteil der ärztlichen Versorgung sein können, tritt der in § 34 I 2 SGB V verankerte Begriff des Therapiestandards in Konkurrenz zu der in § 34 I 3 SGB V geschützten therapeutischen Vielfalt. § 34 III 2 SGB V postuliert zudem eine besondere Wirkungsweise von Arzneimitteln der besonderen Therapierichtungen (näher D I).

Für die Praxis höchst bedeutsam sind auch die Richtlinien des Gemeinsamen Bundesausschusses gemäß §§ 92 ff., 135 ff. SGB V, die den Einschluss bzw. Ausschluss bestimmter Leistungen in die gesetzliche Krankenversorgung regeln (näher C). Die für die Zugehörigkeit bestimmter Methoden zur vertragsärztlichen Versorgung zentrale Bestimmung, § 135 I 1 SGB V, zieht Wissenschaftlichkeit und Pluralismus gleich zusammen, indem sie den „jeweiligen Stand der wissenschaftlichen Erkenntnisse in der jeweiligen Therapierichtung“ zum Beurteilungsmaßstab erklärt (s. C I 3, II 2).

Auch Regelungen, die selbst keinen Bezug auf die besonderen Therapierichtungen nehmen, können für diese von erheblicher Bedeutung sein. Das Wirtschaftlichkeitsgebot der §§ 12, 70 SGB V ist ein zentrales Prinzip des Krankenversicherungsrechts; inwieweit aber auch Leistungen der besonderen Therapierichtungen überhaupt ausreichend, zweckmäßig, notwendig und wirtschaftlich sein können, bedarf der näheren Erörterung (näher E).

Schließlich sieht das SGB V mehrere Institute vor, die eine Einbeziehung von Leistungen der besonderen Therapierichtungen in die Versorgung auf Wunsch des

Patienten auch dann zulassen, wenn sie an sich ausgeschlossen wären. Bedeutsam ist insbesondere der Wahltarif „Arzneimittel der besonderen Therapierichtungen" gemäß § 53 V SGB V, dessen genauer Umfang aber noch weitgehend ungeklärt ist (näher G).

B. Die Einordnung der besonderen Therapierichtungen in der Systematik des § 2 I SGB V

I. Einführung

1. Problemanalyse

Innerhalb der allgemeinen Vorschriften des SGB V werden die besonderen Therapierichtungen allein in § 2 I 2 SGB V genannt. Hiernach sind Behandlungsmethoden sowie Arznei- und Heilmittel der besonderen Therapierichtungen nicht von den Leistungen der gesetzlichen Krankenversicherungen ausgeschlossen. Welche konkreten Rechtsfolgen sich hieran knüpfen, ist allerdings mitnichten eindeutig. Schon bei isolierter Betrachtung des S. 2 ist unklar, wie der Nichtausschluss in der Praxis auszugestalten ist. Der unmittelbar folgende Satz 3 scheint sogar in offenem Widerspruch zu einer Einbeziehung der besonderen Therapierichtungen zu stehen.[516] S. 3 stellt Anforderungen an die Qualität und Wirksamkeit: Diese müssen dem allgemein anerkannten Stand der medizinischen Erkenntnisse entsprechen und den medizinischen Fortschritt berücksichtigen.

Auch wenn die Rechtsstellung der besonderen Therapierichtungen im Folgenden hinsichtlich einzelner Fragestellungen konkretisiert wird, kommt der Auslegung des § 2 I 2 SGB V als allgemeinster Regelung der Stellung der besonderen Therapierichtungen doch die Funktion einer Weichenstellung zu. Die Rolle, die den besonderen Therapierichtungen an dieser Stelle zugewiesen wird, bedarf daher der vertieften Untersuchung.

Die Frage, wie sich S. 2 und 3 des § 2 I SGB V zueinander verhalten, ist bis heute ungeklärt und kann zu den umstrittensten des Krankenversicherungsrechts gezählt werden.[517] Die Rechtsprechung war bisher nicht gezwungen, sich eindeutig auf eine Auslegung festzulegen (s.u., II 5). Das Problem liegt auf der Hand: Es ist gerade das Wesen der besonderen Therapierichtungen, dass sie nicht dem allgemein anerkannten Stand der medizinischen Erkenntnisse – jedenfalls in der Bedeutung eines weitgehenden Konsenses – entsprechen, sondern nur von einem verhältnismäßig geringen Teil der Ärzteschaft befürwortet und praktiziert werden, während die herrschende Meinung innerhalb der Ärzteschaft ihnen ablehnend bis skeptisch

---

516 *Grupp*, MedR 1992, 256, 262; *Enderlein*, VSSR 1992, 123, 131. *Schlenker*, NZS 1998, 411, 417, sieht in § 2 I 2 SGB V gar einen „politisch gewollte[n] Systembruch", der mit juristischen Mitteln kaum zu heilen sei.

517 Vgl. KassKomm/*Peters*, SVR, § 2 SGB V Rn 4.

gegenübersteht.[518] Wird der allgemein anerkannte Stand der medizinischen Erkenntnisse im Sinne einer (ggf. qualifizierten, vgl. III 1 a) Mehrheitsmeinung verstanden, scheiden die besonderen Therapierichtungen schon *qua definitione* aus.[519]

Nach verbreiteter Ansicht,[520] die sich auf die Gesetzesbegründung stützen kann,[521] ist S. 2 lediglich klarstellend. Die besonderen Therapierichtungen sollen nicht ausgeschlossen sein, andererseits sollen für sie die allgemeinen Regeln gelten. Der Annahme einer reinen Klarstellungsfunktion steht allerdings entgegen, dass die besonderen Therapierichtungen überhaupt nur deshalb gesetzlich geregelt werden, weil für sie die allgemeinen Regeln als unangemessen empfunden werden. Ohne Sonderregelungen wären die besonderen Therapierichtungen gerade nicht Bestandteil der Versorgung durch die GKV, da sie und ihre Methoden nicht dem allgemein anerkannten Stand der medizinischen Erkenntnisse entsprechen (näher III 1 a).

Als mögliche Lösung kommt in Betracht, S. 2 als Sondervorschrift aufzufassen. Dann würde S. 3 auf besondere Therapierichtungen keine oder jedenfalls nur sehr eingeschränkte Anwendung finden. Andererseits wäre es gesetzgebungstechnisch sehr ungewöhnlich, die Ausnahmeregelung ohne weitere Erläuterung der allgemeinen Regelung voranzustellen. Ist S. 3 jedoch gegenüber S. 2 vorrangig, stellt sich die Frage, ob und inwieweit S. 2 überhaupt eine Bedeutung zukommt.

2. Verhältnis des § 2 I SGB V zu anderen Vorschriften

Die gesamte Systematik des Gesetzes darf bei der Diskussion freilich nicht außer Acht gelassen werden. Eine Schlüsselrolle kommt insbesondere in der vertragsärztlichen Versorgung der Stellung des Gemeinsamen Bundesausschusses (G-BA) – vormals Bundesausschuss der Ärzte und Krankenkassen – zu. Neue Untersuchungs- und Behandlungsmethoden unterliegen nach der Ausgestaltung des Gesetzes einem Verbot mit Erlaubnisvorbehalt.[522] Sie werden grundsätzlich erst dann Gegenstand der vertragsärztlichen Versorgung, wenn der G-BA eine positive Empfehlung abgegeben hat. Diese Ausgestaltung führt dazu, dass § 2 I SGB V nur ausnahmsweise unmittelbar anzuwenden ist. Die Entscheidung trifft zunächst der G-BA, der nach den Maßstäben der §§ 135 ff. SGB V handelt (s. B III 1 a cc (2), C I 3; zur Krankenhausbehandlung vgl. C I 4).

---

518 Dies gilt für die Phytotherapie allerdings nur eingeschränkt, da bei dieser nicht die Arzneimittel selbst, sondern lediglich ihre Bevorzugung gegenüber anderen Arzneimitteln von der Mehrheit der Ärzte abgelehnt wird.

519 Vgl. *Zuck*, NJW 1991, 2933, 2935.

520 Spickhoff/*Nebendahl*, Medizinrecht, § 2 SGB V Rn 3; *Biehl*/*Ortwein*, SGb 1991, 529; *Sewing*, NJW 1995, 2400 f.; HKS/*Kruse*, SGB V, § 2 Rn 3; Bergmann/Pauge/Steinmeyer/*Steinmeyer*/*Grötschel*, Medizinrecht, § 2 SGB V Rn 7.

521 BT-Drs. 11/3480, S. 49.

522 BSG, 16.09.1997, 1 RK 32/95, BSGE 81, 73 (juris-Rn 16).

Entsprechend besteht auch eine Wechselwirkung zwischen den gesetzgeberischen Wertungen des § 2 I SGB V einerseits und der §§ 135 I 1 Nr. 1, 139a SGB V andererseits. Nach § 135 I Nr. 1 SGB V richtet sich der G-BA nach den wissenschaftlichen Erkenntnissen innerhalb der jeweiligen Therapierichtung. Höchst umstritten ist, inwieweit therapieintern gewonnenen Erkenntnisse tatsächlich als „wissenschaftliche Erkenntnisse" einzustufen sind.[523] Es ist daher zu erörtern, welcher Art die wissenschaftlichen Erkenntnisse i.S.d. § 135 I Nr. 1 SGB V sein müssen und welche Anforderungen an sie zu stellen sind. Darüber hinaus gibt § 139a IV SGB V für einen bestimmten Bereich – die Arbeit des Instituts für Qualität und Wirtschaftlichkeit im Gesundheitswesen (s.u., C I 5) – einen hohen Wissenschaftsstandard vor, bei dem letztendlich auf Evidenzkriterien abgestellt wird. Zu erörtern ist, inwieweit dies wiederum Rückschlüsse auf die Wertung des § 135 I Nr. 1 SGB V zulässt (s.u., C I 5).

Relativiert wird die Bedeutung des § 2 I 2 SGB V auch durch die Regelung des § 34 SGB V. Hiernach sind OTC-Arzneimittel,[524] also nicht verschreibungspflichtige Arzneimittel, grundsätzlich von der ärztlichen Versorgung ausgenommen. Da die Arzneimittel der besonderen Therapierichtungen Homöopathie und Phytotherapie weitgehend nicht der Verschreibungspflicht unterfallen und es sich gleichzeitig um reine Arzneimitteltherapien handelt, droht hier ein faktischer Ausschluss dieser Therapierichtungen.[525] § 34 SGB V bezieht sich allerdings nur auf die Arzneimittel selbst, nicht auf die Therapie insgesamt. So ist etwa die Abrechnung der homöopathischen Anamnese nicht bereits nach § 34 SGB V ausgeschlossen (s. aber D II 2 zum EBM).

II. Streitstand

Die Diskussion fokussiert sich letztlich auf die Frage, welche Bedeutung dem S. 2 neben dem S. 3 überhaupt zukommt. Nur der Vollständigkeit halber ist die Möglichkeit zu erwähnen, S. 2 als Ausnahmeregelung zu S. 3 zu begreifen, mit der Folge, dass S. 3 für die besonderen Therapierichtungen unbeachtlich wäre.[526] In der juristischen Diskussion wird eine entsprechende Auffassung nicht vertreten (s.u., III 3 b aa).

---

523 Vgl. BeckOK-Sozialrecht/*Joussen*, § 135 SGB V Rn 10; Krauskopf/*Schneider*, Soziale Krankenversicherung, § 135 SGB V Rn 9 ff.; *Schlenker*, NZS 1998, 411, 417.

524 „Over the counter", s.u., D I 1.

525 Vgl. *Zuck*, Das Recht der anthroposophischen Medizin, Rn 286, auch zur Stellung der anthroposophischen Medizin nach § 34 SGB V.

526 Kritisch hierzu etwa *Enderlein*, VSSR 1992, 131.

1. *Lehre vom Vorrang des Satzes 3*

Nach einer verbreiteten Ansicht[527] ist § 2 I 2 BGB nur klarstellend[528] und räumt den besonderen Therapierichtungen keine Sonderstellung ein. Auch die besonderen Therapierichtungen müssten den Voraussetzungen des S. 3 genügen. Unterschiedlich wird innerhalb dieser Auffassung das Verhältnis der besonderen Therapierichtungen zum allgemein anerkannten Stand der wissenschaftlichen Erkenntnisse beurteilt.

So vertreten *Biehl/Ortwein*[529] die Auffassung, die Einfügung des § 2 Abs. 1 S. 2 SGB V bezwecke die Klarstellung, dass „natürlich auch die besonderen Therapierichtungen wissenschaftlich anerkannt sein können". Die wissenschaftliche Anerkennung in der Medizin bleibe aber in jedem Fall die Voraussetzung für die Abrechnung durch die GKV.[530]

Andere Stimmen beschränken sich auf die Aussage, auch die Leistungen der besonderen Therapierichtungen unterlägen dem Erfordernis der Wirtschaftlichkeit und Wirksamkeit der Leistungserbringung nach § 2 I 3 SGB V.[531] *Kruse*[532] nimmt an, die Zuordnung einer neuen Behandlungsmethode zu einer besonderen Therapierichtung – womit wohl die Erfüllung der Anforderungen des § 2 I 3 SGB V gemeint ist – setze voraus, dass sich die Wirksamkeit der Methode aufgrund wissenschaftlich geführter Statistiken in einer für die sichere Beurteilung ausreichenden Zahl von Behandlungsfällen nachweisen lasse und gegen die Qualität der Methode auch unter Berücksichtigung eventueller Nebenwirkungen keine durchgreifenden Bedenken bestünden.[533]

Der dargestellten Meinung lassen sich auch die Vertreter der Schulmedizin zurechnen, die eine generelle Anwendung der Grundsätze der evidenzbasierten Medizin zur Bewertung aller medizinischer Behandlungsmethoden fordern, ohne Betrachtung der Zugehörigkeit zu einer Therapierichtung.[534] So argumentiert *Sewing*,[535] die Medizin als Wissenschaft verstehe sich als einheitliches System, bei dem alle Bereiche auch von den anderen anerkannt werden. Die „besonderen

---

527 *Biehl/Ortwein*, SGb 1991, 529; Sewing, NJW 1995, 2400 f.; HKS/*Kruse*, SGB V, § 2 Rn 3; Bergmann/Pauge/Steinmeyer/*Steinmeyer/Grötschel*, Medizinrecht, § 2 SGB V Rn 7; jedenfalls im Grundsatz auch Krauskopf/*Krauskopf*, Soziale Krankenversicherung, § 2 SGB V Rn 6; Krauskopf/*Wagner*, Soziale Krankenversicherung, § 13 SGB V Rn 23; Spickhoff/*Nebendahl*, Medizinrecht, § 2 SGB V Rn 3; Becker/Kingreen/*Scholz*, SGB V, § 2 Rn 10; Peters/*Peters*, Handbuch der Krankenversicherung, § 2 SGB V Rn 8; *von Wulffen*, SGb 1996, 250, 253.

528 Vgl. BT-Drs. 11/2237, S. 157.

529 *Biehl/Ortwein*, SGb 1991, 529.

530 *Biehl/Ortwein*, SGb 1991, 529, 540.

531 Spickhoff/*Nebendahl*, Medizinrecht, § 2 SGB V Rn 3; ähnlich HKS/*Kruse*, SGB V, § 2 Rn 3.

532 HKS/*Kruse*, SGB V, § 2 Rn 3.

533 HKS/*Kruse*, SGB V, § 2 Rn 3.

534 *Sewing*, NJW 1995, 2400 f.; *Marx*, VersMed 1997, 183; *Oepen*, VersMed 2000, 132 ff.

535 *Sewing*, NJW 1995, 2400 f.

Therapierichtungen" müssten daher auch von Vertretern anderer Therapierichtungen anerkannt werden, um einen Rechtsanspruch auf deren Leistungen herbeizuführen. Das Konzept der „Binnenanerkennung" (s. sogleich u. 2) wird abgelehnt. Eine Beurteilung allein innerhalb eines abgegrenzten Teils der Medizin müsse folgerichtig auch auf einzelne Bereiche der Schulmedizin ausgedehnt werden. Eine solche Aufteilung widerspreche allerdings dem Selbstverständnis der Medizin als einheitlicher Wissenschaft.

2. *Theorie der Binnenanerkennung*

Auf der anderen Seite des Meinungsspektrums sind die Stimmen in der Literatur anzusiedeln, die S. 2 im Ergebnis den Vorrang gegenüber S. 3 einräumen.[536] Aus systematischen Gründen[537] wird hierbei nicht die Anwendbarkeit des S. 3 generell ausgeschlossen, sondern S. 3 im Lichte des S. 2 betrachtet. Das dogmatische Fundament dieser Auffassung liefert die Theorie der Binnenanerkennung nach *Zuck*.[538] Hiernach dürfe die Beurteilung einer konkreten Therapie nur innerhalb der jeweiligen Therapierichtung, also durch deren Vertreter und nach deren Maßstäben, vorgenommen werden.[539]

§ 2 I 2 SGB V[540] dürfe – im Gegensatz zur Gesetzesbegründung – nicht als bloße Klarstellung verstanden werden.[541] Die besonderen Therapierichtungen dürften nicht im Rahmen des § 2 I 3 SGB V dem Standard der Schulmedizin unterworfen werden,[542] da sie *per definitionem* nicht dem „allgemein anerkannten Stand medizinischer Erkenntnisse" entsprächen.[543] Eine bloße Klarstellung liefe demnach leer.[544]

Die Behandlungsmethoden der besonderen Therapierichtungen dürften nicht nach Standards der Schulmedizin – also insbesondere nicht nach dem Maßstab der Evidence Based Medicine – bewertet werden.[545] Das Adjektiv „wissenschaftlich" sei, soweit Methoden der besonderen Therapierichtungen zu bewerten sind, nicht nach den Maßstäben der Schulmedizin zu bestimmen, da hierdurch der besondere Charakter der jeweiligen Therapierichtung aufgegeben würde.[546]

---

536 *Zuck*, NJW 1991, 2933, 2935; NZS 1999, 313, 317; BHR/*Berchtold*, Gesundheitsrecht, § 2 SGB V Rn 16.

537 Näher III 3 b aa.

538 *Zuck*, NJW 1991, 2933, 2935; NZS 1999, 313, 317; *ders.*, Homöopathie und Verfassungsrecht, Rn 41; *ders.*, Das Recht der anthroposophischen Medizin, Rn 40.

539 *Zuck*, NJW 1991, 2933, 2935; *ders.*, Homöopathie und Verfassungsrecht, Rn 41.

540 Dies ist wohl gemeint; im Text steht „§ 2 I 1"; *Zuck*, NJW 1991, 2933, 2935.

541 *Zuck*, NJW 1991, 2933, 2935.

542 *Zuck*, Homöopathie und Verfassungsrecht, Rn 153.

543 *Zuck*, NJW 1991, 2933, 2935.

544 *Zuck*, NJW 1991, 2933, 2935.

545 *Zuck*, Homöopathie und Verfassungsrecht, Rn 153; ebenso BHR/*Berchtold*, Gesundheitsrecht, § 2 SGB V Rn 16.

546 *Zuck*, NZS 1999, 313, 317.

Stattdessen sei die Bewertung denjenigen Personen vorbehalten, die die Therapierichtung selbst aus eigener Erfahrung kennen und das Konzept auch vertreten.[547] Daher seien bei der Bewertung stets anerkannte Sachverständige der jeweiligen Therapierichtung hinzuzuziehen.[548] Entsprechend sei der Begriff „allgemein anerkannt" für den Bereich der besonderen Therapierichtungen abweichend dahingehend zu verstehen, dass die Methode von den Vertretern der jeweiligen Therapierichtung anerkannt sein müsse.[549] An die Stelle der „Evidence Based Medicine" trete die „Experience Based Medicine".[550] Die notwendige Objektivität und Sachlichkeit könne auch außerhalb der Schulmedizin vorhanden sein. Eine Betrachtung durch Dritte führe auf die Schulmedizin bezogen dazu, dass eine Beurteilung überhaupt nicht mehr möglich sei.[551]

Neben den Aspekten der Qualität und Wirksamkeit gelte dies für alle Anerkennungselemente; auch z.B. bei Beurteilung der Wirtschaftlichkeit dürften keine schulmedizinischen Maßstäbe herangezogen werden.[552]

Im Ergebnis werden damit nach dieser Auffassung die Anforderungen des S. 3 an die wissenschaftliche Anerkennung der Methoden und Leistungen für den Bereich der besonderen Therapierichtungen weitgehend außer Kraft gesetzt.

3. Lehre von den therapieimmanenten Kriterien

Eine vermittelnde Ansicht[553] modifiziert die Anforderungen an Qualität und Wirksamkeit bei besonderen Therapierichtungen dahingehend, dass diese anstelle der allgemeinen Anerkennung nach therapieimmanenten (auch: therapie-immanenten[554]) Kriterien zu bewerten seien. Andererseits solle dies aber nicht auf eine bloße Binnenanerkennung[555] bzw. eine bloße Plausibilitäts- oder Vertretbarkeitskontrolle[556] hinauslaufen.

---

547 *Zuck*, NZS 1999, 313, 317.

548 *Zuck*, NZS 1999, 313, 317.

549 *Zuck*, Das Recht der anthroposophischen Medizin, 2007, Rn 40.

550 *Zuck*, NZS 1999, 313, 318.

551 *Zuck*, VersR 1994, 505, 506, Fn 13. Dem liegt offensichtlich ein Missverständnis zugrunde. Die Beurteilung soll nicht durch einen Dritten, sondern durch einen nach wissenschaftlich-kritischen Grundsätzen Urteilenden erfolgen.

552 *Zuck*, NZS 1999, 313, 317 f.

553 JurisPK/*Plagemann*, SGB V, § 2 Rn 45; Hauck/Noftz/*Noftz*, SGB V, § 2 Rn 52; LSG Niedersachsen, 30.08.1995, L 4 Kr 11/95, NZS 1996, 74, 76; wohl auch *Nimis*, Neue Untersuchungs- und Behandlungsmethoden, Rn 259; Peters/*Schmidt*, Handbuch der Krankenversicherung, § 27 SGB V Rn 308 f.; ähnlich Eichenhofer/Wenner/*Axer*, SGB V, § 2 Rn 14; *Kirsten*, SGb 1991, 257, 258; *Ebsen* in FS Krasney, S. 81, 105 f.

554 Hauck/Noftz/*Noftz*, SGB V, § 2 Rn 52; Eichenhofer/Wenner/*Axer*, SGB V, § 2 Rn 14.

555 JurisPK/*Plagemann*, SGB V, § 2 Rn 45; Hauck/Noftz/*Noftz*, SGB V, § 2 Rn 52. *Zuck* verwendete den Begriff der therapieimmanenten Kriterien hingegen ursprünglich gerade für die Binnenanerkennung, vgl. *Zuck*, NJW 1991, 2933, 2935.

556 So *Estelmann/Eicher*, SGb 1991, 247, 252.

Auch die besonderen Therapierichtungen seien am Standard des § 2 I 3 SGB V zu messen, wobei allerdings beurteilungsrechtliche Besonderheiten gälten.[557] Satz 2 besage unmittelbar nur, dass die besonderen Therapierichtungen nicht bereits als solche ausgeschlossen seien.[558] Die Harmonisierung der Sätze 2 und 3 erfordere aber den Rückgriff auf therapieimmanente Kriterien, da anderenfalls der Regelungsbereich des Satzes 2 leerlaufe.[559]

Gleichwohl sei ein gewisses Minimum an Anforderungen auch an die Wissenschaftlichkeit der besonderen Therapierichtungen zu stellen. Maßgeblich seien nach § 135 I SGB V nur „wissenschaftliche Erkenntnisse" (s. auch C II 2 a bb). Dies setze voraus, dass die Erkenntnisse auf empirischem methodisch-planmäßigem Erkennen und Bewerten beruhten (Evaluation) und die Ergebnisse zuverlässig und reproduzierbar seinen (Evidenz).[560]

Offen bleibt hierbei, inwiefern der Bewertungsmaßstab im Einzelnen von dem schulmedizinischen abweicht. Diskutiert werden eine abgeschwächte Signifikanz der wissenschaftlichen Erkenntnisse[561] bzw. „beurteilungsrechtliche Besonderheiten",[562] wobei jedoch die genauen Folgen ungeklärt sind. Da an die Evaluation und Evidenz vergleichbare Maßstäbe gestellt werden, kommt als wesentliche Abweichung der Verzicht auf das Kriterium der Erklärbarkeit der beobachteten Phänomene nach naturwissenschaftlichen Maßstäben in Betracht. Seitens der Schulmedizin wurden in der Vergangenheit einzelne Studien, die etwa homöopathischen Methoden eine über den Placebo-Effekt hinausgehende Wirksamkeit bescheinigten, für unbeachtlich gehalten, da das Erklärungsmodell für nicht schlüssig gehalten wurde (s.o., Kap. 1 B I 5 a cc).[563] Ein Ausschluss allein aus diesem Grund wäre entsprechend der Lehre von den therapieimmanenten Kriterien gemäß § 1 I 2 SGB V unzulässig.[564] Allerdings scheitert nach derzeitigem Stand der (schul-)medizinischen Erkenntnisse die Anerkennung der besonderen Therapierichtung Homöopathie insgesamt nicht allein an ihrer fehlenden Erklärbarkeit, sondern an der Evidenz, und zwar jeder einzelnen Behandlungsmethode (s.o., Kap. 1 B I 5 a bb).[565] Dies gilt im Wesentlichen auch für die Methoden der anthroposophischen Medizin.[566]

Die Lehre von den therapieimmanenten Kriterien wendet sich aber gegen eine Subsidiarität der besonderen Therapierichtungen.[567]

---

557 Hauck/Noftz/*Noftz*, SGB V, § 2 Rn 52; Eichenhofer/Wenner/*Axer*, SGB V, § 2 Rn 14.
558 Hauck/Noftz/*Noftz*, SGB V, § 2 Rn 52; *Kirsten*, SGb 1991, 257, 258.
559 Hauck/Noftz/*Noftz*, SGB V, § 2 Rn 52; übereinstimmend *Zuck*, NJW 1991, 2933, 2935; *Kirsten*, SGb 1991, 257, 258.
560 Hauck/Noftz/*Noftz*, SGB V, § 2 Rn 52, 64.
561 JurisPK/*Plagemann*, SGB V, § 2 Rn 45.
562 Hauck/Noftz/*Noftz*, SGB V, § 2 Rn 52.
563 Vgl. *Hopff*, Homöopathie, S. 5 ff.
564 Vgl. *Kirsten*, SGb 1991, 257, 258
565 Vgl. *Shang u.a.*, Lancet 366, No. 9487, S. 726.
566 Vgl. *Burkhard*, Anthroposophische Medizin, S. 155 ff.
567 Hauck/Noftz/*Noftz*, SGB V,§ 2 Rn 52.

4. *Praktische Konkordanz ohne Sonderstellung der besonderen Therapierichtungen*

Neben den genannten Hauptlinien wurde versucht, die beiden sich widersprechenden Sätze des § 2 I SGB V in Einklang zu bringen, ohne den besonderen Therapierichtungen in irgendeiner Form eine Sonderstellung gegenüber der Schulmedizin einzuräumen.

a) Praktische Konkordanz durch weite Auslegung des S. 3 und Güterabwägung

Estelmann/Eicher[568] billigen § 2 I 3 SGB V generell nur eine eingeschränkte Bedeutung zu. Der Qualitätsstandard des S. 3 könne nicht als „feste empirische Größe im außerrechtlichen Bereich" aufgefasst werden. Stattdessen sei eine Interessenabwägung vorzunehmen. Hierbei sei das Maß an Ungewissheit, das bei den jeweiligen Therapierichtungen besteht, zu beachten.[569] Nach der Systematik des Gesetzes seien Schulmedizin und besondere Therapien nebeneinander anerkannt; keine Therapierichtung habe Vorrang gegenüber anderen.[570] Eine ärztliche Behandlung entspreche dem Maßstab des § 2 I 3 SGB V, wenn sie vertretbar sei.[571] Bei der erforderlichen Abwägung genössen die Interessen des Patienten grundsätzlich Vorrang vor denen der GKV.[572] Bei Krankheiten unbekannter Ursache oder inkurablen Krankheiten genüge eine reine Plausibilitätskontrolle.[573] Allerdings müsse der Wirtschaftlichkeitsmaßstab höher angesiedelt werden, wenn eine Methode völlig ungesichert sei und die Profitmaximierung im Mittelpunkt stehe.[574]

Unzulässig sei es, eine besondere Therapierichtung *a priori* abzulehnen, etwa die Hochpotenzhomöopathie wegen Unmöglichkeit der Wirksamkeit nach physikalisch-chemischen Erkenntnissen. Das Modell, auf dem die besonderen Therapierichtungen beruhen, müsse aber zumindest im Ansatz einer Überprüfung zugänglich sein. D.h. das Modell müsse zumindest geeignet sein, überprüfbare Prognosen zuzulassen. Andererseits müsse nicht der gesamte kausale Ablauf der Therapie erklär- und beweisbar sein.[575]

Im Ergebnis wird § 2 I 3 SGB V sehr weit ausgelegt und weitgehend relativiert. Die durch § 2 I 3 SGB V errichtete Schranke sei niedrig anzusetzen; allgemeine Anerkennung in diesem Sinne sei bloße Vertretbarkeit.[576] „Echte" Außenseitermethoden genössen entgegen der Schulmedizin und den besonderen Therapierichtungen

568 *Estelmann/Eicher*, SGb 1991, 247, 252 ff.; vgl. auch *Eicher*, VersMed 1993, 50 ff.
569 *Estelmann/Eicher*, SGb 1991, 247, 254.
570 *Estelmann/Eicher*, SGb 1991, 247, 252.
571 *Estelmann/Eicher*, SGb 1991, 247, 253 ff.
572 *Estelmann/Eicher*, SGb 1991, 247, 256.
573 *Estelmann/Eicher*, SGb 1991, 247, 255; unter Verweis auf BSG, SozR § 182 Nr. 114.
574 *Estelmann/Eicher*, SGb 1991, 247, 255 (in Fn 74).
575 *Estelmann/Eicher*, SGb 1991, 247, 252.
576 *Estelmann/Eicher*, SGb 1991, 247, 253.

keinen Vertrauensvorschuss, sodass sie einer besonderen Begründung bedürften. Im Übrigen fänden auch für sie die allgemeinen Grundsätze Anwendung.[577] Bei nachweisbarer Wirksamkeit im Einzelfall könne auch allein auf eine ex-post-Betrachtung abgestellt werden.[578]

Zu einem ähnlichen Ergebnis kommt *Busse*,[579] derzufolge im Sinne eines Kompromisses ein sehr großzügiger Wirksamkeitsnachweis anzuwenden sei. Von der gesetzlichen Krankenversicherung umfasst seien grundsätzlich alle (in einem sehr weit verstandenen Sinne) „wissenschaftlichen" Mittel, die in einem Präzedenzfall erfolgreich waren.[580]

b) Subsidiarität der besonderen Therapierichtungen

Demgegenüber geht *Enderlein*[581] davon aus, die besonderen Therapierichtungen seien nach § 1 I 2, 3 SGB V subsidiär zu den Methoden der Schulmedizin.[582] Nach dem Willen des Gesetzgebers sei eine Sonderstellung der besonderen Therapierichtungen nicht gewollt.[583] Auch der unscharfe Begriff der besonderen Therapierichtung solle nicht zum entscheidenden Kriterium werden.[584] Zweck des S. 3 sei die Festlegung eines Standards, um eine Versorgung von hoher Wirksamkeit und Qualität sicherzustellen.[585] Ein solcher Standard komme allerdings nur insoweit in Betracht, wie Mittel und Methoden zur Verfügung stünden, deren Qualität und Wirksamkeit gesichert (bzw. allgemein anerkannt) sei.[586]

Soweit keine Therapien zur Verfügung stünden, die den Maßstäben des S. 3 genügten, müsse auf Leistungen zurückgegriffen werden, deren Wirksamkeit und Qualität nicht in demselben Maße gesichert seien. Die Regeln der ärztlichen Kunst verpflichteten zum Einsatz von Mittel und Methoden geringerer Wirksamkeit, wenn keine andere Methode verfügbar sei.[587]

---

577 *Estelmann/Eicher*, SGb 1991, 247, 255.

578 *Estelmann/Eicher*, SGb 1991, 247, 255; *Estelmann*, SGb 1991, 515, 516. Fraglich ist jedoch, wie eine solche Wirksamkeit im Einzelfall nachweisbar sein soll. Der Rückschluss aus dem Ergebnis auf die Kausalität zwischen Mittel und Ergebnis („*post hoc ergo propter hoc*") ist unzulässig; vgl. *Schneider/Schnapp*, Logik für Juristen, 6. Aufl., S. 259; kritisch auch *Engelmann*, MedR 2006, 245, 258; *Huster*, JZ 2006, 466, 467.

579 *Busse*, SGb 2000, 61.

580 *Busse*, SGb 2000, 61, 66.

581 *Enderlein*, VSSR 1992, 123.

582 Tendenziell in diesem Sinne auch Krauskopf/*Krauskopf*, Soziale Krankenversicherung, § 2 SGB V Rn 6.

583 *Enderlein*, VSSR 1992, 123, 132.

584 *Enderlein*, VSSR 1992, 123, 131 f.

585 *Enderlein*, VSSR 1992, 123, 132, 137 f.

586 *Enderlein*, VSSR 1992, 123, 138.

587 *Enderlein*, VSSR 1992, 123, 140.

5. *Rechtsprechung*

Eine eindeutige strukturierte und argumentativ untermauerte Linie in der Rechtsprechung ist nicht erkennbar. Im Gegenteil hat das BSG selbst die Frage nach dem Verhältnis des S. 2 und des S. 3 nicht nur ausdrücklich offen gelassen, sondern auch klargestellt, dass die Frage bisher nicht höchstrichterlich beantwortet worden – und damit für die Praxis mit einer erheblichen Rechtsunsicherheit belastet – sei.[588]

Einerseits lässt die Rechtsprechung auf den ersten Blick eine Tendenz zur Theorie der Binnenanerkennung erkennen. Der Begriff der Binnenanerkennung wird regelmäßig verwendet, allerdings weniger bei der Problematik des § 2 SGB V als bei anderen Normen.[589] Bei der Bewertung der Qualität und Wirksamkeit von Behandlungsmethoden und Medikationen sei der Erkenntnisstand der jeweiligen Therapierichtung, also die aus Sicht der Therapierichtung gegebene besondere Wirksamkeit, zugrunde zu legen.[590]

Auf der anderen Seite stellt das BSG aber klar, es sei keine Sonderstellung der besonderen Therapierichtungen, insbesondere keine Begünstigung derselben gewollt.[591] Eine solche widerspreche – ebenso wie ein vollständiger Ausschluss einer Therapierichtung[592] – dem Grundsatz der weltanschaulichen Neutralität des Staates.[593] Die Anforderungen an Qualität und Wirksamkeit müssten daher dieselben sein wie bei „allopathischen" Arzneimitteln.[594] Auch die Methoden der besonderen Therapierichtungen müssten einer Überprüfung zugänglich sein. Hierzu müsse eine Therapierichtung über nachprüfbare Kriterien verfügen, um sicherzustellen, dass eine „kunstgerechte" Anwendung von einem Behandlungsfehler zu unterscheiden ist.[595]

Das BSG sieht S. 2 und S. 3 als Ausdruck eines einheitlichen Prinzips an. Beide Sätze seien Ausdruck einer Zurückhaltung des Gesetzgebers und der Gerichte bei der Beurteilung von Heilmethoden:

> „Die dadurch [durch S. 3] den Gerichten auferlegte Zurückhaltung in der medizinisch-wissenschaftlichen Auseinandersetzung um die „richtige" Heilmethode hat in § 2 Abs 1 Satz 2 SGB V ihre Entsprechung. Das Verbot des Ausschlusses von Methoden der besonderen Therapierichtungen ist Ausdruck der Neutralität des Staates gegenüber

---

588 BSG, 22.03.2005, B 1 A 1/03 R, BSGE 93, 221 (juris-Rn 41 f.).
589 Zu § 34 I 3 SGB V: BSG, 14.12.2011, B 6 KA 29/10 R, BSGE 110, 20 (juris-Rn 33 ff.); 22.10.2014, B 6 KA 34/13 R, SozR 4–2500 § 34 Nr 16 (juris-Rn 56).
590 BSG, 14.12.2011, B 6 KA 29/10 R, BSGE 110, 20 (juris-Rn 33).
591 BSG, 14.12.2011, B 6 KA 29/10 R, BSGE 110, 20 (juris-Rn 36); vgl. auch 22.10.2014, B 6 KA 34/13 R, SozR 4–2500 § 34 Nr 16 (juris-Rn 57).
592 BSG, 16.09.1997, 1 RK 28/95, BSGE 81, 54 (juris-Rn 42).
593 BSG, 14.12.2011, B 6 KA 29/10 R, BSGE 110, 20 (juris-Rn 36).
594 BSG, 22.10.2014, B 6 KA 34/13 R, SozR 4–2500 § 34 Nr 16 (juris-Rn 58). Wie dies mit dem Grundsatz der Binnenanerkennung in Einklang gebracht werden soll, bleibt offen.
595 BSG, 16.09.1997, 1 RK 28/95, BSGE 81, 54 (juris-Rn 49).

unterschiedlichen wissenschaftlichen Ansätzen, die in der Bevölkerung – auch aufgrund ihrer weltanschaulichen Prägung – breite Resonanz gefunden haben."[596]

Entsprechend diesem Prinzip sei nicht die – gerichtlich ohnehin kaum überprüfbare[597] – Wirksamkeit, sondern der tatsächliche Verbreitungsgrad der Therapie ausschlaggebend.[598] Eine eigene medizinische Beurteilung durch die Gerichte findet demgegenüber nicht statt.[599]

Das gemeinsame Prinzip wird durch das BSG letztlich so ausgelegt, dass grundsätzlich die allgemeine Anerkennung der Wirksamkeit und Qualität einer Methode erforderlich sind. Bei den besonderen Therapierichtungen ist die Anerkennung innerhalb der besonderen Therapierichtung ausschlaggebend, zu der jedoch kumulativ die Verbreitung der besonderen Therapierichtung steht. Diese Vorstellung – die der Binnenanerkennung nach *Zuck* (s.o., 2) sehr nahe käme – wird jedoch nicht durchgehalten. Das BSG betont schließlich an anderer Stelle ausdrücklich, durch S. 2 solle den besonderen Therapierichtungen gerade keine Sonderstellung eingeräumt werden.[600] S. 2 solle nur sicherstellen, dass der besonderen Wirkungsweise der besonderen Therapierichtungen Rechnung getragen werde.[601] Für die Beurteilung der allgemeinen Anerkennung räumt das BSG den Richtlinien des G-BA eine Schlüsselstellung ein (s.u., C I 3).[602]

Obwohl im Grundsatz die Verbreitung und Anerkennung der Methode als ausschlaggebend gesehen wird, lässt die Rechtsprechung an anderer Stelle doch einen Spielraum für die Prüfung des statistischen Befundes selbst. So hat das BSG etwa in der Remedacen-Entscheidung[603] auf einen Erfolg der Behandlungsmethode in einer für die sichere Beurteilung ausreichenden Zahl von Behandlungsfällen abgestellt, der sich aus wissenschaftlich eingeführten Statistiken über die Zahl der behandelten Fälle und die Wirksamkeit der neuen Methode ablesen lasse.[604] Dieses Kriterium scheint jedoch in erster Linie der zeitlichen Abgrenzung zu dienen: Wenn ein entsprechender Erfolgsnachweis besteht, kann (grundsätzlich) von einer allgemeinen Anerkennung auch dann ausgegangen werden, wenn noch keine positive Entscheidung des G-BA vorliegt.[605] Gleichwohl steht diese Wertung im Kontrast zu der grundsätzlichen Entscheidung, nicht die Wirksamkeit der Methode, sondern

---

596 BSG, 16.09.1997, 1 RK 28/95, BSGE 81, 54 (juris-Rn 42).
597 Vgl. BSG, 16.09.1997, 1 RK 28/95, BSGE 81, 54 (juris-Rn 43).
598 BSG, 16.09.1997, 1 RK 28/95, BSGE 81, 54 (juris-Rn 42).
599 BSG, 16.09.1997, 1 RK 28/95, BSGE 81, 54 (juris-Rn 43).
600 BSG, 10.02.1993, 1 RK 17/91, SozR 3–2200 § 182 Nr. 13 (juris-Rn 20); BSG, 14.12.2011, B 6 KA 29/10 R, BSGE 110, 20 (juris-Rn 36).
601 BSG, 10.02.1993, 1 RK 17/91, SozR 3–2200 § 182 Nr. 13 (juris-Rn 20).
602 BSG, 07.05.2013, B 1 KR 44/12 R, BSGE 113, 241 (juris-Rn 13).
603 BSG, 05.07.1995, 1 RK 6/95, BSGE 76, 194.
604 BSG, 05.07.1995, 1 RK 6/95, BSGE 76, 194 (juris-Rn 25).
605 BSG, 05.07.1995, 1 RK 6/95, BSGE 76, 194 (juris-Rn 26).

ihre Anerkennung gerichtlich zu prüfen. Die Möglichkeit der unmittelbaren Bewertung statistischer Befunde wird durch spätere Urteile im Grundsatz bestätigt.[606]

III. Analyse und Auslegung

1. Isolierte Betrachtung des S. 3

Nach der Begründung des ursprünglichen Gesetzentwurfs[607], in dem der jetzige § 2 I 2 SGB V noch nicht enthalten war, soll der jetzige S. 3 (S. 2 des Entwurfs) Leistungen ausschließen, die mit wissenschaftlich nicht anerkannten Methoden erbracht werden. Ausgeschlossen seien damit sowohl Außenseitermethoden, die sich nicht bewährt hätten, als auch unzureichend erprobte neue Verfahren. Durch die Einfügung des S. 2 wurde dieses Bestreben insofern relativiert, als dass die teilweise *in toto* wissenschaftlich nicht anerkannten besonderen Therapierichtungen gerade nicht ausgeschlossen sein sollten. Gleichwohl wurde § 2 I 2 des Entwurfs als § 2 I 3 SGB V in seinem Wortlaut unverändert verabschiedet.

a) Der allgemein anerkannte Stand der medizinischen Erkenntnisse

aa) Parallelverwendungen im Gesetz

Der allgemein anerkannte Stand der medizinischen Erkenntnisse wird als Rechtsbegriff im SGB V auch außerhalb des § 2 verwendet.

- § 13 IV 6, V SGB V erstreckt den Maßstab des allgemein anerkannten Standes der medizinischen Erkenntnisse auch auf Leistungen, die – wegen eines Systemversagens im Inland[608] – im Bereich des EWR bzw. der Schweiz erbracht werden.
- § 18 I SGB V trifft eine Sonderregelung für den Fall, dass eine dem allgemein anerkannten Stand der medizinischen Erkenntnisse entsprechende Behandlung innerhalb der EG bzw. des EWR nicht möglich ist. Die Kommentarliteratur geht von einem identischen Verständnis wie bei § 2 I 3 SGB V aus.[609] Die Regelung stellt sicher, dass für eine ausnahmsweise außerhalb des Europäischen Wirtschaftsraums stattfindende Behandlung dieselben Maßstäbe gelten wie für inländische Behandlungen.[610]
- § 56 II 2 SGB V verweist für bestimmte Leistungen auf den allgemein anerkannten Stand der zahnmedizinischen Erkenntnisse.
- Gemäß § 70 I 1 SGB V haben Krankenkassen und Leistungserbringer eine bedarfsgerechte und gleichmäßige, dem allgemein anerkannten Stand der medizinischen Erkenntnisse entsprechenden Versorgung der Versicherten zu

---

606 Vgl. BSG, 19.10.2004, B 1 KR 27/02 R, BSGE 93, 236 (juris-Rn 29).
607 BT-Drs. 11/2237, S. 157.
608 KassKomm/*Brandts*, SVR, § 13 SGB V Rn 135.
609 KassKomm/*Peters*, SVR, § 18 SGB V Rn 4; Hauck/Noftz/*Noftz*, SGB V, § 18 Rn 14b; JurisPK/*Padé*, SGB V, § 18 Rn 24.
610 JurisPK/*Padé*, SGB V, § 18 Rn 24.

gewährleisten. Der vorgeschriebene medizinische Standard des § 2 I 3 SGB V gilt demnach auch für das Leistungserbringungsrecht.[611] Dies wird durch §§ 72 II, 73 VIII 1 SGB V bestätigt.

- § 92 I 1 SGB V gestattet dem Gemeinsamen Bundesausschuss den Ausschluss bzw. die Einschränkung von Maßnahmen und Leistungen, die dem allgemein anerkannten Stand der medizinischen Erkenntnisse nicht entsprechen. Für Leistungen im Krankenhaus ist eine entsprechende Prüfungskompetenz des G-BA in § 137c I 1 vorgesehen.
- Schließlich wird der allgemein anerkannte Stand der medizinischen Erkenntnisse in § 140 III 3 SGB V auch als Maßstab für Verträge zu integrierten Versorgungsformen festgeschrieben.

bb) Maßstab der Anerkennung

Bei dem Merkmal der allgemeinen Anerkennung handelt es sich um einen unbestimmten Rechtsbegriff, dessen genauere Bestimmung erörterungsbedürftig ist.[612] Gemäß § 2 I 3 SGB V sind Wirksamkeit und Qualität anhand des allgemein anerkannten Standes der medizinischen Erkenntnisse zu beurteilen. Im Rahmen des § 2 I 3 SGB V ist somit streng genommen nicht die allgemeine Anerkennung der Methode insgesamt, sondern nur ihrer Qualität und Wirksamkeit zu beurteilen.

Eine Methode ist klinisch wirksam, wenn sie generell geeignet ist, bei bestimmten Indikationen klinisch relevante Wirkungen zu erzielen.[613] Der Fall einer absoluten Wirksamkeit, also einer Erreichung des angestrebten Erfolges in jedem Fall, ist in der Medizin die Ausnahme. Auch schulmedizinische Behandlungsmethoden versprechen immer nur eine mehr oder weniger hohe Erfolgsaussicht.[614] In der Praxis wird also lediglich eine gewisse Erfolgswahrscheinlichkeit in Betracht kommen. Fraglich ist, wie hoch diese Wahrscheinlichkeit sein muss.[615] Eine absolute Grenze – etwa in der Form, dass eine Heilungswahrscheinlichkeit ab z.B. 5% hinreichend wäre, darunter aber nicht[616] – scheint unpraktikabel, zumal es besonders bei lebensbedrohlichen Krankheiten schon aus verfassungsrechtlichen Gründen geboten ist, auch Methoden mit geringer Erfolgsaussicht zuzulassen (s. Kap. 2 A II 3 c cc). Andererseits hätte eine flexible Handhabung, etwa durch Güterabwägung, zur Folge, dass die Bestimmung des Ergebnisses erschwert würde und eine erhebliche Rechtsunsicherheit einträte.

---

611 Vgl. JurisPK/*Engelmann*, SGB V, § 70 Rn 19 ff.

612 Vgl. *Enderlein*, VSSR 1992, 123, 127.

613 Becker/Kingreen/*Scholz*, SGB V, § 2 Rn 3; Hauck/Noftz/*Noftz*, SGB V, § 2 Rn 57.

614 *Enderlein*, VSSR 1992, 123, 129.

615 *Enderlein*, VSSR 1992, 123, 127 f.

616 Vertreten wird eine Mindestwahrscheinlichkeit von 15% bei der Parallelproblematik im Bereich der privaten Krankenversicherung, vgl. *Marlow/Spuhl*, VersR 2006, 1334; näher Kap. 5 B II 2 e.

Dem ließe sich begegnen, indem die Anforderungen an die allgemeine Anerkennung großzügig gehandhabt würden. Auch die (anerkannte) Wirksamkeit in wenigen Fällen, also eine sehr geringe, aber doch als solche im Wesentlichen unumstrittene Heilungsaussicht entspräche den Anforderungen des § 2 I 3 SGB V. Auf diesem Wege wäre jedoch nur das systematische Problem behoben, dass die besonderen Therapierichtungen schon von vornherein nicht allgemein anerkannt sind. Faktisch hätte eine solche Auslegung gleichwohl einen weitgehenden Ausschluss der Methoden der besonderen Therapierichtungen zur Folge, da die Schulmedizin nicht einmal eine geringe Heilungsaussicht über den Placebo-Effekt hinaus annimmt.

cc) Subjekt der Anerkennung

(1) Allgemeines

Fraglich ist weiterhin, wessen Anerkennung erforderlich ist, um als „allgemein anerkannt" zu gelten. Da das Gesetz nach dem allgemein anerkannten Stand medizinischer Erkenntnisse fragt, liegt auf der Hand, dass nicht einfach auf die Gesamtbevölkerung bzw. deren Mehrheit abgestellt werden kann. Gefragt ist vielmehr ein spezialisierter Sachverstand, also die Auffassung derjenigen, die den Stand der medizinischen Erkenntnisse verkörpern. Ausgangspunkt ist folgerichtig die Ärzteschaft.

Allgemein anerkannt sind demnach diejenigen Erkenntnisse, die sich im wissenschaftlichen Diskurs durchgesetzt haben.[617] Für eine allgemeine Anerkennung ist kein vollständiger Konsens erforderlich, eine einfache Mehrheit soll aber ebenfalls nicht ausreichen.[618] Stattdessen gilt eine Methode als allgemein anerkannt, wenn sie von einer großen Mehrheit der einschlägigen Fachleute akzeptiert wird.[619]

Nicht beantwortet ist damit, ob die Anerkennung national oder international zu ermitteln ist, namentlich ob es auf die allgemeine Anerkennung durch Fachleute weltweit ankommt oder lediglich auf die Anerkennung durch die Fachleute im Geltungsbereich des SGB V. § 139a SGB V deutet auf einen internationalen Standard hin (näher s.u., C I 5).[620]

Diskutiert wurde, ob die Auffassung der gesamten Ärzteschaft maßgeblich ist, oder – soweit eine Methode einem bestimmten medizinischen Fachgebiet

---

617 *Hauck*, NZS 2007, 461, 462.

618 BSG, 17.12.2013, B 1 KR 70/12 R, BSGE 115, 95 (juris-Rn 21); *Enderlein*, VSSR 1992, 123, 143.

619 BSG, 17.12.2013, B 1 KR 70/12 R, BSGE 115, 95 (juris-Rn 21); Becker/Kingreen/*Scholz*, SGB V, § 2 Rn 3; a.A. *Felix/Deister*, NZS 2013, 81, 88, die eine mehrheitliche Anerkennung für nicht erforderlich halten, da dies über die nach § 137c SGB V geforderten Maßstäbe hinausginge.

620 Vgl. BSG, 13.12. 2005, B 1 KR 21/04 R, SozR 4–2500, § 18 Nr. 5 (juris-Rn 29); Becker/Kingreen/*Scholz*, SGB V, § 2 Rn 3; Spickhoff/*Nebendahl*, Medizinrecht, § 2 SGB V Rn 5.

unterfällt – nur der jeweiligen Fachärzte.[621] Im Wesentlichen wird eine solche Abgrenzung nach Fachgebieten abgelehnt.[622] Gegen die Beschränkung auf die jeweiligen Fachärzte spricht insbesondere, dass die Medizin – zumindest die Schulmedizin – sich als Einheit versteht, in der keine nach Fachrichtungen getrennten unterschiedlichen Schulen bestehen.[623] Als systematisches Argument lässt sich ein Umkehrschluss zu § 56 II 2 SGB V anführen: Hier wird konkret auf die zahnmedizinischen Erkenntnisse verwiesen, was nahelegt, dass eine entsprechende Trennung nach Fachbereichen beim allgemein anerkannten Stand medizinischer Erkenntnisse nicht in Betracht kommt.

Der allgemein anerkannte Stand der medizinischen Erkenntnisse ist im Ausgangspunkt ein eher theoretisches Konstrukt, dessen Inhalt nicht einfach zu ermitteln ist.[624] Einerseits ist der Meinungsstand innerhalb der Ärzteschaft mitnichten homogen. Ob eine Methode anzuerkennen ist, kann sehr unterschiedlich gesehen werden. Bestehen mehrere widerstreitende Methoden mit ähnlicher Verbreitung und damit vergleichbarem Anerkennungsgrad, ist dem Wortlaut nach keine dieser Methoden allgemein anerkannt.

Da sich die Maßstäbe der evidenzbasierten Medizin als entscheidendes Kriterium weitgehend durchgesetzt haben (s.o., Kap. 1 A II 2), liegen allgemeine Anerkennung und Evidenz sehr nahe beieinander.[625] Letztendlich ist faktisch – zumindest in der Schulmedizin – dasjenige stets anerkannt, was beweisbar ist.[626] Die evidenzbasierte Medizin hat demzufolge dazu geführt, dass der allgemein anerkannte Stand der medizinischen Erkenntnisse wesentlich einfacher zu ermitteln ist und kein bloßes theoretisches Konstrukt bleibt.

Klärungsbedürftig ist auch, wie weit die allgemeine Anerkennung reichen muss. Nach dem Wortlaut ist jedoch nicht nur die Wirksamkeit, sondern auch die Qualität nach dem allgemein anerkannten Stand der Erkenntnisse zu beurteilen. Dies könnte darauf hindeuten, dass eine Methode nach dem allgemein anerkannten Stand der Erkenntnisse nicht nur wirksam bzw. geeignet, sondern ggf. auch vorzugswürdig gegenüber anderen Therapien sein muss. Im Hinblick auf die Therapiefreiheit des Arztes scheint es jedoch unangemessen, den Katalog der in Betracht kommenden Methoden zu stark einzuschränken. Zur Gewährleistung einer bestimmten Mindestqualität dürfen an diese keine zu hohen Maßstäbe in dem Sinne gesetzt werden, dass nur die jeweils beste Behandlungsmethode den Anforderungen des S. 3 entspräche. Die Qualität einer bestimmten Methode entspricht jedoch jedenfalls nur dann dem allgemein anerkannten Stand der Erkenntnisse, wenn die Methode nach

---

621 Vgl. *Estelmann/Eicher*, SGb 1991, 247, 249.

622 *Schimanski*, SGb 1983, 98, 99.

623 *Sewing*, NJW 1995, 2400, 2401.

624 Vgl. *Estelmann/Eicher*, SGb 1991, 247, 249 f.; *Eicher*, VersMed 1993, 50 ff.; *Dettling*, PharmR 2008, 273, 275.

625 Vgl. *Welti/Raspe*, NJW 2002, 874.

626 Vgl. *Engelmann*, MedR 2006, 245, 253.

der maßgeblichen Meinung im Hinblick auf die Risiken im Verhältnis zum angestrebten Heilerfolg vertretbar, also unbedenklich ist.

Schwierig ist auch die Ermittlung des allgemein anerkannten Erkenntnisstandes im Prozess. Je nachdem, welche Gutachter ausgewählt werden, sind unterschiedliche Ergebnisse zu erwarten.[627] Rechtssicherheit ist auf diesem Wege kaum zu erlangen. Um den allgemein anerkannten Stand der wissenschaftlichen Erkenntnisse im Prozess objektiv und ohne unberechenbare Schwankungen durch Einzelmeinungen klären zu können, muss bereits bei Erbringung der Leistung im Wesentlichen feststehen, ob diese dem Stand der medizinischen Wissenschaft entspricht.

Dieses Ziel kann nur erreicht werden, wenn Prüfungen in einem gewissen Umfang bereits im Vorhinein vorgenommen werden. Das Gesetz sieht entsprechende Prüfungen ohnehin im Regelfall vor: Neue Untersuchungs- und Behandlungsmethoden sind gemäß § 135 I Nr. 1 SGB V vorab durch den gemeinsamen Bundesausschuss der Ärzte und Krankenkassen zu prüfen und dürfen grundsätzlich jedenfalls in der vertragsärztlichen Versorgung ohne dessen Empfehlung nicht zu Lasten der GKV erfolgen.

(2) Der Gemeinsame Bundesausschuss als Prüfungsinstanz

Gemäß § 135 I Nr. 1 SGB V prüft der G-BA „die Anerkennung des diagnostischen und therapeutischen Nutzens der neuen Methode sowie deren medizinische Notwendigkeit und Wirtschaftlichkeit [...] nach dem jeweiligen Stand der wissenschaftlichen Erkenntnisse in der jeweiligen Therapierichtung". Nach dem Wortlaut prüft der G-BA also die Anerkennung des Nutzens, während Notwendigkeit und Wirtschaftlichkeit unabhängig von ihrer Anerkennung beurteilt werden.[628]

Eine solche Trennung ist jedoch schon aus praktischen Gründen kaum durchzuhalten. Es liegt auf der Hand, dass die Wirksamkeit zwingende Voraussetzung der Zweckmäßigkeit ist: Zweckmäßig kann nur eine Methode sein, die auch wirksam ist.[629] Ein Versuch, die Prüfung dieser beiden Komplexe vollständig voneinander zu trennen, ist aussichtslos. Bei der Prüfung der Wirtschaftlichkeit ist die Frage, ob eine Methode dem allgemein anerkannten Stand der medizinischen Erkenntnisse entspricht, zwingend inzidenter mitzuprüfen.

Gegen die alleinige Maßgeblichkeit der Entscheidung des G-BA wird eingewandt, dass die Aufnahme in eine Richtlinie – oder die einschlägigen Gebührenordnungen – lediglich ein Indiz für die allgemeine Anerkennung sei; daneben kämen auch z.B. Feststellungen auf statistischer Grundlage, universitäre Lehrpläne und – nicht singuläre – wissenschaftliche Stellungnahmen im medizinischen Schrifttum in

---

627 Vgl. etwa *Kriele*, NJW 1976, 355, 356, s. auch unten, Kap. 5 B II 2 f cc.

628 Anderenfalls müsste der Wortlaut „Anerkennung [...] deren medizinischer Notwendigkeit und Wirtschaftlichkeit" gefasst sein.

629 Für Deckungsgleichheit beider Begriffe *Neugebauer*, Wirtschaftlichkeitsgebot, S. 36 f.

Betracht.[630] Dem ist zumindest insoweit zuzustimmen, als dass die Maßgabe des G-BA nicht allein ausschlaggebend sein kann. Dann wäre ein Systemversagen schon aufgrund der Systematik unmöglich. Es ist denkbar, dass der G-BA den tatsächlichen Stand der medizinischen Erkenntnisse verkennt. §§ 135 I 7 SGB V sieht für den Fall eines Systemversagens eine nachträgliche Kostenübernahme vor (näher F II 1 b).[631] Allerdings weisen §§ 135 ff. SGB V dem G-BA die Kompetenz für diese Entscheidungen ausdrücklich zu (s. C I 3). Seine Auffassung ist demnach nur dann nicht ausschlaggebend, wenn er seinen Beurteilungsspielraum überschritten oder sonst fehlerhaft entschieden hat.

Bei den Begriffen der Wirksamkeit, Notwendigkeit und Wirtschaftlichkeit, wie auch bei allen anderen Aspekten, deren Auslegung dem G-BA obliegt, handelt es sich um unbestimmte Rechtsbegriffe, die grundsätzlich gerichtlich voll überprüfbar sind.[632] Beim G-BA handelt es sich jedoch um ein weisungsfreies Gremium, das zudem von spezialisiertem Sachverstand getragen wird. Es ist anerkannt, dass entsprechenden Gremien ein Beurteilungsspielraum bei der Auslegung unbestimmter Rechtsbegriffe zukommt.[633] Gerichtlich überprüfbar sind die Entscheidungen des G-BA somit nur mit erheblichen Einschränkungen.[634]

Zu prüfen ist, ob die Entscheidungen des G-BA mit höherrangigem Recht vereinbar sind. Dies schließt insbesondere das GG und das SGB V ein. Daneben sind Verfahren und Form sowie die Zugrundelegung eines korrekten Sachverhalts der Überprüfung durch die Gerichte zugänglich.[635] Darüber hinaus sind die Auslegungen der unbestimmten Rechtsbegriffe gerichtlich nicht überprüfbar. Eine Auswertung etwa von Feststellungen auf statistischer Grundlage oder aufgrund universitärer Lehrpläne und wissenschaftlicher Stellungnahmen im medizinischen Schrifttum findet im Grundsatz nicht statt.[636] Eine entsprechende Analyse würde nicht nur die Gerichte überfordern,[637] sondern auch die dem G-BA vom Gesetzgeber zugedachte Rolle der vorgestalteten Instanz zur Prüfung und Feststellung des allgemein anerkannten Stands der medizinischen Erkenntnisse[638] unterlaufen.

630 *Estelmann/Eicher*, SGb 1991, 247, 253.

631 Vgl. KassKomm/*Brandts*, SVR, § 13 SGB V Rn 45 ff.

632 Ständige Rspr. seit BSG, 29.05.1962, 6 RKa 24/59, BSGE 17, 79 (juris-Rn 48); Hauck/Noftz/*Noftz*, SGB V, § 12 Rn 14; KassKomm/*Roters*, § 12 SGB V Rn 17.

633 *Engelmann*, MedR 2006, 245, 249 f.; vgl. auch BSG, 22.10.2014, B 6 KA 34/13 R, SozR 4–2500 § 34 Nr 16 (juris-Rn 52); DTW/*Waschull*, SGB X, § 31 Rn 78.

634 Vgl. *Engelmann*, MedR 2006, 245, 250.

635 BSG, 31.05.2006, B 6 KA 13/05 R, BSGE 96, 261 (juris-Rn 68); HKS/*Hellkötter*, SGB V, § 92 Rn 28; vgl. Mann/Sennekamp/Uechtritz/*Schönenbroicher*, VwVfG, § 40 Rn 95, 100 f.

636 Entgegen *Estelmann/Eicher*, SGb 1991, 247, 253.

637 Zur Parallelproblematik im Recht der privaten Krankenversicherungen vgl. Kap. 5 B II 2.

638 Vgl. BSG, 16.09.1997, 1 RK 28/95, BSGE 81, 54 (juris-Rn 16); BT-Drs. 13/6087, S. 29.

Liegt eine Entscheidung des G-BA noch nicht vor, geben §§ 135 ff. SGB V die Rechtsfolgen vor. Soweit ein Verbot mit Erlaubnisvorbehalt besteht, sind neue Methoden ausgeschlossen, solange keine Empfehlung des G-BA vorliegt. Für Krankenhausbehandlungen sieht § 137c SGB V eine Erlaubnis mit Verbotsvorbehalt vor, mit der in § 137c III SGB V nunmehr ausdrücklich niedergelegten Rechtsfolge, dass auch Methoden, die noch nicht allgemein anerkannt sind, zulässig sind, wenn sie das Potenzial einer Behandlungsalternative aufweisen (näher C I 4 b bb).

(3) Gebührenordnungen

Neben den Prüfungen durch den G-BA finden – weniger umfassende – Prüfungen auch bei der Aufnahme in die einschlägigen Gebührenordnungen statt. Die Prüfung durch den G-BA hat jedoch grundsätzlich Vorrang und bindet den Bewertungsausschuss.[639]

(4) Zwischenergebnis

Zur Ermittlung des allgemein anerkannten Standes der medizinischen Erkenntnisse ist die Richtliniengebung des G-BA vorrangig.[640] Nach der Systematik des Gesetzes ist der G-BA primär für die Feststellung des allgemein anerkannten Standes der medizinischen Erkenntnisse zuständig, den § 2 I 3 SGB V zur Grundlage des Leistungsumfangs der GKV macht. Den Richtlinien des G-BA kommt somit nicht nur hinsichtlich der Wirtschaftlichkeit, sondern auch des allgemein anerkannten Standes der medizinischen Erkenntnisse eine vorentscheidende Wirkung zu, die nur dann gerichtlich widerlegt werden kann, wenn die Richtlinie in dieser Form nicht durch eine Ermächtigungsgrundlage gedeckt ist, Form- bzw. Verfahrensvorschriften verletzt oder der zugrundeliegende Sachverhalt verkannt worden sind oder ein Verstoß gegen höherrangiges Recht vorliegt.

Im G-BA sind alle für den Kenntnisstand maßgeblichen Personengruppen vertreten, wenn auch – aufgrund der geringen Größe des Gremiums – eine Vertretung verschiedener Meinungen und Schulen nur eingeschränkt gewährleistet ist. Die Leistungserbringer – Ärzte, Zahnärzte und Krankenhäuser – sind hierbei ebenso repräsentiert wie die Krankenkassen.[641] Auch die Vertreter der besonderen Therapierichtungen werden bei der Entscheidungsfindung berücksichtigt. Die Problematik, inwieweit einzelne Leistungen der besonderen Therapierichtungen Bestandteil der kassenärztlichen Versorgung sein können, verschiebt sich somit in wesentlichen Teilen von § 2 I SGB V auf die Sonderregelungen im Leistungserbringungsrecht, insbesondere §§ 92 ff, 135 ff. SGB V.

---

639 Vgl. BSG, 13.11.1996, 6 RKa 31/95, SozR 3–2500 § 87 Nr. 14 (juris-Rn 24); Hauck/Noftz/*Flint*, SGB V, § 135 Rn 95.

640 Vgl. auch *Felix/Deister*, NZS 2013, 81, 87 ff.

641 Näher C I 1.

b) Zielsetzung

§ 2 I 3 SGB V soll Leistungen ausschließen, wenn sie mit wissenschaftlich nicht allgemein anerkannten Methoden erbracht werden.[642] Ziel ist die Sicherung eines Standards medizinischer Versorgung.[643] Gleichzeitig werden die Leistungen begrenzt: Die Kosten unwirksamer bzw. ineffizienter Mittel und Methoden sollen nicht übernommen werden. Die Norm dient damit auch der Kostenersparnis.[644]

c) Die Berücksichtigung des Forschungsstandes

Nach § 2 I 3 SGB V haben Qualität und Wirksamkeit der Leistungen den medizinischen Fortschritt zu berücksichtigen. Dies wird teilweise dahingehend verstanden, diese Verpflichtung zeige die Offenheit des Leistungskataloges für neue Behandlungsansätze.[645] § 2 I 3 SGB V sichere den Versicherten die Teilhabe am medizinischen Fortschritt.[646] Ein solches Verständnis ist nicht ausgeschlossen; nach dem Wortlaut des Gesetzes liegt allerdings die umgekehrte Wirkung näher, nämlich ein Ausschluss von Leistungen, deren Qualität und Wirksamkeit dem medizinischen Fortschritt nicht mehr entsprechen. Zu erörtern bleibt, inwieweit hier auch neuere wissenschaftliche Erkenntnisse über die Wirkungsweise der besonderen Therapierichtungen zu berücksichtigen sind. Jedenfalls beinhaltet die Formulierung aber keine Öffnung hin zu ungesicherten medizinischen Erkenntnissen. Letztlich erschöpft sich die Bedeutung wohl darin, dass die der Bewertung zugrunde gelegten wissenschaftlichen Erkenntnisse nicht veraltet sein dürfen.[647] Dies lässt auch die Möglichkeit offen, dass eine Therapierichtung, die bisher als besondere Therapierichtung im Sinne des SGB V galt, aufgrund neuerer Erkenntnisse diesen Status verliert.

2. Isolierte Betrachtung des S. 2

a) Wortlaut

Gemäß § 2 I 2 SGB V sind Behandlungsmethoden, Arznei- und Heilmittel der besonderen Therapierichtungen nicht ausgeschlossen. Da konkrete Rechtsfolgen nicht benannt werden, lässt der Wortlaut des S. 2 im Grundsatz verschiedene mögliche Auslegungen zu.

Eher fern liegt eine Auslegung im Sinne einer umfassenden Privilegierung, wonach Methoden und Mittel der besonderen Therapierichtung nicht ausgeschlossen werden dürfen; dies wird in Literatur und Rechtsprechung auch so nicht vertreten.

---

642 KassKomm/*Peters*, SVR, § 2 SGB V Rn 3.

643 BT-Drs. 11/2237, S. 157; *Enderlein*, VSSR 1992, 123, 137 f.

644 *Enderlein*, VSSR 1992, 123, 138; vgl. auch BT-Drs. 11/2237, S. 157.

645 Spickhoff/*Nebendahl*, Medizinrecht, § 2 SGB V Rn 5; in diese Richtung weist auch BSGE 76, 194 (juris-Rn 26).

646 BSG, 19.11.1997, 3 RK 6/96, BSGE 81, 182 (juris-Rn 18); *Nimis*, Neue Untersuchungs- und Behandlungsmethoden, Rn 262.

647 Vgl. Hauck/Noftz/*Flint*, SGB V, § 135 Rn 69.

Möglich ist demgegenüber eine Auslegung im Sinne einer Berücksichtigungsgarantie in der Form, dass die Methoden und Mittel der besonderen Therapierichtungen nicht vollständig ausgeschlossen werden dürfen.[648] Nach diesem Verständnis müsste immer zumindest ein Mindestmaß an Behandlungsmethoden bzw. Heil- und Therapiemitteln der besonderen Therapierichtungen durch die gesetzlichen Krankenkassen gewährleistet werden. Fraglich ist dann weiter, ob sich dies auf die besonderen Therapierichtungen insgesamt bezieht oder auf jede einzelne: Dürften z.B. anthroposophische Heilmethoden vollständig ausgeschlossen werden, ohne gegen § 2 I 2 SGB V zu verstoßen? Der Wortlaut lässt in dieser Frage keine endgültige Entscheidung zu. Bei vollständigem Ausschluss einer besonderen Therapierichtung wären immer noch Leistungen der (übrigen) besonderen Therapierichtungen „nicht ausgeschlossen". Auch fehlt es im Gesetz an Anhaltspunkten, wie die Gewährleistung im Einzelnen sichergestellt werden soll.

Des Weiteren kommt die Auslegung des S. 2 als rein deklaratorische[649] oder zumindest nur mit geringen Folgen verbundene Festlegung in Betracht, dass die besonderen Therapierichtungen nicht bereits deshalb ausgeschlossen sind, weil sie von der Schulmedizin abweichen.[650] Für sie gelten nach diesem Verständnis jedoch die allgemeinen Regeln, was im Ergebnis auch einen vollständigen Ausschluss zuließe, wenn keine einzige Methode oder Leistung einer besonderen Therapierichtung den allgemeinen Anforderungen genügte. Im Extremfall wäre sogar ein Ausschluss aller besonderen Therapierichtungen mit S. 2 zu vereinbaren.

b) Genese und Intendierter Zweck

Der heutige § 2 I 2 SGB V findet im ursprünglichen Gesetzentwurf der Bundesregierung[651] noch keine Entsprechung.[652] Die Vorschrift ist erst während der Ausschussberatungen eingeschoben worden.[653]

Nach der Gesetzesbegründung[654] soll die Ausrichtung am allgemein anerkannten Stand der medizinischen Erkenntnisse die Leistungen der besonderen Therapierichtungen nicht ausschließen. Andererseits soll diesen auch keine Sonderstellung eingeräumt werden. Die Regelung ist demnach – ohne dass dies eindeutig als Zweck benannt würde – auf die Berücksichtigung der Therapievielfalt gerichtet: Der „Vielfalt der therapeutischen Ansätze" sei „Rechnung zu tragen".

648 Vgl. *Zuck*, Homöopathie und Verfassungsrecht, Rn 41.
649 Vgl. Spickhoff/*Nebendahl*, Medizinrecht, § 2 SGB V Rn 3.
650 So etwa BeckOK-Sozialrecht/*Joussen*, § 2 SGB V Rn 3.
651 BT-Drs. 11/2237.
652 Vgl. BT-Drs. 11/2237, S. 10.
653 Vgl. BT-Drs. 11/3320, S. 2; BT- Drs. 11/3480, S. 49; KassKomm/*Peters*, SVR, § 2 SGB V Rn 4.
654 BT-Drs. 11/3480, S. 49.

Nicht eindeutig aus der Gesetzesbegründung geht hervor, welche Ziele mit der Statuierung der Therapievielfalt verfolgt werden. In Betracht kommt die Förderung der Therapiefreiheit oder die Stärkung des Patientenwillens. Denkbar erscheint auch eine Stärkung der Therapievielfalt, um eine vom Patienten möglichst positiv wahrgenommene Behandlung zu erreichen. Dahinter könnte etwa die Absicht stehen, einen möglichst stark ausgeprägten Placebo-Effekt zu erreichen, um die Heilungsaussichten auf diese Weise zu fördern.[655]

Die Gesetzesbegründung bringt auch zum Ausdruck, dass „die Ausrichtung der Gesundheitsleistungen am allgemein anerkannten Stand der medizinischen Erkenntnisse die Leistungen der besonderen Therapierichtungen“ nicht ausschließe. Die Einfügung des S. 2 sei nur klarstellend.[656] Aus den Gesetzgebungsmaterialien geht auch hervor, dass der Rechtsausschuss bei seinem Änderungsantrag, der zur Einführung des S. 2 führte, insbesondere die Konstellation unheilbarer Krankheiten im Blick hatte, in denen keine anderweitige Behandlung zur Verfügung steht.[657]

3. *Auslegung beider Sätze in der Gesamtbetrachtung*

a) *Wortlaut*

aa) Grundsatz

Der Wortlaut beider Vorschriften lässt einen großen Auslegungsspielraum. Die Auslegung, dass S. 2 rein deklaratorisch ist und S. 3 unbedingten Vorrang genießt, ist mit dem Wortlaut vereinbar. Der reine Wortlaut beider Vorschriften steht jedoch selbst einer Auslegung, nach der S. 3 von S. 2 als speziellerer Norm für den Bereich der besonderen Therapierichtungen vollständig verdrängt wird, nicht entgegen. Auch diverse vermittelnde Positionen werden vom Wortlaut gedeckt.

bb) Die allgemeine Anerkennung von Methoden und Mitteln der besonderen Therapierichtungen

Als problematisch erweist sich der Konflikt zweier Begriffe, die nicht ohne Weiteres in Einklang zu bringen sind. In S. 3 wird die allgemeine Anforderung der allgemeinen Anerkennung aufgestellt. Andererseits sollen besondere Therapierichtungen nicht ausgeschlossen sein. Da es gerade das Wesen der besonderen Therapierichtungen ist, von den allgemein anerkannten Formen der Medizin abzuweichen, kann bei einem entsprechenden Verständnis bereits aus der Natur der Sache nie allgemeine Anerkennung gegeben sein. Der Wortlaut beider Vorschriften schließt somit eine ausnahmslose Auslegung in diesem Sinne aus.

Würde eine besondere Therapierichtung auch unter Vertretern der Schulmedizin allgemein anerkannt, würde sie hierdurch quasi in den Kanon der Schulmedizin

---

655 Vgl. Kap. 2 A I 1 b bb.
656 BT-Drs. 11/3480, S. 49.
657 BT-Drs. 11/3480, S. 13.

aufgenommen. Insofern könnte man schwerlich von einem von der Schulmedizin abweichenden weltanschaulichen Denkansatz sprechen. Die allgemeine Anerkennung einer Therapierichtung hätte somit den Verlust der Eigenschaft als besondere Therapierichtung zur Folge.

Denkbar bliebe allerdings die allgemeine Anerkennung einzelner Methoden. Praktische Relevanz dürfte dies allerdings nur für einzelne Methoden der Phytotherapie haben. An der Wirksamkeit einzelner pflanzlicher Arzneimittel bestehen auch aus schulmedizinischer Sicht keine Zweifel (s.o., Kap. 1 B III 3). Vorstellbar ist auch die Anerkennung einzelner Methoden der anderen besonderen Therapierichtungen, z.B. widersprechen einzelne anthroposophische Heilmethoden wie etwa die Eurythmie bei psychischen bzw. psychosomatischen Erkrankungen der naturwissenschaftlichen Weltanschauung nicht in einer Art und Weise, die eine allgemeine Anerkennung gänzlich ausschließt.

Eine derartige Einbeziehung einzelner Methoden der Homöopathie ist demgegenüber problematisch. In Betracht kommt dies praktisch eigentlich nur dann, wenn die Homöopathie im Wesentlichen auf ihren Kerngedanken des *„similia similibus curantur*" (s.o., Kap. 1 B I 3 c.) reduziert wird. Zu denken ist an Methoden, die mit anerkannten Methoden wie Impfung und Desensibilisierung Ähnlichkeiten aufweisen. Darüber hinaus kann zumindest nach derzeitigem Stand der medizinischen Erkenntnisse nicht von einer allgemeinen Anerkennung einzelner Methoden gesprochen werden.

Ein solches Verständnis hätte allerdings zur Folge, dass die besonderen Therapierichtungen vollständig ausgeschlossen blieben, solange eine entsprechende Anerkennung nicht besteht. Das Ziel der Therapievielfalt würde jedenfalls nicht erreicht; maßgeblich bliebe der allgemein anerkannte Stand, also i.E. die Schulmedizin.

b) Systematische Auslegung

aa) Interne Systematik

Die Anordnung der Sätze 2 und 3 hat zur Folge, dass auch für die besonderen Therapierichtungen grundsätzlich der allgemein anerkannte Stand der medizinischen Erkenntnisse als Maßstab heranzuziehen ist.[658] Um S. 2 als Ausnahmevorschrift zu S. 3 zu verstehen, müsste die Reihenfolge beider Sätze im Gesetzestext umgekehrt werden. In Betracht kommt nach der Systematik somit nur eine Auslegung, die entweder einen Vorrang des Satzes 3 annimmt oder den Widerspruch beider Normen durch praktische Konkordanz zu lösen versucht.

Zweifelhaft erscheint, ob die Theorie der Binnenanerkennung mit der Systematik des § 2 I SGB V in Einklang zu bringen ist. Nach dieser finden die Grundsätze des S. 3 im Ergebnis keine Anwendung auf die besonderen Therapierichtungen. S. 2 wird somit letztlich als Ausnahmevorschrift zu S. 3 behandelt. Ein derartiges Verständnis

---

658 Vgl. BSG, 22.10.2014, B 6 KA 34/13 R, SozR 4–2500 § 34 Nr 16 (juris-Rn 57); Spickhoff/*Nebendahl*, Medizinrecht, § 2 SGB V Rn 3; *Biehl*/*Ortwein*, SGb 1991, 529, 540.

legt die Systematik zumindest nicht nahe. Dies gilt auch für die in der BSG-Rechtsprechung anklingende – wenn auch nicht ausdrücklich artikulierte – Vorstellung, für die besonderen Therapierichtungen sei anstelle der allgemeinen Anerkennung kumulativ die Anerkennung innerhalb der Therapierichtung und die Verbreitung und Resonanz der Therapierichtung selbst erforderlich.[659] Auch in diesem Fall wird das Erfordernis der allgemeinen Anerkennung für Methoden und Mittel der besonderen Therapierichtungen im Ergebnis aufgehoben.

bb) Einfluss anderer Vorschriften

In den weiteren Absätzen des § 2 SGB V finden sich zwei Regelungen, die ähnliche Ziele verfolgen wie § 2 I 2 SGB V. Nach Abs. 1a sind unter bestimmten Voraussetzungen Leistungen zulässig, die nicht dem hohen Standard des § 2 I 3 SGB V genügen (näher IV). Nach Abs. 3 S. 2 ist den religiösen Bedürfnissen des Patienten Rechnung zu tragen.

Aus den – näher zu betrachtenden (s.u., C) – Vorschriften des Leistungserbringungsrechts, insbesondere den §§ 135 ff. SGB V, ergibt sich das Prozedere, nach dem der G-BA den für den allgemein anerkannten Stand der medizinischen Erkenntnisse maßgeblichen medizinischen Standard bestimmt.

Keinen unmittelbaren Einfluss haben die Bestimmungen des Rechts der privaten Krankenversicherungen, die jedoch rechtsvergleichend einbezogen werden können (näher Kap. 5).

Die im Arzneimittelrecht bestehenden Sonderregelungen für die Registrierung homöopathischer und traditioneller pflanzlicher Arzneimittel sind für die Auslegung sozialrechtlicher Vorschriften von untergeordneter Bedeutung. Die Zielsetzungen von AMG und SGB V sind nicht vergleichbar. Die vom SGB V vorgeschriebenen Anforderungen müssen höher sein als die des AMG, da nicht allein die Frage der Unbedenklichkeit und bloßen Wirksamkeit zu entscheiden ist, sondern eine Belastung der Krankenkassen nur dann zu rechtfertigen ist, wenn auch eine gewisse Kosten-Nutzen-Relation gegeben ist.[660]

c) Historische und genetische Auslegung

Die historische Auslegung des § 1 II 2 SGB V stellt sich als nicht unproblematisch dar. In der Fassung des Regierungsentwurfs fehlt der heutige S. 2 vollständig. Der Wille des Gesetzgebers ist daher sowohl aus dem ursprünglichen Regierungsentwurf als auch aus der Begründung der Änderung zu ermitteln.

Die ursprüngliche Gesetzesbegründung[661] setzt einen bestimmten Anspruch an die Wissenschaftlichkeit der Methoden ins Zentrum:

659 Vgl. BSG, 16.09.1997, 1 RK 28/95, BSGE 81, 54 (juris-Rn 42).
660 Vgl. *Enderlein*, VSSR 1992, 123, 125; *Töns*, DOK 1980, 769, 772.
661 BT-Drs. 11/2237.

„Der „allgemein anerkannte Stand der medizinischen Kenntnisse“ schließt Leistungen aus, die mit wissenschaftlich nicht anerkannten Methoden erbracht werden. Neue Verfahren, die nicht ausreichend erprobt sind, oder Außenseitermethoden (paramedizinische Verfahren), die zwar bekannt sind, aber sich nicht bewährt haben, lösen keine Leistungspflicht der Krankenkasse aus.“[662]

Im Bericht des Ausschusses für Arbeit und Sozialordnung[663] wurde der Entwurf insofern kritisiert, als dass bei ernsthaften bzw. lebensbedrohenden Erkrankungen nicht alle denkbaren Therapien ausgeschlossen sein dürften:

> „Der Ausschluß der „Arzneimittel von umstrittenem therapeutischen Nutzen“ ist im Hinblick auf ernsthafte bzw. lebensbedrohende Erkrankungen jedenfalls dann mit dem Sozialstaatsprinzip nicht vereinbar, wenn es sich bei der Verordnung solcher Arzneimittel um die einzige erfolgversprechende Behandlungsmethode handelt. Es sollte an dieser Stelle oder durch Einfügung in Artikel 1 § 2 Abs. 1 klargestellt werden, daß Behandlungsmethoden, Arznei- und Heilmittel der besonderen Therapierichtungen nicht ausgeschlossen sind.“[664]

Die Regierungskoalition aus CDU/CSU und FDP schlug daraufhin die Modifikation durch Einschub des heutigen Satz 2 in der Form vor, die später in Kraft trat:

> „Hinsichtlich der Allgemeinen Vorschriften (Erstes Kapitel – §§ 1 bis 4 SGB V) empfehlen die Mitglieder der Fraktionen der CDU/CSU und FDP, den Entwurf im Kern vollständig zu übernehmen. Sie schlagen vor, in § 2 Abs. 1 klarzustellen, daß von den Leistungen der Krankenversicherung, die dem Wirtschaftlichkeitsgebot entsprechen, Behandlungsmethoden, Arznei- und Heilmittel der besonderen Therapierichtungen nicht ausgeschlossen sind.“[665]

Hiergegen wurden Bedenken seitens der Oppositionsfraktionen SPD und DIE GRÜNEN geäußert:

> „Die Mitglieder der Fraktionen der CDU/CSU und FDP weisen darauf hin, daß der Schutz der besonderen Therapierichtungen im Verweis auf die Berücksichtigung ihrer besonderen Wirkprinzipien liege. Die Mitglieder der Fraktion der SPD und die Mitglieder der Fraktion DIE GRÜNEN äußern hierzu Zweifel. Selbst bei Unterstellung, daß mit dieser Regelung die Gleichberechtigung von Schulmedizin und Naturheilverfahren angestrebt sei, werde die Gefahr einer Ausgrenzung der besonderen Therapierichtungen nicht endgültig gebannt, wenn Wirtschaftlichkeitskriterien auf der Basis einer einseitigen schulmedizinischen Sichtweise Bewertungsmaßstab seien. Das Verfahren der Entscheidungsfindung sei so auszugestalten, daß die Monopolisierung der vorherrschenden Schulmedizin als verbindlicher „Stand der wissenschaftlichen Erkenntnisse“

662 BT-Drs. 11/2237, S. 157.
663 BT-Drs. 11/3480.
664 BT-Drs. 11/3480, S. 13.
665 BT-Drs. 11/3480, S. 30.

vermieden werde und die durch die besonderen Therapierichtungen repräsentierten Minderheiten nicht majorisiert würden."[666]

Die Begründung des Entwurfs stützt ein Gesetz, dass in dieser Form gerade nicht verabschiedet wurde. Nach der Begründung sollten alle Leistungen ausgeschlossen sein, die mit wissenschaftlich nicht anerkannten Leistungen erbracht werden,[667] also auch Leistungen der besonderen Therapierichtungen, soweit diese keine allgemeine Anerkennung gefunden haben. Diese ursprüngliche Begründung ist allerdings mit der Rechtslage unter Einbeziehung des S. 2 kaum aufrechtzuerhalten. Zumindest in dieser Allgemeinheit steht die Begründung im Widerspruch zum Gesetzeswortlaut.

Andererseits bleibt in der Begründung des S. 2 ungeklärt, welche Maßstäbe für besondere Therapierichtungen anzusetzen sind, und ob die Wertung des S. 3 insgesamt unbeschadet bleibt. Ein konkreter Wille des historischen Gesetzgebers, der auf die eine oder andere Auslegung hin gerichtet wäre, lässt sich nicht eindeutig ermitteln. Wie bei Geltung des Maßstabes, der sich aus S. 3 ergibt, die Gewährleistung der besonderen Therapierichtungen nach S. 2 sichergestellt werden soll, bzw. ob diese Gewährleistung auch dann gilt, soweit den besonderen Therapierichtungen die allgemeine wissenschaftliche Anerkennung fehlt, bleibt nach den Begründungen unklar.

Im Ausgangspunkt nimmt der Gesetzgeber an, dass auch besondere Therapierichtungen wissenschaftlichen Standards entsprechen[668] und damit auch die Anforderungen des S. 3 erfüllen können. Legt man die Begrifflichkeiten so zugrunde, wie dies der Gesetzgeber und später auch die Rechtsprechung[669] getan hat, ist diese Ausgangshypothese als im Grundsatz fehlerhaft anzusehen. Diese Hypothese selbst, das ursprüngliche Telos der Regelung, hat allerdings keinen Gesetzesrang. Da der Wille des Gesetzgebers gesetzlich nicht verankert ist, kann er bei der Auslegung außer Betracht bleiben, soweit sich die zugrunde gelegten Erwägungen als unzutreffend erweisen. Solange Grenzen des Wortlautes nicht überschritten werden, kommt auch eine Auslegung entgegen dem ursprünglichen Telos ohne Weiteres in Betracht, soweit sich herausstellt, dass dieses auf einer unzutreffenden Grundlage beruhte. Insoweit können aus der Gesetzesbegründung keine weitergehenden Schlüsse gezogen werden.

Die Entstehungsgeschichte des Gesetzes ist für die Auslegung allerdings nicht völlig unergiebig. Das primäre Anliegen des Gesetzgebers war die Gewährleistung von Mindestanforderungen in Bezug auf die Wissenschaftlichkeit. In der Fassung des Regierungsentwurfs stellte § 2 I SGB V allein auf die allgemeine Anerkennung der Qualität und Wirksamkeit ab. Die Einfügung des heutigen S. 2 sollte demgegenüber sicherstellen, dass die besonderen Therapierichtungen dennoch nicht gänzlich ausgeschlossen sein sollen. Die Norm weicht damit die Vorgaben des S. 3 auf. Dass

666 BT-Drs. 11/3480, S. 34.

667 BT-Drs. 11/2237, S. 157.

668 Vgl. Hauck/Noftz/*Noftz*, SGB V, § 2 Rn 52.

669 Vgl. BSG, 16.09.1997, 1 RK 28/95, BSGE 81, 54 (juris-Rn 49).

sich hieraus jedoch konkrete Rechtfolgen ergeben sollten, ist nicht erkennbar; im Gegenteil sollte die Einfügung des S. 2 lediglich klarstellende Funktion haben.[670]

Hieraus ist abzuleiten, dass der Gesetzgeber lediglich beabsichtigte, bereits in den allgemeinen Normen den Grundsatz zum Ausdruck zu bringen, dass auch die besonderen Therapierichtungen Teil der Versorgung durch die gesetzliche Krankenversicherung sein können. Dem Willen des Gesetzgebers entspricht somit eine Auslegung eher, die keine konkreten unmittelbaren Rechtsfolgen aus S. 2 ableitet. Dies schließt allerdings eine Fernwirkung der Norm auf die Auslegung anderer, konkreterer Normen – etwa §§ 34, 135 SGB V – nicht aus.

Die von der damaligen Opposition geäußerten weitergehenden Bedenken gegen eine „Majorisierung" der Minderheiten,[671] also gegen die Anwendung schulmedizinischer Maßstäbe auf die besonderen Therapierichtungen, haben zumindest im § 2 SGB V keinen Niederschlag gefunden. Hieraus lässt sich ableiten, dass der Gesetzgeber die Argumente kannte und trotzdem an seinem ursprünglichen Entwurf im Grundsatz festhalten wollte. Aus der Entstehungsgeschichte lässt sich auch erkennen, dass das Regelungssystem des § 2 I SGB V letztlich auf einen politischen Kompromiss zurückzuführen ist, dessen Folgen der Gesetzgeber nicht vollständig absehen konnte.

d) Verfassungskonforme Auslegung?

Dem möglichen Verständnis des Gesetzes könnten durch grundgesetzliche Wertungen Grenzen gesetzt sein, die eine bestimmte Auslegung gebieten. Festgestellt wurde bereits, dass sich praktische Konsequenzen weder aus der Wissenschaftsfreiheit noch aus der Therapiefreiheit oder dem Selbstbestimmungsrecht des Patienten ergeben (s. Kap. 2 A II 1, 3, 4). In Betracht kommt aber eine Beeinträchtigung des allgemeinen Gleichheitssatzes gemäß Art. 3 I GG.

Teile der Literatur nehmen an, das Gleichheitsgebot erfordere, dass die besonderen Therapierichtungen ebenso wie die „schulmedizinischen" Methoden anhand „eigener" Maßstäbe beurteilt werden müssten.[672] Wie bereits dargelegt (Kap. 2 A II 5 d aa (1)), liegt in der Anwendung der Maßstäbe der evidenzbasierten Medizin auf alle Heilmethoden jedoch gerade keine Ungleichbehandlung, sondern eine Gleichbehandlung.[673] Auch ein Verstoß gegen das vom BVerfG angenommene Verbot der Gleichbehandlung von wesentlich Ungleichem liegt nicht vor.

Näherer Erörterung bedarf die umgekehrte Frage, nämlich inwieweit eine Privilegierung von Arzneimitteln der besonderen Therapierichtungen gegenüber anderen alternativmedizinischen ebenso wie gegenüber schulmedizinischen Methoden durch Herabsetzen der strengen Anforderungen des § 2 I 3 SGB V zulässig ist. Methoden der besonderen Therapierichtungen dürfen nur privilegiert werden,

670 BT-Drs. 11/3480, S. 49.
671 BT-Drs. 11/3840, S. 34.
672 Vgl. *Schulin*, ZSR 1994, 546, 552.
673 I.E. auch BSG, 22.10.2014, B 6 KA 34/13 R SozR 4–2500 § 34 Nr 16 (juris-Rn 54 ff.).

wenn ein Grund von solchem Gewicht vorliegt, dass er die Ungleichbehandlung rechtfertigt (s. Kap. 2 A II 5 d aa (2)).

Die Wissenschaftsfreiheit eignet sich als Rechtfertigungsgrund nicht, da sie kein Recht auf die Berücksichtigung der gefundenen Ergebnisse schützt, sondern nur die Forschung selbst und die Verbreitung ihrer Ergebnisse (s. Kap. 2 A 4 c bb). Auch ein Rückgriff auf das Selbstbestimmungsrecht des Patienten hilft nicht weiter: Auch insoweit ist nicht ersichtlich, warum dieses Selbstbestimmungsrecht gerade für die besonderen Therapierichtungen diese Wirkung haben soll und für andere Formen der Alternativmedizin und Außenseitermethoden nicht.

Die Verbreitung der besonderen Therapierichtungen ist als Grund für eine Ungleichbehandlung nicht völlig unsachlich, da die Hoffnung auf Placebo-Effekte hier größer ist als bei Alternativmethoden mit geringerem Verbreitungsgrad. Ein besonderes Gewicht kommt ihm allerdings nicht zu. Die bloße Überzeugung einer starken Minderheit kann nicht dazu führen, dass eine streng wissenschaftliche Überprüfung durch bloße Expertenmeinungen ersetzt wird. Schließlich genießt auch die Schulmedizin einen weiten – gegenüber den besonderen Therapierichtungen sogar weiteren – Zuspruch in der Bevölkerung und zumindest im Hinblick auf die Wirksamkeit ihrer Methoden[674] die Unterstützung praktisch der gesamten Ärzteschaft.

Die Begründung, dass für die besonderen Therapierichtungen ein Wirksamkeitsnachweis aufgrund der Individualisierung nicht zu führen sei, ist als unsachlich zu verwerfen (s.o., Kap. 3 B VI a zum Arzneimittelrecht). Das Problem besteht in gleichem Maße bei anderen alternativen Heilmethoden. Die Tatsache, dass ein therapeutisches Konzept keine Beweise zulässt, was nach naturwissenschaftlichen Maßstäben als Kriterium für „Pseudo-Wissenschaften" anzusehen ist,[675] rechtfertigt keinen Verzicht auf Wirksamkeitsnachweise.

Letztlich ist daher kein sachlicher Grund von hinreichendem Gewicht erkennbar, der gerade die Privilegierung der besonderen Therapierichtungen rechtfertigt.

e) Teleologische Auslegung und Ergebnis

aa) Verhältnis zwischen S. 2 und S. 3

S. 3 verfolgt den Zweck, die Leistungen auf wissenschaftlich anerkannte Methoden und Mittel zu beschränken.[676] S. 2 hingegen beabsichtigt eine Gewährleistung auch von Leistungen außerhalb der Schulmedizin. Beide Zwecke widersprechen einander und lassen sich auch nicht in einer Art und Weise harmonisieren, dass ein abstraktes gemeinsames Ziel dahintersteht.

Als gemeinsames Ziel kommt allein in Betracht, dass beide Sätze darauf ausgerichtet sind, Methoden anhand ihrer Anerkennung und Verbreitung in der

674 Jedenfalls im allgemeinen; dass einzelne Methoden umstritten sind, ändert nichts an der ganz überwiegenden Akzeptanz der „Therapierichtung Schulmedizin".

675 Vgl. *Rossboth/Gay/Lin*, Evidence Based Medicine, S. 21 f.

676 BT-Drs. 11/2237, S. 157.

Praxis zu beurteilen, nicht aufgrund einer – durch die Gerichte kaum zu bewerkstelligenden – wissenschaftlichen Beurteilung, sei es generell oder im Einzelfall.[677] Dieser gemeinsame Zweck eignet sich jedoch nicht, die Diskrepanz zwischen beiden Sätzen zu schließen. Denn letztlich stimmt nur die Grundausrichtung überein, über die hinaus beide Sätze deutlich unterschiedliche Zwecke verfolgen, einerseits die Gewährleistung eines Standards der Wissenschaftlichkeit, andererseits die Gewährleistung der Therapievielfalt.

Übereinstimmend ergibt sich jedoch aus historischer und systematischer Auslegung, dass S. 3 grundsätzlich Vorrang vor S. 2 genießt (s.o., b aa, c). S. 2 ist somit als eher allgemeine Zielvorgabe ohne konkrete Rechtsfolgen zu verstehen. Wie der mit S. 2 intendierte Zweck erreicht werden soll, ergibt sich letztlich aus den spezielleren Normen (s.u., C, D).

S. 2 muss allerdings zumindest insoweit das Verständnis des S. 3 mitprägen, als dass dessen Auslegung nicht schon *a priori* zu einem Ausschluss der besonderen Therapierichtungen führen darf. Die Harmonisierung erfordert daher zumindest, dass das Kriterium der allgemeinen Anerkennung nicht wörtlich verstanden werden darf. Die besonderen Therapierichtungen genießen schon *qua definitione* niemals in engerem Sinne allgemeine Anerkennung. Dies spricht dafür, die „allgemeine Anerkennung" in diesem Kontext abstrakter zu verstehen. Eine Methode, der die Schulmedizin trotz erwiesener Wirksamkeit und Unbedenklichkeit die Anerkennung verweigerte, dürfte nicht allein aus diesem Grund ausgeschlossen werden. Dies käme einem – S. 2 zuwiderlaufenden – Ausschluss allein wegen der Zugehörigkeit zu einer besonderen Therapierichtung gleich. Jedenfalls insoweit wird die Bedeutung des S. 3 von S. 2 mitbestimmt. S. 2 schützt demnach die besonderen Therapierichtungen davor, aus Gründen, die eher ideologischer als wissenschaftlicher Natur sind, durch die Schulmedizin majorisiert zu werden.

Als denkbarer Lösungsansatz bleibt daher Folgendes: Leistungen der besonderen Therapierichtungen müssen nicht selbst dem allgemein anerkannten Stand der Erkenntnisse entsprechen. Die Belege für die Wirksamkeit der Leistung einer besonderen Therapierichtung müssen jedoch gleichwertigen wissenschaftlichen Standards genügen. Anstelle der Leistung selbst müssen jedenfalls die sie positiv beurteilenden Studien dem allgemein anerkannten Stand der wissenschaftlichen Erkenntnisse entsprechen. Dies bedeutet letztlich nichts anderes, als dass den besonderen Therapierichtungen neben der tatsächlichen allgemeinen Anerkennung als Weg zur Anerkennung i.S.d. § 2 I 3 SGB V die Vorlage von Wirksamkeitsnachweisen offensteht, die den üblicherweise in der Schulmedizin angewandten Kriterien, also den Anforderungen der Evidence Based Medicine entsprechen.[678]

---

677 BT-Drs. 11/3480, S. 49; vgl. BSG, 16.09.1997, 1 RK 28/95, BSGE 81, 54 (juris-Rn 43).

678 Ob dies den besonderen Therapierichtungen faktisch etwas nützen wird, steht freilich auf einem anderen Blatt. Die Ablehnung der Evidence Based Medicine durch Vertreter der Homöopathie und anthroposophischen Medizin rührt ja nicht zuletzt daher, dass Studien der entsprechenden Evidenzklassen nicht vorgelegt werden können.

Grundsätzlich sind hierbei Studien der Evidenzklasse I zu verlangen. Geringere Evidenzklassen kommen dann in Betracht, wenn andere Therapien, deren Wirksamkeit durch höhere Evidenzklassen belegt werden kann, nicht zur Verfügung stehen. Die Evidenzklasse V, die sich auf die bloße Autorität von Experten stützt, kommt allerdings nur ausnahmsweise in Betracht. Bloßen Expertenmeinungen kommt auch in der Schulmedizin nur ein geringes Gewicht zu, und sie allein werden nur selten dazu führen, dass eine Methode als allgemein anerkannt gelten kann. Je schwerer die Erkrankung ist, desto eher werden jedoch Abstriche bei der Evidenz hinzunehmen sein. Bedeutsam ist dies insbesondere im Falle lebensbedrohlicher Erkrankungen, für die § 2 Ia SGB V eine Sonderregelung trifft (s.u., IV).

Schließlich ergibt sich aus der Bezugnahme auf den medizinischen Fortschritt in § 2 I 3 SGB V, dass etablierte Vorstellungen über die besonderen Therapierichtungen nicht in Ewigkeit Bestand haben müssen. Dies kann einerseits dazu führen, dass sich Konzepte und Methoden einer der besonderen Therapierichtungen allgemein durchsetzen, womit diese Therapierichtung im allgemein anerkannten Stand der medizinischen Erkenntnisse aufginge. Die jüngeren wissenschaftlichen Entwicklungen legen aber näher, dass Annahmen, die für eine Sonderstellung einer besonderen Therapierichtung angeführt werden, etwa die Vorstellung einer besonderen Wirkungsweise (vgl. § 34 III 2 SGB V), sich durch neuere Erkenntnisse als unzutreffend erweisen. Ist eine besondere Wirkungsweise einer Methode bzw. Therapierichtung erwiesenermaßen objektiv nicht gegeben, kann sie auch nicht Grundlage einer gerichtlichen Entscheidung sein.[679]

bb) Ermittlung des allgemein anerkannten Standes der medizinischen Erkenntnisse

Neben den bereits genannten Zwecken verfolgt das SGB V auch den Schutz des Patienten vor der Ungewissheit, ob eine Leistung von der Krankenversicherung übernommen wird. Ob Qualität und Wirksamkeit einer Leistung allgemein anerkannt sind, ist in der Praxis schwer zu ermitteln. Die Rechtssicherheit ist für Patienten und Leistungserbringer von großer Bedeutung. Steht nicht bereits bei Leistungserbringung fest, ob eine Leistung von der GKV getragen wird, erfolgt sie auf eigenes Risiko. Mit dem Ziel größtmöglicher Rechtssicherheit ist eine Auslegung, die jeweils auf den Einzelfall abstellen will,[680] nur schwerlich zu vereinbaren. Rechtssicherheit kann im Gegenteil nur durch ein einigermaßen formalisiertes Verfahren sichergestellt werden.

Um die notwendige Rechtssicherheit zu gewährleisten, besteht ein entsprechendes Verfahren: die Beurteilung durch den G-BA. In diesem Verfahren sind auch die

679 Nach dem derzeitigen Stand der medizinischen Erkenntnisse spricht bereits vieles gegen die Annahme einer besonderen Wirkungsweise einer der besonderen Therapierichtungen, auch wenn ein eindeutiger Beweis kaum zu erbringen ist.

680 Etwa *Estelmann/Eicher*, SGb 1991, 249, 254.

Besonderheiten der besonderen Therapierichtungen zu berücksichtigen. Wie sich dies im Einzelnen auswirkt, ist an späterer Stelle zu erörtern (s. C II).

Andererseits kann die Beurteilung durch den G-BA nicht mit der allgemeinen Anerkennung gleichgesetzt werden. Die Möglichkeit des Systemversagens liefe sonst leer (s. 1 a cc (2); F II.). Der G-BA ist ein kleines, die beteiligten Gruppen nur eingeschränkt repräsentierendes Gremium. Wie oben bereits dargestellt (s. 1 a cc (2)), ist die Beurteilung des G-BA gerichtlich überprüfbar, wenn auch mit den Einschränkungen, die bei der Auslegung durch weisungsfreie Gremien zu beachten sind. Auch aus § 137c SGB V, der für Leistungen im Rahmen einer Krankenhausbehandlung gerade kein Verbot mit Erlaubnisvorbehalt vorsieht (s.u., C I 4), wird deutlich, dass § 2 I 3 SGB V und § 135 SGB V keine deckungsgleichen Anforderungen vorsehen.

IV. Nicht allgemein anerkannte Leistungen bei schwerwiegenden Erkrankungen

Eine Ausnahme von § 2 I 3 SGB V enthält § 2 Ia SGB V: Versicherte, die unter einer lebensbedrohlichen, regelmäßig tödlichen oder wertungsmäßig hiermit vergleichbaren und nach dem gegenwärtig allgemein anerkannten Stand der Erkenntnisse nicht heilbaren Erkrankung leiden, können eine von § 2 I 3 SGB V abweichende Behandlung erhalten. In diesen Fällen hat der Versicherte bereits dann Anspruch auf eine Leistung, wenn eine nicht ganz entfernt liegende Aussicht auf Heilung oder zumindest spürbare positive Einwirkung auf den Krankheitsverlauf besteht.

Der Gesetzgeber hat hiermit die Vorgaben des Nikolaus-Beschlusses ins Gesetz übernommen.[681] § 2 Ia SGB V ist insbesondere auf Therapien ausgelegt, die sich noch in der Erprobungsphase befinden und nach den Grundsätzen des Heilversuchs durchgeführt werden können.[682] Die Regelung schließt aber zumindest grundsätzlich auch alternativmedizinische Ansätze ein.[683]

Wertungsmäßig vergleichbar im Sinne des Gesetzes sind insbesondere der drohende Verlust eines wichtigen Sinnesorgans bzw. einer wichtigen Körperfunktion.[684] Eine allgemein anerkannte Leistung ist auch dann nicht verfügbar i.S.d. Gesetzes, wenn der Versicherte die grundsätzlich verfügbare Leistung nicht verträgt.[685]

Auch wenn die Anforderungen des § 2 Ia 1 SGB V gegenüber § 2 I 3 SGB V deutlich herabgesetzt sind, müssen bei der Prognose der Behandlungsaussicht nach § 2 Ia 1 allerdings wissenschaftliche Maßstäbe und die Regeln der ärztlichen Kunst beachtet

681 BT-Drs. 17/6906, S. 52; vgl. BVerfG, 06.12.2005.

682 HKS/*Kruse*, SGB V, § 2 Rn 4.

683 Eichenhofer/Wenner/*Axer*, SGB V, § 2 Rn 21.

684 BSG, 20.04.2010, B 1/3 KR 22/08 R, BSGE 106, 81 (juris-Rn 31); Becker/Kingreen/*Scholz*, SGB V, § 2 Rn 5.

685 BSG, 07.11.2006, B 1 KR 24/06 R, BSGE 97, 190 (juris-Rn 22); Becker/Kingreen/*Scholz*, SGB V, § 2 Rn 6.

werden.[686] Je geringer die Heilungsaussichten bei Anwendung herkömmlicher Methoden einzuschätzen sind und je schwerer die Erkrankung ist, desto geringere Anforderungen sind jedoch zu stellen.[687] Eine nicht ganz fernliegende Erfolgsaussicht setzt keine Studien der höheren Evidenzklassen voraus, sondern lässt sich ggf. bereits etwa durch Indizien wie Einzelfallberichte, Meinungen anerkannter Experten oder die Ergebnisse von Konsensuskonferenzen belegen.[688] Bei ganz hoffnungslos erscheinenden Fällen dürfte also letztlich die Evidenzklasse V als Minimalanforderung an Wissenschaftlichkeit genügen. Dies eröffnet auch die Möglichkeit zur Anwendung von Methoden der besonderen Therapierichtungen. Nicht medizinische Verfahren sind ebenso wie Leistungen durch Nichtärzte ausgeschlossen.[689]

Nach seinem Wortlaut führt § 2 Ia SGB V nur zu einer Abweichung von § 2 I 3 SGB V. Dies wirft die Frage auf, ob Leistungen gemäß § 2 Ia SGB V ohne die grundsätzlich gemäß § 135 I 1 SGB V erforderliche Empfehlung (s. C I 3) durch den G-BA erbracht werden dürfen. Systematisch ist § 135 I 1 SGB V als Konkretisierung des § 2 I 3 SGB V anzusehen, was nahelegt, dass § 2 Ia SGB V auch insoweit eine Ausnahmeregelung trifft. § 2 Ia SGB V durchbricht das Verbot mit Erlaubnisvorbehalt des § 135 I 1 SGB V jedenfalls dort, wo das Verfassungsrecht dies nach Maßgabe des Nikolaus-Beschlusses erfordert.[690] Letztlich kann nicht der G-BA selbst über Methoden entscheiden, deren Übernahme durch die GKV verfassungsrechtlich geboten ist.[691] Insoweit sind die Entscheidungen des G-BA durch das BSG überprüfbar.[692] In der Praxis stellt sich dieses Problem allerdings nicht, da der G-BA am 20.01.2011 – also noch vor Einführung des § 2 Ia SGB V – Ausnahmen gemäß den Grundsätzen des Nikolaus-Beschlusses in die einschlägigen Richtlinien und die Verfahrensordnung aufgenommen hat.[693]

V. Fazit

Die Streitfrage nach dem Verhältnis zwischen S. 2 und S. 3 des § 2 I SGB V hat unmittelbar nur eingeschränkte Bedeutung. Die Klärung der Detailfragen erfolgt in der Praxis durch den Gemeinsamen Bundesausschuss der Ärzte und Krankenkassen nach §§ 135 ff. SGB V.

---

686 BSG, 07.11.2006, B 1 KR 24/06 R, BSGE 97, 190 (juris-Rn 23); 20.04.2010, B 1/3 KR 22/08 R, BSGE 106, 81 (juris-Rn 32); Becker/Kingreen/*Scholz*, SGB V, § 2 Rn 7; *Augsberg*, GesR 2012, 595, 597 f.

687 Vgl. *Hauck*, NJW 2007, 1320, 1323.

688 Vgl. JurisPK/*Plagemann*, SGB V, § 2 Rn 60; Krauskopf/*Krauskopf*, Soziale Krankenversicherung, § 2 SGB V Rn 7c; im Grundsatz auch BT-Drs. 17/6906, S. 53.

689 BSG, 07.11.2006, B 1 KR 24/06 R, BSGE 97, 190 (juris-Rn 23); Becker/Kingreen/*Scholz*, SGB V, § 2 Rn 4; *Hauck*, NJW 2007, 1320, 1321, 1324.

690 Vgl. BT-Drs. 17/6906, S. 52 zur klarstellenden Funktion der entsprechenden G-BA-Ausnahmeregelungen; *Huster*, GesR 2010, 337, 339.

691 Vgl. BHR/*Berchtold*, Gesundheitsrecht, § 2 SGB V Rn 18.

692 Vgl. Krauskopf/*Krauskopf*, Soziale Krankenversicherung, § 2 SGB V Rn 7c.

693 Vgl. BT-Drs. 17/6906, S. 52.

In Betracht kommt aber eine Fernwirkung des § 2 I SGB V auf die Auslegung anderer Normen, insbesondere auch des § 135 I SGB V (s.u., C II). Wenn alle Leistungen, auch diejenigen der besonderen Therapierichtungen, dem allgemein anerkannten Stand der medizinischen Erkenntnisse genügen müssen, kann dies auch Auswirkungen auf den Prüfungsumfang des G-BA haben.[694] Größere Bedeutung hat die Problematik im Bereich der Krankenhausbehandlung, für die gemäß § 137c SGB V letztlich eine Erlaubnis mit Verbotsvorbehalt besteht (näher C I 4).

Abzulehnen sind Auffassungen, die den besonderen Therapierichtungen *de facto* eine privilegierte Sonderstellung einräumen. Dies betrifft insbesondere die Theorie der Binnenanerkennung. Demgegenüber erfasst die Lehre von den sog. „therapieimmanenten Kriterien" die Problematik richtig. Der Anspruch an die Wissenschaftlichkeit der Methoden wird hiernach durch S. 2 nicht eingeschränkt. Der Begriff „therapieimmanente Kriterien" ist jedoch irreführend. Wie genau die therapieimmanenten Kriterien beschaffen sein sollen und wie sich diese von der reinen Binnenanerkennung abgrenzen, wurde bisher nicht überzeugend dargelegt. Dies gilt umso mehr, da ja eine Privilegierung bzw. Sonderstellung gerade nicht gewollt ist.[695] Die „therapieimmanenten Kriterien" erscheinen eher wie eine leere Worthülse, die einen Kompromiss suggeriert, ohne dass dessen Inhalt erkennbar wäre. Richtig ist, dass die Methoden der besonderen Therapierichtungen losgelöst von der allgemeinen Meinung der Ärzteschaft und vorurteilsfrei zu betrachten sind. An die Schlüssigkeit der Erklärungsmodelle sind keine gesteigerten Anforderungen zu stellen, sofern die Wirksamkeit der Methode bzw. des Mittels evident ist.[696]

Den unterschiedlichen Zwecken des Gesetzes entspricht es am besten, den besonderen Therapierichtungen neben der allgemeinen Anerkennung ihrer Methoden einen weiteren Weg der Einbeziehung zu öffnen. Methoden der besonderen Therapierichtungen sind subsidiär einzubeziehen, wenn keine anerkannte Methode mit nach objektiven, an der evidenzbasierten Medizin orientierten Maßstäben besseren Erfolgsaussichten vorliegt und ein hinreichendes Maß an Evidenz für die Wirksamkeit der Methode spricht. Die Anforderungen der §§ 135 ff. SGB V bleiben hierbei bestehen. Der G-BA hat aber die Möglichkeit einer subsidiären Anwendung von Methoden der besonderen Therapierichtungen zu berücksichtigen.

Herabgesetzt werden die Anforderungen an einen Wirksamkeitsnachweis gemäß § 2 Ia SGB V, wenn bei lebensbedrohlichen oder vergleichbaren Krankheiten keine dem allgemeinen Stand der medizinischen Erkenntnisse entsprechende Behandlung zur Verfügung steht. Durch die Einfügung dieser Regelung ist ein Bereich geschaffen worden, in dem der allgemein anerkannte Stand der medizinischen Erkenntnisse nicht maßgeblich ist, was auch Raum für Methoden der besonderen Therapierichtungen lässt. Die Begründung des Rechtsausschusses zur Einfügung des § 2 I 2 SGB V zeigt, dass der Gesetzgeber gerade die Situation des (späteren) § 2 Ia SGB V

694 Vgl. Hauck/Noftz/*Flint*, SGB V, § 135 Rn 70.
695 Vgl. KassKomm/*Roters*, SVR, § 12 SGB V Rn 53.
696 Vgl. *Estelmann*/*Eicher*, SGb 1991, 247, 252.

im Blick hatte.[697] Auch insofern sind die besonderen Therapierichtungen gegenüber Schulmedizin und echten Außenseitermethoden jedoch nicht privilegiert.

C. Die Bedeutung des Gemeinsamen Bundesausschusses für die besonderen Therapierichtungen

I. Allgemeines

1. Organisation (§ 91 SGB V)

Die Organisation und die Aufgaben des Gemeinsamen Bundesausschusses (G-BA) sind in den §§ 91 ff. SGB V geregelt. Der G-BA wird gemäß § 91 I 1 SGB V von den Kassenärztlichen Bundesvereinigungen, der Deutschen Krankenhausgesellschaft und dem Spitzenverband Bund der Krankenkassen gebildet. Die Rechtsnatur des G-BA ist umstritten;[698] in Betracht kommt eine Einordnung als Körperschaft öffentlichen Rechts, als Anstalt öffentlichen Rechts[699] oder als Organisation *sui generis.*[700] Für die Normsetzungsbefugnis ist diese Einordnung jedoch unerheblich.[701] Jedenfalls ist der G-BA gemäß § 91 I 2 SGB V rechtsfähig. Gemäß § 91 IV 1 SGB V gibt sich der G-BA selbst eine Verfahrensordnung und eine Geschäftsordnung, die jeweils gemäß § 91 IV 2 SGB V der Genehmigung des Bundesministeriums für Gesundheit bedürfen.

Beteiligt an der Organisation des G-BA sind die Kassenzahnärztliche Bundesvereinigung, die Kassenärztliche Bundesvereinigung, die Deutsche Krankenhausgesellschaft und der Bund der Krankenkassen als Spitzenverband der GKV. Die Besetzung erfolgt paritätisch zwischen Kostenträgern und Leistungserbringern:[702] Fünf Vertretern der GKV, die vom Bund der Krankenkassen besetzt werden, stehen fünf Vertreter der Leistungserbringer gegenüber, wobei jeweils zwei Vertreter von der Deutschen Krankenhausgesellschaft und der Kassenärztlichen Bundesvereinigung entsandt werden sowie ein Vertreter von der Kassenzahnärztlichen Bundesvereinigung (§ 91 II 1 SGB V). Hinzu treten drei unparteiische Mitglieder: Die beteiligten Organisationen sollen sich hierzu gemäß § 91 II 2, 3 SGB V auf einen gemeinsamen Vorschlag einigen, der beim Bundesministerium für Gesundheit eingereicht wird. Dem Ausschuss für Gesundheit des Deutschen Bundestages steht ein Widerspruchsrecht zu (§ 91 II 5 SGB V). Kommt es zu keiner Einigung oder widerspricht der Bundestagsausschuss, ohne dass ein Alternativvorschlag zustande

---

697 BT-Drs. 11/3480, S. 13.

698 Vgl. KassKomm/*Roters*, SVR, § 91 SGB V Rn 3.

699 Hierfür BSGE 78, 70 (juris-Rn 32 f.).

700 BeckOK-Sozialrecht/*Joussen*, § 91 SGB V Rn 3; vgl. auch *Merten*, NZS 2006, 337, 339.

701 Vgl. KassKomm/*Roters*, SVR, § 91 SGB V Rn 3; kritisch aber *Schimmelpfeng-Schütte*, NZS 1999, 530, 535.

702 Vgl. KassKomm/*Roters*, SVR, § 91 SGB V Rn 2.

kommt, ernennt hilfsweise das Bundesministerium für Gesundheit die unparteiischen Mitglieder (§ 91 II 7 SGB V).

Zusätzlich werden Patientenvertreter in den Ausschuss entsandt, die jedoch lediglich als sachkundige Personen ohne Stimmrecht beratende Funktion haben.[703]

2. *Grundsätzliche Aufgaben (§ 92 SGB V)*

Primäre Aufgabe des G-BA ist gemäß § 92 I 1 SGB V der Beschluss von Richtlinien zur Sicherung der ärztlichen Versorgung.[704] Ziel ist die Gewährleistung einer zweckmäßigen und wirtschaftlichen, aber auch ausreichenden Versorgung der Versicherten. Die Richtlinien erstrecken sich über eine Vielzahl von Bereichen, die beispielhaft – also nicht abschließend[705] – in § 92 I 2 SGB V aufgelistet sind. Die für die Rolle der besonderen Therapierichtungen maßgeblichen Bestimmungen in diesem Zusammenhang sind § 92 I 2 Nr. 1, 5 und 6 SGB V. Nr. 1 betrifft allgemein die ärztliche Behandlung, Nr. 5 die Einführung neuer Untersuchungs- und Behandlungsmethoden (s. sogleich u. 3), Nr. 6 die Verordnung von Arznei-, Verband-, Heil- und Hilfsmitteln, Krankenhausbehandlung, häuslicher Krankenpflege und Soziotherapie.

Dem G-BA steht bei seinen Entscheidungen grundsätzlich ein Beurteilungsspielraum zu.[706] Überprüfbar sind die Entscheidungen, soweit der Beurteilungsspielraum eingeschränkt ist, insbesondere hinsichtlich der Feststellung des Sachverhalts sowie der Befolgung allgemeiner Grundsätze und höherrangigen Rechts und der Selbstbindung durch die eigene Verfahrensordnung.[707]

Gemäß Abs. 3a S. 1 ist vor der Entscheidung über die Richtlinien zur Verordnung von Arzneimitteln nach Absatz 1 Satz 2 Nr. 6 – und Therapiehinweisen nach Absatz 2 Satz 7 – neben anderen Personengruppen auch den maßgeblichen Dachverbänden der Ärztegesellschaften der besonderen Therapierichtungen auf Bundesebene Gelegenheit zur Stellungnahme zu geben. Diese Stellungnahme ist gemäß § 92 IIIa 2 SGB V in die Entscheidung „einzubeziehen". Dies bedeutet zwar eine Verpflichtung, sich mit der Stellungnahme auseinanderzusetzen, nicht aber eine irgendwie geartete Bindungswirkung.[708]

703 KassKomm/*Roters*, SVR, § 91 SGB V Rn 2, 7.

704 Vgl. *Hauck*, NZS 2010, 600, 608.

705 KassKomm/*Roters*, SVR, § 92 SGB V Rn 18.

706 BSG, 06.05.2009 – B 6 A 1/08 R; BSGE 103, 106–134 (juris-Rn 46); 22.10.2014, B 6 KA 34/13 R, SozR 4–2500 § 34 Nr 16 (Rn 52); jurisPK/*Beier*, SGB V, § 92 Rn 56; zu Einschränkungen vgl. *Hauck*, NZS 2010, 600, 611 f.

707 JurisPK/*Beier*, SGB V, § 92 Rn 56; *Hauck*, NZS 2010, 600, 611 f.

708 Vgl. Krauskopf/*Sproll*, Soziale Krankenversicherung, § 92 Rn 32.

3. *NUB-Richtlinien (§ 135 SGB V)*

Gemäß § 92 I 2 Nr. 5 i.V.m. § 135 I SGB V beschließt der G-BA Richtlinien über die Einführung neuer Untersuchungs- und Behandlungsmethoden.[709] Diesen Richtlinien kommt eine hohe praktische Bedeutung zu, da gemäß § 135 I SGB V ohne eine Empfehlung des G-BA neue Untersuchungs- und Behandlungsmethoden in der vertragsärztlichen Versorgung nicht erbracht werden dürfen. Es besteht somit ein Verbot mit Erlaubnisvorbehalt, wobei der G-BA über die Erteilung der Erlaubnis entscheidet.[710] Für Heilmittel gilt Entsprechendes gemäß § 138 SGB V.[711] Nicht von den NUB-Richtlinien erfasst wird die Krankenhausbehandlung, die nicht der vertragsärztlichen Versorgung zuzurechnen ist.[712] Der G-BA entscheidet über den Nutzen neuer Methoden nicht selbst, sondern beurteilt, ob in Fachkreisen ein Konsens besteht.[713]

Bei zulassungsbedürftigen Arzneimitteln soll nach der bisher hM eine Empfehlung durch den G-BA entbehrlich sein, da bereits im Zulassungsverfahren die Wirksamkeit und Unbedenklichkeit überprüft wurde.[714] Es gehe bei dem für die Zulassung geforderten Nachweis der Qualität, Wirksamkeit und Unbedenklichkeit im Kern um dieselben Kriterien wie bei § 135 I 1 SGB V.[715] Zwingend ist dies nicht, da der G-BA auch Empfehlungen hinsichtlich Notwendigkeit und Wirtschaftlichkeit abgibt, also nach Kriterien beurteilt, die über den im AMG vorgesehenen Prüfungsumfang hinausgehen.[716] Vorzugswürdig ist es daher, mit der neueren Rechtsprechung auch bei Arzneimitteln eine Empfehlung des G-BA zu verlangen, bei der dieser jedoch an die Entscheidung im Rahmen des Zulassungsverfahrens gebunden ist, soweit Wirksamkeit und medizinische Unbedenklichkeit geprüft wurden.[717] Für die Situation besonderer Therapierichtungen, deren Arzneimittel in aller Regel nicht zulassungsbedürftig sind, ist dieses Problem allerdings von geringer Bedeutung. Im Rahmen des Registrierungsverfahrens gemäß §§ 38 ff. AMG findet eine Prüfung der Wirksamkeit, die eine Entscheidung des G-BA vorwegnehmen könnte, nicht

709 Vgl. die Richtlinie Methoden vertragsärztliche Versorgung vom: 17.01.2006, BAnz. Nr. 48 (S. 1523), zuletzt geändert am 19.02.2015, BAnz. AT 15.05.2015.

710 Vgl. BSG, 16.09.1997, 1 RK 32/95, BSGE 81, 73 (juris-Rn 16); Hauck/Noftz/*Flint*, SGB V, § 92 Rn 96; KassKomm/*Roters*, SVR, § 92 SGB V Rn 2.

711 Vgl. die Richtlinie über die Verordnung von Heilmitteln in der vertragsärztlichen Versorgung vom 20.01.2011, BAnz. Nr. 96 (S. 2247).

712 KassKomm/*Hess*, SVR, § 73 SGB V Rn 18.

713 BSG, 04.04.2006, B 1 KR 12/05 R, SozR 4–2500 § 27 Nr. 8 (juris-Rn 30).

714 Vgl. KassKomm/*Roters*, SVR, § 135 SGB V Rn 13; Schnapp/Wigge/*Wigge*/*Wille*, Vertragsarztrecht, § 19 Rn 32; *Spoerr*, NJW 1999, 1773; *Hess*, GesR 2012, 591, 592; ursprünglich auch die Rspr., BSG, 19.03.2002, B 1 KR 37/00 R, BSGE 89, 184 (juris-Rn 24); 19.10.2004, B 1 KR 27/02 R, BSGE 93, 236 (juris-Rn 20).

715 BSG, 19.10.2004, B 1 KR 27/02 R, BSGE 93, 236 (juris-Rn 20).

716 Vgl. *Dettling*, PharmR 2008, 323, 329.

717 BSG, 31.05.2006, B 6 KA 13/05 R, BSGE 96, 261 (juris-Rn 69 ff.); HKS/*Hellkötter*, SGB V, § 92 Rn 29.

statt. Hinzu kommt der grundsätzliche Ausschluss nicht verschreibungspflichtiger Arzneimittel gemäß § 34 I SGB V (s. D I). Eine Ausnahme von § 135 I 1 SGB V besteht auch für seltene Erkrankungen, bei denen ein wissenschaftlich fundierter und den Maßstäben der evidenzbasierten Medizin genügender Wirksamkeitsnachweis schon deshalb unmöglich ist, weil eine hinreichend große Anzahl an Probanden für eine kontrollierte Studie nicht zur Verfügung steht.[718]

Eine Untersuchungs- bzw. Behandlungsmethode gilt dann als neu, wenn sie bisher nicht Bestandteil der vertragsärztlichen Versorgung war.[719] Wann das betreffende Verfahren entwickelt bzw. erstmals eingesetzt wurde, ist demgegenüber unerheblich.[720] In der Regel ist die Methode dann nicht neu, wenn sie zuvor bereits als abrechnungsfähige ärztliche Leistung im EBM-Ä enthalten war.[721]

Grundsätzlich kommt dem G-BA das Entscheidungsmonopol über die Einführung neuer Untersuchungs- und Behandlungsmethoden zu.[722] Das Verbot mit Erlaubnisvorbehalt hat damit grundsätzlich Sperrwirkung, wenn kein Sonderfall – wie etwa Systemversagen, eine sehr seltene Erkrankung oder ein Fall des § 2 Ia SGB V – vorliegt.[723] In der Praxis führen die Richtlinien des G-BA außerhalb dieser Sonderfälle zu einer nur durch den G-BA selbst widerlegbaren Vermutung der Zweckmäßigkeit und Wirtschaftlichkeit. Dies gilt jedoch lediglich für die generelle Wirtschaftlichkeit i.w.S., einschließlich der Beurteilung der Wirksamkeit der Methode. Ob eine generell gemäß § 135 I 1 SGB V zulässige Methode auch im konkreten Einzelfall zweckmäßig, notwendig und wirtschaftlich ist, obliegt – jedenfalls grundsätzlich – der Verantwortung des behandelnden Arztes.[724] Die Sperrwirkung bezieht sich nur auf „Methoden", also Maßnahmen, die bei einem bestimmten Krankheitsbild „systematisch" angewandt werden,[725] nicht aber auf das Handeln des Arztes im Einzelfall.[726]

Durch die Empfehlung des G-BA wird die Anerkennung des diagnostischen und therapeutischen Nutzens, also die generelle Zweckmäßigkeit, sowie die medizinische Notwendigkeit und Wirtschaftlichkeit festgestellt.

Neben diese drei Merkmale tritt im Rahmen der Prüfung durch den G-BA nicht das Merkmal der ausreichenden Leistung, das etwa in § 12 I 1, § 70 I 2 SGB V genannt wird. „Ausreichend" kann eine Leistung stets nur im Hinblick auf eine

---

718 BSGE 93, 236 (juris-Rn 29).

719 BSG, 16.09.1997, 1 RK 28/95, BSGE 81, 54 (juris-Rn 22).

720 Spickhoff/*Vießmann*, Medizinrecht, § 135 SGB V Rn 13.

721 BSGE 81, 54 (juris-Rn 22); Spickhoff/*Vießmann*, Medizinrecht, § 135 SGB V Rn 13.

722 Vgl. BSGE 81, 54 (juris-Rn 23); Spickhoff/*Vießmann*, Medizinrecht, § 135 SGB V Rn 3.

723 Vgl. BSGE 81, 54 (juris-Rn 23); 19.10.2004, B 1 KR 27/02 R, BSGE 93, 236 (juris-Rn 29).

724 Spickhoff/*Vießmann*, Medizinrecht, § 135 SGB V Rn 3.

725 BSG, 19.10.2004, B 1 KR 27/02 R, BSGE 93, 236 (juris-Rn 29); vgl. auch BSG, 23.07.1998, B 1 KR 19/96 R, BSGE 82, 233 (juris-Rn 17).

726 Spickhoff/*Vießmann*, Medizinrecht, § 135 SGB V Rn 7.

konkrete Erkrankung sein. Die Kriterien der Zweckmäßigkeit, Notwendigkeit und Wirtschaftlichkeit sind im Rahmen des § 12 SGB V ebenfalls auf den Einzelfall hin zu prüfen (s.u., E I 2). Allerdings lässt sich zu einer – mehr oder weniger – bestimmten Diagnose eine allgemeine Aussage treffen, ob die Therapie zumindest generell erfolgversprechend (also zweckmäßig) ist, ob sie die günstigste gleich wirksame Methode (also notwendig) ist und ob grundsätzliche wirtschaftliche Bedenken bestehen. Eine solche generelle Aussage lässt sich hinsichtlich des „Ausreichenden“ nicht treffen; ob eine Methode ausreichend ist oder weitere Maßnahmen erforderlich sind, kann erst durch das Eintreten oder Ausbleiben eines Heilungserfolgs im Einzelfall erkannt werden.

4. Bewertung von Untersuchungs- und Behandlungsmethoden im Krankenhaus (§ 137c SGB V)

a) Allgemeines

Während § 135 I 1 SGB V für neue Untersuchungs- und Behandlungsmethoden in der vertragsärztlichen Versorgung grundsätzlich ein Verbot mit Erlaubnisvorbehalt vorsieht, gilt für Untersuchungs- und Behandlungsmethoden, die zu Lasten der gesetzlichen Krankenkassen im Rahmen einer Krankenhausbehandlung angewandt werden bzw. werden sollen, eine generelle Erlaubnis mit Verbotsvorbehalt gemäß § 137c SGB V.[727] Hierdurch soll sichergestellt werden, dass bei Behandlungen im Krankenhaus Raum für den medizinischen Fortschritt bleibt.[728] Darüber hinaus besteht eine geringere Gefahr des Einsatzes zweifelhafter Methoden, da im Krankenhaus interne Kontrollmechanismen und eine abweichende Vergütungsstruktur solche Methoden verhindern sollen.[729] Krankenhäuser befinden sich in der Regel auch näher am aktuellen Wissenschaftsstand als Vertragsärzte.[730]

---

727 BSG, 04.04.2006, B 1 KR 12/05 R, SozR 4–2500 § 27 Nr. 8 (Juris-Rn 25); Spickhoff/*Vossen*, Medizinrecht, § 137c SGB V Rn 2; *Felix/Deister*, NZS 2013, 81, 82; KassKomm/*Roters*, SVR, § 137c SGB V Rn 2; vgl. die Richtlinie zu Untersuchungs- und Behandlungsmethoden im Krankenhaus vom 21.03.2006, BAnz. Nr. 111 (S. 4466), zuletzt geändert am 19.02.2015, BAnz AT 15.05.2015 B5. In Kraft getreten am: 16.05.2015.

728 Becker/Kingreen/*Becker*, SGB V, § 137c Rn 2; BHR/*Schuler-Harms*, Gesundheitsrecht, § 137c SGB V Rn 4; *Nimis*, Neue Untersuchungs- und Behandlungsmethoden, Rn 321; vgl. auch BT-Drs. 14/1245, S. 90.

729 BSG, 19.02.2003, B 1 KR 1/02 R, BSGE 90, 289 (juris-Rn 19); Spickhoff/*Vossen*, Medizinrecht, § 137c SGB V Rn 2.

730 Dettling/Gerlach/*Pütter*, Krankenhausrecht, § 137c SGB V Rn 7.

b) Gerichtliche Überprüfung der Methode im Einzelfall?

aa) Bisherige Diskussion

Gegenstand der Diskussion war bisher die Frage, inwieweit Methoden, über die der G-BA (noch) nicht entschieden hat, gleichwohl nach § 2 I 3 SGB V ausgeschlossen sein können, weil sie dem allgemein anerkannten Stand der medizinischen Erkenntnisse nicht genügen. Grundsätzlich gelten die allgemeinen gesetzlichen Grenzen des § 2 I 3 SGB V auch für Behandlungen im Krankenhaus.[731] Streitig ist, inwieweit die Entscheidung des Krankenhauses gerichtlich überprüfbar ist, wenn keine Entscheidung des G-BA vorliegt.[732]

Nach einer – zunächst auch vom BSG vertretenen – Auffassung findet grundsätzlich nur eine Binnenprüfung durch die Krankenhäuser statt.[733] Eine Überprüfung im Einzelfall durch die Sozialgerichte verursache ein hohes Maß an Rechtsunsicherheit.[734] Zudem lasse sie den Willen des Gesetzgebers außer Acht und begegne daher verfassungsrechtlichen Bedenken.[735] Ein Ausschluss aufgrund von § 2 I 3 SGB V komme nur bei Evidenz fehlender Eignung bzw. schädlicher Wirkung in Betracht.[736]

Die Gegenauffassung[737], der sich das BSG in der Folge angeschlossen hat, geht davon aus, dass die Systematik des § 137c SGB V sich nur insoweit von der des § 135 I 1 SGB V unterscheide, als dass nicht bereits das bloße Fehlen einer Empfehlung einen Ausschluss von der Leistung bedeute. § 2 I 3 SGB V müsse im Einzelfall durch das Gericht überprüft werden, solange kein Ausschluss gemäß § 137c SGB V vorliege.[738] Der hohe Stellenwert qualitativ hochwertiger Gesundheitsversorgung dürfe nicht dadurch unterwandert werden, dass die Negativbeurteilung des G-BA (noch) nicht vorliege.[739] Die Erforderlichkeit richte sich allein nach medizinischen Gesichtspunkten und gestatte keine Umgehung des § 135 SGB V durch Behandlung im Krankenhaus.[740]

---

731 BSG, 19.02.2003, B 1 KR 1/02 R, BSGE 90, 289 (juris-Rn 13).

732 Vgl. *Huster*, GesR 2010, 337, 341 f.

733 BSG, 19.02.2003, B 1 KR 1/02 R, BSGE 90, 289 (juris-Rn 13); Dettling/Gerlach/*Pütter*, Krankenhausrecht, § 137c SGB V Rn 8; *Felix*, MedR 2014, 283, 290; *Bender*, NZS 2012, 761, 767 f.

734 Dettling/Gerlach/*Pütter*, Krankenhausrecht, § 137c SGB V Rn 8; *Felix*, MedR 32 (2014), 283, 286 ff.

735 Dettling/Gerlach/*Pütter*, Krankenhausrecht, § 137c SGB V Rn 9; *Bender*, NZS 761, 767.

736 Dettling/Gerlach/*Pütter*, Krankenhausrecht, § 137c SGB V Rn 9.

737 BSG, 28.07.2008, B 1 KR 5/08 R, BSGE 101, 177 (juris-Rn 52 ff.); BSG, 21.03.2013, B 3 KR 2/12 R, BSGE 113, 167 (juris-Rn 16 ff.); Spickhoff/*Vossen*, Medizinrecht, § 137c SGB V Rn 2; *Clemens*, MedR 2012, 769, 772; Eichenhofer/Wenner/*Ulmer*, SGB V, § 137c Rn 11 f.; in der Tendenz auch *Hauck*, NZS 2007, 461, 466.

738 *Hauck*, MedR 2010, 226, 229; Eichenhofer/Wenner/*Ulmer*, SGB V, § 137c Rn 12.

739 *Clemens*, MedR 2012, 769, 772.

740 Spickhoff/*Vossen*, Medizinrecht, § 137c SGB V Rn 2.

bb) Aktuelle Rechtslage

Durch das *GKV-Versorgungsstrukturgesetz*[741] wurde § 137c I 2 SGB V zunächst dahingehend abgeändert, dass der G-BA eine Methode nur unter besonderen Voraussetzungen ausschließen darf. Die Überprüfung durch den G-BA muss ergeben, dass ihr Nutzen nicht nur nicht belegt ist, sondern die Methode auch nicht das Potenzial einer erforderlichen Behandlungsalternative bietet.[742] Anderenfalls beschließt der G-BA eine Richtlinie zur Erprobung gemäß § 137c I 3, § 137e SGB V.

Mit dem *GKV-Versorgungsstärkungsgesetz*[743] hat der Gesetzgeber weiter auf die Rechtsprechung des BSG[744] reagiert und in § 137c III SGB V die Rechtsfolgen einer fehlenden Entscheidung des G-BA ausdrücklich geregelt.[745] Gemäß § 137c III 1 SGB V dürfen Methoden, über die der G-BA noch nicht entschieden hat, erbracht werden, wenn sie das Potenzial einer erforderlichen Behandlungsalternative bieten und ihre Anwendung nach den Regeln der ärztlichen Kunst erfolgt, sie also insbesondere medizinisch indiziert und notwendig sind. § 137c III 2 SGB V stellt klar, dass dies unabhängig davon gilt, ob das Verfahren noch läuft oder ein Antrag noch zu stellen ist. Wenn der G-BA potenziell geeignete Methoden nicht einfach verwerfen darf, muss dies erst recht für die entscheidenden Gerichte gelten.[746] Der Maßstab des § 2 I 3 SGB V wird somit durch § 137c I 2 SGB V modifiziert.[747] Ihn ganz außer Acht zu lassen, würde aber den Qualitätsstandard weiter herabsenken, als es das Gesetz fordert.[748] Der bisherigen Rechtsprechung ist durch diese Gesetzesänderung die Grundlage entzogen.

§ 137c SGB V soll Innovationen im Rahmen der Krankenhausbehandlung ermöglichen. Methoden, bei denen ein Wirksamkeitsnachweis und damit ein Durchsetzen der Therapie nicht zu erwarten ist, werden hierdurch nicht geschützt. In Betracht kommt eine Einbeziehung von Methoden, die noch nicht allgemein anerkannt sind, nur, wenn der Studienbefund noch kein eindeutiges Ergebnis zulässt, aber nahelegt, dass ein derartiger Befund in Zukunft zu erwarten ist. Nach der Gesetzesbegründung kann dies insbesondere darauf gestützt werden, dass die Methode „aufgrund ihres Wirkprinzips und der bisher vorliegenden Erkenntnisse mit der Erwartung verbunden ist, dass andere aufwendigere, für die Patientin oder den Patienten invasivere oder bei bestimmten Patientinnen oder Patienten nicht

---

741 Gesetz zur Verbesserung der Versorgungsstrukturen der gesetzlichen Krankenversicherung vom 22.12.2011 (BGBl. I S. 2983).

742 Vgl. *Felix/Deister*, NZS 2013, 81, 82.

743 Gesetz zur Stärkung der Versorgung in der gesetzlichen Krankenversicherung vom 16.07.2015 (BGBl. I S. 1211).

744 Auch nach dem GKV-Versorgungsstrukturgesetz in der Sache unverändert BSG, 21.03.2013, B 3 KR 2/12 R, BSGE 113, 167 (juris-Rn 16 ff.).

745 Vgl. BT-Drs. 18/4095, S. 121.

746 Vgl. BT-Drs. 18/4095, S. 122.

747 So vor der Gesetzesänderung bereits *Felix/Deister*, NZS 2013, 81, 88.

748 Vgl. *Clemens*, MedR 2012, 769, 770.

erfolgreiche Methoden ersetzt werden können oder die Methode in sonstiger Weise eine effektivere Behandlung ermöglichen kann".[749]

5. Bedeutung des § 139a IV SGB V

Dem G-BA steht bei seinen Beurteilungen das Institut für Qualität und Wirtschaftlichkeit im Gesundheitswesen (IQWiG) nach § 139a SGB V zur Seite. Das Institut hat gemäß § 139a IV SGB V zu gewährleisten, dass die Bewertung des medizinischen Nutzens nach den international anerkannten Standards der evidenzbasierten Medizin (s.o., Kap. 1 A II 2) und die ökonomische Bewertung nach den hierfür maßgeblichen international anerkannten Standards, insbesondere der Gesundheitsökonomie erfolgt.

Das Institut hat demnach die Aufgabe, den G-BA bei der Bestimmung des allgemein anerkannten Stands der Erkenntnisse zu unterstützen. Das Institut prüft die Evidenz der Wirksamkeit einzelner Methoden.[750] Die Beurteilung erfolgt durch Einteilung der vorliegenden Studien in Evidenzklassen, nicht etwa durch die Bestimmung eines abstrakten allgemeinen Standes der wissenschaftlichen Erkenntnisse.[751] Das Institut liefert „wissenschaftlich begründete Entscheidungshilfen"[752] und leistet damit Vorarbeit für die Entscheidung nach § 135 I BGB.

§ 139a IV SGB schreibt in seinem Wirkungsbereich die Geltung der internationalen Standards der evidenzbasierten Medizin und Gesundheitsökonomie vor.[753] Nach dem Wortlaut der Norm betrifft dies nur die Maßstäbe des Instituts selbst.[754] Der G-BA bewertet hingegen, ob unter den einschlägigen Fachleuten ein hinreichender Konsens über die Qualität und Wirksamkeit der in Rede stehenden Methode besteht, aber auch, ob dieser Konsens durch wissenschaftliche Studien hinreichend untermauert ist. Da das Institut für Qualität und Wirtschaftlichkeit im Gesundheitswesen ihn bei dieser Aufgabe unterstützt, wird damit mittelbar der Maßstab der evidenzbasierten Medizin auch für die Entscheidungen des Bundesausschusses grundsätzlich festgeschrieben.[755] Es wäre widersinnig, wenn der G-BA selbst andere Maßstäbe zu beachten hätte als das ihn beratende IQWiG.

---

749 BT-Drs. 18/4095, S. 122.

750 Hauck/Noftz/*Hohnholz*, SGB V, § 139a Rn 8.

751 Spickhoff/*Vießmann*, Medizinrecht, § 135 SGB V Rn 16.

752 Krauskopf/*Schneider*, Soziale Krankenversicherung, § 139a SGB V Rn 15.

753 KassKomm/*Hess*, SVR, § 139a SGB V Rn 15.

754 Vgl. Krauskopf/*Schneider*, Soziale Krankenversicherung, § 139a SGB V Rn 18.

755 Vgl. *Hart*, SGb 2015, 1, 9 ff.

II. Die Rolle des G-BA im Hinblick auf die besonderen Therapierichtungen

1. Die Anwendbarkeit des § 135 SGB V für die besonderen Therapierichtungen

Streitig ist, ob das grundsätzliche Verbot mit Erlaubnisvorbehalt auch Behandlungsmethoden der besonderen Therapierichtungen betrifft.[756] Nach dem Wortlaut ist dies der Fall. Auch Behandlungsmethoden der besonderen Therapierichtungen, die bisher nicht Gegenstand der vertragsärztlichen Versorgung waren, sind mangels Ausnahmeregelung grundsätzlich erfasst.[757] Nach diesem Verständnis sind insbesondere die Behandlungsmethoden der Homöopathie und anthroposophischen Medizin zunächst vollständig eingeschlossen.

Dagegen wird vorgebracht, ein generelles Verbot mit Erlaubnisvorbehalt stehe im Widerspruch zur Gewährleistung der besonderen Therapierichtungen, wie sie etwa in § 2 I 2 SGB V geregelt sei. Es sei widersprüchlich, eine besondere Therapierichtung anzuerkennen, um dann sämtliche zugehörigen Behandlungsmethoden wieder auszuschließen.[758] Die Nichtberücksichtigung der besonderen Therapierichtungen müsse ansonsten als „massives Systemversagen" folgenlos bleiben.[759] Demzufolge komme für die Methoden der besonderen Therapierichtungen nur die Prüfung nach § 135 II SGB V in Betracht, nicht aber das Verbot mit Erlaubnisvorbehalt nach Abs. 1.[760]

Diese Argumentation überzeugt nicht. Zunächst käme ein Verzicht auf jegliches Anerkennungserfordernis einer umfassenden Privilegierung gleich. Eine solche war vom Gesetzgeber nicht gewollt und begegnete im Übrigen auch verfassungsrechtlichen Bedenken im Hinblick auf Gleichbehandlung und weltanschauliche Neutralität des Staates (s.o., B III 3 c d). Eine „Anerkennung" der besonderen Therapierichtungen durch den Gesetzgeber ist überdies nicht erfolgt (s. Kap. 1 A I).

Auch aus systematischen Gründen ist ein Ausschluss der besonderen Therapierichtungen aus dem Anwendungsbereich des § 135 SGB V abzulehnen. Ein Verzicht auf das Erfordernis einer Empfehlung entgegen dem Wortlaut, in Form einer teleologischen Reduktion des § 135 I Nr. 1 SGB V, setzt voraus, dass die Regelung planwidrig einen Sachverhalt erfasst, der vom Zweck der Norm nicht gedeckt

---

756 So die hM: BSG, 29.09.1998, B 1 KR 36/97 B, juris (Rn 3); *Nimis*, Neue Untersuchungs- und Behandlungsmethoden, Rn 317, 363; grds. auch Becker/Kingreen/*Schmidt-De Caluwe*, SGB V, § 135 Rn 6; a.A. *Zuck*, Das Recht der anthroposophischen Medizin, Rn 185 ff.

757 Vgl. BSG, 29.09.1998, B 1 KR 36/97 B, juris (Rn 3). Dies wird in der Kommentarliteratur überwiegend nicht ausdrücklich bestätigt, aber allgemein vorausgesetzt, vgl. etwa Hauck/Noftz/*Flint*, SGB V, § 135 Rn 70.

758 *Zuck*, Das Recht der anthroposophischen Medizin, Rn 185.

759 Becker/Kingreen/*Schmidt-De Caluwe*, SGB V, § 135 Rn 15.

760 *Zuck*, Das Recht der anthroposophischen Medizin, Rn 185.

wird.[761] Dies ist nicht zu erkennen. § 135 SGB V enthält Regelungen, die ausdrücklich die Einbeziehung von Vertretern der jeweiligen Therapierichtung gewährleisten. Anhaltspunkte, dass sich dies nur auf § 135 II SGB V beziehen soll, bestehen nicht. Zudem wird in § 135 I Nr. 1 SGB V auf den Erkenntnisstand innerhalb der jeweiligen Therapierichtung abgestellt – eine Formulierung, die leerliefe, wenn § 135 I SGB V die besonderen Therapierichtungen gar nicht erst erfasste. Diese Wertung wird durch die – sehr knappe – Gesetzesbegründung bestätigt. Hiernach wird in § 135 I SGB V klargestellt, dass den besonderen Therapierichtungen Rechnung getragen werden kann.[762]

Auch das Argument, durch § 135 I SGB V würden gesamte Therapierichtungen entgegen § 2 I 2 SGB V ausgeschlossen, überzeugt nicht. Das Verbot gemäß § 135 I SGB V ist als potenziell vorübergehender Zustand angelegt. Die Anerkennung von Methoden einer besonderen Therapierichtung ist nach Auffassung des Gesetzgebers ein mögliches Ergebnis des Anerkennungsprozesses. Wie oben gezeigt (s. B III 3 e), beinhaltet § 2 I 2 SGB V kein Verbot des Ausschlusses von Methoden der besonderen Therapierichtungen.

§ 135 I SGB V findet somit im Grundsatz uneingeschränkt Anwendung auf die besonderen Therapierichtungen.[763] Zu erörtern bleibt, welche Maßstäbe der G-BA bei der Prüfung einer Methode einer besonderen Therapierichtung anzuwenden hat.

2. *Bewertung neuer Untersuchungs- und Behandlungsmethoden der besonderen Therapierichtungen nach § 135 I 1 Nr. 1 SGB V*

a) Streitstand

aa) Theorie der Binnenanerkennung

Wie schon in der Diskussion zu § 2 I SGB V wird auch im Hinblick auf § 135 I SGB V vertreten, der G-BA habe lediglich die Anerkennung innerhalb der Therapierichtung zu beurteilen.[764] Im Gegensatz zu § 2 I 2 SGB V scheint in § 135 I SGB V auch der Gesetzeswortlaut darauf hinzudeuten.[765]

Schmidt-de Caluwe[766] argumentiert, die Kriterien der evidenzbasierten Medizin passten nicht oder nur eingeschränkt auf die besonderen Therapierichtungen, da sie auf die Schulmedizin zugeschnitten seien. Für Methoden der besonderen Therapierichtungen lägen regelmäßig keine Studien der Evidenzklassen I oder II vor; entsprechende Studien seien in der Praxis auch finanziell nicht realisierbar.[767] Die besonderen Therapierichtungen seien prinzipiell mit der Schulmedizin gleichgestellt,

761 Vgl. Staudinger/*Looschelders/Olzen*, BGB, § 242 Rn 347.
762 BT-Drs. 13/7264, S. 69.
763 So auch BSG, 29.09.1998, B 1 KR 36/97 B, juris (Rn 3).
764 Becker/Kingreen/*Schmidt-De Caluwe*, SGB V, § 135 Rn 14 f.
765 Vgl. Becker/Kingreen/*Schmidt-De Caluwe* § 135 Rn 14.
766 Becker/Kingreen/*Schmidt-De Caluwe*, SGB V, § 135 Rn 14 f.
767 Becker/Kingreen/*Schmidt-De Caluwe*, SGB V, § 135 Rn 14.

allerdings müssten alternative Maßstäbe angewandt werden. Maßgeblich sei demnach die Binnenanerkennung.[768] Die Methode sei dann vertretbar, wenn sie von Vertretern der besonderen Therapierichtung als *de lege artis* akzeptiert werde, wenn also nach deren Ansicht Erfolgsaussichten erkennbar seien. Andererseits gelte das Wirtschaftlichkeitsgebot aber auch bei besonderen Therapierichtungen.[769] Im Einzelnen sei eine Beurteilungs-Methodik hierzu allerdings erst noch zu entwickeln.[770]

bb) Vorrang der wissenschaftlichen Erkenntnisse

Die Gegenansicht[771] stellt primär darauf ab, dass allein „wissenschaftliche" Erkenntnisse bei der Prüfung nach § 135 I SGB V zu berücksichtigen seien.

Nach *Joussen*[772] soll eine Binnenanerkennung nicht ausreichen. Auch bei der Prüfung durch den G-BA gelte der Maßstab der §§ 2 I 3; 70, 72 SGB V fort, maßgeblich seien nur allgemein anerkannte wissenschaftliche Erkenntnisse. Erst die Wissenschaftlichkeit – im Sinne der evidenzbasierten Medizin – sichere die Wiederholbarkeit des Verfahrens in gleich bleibender Qualität und Wirkung. Das BSG habe insoweit auch eine Klärung herbeigeführt.

K. Schneider[773] geht davon aus, die Formulierung „in der jeweiligen Therapierichtung" ändere nichts an der wissenschaftlichen Ausrichtung des gesamten Bewertungsverfahrens und dürfe auch nicht als Privileg pseudo-wissenschaftlicher Ansichten einzelner Weltanschauungsgemeinschaften missinterpretiert werden.[774] Zweck der Formulierung sei zwar die Klarstellung, dass den besonderen Therapierichtungen Rechnung getragen werden kann, nicht aber die Reduzierung auf eine bloße Binnenanerkennung; auch innerhalb der jeweiligen Therapierichtung seien ausschließlich deren wissenschaftliche Erkenntnisse in einem enger verstandenen Sinne maßgeblich.[775] Erkenntnisse der besonderen Therapierichtungen seien nur insoweit berücksichtigungsfähig, als sie „wissenschaftlich" seien, also sich zumindest „in der Form intersubjektiv nachprüfbarer Resultate" formulieren ließen. Besondere Therapierichtungen seien nur dann abweichend zu behandeln, wenn nachprüfbare Behandlungserfolge vorlägen, die sich aber nicht nach herkömmlichen, also schulmedizinischen Auffassungen erklären ließen.[776] Die Anforderungen an den

---

768 Becker/Kingreen/*Schmidt-De Caluwe*, SGB V, § 135 Rn 14.

769 Becker/Kingreen/*Schmidt-De Caluwe*, SGB V, § 135 Rn 14 f.

770 Becker/Kingreen/*Schmidt-De Caluwe*, SGB V, § 135 Rn 15.

771 BeckOK-Sozialrecht/*Joussen*, § 135 SGB V Rn 10; Krauskopf/*Schneider*, Soziale Krankenversicherung, § 135 SGB V Rn 9 ff.; *Schlenker*, NZS 1998, 411, 417; Peters/*Hencke*, Handbuch der Krankenversicherung, § 135 SGB V Rn 3a.

772 BeckOK-Sozialrecht/*Joussen*, § 135 SGB V Rn 10.

773 Krauskopf/*Schneider*, Soziale Krankenversicherung, § 135 SGB V Rn 9 ff.

774 Krauskopf/*Schneider*, Soziale Krankenversicherung, § 135 SGB V Rn 10.

775 Krauskopf/*Schneider*, Soziale Krankenversicherung, § 135 SGB V Rn 10; gemeint ist wohl auch hier ein enger Wissenschaftsbegriff, der § 139a IV SGB V entspricht.

776 Krauskopf/*Schneider*, Soziale Krankenversicherung, § 135 SGB V Rn 11.

Wirksamkeitsmaßstab entsprächen nach dieser Auffassung denen der Schulmedizin, während an das Erklärungsmodell verminderte Anforderungen gestellt würden.[777]

Schlenker entnimmt § 135 I SGB V eine Pflicht, die Vertreter der jeweiligen Therapierichtungen umfassend anzuhören. Die allgemein gültigen Kriterien für den Wirksamkeitsnachweis gälten jedoch uneingeschränkt.[778]

Welti und *Raspe* sehen die evidenzbasierte Medizin generell als den richtigen und geeigneten Bewertungsmaßstab für neue Untersuchungs- und Behandlungsmethoden an.[779]

cc) Differenzierende Ansichten

Nach *Ihle*[780] soll eine „sogenannte Binnenanerkennung" maßgeblich sein, diese sei aber keine „reine Binnenanerkennung mit der Folge einer bloßen Plausibilitäts- oder Vertretbarkeitskontrolle". Maßgeblich seien nur „wissenschaftliche" Erkenntnisse. Dies setze jedenfalls ein empirisches methodisch-planmäßiges Erkennen und Bewerten (Evaluation) sowie Zuverlässigkeit und Reproduzierbarkeit der Ergebnisse (Evidenz) voraus. Dies sei der gemeinsame „Nenner" der Wissenschaft und gelte auch für die besonderen Therapierichtungen.

Roters[781] vertritt die Auffassung, wissenschaftliche Erkenntnisse dürften nicht übergangen werden, sie könnten bei den besonderen Therapierichtungen aber nicht als Nutzenbeleg eingefordert werden.[782] Für schulmedizinische Leistungen aufgestellte Grenzen gälten allerdings auch für die besonderen Therapierichtungen, da diese sonst in nicht beabsichtigter Weise begünstigt wären. Hinsichtlich der Anforderungen an Notwendigkeit und Wirtschaftlichkeit ergäben sich keine Besonderheiten; in solchen läge eine nicht mit § 12 I 1 SGB V vereinbare Bevorzugung.[783]

Auch *Flint*[784] möchte den Standard der evidenzbasierten Medizin allen Bewertungen von Behandlungsmethoden zugrunde legen und spricht sich gegen die reine Binnenanerkennung aus.[785] Der G-BA sei aber verpflichtet, die Erkenntnisse in der jeweiligen Therapierichtung im Hinblick auf die besondere Wirkungsweise und Vielfalt ihrer Methoden zu berücksichtigen.[786] Erforderlich sei neben der Binnenanerkennung die Prüfung anhand von Wirtschaftlichkeitserwägungen mit

---

777 Dies entspricht insoweit wohl der Lehre von den therapieimmanenten Kriterien, wie sie etwa Noftz vertritt, vgl. Hauck/Noftz/*Noftz*, SGB V, § 2 Rn 52.

778 *Schlenker*, NZS 1998, 411, 417.

779 *Welti/Raspe*, NJW 2002, 874.

780 JurisPK/*Ihle*, SGB V, § 135 Rn 24.

781 KassKomm/*Roters*, SVR, § 135 SGB V Rn 15.

782 KassKomm/*Roters*, SVR, § 135 SGB V Rn 15 unter Verweis auf *Zuck*, Homöopathie und Verfassungsrecht, Rn 147 ff.

783 KassKomm/*Roters*, SVR, § 135 SGB V Rn 15; vgl. *Estelmann/Eicher*, SGb 1991, S 247.

784 Hauck/Noftz/*Flint*, SGB V, § 135 Rn 64 ff.

785 Hauck/Noftz/*Flint*, SGB V, § 135 Rn 67; ebenso Eichenhofer/Wenner/*Ulmer*, SGB V, § 12 Rn 23, § 135 Rn 28.

786 Hauck/Noftz/*Flint*, SGB V, § 135 Rn 70.

Blick auf schulmedizinische Methoden.[787] Der G-BA prüfe zu Recht zunächst die Wirksamkeit als Vorbedingung der Wirtschaftlichkeit.[788]

Nimis[789] geht davon aus, dass § 135 I 1 SGB V im Verhältnis zu § 2 I 3 SGB V die Anwendung wissenschaftlicher Kriterien betone, gleichwohl aber eine ausschließlich schulmedizinische Betrachtung nicht gefordert sei.

Ebsen hält eine praktische Konkordanz von § 2 I 2 und 3 SGB V für geboten und zieht daraus den Schluss, dass der G-BA bei unbekannter Krankheitsursache oder in Ermangelung einer anwendbaren anerkannten Behandlungsmethode auch Methoden mit wissenschaftlich zumindest plausibel begründbaren Behandlungsaussichten zulassen müsse.[790]

Vießmann[791] gibt keine eindeutige Stellungnahme ab, verweist jedoch darauf, dass weder ein Anspruch auf Proporz der Therapierichtungen, noch auf ein bestimmtes Maß an alternativen Heilmethoden bestehe. Dies sei auch nicht grundrechtlich geboten.

dd) Rechtsprechung

Die Rechtsprechung nimmt an, das in § 135 I 1 SGB V normierte Verbot mit Erlaubnisvorbehalt gelte auch für die Behandlungsmethoden der besonderen Therapierichtungen.[792] Eine Kostenerstattung scheide jedenfalls dann aus, wenn eine Methode – in der konkreten Entscheidung: die Elektroakupunktur nach Voll sowie die Bioresonanztherapie – in der NUB-RL ausdrücklich unter den Methoden aufgeführt wird, deren diagnostischer bzw. therapeutischer Nutzen nicht festgestellt werden kann, unabhängig davon, ob die Methode einer besonderen Therapierichtung zuzurechnen sei.[793]

Grundlage für die Beurteilung der wissenschaftlichen Erkenntnisse innerhalb der jeweiligen Therapierichtung (und des allgemein anerkannten Standes der medizinischen Erkenntnisse) seien wissenschaftliche, auf einwandfrei geführte Statistiken über die Zahl der behandelten Fälle und die Wirksamkeit der jeweiligen Methode gestützte Aussagen.[794] Die Rechtsprechung folgt insoweit § 7 IV der Verfahrensordnung des G-BA, wonach nach Möglichkeit Studien der Evidenzklasse I vorliegen sollen.[795] Der G-BA habe die besonderen Therapierichtungen (ebenso wie sonstige

---

787 Hauck/Noftz/*Flint*, SGB V, § 135 Rn 70 unter Verweis auf Becker/Kingreen/*Schmidt-de Caluwe*, SGB V, § 135 Rn 14 f.

788 Hauck/Noftz/*Flint*, SGB V, § 135 Rn 74; vgl. auch BSGE 103, 106 (juris-Rn 55).

789 *Nimis*, Neue Untersuchungs- und Behandlungsmethoden, Rn 317.

790 *Ebsen* in FS Krasney, S. 81, 104 ff.

791 Spickhoff/*Vießmann*, Medizinrecht, § 135 SGB V Rn 34.

792 BSG, 29.09.1998, B 1 KR 36/97 B, juris (Rn 3).

793 BSG, aaO.

794 BSG, 19.10.2004, B 1 KR 27/02 R, BSGE 93, 236 (juris-Rn 29); vgl. auch BSG, 05.07.1995, 1 RK 6/95 (Remedacen), BSGE 76, 194 (juris-Rn 25).

795 BSG, 16.09.2004, B 3 KR 20/04 R, BSGE 93, 183 (juris-Rn 15).

alternative Behandlungsmethoden) allerdings „in seine Prüfungen einzubeziehen“,[796] wobei unklar bleibt, welche konkreten Rechtsfolgen sich hieraus ergeben.

„Anerkannte“ besondere Therapierichtungen sehe das Gesetz nicht vor.[797] Dies steht zumindest der Argumentation der Theorie der Binnenanerkennung entgegen, wonach eine besondere Therapierichtung nicht anerkannt werden und sogleich vollständig ausgeschlossen werden könne.[798]

b) Eigene Auslegung und Stellungnahme

aa) Wortlaut

Gemäß § 135 I 1 Nr. 1 ist der Stand der wissenschaftlichen Erkenntnisse innerhalb der jeweiligen Therapierichtung maßgeblich. Dass der Begriff der „jeweiligen Therapierichtung“ auf die besonderen Therapierichtungen bezogen ist, wird von der hM nicht in Zweifel gezogen.[799] Der Begriff der „Therapierichtung“ wird jedoch vereinzelt auch in anderem Kontext verwendet.[800] Mit dem bloßen Wortlaut wäre ein solches Verständnis durchaus zu vereinbaren.

Hinsichtlich des umstrittenen Begriffs der „wissenschaftlichen Erkenntnisse“ lässt der Wortlaut verschiedene Deutungen zu. Möglich wäre zunächst ein weites Verständnis des Wissenschaftsbegriffs, wie es bei der Bestimmung des Schutzbereichs der Wissenschaftsfreiheit gemäß Art. 5 III GG üblich ist.[801] Dann wären die Vorstellungen und Forschung innerhalb der besonderen Therapierichtungen – die ja auch von der Wissenschaftsfreiheit gedeckt sind – als „wissenschaftliche Erkenntnisse“ einzustufen. Andererseits lässt der Wortlaut auch ein restriktives Wissenschaftsverständnis zu, bis hin zu einer ausschließlichen Zulassung von Wissenschaft nach den Maßstäben des § 139a IV SGB V.

bb) Systematische Auslegung

(1) Bedeutung des § 139a IV SGB V

Wie oben festgestellt (s. I 5.), setzt § 139a IV SGB V strenge Maßstäbe fest und kann zur Ausfüllung des Wissenschaftsbegriffs herangezogen werden. Fraglich ist allerdings, ob § 139a IV SGB V auch für die besonderen Therapierichtungen Anwendung findet. Dies könnte dann ausgeschlossen sein, wenn der Verweis auf die Erkenntnisse innerhalb der jeweiligen Therapierichtung in § 135 I 1 Nr. 1 SGB V eine Ausnahmeregelung zu § 139a IV SGB V wäre. Dagegen spricht allerdings, dass

---

796 BSG, 16.12.1993, 4 RK 5/92, BSGE 73, 271 (juris-Rn 61).

797 BSG, 24.04.2002, B 7 1/1 A 4/00 R, BSGE 89, 227 (juris-Rn 51).

798 *Zuck*, Das Recht der anthroposophischen Medizin, Rn 185.

799 Vgl. etwa Hauck/Noftz/*Flint*, SGB V, § 135 Rn 70.

800 Z.B. ist in einem BSG-Urteil von der „Therapierichtung Psychoanalyse“ die Rede, vgl. BSG, 23.06.2010, B 6 KA 22/09 R, SozR 4–2100 § 101 Nr 8 (juris-Rn 10).

801 Vgl. Maunz/Dürig/*Scholz*, GG, Art. 5 Rn 95.

der erst zum 01.01.2004 eingeführte § 139a IV SGB V[802] gegenüber § 135 SGB V[803] *lex posterior* ist. Zumindest nach seinem ursprünglichen Verständnis kann § 135 I 1 Nr. 1 SGB V nicht als Ausnahmeregelung gemeint gewesen sein.

§ 139a IV SGB V präzisiert – mittelbar (s.o., I 5) – die Anforderung an den jeweiligen Stand der wissenschaftlichen Erkenntnisse für den Bereich der Schulmedizin. Wenn für den Bereich der Schulmedizin strenge Regeln festgelegt sind, liegt es nahe, das Verständnis des Begriffes auch für den Bereich der besonderen Therapierichtung dem anzunähern. Dies spricht dafür, eine bloße Binnenanerkennung nicht genügen zu lassen, sondern zumindest ein gewisses Maß an Evaluations- und Evidenzkriterien zu fordern.

(2) Bedeutung des § 2 I SGB V

Auch für die Beschlüsse des G-BA gilt § 2 I 2 SGB V, nach dem die besonderen Therapierichtungen nicht ausgeschlossen sind. Die Forderung nach Studien der Evidenzklasse I hätte einen solchen Ausschluss zur Folge. Auch die Evidenzklassen II bis IV sind bei den besonderen Therapierichtungen – mit Ausnahme der Phytotherapie – in der Regel praktisch unmöglich.[804] Gegebenenfalls kommt daher ein Rückgriff auf die Evidenzklasse V in Betracht. Dies käme im Ausgangspunkt einer Binnenbetrachtung nahe.

Wie oben festgestellt (s. B III 3 e), genießt § 2 I 3 SGB V grundsätzlich Vorrang gegenüber dem § 2 I 2 SGB V, der nicht als Ausnahmevorschrift verstanden werden darf. Da der G-BA mit der Aufgabe betraut ist, den „allgemein anerkannten Stand medizinischer Erkenntnisse“ zu konkretisieren, ist diese Wertung auch hier zu beachten. Die Systematik steht somit der Theorie der Binnenanerkennung entgegen.[805]

Die Wertungen des § 2 I SGB V und seiner Systematik erstrecken sich auch im Übrigen auf die Bewertung des G-BA, was gegen jegliche Form der Privilegierung im Hinblick auf die Evidenzkriterien spricht. Eine Sonderbehandlung im Hinblick auf die Erklärungsmodelle schließt dies jedoch nicht aus. Auch spricht die Systematik des § 2 I SGB V dafür, die innerhalb der jeweiligen Therapierichtung bestehenden Auffassungen zu berücksichtigen, um eine vorurteilsfreie Betrachtung zu gewährleisten (s.o., B V).

cc) Historische/Genetische Auslegung

Die Gesetzesbegründung zu § 135 I SGB V[806] ist sehr knapp: „Es wird klargestellt, daß den besonderen Therapierichtungen Rechnung getragen werden kann.“ Das Wort „kann“ deutet auf einen Ermessensspielraum des G-BA hin; dies hat jedoch keinen

802 BGBl. I 2003, S. 2190.
803 BGBl. I 1988, S. 2477.
804 Vgl. *Kienle/Kiene/Albonico*, Anthroposophische Medizin, S. 30 f.; *Zuck*, MedR 2006, 515, 519.
805 Hauck/Noftz/*Flint*, SGB V, § 135 Rn 70.
806 BT-Drs. 13/7264, S. 69.

unmittelbaren Niederschlag im Gesetz gefunden. Andererseits ist die sehr schwache Formulierung („Rechnung getragen kann“ statt „Stand der wissenschaftlichen Erkenntnisse in der jeweiligen Therapierichtung“) nur schwer mit einem Ansatz zu vereinbaren, der auf eine ausschließlich maßgebliche Binnenanerkennung abstellt. Dies spricht dagegen, über § 2 I 2 SGB V hinausgehende Rechtsfolgen anzunehmen.

dd) Verfassungskonforme Auslegung

§ 139a IV schreibt mittelbar hohe Anforderungen an die Wirksamkeits- und Wirtschaftlichkeitsprüfung und insbesondere die Anwendung der international anerkannten Standards der evidenzbasierten Medizin vor (s.o., I 5).

Abweichend hiervon lässt § 135 I 1 Nr. 1 SGB V für die besonderen Therapierichtungen zumindest augenscheinlich eine Anerkennung innerhalb der Therapierichtung genügen. Bis zur Einführung des § 139a IV SGB V ließ sich argumentieren, dass letztlich vergleichbare Maßstäbe galten, da auch bei schulmedizinischen Methoden die Anerkennung innerhalb der Schulmedizin maßgeblich war. Auch dies erschien zweifelhaft: In der Praxis waren die Anforderungen sehr unterschiedlich. Da nunmehr der hohe Evidenzstandard für die Schulmedizin verbindlich festgeschrieben ist, liegt eine Ungleichbehandlung auf der Hand.

Zur Rechtfertigung der Ungleichbehandlung kann auf die Ausführungen zum Parallelproblem bei § 2 I 3 SGB V verwiesen werden (s. B III 3 d). Ein hinreichender Grund, der den Verzicht auf eine strenge Wirksamkeitsüberprüfung gerade bei den besonderen Therapierichtungen rechtfertigt, besteht nicht.

ee) Teleologische Auslegung und Ergebnis

Aus Systematik, intendiertem Zweck und verfassungsrechtlichen Erwägungen ergibt sich, dass der G-BA die besonderen Therapierichtungen im Grundsatz nicht bevorzugen darf. Ausnahmsweise kommt eine Lockerung der Maßstäbe in Betracht, wenn eine anerkannte Therapie nicht existiert.[807] Jedenfalls ist dies bei Lebensbedrohlichkeit erforderlich.[808] Bei weniger gravierenden Krankheiten ist ein Einschluss als subsidiäre Leistung allerdings nicht ausgeschlossen. Die Lebensbedrohlichkeit zieht lediglich die absolute Grenze, die das BVerfG gezogen hat und die eine Einbeziehung auch ungesicherter Erkenntnisse erforderlich macht.

3. Besondere Therapierichtungen in der Krankenhausbehandlung

Auch im Krankenhaus können Methoden der besonderen Therapierichtungen gemäß § 137c III 1 SGB V erbracht werden, solange noch keine Entscheidung des G-BA vorliegt und die Methoden das Potenzial einer erforderlichen Behandlungsalternative bieten.

---

807 Insoweit zutreffend *Ebsen* in FS Krasney, S. 81, 105.

808 BVerfG, 06.12.2005, 1 BvR 347/98, BVerfGE 115, 25 (juris-Rn 64).

Liegt kein wissenschaftlicher Beleg für die Wirksamkeit und Unschädlichkeit der Methode vor, ist bei Methoden der besonderen Therapierichtungen das Potenzial einer erforderlichen Behandlungsalternative, das einen Ausschluss gemäß § 137c I 2 SGB V verböte, in der Regel allerdings ebenfalls nicht gegeben. Denn dieses setzt die begründbare Erwartung eines Vorteils aufgrund des Wirkprinzips und der vorliegenden Erkenntnisse voraus.[809] Die Aussicht, dass sich Therapien der besonderen Therapierichtungen als Behandlungsalternative durchsetzen werden, ist gering. Am ehesten vorstellbar ist dies bei der Phytotherapie, gerade weil deren Grundsätze von der Schulmedizin nur geringfügig abweichen und ein Wirksamkeitsnachweis nach den Prinzipien der evidenzbasierten Medizin – im Gegensatz zu Homöopathie und anthroposophischer Medizin – möglich erscheint.

D. Ausschlüsse bestimmter Leistungen unabhängig vom allgemein anerkannten Stand der medizinischen Erkenntnisse

I. Der Ausschluss von Arznei-, Hilfs- und Heilmitteln gemäß § 34 SGB V und seine Auswirkungen auf die besonderen Therapierichtungen

§ 34 SGB V enthält verschiedene Regelungen, nach denen bestimmte Arznei-, Hilfs- und Heilmittel von der gesetzlichen Versorgung ausgeschlossen sind oder ausgeschlossen werden können. Für die besonderen Therapierichtungen gelten diese Regelungen grundsätzlich ebenfalls, allerdings sieht das Gesetz an einigen Stellen Besonderheiten bei der Beurteilung vor.[810]

1. Ausschluss von OTC-Arzneimitteln

a) Allgemeines

Nach § 34 I 1 SGB V sind nicht verschreibungspflichtige Arzneimittel, sogenannte OTC-Arzneimittel („Over the Counter"), grundsätzlich von der Versorgung ausgeschlossen. Der G-BA kann hierbei Arzneimittel, die bei der Behandlung schwerwiegender Erkrankungen als Therapiestandard gelten, für die Verwendung in diesen Fällen gemäß § 34 I 2 SGB V ausnahmsweise zulassen.

§ 34 I 1 SGB V dient der finanziellen Entlastung der GKV. Unwirtschaftliche Arzneimittel sollen ebenso ausgeschlossen sein wie Arzneimittel, die zu derart geringen Kosten zu beschaffen sind, dass die Kostentragung dem Versicherten selbst zuzumuten und somit der Ausschluss aus der Versorgung sozial vertretbar ist.[811]

809 BT-Drs. 18/4095, S. 122; vgl. schon *Felix/Deister*, NZS 2013, 81, 82.
810 Vgl. KassKomm/*Hess*, SVR, § 34 SGB V Rn 2a, 6; BHR/*Ratzel*, Gesundheitsrecht, § 34 SGB V Rn 3.
811 Hauck/Noftz/*Gerlach*, SGB V, § 34 Rn 5; BT-Drs. 15/1525, S. 86.

OTC-Arzneimittel verursachen eine durchschnittliche Kostenbelastung in Höhe von rund 10 €,[812] sind also für den Versicherten in der Regel erschwinglich.[813] Ob ein Arzneimittel verschreibungspflichtig ist, richtet sich nach § 48 AMG.

Die Verschreibungspflicht dient hierbei dem Schutz des Patienten vor Risiken: Verschreibungspflichtig sind nach dem Grundgedanken der Regelung diejenigen Arzneimittel, die auch bei bestimmungsgemäßem Gebrauch möglicherweise eine Gefahr für die Gesundheit bedeuten können.[814] Zweck des § 34 I 1 SGB V ist demgegenüber die Entlastung der GKV von den Kosten bestimmter Leistungen. § 34 I 1 SGB V verfolgt demnach einen Zweck, der in keinem unmittelbaren Zusammenhang zu den mit der Verschreibungspflicht verfolgten Zielen steht.

Auf den ersten Blick erscheint es sachfremd, nur solche Arzneimittel in die Versorgung durch die GKV aufzunehmen, die mit einem höheren Risiko verbunden sind. Ausgenommen von der gesetzlichen Versorgung werden aber nur Arzneimittel, bei denen es dem Versicherten zumutbar ist, die Kosten selbst zu tragen oder ggf. auf das Arzneimittel zu verzichten. Zur Ermittlung der Zumutbarkeit ist die Verschreibungspflicht durchaus ein geeignetes Kriterium.[815] Ein Arzneimittel, dessen Anwendung mit erhöhten Risiken verbunden ist, darf vom Arzt nicht leichtfertig verordnet werden: Ein Arzt, der ein – nach seiner Entscheidungsprärogative – nicht notwendiges verschreibungspflichtiges Arzneimittel verschriebe, würde pflichtwidrig handeln. So betrachtet kann die Verschreibungspflicht als Indiz für die Notwendigkeit des Arzneimittels zur Behandlung einer schwerwiegenden Krankheit gesehen werden, da mit der Verschreibungspflicht erhöhte Sorgfaltspflichten des Arztes verbunden sind. Umgekehrt besteht eine entsprechende Indizwirkung nicht, wenn das Arzneimittel verschreibungsfrei ist. Freilich kann die Verschreibungspflicht allein die Notwendigkeit der Arzneimitteltherapie noch nicht begründen. Eine wesentliche Bedeutung kommt daher den Ausnahmeregelungen in beiden Richtungen zu.[816]

Zunächst lässt § 34 I 2 SGB V Ausnahmen zu, wenn ein Arzneimittel als Therapiestandard zur Behandlung einer schwerwiegenden Erkrankung gilt. In diesem Fall besteht auch zugunsten verschreibungsfreier Arzneimittel eine Vermutungswirkung, dass die Therapie zur Behandlung einer schwerwiegenden Krankheit notwendig ist.[817] Umgekehrt entbindet der Umstand, dass ein Arzneimittel verschreibungspflichtig ist, nicht von der Erfüllung der weiteren gesetzlichen

---

812 Spickhoff/*Spickhoff*, Medizinrecht, § 34 SGB V Rn 4; vgl. BSG, 06.11.2008, B 1 KR 6/08 R, BSGE 102, 30 (juris-Rn 14); BT-Drs. 15/1525, S. 86: „durchschnittlich weniger als 11 Euro".

813 Kritisch *Schwerdtfeger*, PharmR 2004, 394, 397: Es dürfe nicht einfach vom Durchschnittspreis ausgegangen werden, sondern die Preisspanne sei zu berücksichtigen.

814 Hauck/Noftz/*Gerlach*, SGB V, § 34 Rn 13.

815 Vgl. KassKomm/*Hess*, SVR, § 34 SGB V Rn 2; a.A. *Schwerdtfeger*, PharmR 2004, 394, 404.

816 Vgl. BSG, 06.11.2008, B 1 KR 6/08 R, BSGE 102, 30 (juris-Rn 15).

817 Vgl. BSGE 102, 30 (juris-Rn 15).

Anforderungen. So ist die Notwendigkeit stets im Rahmen des Wirtschaftlichkeitsgebots nach § 12 SGB V zu prüfen (s.u., E IV). Insbesondere geschieht dies im Rahmen der Richtlinien des G-BA. Mit der Entscheidung des G-BA steht jedoch nur die generelle Zugehörigkeit zur Versorgung nach § 34 SGB V fest; die konkrete Notwendigkeit i.S.d. Wirtschaftlichkeitsgebots ist durch den Arzt im Rahmen seines Beurteilungsspielraums und gegebenenfalls durch das entscheidende Gericht zu beurteilen (s.u., E I 2).

Neben die Notwendigkeitserwägung tritt zudem der Gedanke, dass nicht verschreibungspflichtige Arzneimittel typischerweise verhältnismäßig kostengünstig sind.[818] Dem Versicherten ist es weitaus eher zuzumuten, geringe Kosten für ein Arzneimittel selbst zu tragen als eine kostspieligere Behandlung finanzieren zu müssen.[819] Ist er hierzu dennoch finanziell nicht in der Lage, ist dies nicht Gegenstand des SGB V, sondern ggf. des SGB II. Zu denken ist an einen (mit einer Pauschale abgedeckten) Mehraufwand wegen Schwangerschaft (§ 21 II SGB II) oder einen Mehraufwand aufgrund eines besonderen Härtefalles[820] (§ 21 VI SGB II). Im Übrigen sind die Kosten für Arzneimittel vom Regelbedarf nach § 20 SGB II abgedeckt.[821] § 21 V SGB II ist auf besonders kostenaufwendige Ernährung aus medizinischen Gründen beschränkt, etwa glutenfreie Ernährung bei Zöliakie.[822] Arzneimittel sind demgegenüber nicht als Bestandteil der Ernährung anzusehen.[823] Letztlich bleibt in der Regel somit nur der Rückgriff auf die nur in Ausnahmefällen einschlägige Härtefallregelung des § 21 VI SGB II. Da die Behandlung schwerwiegender Erkrankungen mit einer Standardtherapie durch § 34 I 2 SGB V gesichert ist, wird ein Härtefall nur selten anzunehmen sein.

Der Ausschluss nach § 34 I 1 SGB V gilt gemäß § 34 I 5 SGB V nicht für versicherte Kinder bis zum vollendeten 12. Lebensjahr, im Falle einer Entwicklungsstörung nicht für Kinder und Jugendliche bis zum vollendeten 18. Lebensjahr. Zweck der Regelung ist der Schutz der besonderen Belange von Familien mit Kindern bzw. Jugendlichen mit Entwicklungsstörungen. In diesen Fällen lassen sich die Zumutbarkeitserwägungen nicht übertragen. Im Übrigen bleiben die gesetzlichen Regelungen wie auch die Richtlinien des G-BA aber anwendbar.[824]

---

818 BSG, 06.11.2008, B 1 KR 6/08 R, BSGE 102, 30 (juris-Rn 14); Spickhoff/*Spickhoff*, Medizinrecht, § 34 SGB V Rn 4; vgl. BT-Drs. 15/1525, S. 86.

819 BSG, 06.11.2008, B 1 KR 6/08 R, BSGE 102, 30 (juris-Rn 14).

820 Vgl. Hauck/Noftz/*Krauß*, SGB V, § 21 Rn 69 ff.

821 BSG, 27.02.2008, B 14/7b AS 64/06 R, SGb 2009, 161 (juris-Rn 31).

822 Vgl. BeckOK-Sozialrecht/*Breitkreuz*, § 21 SGB II Rn 15.

823 BSG, 27.02.2008, B 14/7b AS 64/06 R, B 14–7b AS 64/06 R, SozR 4–4200 § 21 Nr 2 (juris-Rn 31); Eicher/*Knickrehm*/*Hahn*, SGB II, § 21 Rn 53; BeckOK-Sozialrecht/*Breitkreuz*, § 21 SGB II Rn 15.

824 Vgl. BSG, 14.12.2011, B 6 KA 29/10, BSGE 110, 20–34 (juris-Rn 26 ff.).

b) OTC-Arzneimittel der besonderen Therapierichtungen

Die Regelung des § 34 I 1 SGB V betrifft auch Arzneimittel der besonderen Therapierichtungen. Der aktuelle Gesetzeswortlaut führt hierbei nicht zu einem vollständigen Ausschluss der besonderen Therapierichtungen,[825] betrifft aber doch den ganz überwiegenden Teil ihrer Arzneimitteltherapien.[826] Die Phytotherapie und die Homöopathie, deren Besonderheiten sich auf den Bereich der Arzneimitteltherapie beschränken, unterfallen insgesamt den Regelungen des § 34 I-III SGB V. Die einzige Besonderheit der Phytotherapie gegenüber der Schulmedizin liegt in der Zubereitungsweise der verwendeten Arzneimittel. In der Homöopathie ist das Arzneimittel ebenfalls das zentrale Element; im Gegensatz zur Phytotherapie ist allerdings auch der Prozess der Diagnose und Arzneimittelauswahl (Erst- und Folgeanamnese) von der Schulmedizin unterschieden. Das Regelungssystem des § 34 I SGB V i.V.m. § 48 I 1 Nr. 1, II AMG und den entsprechenden Rechtsverordnungen, namentlich der AMVV, bewirkt einen Ausschluss homöopathischer Hochpotenzarzneimittel aus der Versorgung. Nach § 5 S. 1 AMVV sind Arzneimittel nicht verschreibungspflichtig, obwohl die in Anlage 1 AMVV aufgeführten Stoffe zur Herstellung verwendet wurden, wenn die Arzneimittel nach den Regeln des Homöopathischen Arzneibuches hergestellt sind oder aus Mischungen solcher Stoffe oder Zubereitungen aus Stoffen bestehen, wenn die Endkonzentration der genannten Arzneimittel im Fertigprodukt die vierte Dezimalpotenz nicht übersteigt. Diese Einschränkung durch die AMVV ist gemäß § 48 III 1 SGB V zulässig.

2. Einbeziehung nicht verschreibungspflichtiger Arzneimittel durch den G-BA

a) Schwerwiegende Erkrankung

§ 34 I 2 SGB V lässt Ausnahmen nur zu, wenn die Arzneimittel bei der Behandlung schwerwiegender Erkrankungen als Therapiestandard gelten.

Gemäß Abschnitt F § 12 AM-RL und § 33 I 1 VerfO G-BA[827] ist eine Erkrankung dann schwerwiegend, wenn sie lebensbedrohlich ist oder die Lebensqualität aufgrund der Schwere der durch die Krankheit verursachten Gesundheitsstörung nachhaltig beeinträchtigt.[828] Das Vorliegen einer schwerwiegenden Krankheit ist gemäß § 33 II VerfO G-BA durch Literatur zu belegen, wenn die Erkrankung im gleichen Schweregrad nicht bereits in die Übersicht nach § 34 I 2 SGB V aufgenommen wurde.[829] Die Gesetzesbegründung führt als Beispiele Onkologie, Herzinfarktnachsorge

---

825 So aber aus nicht näher erläuterten Gründen Hauck/Noftz/*Hohnholz*, SGB V, § 53 Rn 30; vgl. auch *Zuck*, Das Recht der anthroposophischen Medizin, Rn 286.

826 KassKomm/*Nolte*, SVR, § 53 SGB V Rn 34; vgl. auch BT-Drs. 16/4247, S. 35.

827 Verfahrensordnung des Gemeinsamen Bundesausschusses, in der Fassung vom 18.12.2008, zuletzt geändert am 18.12.2014, BAnz AT 15.04.2015 B2.

828 Vgl. BSG, 19.03.2002, B 1 KR 37/00 R, BSGE 89, 184 (juris-Rn 26).

829 Hauck/Noftz/*Gerlach*, SGB V, § 34 Rn 15.

und Behandlung des Klimakteriums auf.[830] Letzteres wird in der Literatur kritisch gesehen: Das Klimakterium sei ein regelhafter biologischer Prozess in einem bestimmten Altersabschnitt jeder Frau, in Betracht kämen entsprechend allenfalls Krankheiten im Zusammenhang mit dem Klimakterium, nicht das Klimakterium selbst.[831] Von der Definition ausgehend ist dem zuzustimmen: Nicht lebensbedrohliche Krankheiten müssen von ihrer Schwere und dem Ausmaß der aus ihr folgenden Beeinträchtigungen her zumindest ähnliche Wirkungen wie die lebensbedrohlichen Krankheiten haben (vgl. § 33 I 2 VerfO G-BA). Ob das Klimakterium überhaupt als Krankheit zu klassifizieren ist, kann daher offen bleiben.

b) Therapiestandard

aa) Problematik

Eine Behandlungsmethode gilt dann als Therapiestandard i.S.d. § 34 I 2 SGB V, wenn der therapeutische Nutzen zur Behandlung der schwerwiegenden Erkrankung dem allgemein anerkannten Stand der Erkenntnisse entspricht.[832] Ist der therapeutische Nutzen mehrerer Methoden unumstritten, können nach dieser Definition auch mehrere verschiedene Behandlungsmethoden Therapiestandard sein, wenn sie jeweils als zweckmäßig gelten.

Allerdings deutet der Wortsinn des Begriffs „Therapiestandard" eher in die entgegengesetzte Richtung. Als „Standard" lässt sich eine Therapie bezeichnen, die in einer bestimmten Situation allgemein als die vorzugswürdige angesehen wird, also eine für einen bestimmten Fall „standardisierte" Behandlung. Dies ist jedoch mit § 34 I 3 SGB V schwer zu vereinbaren, wonach der therapeutischen Vielfalt Rechnung zu tragen ist. Therapeutische Vielfalt könnte – unabhängig davon, ob man hierunter Vielfalt innerhalb einer Therapierichtung oder ein Nebeneinander verschiedener Therapierichtungen versteht – überhaupt nicht gewährleistet werden, wenn jeweils nur eine Behandlungsmethode Therapiestandard wäre. Auch nach dem Sinn der Vorschrift bedeutet der Begriff des Therapiestandards nicht die Verengung auf eine Behandlungsmethode (zum Begriff des Standards im Vertragsrecht s. Kap. 7 A II). Die Behandlung schwerwiegender Erkrankungen soll stets von der Versorgung eingeschlossen sein, auch wenn das Arzneimittel nicht verschreibungspflichtig ist. Dieser Zweck rechtfertigt eine Beschränkung auf eine einzelne, als besonders vorzugswürdig angesehene Methode nicht. Dies würde die Therapiefreiheit des Arztes zu sehr einschränken, ohne dass hierfür ein Rechtfertigungsgrund ersichtlich wäre. Zudem gäbe es in Fällen, in denen umstritten ist, welche von mehreren zweckmäßigen Therapien die vorzugswürdige ist, überhaupt keinen Therapiestandard. Dementsprechend muss sich der weitgehende Konsens nur auf die generelle Zweckmäßigkeit, nicht auf die Vorzugswürdigkeit erstrecken.

---

830 BT-Drs. 15/1525, S. 86.

831 KassKomm/*Hess*, SVR, § 34 SGB V Rn 3.

832 KassKomm/*Hess*, SVR, § 34 SGB V Rn 3; Spickhoff/*Spickhoff*, § 34 SGB V Rn 4.

Der Konsens über den Nutzen ist gemäß § 31 II VerfO des G-BA auf Basis systematischer Literaturrecherchen nachzuweisen, wobei klinische Studien vorrangig sind.[833] Allerdings ist nach S. 3 der therapeutischen Vielfalt Rechnung zu tragen. Wie sich aus der Gesetzesbegründung ergibt, zielt die Formulierung auf die Einbeziehung der besonderen Therapierichtungen ab.[834]

Wie S. 2 und S. 3 miteinander in Einklang zu bringen sind, lässt sich anhand des Gesetzes nicht eindeutig beantworten. Als problematisch erweist sich, dass die Methoden der besonderen Therapierichtungen streng genommen niemals Therapiestandard sein können, da ihre Therapieformen *qua definitione* von der Schulmedizin – und damit der überwiegenden Meinung in der Ärzteschaft – abgelehnt werden. Denkbar wäre es, zu prüfen, ob ein Arzneimittel innerhalb der jeweiligen Therapierichtung Therapiestandard ist, also den Therapiestandard therapieimmanent zu beurteilen. Allerdings scheint die eher vorsichtige gesetzliche Formulierung so weit nicht zu gehen.

bb) Streitstand

In der Literatur werden – ähnlich wie bei der Parallelproblematik zu § 2 I 2, 3 SGB V – sehr unterschiedliche Auffassungen vertreten.

Nach einer Auffassung[835] sind Arzneimittel der besonderen Therapierichtungen stets gleichberechtigt neben der Schulmedizin zu berücksichtigen. Der Therapiestandard sei somit jeweils innerhalb der Therapierichtung festzustellen. Therapiestandard seien hiernach stets sowohl die nach schulmedizinischen Maßstäben vorgesehenen Standardbehandlungen als auch die vorgesehenen Behandlungen nach Maßgaben jeder Therapierichtung.

Nach der Gegenauffassung[836] erstreckt sich die Wertung des § 2 I 3 SGB V auch auf die Beurteilung von Arzneimitteln der besonderen Therapierichtungen im Rahmen des § 34 I 3 SGB V, sodass auch diese nach dem allgemein anerkannten Stand der medizinischen Erkenntnisse Therapiestandard für die Behandlung einer schwerwiegenden Erkrankung i.S.d. § 2 I 2 SGB V sein müssten.

Das BSG[837] wählt einen dogmatisch nicht vollständig dargelegten Mittelweg. § 34 I 2 SGB V habe aus systematischen Gründen einen gewissen Vorrang vor S. 3: Nur im Rahmen der Prüfung des S. 2 sei der therapeutischen Vielfalt Rechnung zu tragen.[838]

---

833 Näher Hauck/Noftz/*Gerlach*, SGB V, § 34 Rn 15.

834 BT-Drs. 15/1525, S. 86.

835 Krauskopf/*Wagner*, Soziale Krankenversicherung, § 34 SGB V Rn 5; Becker/Kingreen/*Axer*, SGB V, § 34 Rn 5; *Zuck*, Das Recht der anthroposophischen Medizin, Rn 171 ff.

836 KassKomm/*Hess*, Soziale Krankenversicherung, § 34 SGB V, Rn 6; HKS/*Kraftberger*, SGB V, § 34 Rn 5; Spickhoff/*Spickhoff*, Medizinrecht, § 34 SGB V Rn 5.

837 BSG, 14.12.2011, B 6 KA 29/10 R, BSGE 110, 20 (juris-Rn 33 ff.).

838 BSG, 14.12.2011, B 6 KA 29/10 R, BSGE 110, 20 (juris-Rn 33); 22.10.2014, B 6 KA 34/13 R, SozR 4–2500 § 34 Nr 16 (juris-Rn 60).

Insoweit gelte dann der Maßstab der Binnenanerkennung: Zu beurteilen sei, ob aus Sicht der Therapierichtung eine besondere Wirksamkeit gegeben sei.[839] Gleichwohl sei eine Bevorzugung der besonderen Therapierichtungen nicht im Gesetz angelegt. Daher sei der G-BA berechtigt, allgemeine Regelungen auch für die besonderen Therapierichtungen anzuwenden (im konkreten Fall: Verordnungen von Mistelpräparaten nur für die palliative, nicht auch für die kurativ-adjuvante Therapie). Dies gelte, wie das Gericht in einem *obiter dictum* erklärt, auch etwa für die Beachtung des Wirtschaftlichkeitsgebots.[840] Begünstigungen im Sinne einer weitgehenden Freistellung von Wirtschaftlichkeitserwägungen seien jedenfalls nicht gesetzlich geboten. Unklar bleibt, inwiefern im Rahmen der Prüfung der Wirtschaftlichkeit schulmedizinische Kriterien angelegt werden dürfen.

In einem Urteil vom 22.10.2014[841] billigt das BSG die Regelung in § 34 4. Kapitel VerfO G-BA, nach der ein Arzneimittel nur Therapiestandard sein kann, wenn der therapeutische Nutzen zur Behandlung der schwerwiegenden Erkrankung dem allgemein anerkannten Stand der medizinischen Erkenntnisse entspricht (§ 34 I 4. Kapitel VerfO G-BA), was wiederum durch einen auf Basis systematischer Literaturrecherchen nachgewiesenen, auf wissenschaftlichen Studien beruhenden Konsens in den einschlägigen Fachkreisen über den Nutzen zur Behandlung einer schwerwiegenden Krankheit zu belegen ist (§ 34 II 1 4. Kapitel VerfO G-BA).[842] Aufgrund des Beurteilungsspielraums des G-BA sei dies nicht zu beanstanden.[843] Für eine Beurteilung allein nach den Maßstäben der Binnenanerkennung lässt die Auslegung des G-BA eindeutig keinen Raum.

cc) Auslegung und Stellungnahme

Anders als § 34 III 2 SGB V oder § 135 I 1 SGB V sieht § 34 I 2 SGB V nur vor, dass der therapeutischen Vielfalt Rechnung zu tragen ist, während gemäß § 34 III 2 SGB V der besonderen Wirkungsweise der Arzneimittel der besonderen Therapierichtungen Rechnung zu tragen ist und gemäß § 135 I SGB V gar die wissenschaftlichen Erkenntnisse in der jeweiligen Therapierichtung maßgeblich sind. Ob diese Nuancen vom Gesetzgeber beabsichtigt waren, ist der Gesetzesbegründung nicht zu entnehmen.

Die unterschiedlichen Wortlaute sprechen eher für eine Differenzierung: Es ist anzunehmen – wenn auch nicht zwingend zu folgern –, dass der Gesetzgeber gleichlautende oder zumindest aneinander angelehnte Formulierungen verwendet hätte, wenn er gleiche Rechtsfolgen beabsichtigt hätte. Während § 34 III 2 und § 135 I 1 SGB V den Regelfall im Blick haben, ist § 34 I 2 SGB V eine Ausnahmeregelung. Während insbesondere im Falle des § 135 SGB V eine Entscheidung über

839 BSG, 11.05.2011, B 6 KA 25/10 R, BSGE 108, 183 (juris-Rn 39).
840 BSG, 14.12.2011, B 6 KA 29/10 R, BSGE 110, 20 (juris-Rn 34).
841 BSG, 22.10.2014, B 6 KA 34/13 R, SozR 4–2500 § 34 Nr 16.
842 BSG, 22.10.2014, B 6 KA 34/13 R, SozR 4–2500 § 34 Nr 16 (Rn 62 ff.).
843 BSG, 22.10.2014, B 6 KA 34/13 R, SozR 4–2500 § 34 Nr 16 (Rn 52, 62).

die Anerkennung des Nutzens und die Wirtschaftlichkeit der Behandlungsmethode erst noch fallen muss, hat § 34 I 1 SGB V bereits die Vorentscheidung getroffen, dass das Arzneimittel grundsätzlich nicht von der Versorgung umfasst wird. Nur ausnahmsweise, wenn kumulativ die Behandlung einer schwerwiegenden Krankheit beabsichtigt wird und die Behandlungsmethode Therapiestandard ist, kann ihre Verordnung zugelassen werden. Diesem Zweck entspricht es, an Ausnahmen auch darüber hinaus andere, strengere Anforderungen zu stellen.[844] Jedenfalls eignet sich die Formulierung des § 34 I 3 SGB V nicht, auf allgemeine Anforderungen des Gesetzes wie Wirksamkeit und Wirtschaftlichkeit nach Maßgabe des allgemein anerkannten Standes der medizinischen Erkenntnisse zu verzichten.[845] Letztlich ist auch zu bedenken, dass eine Privilegierung der besonderen Therapierichtungen ohne hinreichende Begründung den allgemeinen Gleichheitssatz gemäß Art. 3 I GG verletzen könnte. Ebenso wie bei der Auslegung der § 2 I 2, 3 SGB V und § 135 I 1 SGB V gilt auch hier, dass eine reine Binnenanerkennung ohne Rücksichtnahme auf wissenschaftliche Erkenntnisse eine verfassungswidrige Privilegierung der besonderen Therapierichtungen bedeuten würde. Auch dies untermauert den Befund, dass die besonderen Therapierichtungen lediglich berücksichtigt, nicht aber in irgendeiner Form herausgestellt oder begünstigt werden dürfen.

Denkbar wäre auch ein Verständnis, nach dem der Begriff der therapeutischen Vielfalt hier gar nicht (oder zumindest nicht primär) auf die besonderen Therapierichtungen ausgerichtet ist, sondern dass lediglich eine Vorfestlegung der Ärzte auf eine bestimmte Therapie vermieden werden soll. In diesem Fall wäre die Bedeutung des § 34 I 3 SGB V darauf beschränkt, dass der Begriff des Therapiestandards weit auszulegen wäre, sodass regelmäßig verschiedene Therapien in Betracht kämen. Dies gälte wohl in besonderem Maße, wenn die Erfolgsaussichten aller in Betracht kommenden Therapien eher gering bzw. ungewiss sind. Hiergegen spricht allerdings die insoweit eindeutig formulierte Absicht des Gesetzgebers.[846] Auch in der Literatur und Rechtsprechung wird die Formulierung einhellig als Bezugnahme auf die besonderen Therapierichtungen verstanden.[847]

§ 34 I 3 SGB V untersagt es dem G-BA lediglich, aus sachfremden Gründen – etwa einem allgemeinen Vorbehalt gegenüber bestimmten Therapierichtungen – eine Ausnahme abzulehnen. Dass dies nur in Ausnahmefällen tatsächlich zu einer Berücksichtigung von Arzneimitteln der besonderen Therapierichtungen führt, entspricht durchaus dem so verstandenen Sinn und Zweck der Norm. Soweit der G-BA seine Entscheidung auf Sachgründe stützt – und dies steht hinsichtlich der

---

844 Vgl. BSG, 22.10.2014, B 6 KA 34/13 R, SozR 4–2500 § 34 Nr 16 (juris-Rn 58).

845 Krauskopf/*Wagner*, Soziale Krankenversicherung, § 34 SGB V Rn 5; vgl. BSG, 11.05.2011, B 6 KA 25/10 R, BSGE 108, 183 (juris-Rn 39 ff.).

846 BT-Drs. 15/1525, S. 86.

847 BSG, 22.10.2014, B 6 KA 34/13 R, SozR 4–2500 § 34 Nr 16 (juris-Rn 52); Becker/Kingreen/*Axer*, SGB V, § 34 Rn 9; KassKomm/*Hess*, SVR, § 34 SGB V Rn 6; Krauskopf/*Wagner*, Soziale Krankenversicherung, § 34 SGB V Rn 5.

Evidenzkriterien in § 34 II 4. Kapitel VerfO G-BA nicht in Frage – ist dies vom Beurteilungsspielraum des G-BA umfasst.

Ein vollständiger Ausschluss der Methoden der besonderen Therapierichtungen liegt in der gesetzlichen Regelung nicht. So hat der G-BA in Anlage 1 Nr. 32 AM-RL die der anthroposophischen Medizin zuzuordnenden Mistelpräparate als Ausnahme nach § 34 I 2 SGB V aufgenommen, soweit sie in der palliativen Therapie von malignen Tumoren zur Verbesserung der Lebensqualität eingesetzt werden.[848] Auch phytotherapeutische Arzneimittel kommen ggf. in Betracht, so etwa die in Anlage 1 Nr. 18 AM-RL genannten Flohsamen und Flohsamenschalen[849] zur unterstützenden Quellmittel-Behandlung bei Morbus Crohn, Kurzdarmsyndrom und HIV assoziierten Diarrhoen. Beschränkt bleibt dies aber i.E. auf Therapien, in denen in anderen Therapierichtungen, insbesondere der Schulmedizin, keine geeignetere Methode besteht. Anderenfalls kann allein diese Methode als Therapiestandard angesehen werden.

c) Praktische Handhabung durch den G-BA: Die Generalklausel des § 12 VI AM-RL

Im Übrigen hat der G-BA in § 12 VI AM-RL festgelegt, dass für die in Anlage I AM-RL aufgeführten Indikationsgebiete bei schwerwiegenden Erkrankungen auch Arzneimittel der Anthroposophie und Homöopathie verordnet werde dürfen, „sofern die Anwendung dieser Arzneimittel für diese Indikationsgebiete und Anwendungsvoraussetzungen nach dem Erkenntnisstand als Therapiestandard in der jeweiligen Therapierichtung angezeigt ist“. Fraglich ist, ob hierin eine Festlegung im Sinne des § 34 I 2 SGB V liegt. Der G-BA hat gerade nicht entschieden, welche nicht verschreibungspflichtigen Arzneimittel ausnahmsweise verordnet werden können, sondern dies nur höchst abstrakt beschrieben. Die Formulierung deutet darauf hin, dass objektiv und außenperspektivisch zu prüfen ist, ob das Arzneimittel Therapiestandard innerhalb der jeweiligen Therapierichtung ist. Die Außenbetrachtung, welches Arzneimittel innerhalb der Therapierichtung als Therapiestandard gilt, wäre jedoch Aufgabe des G-BA. § 34 I 2 SGB V ist als Ausnahmevorschrift konzipiert; die generelle Ausnahme von Arzneimitteln der genannten besonderen Therapierichtungen widerspräche dem Auftrag.

Letztlich kann nach der Systematik jedoch nicht davon ausgegangen werden, dass hier ein Einschluss aller Arzneimittel der Homöopathie und Anthroposophie gemeint ist. Denn selbst wenn die Hürde des § 34 I SGB V genommen ist, bleiben die Anforderungen der § 2 I 3, §§ 135 ff. SGB V bestehen. Vor diesem Hintergrund lässt sich § 12 VI AM-RL nur als Verweis auf eben diejenigen anthroposophischen und homöopathischen Arzneimittel verstehen, deren Wirksamkeit und Wirtschaftlichkeit in der AM-RL bejaht wurde. So verstanden ist § 12 VI AM-RL hinreichend bestimmt.

---

848 Ob die Misteltherapie tatsächlich als Therapiestandard anzusehen ist, erscheint zweifelhaft, ist jedoch der gerichtlichen Kontrolle weitgehend entzogen.

849 Vgl. *Fintelmann/ Weiß*, Lehrbuch der Phytotherapie, S. 105.

d) *Verfahren*

Das Verfahren für einen Antrag auf die Feststellung, dass ein Arzneimittel gemäß § 34 I 2 SGB V ausnahmsweise verordnet werden kann, folgt den Grundsätzen der §§ 35 ff. VerfO G-BA.[850] Antragsberechtigt sind gemäß § 35 I VerfO G-BA die pharmazeutischen Unternehmer. Bei ausreichender Begründung des Antrags ist dieser gemäß § 36 I 1 VerfO G-BA innerhalb von 90 Tagen zu bescheiden. Art. 6 Nr. 1 der Transparenzrichtlinie[851] erfordert hierbei, dass dem Antragsteller gegenüber ein begründeter Bescheid ergeht.[852] Hinsichtlich des Verfahrens gelten keine Besonderheiten für Arzneimittel der besonderen Therapierichtungen. Auch Hersteller homöopathischer, anthroposophischer oder phytotherapeutischer Arzneimittel sind pharmazeutische Unternehmer im Sinne dieser Regelung.

3. Ausschluss von Arzneimitteln nach Abs. 1 S. 6

Gemäß § 34 I 6 SGB V sind neben den Einschränkungen des S. 1 auch solche Arzneimittel ausgeschlossen, bei deren Anwendung eine Erhöhung der Lebensqualität im Vordergrund steht. S. 7 zählt hierbei beispielhaft einige Bereiche wie erektile Dysfunktionen oder die Regulierung des Körpergewichts auf. Die mit diesen Arzneimitteln verfolgten Ziele liegen jenseits der Aufgaben der Versorgung durch die gesetzlichen Krankenkassen gemäß § 11 I SGB V. Die Ausschlüsse gemäß § 34 I 6 SGB V gelten für alle Therapierichtungen gleichermaßen. Verfassungsrechtliche Bedenken bestehen daher nicht.[853]

4. Ausschluss von Arzneimitteln nach Abs. 3

§ 34 III SGB V stellt klar, dass die in Anlage 2 Nummer 2 bis 6 der Verordnung über unwirtschaftliche Arzneimittel in der gesetzlichen Krankenversicherung vom 21. Februar 1990 (AmuwV), der sogenannten Negativliste,[854] aufgeführten Arzneimittel ausgeschlossen bleiben, auch wenn nunmehr für entsprechende Ausschlüsse nicht mehr das BMG, sondern der G-BA zuständig ist. In Anlage 2 Nummer 5 werden hierbei bestimmte Arzneimittel der besonderen Therapierichtung Phytotherapie ausgeschlossen, in Anlage 2 Nummer 6 solche der besonderen Therapierichtung Homöopathie. Ein vollständiger Ausschluss der Therapierichtung liegt hierin nicht. Ausgeschlossen werden konkret benannte Arzneimittel, die aufgrund

---

850 Vgl. JurisPK/*Beck*, SGB V, § 34 Rn 39.

851 Richtlinie 89/105/EWG vom 21.12.1988 betreffend die Transparenz von Maßnahmen zur Regelung der Preisfestsetzung bei Arzneimitteln für den menschlichen Gebrauch und ihre Einbeziehung in die staatlichen Krankenversicherungssysteme, ABl. L 40 vom 11.02.1989, S. 8–11.

852 EuGH, 26.10.2006, C-317/05, MedR 2007, 231.

853 BSG, 22.10.2014, B 6 KA 34/13 R, SozR 4–2500 § 34 Nr 16 (Rn 30).

854 BeckOK-Sozialrecht/*Bischofs*, § 34 SGB V Rn 21.

des allgemein anerkannten Standes der medizinischen Erkenntnisse für unwirtschaftlich befunden wurden.[855]

Da der Ausschluss durch die Verordnung als Ausschluss gemäß § 92 I 2 Nr. 6 SGB V durch den G-BA gilt, entsprechen die Rechtsfolgen im Wesentlichen denen für tatsächlich durch den G-BA ausgeschlossene Arzneimittel: In medizinisch begründeten Einzelfällen kann der Arzt sie gemäß § 31 I 4 SGB V mit Begründung verordnen.[856] Der Status Quo zum Zeitpunkt der Einführung des § 34 III SGB V wird aber nicht in alle Ewigkeit zementiert. Der G-BA ist zur Überprüfung anhand des jeweils aktuellen Stands der medizinischen Forschung und ggf. Abänderung der Richtlinien berechtigt und gegebenenfalls verpflichtet.[857] Der im Kontext etwas unverständliche Satz 2 soll nach Auffassung des Gesetzgebers klarstellen, dass auch der G-BA verpflichtet ist, der besonderen Wirkungsweise der Arzneimittel der besonderen Therapierichtungen Rechnung zu tragen.[858]

5. Ausschluss von Hilfsmitteln nach Abs. 4

Während § 34 I-III SGB V Ausschlüsse von Arzneimitteln regeln, befasst sich Abs. 4 mit dem Ausschluss von Hilfsmitteln. Hilfsmittel von geringem oder umstrittenem therapeutischen Nutzen oder geringem Abgabepreis können gemäß § 34 IV 1 SGB V von der Versorgung durch die Krankenkassen ausgeschlossen werden. Hilfsmittel, die einer besonderen Therapierichtung zuzuordnen wären, werden derzeit nicht nach dieser Regelung ausgeschlossen.[859]

II. Die einheitlichen Bewertungsmaßstäbe (EBM und Bema)

1. Gesetzliche Regelung

Leistungsausschlüsse können sich auch aus dem in § 87 SGB V verankerten einheitlichen Bewertungsmaßstab ergeben.[860] Ähnlich den Richtlinien des G-BA verzeichnet dieser Leistungen, die von Vertragsärzten erbracht werden dürfen. Von den Richtlinien des G-BA unterscheidet ihn allerdings die abweichende Konzeption und Zielsetzung: Während die Richtlinien des G-BA sich mit der Wirksamkeit und Wirtschaftlichkeit einzelner Behandlungsmethoden befassen, regeln die einheitlichen Bewertungsmaßstäbe abstrakt die Abrechenbarkeit bestimmter Arten von Leistungen. Unterschieden wird hierbei grundsätzlich nicht nach der konkreten Therapie, sondern nach der Art der Tätigkeit des Arztes. Zudem gelten die einheitlichen

855 Vgl. § 1 I AMuwV.

856 Vgl. KassKomm/*Hess*, SVR, § 34 SGB V Rn 15a.

857 Vgl. BT-Drs. 17/2413, S. 18; BT-Drs. 17/3698, S. 50; KassKomm/*Hess*, SVR, § 34 SGB V Rn 15.

858 BT-Drs. 17/3698, S. 50.

859 Vgl. JurisPK/*Beck*, SGB V, § 34 Rn 34 f.

860 Vgl. *G. Schneider*, MedR 1997, 1.

Bewertungsmaßstäbe ausschließlich im Vertragsarztrecht;[861] im Übrigen werden Leistungserbringer nicht erfasst. Für die vertragsärztlichen Leistungen ist der Einheitliche Bewertungsmaßstab i.e.S. (EBM; auch als EBM-Ä bezeichnet) maßgeblich; für die vertragszahnärztlichen Leistungen gilt der Einheitliche Bewertungsmaßstab für zahnärztliche Leistungen gemäß § 87 Abs. 2 und 2d SGB V (Bema; auch Bema-Z).

Die einheitlichen Bewertungsmaßstäbe sind im Kern Leistungsverzeichnisse,[862] die sämtliche vertragsärztlichen bzw. vertragszahnärztlichen Leistungen erfassen.[863] Gemäß § 87 II 1 SGB V bestimmen sie insoweit den Inhalt der abrechnungsfähigen Leistungen und ihr wertmäßiges, in Punkten ausgedrücktes Verhältnis zueinander. Aus dieser Punktwertrelation lässt sich der Wert einer Leistung im Vergleich zu anderen Leistungen ablesen.[864] Leistungen, die nicht im EBM bzw. Bema enthalten sind, können auch – solange keine Sonderregelung, etwa nach einem Modellvorhaben gemäß § 63 ff. SGB V (s.u., G III), greift – nicht abgerechnet werden.[865]

Die einheitlichen Bewertungsmaßstäbe legen einheitliche Standards der Vergütung fest, wobei sie jedoch im Grundsatz keine Beträge, sondern lediglich Punkte festsetzen. Hierdurch grenzen sie sich auch von den Gebührenordnungen ab.[866] Die Gebührensätze sind erst unter Berücksichtigung der insgesamt erbrachten Leistungsmenge und der Gesamtvergütung zu ermitteln.[867] Die mittlerweile gemäß § 87 IIe SGB V im EBM zusätzlich genannten Euro-Beträge bilden nur Orientierungswerte und sind ggf. gemäß § 87 IIg SGB V anzupassen.[868] Darüber hinaus dienen die einheitlichen Bewertungsmaßstäbe der Festlegung einheitlicher Qualitätsstandards.[869]

2. *EBM und Homöopathie*

Hinsichtlich der Homöopathie liegt eine Besonderheit der Therapierichtung in der umfassenden Erst- und Folgeanamnese. Die homöopathische Anamnese als solche ist nicht im EBM aufgelistet.[870] In diese Richtung gehende Reformpläne[871] wurden nicht umgesetzt. Unter Zugrundelegung des EBM lässt sich die homöopathische Anamnese nur unter die in II 1 EBM aufgelisteten allgemeinen Gebührenordnungspositionen

---

861 Hauck/Noftz/*Engelhard*, SGB V, § 87 Rn 4.

862 *Zuck*, Homöopathie und Verfassungsrecht, Rn 122.

863 Hauck/Noftz/*Engelhard*, SGB V, § 87 Rn 24.

864 Hauck/Noftz/*Engelhard*, SGB V, § 87 Rn 24.

865 BSG, 13.11.1996, 6 RKa 31/95, BSGE 79, 239 (juris-Rn 26); Spickhoff/*Spickhoff*, Medizinrecht, § 87 SGB V Rn 17; *G. Schneider*, MedR 1997, 1, 3.

866 Hauck/Noftz/*Engelhard*, SGB V, § 87 Rn 26.

867 Hauck/Noftz/*Engelhard*, SGB V, § 87 Rn 27 f.

868 Vgl. Krauskopf/*Sproll*, Soziale Krankenversicherung, § 87 Rn 30 ff.; Hauck/Noftz/*Engelhard*, SGB V, § 87 Rn 28.

869 Vgl. JurisPK/*Engelmann*, SGB V, § 70 Rn 35.

870 *Zuck*, Homöopathie und Verfassungsrecht, Rn 141.

871 Vgl. *Bothe*, PharmR 2002, 37, ff.

subsumieren, soweit dort Pauschalen für die Inanspruchnahme des Arztes durch den Patienten an sich festgelegt werden. Spezifisch homöopathische Leistungen des Arztes sind darüber hinaus nicht über den EBM abrechenbar.[872]

In der Literatur vertreten wird, dass dies den Grundsätzen des § 2 I 2 SGB V widerspreche.[873] Zutreffend ist, dass die homöopathische Anamnese ungleich mehr Zeit beanspruchen kann als ein gewöhnliches Arzt-Patienten-Gespräch.[874] Allerdings führt dies nicht zwingend zu einer Abrechenbarkeit entsprechend dem Zeitaufwand. Bei der Neubewertung von Leistungen im Bereich der vertragszahnärztlichen Versorgung ist die Arbeitszeit zwar gemäß § 87 IIh 2 SGB V ein maßgebliches Kriterium.[875] Außerhalb des zahnärztlichen Bereiches fehlt es allerdings an einer entsprechenden Regelung. Zudem wird in § 2 I 2 SGB V mitnichten die Homöopathie als besondere Therapierichtung anerkannt[876] (s.o., Kap. 1 A I), sondern lediglich ein kategorischer Ausschluss der Homöopathie abgelehnt. Dies bedeutet nicht, dass jede Leistung, die der besonderen Therapierichtung Homöopathie zuzurechnen ist, tatsächlich abgerechnet werden kann.[877] Soweit Leistungen der besonderen Therapierichtungen mit einem höheren Aufwand betrieben werden als eine entsprechende schulmedizinische Behandlung, geschieht dies gewissermaßen auf eigene Gefahr und Verantwortung und ist nicht Bestandteil der Versorgung durch die GKV. Zudem verzichten Teile der Homöopathie, namentlich die klinische Homöopathie, weitgehend auf die Anamnese in ihrer klassischen Form, sodass hier nur ein Teilbereich der Homöopathie ausgenommen wird, nicht die Homöopathie insgesamt.

3. EBM und anthroposophische Medizin

Auch Leistungen der anthroposophischen Medizin sind nur erstattungsfähig, soweit sie in den EBM aufgenommen wurden. Besonderheiten ergeben sich nur bei den spezifisch anthroposophischen Heilmitteln (s. Kap. 1 B II 3). Heileurythmie, Kunsttherapie und rhythmische Massage sind jedoch nicht im EBM aufgelistet.

III. Beschränkung auf bestimmte Leistungserbringer

§ 27 I 2 SGB V beschränkt die Krankenbehandlung auf die gesetzlich aufgeführten Leistungsformen, namentlich die ärztliche Behandlung einschließlich Psychotherapie als ärztliche und psychotherapeutische Behandlung, zahnärztliche Behandlung, Versorgung mit Zahnersatz einschließlich Zahnkronen und Suprakonstruktionen, Versorgung mit Arznei-, Verband-, Heil- und Hilfsmitteln, häusliche Krankenpflege

872 Vgl. *Zuck*, Homöopathie und Verfassungsrecht, Rn 187.
873 *Zuck*, Homöopathie und Verfassungsrecht, Rn 141.
874 Vgl. *Zuck*, Homöopathie und Verfassungsrecht, Rn 140 f.
875 Hauck/Noftz/*Engelhard*, SGB V, § 87 Rn 259.
876 So aber *Zuck*, Homöopathie und Verfassungsrecht, Rn 141.
877 A.A. *Zuck*, Homöopathie und Verfassungsrecht, Rn 187.

und Haushaltshilfe, Krankenhausbehandlung und Leistungen zur medizinischen Rehabilitation und ergänzende Leistungen. Leistungen von Heilpraktikern sind nicht erfasst und somit aus der Versorgung ausgeschlossen.[878]

E. Das Wirtschaftlichkeitsgebot und seine Auswirkungen auf die besonderen Therapierichtungen

I. Allgemeines

1. Überblick

Wie alle Leistungen müssen auch die Leistungen der besonderen Therapierichtungen den Anforderungen des Wirtschaftlichkeitsgebots gemäß § 12 I 1, § 70 I 2 SGB V entsprechen.[879]

Um die Besonderheiten bei der Bewertung der Wirtschaftlichkeit von Leistungen der besonderen Therapierichtungen erörtern zu können, ist zunächst die bisher nicht abschließend geklärte und umstrittene Dogmatik des Wirtschaftlichkeitsgebots allgemein darzustellen. Nach Darstellung der einzelnen Kriterien ist jeweils zu erörtern, inwieweit im Hinblick auf § 2 I 2 SGB V Besonderheiten bei der Beurteilung bestehen.

2. Bedeutung des Wirtschaftlichkeitsgebots

Gemäß § 12 I 1 SGB V müssen Leistungen ausreichend, zweckmäßig und wirtschaftlich sein, dürfen das Maß des Notwendigen aber nicht überschreiten. Anderenfalls sind sie von der Versorgung durch die gesetzlichen Krankenkassen ausgeschlossen: Gemäß § 12 I 2 SGB V können sie von den Versicherten nicht beansprucht, von den Leistungserbringern nicht bewirkt und von den Krankenkassen nicht bewilligt werden. § 70 I 2 SGB V wiederholt die Anforderungen des Wirtschaftlichkeitsgebots und ergänzt, dass Leistungen auch in der fachlich gebotenen Qualität (s. hierzu VI) zu erbringen sind. Ob die Kriterien erfüllt sind, ist jeweils aus der Ex-Ante-Perspektive zu erörtern.[880]

Alle Kriterien sind jeweils im Hinblick auf das konkret angestrebte Ziel zu erörtern; abstrakte Erwägungen sind wenig zielführend. Der Begriff der „Zweckmäßigkeit" impliziert diese konkrete Finalität bereits, sie ist jedoch auch auf die anderen Kriterien zu erstrecken.[881] Auch „ausreichend", „notwendig" und „wirtschaftlich"

---

878 BSG, 15.04.1997, 1 RK 4/96, BSGE 80, 181 (juris-Rn 14).

879 Vgl. BSG, 14.12.2011, B 6 KA 29/10, BSGE 110, 20–34 (juris-Rn 34, 36); Hauck/Noftz/*Noftz*, SGB V, § 12 Rn 24 ff.; Peters/*Schmidt*, Handbuch der Krankenversicherung, § 27 SGB V Rn 307.

880 Vgl. BSG, 22.07.2004, B 3 KR 20/03 R, SozR 4–2500 § 112 Nr 3 (juris-Rn 16); KassKomm/*Roters*, SVR, § 12 SGB V Rn 18.

881 Vgl. BSG, 22.09.1981, 11 RK 10/79, BSGE 52, 134, 138.

kann eine Leistung nur im Hinblick auf einen konkreten Zweck sein.[882] Die Beurteilung der Kriterien im konkreten Fall obliegt zunächst den Leistungserbringern, insbesondere dem behandelnden Arzt. Anerkannt ist, dass es sich bei den Kriterien um unbestimmte Rechtsbegriffe handelt, deren Auslegung durch Ärzte und Krankenkassen ggf. von den Sozialgerichten überprüft werden kann.[883]

Die ärztliche Therapiefreiheit gebietet jedoch, dass der Arzt in gewissem Umfang frei entscheiden kann.[884] Regelmäßig wird dies als „ärztliches Ermessen" bezeichnet.[885] Dogmatisch handelt es sich jedoch nicht um Ermessen, sondern um einen unbestimmten Rechtsbegriff mit Beurteilungsspielraum:[886] Der Arzt entscheidet nach seiner Fachkenntnis und seinem Gewissen, welche Maßnahme er für zweckmäßig, notwendig, wirtschaftlich und ausreichend zum Eintritt eines Heilerfolgs hält.[887] Der Beurteilungsspielraum liegt auf der Seite des gesetzlichen Tatbestandes, nicht auf der Rechtsfolgenseite.[888] Ein echtes (Auswahl-)Ermessen kommt nur dann in Betracht, wenn mehrere verschiedene Maßnahmen den Anforderungen des § 12 SGB V insgesamt genügen.

Soweit die Beurteilung der Wirtschaftlichkeit nach § 135 I 1 SGB V Aufgabe des G-BA ist, kann der Arzt jedoch nicht einfach seine persönliche Beurteilung an die Stelle der des G-BA setzen.[889] Der Beurteilungsspielraum erstreckt sich daher nicht auf die generelle Zweckmäßigkeit einer Methode.[890] Dem Arzt verbleibt die Entscheidung, ob die vom G-BA vorgegebenen Voraussetzungen vorliegen (also ein Diagnosespielraum) und welche generell zweckmäßige (und wirtschaftliche) Leistung im konkreten Fall ausreichend, zweckmäßig, notwendig und wirtschaftlich ist.

Den Krankenkassen steht demgegenüber kein Beurteilungsspielraum zu.[891] Sie können sich im Gegensatz zum behandelnden Arzt nicht auf die Therapiefreiheit berufen und sind auch nicht wesentlich näher mit dem konkreten Sachverhalt befasst als die Gerichte.

---

882 Vgl. Hauck/Noftz/*Noftz*, SGB V, § 12 Rn 11, 21, 23.

883 BSG, 24.11.1983, 8 RK 6/82, SozR 2200 § 182 Nr. 93 (juris-Rn 20); Krauskopf/*Wagner*, Soziale Krankenversicherung, § 12 Rn 4; KKW/*Waltermann*, Sozialrecht, § 12 SGB V Rn 2.

884 LKL/*Katzenmeier*, Arztrecht, X Rn 60 f.

885 BSG, 09.02.1989, 3 RK 19/87, BSGE 64, 255 (juris-Rn 17); BeckOK-Sozialrecht/*Joussen*, § 12 SGB V Rn 7.

886 Vgl. Hauck/Noftz/*Noftz*, SGB V, § 12 Rn 15.

887 *Estelmann/Eicher*, SGb 1991, 247; auf die Zweckmäßigkeit beschränkt Hauck/Noftz/*Noftz*, SGB V, § 12 Rn 15.

888 *Bullinger*, JZ 1984, 1001, 1003; *Mrozynski*, SGB I, § 39 Rn 10.

889 BSG, 16.09.1997, 1 RK 28/95, BSGE 81, 54; KassKomm/*Roters*, SVR, § 12 SGB V Rn 13.

890 Vgl. JurisPK/*Engelmann*, SGB V, Rn 54 ff.

891 BeckOK-Sozialrecht/*Joussen*, § 12 SGB V Rn 2.

3. Dogmatik

Die Dogmatik des Wirtschaftlichkeitsgebots und das Verhältnis der einzelnen Tatbestandsmerkmale kann nur in Ansätzen als geklärt betrachtet werden. Die gängigen Definitionen der einzelnen Merkmale sind oft sehr allgemein und wenig aussagekräftig; sie eignen sich dementsprechend kaum zur Unterscheidung der einzelnen Merkmale und zum Erreichen eines praktikablen Prüfungsaufbaus.[892] Regelmäßig wird daher eine Abgrenzung der einzelnen Merkmale abgelehnt und stattdessen eine Gesamtbetrachtung befürwortet.[893] Der Gesetzeswortlaut der §§ 12 I 1 und 70 I 2 SGB V weist hingegen in eine andere Richtung. Dort wird nicht allgemein von Wirtschaftlichkeit gesprochen, sondern verlangt, die Leistung müsse ausreichend, zweckmäßig und wirtschaftlich sein, dürfe aber das Maß des Notwendigen nicht überschreiten. Die Nennung der einzelnen Merkmale spricht gegen eine Gesamtbetrachtung. Eine solche käme nur in Betracht, wenn eine Beurteilung der Einzelelemente ganz und gar unmöglich schiene.

Ein gewichtigeres Argument gegen eine einheitliche Behandlung ohne Betrachtung der einzelnen Kriterien ist das hohe Maß an Rechtsunsicherheit, das hiermit verbunden ist. Ohne klare Kriterien könnte allenfalls durch eine umfassende Kasuistik – die außerhalb des Anwendungsbereiches des § 135 I 1 SGB V angesichts der steten Weiterentwicklung des Forschungsstandes niemals erreicht werden könnte – ein annehmbares Maß an Rechtssicherheit erreicht werden. Dem Ziel „hoher juristischer Operabilität"[894] wird hierdurch nicht genüge getan.

Vorweggenommen sei, dass eine exakte Bestimmung der einzelnen Merkmale nicht erreicht werden kann und es sich bei allen Versuchen nur um eine Annäherung handeln kann.[895] Diese Erkenntnis soll jedoch nicht dem Versuch entgegenstehen: Auch eine unvollkommene Klärung der Struktur ist der Rechtssicherheit förderlich. Ziel ist nicht vollständige Rechtssicherheit – ein Ziel, das ohnehin kaum jemals erreichbar ist – sondern größtmögliche Rechtssicherheit.

Nach hM ist der Begriff der Wirtschaftlichkeit als Oberbegriff aller Einzelkriterien anzusehen.[896] Keinerlei Bedenken bestehen hinsichtlich der Einordnung der Elemente der Zweckmäßigkeit und Notwendigkeit als Bestandteile des Wirtschaftlichkeitsgebots. Eine unzweckmäßige oder nicht notwendige Leistung ist stets als unwirtschaftlich anzusehen.[897] Nicht völlig zweifelsfrei erscheint die Zuordnung

---

892 Eichenhofer/Wenner/*Ulmer*, SGB V, § 2 Rn 17.

893 Becker/Kingreen/*Scholz*, SGB V, § 12 Rn 7; BeckOK-Sozialrecht/*Joussen*, Sozialrecht, § 12 SGB V Rn 8. Die Rechtsprechung tendiert ebenfalls in diese Richtung, legt sich aber nicht so eindeutig auf eine Gesamtbetrachtung der Merkmale fest, wie dies in der Literatur unterstellt wird; vgl. BSG, 22.09.1981, 11 RK 10/79, BSGE 52, 134, 139; BSG, 17.01.1996, 3 RK 38/94, SozR 3–2500 § 33 Nr. 18 (juris-Rn 19).

894 *Rixen*, Sozialrecht als öffentliches Wirtschaftsrecht, S. 166.

895 Vgl. BSG, 29.05.1962, 6 RKa 24/59, BSGE 17, 79 (juris-Rn 47 ff.).

896 Vgl. BSGE 17, 79 (juris-Rn 47); 26, 16, 20; KassKomm/*Roters*, SVR, § 12 SGB V Rn 23.

897 BSG, 29.05.1962, 6 RKa 24/59, BSGE 17, 79 (juris-Rn 47).

der Anforderung, dass die Leistung ausreichend sein muss, zum Wirtschaftlichkeitsgebot: Die Frage, ob eine Leistung zu einem Zweck ausreicht, ist nicht unbedingt auf das Ziel der Wirtschaftlichkeit ausgerichtet (näher II).

Die Elemente des Wirtschaftlichkeitsgebots ähneln in ihrer Struktur den Elementen des allgemeinen Verhältnismäßigkeitsgrundsatzes.[898] Die Zweckmäßigkeit entspricht hierbei der Geeignetheit[899] und die Notwendigkeit der Erforderlichkeit.[900] Eine Prüfung der Angemessenheit bzw. Verhältnismäßigkeit im engeren Sinne findet hingegen zumindest im Grundsatz nicht statt. Dennoch weist das Kriterium der Wirtschaftlichkeit i.e.S.[901] in eine ähnliche Richtung:[902] Die Kosten-Nutzen-Relation wird hier nach Feststellung der Zweckmäßigkeit und Notwendigkeit einer – verglichen mit der Angemessenheitsprüfung im Staatsrecht sehr großzügigen – Prüfung unterzogen.[903]

Dass eine Leistung auch ausreichend sein muss, ist ein Grundsatz, den das allgemeine staatsrechtliche Verhältnismäßigkeitsprinzip nicht kennt. Die Überlegung, ob ein Eingriff zur Erreichung eines Ziels ausreichend ist, kommt zwar etwa bei der Erfüllung von Schutzpflichten[904] und Leistungsgrundrechten in Betracht, steht aber in keinem unmittelbaren Zusammenhang zur Verhältnismäßigkeit. Zweck des Kriteriums der ausreichenden Leistung ist die Sicherstellung eines Mindeststandards.[905] Der im Kern verfolgte Zweck ist also – im Gegensatz zu den anderen Kriterien – nicht die Sicherstellung der Wirtschaftlichkeit der Gesetzlichen Krankenversicherungen und der Erhalt ihrer Leistungsfähigkeit, sondern der Schutz des Patienten vor unzureichender Behandlung. Dieser Mindeststandard wirkt also in entgegengesetzter Richtung als das Wirtschaftlichkeitsgebot.

Dies hat Konsequenzen für die Rechtsfolge. Ist eine Leistung zweckmäßig, aber nicht ausreichend, widerspräche es dem Zweck der Norm, dem Patienten unter Berufung hierauf die Erstattung der Leistung zu verweigern. So verstanden handelt es sich bei dem Kriterium der ausreichenden Leistung nicht um ein Tatbestandsmerkmal, sondern im Gegenteil um eine Schranke des Wirtschaftlichkeitsgebots (näher II).[906]

---

898 *Greiner/Benedix*, SGb 2013, 1, 2 f.; vgl. auch BSGE 30, 292, 316 f.

899 Vgl. BVerfGE 64, 255, 256 f.; JurisPK/*Engelmann*, SGB V, § 12 Rn 52.

900 Vgl. BSG, 26.10.1982, 3 RK 16/81, SozR 2200, § 182b Nr 25 (juris-Rn 14).

901 Als Abgrenzung zur Wirtschaftlichkeit i.w.S., welche die Erfüllung des Wirtschaftlichkeitsgebots als Ganzes umschreibt.

902 Vgl. BSGE 30, 292, 316 f.

903 BSGE 52, 70, 75; Hauck/Noftz/*Noftz*, SGB V, § 12 Rn 23; *Greiner/Benedix*, SGb 2013, 1, 5.

904 Vgl. BVerfG, 25.02.1972, 1 BvF 1/74 u.a., BVerfGE 39, 1 (juris-Rn 153).

905 Hauck/Noftz/*Noftz*, SGB V, § 12 Rn 18; BHR/*Greiner*, Gesundheitsrecht, § 12 SGB V Rn 7; KKW/*Waltermann*, Sozialrecht, § 12 SGB V Rn 3; Spickhoff/*Trenk-Hinterberger*, Medizinrecht, § 12 SGB V Rn 4.

906 Näher *Greiner/Benedix*, SGb 2013, 1; BHR/*Greiner*, Gesundheitsrecht, § 12 SGB V Rn 8.

Die in § 70 I 2 SGB V genannte fachlich gebotene Qualität findet in § 12 SGB V keine Entsprechung. Hieraus ist zu entnehmen, dass diese Anforderung neben dem Wirtschaftlichkeitsgebot steht.[907] Dies wird durch die amtliche Überschrift des § 70 SGB V bestätigt, die Qualität, Humanität und Wirtschaftlichkeit nebeneinander als drei verschiedene Gesichtspunkte aufführt. Der Gesichtspunkt der Qualität wird dementsprechend im Anschluss an das Wirtschaftlichkeitsgebot behandelt (s. VI).

II. Das Kriterium der ausreichenden Leistung als Schranke des Wirtschaftlichkeitsgebots

1. *Ausreichende Leistung als Mindeststandard*

a) *Eigenständige Bedeutung gegenüber der Zweckmäßigkeit*

Nach § 12 I 1 SGB V müssen Leistungen ausreichend sein. Die Auflistung gemeinsam mit den anderen Kriterien legt nahe, dass ein enger Zusammenhang zwischen dem Maß des Ausreichenden und dem eigentlichen Wirtschaftlichkeitsgebot besteht. So wird in Literatur und Rechtsprechung regelmäßig betont, wie eng die einzelnen Kriterien zusammenhingen.[908]

Inwieweit die Merkmale „ausreichend“ und „zweckmäßig“ überhaupt unterschiedliche Anforderungen aufstellen, ist streitig. Vertreten wird einerseits, ein Unterschied sei überhaupt nicht gegeben. Eine ausreichende Leistung sei stets auch zweckmäßig, eine zweckmäßige umgekehrt auch ausreichend.[909] Dem ist entgegenzuhalten, dass der Gesetzgeber beide Merkmale in die Definition der Wirtschaftlichkeit aufgenommen hat. Dass dem Gesetzgeber die Redundanz eines Tatbestandsmerkmals entgangen ist, lässt sich zwar nicht ausschließen, sollte jedoch nicht voreilig unterstellt werden.

Nach einer anderen Auffassung wird die Zweckmäßigkeit rein qualitativ bestimmt, während einer ausreichenden Leistung auch eine quantitative Komponente zukomme. Eine Leistung sei zweckmäßig, wenn sie generell geeignet sei, den angestrebten Heilerfolg zu bewirken. Ausreichend sei sie hingegen nur, wenn auch die gewählte Dosis hinreichend sei.[910] Dies überzeugt nur bedingt. Ob eine Leistung im konkreten Fall ausreichend und zweckmäßig ist, kann nur ermittelt werden, wenn alle Modalitäten der Leistung bestimmt sind. Ist die Verabreichung etwa eines Arzneimittels in einer bestimmten Dosis zum Erreichen eines bestimmten Erfolges nicht ausreichend, dann ist sie auch ungeeignet, also unzweckmäßig. Freilich ist aus Ex-Ante-Perspektive die Dosis, unterhalb derer der angestrebte Erfolg nicht

---

907 Vgl. Becker/Kingreen/*Scholz*, SGB V, § 70 SGB V Rn 2; Hauck/Noftz/*Klückmann*, SGB V, § 70 Rn 8 ff.; *Greiner*/*Benedix*, SGb 2013, 1.

908 Vgl. BSG, 29.05.1962, 6 RKa 24/59, BSGE 17, 79 (juris-Rn 47); *Töns*, DOK 1977, 451, 452; *Neugebauer*, Wirtschaftlichkeitsgebot, S. 67.

909 Vgl. *Töns*, DOK 1977, 451, 452; *ders.*, BKK 1980, 231.

910 *Neugebauer*, Wirtschaftlichkeitsgebot, S. 67; *Geers*, SGb 1983, 55, 56.

eintreten wird, regelmäßig nicht eindeutig bestimmbar. Da jedoch beide Kriterien, Zweckmäßigkeit und das Maß des Ausreichenden *ex ante* zu beurteilen sind, ergibt sich hieraus kein Unterscheidung beider Kriterien. Dasselbe gilt letztlich auch für den Bereich der Heilmittel. Hier ist eher als bei Arzneimitteln mit einem Zusammenhang zwischen Quantität der Behandlung und einem besseren Erfolg zu rechnen, dass also tatsächlich der Gedanke „Viel hilft viel“ zutrifft. Z.B. ist es vorstellbar, dass ein zu geringes Maß an krankengymnastischen Behandlungen zu einer geringeren Verbesserung der Beweglichkeit des Patienten führt als häufigere Behandlungen. Aus der Ex-Ante-Perspektive gilt jedoch auch hier, dass eine bestimmte Quantität für zweckmäßig erachtet wird, ein bestimmtes Behandlungsziel zu erreichen. Ergeben sich aus dem Behandlungsverlauf neue Erkenntnisse, beeinflussen diese die wiederum aus der Ex-Ante-Perspektive zu treffende Bewertung, ob zukünftige weitere Leistungen ausreichend und zweckmäßig sind.

Offensichtlichere Unterschiede treten zu Tage, wenn nicht allein der Wortsinn der Begriffe „zweckmäßig“ und „ausreichend“ in Blick genommen, sondern der damit verfolgte Zweck eruiert wird. Unzweckmäßige Leistungen sind von der gesetzlichen Krankenversorgung ausgenommen, da sie keine – zumindest keine über einen Placebo-Effekt hinausgehenden – Aussichten auf einen Heilerfolg bieten, andererseits aber Kosten verursachen. Das Merkmal der Zweckmäßigkeit wird zu Recht als ein Element des Wirtschaftlichkeitsgebots angesehen: Eine Maßnahme ohne feststellbaren Nutzen kann niemals eine positive Kosten-Nutzen-Bilanz aufweisen.[911] Das Merkmal „ausreichend“ verfolgt hingegen einen anderen Zweck. Die Leistungen sollen zur Erreichung des Heilerfolges ausreichen. Dies dient dem Schutz des Patienten davor, dass seine Leistungsansprüche aus reinen Wirtschaftlichkeitserwägungen hinter demjenigen Niveau zurückbleiben, das zum Heilerfolg notwendig[912] erscheint. In diesem Sinne wird der Begriff „ausreichend“ auch bei der Bewertung von Festbeträgen i.S.d. § 12 II SGB V verwendet: Der Festbetrag muss im Allgemeinen eine ausreichende Versorgung gewährleisten.[913]

Während die eigentlichen Merkmale des Wirtschaftlichkeitsgebots, Zweckmäßigkeit, Notwendigkeit und Wirtschaftlichkeit i.e.S., die GKV vor unbotmäßigen Belastungen schützen sollen, gewährleistet das Merkmal „ausreichend“ als Schranke des Wirtschaftlichkeitsgebots einen Mindeststandard zum Schutze des Patienten.[914] Das Merkmal „ausreichend“ begrenzt somit die Möglichkeit einer Einschränkung aus reinen Wirtschaftlichkeitsüberlegungen.[915] Die regelmäßig

911 BSGE 17, 79 (juris-Rn 47).

912 Notwendig ist hier in einem untechnischen Sinne zu verstehen; zum Verhältnis der Begriffe „notwendig“ und „ausreichend“ s.u., b.

913 BSG, 17.12.2008, B 3 KR 20/08 R, SGb 2010, 719; BSG, 03.07.2012, B 1 KR 22/11 R, BSGE 111, 146.

914 Vgl. Hauck/Noftz/*Noftz*, SGB V, § 12 Rn 18; BHR/*Greiner*, Gesundheitsrecht, § 12 SGB V Rn 7; KKW/*Waltermann*, Sozialrecht, § 12 SGB V Rn 3; Spickhoff/*Trenk-Hinterberger*, Medizinrecht, § 12 SGB V Rn 4.

915 So auch *Carlson*, Leistungsausschlüsse, S. 76; *Steffen* in FS Geiß, S. 487, 494 ff.

verwendete Formel von der „Doppelnatur“ bzw. doppelten Funktion des Wirtschaftlichkeitsgebots[916] ist somit unscharf: Das eigentliche Wirtschaftlichkeitsgebot schützt allein das Solidarinteresse der Versichertengemeinschaft an einer möglichst günstigen Kosten-Nutzen-Relation. Ihm wird jedoch das entgegengesetzte Prinzip der ausreichenden Leistung gegenübergestellt, die das Individualinteresse des jeweiligen Versicherten schützt. Infolgedessen kann der Patient über dieses allein ihn begünstigende Kriterium disponieren, soweit auch seine hierdurch geschützten Grundrechte dispositiv sind.

b) Eigenständige Bedeutung gegenüber der Notwendigkeit

Von Teilen der Literatur wird vertreten, dass auch „mehr als ausreichende“ Leistungen durch dieses Merkmal untersagt seien.[917] Der Wortsinn gebietet dies aber nicht. Zudem würde der Unterschied zur Notwendigkeit vollends verwischt; eine eigenständige Bedeutung jenes Kriteriums wäre nicht mehr erkennbar.[918] Das Kriterium ist demnach nicht so zu verstehen wie die gleichnamige Schulnote.[919]

Die Begriffe „notwendig“ und „ausreichend“ knüpfen beide an dieselbe Fragestellung an, nämlich inwieweit die Leistung zum konkreten Behandlungsziel erforderlich ist. Hierbei bildet die Notwendigkeit ein Übermaßverbot, das Maß des Ausreichenden ein Untermaßverbot: Notwendig ist nur, was das Maß des Erforderlichen nicht (signifikant) überschreitet, ausreichend, was das Maß des Erforderlichen nicht (signifikant) unterschreitet. Dass nur signifikante Abweichungen Berücksichtigung finden, führt dazu, dass zwischen dem nicht Ausreichenden und dem nicht Notwendigen ein Korridor besteht,[920] in dem durchaus verschiedene Maßnahmen und Leistungen liegen können.

c) Zwischenergebnis

Selbständige Bedeutung hat das Merkmal „ausreichend“ etwa in folgender Konstellation: Der Patient kann ggf. – in Absprache mit dem Arzt – auf eine Leistung verzichten und eine weniger erfolgversprechende wählen. Dies kann gerade bei besonderen Therapierichtungen Bedeutung erlangen, etwa wenn eine alternative Behandlungsmethode nicht dieselben Erfolgsaussichten verspricht wie eine verfügbare

---

916 Etwa Hauck/Noftz/*Noftz*, SGB V, § 12 Rn 11; KassKomm/*Roters*, SVR, § 12 SGB V Rn 2.

917 BeckOK-Sozialrecht/*Joussen*, § 12 SGB V Rn 4; Peters/*Peters*, Handbuch der Krankenversicherung, § 12 SGB V Rn 30; wohl in dieser Richtung, aber in sich widersprüchlich Becker/Kingreen/*Scholz*, SGB V, § 12 Rn 8.

918 HM; KassKomm/*Roters*, SVR, § 12 SGB V Rn 26; JurisPK/Engelhard, SGB V, § 12 Rn 50; näher *Greiner/Benedix*, SGb 2013, 1, 3.

919 Hauck/Noftz/*Noftz*, SGB V, § 12 SGB V Rn 18; BHR/*Greiner*, Gesundheitsrecht, § 12 SGB V Rn 27; *Greiner/Benedix*, SGb 2013, 1, 3.

920 Vgl. *Rixen*, Sozialrecht als öffentliches Wirtschaftsrecht, S. 168; KassKomm/*Roters*, SVR, § 12 SGB V Rn 27.

Methode der Schulmedizin. In dieser Konstellation sind beide Behandlungsmethoden zweckmäßig, da sie beide eine – wenn auch unterschiedliche große – Heilungsaussicht versprechen. Ist die erfolgversprechendere Methode zugleich die kostenintensivere, sind auch beide Methoden als notwendig anzusehen (näher IV 4).

So verstanden ist das Merkmal „ausreichend" im Vergleich zu den eigentlichen Bestandteilen des Wirtschaftlichkeitsgebots eher abstrakt zu betrachten. „Ausreichend" ist nicht, was im Hinblick auf einen konkreten Heilerfolg ausreicht, sondern was im Hinblick auf den allgemeinen Gesundheitszustand und das Wohlbefinden des Patienten und die medizinischen Möglichkeiten vertretbar erscheint. Eine ausreichende Versorgung ist dann nicht mehr gewährleistet, wenn eine für den konkret angestrebten Heilerfolg nicht unerheblich geeignetere Leistung ausgeschlossen wird.[921] Allerdings ist nicht allein maßgeblich, ob der Unterschied hinsichtlich der Geeignetheit für einen bestimmten Heilungserfolg erheblich ist, sondern auch, ob der angestrebte Heilungserfolg selbst erheblich ist. Ist dies nicht der Fall, kann das Ziel eines Mindeststandards im Einzelfall hinter Wirtschaftlichkeitserwägungen zurücktreten. Ist mit einer Leistung nur die Hoffnung auf eine geringfügige Verbesserung des Gesundheitszustands verbunden, rechtfertigt dies keine unbegrenzt hohen Kosten.

2. *Mindeststandard und besondere Therapierichtungen*

Kommt eine (zweckmäßige) Methode einer besonderen Therapierichtung in Betracht, besteht aber eine schulmedizinische Methode, die eine bessere Heilungsaussicht bietet, erscheint fraglich, ob die Methode der besonderen Therapierichtung ausreichend sein kann.

Da das Kriterium des Ausreichenden aber einen Mindeststandard festsetzt, und allein dem Schutz des Versicherten dient, kann der Versicherte – in Absprache mit dem Arzt und nach gründlicher Aufklärung und Beratung[922] – auf die schulmedizinische Methode verzichten und eine (zweckmäßige, notwendige und wirtschaftliche) Methode mit geringer Heilungsaussicht wählen.

Wird eine Methode einer besonderen Therapierichtung komplementär eingesetzt, also neben einer schulmedizinischen Behandlung,[923] stellt sich die Frage, ob die komplementäre Leistung ausreichend ist, nicht. Ausreichend muss das Gesamtmaß der Behandlung sein. Zu prüfen ist in diesem Falle aber, ob die Leistung auch neben der schulmedizinischen Methode zweckmäßig und notwendig ist.

---

921 *Carlson*, Leistungsausschlüsse, S. 78.

922 Die Verletzung von Aufklärungs- und Beratungspflichten führt jedoch nicht zum Ausschluss der Leistung aus der Versorgung durch die GKV. Gegebenenfalls kommt aber eine Haftung des Arztes für hieraus entstandene Schäden oder sogar eine Strafbarkeit in Betracht (vgl. Kap. 7 A III, B).

923 *Prang*, Alternativmedizin, S. 20.

III. Zweckmäßigkeit von Leistungen im Bereich der besonderen Therapierichtungen

1. Allgemeines

Nach seinem Wortsinn beschreibt der Begriff der Zweckmäßigkeit die Eignung zur Erreichung eines konkreten Zwecks.[924] Der Begriff ist auch aus dem Verwaltungsrecht bekannt, wo er regelmäßig mit dem der Rechtmäßigkeit einhergeht und von diesem abzugrenzen ist.[925] Dort umfasst er diejenigen Merkmale einer Verwaltungsentscheidung, die nicht gerichtlich überprüfbar sind.[926] Es liegt auf der Hand, dass dieser Begriff der Zweckmäßigkeit für die Wirtschaftlichkeitsprüfung nur von eingeschränktem Wert ist. Anders als im Verwaltungsrecht ist die Zweckmäßigkeit im Sinne des Wirtschaftlichkeitsgebots im Grundsatz gerichtlich voll überprüfbar.[927] Schon dies legt nahe, dass der Begriff der Zweckmäßigkeit hier in einem anderen Sinne zu verstehen ist. Die Rechtmäßigkeit der Leistungen steht in keinem Zusammenhang mit der Zweckmäßigkeitsprüfung. Der Aspekt einer dogmatischen Trennung zwischen Recht- und Zweckmäßigkeit spielt in diesem Zusammenhang keine Rolle.

Der Begriff der Zweckmäßigkeit als Bestandteil des Wirtschaftlichkeitsbegriffs ist daher in einem anderen, enger an das natürliche Begriffsverständnis angelehnten Sinne zu verstehen. Zweckmäßig ist eine Leistung dann, wenn sie sich eignet, den konkret verfolgten medizinischen Zweck zu erreichen.[928] Als Zweck kommen die in §§ 1, 27 SGB V aufgezählten Ziele in Betracht.[929] Zweckmäßigkeit kann somit praktisch als Synonym der Geeignetheit zu einem konkreten medizinischen Zweck betrachtet werden. Dementsprechend wird auch im Recht der privaten Krankenversicherungen die Zweckmäßigkeit als „Geeignetheit" bezeichnet (näher Kap. 5 B II 2 c bb).[930]

Der Begriff der Zweckmäßigkeit steht somit in einem engen Zusammenhang mit dem der Wirksamkeit. Vertreten wird einerseits, dass die beiden Begriffe deckungsgleich seien,[931] andererseits, dass der Begriff der Wirksamkeit nur Vorfrage sei. In letzterem Sinne wird Wirksamkeit abstrakter verstanden, nämlich als die generelle Fähigkeit, unter bestimmten Bedingungen eine bestimmte bzw. bestimmbare klinisch relevante Wirkung zu erzielen.[932] Die letztere Ansicht ist vorzugswürdig. Der Begriff der Wirksamkeit wird an anderer Stelle, etwa im AMG, verwendet, ohne dass ein konkreter Zweck bestimmt wäre. Wirksamkeit ist aber im Gegensatz zur reinen

---

924 Vgl. JurisPK/*Engelmann*, SGB V, § 12 Rn 52.
925 *Neugebauer*, Wirtschaftlichkeitsgebot, S. 35 f.
926 *Neugebauer*, Wirtschaftlichkeitsgebot, S. 36.
927 Vgl. *Neugebauer*, Wirtschaftlichkeitsgebot, S. 62.
928 JurisPK/*Engelhard*, SGB V, § 12 Rn 52; BHR/*Greiner*, Gesundheitsrecht, § 12 SGB V Rn 9; vgl. BSG, 22.07.1981, 3 RK 50/79, BSGE 52, 70 (juris-Rn 27).
929 *Neugebauer*, Wirtschaftlichkeitsgebot, S. 64; *Geers*, SGb 1983, 55, 56.
930 Vgl. BGH, 10.07.1996, IV ZR 133/95, VersR 1996, 1224 (juris-Rn 18).
931 *Neugebauer*, Wirtschaftlichkeitsgebot, S. 36 f.
932 Hauck/Noftz/*Noftz*, SGB V, § 12 Rn 27.

Wirkung auf eine bestimmte Indikation bezogen;[933] nur ist das konkret angestrebte Therapieziel weniger genau bestimmt als bei der Zweckmäßigkeit.

Von Teilen der Literatur wird auch vertreten, dass der Begriff der Zweckmäßigkeit einen „komparativen" Charakter habe.[934] Nach diesem Verständnis ist nur die jeweils zweckmäßigste Leistung zweckmäßig im Sinne des Wirtschaftlichkeitsgebots. Je nachdem, wie spezifisch das medizinische Ziel bestimmt wird, wäre das Maß der Zweckmäßigkeit einer Leistung ggf. unterschiedlich zu beurteilen. Ist es etwa das Ziel, dass ein Krankheitserreger nicht mehr nachweisbar ist, lässt sich zumindest *ex post* eindeutig sagen, ob das Ziel erreicht wurde, auch wenn dies nicht zwingend auch einen Rückschluss auf den Kausalzusammenhang gestattet. „Zweckmäßiger" kann in diesem Sinne nur eine Leistung mit höherer Erfolgsaussicht sein. Ist das Ziel eher dynamisch bestimmt, z.B. die Sehfähigkeit des Patienten bestmöglich wiederherzustellen oder Schmerz weitestgehend zu lindern, lässt sich demgegenüber sagen, dass die Leistung mit der (voraussichtlich) umfassendsten Wirkung die zweckmäßigste ist.

Diese Auffassung überdehnt jedoch den Begriff der Zweckmäßigkeit unnötig und führt dazu, dass die einzelnen Kriterien unklar werden und einer „Gesamtbetrachtung" geopfert werden.[935] Die Überlegung, dass eine andere Leistung für das Erreichen des angestrebten Heilerfolges besser eignet, kann nach dem Wortsinn dazu führen, dass die Methode nicht „ausreichend" ist, unzweckmäßig wird sie jedoch nicht. Die Auffassung ist auch schwer mit dem Gedanken der Therapiefreiheit und -vielfalt in Einklang zu bringen. Der Arzt kann jedenfalls dann nicht verpflichtet sein, jeweils die zweckmäßigste Leistung zu wählen, wenn der Patient diese Leistung ablehnt. Dieses Ergebnis ergibt sich bereits aus der Dogmatik selbst, wenn man diese Fragestellung nicht der Zweckmäßigkeit, sondern dem aus Patientensicht dispositiven Kriterium des Ausreichenden zuordnet. Welche von mehreren isoliert betrachtet zweckmäßigen Leistungen die „richtige", also „zweckmäßigste" ist, lässt sich am besten im Wechselspiel zwischen dem Maß des Ausreichenden auf der einen Seite und der Notwendigkeit und Wirtschaftlichkeit i.e.S. auf der anderen Seite ermitteln.

2. Maßstab der Zweckmäßigkeit bei Leistungen der besonderen Therapierichtungen

Die in § 12 I SGB V aufgestellten Kriterien finden auch für die besonderen Therapierichtungen Anwendung.[936] Auch eine Leistung, die einer besonderen Therapierichtung zuzurechnen ist, muss demnach zweckmäßig sein. Fraglich ist jedoch,

---

933 *Rehmann*, AMG, § 25 Rn 7.

934 *Neugebauer*, Wirtschaftlichkeitsgebot, S. 65; *Töns*, DOK 1980, 231; *ders.*, DOK 1980, 769, 772; *Biehl/Ortwein*, SGb 1991, 529, 531.

935 Vgl. zur Parallelproblematik im Arztstrafrecht *Siebert*, MedR 1983, 216, 219; *Tamm*, Außenseitermethoden, S. 160.

936 KassKomm/*Roters*, SVR, § 12 SGB V Rn 53.

wie die Zweckmäßigkeit zu bestimmen ist. Der Maßstab für die Zweckmäßigkeit ergibt sich aus § 2 I SGB V.[937] Grundsätzlich ist der allgemein anerkannte Stand der medizinischen Erkenntnisse nach § 2 I 3 SGB V maßgeblich. Dieser wird durch die Richtlinien des G-BA konkretisiert (s. B III 1 a cc (2), C).

Die Evidenzkriterien hinsichtlich der Wirksamkeit sind bei Methoden der besonderen Therapierichtungen – zumindest soweit es sich um homöopathische oder anthroposophische Methoden handelt – regelmäßig nicht erfüllt. Hierin liegt eine Konkretisierung des bereits diskutierten Problems der Konkordanz zwischen § 2 I S. 2 und S. 3 SGB V. Die Zweckmäßigkeitsprüfung weist hierbei nur geringfügige Besonderheiten auf. Zweckmäßig ist eine Leistung, die nach dem allgemein anerkannten Stand der medizinischen Erkenntnisse geeignet ist, den angestrebten Heilerfolg zu bewirken. Wie bereits festgestellt (s.o., B III 3 e aa), muss im Falle der besonderen Therapierichtungen entweder die Anwendung der Leistung selbst zur Behandlung der vorliegenden Krankheit dem allgemein anerkannten Stand der medizinischen Erkenntnisse entsprechen oder müssen zumindest die zum Beleg herangezogenen Studien allgemein anerkannten wissenschaftlichen Standards genügen.

Soweit nicht ausnahmsweise eine Leistung einer besonderen Therapierichtung von der Schulmedizin allgemein anerkannt wird oder Studien einer entsprechend hohen Evidenzklasse vorliegen, verbleiben für die besonderen Therapierichtungen nur Bereiche, in denen entsprechende anerkannte Methoden fehlen. Die Feststellung dieser generellen Zweckmäßigkeit obliegt grundsätzlich dem G-BA und ist nur eingeschränkt gerichtlich überprüfbar (zum Systemversagen s. F II).[938]

Ist eine Leistung nach all dem generell zweckmäßig, obliegt dem Arzt die Entscheidung, ob auch individuelle Zweckmäßigkeit vorliegt.[939] Die Therapiefreiheit des Arztes verbietet hierbei gerade bei der Konkurrenz von Leistungen verschiedener Therapierichtungen eine zu große Einschränkung. Entsprechend den Grundsätzen der Beurteilungsermächtigung bzw. Einschätzungsprärogative von Behörden[940] ist auch die Entscheidung des Arztes nur auf die Beachtung etwaiger Verfahrensvorschriften, vollständiger Sachverhaltsermittlung, richtiger Auslegung höherrangigen Rechts – konkret insbesondere der Richtlinien des G-BA –, allgemeingültiger Bewertungsgrundsätze und die Berücksichtigung sachwidriger Gesichtspunkte zu prüfen.[941] Die Therapiefreiheit schlägt hier insoweit zu Buche, als dass die Präferenz des Patienten oder des Arztes für eine bestimmte Therapierichtung kein sachwidriger Grund ist.

---

937 KassKomm/*Roters*, SVR, § 12 SGB V Rn 28; Hauck/Noftz/*Noftz*, SGB V, § 12 Rn 28; BHR/*Greiner*, Gesundheitsrecht, § 12 SGB V Rn 6.

938 JurisPK/Engelhard, SGB V, § 12 Rn 54, 67.

939 JurisPK/Engelhard, SGB V, § 12 Rn 54.

940 Vgl. Mrozyinski, SGB I, § 39 Rn 15.

941 Vgl. Mann/Sennekamp/Uechtritz/*Schönenbroicher*, VwVfG, § 40 Rn 100 f.

IV. Notwendigkeit von Leistungen im Bereich der besonderen Therapierichtungen

1. Allgemeines

Nach einer verbreiteten, auch vom BSG verwandten Formel sind diejenigen Leistungen notwendig, die nach Art und Umfang für die Erreichung des Ziels „zwangsläufig, unentbehrlich oder unvermeidlich“[942] oder auch „unverzichtbar“[943] sind. All diesen Begriffen ist gemein, dass sie zur Klärung mangels tragfähiger anerkannter Definition nur wenig beitragen. Sie sind tautologisch und lassen sich kaum sinnvoll voneinander abgrenzen.[944]

Letztlich handelt es sich bei dem Kriterium der Notwendigkeit um nichts anderes als das Pendant zur Erforderlichkeit,[945] deren Definition aus dem Staats- und Verwaltungsrecht hinlänglich bekannt und dort auch unumstritten ist.[946] Notwendig ist demnach eine Leistung, wenn sie zur Erreichung des angestrebten medizinischen Ziels[947] erforderlich ist, wenn also zum Erreichen dieses Zweckes kein milderes gleich geeignetes Mittel zur Verfügung steht.[948] Das Notwendigkeitsprinzip ist folglich als Übermaßverbot konzipiert.[949] Die Beschränkung auf medizinische Ziele bedeutet auch, dass Ziele, die nicht unmittelbar mit der Gesundheit oder einem elementaren Lebensbedürfnis des täglichen Lebens zusammenhängen, nicht erfasst sind.[950] Soll ein soziales oder berufliches Ziel erreicht werden, ist dies nicht notwendig i.S.d. Wirtschaftlichkeitsgebots.[951]

Eindeutig zu trennen sind diese Ziele jedoch nicht immer. Umstritten ist etwa, inwieweit soziale Grundbedürfnisse wie ein Mindestmaß der Teilhabe am

---

942 BSG, 26.10.1982, 3 RK 28/82, SozR 2200 § 182b Nr 26 (juris-Rn 12); Hauck/Noftz/*Noftz*, SGB V, § 12 Rn 21; Peters/*Peters*, Handbuch der Krankenversicherung, § 12 SGB V Rn 32.

943 KassKomm/*Roters*, SVR, § 12 SGB V Rn 39.

944 Vgl. *Greiner/Benedix*, SGb 2013, 1, 4.

945 So auch BSG, 16.04.1998, B 3 KR 6/97 SozR 3–2500 § 33 Nr. 26 (juris-Rn 12); ähnlich Hauck/Noftz/*Noftz*, SGB V, § 12 Rn 21; JurisPK/*Engelhard*, SGB V, § 12 Rn 79 ff.; näher *Greiner/Benedix*, SGb 2013, 1, 4.

946 Vgl. nur BVerfG, 14.07.1999, 1 BvR 2226/94, 1 BvR 2420/95, 1 BvR 2437/95, BVerfGE 100, 313, 375 (juris-Rn 219); Maunz/Dürig/*Grzeszick*, GG, Art. 20 Rn 113.

947 Genauer: Zur Erreichung einer bestimmten Erfolgsaussicht im Hinblick auf das angestrebte Ziel.

948 BSGE 105, 170, 178.

949 Hauck/Noftz/*Noftz*, SGB V, § 12 Rn 21.

950 BSG, 26.10.1982, 3 RK 16/81, SozR 2200 § 182b Nr 25 (juris-Rn 14); Hauck/Noftz/*Noftz*, SGB V, § 12 Rn 21; KassKomm/*Roters*, SVR, § 12 SGB V Rn 39; BHR/*Greiner*, Gesundheitsrecht, § 12 SGB V Rn 15.

951 Vgl. *Neugebauer*, Wirtschaftlichkeitsgebot, S. 68.

gesellschaftlichen Leben erfasst sein können.[952] Nach hM ist jedenfalls das Bedürfnis nach einem absoluten Mindestmaß an gesellschaftlichen Kontakten als elementares Lebensbedürfnis einzuordnen und folglich ein vom Notwendigkeitsgebot gedeckter Zweck.[953]

Nicht einheitlich gehandhabt wird die Frage, ob bereits das Merkmal der Notwendigkeit auch ökonomische Erwägungen umfasst. Eine Leistung lässt sich nach dem natürlichen Sprachverständnis dann als „nicht notwendig" ansehen, wenn eine günstigere Leistung mit derselben (oder einer besseren) Wirksamkeit zur Verfügung steht. Teile der Literatur ordnen diese Erwägungen jedoch dem Wirtschaftlichkeitsgebot i.e.S. zu.[954] Die Parallelität zum Kriterium der Erforderlichkeit in der Verhältnismäßigkeitsprüfung legt nahe, diese Problematik bei der Notwendigkeit einzuordnen. Das Notwendigkeitskriterium ist selbst Bestandteil des Wirtschaftlichkeitsgebots – geprüft wird also die wirtschaftliche Notwendigkeit –, sodass dogmatisch nichts dagegen spricht, schon auf dieser Ebene auch die Kosten einzubeziehen.[955] Das Wirtschaftlichkeitsgebot i.e.S. ist nach diesem Verständnis auf die Kosten-Nutzen-Relation beschränkt. Notwendigkeit liegt demnach dann vor, wenn kein milderes bzw. günstigeres Mittel existiert, denselben Zweck mit derselben Wahrscheinlichkeit zu erreichen. In der Sache ist jedoch unerheblich, welchem Kriterium die Problematik zugeordnet wird.[956]

2. Maßstab der Notwendigkeit bei Leistungen der besonderen Therapierichtungen

Kommen zweckmäßige Leistungen einer besonderen Therapierichtung in Betracht, stellen sich im Hinblick auf die Notwendigkeit einige Sonderprobleme. Zunächst steht in Frage, nach welchem Maßstab die Notwendigkeit einer Leistung zu beurteilen ist. Grundsätzlich ist auch hier der allgemein anerkannte Stand der medizinischen Erkenntnisse unter Berücksichtigung des medizinischen Fortschritts gemäß § 2 I 3 SGB V als Beurteilungsmaßstab heranzuziehen.[957]

Bei der Frage, inwieweit sich aus § 2 I 2 SGB V Besonderheiten ergeben können, sind zwei Fragestellungen zu unterscheiden. Ob eine Leistung weniger einschneidend ist, lässt sich nur anhand objektiver Kriterien ermitteln. Da das Kriterium der (wirtschaftlichen) Notwendigkeit nicht darauf ausgelegt ist, nur für den Patienten

---

952 Vgl. *Neugebauer*, Wirtschaftlichkeitsgebot, S. 69; *Slachmuylders*, Heilmittel und Hilfsmittel in der gesetzlichen Krankenversicherung, S. 154 ff.

953 BSG, 26.10.1982, 3 RK 16/81, SozR 2200 § 182b Nr 25 (juris-Rn 14).

954 BeckOK-Sozialrecht/*Joussen*, § 12 SGB V Rn 8; Krauskopf/*Wagner*, Soziale Krankenversicherung, § 12 SGB V Rn 8.

955 Anderes gilt für die „medizinische Notwendigkeit", die § 192 I VVG vorsieht, vgl. Kap. 5 B II.

956 Vgl. KassKomm/*Roters*, SVR, § 12 SGB V Rn 25.

957 Hauck/Noftz/*Noftz*, SGB V, § 12 Rn 28 ff.; BHR/*Greiner*, Gesundheitsrecht, § 12 SGB V Rn 6.

weniger belastende oder ungefährliche Maßnahmen zuzulassen, sondern darauf, übermäßige Kosten zu vermeiden, ist dies unproblematisch. Welche Maßnahme kostengünstiger ist, lässt sich ermitteln, ohne auf den allgemein anerkannten Stand der medizinischen Erkenntnisse zurückgreifen zu müssen.

Hiervon abzugrenzen ist die Frage, ob eine andere (günstigere) Leistung zumindest gleich geeignet ist. Da hier wiederum die Zweckmäßigkeit beurteilt wird, gilt im Grundsatz dasselbe wie bei der Zweckmäßigkeitsprüfung der zu beurteilenden Leistung selbst. Die generelle Zweckmäßigkeit richtet sich also nach den Richtlinien des G-BA, die individuelle nach der Einschätzungsprärogative des Arztes.[958] Allerdings ist das Erfordernis der Notwendigkeit eng mit dem Ziel der Finanzierbarkeit der GKV verknüpft.[959] Daher kann der Beurteilungsspielraum des Arztes nicht so weit gehen, dass er eine günstigere und generell zweckmäßigere oder gleich zweckmäßige Leistung ohne gewichtigen Grund als individuell unzweckmäßig (bzw. weniger zweckmäßig) verwirft. Der Schwerpunkt der Prüfung dürfte hierbei in der Regel darin liegen, ob die Richtlinien des G-BA richtig ausgelegt und angewandt wurden.

3. Vorrang einer günstigeren Leistung innerhalb einer Therapierichtung

Der Vergleich mehrerer zweckmäßiger Leistungen, die derselben Therapierichtung zugehören, gestaltet sich im Grundsatz als eher unproblematisch. Für die Beurteilung durch den G-BA ergibt sich Folgendes: Ob die günstigere Leistung zumindest ebenso geeignet ist, das angestrebte medizinische Ziel zu erreichen, ist anhand eben des Studienbefundes zu beurteilen, auf den die Feststellung der Zweckmäßigkeit gestützt wird.

Da Studien geringerer Evidenzklassen nur subsidiär heranzuziehen sind (s. B III 3 e aa), kommt die Anerkennung mehrerer Leistungen nebeneinander durch den G-BA grundsätzlich nur in Betracht, wenn beide Leistungen dieselbe Evidenzklasse aufweisen. Liegen Studien der Evidenzklasse III oder höher vor, lässt sich anhand der Studienergebnisse eine Aussage treffen, ob eine der Methoden eine deutlich höhere Erfolgsaussicht verspricht. Zu beachten ist aber, dass dem behandelnden Arzt hierbei ein erheblicher Beurteilungsspielraum zukommt.[960] Die Evidenzklassen IV und V, die auf Studien mit geringer Aussagekraft bzw. Expertenmeinungen beruhen, lassen entsprechende Rückschlüsse nicht zu. Die Gefahr einer zu Unrecht angenommenen oder abgelehnten Wirksamkeit bzw. Zweckmäßigkeit ist hierbei erheblich. Sollten ausnahmsweise Methoden nach diesen Evidenzklassen für zweckmäßig zu erachten sein, wird sich in der Regel daher keine Aussage treffen lassen, welche Methode die zweckmäßigere ist. Entsprechend kann keine der Methoden als nicht notwendig abgelehnt werden. Hierfür ist der Befund schlicht nicht eindeutig genug.

---

958 JurisPK/*Engelhard*, SGB V, § 12 Rn 54.

959 JurisPK/*Engelhard*, SGB V, § 12 Rn 76.

960 Vgl. BSG, 09.02.1989, 3 RK 19/87; *Biehl/Ortwein*, SGb 1991, 529, 539; Hauck/Noftz/*Noftz*, SGB V, § 12 Rn 15; BHR/*Greiner*, Gesundheitsrecht, § 12 SGB V Rn 14.

Der Arzt genießt auch bei der Entscheidung zwischen zwei Methoden innerhalb einer Therapierichtung einen Beurteilungsspielraum hinsichtlich der jeweiligen individuellen Zweckmäßigkeit. Auch in dieser Konstellation ist ihm die Beurteilung der generellen Zweckmäßigkeit durch den G-BA vorgegeben. Fraglich ist, inwieweit ein Arzt sich gegen die innerhalb der jeweiligen besonderen Therapierichtung herrschende Auffassung stellen darf. Zu denken wäre etwa an den Streit zwischen Hoch- und Niedrigpotenzhomöopathie, soweit Methoden beider Schulen ausnahmsweise als zweckmäßig anzusehen sind.[961] Auch hier ist der Therapiefreiheit grundsätzlich Vorrang einzuräumen. Die Bevorzugung einer bestimmten Schule der Therapierichtung ist nicht an sich sachwidrig.

4. Vorrang einer günstigeren Leistung einer anderen Therapierichtung

Konkurrieren zwei zweckmäßige Leistungen, die verschiedenen besonderen Therapierichtungen zuzuordnen sind – zu denken wäre etwa an ein homöopathisches und ein traditionelles pflanzliches Arzneimittel – gilt im Grundsatz dasselbe: Der Arzt genießt einen weiteren Beurteilungsspielraum, sodass die Bevorzugung einer Therapierichtung nicht sachwidrig ist. Der Konzeption der besonderen Therapierichtungen liegen die Vorstellungen von Methodenpluralismus und Therapiefreiheit zugrunde.[962] Dementsprechend wäre es widersinnig, dem Arzt bei nicht völlig eindeutiger Studienlage die Anwendung einer bestimmten besonderen Therapierichtung gewissermaßen aufzuzwingen.

Nimmt man den Grundsatz ernst, dass keine Therapierichtung, auch nicht die Schulmedizin, eine Privilegierung genießen darf, erstreckt sich dies auch auf die Konkurrenz zwischen der Schulmedizin und einer besonderen Therapierichtung.[963] Dies bedeutet einerseits, dass der Arzt eine schulmedizinische Leistung trotz einer günstigeren und gleich zweckmäßigen Leistung einer besonderen Therapierichtung für notwendig befinden darf. Andererseits steht aber auch eine günstigere und gleich zweckmäßige Leistung der Schulmedizin der Notwendigkeit einer Leistung einer besonderen Therapierichtung nicht entgegen.

Einschränkend zu alledem ist freilich zu sagen, dass die Anforderungen hinsichtlich der generellen Zweckmäßigkeit und die entsprechenden Vorgaben des G-BA bindend bleiben. Konstellationen, in denen Leistungen mehrerer verschiedener Therapierichtungen zweckmäßig sind, bleiben daher faktisch die Ausnahme.

---

961 Zugegeben ein eher theoretischer Fall.

962 Vgl. BT-Drs. 11/3480, S. 49.

963 Vgl. hierzu BSG, 14.12.2011, B 6 KA 29/10, BSGE 110, 20–34 (juris-Rn 26 ff.); Eichenhofer/Wenner/*Axer*, SGB V, § 2 Rn 14; Peters/*Hauck*, Handbuch der Krankenversicherung, § 34 SGB V Rn 33.

V. Wirtschaftlichkeit i.e.S.

Das Wirtschaftlichkeitsgebot im engeren Sinne umfasst ökonomische Erwägungen, die im Anschluss an Zweckmäßigkeits- und Notwendigkeitsprüfung durchzuführen sind.[964] Nach gängiger Auffassung ist das Kriterium der Wirtschaftlichkeit i.e.S. stets gegenüber der Zweckmäßigkeit nachrangig, mit der Konsequenz, dass eine Leistung nur im Vergleich zu anderen Leistungen unwirtschaftlich – weil bei gleicher Zweckmäßigkeit teurer – sein könne. Bestehe nur eine zweckmäßige Leistung, sei diese stets auch wirtschaftlich.[965]

Diese einseitig auf das Patienteninteresse ausgerichtete Betrachtungsweise ist jedoch nicht unzweifelhaft.[966] Dient eine Leistung der Rettung des Lebens des Patienten, ist dieser Auffassung im Grundsatz zuzustimmen. Das Grundrecht auf Leben gemäß Art. 2 II 1 GG ist aufgrund der Menschenwürdegarantie in Art. 1 I GG einer Abwägung nicht oder jedenfalls nur in Extremkonstellationen zugänglich.[967] Für die leistungsrechtliche Komponente des Lebensgrundrechts lässt sich dieser Grundsatz allerdings nur eingeschränkt aufrechterhalten. Allen Leistungsgrundrechten ist stets der Möglichkeitsvorbehalt als Schranke immanent: Sind die nötigen Mittel nicht vorhanden, kommt eine Leistung nicht in Betracht. Diese Problematik stellt sich jedoch in dieser Schärfe nur in der Extremsituation des (drohenden) Staatsbankrotts.[968] Solange diese Situation nicht eintritt, scheidet eine Rationierung lebensnotwendiger Leistungen schon aus verfassungsrechtlichen Gründen aus.[969] Ohne gesetzliche Regelung käme sogar eine Strafbarkeit des Arztes (oder auch des Krankenkassenbediensteten) in Betracht, der eine notwendige lebensrettende Behandlung aus wirtschaftlichen Gründen verweigert, je nach Konstellation wegen Unterlassener Hilfeleistung (§ 323 c StGB) oder Fahrlässiger Tötung durch Unterlassen (§§ 222, 13 StGB).[970]

Allerdings zieht nicht jeder Verzicht auf eine medizinische Leistung gleich den Tod des Patienten bzw. eine Lebensgefahr nach sich. Die gesetzliche Krankenversicherung kommt gemäß § 11 SGB V auch für Leistungen auf, wenn keine Gefahr für das Leben des Patienten besteht.[971] In diesen Fällen verbietet sich eine Güterabwägung nicht von vornherein. Je geringfügiger die angestrebte Verbesserung der Gesundheit des Patienten und je geringer die Erfolgsaussichten sind und auf der anderen Seite je höher die Kosten einer Behandlung ausfallen, desto eher wird

---

964 *Neugebauer*, Wirtschaftlichkeitsgebot, S. 69.

965 BSG, 20.03.1996, 6 RKa 62/94, BSGE 78, 70 (juris-Rn 44); *Neugebauer*, Wirtschaftlichkeitsgebot, S. 71 f.

966 Vgl. BHR/*Greiner*, Gesundheitsrecht, § 12 SGB V Rn 17.

967 Vgl. BVerfG, 15.02.2006, 1 BvR 357/05, BVerfGE 115, 118 (juris-Rn 148 ff.).

968 *Kirchhof*, NVwZ 1983, 505, 511.

969 Vgl. *Carlson*, Leistungsausschlüsse, S. 147.

970 Vgl. *Neugebauer*, Wirtschaftlichkeitsgebot, S. 98; BeckOK-Strafrecht/*Eschelbach*, § 222 StGB Rn 10.

971 Vgl. Hauck/Noftz/*Noftz*, SGB V, § 11 Rn 31.

sich eine Unverhältnismäßigkeit und damit auch eine Unwirtschaftlichkeit bejahen lassen.[972] Dies muss jedoch auf krasse Unverhältnismäßigkeiten beschränkt bleiben.[973] Im Zweifel hat das Wohl des Patienten Vorrang. Leistungen einer besonderen Therapierichtung, die zweckmäßig und notwendig sind, dürften entsprechend nur im Einzelfall an fehlender Wirtschaftlichkeit i.e.S. scheitern.

VI. Qualität

Neben das Wirtschaftlichkeitsgebot[974] tritt das Kriterium der fachlich gebotenen Qualität der Leistungen. Dies ergibt sich zunächst aus § 70 I 2 SGB V, wird aber auch in anderen Normen deutlich. Eine Legaldefinition enthält § 106 IIa Nr. 3 SGB V:[975] Qualität bedeutet demnach „Übereinstimmung der Leistungen mit den anerkannten Kriterien für ihre fachgerechte Erbringung". Die Übereinstimmung mit den Richtlinien des gemeinsamen Bundesausschusses wird hierbei als ein entscheidendes Kriterium genannt.

Zur Sicherung der Qualität trifft das SGB V verschiedene Regelungen, wobei der neunte Abschnitt des vierten Kapitels (§§ 135–139c) den Kern des Qualitätssicherungsrechts bildet. Das Erfordernis der Qualität wird auch in zahlreichen Normen des Leistungserbringungs- und Vertragsarztrechts aufgegriffen.[976] So müssen Festbeträge gemäß § 35 V 1 SGB V im Allgemeinen nicht nur dem Wirtschaftlichkeitsgebot i.w.S. entsprechen, sondern auch eine in der Qualität gesicherte Versorgung gewährleisten. An anderer Stelle wird verbesserte Qualität als ein Ziel bestimmter Maßnahmen benannt, etwa der Modellvorhaben gemäß § 63 I SGB V (s.u., G III).[977] Für die Versorgung mit Heilmitteln werden in § 124 SGB V besondere Anforderungen aufgestellt, die – auch wenn dies nicht im Gesetzestext erwähnt wird – ebenfalls eine Qualitätssicherung bezwecken.[978] Auch der einheitliche Bewertungsmaßstab dient gemäß § 87 IId 1 SGB V u.a. der Qualitätssicherung.[979]

Ebenso wie bei der Bewertung der Wirtschaftlichkeit ist auch bei der Bewertung der Qualität der allgemein anerkannte Stand der medizinischen Erkenntnisse unter Berücksichtigung des medizinischen Fortschritts maßgeblich.[980] Dies erfordert

---

972 In dieser Richtung, wenn auch nicht ganz eindeutig BSG, 01.03.1979, SozR 2200 § 368n Nr 19 (juris-Rn 18).
973 BHR/*Greiner*, Gesundheitsrecht, § 12 SGB V Rn 17.
974 Vgl. Becker/Kingreen/*Scholz*, SGB V, § 70 Rn 2.
975 Hauck/Noftz/*Klückmann*, § 70 SGB V Rn 10; BeckOK-Sozialrecht/*Wendtland*, § 70 SGB V Rn 14.
976 Vgl. die Übersicht bei Hauck/Noftz/*Klückmann*, SGB V, § 70 Rn 10.
977 Vgl. auch §§ 67 I, 68 I SGB V.
978 KassKomm/*Hess*, SVR, § 70 SGB V Rn 7.
979 JurisPK/*Engelmann*, SGB V, § 70 Rn 35; BeckOK-Sozialrecht/*Wendtland*, § 70 SGB V Rn 15.
980 Hauck/Noftz/*Klückmann*, SGB V, § 70 Rn 11; BeckOK-Sozialrecht/*Wendtland*, § 70 SGB V Rn 14.

zunächst eine entsprechende Qualifikation des Leistungserbringers. Der Leistungserbringer muss Fachkenntnisse und Erfahrungen vorweisen.[981] Sind gemäß § 135 II SGB V wegen der Anforderungen an die Ausführung der Leistungen oder wegen der Neuheit des Verfahrens besonderer Kenntnisse und Erfahrungen erforderlich, muss dies durch einen entsprechenden Fachkundenachweis belegt werden.[982] Zur Wahrung der Qualität ist ständige Fort- und Weiterbildung nötig, um Anschluss an den Stand des medizinischen Fortschritts zu halten.[983] Abzustellen ist stets auf die aktuelle Studienlage; veraltete Erkenntnisse sind nicht mehr zu berücksichtigen.[984]

Das Qualitätserfordernis dient der Verhinderung mangelhafter und daher für den Patienten nicht erfolgversprechender oder gar schädlicher Leistungen. Besondere Bedeutung hat das Ziel der Ergebnisqualität (vgl. § 135a II Nr. 1),[985] also der Sicherung bestmöglicher Heilerfolge unter Berücksichtigung von Letalität, Behandlungs- und Heilungsdauer sowie eventuellen therapiebedingten Komplikationen.[986]

Der Begriff der Qualität lässt sich von denen der Wirksamkeit und der Zweckmäßigkeit nicht völlig trennen. Ist nach dem allgemein anerkannten Stand der medizinischen Erkenntnisse eine Leistung generell zum Erreichen des angestrebten medizinischen Zweckes ungeeignet, ist es müßig zu fragen, ob die konkrete Leistung mit den anerkannten Kriterien für ihre fachgerechte Erbringung übereinstimmt. Eine generell unzweckmäßige Leistung lässt sich nur eingeschränkt sinnvoll auf ihre Qualität hin überprüfen. Anders ist das Verhältnis von Qualität und Zweckmäßigkeit aber zu beurteilen, soweit man sie nicht auf die abstrakte Leistung, die einer wissenschaftlichen Prüfung unterzogen werden kann, bezieht, sondern auf die konkret vom Arzt erbrachte Leistung, die den abstrakt aufgestellten Anforderungen genügen muss. Hier kann die Qualität der Leistung umgekehrt Auswirkungen auf den Heilerfolg und damit die Zweckmäßigkeit der individuellen Behandlung haben. Allerdings ist der Ansatzpunkt beider Begriffe ein völlig anderer: Die Zweckmäßigkeit wird final bestimmt, als Eignung zu einem bestimmten Heilungsziel,[987] während die Qualität an die Befolgung der maßgeblichen Regeln anknüpft: Entscheidend ist dass die Leistung *de lege artis* erbracht wird.[988] Zudem wird die Zweckmäßigkeit *ex ante* ermittelt, während die (individuelle) Qualität *ex post* zu bewerten ist.[989]

Für die Qualität einer Leistung, die einer besonderen Therapierichtung zuzuordnen ist, ist das Verständnis derjenigen maßgeblich, die diese Leistung definiert haben. Insoweit lässt sich also tatsächlich von einer Binnenanerkennung

981 Hauck/Noftz/*Klückmann*, SGB V, § 70 Rn 11.
982 Hauck/Noftz/*Klückmann*, SGB V, § 70 Rn 11.
983 Hauck/Noftz/*Klückmann*, SGB V, § 70 Rn 11.
984 *Roters*, NZS 2007, 176, 177; BeckOK-Sozialrecht/*Wendtland*, § 70 SGB V Rn 14.
985 KassKomm/*Hess*, SVR, § 70 SGB V Rn 9a; JurisPK/*Engelmann*, SGB V, § 70 Rn 32.
986 *G. Schneider*, NZS 1997, 267; Krauskopf/*Knittel*, Soziale Krankenversicherung, § 135a SGB V Rn 4.
987 JurisPK/*Engelmann*, SGB V, § 70 Rn 52.
988 Hauck/Noftz/*Klückmann*, SGB V, § 70 Rn 11.
989 Vgl. *G. Schneider*, NZS 1997, 267.

sprechen. So genügt z.B. eine Heileurythmie dann den Qualitätsanforderungen, wenn sie den Maßgaben der einschlägigen Experten, also etwa der Leitlinie des Berufsverbands Heileurythmie[990] entspricht. Dies ist schon deshalb zwingend, weil sich außerhalb der jeweiligen Therapie bzw. Therapierichtung gar keine Kriterien für eine sachgemäße Anwendung der Therapie aufstellen lassen. Zudem würde es den Gedanken der besonderen Therapierichtungen unterlaufen, wenn die besonderen Therapierichtungen nicht einmal selbst über ihre Qualitätsanforderungen entscheiden dürften. Dem steht auch § 139a IV SGB V nicht entgegen. Hiernach wird die Bewertung des medizinischen Nutzens den international anerkannten Standards der evidenzbasierten Medizin unterworfen (s.o., C 5). Dies kann sich jedoch nur auf den Nutzen der abstrakten Methode beziehen, nicht die Qualität im Einzelfall. Allerdings ändert dies nichts daran, dass die abstrakt beschriebene Methode den anderen Anforderungen genügen, also insbesondere zweckmäßig sein muss.

F. Rechtsfolgen im Einzelfall

I. Heilmittel der besonderen Therapierichtungen, insbesondere der anthroposophischen Medizin

1. *Allgemeines*

Gemäß § 32 SGB V sind auch Heilmittel grundsätzlich von der Versorgung umfasst. Eine Legaldefinition des Heilmittels enthält das SGB V allerdings nicht.[991] Der Begriff des Heilmittels hat sich im Laufe der Zeit gewandelt: Während hierunter ursprünglich auch sächliche Mittel zur äußerlichen Anwendung verstanden wurden,[992] sind nach dem – nach heute ghM zutreffenden[993] – Verständnis des G-BA gemäß § 2 I 1 1. Teil der Heilmittel-Richtlinie Heilmittel persönlich zu erbringende Dienstleistungen. Die vormals als Heilmittel angesehenen sächlichen Mittel werden heute unter den Begriff des Hilfsmittels subsumiert.[994] Der Begriff des Heilmittels ist somit unproblematisch von denen der Arznei- und Hilfsmittel abzugrenzen, die jeweils körperliche Gegenstände umfassen.

---

990 Leitlinie zur Methode der Heileurythmie / Eurythmietherapie, 17. Fassung, Stand: September 2013.

991 KassKomm/*Nolte*, SVR, § 32 SGB V Rn 5.

992 KassKomm/*Nolte*, SVR, § 32 SGB V Rn 4 f.; Hauck/Noftz/*Gerlach*, SGB V, § 32 Rn 6 f.

993 Vgl. KassKomm/*Nolte*, SVR, § 32 SGB V Rn 6 ff.; Hauck/Noftz/*Gerlach*, SGB V, § 32 Rn 8 ff.; *Zuck*, Das Recht der anthroposophischen Medizin, Rn 197.

994 Vgl. JurisPK/*Beck*, SGB V, § 32 Rn 14.

2. *Homöopathie und Phytotherapie*

Die Homöopathie und Phytotherapie als reine Arzneimitteltherapien kennen keine spezifischen Heilmittel. Die homöopathische Anamnese ist auf die Auswahl eines Arzneimittels ausgerichtet und stellt nicht an sich eine Dienstleistung dar, die als Heilmittel angesehen wird. Sieht man gerade in dem ausführlichen persönlichen Gespräch eine Ursache für den Erfolg und die Popularität der besonderen Therapierichtungen, erscheint es als durchaus nicht abwegig, die Anamnese als Heilmittel einzuordnen. Dies ist jedoch weder anerkannt, noch entspräche es dem Selbstverständnis der Homöopathie.[995]

3. *Anthroposophische Heilmittel*

Demgegenüber umfasst die anthroposophische Medizin verschiedene Methoden, die über eine reine Arzneimitteltherapie hinausgehen.[996] Besondere Bedeutung haben Heileurythmie, Kunsttherapie und rhythmische Massage.[997]

a) Heileurythmie

Da die Heileurythmie niemals Bestandteil der vertragsärztlichen Versorgung gemäß war, darf sie als neue Untersuchungs- und Behandlungsmethode gemäß § 135 I 1 SGB V nur erbracht werden, wenn und soweit eine Empfehlung in einer Richtlinie des G-BA vorliegt. Dieses Erfordernis gilt auch für Methoden der besonderen Therapierichtungen uneingeschränkt (s.o., C II). § 2 I 2 Heilmittel-Richtlinie listet lediglich Maßnahmen der Physikalischen Therapie, der Podologischen Therapie, der Stimm-, Sprech- und Sprachtherapie und der Ergotherapie auf. Die Heileurythmie ist demgegenüber nicht in der Heilmittel-Richtlinie des G-BA aufgeführt.[998] Sie stellt daher kein verordnungsfähiges Heilmittel dar. Denkbar wäre eine Einbeziehung der Heileurythmie nur dann, wenn ihre Nichterwähnung in der Richtlinie auf einem Systemversagen basierte (s. hierzu F II).[999]

b) Kunsttherapie

Die anthroposophische Kunsttherapie wird in verschiedene Richtungen („Fachbereiche") unterteilt. Unterschieden wird zwischen den Fachbereichen Malerei, Musik, Plastik und Sprachgestaltung.[1000] Während die Heileurythmie in der

---

995 Vgl. etwa *Riker*, Homöopathie, S. 69 f.

996 Näher *Zuck*, Das Recht der anthroposophischen Medizin, Rn 195 ff.

997 *Zuck*, Das Recht der anthroposophischen Medizin, Rn 198; *Kienle/Kiene/Albonico*, Anthroposophische Medizin, S. 13 f.

998 Vgl. *Zuck*, Das Recht der anthroposophischen Medizin, Rn 215.

999 Vgl. *Zuck*, Das Recht der anthroposophischen Medizin, Rn 216.

1000 *Kienle/Kiene/Albonico*, Anthroposophische Medizin, S. 13; *Zuck*, Das Recht der anthroposophischen Medizin, Rn 226 ff.

Heilmittel-Richtlinie nicht erwähnt wird, wurden Musik- und Tanztherapie ausdrücklich in den Katalog der mangels Nachweis des therapeutischen Nutzens nicht verordnungsfähigen Heilmittel aufgenommen (Anlage a) Nr. 4 Heilmittel-Richtlinie). Die Nennung der „Musik- und Tanztherapie" unterliegt jedoch einer gewissen begrifflichen Unsicherheit.[1001] Auslegungsbedürftig ist, ob die anthroposophische Kunsttherapie im Fachbereich Musik als „Musiktherapie" ausgeschlossen ist, oder ob nur die Musik- und Tanztherapie als konkrete Therapieform erfasst wird. Ersteres hätte die Rechtsfolge, dass die Kunsttherapie im Fachbereich Musik nicht nur von der allgemeinen Versorgung ausgeschlossen wäre, sondern auch nicht Bestandteil von Integrationsvereinbarungen (näher G II) oder Modellvorhaben (näher G III) sein könnte.

Der Wortlaut gibt keinen eindeutigen Hinweis darauf, ob reine Musik- und reine Tanztherapien vom Wortlaut erfasst sind. Die Formulierung „Musik- oder Tanztherapien" wäre sicherlich eindeutiger,[1002] allerdings kann aus der bloßen Möglichkeit einer eindeutigeren Formulierung nicht im Umkehrschluss gefolgert werden, dass diese eindeutigere Formulierung nicht gemeint ist. Die systematische Auslegung deutet eher darauf hin, dass die anthroposophische Kunsttherapie nicht erfasst wird: Aufgelistet werden im Übrigen jeweils konkrete Therapieformen. Demgegenüber entspricht es Sinn und Zweck der Regelung durchaus, dass alle Formen der Musik- bzw. Tanztherapie erfasst sein sollen, da ihre Wirksamkeit insgesamt nicht erwiesen sei.[1003] Es erscheint als geradezu widersinnig, Musik- und Tanztherapien auszuschließen, andererseits aber Therapierichtungen, die lediglich einen der beiden Aspekte Musik und Tanz umfassen, nicht auszuschließen. Nach Sinn und Zweck der Vorschrift sind somit auch reine Musik- und reine Tanztherapien ausgeschlossen. Dies umfasst alle Formen der Musiktherapie, einschließlich der anthroposophischen Kunsttherapie der Fachrichtung Musik.[1004]

Für die anthroposophischen Kunsttherapien der anderen Fachrichtungen besteht demgegenüber kein ausdrücklicher Ausschluss in der Richtlinie. Sie sind ebenso wie die Heileurythmie zwar gemäß § 135 I 1 SGB V grundsätzlich von der Versorgung ausgeschlossen, können aber ggf. in Integrationsvereinbarungen oder Modellvorhaben aufgenommen werden.

c) Rhythmische Massage

Über die rhythmische Massage[1005] liegt ebenfalls keine Empfehlung des G-BA vor, weder positiv noch negativ. Somit ergeben sich grundsätzlich keine Unterschiede zur Heileurythmie.[1006]

1001 Vgl. näher *Zuck*, Das Recht der anthroposophischen Medizin, Rn 237.
1002 Vgl. *Zuck*, Das Recht der anthroposophischen Medizin, Rn 237.
1003 Vgl. SG Aachen, 28.09. 2010, S 20 (19) SO 50/09, juris.
1004 A.A. *Zuck*, Das Recht der anthroposophischen Medizin, Rn 237.
1005 Vgl. *Kienle/Kiene/Albonico*, Anthroposophische Medizin, S. 14.
1006 Vgl. *Zuck*, Das Recht der anthroposophischen Medizin, Rn 241.

II. Anforderungen an ein Systemversagen

1. *Formelle Voraussetzungen der Feststellung eines Systemversagens*

a) Systemversagen aufgrund des Verhaltens der GKV

Lehnt die GKV eine Leistung zu Unrecht ab, kann der Versicherte gemäß § 13 III 1 2. Alt. SGB V von ihr Ersatz der daraus entstanden Kosten verlangen, soweit die Leistung notwendig war. Der Hinweis in § 13 III 1 2. Alt. SGB V auf die Notwendigkeit der Leistung wäre an sich redundant, da diese gemäß § 12 I 2, § 70 I 2 SGB V ohnehin Leistungsvoraussetzung ist. Allerdings wird durch den Zusatz „soweit" klargestellt, dass die erbrachte Leistung auch nur teilweise notwendig gewesen sein kann und dann nur insoweit einen Kostenerstattungsanspruch auslöst.

§ 13 III 1 2. Alt. SGB V setzt voraus, dass die Krankenversicherung die Übernahme der Naturalleistung zu Unrecht abgelehnt hat. Es muss also ein hinreichend bestimmter Antrag des Versicherten auf Leistung vorliegen,[1007] den die Krankenversicherung ausdrücklich abgelehnt haben muss.[1008] Der Versicherte muss sich die Leistung selbst beschafft haben,[1009] und diese Selbstbeschaffung muss kausal auf der Ablehnung beruhen.[1010] Der Versicherte muss also zunächst auf eigene Kosten und auf eigene Gefahr die Leistung veranlasst haben.

b) Systemversagen aufgrund des Verhaltens des G-BA

aa) § 13 SGB V

Nach dem Gesetzeswortlaut des § 13 III 1 2. Alt. SGB V liegt Systemversagen vor, wenn die Krankenkasse selbst eine Leistung rechtswidrig ablehnt. Das BSG hat ausgehend hiervon ein derartiges Systemversagen bereits zur alten Rechtslage auch dann angenommen, wenn die Ablehnung der Leistung nicht auf einer Entscheidung der Krankenversicherung selbst beruht, sondern darauf, dass der G-BA einen Antrag auf Anerkennung einer neuen Behandlungs- oder Untersuchungsmethode nicht oder nicht in angemessener Zeit entschieden hat und daher eine Kostenübernahme gemäß § 135 I 1 SGB V nicht zulässig ist.[1011] Dem liegt der Gedanke zugrunde, dass die Richtlinien des G-BA der Konkretisierung des § 2 I 3 SGB V dienen. Entscheide der G-BA nicht, nicht rechtzeitig oder nicht ordnungsgemäß, sei dies nicht mehr gewährleistet.[1012]

Der Rechtsprechung des BSG ist insoweit, zumindest nach damaligem Recht (s. aber bb), zuzustimmen. Zwar ist ein Systemversagen auf Seiten des G-BA im

---

1007 KassKomm/*Brandts*, SVR, § 13 SGB V Rn 83.
1008 BSG, 14.12.2006, B 1 KR 8/06 R, BSGE 98, 26 = SozR 4–2500 § 13 Nr 12 (juris-Rn 12).
1009 KassKomm/*Brandts*, SVR, § 13 SGB V Rn 88.
1010 KassKomm/*Brandts*, SVR, § 13 SGB V Rn 88.
1011 BSG, 16.09.1997, 1 RK 28/95, BSGE 81, 54 (juris-Rn 35).
1012 BSG, 22.03.2005, B 1 A 1/03 R (Securvita), BSGE 94, 221 (juris-Rn 37); vgl. auch *Estelmann*, SGb 1991, 515, 517, 520 ff.; *Schlenker*, NZS 1998, 411, 414.

§ 13 III SGB V an sich nicht angelegt. Verweigert die Krankenversicherung jedoch die Übernahme der Kosten einer NUB-Leistung, die objektiv dem allgemein anerkannten Stand der medizinischen Erkenntnisse entspricht, weil der G-BA dies noch nicht in seine Richtlinie aufgenommen hat, steht die Verweigerung der Leistung im Widerspruch zu § 2 I 3 SGB V. Dass die Krankenversicherung wegen § 135 I 1 SGB V gar nicht leisten darf, solange die neue Untersuchungs- oder Behandlungsmethode nicht in die Richtlinien aufgenommen wurde, steht dem nicht entgegen. Das Gericht stellt in seinem Urteil vielmehr fest, dass eine ordnungsgemäße und rechtmäßige Bearbeitung des Antrags durch den G-BA in rechtswidriger Weise nicht erfolgt ist, und infolgedessen auch die Ablehnung der Leistung durch die Krankenversicherung rechtswidrig ist.[1013]

bb) § 135 I 4, 5 SGB V

Seit dem GKV-Wettbewerbsstärkungsgesetz[1014] ist das Systemversagen auf Seiten des G-BA ausdrücklich in § 135 I 4, 5 SGB V (seit dem 25.07.2015 nunmehr § 135 I 6, 7 SGB V) geregelt. Hat der G-BA nach Ablauf von 6 Monaten nach Antragstellung zur Aufnahme einer neuen Untersuchungs- bzw. Behandlungsmethode noch keinen Beschluss gefasst, können das BMG und die Antragsberechtigten verlangen, dass der G-BA einen Beschluss innerhalb weiterer 6 Monate fasst. Läuft auch diese Frist ohne Beschlussfassung ab, entfällt gemäß § 135 I 7 SGB V das Leistungshindernis; die Leistung darf entgegen § 135 I 1 SGB V erbracht werden. Der G-BA kann freilich gemäß § 135 I 2 SGB V nach wie vor über die Anerkennung der neuen Methode entscheiden.[1015] § 135 I 7 SGB V dient allein dem Zweck, den Antragsteller vor den Auswirkungen der Untätigkeit des G-BA zu schützen.

Dies wirft die Frage auf, ob neben § 135 I 6, 7 SGB V noch ein Systemversagen nach § 13 III 1 2. Alt. SGB V möglich ist. Dies hätte für den Versicherten bzw. die Leistungserbringer den Vorteil, dass im Rahmen des § 13 III 1 2. Alt. SGB V auch Verfahrensfragen geprüft werden können, während § 135 I 4 SGB V allein darauf abstellt, ob ein Beschluss überhaupt zustande gekommen ist. Die besseren Argumente sprechen dafür, dass § 135 I 6, 7 SGB V als *lex specialis* § 13 III 1 2. Alt. SGB V verdrängt. § 13 III 1 2. Alt. SGB V ist eigentlich überhaupt nicht auf ein Systemversagen auf Seiten des G-BA ausgerichtet. Zwar liegt im strengen Sinne keine Analogie vor, doch war der argumentative Umweg des BSG über die Verweigerung entgegen § 2 I 3 SGB V nur erforderlich, weil eine Regelungslücke vorlag. Nach Schließung dieser Lücke entfällt das Bedürfnis für diese Behelfskonstruktion. Zudem steht es den Beteiligten frei, Rechtsschutz gegen den nach ihrer Auffassung nicht ordnungsgemäß zustande gekommenen G-BA-Beschluss zu suchen.[1016] Letztlich werden die Gerichte

---

1013 Auf ein Verschulden der GKV kommt es hierbei nicht an.

1014 Gesetz zur Stärkung des Wettbewerbs in der gesetzlichen Krankenversicherung vom 26.03.2007 (BGBl. I, S. 378).

1015 Vgl. Hauck/Noftz/*Flint*, SGB V, § 135 Rn 92.

1016 Vgl. Hauck/Noftz/*Flint*, SGB V, § 135 Rn 133 ff.

von der Verpflichtung befreit, im Falle des Systemversagens doch selbst über den allgemein anerkannten Stand der medizinischen Erkenntnisse urteilen zu müssen.

Nicht geklärt ist, ob das BMG im Falle des § 135 I 7 SGB V im Wege seiner Rechtsaufsicht die Erbringbarkeit der neuen Untersuchungs- bzw. Behandlungsmethode unterbinden kann.[1017] Da keine Richtlinie vorliegt, ist nach dem Gesetzeswortlaut keine Nichtbeanstandung gemäß § 94 I SGB V erforderlich.[1018] Das BMG ist aber zumindest berechtigt, im Wege der Aufsicht nach § 91 VIII SGB V den G-BA anzuhalten, die Methode nach § 135 I 2 SGB V zu überprüfen. Zudem erlischt die Verpflichtung des G-BA aus § 135 I 6 SGB V, über die Methode zu beschließen, mit Ablauf der Frist nicht.

cc) Antrag als Voraussetzung für ein Systemversagen

Systemversagen auf Seiten des G-BA setzt nach beiden Regelungen zunächst einen Antrag voraus. Antragsberechtigt sind gemäß § 135 I 1 nur die Kassenärztliche Bundesvereinigung, eine Kassenärztliche Vereinigung und der Spitzenverband Bund der Krankenkassen. Hat keine dieser Institutionen einen Antrag gestellt, kann grundsätzlich kein Systemversagen angenommen werden.[1019]

Das Systemversagen auf Seiten des G-BA kann nur gerichtlich festgestellt werden.[1020] Die GKV sind nicht befugt, ihre eigene Beurteilung anstelle der des G-BA zu setzen, auch wenn der G-BA unrechtmäßig die Anerkennung versagt hat. Sie ist also zunächst gehalten, die Leistung zu verweigern, auch wenn sie davon überzeugt ist, dass die Nichtleistung im Ergebnis rechtswidrig ist; die Prüfungs- und Verwerfungskompetenz liegt allein bei den Sozialgerichten.

dd) Antragsrecht im Falle der besonderen Therapierichtungen

Ein in der Praxis bedeutsames Hindernis für die Aufnahme von Methoden der besonderen Therapierichtungen durch den G-BA liegt bereits auf formeller Ebene vor: Gemäß § 135 I 1 sind allein die Kassenärztliche Bundesvereinigung, eine Kassenärztliche Vereinigung und der Spitzenverband Bund der Krankenkassen antragsberechtigt.[1021] Solange keine dieser Institutionen ein Interesse an der Aufnahme einer Methode der besonderen Therapierichtungen in die Richtlinie hat, wird ein Antrag nie gestellt werden.[1022] Nach Auffassung von *Zuck*[1023] soll hierin ein verfassungswidriger Systemwiderspruch vorliegen. „Anerkannte" besondere Therapierichtungen müssten als Minderheitenpositionen die Möglichkeit erhalten, selbst auf

---

1017 Vgl. Becker/Kingreen/*Schmidt-De Caluwe*, SGB V, § 135 Rn 22.
1018 Vgl. Becker/Kingreen/*Schmidt-De Caluwe*, aaO.
1019 Vgl. zum alten Recht Zuck, Das Recht der anthroposophischen Medizin, 216.
1020 BSG, 22.03.2005, B 1 A 1/03 R (Securvita), BSGE 94, 221 (juris-Rn 37); Zuck, Das Recht der anthroposophischen Medizin, Rn 38.
1021 Vgl. auch *Wigge*, NZS 2001, 623, 624 f.
1022 Vgl. Zuck, Das Recht der anthroposophischen Medizin, Rn 216.
1023 Zuck, Das Recht der anthroposophischen Medizin, Rn 216.

eine Entscheidung hinzuwirken. Dieser Auffassung ist zunächst entgegenzuhalten, dass die besonderen Therapierichtungen durch die Aufnahme ins Gesetz mitnichten irgendeine Form der Anerkennung erfahren haben (s. Kap. 1 A I).[1024] Ein eigenes Antragsrecht ist auch nicht verfassungsrechtlich geboten. Wie oben ausgeführt (Kap. 2 II.), kann aus keinem der einschlägigen Grundrechte gefolgert werden, dass den besonderen Therapierichtungen eine Sonderstellung eingeräumt werde.

Gleichwohl liegt ein Systemwiderspruch innerhalb des Gesetzes vor. Die ausschließliche Antragsbefugnis auf die in § 135 I 1 SGB V genannten Institutionen kann aufgrund rein formeller Anforderungen einen Ausschluss der besonderen Therapierichtungen zur Folge haben und steht insoweit im Widerspruch zu § 2 I 2 SGB V. Der Gesetzgeber hat diesen Widerspruch offensichtlich nicht gesehen. Dies ist schon daran erkennbar, dass nach der Gesetzesbegründung den besonderen Therapierichtungen Rechnung getragen werden kann.[1025] Es ist daher von einer planwidrigen Regelungslücke auszugehen. Ebenso wie KBV und KV die Gesamtheit der Ärzte und damit im Kern die Schulmedizin als allgemeine Therapierichtung repräsentieren, können die Spitzenverbände der besonderen Therapierichtungen als Repräsentanten der Vertreter der jeweiligen besonderen Therapierichtung angesehen werden. Die Sachverhalte sind demnach vergleichbar. Demzufolge sind die in § 92 IIIa 1 SGB V genannten maßgeblichen Dachverbände der Ärztegesellschaften der besonderen Therapierichtungen nach § 135 I 1 SGB V in analoger Anwendung ebenfalls antragsberechtigt, soweit eine Methode der jeweiligen Therapierichtung zuzuordnen ist.

Hinzuweisen ist jedoch darauf, dass eine Antragstellung womöglich gar nicht im Interesse der Verbände der besonderen Therapierichtungen ist. Befasst sich der G-BA mit einer Methode einer besonderen Therapierichtung, besteht – sofern die vorliegenden Studien keine Einordnung in eine hohe Evidenzklasse zulassen – eine große Wahrscheinlichkeit, dass der G-BA die gewünschte Empfehlung nicht erteilen wird, sondern eine negative Entscheidung trifft. Dies hätte zur Folge, dass die Leistung auch in Modellvorhaben (s. G III) und Integrationsvereinbarungen (s. G II) nicht mehr vorgesehen werden darf.[1026] Dies dürfte eine abschreckende Wirkung haben. Es ist daher anzunehmen, dass die Spitzenverbände der besonderen Therapierichtungen auch bei Anerkennung dieses Antragsrechts hiervon nur im Einzelfall Gebrauch machen werden. Hierin liegt jedoch keine Diskriminierung der besonderen Therapierichtungen: Der Grund für die Zurückhaltung läge gerade in der Erwartung, dass die zu prüfenden Methoden der besonderen Therapierichtung den – für alle Therapierichtungen identischen – Evidenzkriterien nicht standhalten können.

1024 Vgl. BSG, 24.04.2002, B 7 1/1 A 4/00 R, BSGE 89, 227 (juris-Rn 51).

1025 BT-Drs. 13/7264, S. 69.

1026 Zu den Auswirkungen einer negativen Entscheidung des G-BA im Recht der privaten Krankenversicherungen s. Kap. 5 B II 2 d; zur Auswirkung auf den medizinischen Standard s. Kap. 7 A II 3 b cc, dd.

2. *Materielle Voraussetzungen*

Rein formelle Mängel bei der Bearbeitung des Antrags können noch keinen Systemmangel begründen. Die Nichtberücksichtigung der Neuen Untersuchungs- oder Behandlungsmethode in der Richtlinie muss auch materiell rechtswidrig sein.

Dem G-BA kommt bei seiner Entscheidung ein Beurteilungsspielraum zu. Die Entscheidung, ob eine Methode dem allgemein anerkannten Stand der medizinischen Erkenntnisse entspricht, soll grundsätzlich nicht vom Gericht getroffen werden. Dies bedeutet, dass das Gericht seine eigene Wertung nicht anstelle der unterlassenen Prüfung durch den G-BA stellen darf. Wäre der G-BA selbst am Verfahren beteiligt, käme in derartigen Konstellationen ein Anspruch auf Bescheidung des Antrags unter Beachtung der Rechtsauffassung des Gerichts in Betracht (§ 131 II 2, III SGG).[1027] In der hier erörterten Konstellation des Systemversagens sind jedoch Versicherter und Krankenversicherung Prozessparteien. Schon deshalb muss ein solcher Anspruch gegen den G-BA ausscheiden. Dem Gericht verbleiben somit nur die Optionen, die Krankenversicherung zur Kostenübernahme zu verpflichten oder dies zu versagen.

Ersteres kommt nur dann in Betracht, wenn offenkundig ist, dass der G-BA die fragliche Methode in die Richtlinie auch unter Berücksichtigung seines Beurteilungsspielraums hätte aufnehmen müssen. Hierbei beurteilt das Gericht nicht die Studienlage, sondern die tatsächliche Verbreitung der Methode in der Praxis und Diskussion.[1028] Dies entspricht der Wertung des § 2 I 3 SGB V, wonach das Gericht gerade keine eigene medizinische Beurteilung vornehmen soll (s.o., B III 1 a).

G. Einbeziehung besonderer Therapierichtungen jenseits der allgemeinen Versorgung

Soweit Leistungen der besonderen Therapierichtungen nicht von der Versorgung durch die GKV umfasst sind, stehen verschiedene Rechtsinstitute zur Verfügung, die eine Kostenübernahme unter bestimmten Bedingungen doch zulassen.

I. Wahltarife

1. *Allgemeines*

Die Möglichkeit zur satzungsmäßigen Regelung von Wahltarifen wurde mit dem Gesetz zur Stärkung des Wettbewerbs in der gesetzlichen Krankenversicherung[1029] eingeführt. Zweck der Einführung von Wahltarifen ist es, die Wahlfreiheit des Patienten zu erhöhen und in beschränktem Rahmen einen Wettbewerb zwischen einzelnen gesetzlichen Krankenversicherungen, aber auch zwischen gesetzlichen

1027 Vgl. Lüdtke/*Bolay*, SGG, § 131 Rn 23.

1028 BSG, 16.09.1997, 1 RK 28/95, BSGE 81, 54 (juris-Rn 41 f.).

1029 BGBl. I 2007, 378 ff.

und privaten Krankenversicherungen zuzulassen.[1030] Die gesetzlichen Krankenversicherungen erhalten hierdurch die Möglichkeit, vom Patienten gewünschte Leistungen gegen entsprechende Prämien zusätzlich anzubieten. Dies erfüllt die Funktion entsprechender Versicherungsklauseln bzw. Zusatzversicherungen[1031] im Bereich der privaten Krankenversicherungen.[1032] Freilich kommt ein Wettbewerb zwischen Versicherungen beider Systeme nur dann in Betracht, wenn der Versicherte nach §§ 8 f. SGB V von der Versicherungspflicht befreit oder freiwillig versichert ist.[1033]

Streitig ist, ob die Regelungen des § 53 SGB V verfassungskonform sind.[1034] Nach einer Auffassung soll § 53 SGB V insgesamt gegen die durch Art. 12 I i.V.m. Art. 3 I GG gewährleistete Chancengleichheit im Wettbewerbs verstoßen.[1035] Es gebe keine sachlichen Gründe für eine Privilegierung der GKV gegenüber den PKV.[1036] Erwogen wurde auch eine Verfassungswidrigkeit der Absätze 1 bis 4 mangels Gesetzgebungskompetenz des Bundes.[1037] Die Gegenansicht sieht demgegenüber keine Anhaltspunkte für eine Verfassungswidrigkeit.[1038] Das BVerfG hat hierüber bisher nicht entschieden, da es im einzig einschlägigen Urteil bereits die Zulässigkeit der Verfassungsbeschwerde verneint hat.[1039] Gegen eine Verfassungswidrigkeit von § 53 SGB V selbst spricht, dass der GKV im Vergleich mit den PKV keine Privilegierung gewährt wird; sie erhalten lediglich die Option einer begrenzten Flexibilisierung. Die Möglichkeiten zur Ausgestaltung des Tarifs nach § 53 SGB V bleiben hinter den entsprechenden Freiheiten der PKV zurück.

Bedenklicher ist die von *Thüsing*[1040] aufgezeigte Problematik der Unterkalkulation: Übersteigen die Ausgaben der GKV für den Wahltarif die zusätzlichen Einnahmen durch Prämien, falle dies trotz des Verbots der Quersubventionierung (§ 53 IX SGB V) i.E. der Gesamtheit der Versicherten zur Last, da eine Verteuerung des

---

1030 BT-Drs. 16/3100, S. 108 f.; vgl. *Huber/Storr*, Wahltarife, Rn 9 ff.

1031 Vgl. zu alternativen Heilmethoden *Günter/Pelzer*, PharmR 2006, 110, 114.

1032 Vgl. *Huber/Storr*, Wahltarife Rn 35.

1033 *Huber/Storr*, Wahltarife Rn 15.

1034 Von einer vertieften Darstellung des Streits wird hier abgesehen, da er die Frage der Stellung der besonderen Therapierichtungen nur am Rande berührt; näher zur Problematik s. *Al-Talal*, Wettbewerb in der gesetzlichen Krankenversicherung, S. 113 ff.; *Thüsing/von Medem*, Vertragsfreiheit und Wettbewerb in der privaten Krankenversicherung, S. 141 ff.; *Huber/Storr*, Wahltarife, Rn 9 ff., 85 ff.

1035 *Huber/Storr*, Wahltarife Rn 85 ff.; *Thüsing/von Medem*, Vertragsfreiheit und Wettbewerb in der privaten Krankenversicherung, S. 141 ff.; in dieser Richtung auch Becker/Kingreen/*Lang*, SGB V, § 53 Rn 3.

1036 *Huber/Storr*, Wahltarife Rn 96; *Thüsing*, NZS 2008, 510, 515 ff.

1037 *Isensee*, NZS 2007, 449, 452 f.

1038 *Al-Talal*, Wettbewerb in der gesetzlichen Krankenversicherung, S. 113 ff.; *Giesen*, Wahltarife, S. 98 ff.

1039 BVerfG, 10.06.2009, 1 BvR 706/08 u.a., NJW 2009, 2033 (juris-Rn 20 ff.); vgl. auch *Giesen*, Wahltarife, S. 98.

1040 *Thüsing*, NZS 2008, 449, 452 f.

Wahltarifs die Bindungswirkung der Versicherten aufhebe.[1041] Unabhängig davon, ob man dies als verfassungsrechtliches oder rein rechtspolitisches Problem betrachtet, führt es jedenfalls nicht zur Verfassungswidrigkeit der Wahltarife *in toto.* In Betracht kommt stattdessen eine Auslegung, derzufolge die Bindungswirkung ausnahmsweise aufgrund von § 53 IX SGB V nicht erlischt.

Auch ein Widerspruch zu Regelungen des Europarechts wird von Teilen der Literatur angenommen. § 53 SGB V verstoße gegen Art. 106 I, II AEUV, wonach die Mitgliedsstaaten in Bezug auf öffentliche Unternehmen oder Unternehmen, denen sie besondere oder ausschließliche Rechte gewähren, keine dem AEUV widersprechenden Maßnahmen treffen dürfen.[1042] Dies überzeugt schon deshalb nicht, da der PKV nach wie vor größere Freiheiten verbleiben als der GKV. Des Weiteren ist dieser Auffassung entgegenzuhalten, dass die GKV keine Unternehmen i.S.d. Art. 101 AEUV sind und zudem eine Wettbewerbsverzerrung durch die Genehmigung einer Satzung ausgeschlossen ist.[1043] § 53 SGB V führt demnach nicht unmittelbar zu einer dem AEUV widersprechenden Wettbewerbsverzerrung. Gegebenenfalls kommen wettbewerblichsrechtliche Unterlassungsansprüche einer PKV gegen eine konkrete rechtswidrige Satzungsbestimmung in Betracht.[1044]

2. Der Wahltarif „Arzneimittel der besonderen Therapierichtungen" gemäß § 53 V SGB V

a) Abschluss

Gemäß § 53 V SGB V kann die Krankenkasse in ihrer Satzung die Übernahme der Kosten für Arzneimittel der besonderen Therapierichtungen regeln, die nach § 34 I 1 SGB V von der Versorgung ausgeschlossen sind und hierfür spezielle Prämienzahlungen vorsehen.

Der Wahltarif ist fakultativ, muss also im Gegensatz zu anderen Wahltarifen nicht von jeder GKV eingeführt werden, sondern liegt im freien Ermessen der Krankenkasse.[1045] In Betracht kommt eine vollständige, aber auch eine nur teilweise Kostenerstattung für die eingeschlossenen Arzneimittel.[1046] Nicht eindeutig aus § 53 V SGB V geht hervor, ob im Falle einer Einführung eines entsprechenden Wahltarifs die Prämienzahlungen zwingend sind. Die Frage ist zu bejahen.[1047] Dies ergibt sich zunächst daraus, dass gemäß § 53 IX 1 SGB V die Aufwendungen für den Wahltarif

1041 *Thüsing*, NZS 2008, 449, 452.
1042 So *Huber/Storr*, Wahltarife, Rn 155 ff.
1043 Vgl. KassKomm/*Nolte*, SVR, § 53 SGB V Rn 4b.
1044 KassKomm/Nolte, SVR, § 53 SGB V Rn 4a; JurisPK/*Dreher*, SGB V, § 53 Rn 15.1.
1045 HKS/*Henle*, SGB V, § 53 Rn 50.
1046 Becker/Kingreen/*Lang*, SGB V, § 53 Rn 21.
1047 So auch die hM; vgl. HKS/*Henle*, SGB V, § 53 Rn 50; Spickhoff/*Nebendahl*, Medizinrecht, § 53 SGB V Rn 23; *Fuchs/Preis*, Sozialversicherungsrecht, S. 392; *Giesen*, Wahltarife, S. 35.

dauerhaft aus Einnahmen, Einsparungen und Effizienzsteigerungen finanziert werden müssen.[1048] Mit Effizienzsteigerungen ist nicht zu rechnen, und Einsparungen könnten allenfalls dann in Betracht kommen, wenn die Leistungen der besonderen Therapierichtungen an Stelle schulmedizinischer Leistungen angewandt würden. Dies ist zumindest nicht regelmäßig zu erwarten, da auch die entsprechenden konventionellen Arzneimittel, die beim jeweiligen Krankheitsbild indiziert sind, § 34 I 1 SGB V unterfallen können. Zudem behält der Versicherte seinen Anspruch auf konventionelle Arzneimittel auch im Falle des Wahltarifs. Ein Wahltarif ohne Prämienzahlung würde auch Sinn und Zweck des Wahltarifs aushöhlen; es gäbe keinen Grund, einen Wahltarif, der nur Vorteile, aber unmittelbar keine Nachteile bietet, nicht zu wählen. Auch nach der Gesetzesbegründung sind Prämienzahlungen obligatorisch.[1049] Das Recht zur Wahl des Tarifs steht jeweils jedem Versicherten zu. Dies gilt auch für die Mitversicherung Familienangehöriger.[1050]

b) Umfang des Wahltarifs

Nach dem Wortlaut des § 53 SGB V sind nur diejenigen Arzneimittel erfasst, die nach § 34 I 1 SGB V von der Versorgung ausgeschlossen sind. Unklar ist, ob die übrigen Anforderungen des SGB V, insbesondere die Beachtung des allgemein anerkannten Standes der medizinischen Erkenntnisse nach § 2 I 3 SGB V, auch bei Anwendung des Wahltarifs Anwendung finden.[1051]

aa) Wortlaut

Nach seinem Wortlaut beinhaltet der Wahltarif nach § 53 V SGB V allein eine Abweichung von § 34 I 1 SGB V. Dies deutet darauf hin, dass alle weiteren Regelungen in Kraft bleiben, einschließlich § 2 I 3, § 135 I 1 SGB V.[1052]

bb) Systematik

In die Systematik fügt sich der Wahltarif nach § 53 V SGB V nicht nahtlos ein. Nähme man an, dass auch § 2 I 3, § 135 I 1 SGB V keine Anwendung fände, wäre eine Anknüpfung an § 34 I 1 SGB V höchst inkonsequent. Es ist nicht ersichtlich, warum eine Leistung einer besonderen Therapierichtung, die zulassungspflichtig und damit nicht bereits nach § 34 I 1 SGB V, sondern aus anderen Gründen von der Versorgung ausgenommen ist, anders behandelt werden soll als eine Leistung, die nicht zulassungspflichtig ist, aber aus denselben anderen Gründen ebenfalls

1048 KassKomm/*Nolte*, SVR, § 53 SGB V Rn 35, 53.
1049 BT-Drs. 16/4247, S. 35.
1050 HKS/*Henle*, SGB V, § 53 Rn 50.
1051 So JurisPK/*Dreher*, SGB V, § 53 Rn 119.
1052 Vgl. JurisPK/*Dreher*, SGB V, § 53 Rn 119.

ausgeschlossen wäre.[1053] Die Anknüpfung an § 34 I 1 SGB V lässt sich nur so sinnvoll verstehen, wenn gerade die Tatsache, dass rein formale Kriterien zum Ausschluss weiter Teile der besonderen Therapierichtungen führen, hier kompensiert werden soll.

Andererseits liefe ein so verstandener Wahltarif im Hinblick auf zwei der drei benannten Therapierichtungen weitgehend leer. Die überwiegende Mehrheit der Methoden der Homöopathie und Anthroposophie scheitert neben § 34 I 1 SGB V auch an § 2 I 3 SGB V bzw. § 135 I 1 SGB V. Umfassendere Bedeutung hätte der Wahltarif allein für die Phytotherapie. Der Versicherte würde für seine Prämienzahlungen im Übrigen kaum Gegenleistungen erhalten und würde durch den Wahltarif somit erheblich benachteiligt, was für ihn wiederum kaum erkennbar wäre.

In die Systematik würde sich § 53 V SGB V am besten einfügen, wenn innerhalb des Wahltarifs auch die Voraussetzungen des § 2 I 3 SGB V und des § 135 I 1 SGB V unanwendbar wären, soweit die angewandte Untersuchungs- bzw. Behandlungsmethode einer der besonderen Therapierichtungen zuzuordnen ist.

cc) Teleologische Auslegung

Der Wahltarif „Arzneimittel der besonderen Therapierichtungen" dient dazu, das Selbstbestimmungsrecht des Patienten zu stärken, indem ihm auf eigene Kosten ein Versicherungsschutz eröffnet wird, der die Arzneimittel der besonderen Therapierichtungen umfasst, um auf diese Weise die gesetzlichen gegenüber den privaten Krankenversicherungen konkurrenzfähiger zu machen.[1054]

Generell erscheint die Entscheidung, besondere Therapierichtungen optional zu gestalten, als das richtige Mittel, um die Erstattungen von Leistungen der besonderen Therapierichtungen einerseits zuzulassen, die Kosten aber andererseits nicht der Allgemeinheit aufzubürden. Ist ein Versicherter im Gegensatz zum allgemein anerkannten Stand der medizinischen Erkenntnisse von der Wirksamkeit einer Methode überzeugt, erscheint es folgerichtig, dass er die entsprechenden Leistungen erhalten kann, für die Mehrkosten jedoch entsprechende Zahlungen zu leisten hat. Es erscheint daher als zumindest erwägenswert, Leistungen einzubeziehen, die den strengen Anforderungen der § 2 I 3, § 12 I und § 135 I 1 SGB V nicht vollständig genügen.

In Betracht kommt zunächst eine Befugnis des Gerichts, die allgemeine Anerkennung entgegen § 135 I 1 SGB V selbst zu überprüfen. Die Systematik des Gesetzes, insbesondere der § 2 I 2, 3 und §§ 34, 135 I 1, 4, 5 SGB V, ist darauf ausgerichtet, dass die Entscheidung, was dem allgemein anerkannten Stand der medizinischen Erkenntnisse entspricht, den Gerichten abgenommen wird. Wird § 135 I 1 SGB V außer Kraft gesetzt, soweit der Wahltarif reicht, stellt sich dieses Problem in jedem Fall: Entweder ist der allgemein anerkannte Stand der medizinischen Erkenntnisse

---

1053 Vgl. den Änderungsantrag der Fraktion BÜNDNIS 90/DIE GRÜNEN, BT-Drs. 16/4247, S. 20.

1054 Vgl. KassKomm/Nolte, SVR, § 53 SGB V Rn 32; *Thüsing*, NZS 2008, 449, 450.

therapieimmanent oder objektiv, von außerhalb der Therapierichtung, zu bestimmen. Bliebe § 135 I 1 SGB V hingegen anwendbar, liefe der Wahltarif schon deswegen zumindest in der vertragsärztlichen Versorgung weitgehend leer, weil der G-BA über die Verordnungsfähigkeit von OTC-Arzneimitteln – abgesehen von den nach § 34 I 2 SGB V zugelassenen und daher vom Wahltarif nicht erfassten Arzneimitteln – überhaupt keine Beschlüsse trifft. Vor diesem Hintergrund erscheint es als geradezu zwingend, dass § 135 I 1 SGB V innerhalb des Wahltarifs keine Anwendung findet und die Gerichte ausnahmsweise selbst über die Wirksamkeit und Wirtschaftlichkeit befinden müssen.

Auch § 2 I 3 SGB V stellt Hürden auf, die für Methoden der besonderen Arzneimittel kaum zu überwinden sind. Konsequenterweise müsste ein Wahltarif „Arzneimittel der besonderen Therapierichtungen" auch den Maßstab der Beurteilung der Wirksamkeit und Wirtschaftlichkeit dahingehend abändern, dass nicht mehr der allgemein anerkannte Stand der medizinischen Erkenntnisse maßgeblich ist, sondern die innerhalb der Therapierichtung maßgeblichen Auffassungen. So verstanden würde der Versicherte mit dem Wahltarif insoweit die Binnenanerkennung als Beurteilungsmaßstab wählen.

Einen alternativen Lösungsansatz könnte es darstellen, den Wahltarif auf Krankenhausbehandlungen zu beschränken. Insoweit sind die Maßstäbe des § 137c SGB V großzügiger als die der § 2 I 3, § 135 I 1 SGB V. Auch hier ist jedoch erforderlich, dass die Methode das Potenzial einer Behandlungsalternative bietet. Selbst diese eher geringe Hürde ist für Therapien der besonderen Therapierichtungen kaum überwindlich. Zudem sind § 53 V SGB V keine Hinweise darauf zu entnehmen, dass der Wahltarif auf Krankenhausbehandlungen beschränkt sein soll.

Weder die allgemeine Anerkennung noch die Binnenanerkennung einer Leistung sind ohne Weiteres ersichtlich. Weder im einen noch im anderen Falle kann das Gericht ohne Rückgriff auf Gutachter, die wiederum einer bestimmten Auffassung zuneigen und damit das Prozessergebnis beeinflussen werden, die Wirksamkeit und Wirtschaftlichkeit bestimmen.[1055] Die hiermit verbundene Rechtsunsicherheit wäre erheblich. Soll im Rahmen des § 53 V SGB V der Maßstab der Binnenanerkennung gelten, erscheint es letztlich als einzig gangbarer Weg, die Leistung nur in Fällen evidenter Unwirksamkeit bzw. Unwirtschaftlichkeit auszuschließen. Anders als sonst (s. Kap. 4 C I 3) spielt die Auslegung von G-BA-Richtlinien hier keine Rolle: Der Arzt entscheidet nicht nur über die individuelle, sondern auch über die generelle Zweckmäßigkeit.

Soweit der G-BA etwa nach § 135 I 3 oder § 137c I 2 SGB V die Leistung ausgeschlossen hat, behält dies jedoch auch innerhalb des Wahltarifs seine Gültigkeit.

1055 Für die rechtliche Bewertung unerheblich, aber praktisch doch nicht unbedeutend, ist hier, dass den Parteien schon aus rein prozessökonomischen Gründen kaum am Einsatz von Gutachtern gelegen sein dürfte. Verglichen mit den geringen Kosten der OTC-Arzneimittel dürften die Gutachterkosten in der Regel horrend ausfallen.

Insoweit läuft es nicht dem Zweck des Wahltarifs zuwider, Leistungen auszuschließen, da dies nur einen kleinen Teil des Leistungsspektrums umfasst.

dd) Verfassungskonforme Auslegung: Wahltarif für echte Außenseitermethoden?

Überraschend ist auch, dass ein entsprechender Wahltarif für gemäß § 34 I 1 SGB V ausgeschlossene Arzneimittel, die keiner der besonderen Therapierichtungen zuzuordnen sind, nicht zugelassen ist. Verfassungsrechtlich bedenklich wäre dies jedoch nur, wenn kein hinreichender Grund für eine Differenzierung ersichtlich wäre. Erforderlich ist ein Grund von solchem Gewicht, dass er die Ungleichbehandlung rechtfertigt (s.o., Kap. 2 A II 5 c). Der Gesetzgeber ist allerdings grundsätzlich berechtigt, pauschalierende und generalisierende Differenzierungen zu treffen (s. Kap. 2 A II 5 c bb).[1056] Die einzige in Betracht kommende andere Differenzierung wäre der Einschluss aller nach § 34 I 1 SGB V ausgeschlossenen Arzneimittel. Die Privilegierung der besonderen Therapierichtungen lässt sich damit begründen, dass es für die zugehörigen Arzneimittel schwieriger ist, als Therapiestandard gemäß § 34 I 2 SGB V anerkannt zu werden. Andererseits sind sie – verglichen mit anderen alternativmedizinischen Therapien – hinreichend abgrenzbar. Die Einbeziehung der gesamten Alternativmedizin wäre uferlos, und es ließe sich kaum bestimmen, ob eine Behandlung *de lege artis* erfolgt.

ee) Ergebnis

Soweit § 53 V SGB V die Anwendbarkeit von Methoden der besonderen Therapierichtungen nicht auch abweichend von § 2 I 3 und § 135 I 1 SGB V zulässt, liegt eine Regelungslücke vor. Ein Verzicht allein auf die Anforderungen des § 34 SGB V würde dazu führen, dass der Wahltarif weitgehend gegenstandslos bliebe. Diese Regelungslücke war auch planwidrig; ein Wahltarif, der zwingend mit Mehrkosten für den Versicherten, aber keinen nennenswerten Gegenleistungen verbunden ist, kann nicht im Sinne des Gesetzgebers gewesen sein.

Der Wahltarif beschränkt sich somit nicht auf die Abbedingung des § 34 I 1 SGB V, sondern umfasst die Wahl der besonderen Therapierichtungen insgesamt und ihres immanenten Beurteilungsstandards.

II. Verträge zur integrierten Versorgung

Eine weitere Möglichkeit, Leistungen der besonderen Therapierichtungen über den gesetzlichen Umfang hinaus in die Versorgung einzubeziehen, bildet der Abschluss von Verträgen zur integrierten Versorgung gemäß § 140a SGB V. Verträge zur integrierten Versorgung werden zwischen einer Krankenkasse und den in § 140b I SGB V aufgezählten Leistungserbringern abgeschlossen. Die Teilnahme ist für die

---

1056 Vgl. Isensee/Kirchhof/*Kirchhof*, Handbuch des Staatsrechts, VIII, § 181 Rn 171.

Versicherten freiwillig und wird durch eine innerhalb von zwei Wochen nach Maßgabe des § 140a II 2 ff. SGB V widerrufliche Willenserklärung begründet.[1057]

Im Rahmen der Integrationsverträge darf gemäß § 140a I SGB V von den Vorschriften des vierten Kapitels des SGB V, des Krankenhausfinanzierungsgesetzes, des Krankenhausentgeltgesetzes sowie den nach diesen Vorschriften getroffenen Regelungen abgewichen werden, soweit dies dem Sinn und der Eigenart der integrierten Versorgung entspricht, die Qualität, die Wirksamkeit und die Wirtschaftlichkeit der integrierten Versorgung verbessert oder aus sonstigen Gründen zu ihrer Durchführung erforderlich ist. Leistungen, die der G-BA nach §§ 91, 92 I 2 Nr. 5 oder § 137c I SGB V als ungeeignet abgelehnt hat, sind ausgeschlossen (§ 140b III 4 SGB V). Dies umfasst sowohl die NUB-Richtlinien als auch die Richtlinie Methoden vertragsärztliche Versorgung und die Richtlinie Methoden Krankenhausbehandlung.[1058] Das ansonsten geltende Verbot mit Erlaubnisvorbehalt wird, soweit Verträge zur integrierten Versorgung Anwendung finden, durch eine Erlaubnis mit Verbotsvorbehalt ersetzt.[1059]

Hingegen lässt § 140a I SGB V keine Abweichung von den Vorschriften des 1. Kapitels zu. Dies bedeutet, dass etwa das Wirtschaftlichkeitsgebot und die Beurteilung anhand des allgemein anerkannten Standes der medizinischen Erkenntnisse unangetastet bleiben. Es liegt jedoch nahe, die Regelung des § 317c III 1 SGB V (s.o., C I 4 b bb) entsprechend anzuwenden und Methoden einzubeziehen, die zwar dem gegenwärtig allgemein anerkannten Stand der medizinischen Erkenntnisse nicht genügen, aber das Potenzial einer Behandlungsalternative bieten.

III. Modellvorhaben nach §§ 63 ff. SGB V

Zur Weiterentwicklung der Versorgung[1060] und Verbesserung der Qualität und Wirtschaftlichkeit können Krankenkassen und ihre Verbände Modellvorhaben gemäß §§ 63 SGB V durchführen oder mit den Leistungserbringern vereinbaren. Die Modellvorhaben wurden zum 01.07.1997 eingeführt und traten anstelle der vorherigen Erprobungsregelungen.[1061] Im Gegensatz zu Wahltarifen und Integrationsvorhaben dienen Modellvorhaben nicht der Einführung eines von den allgemeinen Regelungen abweichenden Standards auf Dauer, sondern der Erprobung und Weiterentwicklung der Leistungserbringung auf organisatorischer Ebene. Modellvorhaben sind stets zeitlich befristet, im Regelfall auf längstens acht Jahre (§ 63 V 2 SGB V), und dienen einem konkreten Erprobungsziel.[1062] Dieses muss sich gemäß § 63 I SGB V auf die Weiterentwicklung der Verfahrens-, Organisations-, Finanzierungs- und

1057 Hauck/Noftz/*Engelhard*, SGB V, § 140a Rn 62.
1058 Vgl. Spickhoff/*Fischinger*, Medizinrecht, § 140b SGB V Rn 6.
1059 Hauck/Noftz/*Engelhard*, SGB V, § 140b Rn 49.
1060 Dies ergibt sich aus der amtlichen Überschrift des zehnten Abschnitts (§§ 63–68 SGB V); vgl. Hauck/Noftz/*Flint*, SGB V, § 63 Rn 4.
1061 Vgl. BT-Drs. 13/6087, S. 20.
1062 Vgl. KassKomm/*Roters*, SVR, § 63 SGB V Rn 2.

Vergütungsformen der Leistungserbringung beziehen. Die Modellvorhaben dienen also – wie § 63 IV 2 SGB V klarstellt – nicht der medizinischen Forschung, sondern der Weiterentwicklung der Tätigkeit der Krankenversicherung selbst.

Die medizinische Forschung ist demgegenüber nicht Aufgabe der GKV.[1063] Dies schließt Modellvorhaben, bei denen eine Verbesserung der Versorgung durch bessere Organisation und Standardisierung erreicht werden soll, allerdings nicht aus.[1064] Zulässig sind auch Modellvorhaben, bei denen erprobt werden soll, ob eine Leistung, die noch nicht von der gesetzlichen Versorgung umfasst ist, für eine ausreichende, zweckmäßige und wirtschaftliche Versorgung geeignet ist.[1065] Allerdings muss tragfähiges Erkenntnismaterial vorliegen, das die Erwartung einer dem Wirtschaftlichkeitsgebot genügenden Versorgung rechtfertigt.[1066] Letztlich dürfte dies darauf hinauslaufen, dass die Wirksamkeit (und damit i.E. auch die generelle Zweckmäßigkeit) einer Methode nach dem allgemein anerkannten Stand der medizinischen Erkenntnisse bereits erwiesen sein muss. Nutzen und Risiken müssen bereits erforscht sein.[1067] Anderenfalls läge medizinische Forschung vor. Erprobt wird lediglich die noch nicht festgestellte Wirtschaftlichkeit (i.w.S.) der Methode. Kein zulässiger Zweck ist auch die Umgehung gesetzlicher Vorgaben für die Versorgung durch die GKV.[1068] Eine Aufnahme von Leistungen der besonderen Therapierichtungen durch die Hintertür ist demnach ausgeschlossen. Zu diesem Zweck kommen allein Wahltarife und Integrationsverträge in Betracht.

Gemäß § 63 III 1 SGB V kann bei Modellvorhaben von verschiedenen gesetzlichen Regelungen abgewichen werden, namentlich dem vierten und zehnten Kapitel des SGB V, dem Krankenhausfinanzierungsgesetz, dem Krankenhausentgeltgesetz und den nach diesen Vorschriften getroffenen Regelungen. Die Einschränkung, dass Normen nur abbedungen werden können, soweit es für die Modellvorhaben erforderlich ist, trifft dem Wortlaut nach nur auf das vierte und zehnte Kapitel des SGB V zu. Allerdings dürfte für die übrigen Gesetzesnormen nichts anderes gelten, da die Einschränkung auf erforderliche Abweichungen lediglich klarstellend ist.[1069] Grundsätzlich wären auch die Vorschriften über die G-BA-Richtlinien in §§ 91 f., 135 ff. SGB V als Bestandteil des vierten Kapitels der SGB V abdingbar. Allerdings beschränkt § 63 IV 1 SGB V die Modellvorhaben – entsprechend der Regelung der Verträgen zur integrierten Versorgung (s.o., II) – auf Leistungen, die der G-BA nicht nach §§ 91, 92 I 2 Nr. 5 oder § 137c I SGB V als ungeeignet abgelehnt hat. Anders als bei § 135 I 1 SGB V führt jedoch erst die ablehnende Entscheidung zu einem Ausschluss einer abweichenden Regelung im Rahmen eines Modellvorhabens;[1070]

1063 KassKomm/*Roters*, SVR, § 63 SGB V Rn 11.
1064 Vgl. Krauskopf/*Krauskopf*, Soziale Krankenversicherung, § 63 SGB V Rn 5.
1065 Hauck/Noftz/*Flint*, SGB V, § 63 Rn 23.
1066 BT-Drs. 13/6087, S. 26; Hauck/Noftz/*Flint*, SGB V, § 63 Rn 23.
1067 BT-Drs. 13/6087, S. 26; JurisPK/*Koch*, SGB V, § 63 Rn 28.
1068 Vgl. Hauck/Noftz/*Flint*, SGB V, § 63 Nr 30.
1069 Spickhoff/*Nebendahl*, Medizinrecht, § 63 SGB V Rn 4.
1070 Vgl. JurisPK/*Koch*, SGB V, § 63 Rn 29.

auch hier gilt dieselbe Erlaubnis mit Verbotsvorbehalt wie bei den Verträgen zur integrierten Versorgung.

Das Rechtsinstitut des Modellvorhabens eignet sich somit weder zur dauerhaften Einbeziehung von Leistungen der besonderen Therapierichtungen über das gesetzliche Maß hinaus noch zur Erforschung der Wirksamkeit von Leistungen der besonderen Therapierichtungen. Zulässig sind demgegenüber Modellvorhaben, in denen bestimmte Vergütungsformen erprobt werden, die vom EBM abweichen. So kann in einem Modellvorhaben etwa eine gesonderte, über die Regelungen des EBM hinausgehende Vergütung für die homöopathische Anamnese festgelegt werden.[1071] Angesichts des vorübergehenden Charakters haben Modellvorhaben jedoch keine nachhaltigen Auswirkungen, solange nicht der Gesetzgeber oder – soweit zuständig – der G-BA die Ergebnisse des Modellvorhabens in Gesetze bzw. Richtlinien umsetzt.[1072]

Für Modellvorhaben, die nicht den Anforderungen der §§ 63 ff. SGB V entsprechen, besteht keine gesetzliche Grundlage.[1073]

IV. Sonstige Sondervereinbarungen

Soweit keine der zuvor erörterten Regelungen einschlägig ist, besteht keine Vertragskompetenz der gesetzlichen Krankenversicherungen für eine vom EBM oder den gesetzlichen Regelungen abweichende Vorschrift.[1074] Verträge, die eine Einbeziehung von Leistungen der besonderen Therapierichtung in Abweichung von diesen Regelungen beinhalten, sind demzufolge unwirksam.

1071 Vgl. *Zuck*, Homöopathie und Verfassungsrecht, Rn 229.
1072 *Zuck*, Homöopathie und Verfassungsrecht, Rn 230.
1073 So auch *Zuck*, Homöopathie und Verfassungsrecht, Rn 234 f.
1074 *Zuck*, Homöopathie und Verfassungsrecht, Rn 234 f.

Kapitel 5 – Alternativmedizin im Recht der privaten Krankenversicherungen

A. Überblick über die Systemunterschiede zwischen GKV und PKV

I. Allgemeines

Im deutschen Recht stehen sich zwei historisch gewachsene und völlig unterschiedlich konzipierte Krankenversicherungssysteme gegenüber, die gesetzliche und die private Krankenversicherung.[1075] Für ein tieferes Verständnis des Umgangs mit alternativmedizinischen Methoden in der gesetzlichen Krankenversicherung ist ein vergleichender Blick in das Recht der privaten Krankenversicherung und auf die dortige Lösung der Parallelprobleme hilfreich und erforderlich.

Gesetzlicher Regelfall ist die Versicherung in der gesetzlichen Krankenversicherung. Für den Großteil der Bevölkerung ergibt sich eine Versicherungspflicht dort aus §§ 5, 6 SGB V. Soweit keine Versicherungspflicht in der GKV besteht, kommt der Abschluss einer privaten Krankenversicherung in Betracht. Seit dem GKV-WSG[1076] besteht eine allgemeine Krankenversicherungspflicht: Personen, die nicht bereits in der GKV versicherungspflichtig bzw. versichert sind – und für die auch keine anderweitige Absicherung nach § 193 III 2 Nr. 2 bis 4 VVG besteht –, sind gemäß § 193 III 1 VVG in der privaten Krankenversicherung versicherungspflichtig.[1077] § 5 I Nr. 13 SGB V einerseits und § 193 III 1 SGB V andererseits stellen nunmehr sicher, dass jede Person mit Wohnsitz im Inland im Krankheitsfall abgesichert ist.[1078]

Im Gegensatz zum Recht der GKV, das dem Sozialrecht und damit dem öffentlichen Recht zuzuordnen ist, ist das Recht der PKV zivilrechtlicher Natur.[1079] Bereits hieraus ergeben sich einige erhebliche Unterschiede. Die private Krankenversicherung unterliegt grundsätzlich den Gesetzen der freien Marktwirtschaft. Der Charakter der PKV wird also durch den Wettbewerb geprägt.[1080] Die GKV ist demgegenüber grundsätzlich als Solidargemeinschaft ausgestaltet (§ 1 S. 1 SGB V). Dem Fürsorgegedanken kommt daher eine größere Bedeutung als dem Wettbewerbsgedanken zu. Diese unterschiedlichen Prinzipien gelten allerdings in beiden Richtungen

1075 Zur historischen Entwicklung vgl. Bach/Moser/*Rudolph*, PKV, Einl. Rn 115 ff.; vgl. auch Igl/Welti/*Schäfer*, Gesundheitsrecht, Rn 653 ff.

1076 Gesetz zur Stärkung des Wettbewerbs in der Gesetzlichen Krankenversicherung, Gesetz vom 26.03.2007 (BGBl. I, S. 378).

1077 Vgl. *Sodan*, NJW 2007, 1313, 1314 f.; *Langheid*, NJW 2007, 3745, 3749.

1078 Vgl. Becker/Kingreen/*Just*, SGB V, § 5 Rn 3, 59; MünchKomm-VVG/*Kalis*, § 193 Rn 16.

1079 Vgl. *Wandt*, Versicherungsrecht, Rn 1272.

1080 Vgl. *Wandt*, Versicherungsrecht, Rn 1274.

nicht uneingeschränkt. Insbesondere durch das GKV-Wettbewerbsstärkungsgesetz wurden GKV und PKV einander angenähert. Einerseits wurden Wettbewerbselemente in eingeschränktem Maße auch für die GKV eingeführt (s. Kap. 4 G I).[1081] Andererseits besteht mit dem Basistarif nunmehr ein Institut, das eine der GKV entsprechende Versorgung innerhalb der PKV garantieren soll und für das Versicherungspflicht und Kontrahierungszwang gelten (s. III 2).

Bedeutendste Rechtsquelle für das Recht der PKV ist das VVG, insbesondere die §§ 192 ff. VVG.[1082] Das Aufsichtsrecht für die Krankenversicherung ist im VAG geregelt, insbesondere in §§ 12–14a VAG. In der Praxis hohe Bedeutung haben auch die Musterbedingungen der Krankenkassen (näher C).

Als bürgerliche Rechtsstreitigkeiten unterliegen gerichtliche Auseinandersetzungen zwischen Versichertem und Versicherungsnehmer gemäß § 13 VVG dem Zivilrechtsweg, während für das Versicherungsverhältnis in der GKV gemäß § 51 I Nr. 2 SGG die Sozialgerichte zuständig sind. Für die privaten Krankenversicherungen gilt die ZPO. Im Falle einer non-liquet-Situation ist im Recht der PKV daher nach Beweislastgrundsätzen zu entscheiden.

II. Eigenverantwortung und soziale Fürsorge

Das Recht der privaten Krankenversicherung ist stärker vom Prinzip der Eigenverantwortung geprägt als das der gesetzlichen Krankenversicherungen.[1083] Die PKV dient nicht in demselben Maße der sozialen Fürsorge wie die GKV. Dennoch kommt auch der PKV eine soziale Funktion zu.[1084] Nicht außer Acht gelassen werden darf hierbei, dass auch im Recht der privaten Versicherung Leistungen über Beiträge gegenfinanziert werden. Mittelbar erfolgt auch hier die Erstattung von unberechtigten Leistungen letztlich zu Lasten der Gesamtheit der Versicherungsnehmer.[1085] Eine einseitige Auslegung von Bestimmungen zugunsten des Versicherungsnehmers ist nicht nur für den Versicherer, sondern auch für die anderen Versicherungsnehmer im Ergebnis nachteilhaft. Umgekehrt kennt auch § 1 S. 2 SGB V eine Eigenverantwortung, die sich jedoch auf eine Mitverantwortlichkeit der Versicherungsnehmer für ihre Gesundheit beschränkt und keine rechtlichen Obliegenheiten normiert.[1086]

1081 *Armbrüster*, Privatversicherungsrecht, Rn 2001.

1082 Vgl. van Bühren/*Commer*, VR, § 17 Rn 13 ff.

1083 Vgl. *Hufen*, NZS 2009, 649.

1084 RHS/*Rogler*, VVG, § 192 Rn 2; vgl. *Hufen*, NZS 2009, 649 ff.

1085 Vgl. *Werber* in FS Winter II, S. 599, 618.

1086 Becker/Kingreen/*Becker/Kingreen*, SGB V, § 1 Rn 8; *Prehn*, NZS 2010, 260, 262 ff.; *Fuchs/Preis*, Sozialversicherungsrecht, S. 228.

III. Private Krankenversicherung als privatrechtlicher Vertrag

1. Grundsatz

Das Verhältnis zwischen Versichertem und Versicherer beruht in der PKV auf einem privatrechtlichen Vertrag.[1087] In das SGB V sind demgegenüber zwar einige Aspekte des Vertragsrechts übernommen worden, das Versicherungsverhältnis beruht jedoch auf dem Gesetz selbst.[1088] Dementsprechend steht der gesetzlichen Krankenversicherung nicht das Recht zu, einen Versicherten abzulehnen.

Grundsätzlich gilt in der PKV die Vertragsfreiheit. Die Parteien können grundsätzlich frei entscheiden, ob sie eine Vereinbarung treffen und welchen Inhalt diese Vereinbarung haben soll. Die Freiheit zum Abschluss einer privaten Krankenversicherung steht – zumindest theoretisch – jedermann zu. Da allerdings ein Großteil der Bevölkerung gemäß §§ 5 ff. SGB V in der GKV versicherungspflichtig ist, kommt eine ausschließliche private Krankenversicherung nur für einen geringen Personenkreis in Betracht. Zulässig – wenn auch wenig verbreitet – sind aber private Zusatzversicherungen neben der GKV.[1089]

2. Die Reformen durch das GKV-WSG

a) Allgemeine Versicherungspflicht

Seit dem zum 01.01.2009 in Kraft getretenen GKV-WSG bestehen einige erhebliche Einschränkungen der Vertragsfreiheit, die in der Literatur auf vielfache Kritik gestoßen sind und für verfassungsrechtlich bedenklich gehalten werden.[1090] Gemäß § 193 III 1 VVG sind Personen mit Wohnsitz im Inland – soweit sie nicht ohnehin der Versicherungspflicht in der GKV nach §§ 5 f. SGB V unterfallen – nicht mehr frei in ihrer Entscheidung, ob sie eine private Krankenversicherung abschließen wollen.[1091] Soweit keine Ausnahme nach § 193 III 2 VVG vorliegt, besteht eine Verpflichtung zum Abschluss einer Krankheitskostenversicherung zu den gesetzlich aufgeführten Konditionen, im sogenannten Basistarif.[1092] Das BVerfG hat die Regelung als verfassungskonform bestätigt.[1093]

1087 MünchKomm-VVG/*Boetius*, vor § 192 Rn 24.

1088 MünchKomm-VVG/*Boetius*, vor § 192 Rn 24; Hauck/Noftz/*Udsching*, § 7 SGB IV Rn 68; *Spellbrink*, NZS 2010, 649, 951.

1089 MünchKomm-VVG/*Boetius*, vor § 192 Rn 73.

1090 Vgl. MünchKomm-VVG/*Boetius*, vor § 192 Rn 945 ff.; MünchKomm-VVG/*Kalis*, § 193 Rn 39 ff.; MünchKomm-VVG/*Hütt*, § 206 Rn 8, 42 ff.; Römer/Langheid/*Langheid*, VVG, § 193 Rn 2 ff.; *Sodan*, NJW 2006, 3617, 3619 ff.; *Boetius*, VersR 2007, 431 ff.; *Langheid*, NJW 2007, 3745, 3748 ff.; *Thüsing/von Medem*, Vertragsfreiheit, S. 38 ff., 89 ff.; *Oesterreich*, Versicherungspflicht oder Versicherungsfreiheit, S. 144 ff.; *Prehn*, NZS 2010, 260, 262 ff.

1091 Vgl. *Marlow/Spuhl*, VersR 2009, 593 ff.

1092 Vgl. *Marko*, Private Krankenversicherung, B Rn 1.

1093 BVerfG, 10.06.2009, 1 BvR 706/08 u.a., BVerfGE 123, 186.

Innerhalb der Grenzen des § 193 III 1 VVG sind die Parteien bei der Vertragsgestaltung inhaltlich frei. Zulässig ist auch die Gestaltung des Versicherungsvertrags durch allgemeine Geschäftsbedingungen.[1094] In der Praxis haben sich hierbei brancheneinheitliche Musterbedingungen durchgesetzt (s. C I).

b) Kontrahierungszwang und gesetzliche Vorgaben

Umgekehrt sind auch die Versicherer nicht mehr frei in ihrer Entscheidung, mit wem sie einen Krankenversicherungsvertrag abschließen. Gemäß § 193 V VVG sind Versicherer verpflichtet, den im Gesetz aufgezählten Personen Versicherung zum Basistarif zu gewähren. Insoweit besteht also Kontrahierungszwang.[1095]

Das Versicherungsaufsichtsrecht regelt in § 12 VAG einige Mindestanforderungen an den Basistarif: Leistungen müssen gemäß § 12 Ia 1 VAG mit den im 3. Kapitel des SGB V aufgeführten Leistungen der GKV hinsichtlich Art, Umfang und Höhe vergleichbar sein. Die Regelung verlangt allerdings keine exakte Übereinstimmung des Leistungskatalogs mit dem der GKV. Der Versicherungsschutz des Basistarifs muss nur im Allgemeinen dem des SGB V entsprechen.[1096] Nach § 12 Ia 3 VAG muss die Möglichkeit bestimmter gesetzlich vorgeschriebener Selbstbehalte bestehen. § 12 Ia 2 VAG schreibt Sondertarife für Kinder und Jugendliche bis zum 21. Lebensjahr und Beihilfeberechtigte vor.

Der Verband der privaten Krankenversicherung legt den Basistarif als Beliehener gemäß § 12 Id 1, Ia 1 VAG brancheneinheitlich fest.[1097] Die Leistungen sind demzufolge für alle privaten Krankenversicherer einheitlich geregelt.[1098] Maßgeblich sind hier die Allgemeinen Versicherungsbedingungen für den Basistarif (MB/BT).

Der Kontrahierungszwang ändert aber nichts daran, dass dem Versicherungsverhältnis selbst auch im Basistarif ein privatrechtlicher Vertrag zugrunde liegt. Öffentlich-rechtlich ist lediglich die Tätigkeit des Verbands der privaten Krankenversicherer als Beliehener gemäß § 12 Id VAG.[1099]

c) Kündigungsverbot

Ist eine private Krankenversicherung, für die nach § 193 III 1 VVG Versicherungspflicht besteht, einmal abgeschlossen, kann der Versicherer diese gemäß § 206 I 1 VVG nicht mehr einseitig durch Kündigung beenden. Nach dem Wortlaut scheidet selbst das ansonsten bei Dauerschuldverhältnissen unabdingbare Recht zur

---

1094 Prölss/Martin/*Armbrüster*, VVG, Einl. Rn 35 ff.

1095 Vgl. Marlow/Spuhl/*Marko*, VVG, Rn 1331; *Langheid*, NJW 2007, 3745, 3749; *Marlow/Spuhl*, VersR 2009, 593, 600; *Eichelberger*, VersR 2010, 886.

1096 Vgl. FKBP/*Kaulmann*, VAG, § 12 Rn 22.

1097 Prölss/Martin/*Voit*, VVG, § 193 VVG Rn 32; Römer/Langheid/*Langheid*, VVG, § 193 Rn 61.

1098 MünchKomm-VVG/*Kalis* § 193 Rn 29.

1099 Vgl. FKBP/*Kaulmann*, VAG, § 12 Rn 22.

außerordentlichen Kündigung aus.[1100] Inwieweit eine außerordentliche Kündigung tatsächlich unzulässig ist, ist allerdings höchst umstritten.[1101] Auf eine nähere Darstellung des Streits wird mangels konkreter Relevanz für das Recht der Alternativmedizin verzichtet.

3. *Beziehungen zum Leistungserbringer*

Das Verhältnis zwischen Versicherer, Versicherungsnehmer und Leistungserbringer unterscheidet sich ebenfalls in beiden Systemen. Der Versicherungsnehmer einer PKV hat privat-vertragliche Rechtsbeziehungen zu Leistungserbringer und Versicherung, während – anders als im Vertragsarztrecht in §§ 69 ff. SGB V[1102] – keine rechtliche Sonderbeziehung zwischen Leistungserbringer und PKV besteht.[1103] Dies drückt sich auch darin aus, dass dem Patienten nur Leistungsansprüche gegen die Versicherung zustehen.[1104] Der Leistungserbringer macht Ansprüche gegen den Versicherten als Patienten aus dem Behandlungsvertrag geltend, dieser entsprechend Ansprüche gegen den Versicherer aus dem Versicherungsvertrag.

In der Regel gilt in der PKV das Kostenerstattungsprinzip,[1105] im Gegensatz zum Sach- bzw. Naturalleistungsprinzip des SGB V.[1106] Die Gefahr, dass die Leistungsansprüche gegen die Versicherung die Leistungsansprüche des Arztes nicht vollständig abdecken, trägt also grundsätzlich der Versicherte.[1107] Ähnliches gilt auch für das Insolvenzrisiko,[1108] wobei die Versicherten durch den Sicherungsfond nach §§ 124 ff. VAG geschützt sind.[1109]

Die Rechte, Pflichten und Obliegenheiten des Versicherers und Versicherten sind die von Vertragsparteien. Dies betrifft etwa die Schadensabwendungsobliegenheit gemäß § 62 VVG.[1110]

1100 MünchKomm-VVG/*Boetius*, vor § 192 Rn 978.

1101 Für eine generelle Zulässigkeit der außerordentlichen Kündigung MünchKomm-VVG/*Hütt*, § 206 Rn 37 ff.; RHS/*Marko*, VVG, § 206 Rn 5. Ablehnend *Marlow/Spuhl*, VersR 2009, 593, 604; MünchKomm-VVG/*Boetius*, vor § 192 Rn 978; *Langheid*, NJW 2007, 3745, 3749; *Eichelberger*, VersR 2010, 886 f.; *Effer-Uhe* VersR 2012, 684 f. Differenzierend BGH, 07.12.2011, IV ZR 105/11, BGHZ 192, 67 (juris-Rn 13 ff.); Römer/Langheid/*Langheid*, VVG, § 206 Rn 3; Marlow/Spuhl/*Marko*, VVG, Rn 1380 ff.

1102 Vgl. Becker/Kingreen/*Becker/Kingreen*, SGB V, § 69 Rn 9 ff.

1103 Näher zum Interessendreieck *Bach*, VersR 1979, 792 f.

1104 *Zuck*, Das Recht der anthroposophischen Medizin, Rn 111.

1105 Vgl. MünchKomm-VVG/*Boetius*, vor § 192 Rn 26.

1106 Vgl. Spickhoff/*Nebendahl*, Medizinrecht, § 2 SGB V Rn 11; Becker/Kingreen/*Scholz*, SGB V, § 2 Rn 11.

1107 *Bach*, VersR 1979, 792.

1108 Vgl. MünchKomm-VVG/*Boetius*, vor § 192 Rn 1136 ff.

1109 Vgl. MünchKomm-VVG/*Boetius*, vor § 192 Rn 1141 ff.

1110 Vgl. *Holzhauser*, VVR, Rn 218 ff.

4. Beitragsbemessung

Die Beiträge werden anders als in der GKV[1111] üblicherweise nicht nach der Höhe des Einkommens, sondern nach der Höhe des Risikos bemessen.[1112] Dies entspricht in der Regel dem Äquivalenzprinzip besser.[1113] Die Bemessung nach dem Einkommen wird hingegen dem Fürsorgegedanken besser gerecht, der dem SGB V zugrunde liegt. Am Markt hat sie geringe Erfolgsaussichten, da ein gut verdienender Versicherungsnehmer mit geringem Risiko in der Regel nicht bereit sein wird, aus Solidarität höhere Beiträge zu zahlen als nötig.

Für den Basistarif, der in seiner Funktion eher den gesetzlichen Krankenversicherungen entspricht, erklärt § 12 Ic 1, 2 VAG den Höchstbeitrag der gesetzlichen Krankenversicherung für anwendbar.[1114] Der freien Beitragsbemessung sind hierdurch Grenzen gesetzt.[1115]

B. Die Stellung der Alternativmedizin nach dem Versicherungsvertragsgesetz

I. Einführung

Das VVG enthält keine Sonderregelung bezüglich alternativ medizinischer Heilmethoden. § 192 I VVG verlangt von allen Leistungen ohne weitere Unterscheidung, dass sie medizinisch notwendig sein müssen.[1116] Die Maßstäbe der Behandlung alternativmedizinischer Methoden sind somit im Grundsatz durch Auslegung des Gesetzes zu ermitteln.

Die Parteien sind mangels gesetzlicher Regelung frei, den Umfang zu vereinbaren, in dem alternative Heilmethoden und Arzneimittel von der Versicherung abgedeckt werden sollen. In der Praxis geschieht dies durch AGB, wobei die in § 4 VI MB/KK vorgesehene modifizierte Wissenschaftlichkeitsklausel und die grundsätzliche Einbeziehung von Leistungen, die von Heilpraktikern erbracht werden, in § 4 II MB/KK Relevanz haben (näher C III 2). Für den Basistarif werden demgegenüber im Wesentlichen durch § 12 Ia 1 VAG und § 1 V MB/BT die Anforderungen des SGB V übernommen (näher C III 3).

Der Begriff der „besonderen Therapierichtungen“ findet sich weder im VVG noch in den MB/KK. Mittelbar in Bezug genommen wird er lediglich für den Basistarif in § 1 V MB/BT, der auf die gesetzlichen Regelungen des 3. Kapitels des SGB V verweist.

1111 Vgl. Becker/Kingreen/*Becker*/*Kingreen*, SGB V, § 1 Rn 4.
1112 MünchKomm-VVG/*Boetius*, § 192 Rn 24.
1113 Vgl. MünchKomm-VVG/*Boetius*, vor § 192 Rn 91.
1114 Vgl. FKBP/*Kaulbach*, VAG, § 12 Rn 40; juris-PK/*Gutzler*, § 314 SGB V Rn 17.
1115 Vgl. *Laars*, VAG, § 12 Rn 10.
1116 Vgl. Prölss/Martin/*Voit*, VVG, § 129 Rn 71.

II. Medizinisch notwendige Heilbehandlungen

1. *Allgemeines*

Gemäß § 192 I VVG ist der Versicherer verpflichtet, Kosten für medizinisch notwendige Heilbehandlung wegen Krankheit oder Unfallfolgen zu erstatten. Die Regelung deckt sich mit § 1 II 1 GOÄ, wonach der Arzt eine Vergütung nur für eine medizinisch notwendige ärztliche Versorgung berechnen darf.

a) Heilbehandlung

Heilbehandlung ist jede ärztliche Tätigkeit, die durch die betreffende Krankheit (bzw. die Unfallfolgen) veranlasst worden ist und auf Heilung, Besserung, Linderung oder zumindest die Verhinderung einer Verschlimmerung gerichtet ist.[1117] Nach dieser weiten Auslegung ist nicht nur die eigentliche Behandlung der Krankheit, sondern auch die Diagnostik erfasst.[1118] Der Zweck des Gesetzes gebietet ein solches Verständnis: Ohne medizinische Untersuchung und Diagnostik ist eine sinnvolle Heilbehandlung überhaupt nicht möglich. Eine Auslegung, nach der die Kosten der Diagnostik vom Versicherungsnehmer selbst zu tragen wären, würde diesen unzureichend schützen. Die Kosten für die Diagnostik sind zwar oftmals deutlich geringer als die der Heilbehandlung i.e.S., dies ist aber keinesfalls zwingend, und im Einzelfall können bereits für die Untersuchung sehr hohe, dem Versicherungsnehmer nicht zumutbare Kosten anfallen. Da zu Beginn der ärztlichen Tätigkeit die Diagnose aus der Sicht des Arztes noch nicht feststeht, ist (aus der Ex-Ante-Perspektive, vgl. Kap. 4 E I 2) auch eine letztlich nicht erfolgreiche oder zu einer Fehldiagnose führende Untersuchung notwendig.[1119]

Nach der älteren Rechtsprechung des BGH sollte auch die Zugehörigkeit zur medizinisch notwendigen Krankenpflege bereits Tatbestandsmerkmal der Heilbehandlung sein.[1120] Dogmatisch erscheint dies verfehlt. Wäre dies der Fall, wäre die Einschränkung des § 192 I Var. 1 VVG, die Heilbehandlung müsse medizinisch notwendig sein, redundant.[1121] Auch eine Behandlung, die das Maß des medizinisch Notwendigen objektiv überschreitet, ist final auf die Heilung des Patienten ausgerichtet und daher tatbestandmäßig als Heilbehandlung zu qualifizieren.

1117 BGH, 10.07.1996, IV ZR 133/95, BGHZ 133, 208 (juris-Rn 11); Schwintowski/Brömmelmeyer/*Brömmelmeyer*, VVR, § 192 VVG Rn 20.

1118 BGH, 25.01.1978, IV ZR 25/76, VersR 1978, 362 (juris-Rn 33); OLG Saarbrücken, 04.03.1998, 5 U 773/97 – 66, 5 U 773/97, VersR 1999, 479 (juris-Rn 23); OLG Hamm, 12.08.1988, 20 W 42/88, VersR 1989, 614 (juris-Rn 4); Schwintowski/Brömmelmeyer/*Brömmelmeyer*, VVR, § 192 VVG Rn 20.

1119 Vgl. BGH, 25.01.1978, IV ZR 25/76, VersR 1978, 362 (juris-Rn 33).

1120 BGH, 14.12.1977, IV ZR 12/76 VersR 1978, 271 (juris-Rn 21); 17.12.1986, IVa ZR 78/85, BGHZ 1987, 279 (juris-Rn 18).

1121 Vgl. *Boetius*, PKV, § 192 VVG Rn 50.

Die neuere Rechtsprechung trennt dementsprechend zu Recht das Vorliegen einer Heilbehandlung von deren medizinischer Notwendigkeit. Auch ungeeignete Behandlungsmethoden unterfallen demnach dem Begriff der Heilbehandlung.[1122] In der Sache ergibt sich hieraus jedoch für die Kostenübernahme durch die PKV kein Unterschied. Den Tatbestand des § 192 I Var. 1 VVG (und entsprechend des § 1 III GOÄ) erfüllen jedenfalls nur medizinisch notwendige Heilbehandlungen.

b) Krankheit

Der BGH definiert Krankheit als objektiv bestehenden anomalen, regelwidrigen Körper- oder Geisteszustand.[1123] Allerdings seien Zustände, die keine oder nur eine ganz unerhebliche Störung körperlicher bzw. geistiger Funktionen bewirken, auszunehmen.[1124] Demgegenüber betont das BSG die Behandlungsbedürftigkeit als Bestandteil des Krankheitsbegriffs: Krankheit sei ein regelwidriger Körper- oder Geisteszustand, der zu Behandlungsbedürftigkeit oder Arbeitsunfähigkeit führe.[1125]

Ob die Behandlungsbedürftigkeit bereits in die Definition der Krankheit aufgenommen wird oder erst bei der Frage nach der medizinisch notwendigen Behandlung zum Tragen kommt, bleibt im Ergebnis folgenlos, soweit lediglich die Kosten der Heilbehandlung zur Diskussion stehen. Dogmatisch ist die Auffassung des BGH gegenüber der des BSG vorzugswürdig, da sie die einzelnen Voraussetzungen deutlicher voneinander trennt. Es ist nicht ersichtlich, warum ein Körper- oder Geisteszustand, der zwar das Wohlbefinden erheblich beeinträchtigt, aber keine Behandlung erfordert – etwa, weil überhaupt keine Behandlungsmethode bekannt ist – bereits aus dem Krankheitsbegriff ausgenommen sein soll.

Die vom BSG angenommene, anstelle der Behandlungsbedürftigkeit in Betracht kommende Arbeitsunfähigkeit ist im Hinblick auf die medizinische Notwendigkeit von Heilbehandlungen unbedeutend.[1126] Liegt Arbeitsunfähigkeit, aber keine Behandlungsbedürftigkeit vor, kann eine Behandlung schon begrifflich nicht medizinisch notwendig sein.

c) Rechtsfolge

Die Rechtsfolgen einer Überschreitung des Maßes des Notwendigen sind im VVG nicht geregelt. Ausgehend vom Gesetz liegt es nahe, ähnlich wie im Falle des § 12 I SGB V grundsätzlich davon auszugehen, dass in diesem Falle grundsätzlich überhaupt keine Erstattung stattfindet. Weitergehende Überlegungen hierzu sind jedoch für die Praxis kaum relevant, da § 5 II MB/KK diesen Fall abweichend regelt (s. C II 2).

1122 BGH, 10.07.1996, IV ZR 133/95, BGHZ 133, 208 (juris-Rn 14).

1123 BGH, 21.09.2005, IV ZR 113/04, BGHZ 164, 122 = VersR 2005, 1673 (juris-Rn 12).

1124 Vgl. OLG Karlsruhe, 17.01.1991, 12 U 70/90, VersR 1991, 912; Prölss/Martin/*Voit*, VVG, § 192 Rn 20.

1125 BSG, 19.10.2004, B 1 KR 3/03 R, BSGE 93, 252 (juris-Rn 12); BeckOK-Sozialrecht/*Knispel*, § 27 SGB V Rn 5.

1126 Anders ist dies freilich beim Krankengeld gemäß § 47 ff. SGB V zu werten.

d) *Beweislast*

Die Zugehörigkeit des privaten Krankenversicherungsrechts zum Zivilrecht hat Konsequenzen im Falle eines *non liquet.* Zu entscheiden ist dann nach der Beweislast. Die medizinische Notwendigkeit ist eine für den Versicherten günstige Voraussetzung, sodass dieser die zugrunde zu legenden Tatsaschen zu beweisen hat.[1127] Dies gilt im Grundsatz auch nach Auffassung des BGH, der jedoch – wenig konsequent – in der Praxis doch die Beweislast umkehrt, soweit § 5 II MB/KK Anwendung findet (näher C II 2).[1128]

2. *Maßstab der medizinischen Notwendigkeit*

a) *Allgemeines*

Die medizinische Notwendigkeit einer Leistung ist anhand einer Prognose aus der Ex-Ante-Perspektive zu beurteilen.[1129] Ein konkreter Ursache-Wirkungs-Zusammenhang kann in der Regel überhaupt nicht nachgewiesen werden, da die Abläufe im menschlichen Körper nach derzeitigem Erkenntnisstand nicht vollständig nachvollziehbar sind.[1130]

Streitig ist, ob Notwendigkeit im Sinne des § 192 I VVG tatsächlich – wie der Wortlaut nahelegt – nur die medizinische Notwendigkeit umfasst oder auch die wirtschaftliche Notwendigkeit, wie sie in § 12 I SGB V angenommen wird.[1131]

b) *Modifiziert-objektiver Maßstab*

Auch in der PKV ist nicht jede in Anspruch genommene Leistung erstattungsfähig. Außenseitermethoden, deren Wirksamkeitsnachweis nicht erbracht werden konnte, sind zumindest grundsätzlich ausgeschlossen.[1132]

Die Notwendigkeit medizinischer Leistungen ist nicht nach der Auffassung des Versicherungsnehmers oder des Arztes, sondern im Ausgangspunkt objektiv zu

---

1127 BGH, 10.07.1996, IV ZR 133/95, BGHZ 133, 208 (juris-Rn 11); B/M/Kalis § 1 MB/KK Rn 38 m.w.N.; van Bühren/*Müller-Stein*, VR, 3. Auflage, § 17 Rn 136; a.A. SHW/*Staab*, Versicherungsrecht, § 192 VVG Rn 16.

1128 BGH, 29.05.1991, IV ZR 151/90, VersR 1991, 987 (juris-Rn 10).

1129 BGH, 10.07.1996, IV ZR 133/95, BGHZ 133, 208 (juris-Rn 21, 33); Spickhoff/*Eichelberger*, Medizinrecht, § 192 VVG Rn 36; MünchKomm-VVG/*Kalis*, § 192 Rn 18; Bach/Moser/*Kalis*, PKV, § 1 MB/KK Rn 30; SHW/*Staab*, § 192 VVG Rn 12; SHW/*Baumhackel*, Versicherungsrecht, § 1 MB/KK Rn 22; van Bühren/*Commer*, VR, § 17 Rn 291; *Bach*, VersR 1979, 792; *Schüssler*, VersR 1986, 322, 323.

1130 Vgl. BGH, 12.03.2003, IV ZR 278/01, BGHZ 154, 154; OLG Hamm, 15.03.1972, VersR 1972, 777; OLG Köln, 14.01.2004, 5 U 211/01, VersR 2004, 631; van Bühren/*Commer*, VR, § 17 Rn 281.

1131 Näher c.

1132 MünchKomm-VVG/*Kalis*, § 192 Rn 21.

ermitteln.[1133] Die Behandlung ist nach Auffassung des BGH und der hL dann notwendig, wenn es zum Zeitpunkt der Vornahme der ärztlichen Behandlung vertretbar war, sie als notwendig anzusehen.[1134] Hierin liegt eine gewisse Einschränkung des Objektivitätsgrundsatzes: Die Notwendigkeit ist hiernach nicht uneingeschränkt objektiv bestimmbar, sondern lässt einen gewissen Spielraum für unterschiedliche medizinische Auffassungen. Der Maßstab der hM lässt sich daher als modifiziert-objektiv bezeichnen.[1135]

Ggf. sind geringere Anforderungen an die Vertretbarkeit zu stellen, wenn keine wissenschaftlich anerkannte Standardmethode verfügbar ist (s.u., f bb).[1136] Eine entsprechende Regelung findet sich in § 4 VI 2 MB/KK (s. hierzu C III 2).

c) Vergleich mit dem Wirtschaftlichkeitsgebot gemäß § 12 I SGB V

aa) Allgemeines

Während die Notwendigkeit im Rahmen des § 12 I SGB V einen unbestimmten Rechtsbegriff mit Beurteilungsspielraum darstellt, ist diese Kategorie dem Zivilrecht unbekannt. Am nächsten kommt dem die Rechtsfigur der Leistungsbestimmung durch einen Dritten gemäß § 317 I BGB. Der Arzt ist im Verhältnis zwischen Versicherungsnehmer und Krankenversicherung Dritter und entscheidet – in begrenzten Umfang – über die Leistung im Behandlungsverhältnis, die wiederum eine Leistungspflicht im Versicherungsverhältnis auslöst.

Sähe man dies als Leistungsbestimmung durch einen Dritten i.S.d. § 317 I BGB an, hätte dies zur Folge, dass die Entscheidung im Zweifel nach billigem Ermessen zu treffen wäre. Allerdings beschränkt § 192 I SGB V die Leistungspflicht des Versicherers auf medizinisch notwendige Leistungen. Dies bedeutet, dass die Entscheidung gerade nicht nach billigem Ermessen zu treffen ist, sondern der Spielraum des Arztes weitaus stärker eingeschränkt ist. An die Stelle des billigen Ermessens tritt eine Einschätzungsprärogative, also ein Beurteilungsspielraum auf Tatbestandsebene. Der BGH umschreibt dies, indem er die Vertretbarkeit der Notwendigkeit prüft.[1137] Dies ist also gerade kein Fall des § 317 I BGB.[1138]

1133 BGH, 10.07.1996, IV ZR 133/95, BGHZ 133, 208 (juris-Rn 16, 21); *Römer*, Versicherungsvertragsrecht, Rn 373; vgl. *Deutsch/Iversen*, VVR, Rn 439; *Schüssler*, VersR 1986, 322, 323; *Uzunovic*, Medizinische Notwendigkeit, S. 35 f.; a.A. *Guttmann*, PharmR 2010, 270, 273.

1134 BGH, 10.07.1996, IV ZR 133/95, BGHZ 133, 208 (juris-Rn 16, 21); *Boetius*, PKV, § 192 VVG Rn 131; van Bühren/*Commer*, VR, § 17 Rn 280 f.; *Marlow*/*Spuhl*, VersR 2006, 1334.

1135 *Pauly*, VersR 1996, 1323, 1324.

1136 BGH, 10.07.1996, IV ZR 133/95, BGHZ 133, 208 (juris-Rn 20, 33); Prölss/Martin/*Voit*, VVG, § 192 Rn 69; Beckmann/Matusche-Beckmann/*Stormberg*, Versicherungsrechts-Handbuch, § 44 Rn 143a.

1137 BGH, 10.07.1996, IV ZR 133/95, BGHZ 133, 208 (juris-Rn 16).

1138 Ob § 317 BGB schon auf Tatbestandsebene ausscheidet oder lediglich die Rechtsfolge nicht eintritt, da kein „Zweifel“ im Sinne des Gesetzes besteht, bleibt im Ergebnis folgenlos.

Die Rechtslage ist letztlich ähnlich wie bei § 12 I SGB V: Der Arzt beurteilt nach seinem medizinischen Fachwissen, ob eine Behandlungsmethode medizinisch notwendig ist. Diese Entscheidung ist jedoch gerichtlich überprüfbar, soweit die Behandlung nicht dem medizinischen Standard entspricht. Ein bedeutender Unterschied ist aber die Entscheidung nach der Beweislast: Der Versicherungsnehmer muss im Streitfalle darlegen und beweisen, dass die Leistung medizinisch notwendig war (s.o., 1 d).[1139]

Maßgeblich sind die objektiven medizinischen Befunde und Erkenntnisse zum Zeitpunkt der Behandlung. Umstritten und nicht letztgültig geklärt ist allerdings, inwieweit hierin eine Beschränkung auf wissenschaftliche Erkenntnisse liegt, bzw. was in diesem Sinne unter Wissenschaftlichkeit zu verstehen ist. Diese Problematik entfaltet – ähnlich wie im SGB V – besondere Bedeutung bei der Beurteilung alternativmedizinischer Methoden (s.u., f).

bb) Zweckmäßigkeit/Geeignetheit

Anders als in § 12 I SGB V wird das Erfordernis der Zweckmäßigkeit im VVG nicht genannt. Allein aus dem Wortlaut ist nicht zu ermitteln, ob der Begriff der medizinischen Notwendigkeit auch den der Zweckmäßigkeit einschließt. Nach Sinn und Zweck der Regelung ist dies jedoch zu bejahen: Unzweckmäßige Leistungen können schon rein logisch nicht notwendig sein.[1140] Hierbei ist unerheblich, ob die medizinische Notwendigkeit auch die wirtschaftliche Notwendigkeit umfasst. Die Zweckmäßigkeit lässt sich ohnehin nur medizinisch beurteilen. Unzweckmäßige Leistungen, deren Anwendung die Aussicht auf einen Heilerfolg nicht erhöht, sind medizinisch wie wirtschaftlich nicht notwendig, da ihr Unterlassen weder für die Gesundheit des Patienten noch für die Finanzen der Versicherung einen Nachteil mit sich brächte.

In der Terminologie der Zivilrechtsprechung wird dieser Aspekt abweichend von §§ 12 I, 70 I 2 SGB V nicht als „Zweckmäßigkeit", sondern als „Geeignetheit" bezeichnet.[1141] Denkbar wäre es, den Begriff der Geeignetheit weniger konkret final zu verstehen als den der Zweckmäßigkeit. Schließlich trägt der Begriff der Geeignetheit den „Zweck" nicht bereits als Bestandteil des Wortlauts in sich. Allerdings sind derartige Erwägungen wenig ergiebig, da die Geeignetheit nicht abstrakt, ohne Benennung des konkreten Zweckes, bestimmt werden kann. Geeignet ist eine Maßnahme stets nur zum Erreichen eines konkreten Ziels. Ebenso wie die Notwendigkeit und Wirtschaftlichkeit i.e.S. bei §§ 12 I, 70 I 2 SGB V im Hinblick auf den konkreten Zweck, also die Heilung der konkreten Krankheit, zu prüfen sind (s.o., Kap. 4 E I 2), muss dies auch bei der Geeignetheit nach der Rechtsprechung des BGH

1139 BGH, 10.07.1996, IV ZR 133/95, BGHZ 133, 208 (juris-Rn 11).

1140 *Boetius*, PKV, § 192 VVG Rn 133.

1141 BGH, 10.07.1996, IV ZR 133/95, BGHZ 133, 208 (juris-Rn 18); SHW/*Baumhackel*, Versicherungsrecht, § 1 MB/KK Rn 22.

zu § 192 I Var. 1 VVG der Fall sein.[1142] Die Verwendung unterschiedlicher Begriffe ist demzufolge nur historisch zu erklären und beruht darauf, dass der BGH bei seiner Rechtsprechung nicht auf die Terminologie des SGB V zurückgreift, sondern den aus der Verfassungsrechtsprechung bekannten und daher näherliegenden Begriff der Geeignetheit übernimmt.[1143] In der Sache zieht sie keine wesentlich abweichende Beurteilung nach sich. Auch die Zweckmäßigkeit i.S.d. §§ 12 I, 70 I 2 SGB V ist letztlich nichts anderes als Geeignetheit im Hinblick auf den konkret angestrebten Behandlungserfolg (s.o., Kap. 4 E III 1).

Nach der Rechtsprechung ist die Geeignetheit geradezu der zentrale Gesichtspunkt der medizinischen Notwendigkeit.[1144] Medizinische Notwendigkeit liege im Allgemeinen vor, wenn eine Behandlungsmethode zur Verfügung stehe und angewandt worden sei, die aus der Ex-Ante-Perspektive[1145] zur Krankheitsheilung, -linderung oder Verhinderung einer Verschlimmerung geeignet sei.[1146] Könne das Behandlungsziel nicht erreicht werden, sei die Methode ungeeignet und sinnlos und könne dementsprechend auch nicht notwendig sein.[1147]

cc) Notwendigkeit i.e.S.; Erforderlichkeit

Ist eine Leistung im Hinblick auf den angestrebten Heilerfolg geeignet, muss sie außerdem erforderlich sein. Es ist demnach wie im Rahmen des § 12 I SGB V eine mehrstufige Prüfung vorzunehmen.[1148] (Medizinische) Notwendigkeit ist mehr als bloße Geeignetheit; es darf auch keine weniger riskante bzw. nebenwirkungsärmere Methode mit gleicher oder höherer Erfolgsaussicht zur Verfügung stehen.[1149] Da § 192 I VVG im Gegensatz zu § 12 SGB V jedenfalls zunächst nur die medizinische, nicht die wirtschaftliche Notwendigkeit verlangt, ist der Anknüpfungspunkt ein anderer. Zu fragen ist nicht nach einer kostengünstigeren, sondern nur nach einer für den Patienten weniger belastenden Maßnahme. Daneben enthält der Begriff der „medizinischen" Notwendigkeit die Implikation, dass die Maßnahme gerade zu medizinischen Zwecken erforderlich ist.[1150] Dies lässt sich auch aus der Beschränkung auf Heilbehandlungen wegen Krankheit oder Unfallfolgen herleiten.[1151] Nicht erfasst

---

1142 So im Ergebnis auch BGH, 17.12.1986, IVa ZR 78/85, BGHZ 99, 228 (juris-Rn 24); 10.07.1996, IV ZR 133/95, BGHZ 133, 208 (juris-Rn 18).

1143 Vgl. BVerfG, 14.12.1965, 1 BvL 14/60, BVerfGE 19, 330 (juris-Rn 21, 24).

1144 Vgl. BGH, 10.07.1996, IV ZR 133/95, BGHZ 133, 208 (juris-Rn 12, 18); *Boetius*, PKV, § 192 VVG Rn 132 f.; SHW/*Staab*, Versicherungsrecht, § 192 VVG Rn 13.

1145 Vgl. BGH, 10.07.1996, IV ZR 133/95, BGHZ 133, 208 (juris-Rn 33).

1146 BGH, 10.07.1996, IV ZR 133/95, BGHZ 133, 208 (juris-Rn 18).

1147 BGH, VersR 2005, 1673, 1675; Bach/Moser/*Kalis*, PKV, § 1 MB/KK Rn 29.

1148 *Boetius*, PKV, § 192 VVG Rn 133; Bach/Moser/*Kalis*, PKV, § 1 MB/KK Rn 29; *Boetius*, VersR 2008, 1431, 1433.

1149 *Hütt*, VersR 2007, 1402, 1404.

1150 Vgl. *Boetius*, PKV, § 192 VVG Rn 128.

1151 Boetius, aaO.

werden etwa kosmetische Gründe.[1152] Eine Leistung aus kosmetischen Gründen, mag sie auch im Hinblick auf diesen Zweck mangels Alternativbehandlung erforderlich sein, ist nicht medizinisch notwendig i.S.v. § 192 I VVG. I.E. deckt sich das Verständnis der medizinischen Notwendigkeit insoweit mit dem sozialrechtlichen Verständnis, nach dem die Maßnahme der Gesundheit oder einem elementaren Lebensbedürfnis dienen muss (s. Kap. 4 E IV 1).

Vertreten wird, dass die Notwendigkeit bereits ausgeschlossen ist, wenn eine geeignetere Leistung zur Verfügung steht.[1153] Dies wäre im Rahmen des § 12 I SGB V dem Kriterium der ausreichenden Leistung zuzuordnen, die dem Schutz des Versicherten dient. Richtiger erscheint es, ähnlich wie nach dem SGB V lediglich die Frage zu stellen, ob eine gleich geeignete, weniger einschneidende Maßnahme vorliegt. Es ist nicht nachvollziehbar, warum eine (grundsätzlich geeignete) Leistung nicht erstattungsfähig sein soll, nur weil eine noch erfolgversprechendere (und womöglich teurere) Behandlungsmethode in Betracht gekommen wäre. Dies gilt insbesondere, wenn die weniger belastende Leistung auf den Wunsch des Versicherten hin erfolgt, was gerade bei der Nachfrage nach alternativmedizinischen Methoden oft der Fall ist (s.o., Kap. 4 E III 1 zum Parallelproblem bei § 12 SGB V).

dd) Wirtschaftlichkeitsgebot?

(1) Allgemeines und Streitstand

Im Gegensatz zum SGB V findet sich im VVG keine Norm, die die Zahlungspflicht der PKV ausdrücklich auf wirtschaftlich vertretbare Leistungen beschränkt. § 192 I VVG verpflichtet den Versicherer zur Erstattung der Kosten für medizinisch notwendige Heilbehandlungen. Aus dem Gesetz ist eine Beschränkung nach wirtschaftlichen Gesichtspunkten – abgesehen von der Regelung des § 192 II VVG (s.u., (4)) – nicht unmittelbar zu entnehmen.

Zu unterscheiden sind unter dem Stichwort der Wirtschaftlichkeit zwei Fragestellungen, die auch in der Dogmatik des § 12 I SGB V den einzelnen Kriterien uneinheitlich zugeordnet werden: Einerseits kann eine Leistung unwirtschaftlich sein, weil eine günstigere, gleich geeignete Leistung besteht. In diesem Falle fehlt es an der wirtschaftlichen Notwendigkeit. Andererseits können die mit einer Leistung verbundenen Kosten ihren Nutzen übersteigen, sodass die Leistung als unwirtschaftlich i.e.S. anzusehen wäre

(2) Streitstand

Nach der ehemals herrschenden Meinung sollte sich die Leistungspflicht im Falle des Vorliegens zweier im Hinblick auf den konkreten Fall medizinisch gleichwertiger, aber unterschiedlich kostenintensiver Leistungen auf die günstigere Leistung

---

1152 Vgl. *Brück/Klakow-Franck*, GOÄ, § 1 Rn 8.

1153 *Boetius*, PKV, § 192 VVG Rn 133.

beschränken.[1154] Nach der älteren, mittlerweile aufgegebenen Rechtsprechung[1155] sollten sich Kostenerwägungen auf § 5 II MB/KK stützen lassen (s. C II 2). Für die hier untersuchte Beurteilung der Rechtslage allein nach dem Gesetz ist diese ältere Rechtsprechung jedoch ohne Bedeutung. In der Literatur wird jedoch auch angenommen, das Erfordernis wirtschaftlicher Notwendigkeit ergebe sich aus dem Gesetz selbst. So geht *Pauly* davon aus, Wirtschaftlichkeitserwägungen könnten sich aus Treu und Glauben ergeben. Dies führe dazu, dass eine Methode nicht notwendig sei, deren Kosten die einer medizinisch gleichwertigen Behandlungsmethode um ein Vielfaches überstiegen. Bei geringeren Kostenabweichungen sei die kostenintensivere Methode notwendig, sofern der Versicherungsnehmer nachvollziehbare Gründe für ihren Einsatz angeben könne. Hierbei sollen aber bereits rein ästhetische Gründe ausreichen.[1156] *Kalis* nimmt darüber hinaus an, das Wirtschaftlichkeitsgebot sei als dem deutschen Gesundheitswesen generell immanenter Grundsatz auch im Recht der PKV zu berücksichtigen.[1157] § 12 I SGB V sei dementsprechend (analog) auch auf private Krankenversicherungsverträge anzuwenden. Zudem ergebe sich die Berücksichtigung aus den Grundsätzen von Treu und Glauben gemäß § 242 BGB.[1158] *Boetius* stützt demgegenüber das Erfordernis wirtschaftlicher Notwendigkeit auf die allgemeine Schadensminderungspflicht gemäß § 82 VVG.[1159]

Demgegenüber lehnen die hL und Teile der Rechtsprechung ein allgemeines Wirtschaftlichkeitsgebot im Bereich des Vertragsversicherungsrechts ab.[1160] Für die Frage der medizinischen Notwendigkeit seien Kostengesichtspunkte grundsätzlich unerheblich.[1161] Ein entsprechender Wille des Gesetzgebers sei nicht erkennbar.[1162]

Der BGH hat in der Alphaklinik-Entscheidung entgegen seiner bisherigen Rechtsprechung grundsätzlich ein Wirtschaftlichkeitsgebot abgelehnt.[1163] Er entnimmt dem Begriff der medizinischen Notwendigkeit selbst keinen Anhaltspunkt, dass Kostengesichtspunkte zu berücksichtigen seien.[1164] Aus dem Wortlaut des § 1 II 1 MB/KK – der ebenfalls auf die medizinische Notwendigkeit abstellt – sei die

---

1154 Vgl. RHS/*Rogler*, VVG, § 192 Rn 17.

1155 BGH, 30.11.1977, IV ZR 69/76, BGHZ 70, 158 (juris-Rn 31).

1156 *Pauly*, VersR 1996, 1323, 1327.

1157 *Kalis*, VersR 2004, 456, 460.

1158 *Kalis*, VersR 2004, 456, 459 f.

1159 *Boetius*, VersR 2008, 1431, 1432 ff.; *ders.*, § 192 VVG Rn 134, 136; MünchKomm-VVG/*ders.*, vor § 192 Rn 1104, 1126, 1180.

1160 *Rogler*, VersR 2009, 573, 574 f.; Looschelders/Pohlmann/*Reinhard*, VVG, § 192 Rn 12; *Schüssler*, VersR 1986, 323; Prölss/Martin/*Voit*, VVG, § 192 Rn 64; *Marlow/Spuhl*, VersR 2006, 1334, 1336 f.; ausführlich *Uzunovic*, Medizinische Notwendigkeit, S. 39 ff., 53 f.; OLG Düsseldorf, 20.04.2004, I-4 U 135/03, VersR 2005, 1546, 1547.

1161 Looschelders/Pohlmann/*Reinhard*, VVG, § 192 Rn 12; *Marlow/Spuhl*, VersR 2006, 1334, 1336 f.

1162 Prölss/Martin/*Voit*, VVG, § 192 Rn 64.

1163 BGH, 12.03.2003, IV ZR 278/01, BGHZ 154, 154.

1164 Vgl. BGH, 12.03.2003, IV ZR 278/01, BGHZ 154, 154 (juris-Rn 26 ff.).

Einbeziehung wirtschaftlicher Erwägungen nicht ersichtlich. Aus dem sprachlichen Zusammenhang ergebe sich eindeutig, dass die Notwendigkeit medizinisch zu beurteilen sei. Allerdings prüft der BGH allein § 1 II 1 MB/KK. § 178b I VVG a.F., der § 192 I VVG n.F. entspricht, wird nicht angesprochen. Der BGH greift daher auf die Methodik der Auslegung von Allgemeinen Geschäftsbedingungen zurück, nicht auf die der Gesetzesauslegung.[1165] Hierbei seien Sinn und Zweck der Norm nur maßgeblich, soweit sie für einen durchschnittlichen Versicherungsnehmer bei verständiger Würdigung erkennbar seien. Ein Ausschluss unwirtschaftlicher Leistungen nach Treu und Glauben wird aber im Einzelfall für möglich gehalten.[1166]

(3) Wirtschaftlichkeit als Bestandteil der medizinischen Notwendigkeit?

Der Gesetzgeber hat den Begriff der medizinischen Notwendigkeit aus § 1 II MB/KK in § 178b I a.F. (§ 192 II VVG n.F.) übernommen und damit die bereits zuvor in der Praxis allgemein geltende Rechtslage kodifiziert.[1167]

Wie der BGH zu Recht betont,[1168] ergeben sich aus dem Begriff der medizinischen Notwendigkeit selbst keine Anhaltspunkte für eine Notwendigkeit nach wirtschaftlichen Gesichtspunkten. Nach § 192 I VVG haftet der Versicherer nicht allgemein für „notwendige" Leistungen, was einen Auslegungsspielraum ließe, sondern allein für „medizinisch notwendige" Leistungen. Hierdurch wird eindeutig festgelegt, dass Bezugspunkt für die Notwendigkeit nicht die Kosten sind, sondern eine rein medizinische Bewertung vorzunehmen ist. Eine Maßnahme geht daher nicht dann über das Maß des Notwendigen hinaus, wenn sie teurer ist als eine gleich geeignete Behandlung, sondern wenn sie für den Patienten belastender bzw. riskanter ist.

Auch aus der Systematik und Gesetzesbegründung lässt sich kein überzeugendes Argument gewinnen, dass der Begriff der medizinischen Notwendigkeit Kostenerwägungen umfassen soll. Spätestens seit der Einführung des § 192 II VVG, der den Fall des auffälligen Missverhältnisses regelt, kann nicht mehr von einer ausfüllungsbedürftigen Regelungslücke ausgegangen werden. § 192 I VVG enthält demnach weder das Erfordernis wirtschaftlicher Notwendigkeit noch ein Wirtschaftlichkeitsgebot i.e.S.

(4) § 192 II VVG

Dies bedeutet jedoch nicht, dass die PKV schrankenlos für alle medizinisch notwendigen Leistungen aufkommen muss, wenn kein Wirtschaftlichkeitsvorbehalt vereinbart wurde. Anstelle eines allgemeinen Wirtschaftlichkeitsgebotes hat der Gesetzgeber als Reaktion auf die Alphaklinik-Entscheidung[1169] mit § 192 II VVG

1165 Kritisch hierzu *Uzunovic*, Medizinische Notwendigkeit, S. 40.

1166 BGH, 17.12.1986, IVa ZR 78/85, BGHZ 99, 228 (juris-Rn 25); 12.03.2003, IV ZR 278/01, BGHZ 154, 154 (juris-Rn 35).

1167 Vgl. BT-Drs. 12/6959, S. 104.

1168 BGH, 12.03.2003, IV ZR 278/01, BGHZ 154, 154 (juris-Rn 30).

1169 BGH, 12.03.2003, IV ZR 278/01, BGHZ 154, 154.

ein Übermaßverbot eingeführt.[1170] § 192 II VVG stellt jedoch kein allgemeines Wirtschaftlichkeitsgebot auf, sondern nimmt lediglich eine Korrektur vor, wenn zwischen Leistung und Aufwand ein auffälliges Missverhältnis besteht.

(a) Auffälliges Missverhältnis

§ 192 II VVG sieht vor, dass die Versicherungspflicht nach § 192 I VVG nicht besteht, soweit ein auffälliges Missverhältnis zwischen den erbrachten Heilbehandlungen bzw. sonstigen Leistungen und den hierfür zu tragenden Aufwendungen vorliegt. Das Missverhältnis muss zwischen Leistung und Aufwand – also den anfallenden Kosten – bestehen; ein Missverhältnis zwischen Aufwand und angestrebtem Heilungserfolg ist nach dem Wortlaut unerheblich.[1171]

Denkbar wäre es, ein Missverhältnis zwischen Aufwand und Heilerfolg einzuschließen, indem man den Begriff der Leistung hier abstrakter verstünde, also als die Behandlung der konkreten Krankheit mit einer bestimmten Heilungsaussicht. Dies widerspräche aber dem Leistungsbegriff, wie er dem Gesetz zugrunde liegt. Leistung im Sinne des VVG wie auch des SGB V[1172] und der §§ 630a ff. BGB ist stets eine konkrete Dienstleistung. Dies ergibt sich schon daraus, dass der Behandlungsvertrag als eine Sonderform des Dienstvertrags konzipiert ist, nicht etwa des Werkvertrags (s.u., Kap. 7 A I).[1173] Leistung ist jeweils die konkrete Behandlungs- oder Untersuchungsmethode – bzw. die Kombination verschiedener Methoden – und nicht die Heilung einer Krankheit, deren Erfolg ungewiss ist. § 192 II VVG bezieht sich auf das Verhältnis zwischen Leistung und Gegenleistung des Behandlungsvertrags; ausgeschlossen werden nur Fälle, in denen der Leistungserbringer für die Leistung einen überzogenen Preis verlangt.

Der Begriff des auffälligen Missverhältnisses ist an § 138 II BGB angelehnt. Der Bewertungsmaßstab ist dementsprechend zu übernehmen.[1174] Ein auffälliges Missverhältnis lässt sich somit zumindest dann annehmen, wenn die Kosten den Wert der Gegenleistung um 100% übersteigen.[1175] Nach den Umständen des Einzelfalls ist es allerdings denkbar, dass auch geringere Mehrkosten ein auffälliges Missverhältnis begründen.[1176] Maßgeblich sind hierbei nicht die Kosten des Leistungserbringers, sondern der objektive Wert der Leistung.[1177] Dieser ist in der Regel

---

1170 Vgl. BT-Drs. 16/3945, S. 110.

1171 Vgl. Prölss/Martin/*Voit*, VVG, § 192 Rn 153.

1172 Vgl. KassKomm/*Roters*, SVR, § 11 SGB V Rn 11.

1173 Vgl. Spickhoff/*Spickhoff*, Medizinrecht, § 630a BGB Rn 5.

1174 RHS/*Rogler*, VVG, § 192 Rn 23.

1175 BGH, 23.06.2006, V ZR 147/05, NJW 2006, 3054 (juris-Rn 11); Looschelders/Pohlmann/*Reinhard*, VVG, § 192 Rn 15; SHW/*Staab*, Versicherungsrecht, § 192 VVG Rn 33; *Niederleithinger*, VVG, A Rn 366; Palandt/*Ellenberger*, BGB, § 138 Rn 67.

1176 Kritisch daher Marlow/Spuhl/*Marlow*, VVG, Rn 1288.

1177 BGH, 12.03.2003, IV ZR 278/01, BGHZ 154, 154 (juris-Rn 12); MünchKomm-VVG/*Kalis*, § 192 Rn 76.

durch Vergleich mit anderen Leistungserbringern zu ermitteln; den Ausschlag geben also die marktüblichen Preise für vergleichbare Leistungen.[1178] Ein Vergleich mit dem Zeitaufwand und der Schwierigkeit der Leistung[1179] dürfte sich in der Praxis als schwierig gestalten. Zudem wäre es unter Wirtschaftlichkeitsgesichtspunkten widersinnig, den Leistungsaufwand konkret zu ermitteln, da dies ineffizient arbeitende Leistungserbringer bevorzugen würde.[1180] Soweit ein konkreter Marktpreis nicht ermittelbar ist, kommt ein Rückgriff auf die GOÄ, GOZ bzw. das KHEntgG in Betracht, wobei diese jedoch nur Anhaltspunkte für den tatsächlichen marktüblichen Preis liefern.[1181]

Übertragbar ist lediglich der bei § 138 II BGB verwendete Maßstab für ein auffälliges Missverhältnis. Die Ausnutzung der Unerfahrenheit, Willensschwäche oder einer besonderen Zwangslage setzt § 192 II VVG nicht voraus.[1182] Dies ist folgerichtig, da die subjektiven Gründe, die auf Seiten des Versicherungsnehmers zum Abschluss eines Behandlungsvertrages zu Wucherpreisen geführt haben, für den Versicherer keine Bedeutung haben dürfen.[1183] Lässt der Versicherungsnehmer sich auf einen Wuchervertrag ein, ohne dass eine besondere Zwangslage bzw. Unerfahrenheit vorliegt, darf sich dies im Verhältnis zum Versicherer nicht zu seinen Gunsten auswirken. Anderenfalls wäre sogar ein kollusives Zusammenwirken mit dem Leistungserbringer zu Lasten des Versicherers möglich.

Liegt ein auffälliges Missverhältnis vor, führt dies jedoch nicht zu einem vollständigen Leistungsausschluss. Die Leistungspflicht ist nur ausgeschlossen, „soweit" ein Missverhältnis besteht; im Übrigen bleibt sie bestehen. Dem Versicherer steht also nur ein Kürzungsrecht zu.[1184]

Liegen die subjektiven Voraussetzungen des § 138 II BGB vor, führt dies allerdings dazu, dass der Behandlungsvertrag sittenwidrig ist. Da dem Leistungserbringer keine Ansprüche gegen den Versicherungsnehmer zustehen, hat dieser mangels Aufwendungen auch keine Ansprüche gegen den Versicherer.[1185]

(b) Allgemeines Wirtschaftlichkeitsgebot?

Ob § 192 II VVG über den Wortlaut hinaus ein allgemeines Wirtschaftlichkeitsgebot beinhaltet oder im Gegenteil ein solches gerade ausschließt, ist Gegenstand der Diskussion. Der Grund hierfür kann in der widersprüchlichen Gesetzesbegründung

---

1178 BGHZ 154, 154 (juris-Rn 12); RHS/*Rogler*, VVG, § 192 Rn 24; Schwintowski/Brömmelmeyer/*Brömmelmeyer*, VVR, § 192 VVG Rn 53.

1179 Vgl. Marlow/Spuhl/*Marlow*, VVG, Rn 1288.

1180 Vgl. MünchKomm-VVG/*Kalis*, § 192 Rn 76.

1181 Vgl. Marlow/Spuhl/*Marlow*, VVG, Rn 1288; MünchKomm-VVG/*Kalis*, § 192 Rn 77.

1182 *Rogler*, VersR 2009, 573, 577; RHS/*Rogler*, VVG, § 124 Rn 26; Schwintowski/Brömmelmeyer/*Brömmelmeyer*, VVR, § 192 VVG Rn 53; vgl. BGH, 04.08.2000, III ZR 158/99, BGHZ 145, 66 (juris-Rn 16).

1183 Vgl. RHS/*Rogler*, VVG, § 192 Rn 26.

1184 RHS/*Rogler*, VVG, § 192 Rn 22.

1185 Vgl. RHS/*Rogler*, VVG, § 192 Rn 26.

gesehen werden.[1186] Wird § 192 II VVG als abschließende Regelung verstanden, kann hieraus im Umkehrschluss gefolgert werden, dass weitere Erwägungen hinsichtlich der wirtschaftlichen Notwendigkeit nicht vorgesehen sind.

Nach der Gesetzesbegründung soll § 192 II VVG die geltende Rechtslage kodifizieren,[1187] und zwar nach der Alphaklinik-Entscheidung des BGH. Demgegenüber geht die Beschlussempfehlung des Rechtsausschusses § 192 II VVG davon aus, die Rechtslage vor der Alphaklinik-Entscheidung solle wieder hergestellt werden.[1188] Der Gesetzestext wurde gegenüber dem Entwurf allerdings beibehalten.[1189] Die Begründung des Rechtsausschusses stellt sich damit in Widerspruch zu dem Gesetzestext.

Teile der Literatur gehen dennoch davon aus, dass zumindest teilweise die Rechtslage vor der Alphaklinik-Entscheidung wiederhergestellt werden sollte.[1190] Dem ist entgegenzuhalten, dass der Gesetzgeber bewusst kein Wirtschaftlichkeitsgebot entsprechend § 12 I, § 70 I 2 SGB V eingeführt hat.[1191] Der Regelungsvorschlag des Entwurfs der VVG-Kommission, der ein allgemeines Wirtschaftlichkeitsgebot vorsah, wurde letztlich nicht umgesetzt, da der Gesetzgeber hierin eine unangemessene Benachteiligung für die Versicherungsnehmer bereits bestehender Verträge sah.[1192] Überlegungen, die auf ein echtes Wirtschaftlichkeitsgebot oder zumindest eine wirtschaftliche Beurteilung der Notwendigkeit hinausliefen, haben keinen Niederschlag im Gesetz gefunden. § 192 II VVG beschränkt sich auf auffällige Missverhältnisse. Angesichts dieser bewussten Entscheidung des Gesetzgebers ist eine Einordnung geringfügigerer Störungen im Kosten-Nutzen-Verhältnis als nicht notwendig i.S.d. § 192 I VVG im Umkehrschluss zu § 192 II VVG abzulehnen. Die Einbeziehung von Wirtschaftlichkeitsgrundsätzen anhand anderer Normen bleibt jedoch zulässig.

(5) § 82 VVG

In jedem Falle bleibt neben § 192 II VVG die allgemeine Schadensminderungsobliegenheit nach § 82 VVG bestehen.[1193] Gemäß § 82 I VVG hat der Versicherungsnehmer bei Eintritt des Versicherungsfalles nach Möglichkeit für die Abwendung und Minderung des Schadens zu sorgen. Bei vorsätzlicher Verletzung der Obliegenheit wird

---

1186 Vgl. BT-Drs. 16/3945, S. 110; BT-Drs. 16/5862, S. 100.
1187 BT-Drs. 16/3945, S. 110.
1188 BT-Drs. 16/5862, S. 100.
1189 Vgl. Looschelders/Pohlmann/*Reinhard*, VVG, § 192 Rn 20.
1190 Vgl. van Bühren/*Commer*, VR, § 17 Rn 67; *Boetius*, VersR 2008, 1431, 1435.
1191 BT-Drucks. 16/3945, S. 110; RHS/*Rogler*, VVG, § 192 Rn 19; Römer/Langheid/*Langheid*, VVG, § 192 Rn 20; Beckmann/Matusche-Beckmann/*Stormberg*, Versicherungsrechts-Handbuch, § 44 Rn 184a; *Uzunovic*, Medizinische Notwendigkeit, S. 50.
1192 Vgl. BT-Drs. 16/3945, S. 110.
1193 Vgl. *Boetius*, VersR 2008, 1431, 1432 ff.

der Versicherer von seiner Leistungspflicht befreit (§ 82 III 1 VVG), bei grob fahrlässiger Verletzung ist er zur Kürzung berechtigt (§ 82 III 2 VVG).[1194]

Die Obliegenheit trifft allerdings den Versicherungsnehmer, nicht den Leistungserbringer. Auch das Vorliegen von Vorsatz bzw. grober Fahrlässigkeit ist auf den Versicherungsnehmer bezogen. Der Versicherungsnehmer als Patient dürfte allerdings nur selten Kenntnis von den Umständen haben, aus denen sich die Unwirtschaftlichkeit ergibt. Da der Patient in der Regel dem Arzt vertraut und auch vertrauen darf, kann nur in Ausnahmefällen Vorsatz bzw. grobe Fahrlässigkeit angenommen werden. Aus § 82 VVG lässt sich daher kein allgemeines Rechtsprinzip entnehmen, aus dem die wirtschaftliche Notwendigkeit als Tatbestandsvoraussetzung gefolgert werden könnte.[1195]

§ 82 VVG führt daher nur in einem sehr engen Rahmen zu einem Erfordernis wirtschaftlicher Notwendigkeit i.S.d. § 12 I SGB V, nicht aber einer Wirtschaftlichkeit i.e.S. (nach dem oben dargelegten Verständnis, s. Kap. 4 E V). Der Versicherungsnehmer muss geeignete und zumutbare Schadensminderungsmaßnahmen treffen,[1196] die Leistungspflicht wird jedoch gemäß § 82 III VVG nur bei Vorsatz oder grober Fahrlässigkeit beschränkt.

Dass eine Leistung lediglich wirtschaftlich unvertretbar ist, genügt dem nicht. Die Beweislastumkehr hilft dem Versicherer ebenfalls nur bedingt: Der Versicherer muss beweisen, dass der Versicherungsnehmer die Obliegenheit verletzt hat. Erst wenn ihm dies gelingt, obliegt die Beweislast für das Nichtvorliegen grober Fahrlässigkeit dem Versicherungsnehmer.[1197]

(6) § 242 BGB

Nur ausnahmsweise wird eine Einschränkung der Leistungspflicht nach den Grundsätzen von Treu und Glauben gemäß § 242 BGB in Betracht kommen.[1198] Bisher wurde in keinem Fall eine Leistung allein nach den Grundsätzen von Treu und Glauben höchstrichterlich verneint.[1199] Das LG Köln hat allerdings eine Treuwidrigkeit in einem Fall angenommen, in welchem die Kosten der angewandten Behandlungsmethode die Kosten der gleichwertigen Alternativmethode um den Faktor 90

1194 Vgl. *Rühl*, Obliegenheiten im Versicherungsvertragsrecht, S. 263.

1195 *Rogler*, VersR 2009, 573, 575.

1196 *Meixner/Steinbeck*, Allgemeines Versicherungsrecht, § 7 Rn 50.

1197 BGH, 06.05.1985, II ZR 162/84, VersR 1985, 730; vgl. Römer/Langheid/*Langheid*, VVG, § 82 Rn 24; *Meixner/Steinbeck*, Allgemeines Versicherungsrecht, § 7 Rn 52.

1198 BGH, 17.12.1986, IVa ZR 78/85, BGHZ 99, 228 (juris-Rn 25); 12.03.2003, IV ZR 278/01, BGHZ 154, 154 (juris-Rn 35); KG, 18.01.2008, 6 U 72/05, NJOZ 2008, 1534, 1541; *Rogler*, VersR 2009, 573, 575; *Marlow/Spuhl*, VersR 2006, 1334, 1336 f.; Spickhoff/*Eichelberger*, Medizinrecht, § 192 VVG Rn 69.

1199 Vgl. Schwintowski/Brömmelmeyer/*Brömmelmeyer*, VVR, § 192 VVG Rn 57.

überstiegen.[1200] Diskutiert wird Treuwidrigkeit auch im Falle der Kostenerstattung für die In-Vitro-Fertilisation nach dem ersten Kind.[1201]

Nach Auffassung von *Brömmelmeyer* ist ein Rückgriff auf Treu und Glauben generell abzulehnen. Ein eindeutiges Leistungsversprechen führe dazu, dass die Inanspruchnahme dieser Leistung grundsätzlich nicht treuwidrig sein könne.[1202]

Denkbar erscheint treuwidriges Verhalten, wenn der Versicherungsnehmer sehenden Auges die teurere Leistung in Anspruch nimmt als nötig. In diesen Fällen hat der Versicherungsnehmer allerdings bereits vorsätzlich gegen die Schadensminderungspflicht verstoßen, sodass ein Rückgriff auf § 242 BGB nicht erforderlich ist. Treuwidriges Verhalten des Arztes wirkt sich allein im Verhältnis zwischen Arzt und Versicherungsnehmer aus, nicht zu Lasten des Versicherungsnehmers im Verhältnis zum Versicherer.[1203] Der Rückgriff auf Treu und Glauben kommt daher nur dann in Betracht, wenn die Treuwidrigkeit gerade nicht in der Verletzung der Schadensminderungspflicht liegt. Da jede mit unnötigen Kosten verbundene Leistung objektiv eine Missachtung der Schadensminderungspflicht beinhaltet und eine (einfach) fahrlässige Verursachung von Mehrkosten nicht als treuwidrig angesehen werden kann, verbleibt für § 242 BGB insoweit letztlich – von den genannten Fällen der wiederholten In-vitro-Fertilisation abgesehen – kaum ein Anwendungsbereich.

(7) § 275 II BGB

In Betracht kommt grundsätzlich auch ein Ausschluss der Leistungspflicht wegen wirtschaftlicher Unmöglichkeit gemäß § 275 II BGB. Dies setzt jedoch voraus, dass die Leistung einen Aufwand erfordert, der unter Beachtung des Inhalts des Schuldverhältnisses und der Gebote von Treu und Glauben in einem groben Missverhältnis zum Leistungsinteresse des Gläubigers steht. Voraussetzungen und Rechtsfolgen entsprechen im Wesentlichen denen des § 192 II VVG. § 275 II BGB gewährt dem Versicherer kein über § 192 II VVG hinausgehendes Leistungsverweigerungsrecht.

(8) Abweichende Vereinbarungen

Nach den gesetzlichen Regelungen beschränken sich wirtschaftliche Aspekte demzufolge auf grobe Missverhältnisse zwischen Leistung und Kosten gemäß § 192 II VVG und zumindest grob fahrlässige Verletzungen der Schadensminderungspflicht gemäß § 82 VVG. Die vertragliche Vereinbarung eines strengen Wirtschaftlichkeitsgebots ist allerdings zulässig.[1204] Das Übermaßverbot nach § 192 II VVG ist

---

1200 LG Köln, 13.05.2009, 23 S 65/08, VersR 2009, 1212 (juris-Rn 19).

1201 Dafür OLG Bamberg, 24.05.2005, 1 U 135/04, VersR 2005, 926; ablehnend OLG Düsseldorf, 20.04.2004, I-4 U 135/03, VersR 2005, 1546; *Marlow*, VersR 2004, 1123, 1125 f.

1202 Schwintowski/Brömmelmeyer/*Brömmelmeyer*, VVR, § 192 VVG Rn 57.

1203 Wohl a.A. LG Köln, 13.05.2009, 23 S 65/08, VersR 2009, 1212 (juris-Rn 19).

1204 Prölss/Martin/*Voit*, VVG, § 192 Rn 66 f.; *Uzunovic*, Medizinische Notwendigkeit, S. 52; vgl. BT-Drs. 16/3945, S. 110.

keine einseitig zwingende Norm gemäß § 208 S. 1 VVG.[1205] Die Parteien können somit entsprechende Bedingungen vereinbaren. Dies ist auch im Wege allgemeiner Geschäftsbedingungen zulässig, soweit die entsprechenden Klauseln den Anforderungen der §§ 305 ff. BGB genügen.

Eine unangemessene Benachteiligung des Versicherten gemäß § 307 I 1 BGB ergibt sich nicht schon schlechthin aus der Berücksichtigung wirtschaftlicher Interessen des Versicherers.[1206] Solange der Versicherungsnehmer eine andere, gleich geeignete Leistung erhält, wird auch der Vertragszweck nicht gefährdet.[1207] Wählt der Versicherte eine wirtschaftlich nicht notwendige Methode, ohne dies zu erkennen, ist er hinreichend geschützt: In Anspruch zu nehmen ist in diesem Fall nicht die Versicherung, sondern der Leistungserbringer, der seinen Informationspflichten gemäß § 630c III 1 BGB nicht hinreichend nachgekommen ist.[1208]

Daneben ist das Transparenzgebot gemäß § 307 I 2 BGB zu beachten. *Rogler* verlangt hierfür, dass dem Versicherungsnehmer die Konsequenzen der Regelung für sein Selbstbestimmungsrecht deutlich vor Augen geführt werden.[1209] *Marlow* hält eine Klausel für unwirksam, nach der eine Leistung ausgeschlossen sein soll, wenn eine medizinisch gleichwertige günstigere Leistung existiert, da der durchschnittliche Versicherungsnehmer die Maßstäbe nicht erkennen könne, nach welchen die medizinische Gleichwertigkeit zu beurteilen sei.[1210]

Die Anforderungen an das Transparenzgebot sollten jedoch nicht überstrapaziert werden. Nach § 307 I 2 BGB muss eine unangemessene Benachteiligung gerade darin liegen, dass die Klausel nicht klar und verständlich ist.[1211] Intransparenz allein genügt nicht. Solange für den Versicherten erkennbar ist, dass Leistungen wegen Unwirtschaftlichkeit ausgeschlossen werden können, dürfte die Klausel dem Transparenzgebot genügen. Dementsprechend hat auch der BGH eine ähnliche Formulierung in § 4 VI 2 MB/KK gebilligt (s.u., C III 2 b).

Vorgesehen ist eine Wirtschaftlichkeitsklausel bei der Versicherung zum Basistarif gemäß § 193 V SGB V.[1212] In § 1 I 4 MB/BT wird die Erstattungspflicht nach Grund und Höhe auf ausreichende, zweckmäßige und wirtschaftliche Leistungen beschränkt (s.u., C III 3).

1205 RHS/*Rogler*, VVG, § 192 Rn 20.

1206 OLG Köln, 26.04.2006, 5 U 147/05, VersR 2006, 1113, 1115; *Rogler*, VersR 2009, 573, 578.

1207 *Rogler*, VersR 2009, 573, 578.

1208 Vgl. BGH, 01.02.1983, IV ZR 104/81, VersR 1983, 443, 444; näher *Rogler*, VersR 2009, 573, 579, s. auch Kap. 7 A III 3.

1209 *Rogler*, VersR 2009, 573, 577 f.

1210 Marlow/Spuhl/*Marlow*, VVG, Rn 1289.

1211 Vgl. Jauernig/*Stadler*, BGB, § 307 Rn 7; *Berger*/*Kleine*, NJW 2007, 3526, 3528 f.

1212 Vgl. Prölss/Martin/*Voit*, VVG, § 1 MB/BT Rn 7.

ee) Mindeststandard; ausreichende Leistung?

Anhaltspunkte dafür, dass eine ausreichende Behandlung zu gewährleisten ist, finden sich im Gesetz nicht. Versteht man das Maß des Ausreichenden als Schranke des Wirtschaftlichkeitsgebots, erscheint der Verzicht auf dieses Kriterium auch folgerichtig: Da umgekehrt eine Wirtschaftlichkeitskontrolle ebenfalls nur sehr eingeschränkt erfolgt, bedarf es eines vorgeschriebenen Mindeststandards auch nicht in derselben Weise wie im Rahmen des SGB V.

Hinzu kommen systembedingte Unterschiede zwischen PKV und GKV: Die PKV dient nicht in demselben Maße der Sicherung eines Mindeststandards wie die GKV. Zwar schützt auch die PKV den Versicherungsnehmer vor Überforderung durch Heilbehandlungskosten. Jedoch kommt dem Prinzip der Eigenverantwortung eine höhere Bedeutung als im System der GKV zu. Der Krankenversicherungsvertrag nach § 192 VVG kann grundsätzlich frei gestaltet werden. Dementsprechend sind Eigenbeteiligungen weit verbreitet (vgl. § 203 II 2 VVG).[1213] Der Versicherungsnehmer hat überdies die Möglichkeit, einen Mindeststandard zu vereinbaren oder auch in den Basistarif oder in die freiwillige Versicherung bei einer gesetzlichen Krankenkasse zu wechseln.

d) Beurteilungskompetenz und -kriterien

Ob eine Heilbehandlung medizinisch notwendig ist, entscheiden letztlich die Zivilgerichte. Maßgeblich für die Beurteilung ist das Ergebnis eines neutralen Sachverständigengutachtens.[1214] Rechtspolitisch lässt sich dies als Missstand werten, da es im Hinblick auf Rechtssicherheit und Sicherstellung der nötigen Fachkompetenz deutlich hinter dem System des SGB V zurückbleibt. Die Zivilgerichte sind bei der Beurteilung medizinischer Fragestellungen von Gutachtern abhängig, und die Wahl des Gutachters kann zu einem bestimmten Ergebnis führen (s. f cc). Die Beschränkung der Prüfung der medizinischen Notwendigkeit auf die bloße Vertretbarkeit erleichtert dies zwar ein wenig, ein weitgehend rechtssicheres System, wie es § 135 I SGB V gewährleistet, fehlt allerdings. Da den Parteien Vertragshoheit über den Versicherungsvertrag zukommt, steht es ihnen theoretisch frei, die Kriterien der medizinischen Notwendigkeit näher zu bestimmen und ggf. auch einen Gutachter im Vorhinein zu benennen. In der Praxis dürfte dies aber die Ausnahme sein.

Bei der Beurteilung ist nach der Art der Methode zu unterscheiden. Für Untersuchungsmethoden gilt ein Stufenschema, nachdem zunächst basis-, dann aufbau- und nur in besonderen Fällen spezialdiagnostische Methoden anzuwenden sind.[1215] Der vorschnelle Rückgriff auf weitergehende Methoden ist medizinisch grundsätzlich nicht notwendig. In Notfällen kann die Beurteilung allerdings anders ausfallen. Für Behandlungsmethoden ist jeweils zu prüfen, ob eine konkrete, weniger

---

1213 Dies gilt auch für den Basistarif; vgl. RHS/*Marko*, VVG, § 193 Rn 57.

1214 BGH, 10.07.1996, IV ZR 133/95, VersR 1996, 1224 (juris-Rn 22); MünchKomm-VVG/*Kalis*, § 192 Rn 19; Spickhoff/*Eichelberger*, Medizinrecht, § 192 VVG Rn 39.

1215 MünchKomm-VVG/*Kalis*, § 192 Rn 19.

einschneidende und zumindest gleich geeignete Methode zur Verfügung steht.[1216] Stationäre Behandlungen sollen nur medizinisch notwendig sein, wenn eine ambulante Behandlung weniger erfolgversprechend ist.[1217] Stationäre Behandlung ist in der Regel nicht nur kostenintensiver, sondern auch die umfassendere Behandlungsmethode. Oftmals dürfte die entscheidende Frage sein, ob eine Überwachung des Patienten erforderlich ist.

Fraglich ist, ob der G-BA auch im Rahmen des privaten Krankenversicherungsrechts als maßgebliche Autorität für die medizinische Notwendigkeit neuer Untersuchungs- und Behandlungsmethoden angesehen werden kann. Die PKV sind im Gegensatz zu den GKV gemäß § 91 II 1 SGB V im G-BA nicht repräsentiert. Zudem ist der Maßstab für die Entscheidungen des G-BA der allgemein anerkannte Stand der medizinischen Erkenntnisse. Die Wertungen des G-BA sind somit nur einschlägig und berücksichtigungsfähig, soweit der allgemein anerkannte Stand der medizinischen Erkenntnisse auch im Rahmen des privaten Krankenversicherungsvertrags maßgeblich ist oder zumindest Indizwirkung besitzt.

Da die Parteien Herren des Vertrages sind, kommt eine vertragliche Einbeziehung des allgemein anerkannten Standes der medizinischen Erkenntnisse in Betracht. Dies geschieht in der Praxis zumindest grundsätzlich durch § 4 VI 1 MB/KK, der zunächst schulmedizinisch anerkannte Methoden einschließt, wenn er auch darüber hinaus in bestimmten Fällen nicht anerkannte Methoden zulässt (näher C III 2). Das VVG selbst setzt keinen besonderen Maßstab für die Beurteilung der Notwendigkeit fest. Dem Gesetz ist daher nicht zu entnehmen, dass der allgemein anerkannte Stand der medizinischen Erkenntnisse alleiniger Beurteilungsmaßstab sein soll. Gleichwohl dürfte der Entscheidung des G-BA über die Geeignetheit einer Methode bereits nach dem VVG eine starke Indizwirkung zukommen. Liegt eine negative Empfehlung des G-BA vor, kann nur in Ausnahmefällen davon ausgegangen werden, dass die Leistung gleichwohl geeignet und somit erstattungsfähig ist. Will das Gericht eine solche Entscheidung treffen, kann dies nur auf der Grundlage derart gewichtiger Expertenmeinungen und Studien geschehen, dass diese den G-BA an Autorität übertreffen. Ähnliches gilt umgekehrt im Falle einer positiven Empfehlung des G-BA. Der Versicherungsnehmer muss nicht damit rechnen, dass Methoden, über die der G-BA positiv entschieden hat und deren Kosten somit in der GKV erstattungsfähig sind, in der PKV ausgenommen sind. Dies führt dazu, dass die Anforderungen an eine Widerlegung des G-BA-Befundes noch höher sind als im umgekehrten Fall. Denkbar ist dies nur, wenn es nach der Beweislage evident ist, dass der G-BA die Methode zu Unrecht anerkannt hat. In der Praxis kommt dies allenfalls dann in Betracht, wenn der G-BA auf neue Entwicklungen und Erkenntnisse nicht oder nur sehr zögerlich reagiert, also in Fällen eines „umgekehrten Systemversagens".

1216 Vgl. MünchKomm-VVG/*Kalis*, § 192 Rn 19.
1217 MünchKomm-VVG/*Kalis*, § 192 Rn 19.

Die fehlende Repräsentation der PKV im G-BA ist hierbei unerheblich. Die Indizwirkung der Entscheidung des G-BA im Recht der PKV beruht nicht auf einer besonderen Legitimation, sondern darauf, dass die Einschätzung des G-BA schlicht auf der in der Regel umfassendsten bisher tatsächlich erfolgten Prüfung der Studien- und Meinungslage basiert und somit im wissenschaftlichen Diskurs Autorität genießt. Nimmt im Einzelfall eine Expertenkommission eine zumindest ähnlich umfassende und Prüfung vor und kommt zu einem gegenteiligen Ergebnis, wird die Indizwirkung der G-BA-Entscheidung freilich erschüttert.

Anders als im SGB V ist eine Empfehlung des G-BA auch außerhalb der Krankenhausbehandlung keine Anspruchsvoraussetzung. Hat der G-BA (noch) nicht über eine Methode entschieden, kann hieraus kein Rückschluss darauf gezogen werden, dass die Methode nicht zweckmäßig (und daher nicht notwendig) ist. Diese Rechtsfolge ergibt sich auch in der Systematik des SGB V nicht unmittelbar aus § 2 I 3, § 12 I SGB V. § 135 I 1 SGB V stellt vielmehr eine zusätzliche Anforderung auf.[1218] Da das VVG eine § 135 I 1 SGB V vergleichbare Regelung nicht kennt, ist in diesem Fall – der gerade bei alternativmedizinischen Methoden die Regel ist – die medizinische Notwendigkeit nach anderen Kriterien zu ermitteln (s. C III 2 c).

e) Krankheiten ohne allgemein anerkannte Therapie und Heilversuche

Leidet ein Patient unter einer Krankheit, für die eine allgemein anerkannte Behandlungsmethode nicht vorhanden ist, stellt sich die Frage, inwieweit bisher nicht allgemein anerkannte bzw. experimentelle Behandlungsmethoden angewandt werden dürfen. Während § 2 I 3 und § 135 I 1 SGB V dies grundsätzlich ausschließen, sodass Heilversuche vom Versicherungsschutz außerhalb der Krankenhausbehandlung (grundsätzlich) nicht erfasst sind, sieht das VVG einen solchen Ausschluss nicht vor. Der Heilversuch ist somit vom Versicherungsschutz der PKV umfasst, wenn er objektiv als medizinisch notwendig anzusehen ist.[1219]

Der Begriff des Heilversuchs ist von der klinischen Prüfung von Arzneimitteln und dem Humanexperiment dadurch abzugrenzen, dass der Heilversuch im Schwerpunkt der Behandlung des Patienten dient und nicht der medizinischen Forschung.[1220] Mit dem Heilversuch wird von medizinischen Standards – die nicht zu einer Heilung geführt haben bzw. gemäß denen eine Heilung nicht zu erwarten ist – abgewichen, mit dem Ziel, einen neuen medizinischen Standard zu schaffen.[1221]

Heilversuche sind unter weniger strengen Voraussetzungen als medizinisch notwendig anzusehen, wenn eine Krankheit lebensbedrohlich ist. Der Nikolaus-Beschluss des BVerfG[1222] entfaltet auch für das PKV-Recht Auswirkungen, auch wenn

1218 Vgl. Hauck/Noftz/*Flint*, SGB V, § 135 Rn 5.

1219 BGH, 10.07.1996, IV ZR 133/95, BGHZ 133, 208 (juris-Rn 20); Prölss/Martin/*Voit*, VVG, § 192 Rn 69 f.

1220 Vgl. *Hart*, MedR 1994, 94, 95.

1221 *Hart*, MedR 1994, 94, 101.

1222 BVerfG, 06.12.2005, 1 BvR 347/98, BVerfGE 115, 25.

es hier um das Verhältnis zwischen einem privaten Versicherer und dem Versicherten geht.[1223] Der Versicherer ist zwar nicht unmittelbar Adressat der Grundrechte auf Menschenwürde und Leben, diese können sich aber im Rahmen der mittelbaren Drittwirkung der Grundrechte auf die Auslegung von Generalklauseln auswirken.[1224] Aufgrund der Einführung einer allgemeinen Versicherungspflicht lässt sich auch der Gedanke, dass die Grundrechtswidrigkeit in der Pflichtversicherung liegt, die im Gegenzug nicht einmal alle erdenklichen Maßnahmen zur Rettung des eigenen Lebens gewährleistet, übertragen. Die Verweigerung möglicherweise lebensrettender Maßnahmen kann daher treuwidrig und gemäß § 242 BGB unzulässig sein. AGB, die diese Maßnahmen ausschließen, können eine unangemessene Benachteiligung gemäß § 307 I 1 BGB bewirken (zu § 5 I f) MB/KK 1976 s. C III 1). Bei lebensbedrohlichen Krankheiten sind in Anlehnung an die Kriterien des BVerfG daher keine besonders hohen Anforderungen an die Heilungsaussicht zu stellen. Ausreichend ist eine nicht nur ganz geringe Wahrscheinlichkeit.[1225]

Bei nicht lebensbedrohlichen Erkrankungen wird von Teilen der Literatur im Anschluss an die BGH-Rechtsprechung[1226] eine Heilungschance von 15% für erforderlich gehalten.[1227] Das entsprechende Urteil des BGH bezog sich allerdings nur auf die In-Vitro-Fertilisation. Eine allgemeine Regel wurde dort nicht aufgestellt.[1228] Die In-Vitro-Fertilisation unterscheidet sich von der Mehrheit der Heilbehandlungen schon dadurch, dass wiederholte Fertilisationen mit jeweils einer entsprechenden, nach Erfahrungswerten gut abschätzbaren Wahrscheinlichkeit möglich sind. Dementsprechend ist die Rechtsprechung nicht übertragbar.[1229] Eine binäre Unterscheidung zwischen lebensbedrohlichen und nicht lebensbedrohlichen Krankheiten wird den unterschiedlichen Schweregraden verschiedener Erkrankungen auch nicht gerecht. Als sinnvoller erscheint es daher, jeweils im Einzelfall abzuwägen, wobei mit der Schwere der Krankheit die erforderliche Heilungswahrscheinlichkeit abnimmt.[1230]

In der Praxis wird sich bei Heilversuchen eine konkrete Heilungswahrscheinlichkeit – anders als im Falle der In-Vitro-Fertilisation – in der Regel überhaupt nicht seriös benennen lassen. Es liegt in der Natur des Heilversuchs, dass die

1223 Vgl. *Deutsch/Iversen*, VVR, Rn 445.
1224 BVerfG, 30.07.2003, 1 BvR 792/03 NJW 2003, 2815; Palandt/*Grüneberg*, BGB, § 242 Rn 8.
1225 Vgl. SHW/*Baumhackel*, Versicherungsrecht, § 1 MB/KK Rn 23.
1226 BGH, 21.09.2005, IV ZR 113/04, BGHZ 164, 122.
1227 *Marlow/Spuhl*, VersR 2006, 1334; vgl. hierzu BGH, 21.09.2005, IV ZR 113/04, BGHZ 164, 122 (juris-Rn 23); s. auch Prölss/Martin/*Voit*, VVG, § 192 Rn 72.
1228 Vgl. BGH, 21.09.2005, IV ZR 113/04, BGHZ 164, 122 (juris-Rn 23); *Hütt*, VersR 2007, 1402, 1403.
1229 SHW/*Staab*, Versicherungsrecht, § 192 VVG Rn 15; *Hütt*, VersR 2007, 1402, 1403.
1230 So auch SHW/*Staab*, Versicherungsrecht, § 192 VVG Rn 15; *Boetius*, VersR 2008, 1431, 1433.

Erfolgsaussichten der Heilmethode noch weitgehend unerforscht sind.[1231] Fakten, die eine hinreichend genaue Wahrscheinlichkeitsprognose zulassen, liegen nicht in ausreichendem Umfang vor. Die Prognose lässt sich dementsprechend nur danach aufstellen, ob der Methode ein plausibles Konzept zugrunde liegt und ob die bisherige Erfahrung zumindest gewisse – wenn auch nicht umfassend erprobte – Erfolgsaussichten nahelegt. Am ehesten lassen sich Rückschlüsse auf eine konkrete Heilungswahrscheinlichkeit gewinnen, wenn die Heilaussichten der Methode zwar noch nicht hinreichend erforscht sind, aber Einzelfälle eine Korrelation zwischen der Methode und der Verbesserung der Heilungsaussichten nahelegen. Hier wäre es allerdings ein Irrtum, den prozentualen Anteil der erfolgreichen Behandlungen für die Erfolgswahrscheinlichkeit zu halten: Wurde eine Methode nur in einem Fall angewendet, und dies erfolgreich, liegt die Heilungswahrscheinlichkeit für weitere Fälle nicht etwa bei 100%. Vielmehr ist für eine konkrete Aussage über die Erfolgswahrscheinlichkeit die Stichprobe zu klein. Dennoch wird eine Methode, die in einem signifikanten Anteil der bisherigen Fälle mit einem Heilerfolg einhergegangen ist, in Ermangelung einer wissenschaftlichen Studie in der Regel zur Zulässigkeit des Heilversuchs führen.

Grundsätzlich können die Leitlinien der evidenzbasierten Medizin als Anhaltspunkt für die Beurteilung der Heilungsaussicht herangezogen werden.[1232] Inwieweit dies auch für alternativmedizinische Methoden aufrechterhalten werden kann, bedarf der näheren Erörterung.

f) Beurteilung von alternativmedizinischen Methoden

aa) Streitstand

Nach welchen Kriterien Methoden der Alternativ- und Komplementärmedizin zu bewerten sind, ist auch im Hinblick auf die medizinische Notwendigkeit gemäß § 192 I VVG umstritten. Die Argumentation verläuft trotz der unterschiedlichen gesetzlichen Rahmenbedingungen ähnlich wie bei § 2 I 2, 3 SGB V.

(1) Binnenanerkennung

Die Anhänger der Theorie der Binnenanerkennung[1233] vertreten auch im Recht der privaten Krankenversicherungen die Anwendung derselben Maßstäbe, die bereits zu § 2 I 2, 3 SGB V erörtert wurden (s. Kap. 4 B II 2). *Zuck* betont, auch Mediziner außerhalb der Schulmedizin verfügten über die notwendige Sachlichkeit und Objektivität, um die medizinische Notwendigkeit beurteilen zu können.[1234] Nur ein

---

1231 Vgl. *Helle/Frölich/Haindl*, NJW 2002, 857, 860; *S. Müller*, SGb 2012, 386, 388; *Hart, MedR* 1994, 94, 95; Quaas/Zuck/*Zuck*, Medizinrecht, § 68 Rn 25.

1232 Vgl. Bach/Moser/*Kalis*, PKV, § 1 MB/KK Rn 30.

1233 *Zuck*, NJW 1991, 2933, 2937; *ders.*, VersR 1994, 505; *Marlow/Spuhl*, VersR 2006, 1334, 1335; wohl auch *Hart*, MedR 1994, 94, 99.

1234 *Zuck*, VersR 1994, 505, 506, Fn 13.

Sachverständiger, der die besondere Therapierichtung kenne und ihr unvoreingenommen gegenüber stehe, könne deren Methoden beurteilen.[1235] Die Binnenanerkennung sei allerdings auf die besonderen Therapierichtungen i.S.d. § 34 III 2 SGB V beschränkt; auf echte Außenseitermethoden finde sie keine Anwendung.[1236] *Marlow/Spuhl* unterscheiden demgegenüber nicht danach, ob die Methode einer besonderen Therapierichtung zuzurechnen ist und wollen die Binnenanerkennung für alternative Heilmethoden zum generellen Prinzip erheben. Allerdings halten sie die Begutachtung durch einen Schulmediziner für zulässig, der jedoch allein auf die Maßstäbe der alternativen Medizin abzustellen habe.[1237]

(2) Objektive Überprüfung

Die hM erteilt der Theorie der Binnenanerkennung eine Absage und verlangt eine objektive Überprüfung.[1238]

Schmidt/Kalis führen aus, die Binnenanerkennung hätte zur Folge, dass auch Kosten für Wunderheiler und Scharlatane zu übernehmen wären, da ein Anhänger der jeweiligen Methode als Sachverständiger auftreten müsste.[1239] Vermeintliche Behandlungserfolge könnten auf nicht verifizierbaren Einzelbeobachtungen oder anderen Ursachen wie einer gleichzeitigen schulmedizinischen Behandlung bzw. einem Placebo-Effekt beruhen.[1240]

Nach *Stormberg* soll grundsätzlich eine schulmedizinische Perspektive maßgeblich sein. Anerkannte Verfahren der Naturheilkunde seien aber nicht ausgeschlossen. Im Übrigen sei die Abgrenzung „schwierig", zumal die Wissenschaftlichkeitsklausel in § 5 I f) MB/KK 1976 für unwirksam erklärt wurde.[1241]

Welche Anforderungen bei der objektiven Überprüfung zu stellen sind, wird uneinheitlich gehandhabt. Verbreitet wird ein nach medizinischen Erkenntnissen

---

1235 *Zuck*, VersR 1994, 505, 506.

1236 *Zuck*, VersR 1994, 505, 506 f.; im Widerspruch dazu aber *ders.*, Das Recht der anthroposophischen Medizin, Rn 40, wonach die Binnenanerkennung auch für die Bewertung anderer Therapierichtungen herangezogen werden könne.

1237 *Marlow/Spuhl*, VersR 2006, 1334, 1335.

1238 MünchKomm-VVG/*Kalis*, § 192 Rn 21 f.; Prölss/Martin/*Voit*, VVG, § 192 Rn 71; *Schmidt/Kalis*, VersR 1993, 1319, 1323; Beckmann/Matusche-Beckmann/*Stormberg*, Versicherungsrechts-Handbuch, § 44 Rn 144; Schwintowski/Brömmelmeyer/*Brömmelmeyer*, VVR, § 192 VVG Rn 33; Looschelders/Pohlmann/*Reinhard*, VVG, § 192 Rn 12; Römer/Langheid/*Langheid*, VVG, § 192 Rn 8; Terbille/Höra/*Schubach*, Versicherungsrecht, § 23 Rn 176; *Deutsch/Iversen*, VVR, Rn 448; OLG Saarbrücken, 27.02.2002, 5 U 804/98–71, VersR 2002, 1015; OLG Karlsruhe, 31.08.2000, 19 U 243/99, VersR 2001, 180; OLG Düsseldorf, VersR 1995, 773; OLG Stuttgart, NJW-RR 2007, 244; im Grundsatz auch *Grupp*, MedR 1992, 256, 261.

1239 *Schmidt/Kalis*, VersR 1993, 1319, 1323.

1240 Bach/Moser/*Kalis*, PKV, § 4 MB/KK Rn 59.

1241 Beckmann/Matusche-Beckmann/*Stormberg*, Versicherungsrechts-Handbuch, § 44 Rn 144.

nachvollziehbarer Ansatz verlangt.[1242] Dies dürfte etwa für Homöopathie und anthroposophische Medizin bereits ein Problem darstellen. Teile der Literatur und Rechtsprechung verlangen darüber hinaus den Nachweis klinischer Wirksamkeit[1243] bzw. eine empirische Bewährung.[1244]

Umstritten ist, ob die Begutachtung durch einen (reinen) Schulmediziner vorzunehmen sei[1245] oder ob der Gutachter in besonderer Weise mit alternativer Medizin befasst sein – wie etwa ein Arzt mit der Zusatzbezeichnung „Arzt für Naturheilverfahren"[1246] – bzw. der Therapierichtung unvoreingenommen gegenüberstehen solle (hierzu cc).[1247]

(3) Subsidiarität

Vertreten wird darüber hinaus eine Subsidiarität alternativer Behandlungsmethoden. Dies steht nicht grundsätzlich in Widerspruch zu den vorgenannten Meinungen, sondern bezieht lediglich einen zusätzlichen Aspekt ein.

Nach *Brömmelmeyer* sollen (echte) Außenseitermethoden nur subsidiär Anwendung finden, wenn weder schulmedizinische Methoden noch Methoden einer etablierten Richtung der alternativen Medizin vorliegen.[1248] Demgegenüber unterscheidet das OLG Köln nicht zwischen etablierten Richtungen der Alternativmedizin und echten Außenseitermethoden. Nur dann, wenn es eine allgemein anerkannte und geeignete Behandlungsmethode nicht gebe, komme es darauf an, ob eine Methode wahrscheinlich geeignet sei. Ausschließlich in diesem Fall sei unerheblich, ob diese Prognose auf schul- oder alternativmedizinischen Erkenntnissen beruhe.[1249]

1242 SHW/*Baumhackel*, Versicherungsrecht, § 1 MB/KK Rn 47; van Bühren/*Commer*, VR, § 17 Rn 297; Terbille/Höra/*Schubach*, Versicherungsrecht, § 23 Rn 171; OLG Saarbrücken, 27.02.2002, 5 U 804/98–71, VersR 2002, 1015; im Grundsatz auch BGH, 10.07.1996, IV ZR 133/95, BGHZ 133, 208 (juris-Rn 23); SHW/*Baumhackel*, Versicherungsrecht, § 1 MB/KK Rn 47; für das Arztvertragsrecht vgl. Ratzel/Lissel/*Lissel*, Medizinschadensrecht, § 9 Rn 8.

1243 Looschelders/Pohlmann/*Reinhard*, VVG, § 192 Rn 12; OLG Köln, 14.01.2004, 5 U 211/01, VersR 2004, 631.

1244 Römer/Langheid/*Langheid*, VVG, § 192 Rn 8.

1245 OLG Düsseldorf, 06.12.1994, 4 U 295/93, VersR 1995, 773; MünchKomm-VVG/*Kalis*, § 192 Rn 22.

1246 Van Bühren/*Müller-Stein*, VR, 3. Auflage, § 17 Rn 137; Terbille/Höra/Schubach, § 23 Rn 176.

1247 Schwintowski/Brömmelmeyer/*Brömmelmeyer*, VVR, § 192 VVG Rn 33; Prölss/Martin/*Voit*, VVG, § 192 Rn 71; OLG Karlsruhe, 31.08.2000, 19 U 243/99, VersR 2001, 180.

1248 Schwintowski/Brömmelmeyer/*Brömmelmeyer*, VVR, § 192 VVG Rn 31.

1249 OLG Köln, 23.06.1999, 5 U 232/98, VersR 2000, 42, 43.

(4) BGH-Rechtsprechung

Nach Auffassung des BGH sollen die medizinischen Erkenntnisse für die Beurteilung maßgeblich sein. Dabei müsse es sich aber nicht notwendigerweise um medizinische Erkenntnisse im Sinne der medizinischen Wissenschaft handeln. Auch medizinische Erkenntnisse, die keine Absicherungen im Bereich von Forschung und Lehre an wissenschaftlichen Hochschulen und Universitäten erfahren haben, könnten in diesem Sinne medizinische Erkenntnisse sein.[1250]

Eine Beschränkung auf schulmedizinische Erkenntnisse ergebe sich auch nicht aus Wort und Sinn des § 1 II MB/KK 1976, ebenso wenig aus dem (durch den BGH für unwirksam erklärten[1251]) § 5 I f) MB/KK 1976 (näher hierzu C III 1).[1252] Zu berücksichtigen seien demnach auch medizinische Erkenntnisse, die sich im Bereich der sog. alternativen Medizin oder als Ergebnis der Anwendung von sog. Außenseitermethoden ergeben hätten.[1253] Voraussetzung sei aber ein nach medizinischen Erkenntnissen nachvollziehbarer Erklärungsansatz für die prognostizierte Wirkungsweise.[1254] Der erfolgreichen Bewährung in der Praxis soll hierbei eine starke Indizwirkung zukommen.[1255]

Unklar bleibt, was in diesem Sinne unter „medizinischen Erkenntnissen" zu verstehen ist. Der Übergang von alternativ- und komplementärmedizinischen Methoden, die für sich selbst ein gewisses Maß an Wissenschaftlichkeit beanspruchen – wie etwa im Falle der besonderen Therapierichtungen –, hin zu Wunderheilung bzw. bloßer Scharlatanerie[1256] ohne jegliche wissenschaftliche Absicherung ist fließend. Dass letztere sich nicht mehr auf „medizinische Erkenntnisse" stützen lassen, liegt auf der Hand. Klare und überprüfbare Kriterien für das Vorliegen wissenschaftlicher Erkenntnisse benennt der BGH jedoch nicht. Auch die Anforderungen an einen nachvollziehbaren Erklärungsansatz – der nach schulmedizinischer Auffassung bei vielen alternativmedizinischen Methoden einschließlich Homöopathie und anthroposophischer Medizin ja gerade fehlt – werden nicht näher erörtert.

bb) Auslegung und Stellungnahme

Da § 192 I VVG in der Praxis so gut wie niemals isoliert angewandt wird, also ohne die nähere Ausgestaltung durch die MB/KK, ist die Argumentation in der Literatur und Rechtsprechung zur medizinischen Notwendigkeit nach § 192 I VVG kaum von derjenigen zu § 4 VI MB/KK zu trennen. Da es sich bei den MB/KK nicht um Normen

---

1250 BGH, 10.07.1996, IV ZR 133/95, BGHZ 133, 208 (juris-Rn 17).
1251 BGH, 23.06.1993, IV ZR 135/92, BGHZ 123, 83 (juris-Rn 12 ff.).
1252 BGH, 10.07.1996, IV ZR 133/95, BGHZ 133, 208 (juris-Rn 17).
1253 BGH, 10.07.1996, IV ZR 133/95, BGHZ 133, 208 (juris-Rn 17).
1254 BGH, 10.07.1996, IV ZR 133/95, BGHZ 133, 208 (juris-Rn 23); SHW/Baumhackel, Versicherungsrecht, § 1 MB/KK Rn 47.
1255 BGH, 10.07.1996, IV ZR 133/95, BGHZ 133, 208 (juris-Rn 23).
1256 Hierzu BGH, 23.06.1993, IV ZR 135/92, BGHZ 123, 83 (juris-Rn 23); OLG Hamburg, 23.01.2001, 9 U 327/99, VersR 2001, 849, 850; Prölss/Martin/*Voit*, VVG, § 192 Rn 71.

von Gesetzesrang handelt, sondern lediglich um AGB, und die Einbeziehung der modifizierten Wissenschaftlichkeitsklausel in den Vertrag keineswegs zwingend ist, soll hier gleichwohl die Rechtslage nach § 192 I VVG selbst erörtert werden.

(1) Wortlaut

Nach § 192 I VVG „haftet der Versicherer im vereinbarten Umfang für die Aufwendungen für medizinisch notwendige Heilbehandlung wegen Krankheit oder Unfallfolgen". Der Begriff der medizinischen Notwendigkeit sagt nichts darüber aus, wessen Auffassung für die Bewertung maßgeblich ist. Der Verzicht auf entsprechende Zusätze deutet darauf hin, dass – wie in der Rechtsordnung allgemein üblich – eine objektive Bestimmung ohne Berücksichtigung bestimmter wissenschaftlich nicht abgesicherter Einzelmeinungen vorzunehmen ist.

(2) Historische Auslegung

Der Gesetzgeber hat den Begriff der medizinischen Notwendigkeit erstmals mit dem VAGEWGDG 3[1257] in § 178b I VVG eingeführt. Die Gesetzesbegründung macht zur Inhaltsbestimmung keine näheren Angaben, sondern verweist lediglich darauf, dass die Regelung § 1 I, II MB/KK 1976 entspreche.[1258]

Es ist daher davon auszugehen, dass der Gesetzgeber die zuvor bestehende Rechtslage kodifizieren wollte. Der Begriff der medizinischen Notwendigkeit wurde auch in § 1 II MB/KK 1976 nicht näher erläutert. Im Hinblick auf alternative Heilmethoden war die Wissenschaftlichkeitsklausel in § 5 I f) MB/KK 1976 maßgeblich, die allein schulmedizinische Erkenntnisse für maßgeblich erklärte (näher C III 1). Da die Wissenschaftlichkeitsklausel durch den BGH für unwirksam erklärt wurde,[1259] ist einem Rückgriff auf diesbezügliche historische Überlegungen für die Auslegung des Begriffs nach heutiger Rechtslage die Grundlage entzogen.

(3) Systematik

Im Gegensatz zum SGB V enthält das VVG keine Aussage über den anzuwendenden Maßstab. Weder nimmt das Gesetz Bezug auf den allgemein anerkannten Stand der medizinischen Erkenntnisse (vgl. § 2 I 3 SGB V), noch wird ein Ausschluss bestimmter alternativmedizinischer Methoden allgemein untersagt (vgl. § 2 I 2 SGB V). Da die Systematik beider Regelungssysteme sich grundlegend unterscheidet, insbesondere die Bedeutung des Grundsatzes der Beitragsstabilität, des Fürsorgeprinzips und der Eigenverantwortung, sind die Sachverhalte nicht in einer Weise vergleichbar, dass eine Analogie zulässig wäre. Ein Umkehrschluss kommt schon deshalb nicht in Betracht, weil er in beide Richtungen in gleicher Weise möglich wäre: Es

---

1257 Drittes Gesetz zur Durchführung versicherungsrechtlicher Richtlinien des Rates der Europäischen Gemeinschaften, Gesetz vom 21.07.1994 (BGBl. I, S. 1630).

1258 BT-Drs. 12/6959, S. 104.

1259 BGH, 23.06.1993, IV ZR 135/92, BGHZ 123, 83.

ließe sich einerseits annehmen, dass im Umkehrschluss zu § 2 I 3 SGB V (und den Regelungen mit vergleichbarer Zielsetzung) mangels Regelung der allgemein anerkannte Stand der medizinischen Erkenntnis unerheblich wäre. Umgekehrt könnte man aber auch im Umkehrschluss zu § 2 I 2 SGB V annehmen, die Leistungen der besonderen Therapierichtungen dürften hier ausgenommen werden. Denkbar wäre es, im Umkehrschluss zu dem gemeinsamen Regelungskern beider Sätze (vgl. Kap. 4, B III 3 e aa) anzunehmen, dass nicht das Maß an Anerkennung bedeutend sein solle, sondern die Gerichte selbst über die Notwendigkeit entscheiden müssten. Auch dies erscheint aber eher fernliegend. § 2 I SGB V und § 192 I VVG gehören unterschiedlichen Regelungssystemen an, bei deren Gestaltung der Gesetzgeber keine besondere Rücksicht auf die Rechtslage im jeweils anderen Regelungssystem genommen hat.

Die besonderen Therapierichtungen genießen anders als im SGB V keinen Sonderstatus. Ein solcher ist weder aus dem VVG noch unmittelbar aus dem Verfassungsrecht zu entnehmen (s. I; Kap. 2 A II). Das Recht der besonderen Therapierichtungen innerhalb des SGB V ist nur als politischer Kompromiss für das Recht der gesetzlichen Krankenversicherung zu verstehen, in welchem Fürsorgeprinzip und Beitragsstabilität stets sorgsam und allgemeingültig gegeneinander abgewogen werden müssen (vgl. Kap. 4 B III 3 c). Dass dieser Kompromiss auch für das von der Vertragsfreiheit geprägte Recht der privaten Krankenversicherung Anwendung finden soll, ist nicht ersichtlich.

Demzufolge ist eine analoge Anwendung des § 2 I 2 SGB V und entsprechender Sonderregelungen des Sozialrechts abzulehnen.[1260] Eine Unterteilung in besondere Therapierichtungen einerseits und „echte" Außenseitermethoden andererseits ist dem privaten Krankenversicherungsrecht unbekannt.

(4) Teleologische Auslegung und Ergebnis

(a) Objektive Prognose

Hauptzweck des Erfordernisses der medizinischen Notwendigkeit ist der Schutz des Versicherers davor, auch für Leistungen haften zu müssen, die nach einer objektiven Prognose für den Versicherungsnehmer keine Verbesserung der Heilungsaussichten bedeuten. Der Versicherer kann vor der Inanspruchnahme für die Kosten ungeeigneter Maßnahmen nur durch einen objektiven Maßstab hinreichend geschützt werden. Eine Bevorzugung oder Benachteiligung einer bestimmten subjektiven Auffassung ist daher unzulässig.

Neben dem Schutz des Versicherers vor übermäßiger Belastung ist das stets zu beachtende Ziel der Rechtssicherheit bedeutsam. Ein Mindestmaß an Rechtssicherheit ist nur zu gewährleisten, wenn grundsätzlich keine Methoden, mit deren Einbeziehung die Parteien nicht rechnen müssen, vom Versicherungsschutz eingeschlossen sind. Umgekehrt sollten Methoden grundsätzlich erstattungsfähig sein, mit deren

---

1260 A.A. *Zuck*, VersR 1994, 505, 506 f.

Ausschluss die Parteien nicht rechnen müssen. Um dies sicherzustellen, dürfen ausgefallene Einzelmeinungen, die der einen oder anderen Richtung zuzurechnen sind, keine Berücksichtigung finden. Schutz des Versicherers und Rechtssicherheit erfordern daher beide gleichermaßen die Anwendung eines objektiven Maßstabs.

Eine vollständig objektive Beurteilung durch das Gericht ist allerdings schon rein praktisch mit erheblichen Schwierigkeiten verbunden. Das Gericht ist in der Regel darauf angewiesen, Fragen der Geeignetheit und Notwendigkeit durch Sachverständige beurteilen zu lassen. Dieser Rückgriff auf Sachverständige führt je nach Auswahl des Gutachters zu unterschiedlichen Ergebnissen, wenn dieser die Wirkungsaussicht nach der Studienlage beurteilen soll (näher cc).

(b) Vertretbarkeit

Die Bedeutung der subjektiven Auffassung des Gutachters für den Prozess wird durch die Vertretbarkeitslehre abgemildert. Der Gutachter prüft hiernach nicht, ob die Methode tatsächlich notwendig war, sondern ob nach der bekannten Studienlage eine Notwendigkeit vertretbar ist. Er ist also nicht berechtigt, seine eigene – bis zu einem gewissen Grade stets subjektive – Auffassung an die Stelle der Auffassung des Arztes zu setzen. Um größtmögliche Objektivität des Gutachtens zu gewährleisten, ist diesem Ansatz zuzustimmen. Völlig beseitigen lässt sich das Risiko einer Verzerrung des Prozessausgangs durch den Gutachter hierdurch allerdings nicht.

Die aus der Vertretbarkeitslehre resultierende Einschätzungsprärogative führt freilich nicht dazu, dass der Arzt gegen seine eigene Überzeugung handeln darf. Es ist letztlich die subjektiv richtige Entscheidung des Arztes, die anschließend auf objektive Vertretbarkeit geprüft wird. Die Leistung muss also objektiv vertretbar – wobei die Feststellung dem Gericht obliegt, das auf den Sachverständigen zurückgreift – und gleichzeitig subjektiv – aus der Sicht des Arztes – notwendig sein.[1261]

(c) Mehrstufige Prüfung bei heilbaren Krankheiten

Mit alledem ist noch nichts darüber gesagt, wann es vertretbar ist, eine Methode als medizinisch notwendig anzusehen. Zu unterscheiden ist hierbei zunächst, ob für eine Krankheit eine allgemein anerkannte Behandlungsmethode existiert, die eine hinreichende Wahrscheinlichkeit für das Behandlungsziel verspricht. Ist dies nicht der Fall, also insbesondere bei unheilbaren Erkrankungen, gelten weniger strenge Anforderungen (s.o., e).

Ist eine allgemein anerkannte Behandlungsmethode vorhanden, ist zu prüfen, ob auch die in Frage stehende Methode eine ähnliche Erfolgsaussicht verspricht. Der Gedanke einer empirischen Bewährung der Methode ist hierbei vorsichtig zu handhaben. Methoden können sich im medizinischen Alltag streng genommen nicht bewähren, da der Ursache-Wirkungs-Zusammenhang auf diesem Wege nicht

---

1261 Vgl. OLG Hamm, 21.07.1982, 20 U 56/81, VersR 1983, 385, 386; van Bühren/*Commer*, VR, § 17 Rn 289.

nachweisbar ist.[1262] Vollständige empirische Bewährung kann letztlich nur durch kontrollierte Studien erfolgen. Wie oben dargestellt (s.o., d), kommt der Beurteilung durch den G-BA eine starke Indizwirkung zu. Hat der G-BA eine positive oder negative Empfehlung abgegeben, wird die Entscheidung über die medizinische Notwendigkeit einer Methode von dieser Empfehlung nur in Ausnahmefällen abweichen.

Liegt eine Empfehlung des G-BA nicht vor, muss das Gericht (und damit faktisch der Sachverständige) selbst beurteilen, ob die Methode hinreichende Erfolgsaussicht verspricht. Denkbar wäre es zunächst, im Zweifel dem Urteil der Binnenanerkennung zu folgen. In Betracht kommt dies jedenfalls nur, wenn auch nach Einbeziehung aller verfügbaren Informationen tatsächlich noch Zweifel bestehen, namentlich dann, wenn die Studienlage nicht eindeutig ist. Eine solche Auffassung würde dazu führen, dass Methoden, die sich konzeptionell einer kontrollierten verblindeten Studie entziehen, allein nach der Binnenanerkennung zu beurteilen wären. Für die klassische Homöopathie etwa ist der Studienbefund nicht eindeutig, da nach ihrem Selbstverständnis stets individuell zu entscheiden ist, sodass sich Vergleichsgruppen verböten (vgl. Kap. 1 B I 3 g, 5 a ee). Hingegen läge für die klinische Homöopathie, die bei bestimmten Indikationen bestimmte Arzneimittel verschreibt, keine uneindeutige Lage vor, da kontrollierte Studien dem Konzept nicht grundsätzlich widersprechen, soweit Arzneimittel anhand „bewährter Indikationen" verordnet werden (s. Kap. 1 B I 6 a cc).

Ein solcher hilfsweiser Rückgriff auf die Binnenanerkennung böte jedoch keinen hinreichenden Schutz vor der Einbeziehung von Quacksalberei, Wunderheilung und anderen von Aberglauben geprägten Heilverfahren.[1263] Es ist im Gesetz kein Anhaltspunkt ersichtlich, warum die Binnenanerkennung auf die besonderen Therapierichtungen nach dem SGB V beschränkt bleiben sollte. Die besonderen Therapierichtungen genießen im Recht der PKV gerade keine Sonderstellung. Wendet man die Binnenanerkennung aber darüber hinaus an, wird die Einbeziehung gänzlich abseitiger Methoden uferlos. Insbesondere Wunderheilungen entziehen sich in der Regel der wissenschaftlichen Überprüfung schon im Ansatz. Wird die Beteiligung des Patienten als Heilungsvoraussetzung begriffen (etwa beim Gesundbeten), ist etwa eine Verblindung schlicht unvorstellbar.

Die besonderen Therapierichtungen und andere alternativmedizinische Methoden sind daher – soweit ihre Wirksamkeit nicht durch Studien höherer Evidenzklassen belegt ist – nicht anders zu behandeln als andere Methoden, denen die wissenschaftliche Anerkennung (noch) fehlt. Wie diese Methoden können sie nur im Rahmen eines Heilversuchs in den Versicherungsschutz einbezogen werden.[1264] Heilversuche wiederum kommen nur in Betracht, wenn keine andere Methode eine vergleichbare Heilungsaussicht bietet.[1265]

1262 Vgl. Bach/Moser/*Kalis*, PKV, § 4 MB/KK Rn 59.
1263 Vgl. *Schmidt*/*Kalis*, VersR 1993, 1319, 1323.
1264 Vgl. *Engelmann*, MedR 2006, 245, 258 f.
1265 Vgl. Prölss/Martin/*Voit*, VVG, § 192 Rn 72.

Die Befürworter der Binnenanerkennung lehnen einen Rückgriff auf die Kriterien des Heilversuchs für die Alternativmedizin ab. Alternative Heilmethoden (bzw. zumindest Methoden der besonderen Therapierichtungen[1266]) seien nach der Binnenanerkennung zu beurteilen und stellten daher keine Abweichung vom schulmedizinischen Standard dar, sondern bestünden unabhängig von diesem. Echte Außenseitermethoden und Quacksalberei demgegenüber könnten nicht vom schulmedizinischen Standard abweichen, da sie diesen nicht als Standard akzeptierten.[1267]

Die systematischen Argumente gegen eine Übertragung der Grundsätze des Heilversuchs auf alternative Behandlungsmethoden sind jedoch unbegründet. Für alternativ-medizinische Behandlungsmethoden gilt gerade kein grundsätzlich anderes Bewertungssystem (wie etwa die Binnenanerkennung) als für schulmedizinische Methoden, und zwar weder für Methoden der besonderen Therapierichtungen noch für echte Außenseitermethoden. Die Frage, ob echte Außenseitermethoden die Schulmedizin als Standard anerkennen, geht bereits im Ansatz fehl. Der schulmedizinische Standard wird gerade – zumindest im Idealfalle – nach objektiven Kriterien ermittelt und ist daher universal bindend, unabhängig davon, ob die Verfechter einer Methode diese objektiven Wertungen subjektiv für zutreffend halten. Entscheidend ist umgekehrt, ob nach den anerkannten Standards, also denen der evidenzbasierten Medizin, die Methode zumindest eine gewisse Heilungsaussicht verspricht.[1268] Dies führt – ähnlich wie im SGB V (s.o., Kap. 4 B V) – dazu, dass Methoden, die nur geringeren Evidenzkriterien genügen, nur subsidiär Anwendung finden. Die Binnenanerkennung findet daher nur Anwendung, wenn keine nach Evidenzkriterien zweckmäßige Methode (der Evidenzklasse IV oder höher) in Betracht kommt.

Die medizinische Notwendigkeit nicht durch die evidenzbasierte Medizin gestützter Behandlungsmethoden liegt daher nur vor, wenn die Voraussetzungen des Heilversuchs gegeben sind. Neben dem Fehlen einer anerkannten Behandlungsmethode muss der Methode daher ein nachvollziehbarer Erklärungsansatz zugrunde liegen.

Fraglich ist, nach welchen Kriterien dieser Erklärungsansatz zu bewerten ist. Legt man den allgemein anerkannten Stand der medizinischen oder allgemein der naturwissenschaftlichen Erkenntnisse zugrunde, werden Methoden mit unkonventionellem Denkansatz selten Berücksichtigung finden. Ist der Denkansatz einer Methode aber mit dem als gesichert geltenden Wissen über Naturgesetze und Physis des Menschen unvereinbar, muss die Wahrscheinlichkeit eines Heilerfolgs als gering eingestuft werden.

1266 Quaas/Zuck/*Zuck*, Medizinrecht, § 86 Rn 46.

1267 Quaas/Zuck/*Zuck*, Medizinrecht, § 86 Rn 46; ähnlich *Hart*, MedR 1994, 94, 99 f., der sich zu Unrecht (s. Kap. 2 A II) auf die angebliche verfassungsrechtliche Gewährleistung der besonderen Therapierichtungen beruft.

1268 Vgl. *Pap*, MedR 1988, 10, 11.

Richtig erscheint es, den zum Heilversuch aufgestellten Grundsätzen auch hier zu folgen und nach der Schwere der Krankheit zu entscheiden. Bei lebensbedrohlichen Krankheiten sind auch Denkmodelle berücksichtigungsfähig, die mit anerkannten naturwissenschaftlichen Grundsätzen nur schwer in Einklang zu bringen sind. Hier muss alles Erdenkliche getan werden, um das Leben des Patienten zu retten. Selbst eine geringe Hoffnung auf eine Heilung, die kaum über den Placebo-Effekt hinausgeht, kann in diesen Fällen angesichts des hohen Schutzgutes ggf. als hinreichend angesehen werden.[1269] Bei weniger schwerwiegenden Erkrankungen ist die objektive Plausibilität des Denkansatzes zu fordern. In diesen Fällen wird in der Praxis der Person des Sachverständigen eine entscheidende Rolle und große Verantwortung zukommen.

(d) Zusammenfassung

Bei der Beurteilung alternativmedizinischer Methoden besteht demnach ein Stufenverhältnis. Die Frage, ob die Wirksamkeit einer Methode klinisch nachgewiesen sein muss oder ein nachvollziehbarer Ansatz genügt, ist differenziert zu beantworten.

Bei Krankheiten, für die eine nach den Maßstäben der evidenzbasierten Medizin anerkannte Leistung existiert, erfolgt die Beurteilung allein nach objektiven Maßstäben. Methoden, deren Wirksamkeit durch Studien höherer Evidenzklassen gestützt wird, genießen Vorrang. Nicht überprüfbare „wissenschaftliche Erkenntnisse“ können keine Berücksichtigung finden. Je geringer der Forschungs- und Kenntnisstand bzw. je unsicherer die anerkannten Erkenntnisse sind, desto eher sind jedoch auch Methoden zulässig, die niedrigeren Evidenzklassen zuzuordnen sind.

Bei unheilbaren nicht lebensbedrohlichen Krankheiten genügt es, wenn der Methode ein nach wissenschaftlichen Maßstäben nachvollziehbarer Denkansatz zugrunde liegt. Nur bei unheilbaren lebensbedrohlichen Krankheiten dürfen hierbei auch allgemein anerkannte wissenschaftliche Erkenntnisse (wie etwa die Avogadro-Konstante als Grenze der Stofflichkeit,[1270] s. Kap. 1 B I 3 d) weitgehend außer Acht gelassen werden.

cc) Anschlussfrage: Auswahl des Sachverständigen

(1) Problematik

In der Literatur wird regelmäßig diskutiert, ob die Beurteilung von alternativmedizinischen Methoden durch einen Vertreter der jeweiligen Therapierichtung,[1271] einen besonders in alternativmedizinischen Methoden bewanderten Mediziner,[1272] einen

1269 Vgl. BVerfG, 06.12.2005, 1 BvR 347/98, BVerfGE 115, 25 (juris-Rn 55 f.).
1270 *Mortimer/Müller*, Chemie, S. 43, 155 f.
1271 *Zuck*, VersR 1994, 505, 506.
1272 Van Bühren/*Müller-Stein*, VR, 3. Auflage, § 17 Rn 137; Terbille/Höra/*Schubach*, Versicherungsrecht, § 23 Rn 176.

„unvoreingenommenen" Sachverständigen[1273] oder einen Vertreter der Schulmedizin erfolgen sollte.[1274] In der Regel werden Beurteilungsmaßstab und Sachverständigenauswahl als einheitliches Problem diskutiert (s.o., aa), tatsächlich ist die Sachverständigenauswahl jedoch ein eigenständiges prozessuales Problem. Angesichts der hohen Bedeutung, die der Wahl des Sachverständigen für den Prozessausgang zukommen kann, ist die Fragestellung berechtigt. Sie ist geradezu vorentscheidend, wenn der Sachverständige die Plausibilität des einer Methode zugrundeliegenden Denkansatzes zu begutachten hat.

Ein Sachverständiger kann gemäß § 406 I 1 i.V.m. § 42 ZPO wegen Befangenheit abgelehnt werden, wenn aus Sicht einer verständigen Partei genügend objektive Gründe vorliegen, die Zweifel an der Unparteilichkeit erwecken können.[1275] Die fehlende fachliche Qualität des Gutachtens rechtfertigt an sich noch keine Ablehnung wegen Befangenheit.[1276] Hiervon zu trennen ist die Frage, ob das Gericht den Sachverständigen nach pflichtgemäßem Ermessen gemäß § 404 I 1 ZPO ausgewählt hat.[1277]

(2) Auswahl des Sachverständigen bei heilbaren Krankheiten

Die Antwort auf diese Anschlussfrage folgt unmittelbar aus der Vorfrage des Beurteilungsmaßstabs. Auszuwählen ist ein Sachverständiger, der die konkrete Beweisfrage sachgerecht beurteilen kann. Die Kompetenz ist das vorrangige Kriterium bei der Sachverständigenauswahl.[1278]

Je nachdem, ob eine heilbare, nicht lebensbedrohliche unheilbare oder lebensbedrohliche heilbare Krankheit vorliegt, verändert sich die dem Gutachten zugrunde liegende Fragestellung. Bei heilbaren Krankheiten sind objektive Maßstäbe der evidenzbasierten Medizin vorrangig.[1279] Dementsprechend ist ein Vertreter der evidenzbasierten Medizin als Sachverständiger vorzugswürdig. Besondere Denkansätze der jeweiligen Therapierichtung sind bei einer derartigen Betrachtung schlicht unerheblich, sodass eine Kenntnis dieser spezifischen Vorstellungen nicht erforderlich ist.

1273 Schwintowski/Brömmelmeyer/*Brömmelmeyer*, VVR, § 192 VVG Rn 33; Prölss/Martin/*Voit*, VVG, § 192 Rn 71; OLG Karlsruhe, 31.08.2000, 19 U 243/99, VersR 2001, 180; i.E. auch *Marlow/Spuhl*, VersR 2006, 1334, 1335.

1274 OLG Düsseldorf, 06.12.1994, 4 U 295/93; VersR 1995, 773; MünchKomm-VVG/*Kalis*, § 192 Rn 22; *Wimmer* in Oepen/Prokop, Außenseitermethoden in der Medizin, S. 275, 293; *Ostendorf*, VersMed 1991, 134 ff.

1275 BGH, 15. 3. 2005, VI ZB 74/04, NJW 2005, 1869, 1870; Musielak/*Huber*, ZPO, § 406 Rn 4; Prütting/Gehrlein/*Katzenmeier*, ZPO, § 406 Rn 10; Stegers/*Stegers*, Sachverständigenbeweis, Rn 90 ff.; vgl. auch *Rumler-Detzel*, VersR 1999, 1209.

1276 BGH, NJW 2005, 1869, 1870; Stegers/*Stegers*, Sachverständigenbeweis, Rn 89; Ratzel/Luxenburger/*Wölk*, Medizinrecht, § 25 Rn 45.

1277 Zöller/*Greger*, ZPO, § 404 Rn 1; Musielak/*Huber*, ZPO, § 404 Rn 3; Stein/Jonas/*Leipold*, ZPO, § 404 Rn 1.

1278 Ratzel/Luxenburger/*Wölk*, Medizinrecht, § 25 Rn 34.

1279 Vgl. Fritze/*Fritze*/*Ostendorf*, ärztliche Begutachtung, S. 185 ff.

(3) Auswahl des Sachverständigen bei unheilbaren Krankheiten

Ist bei unheilbaren Krankheiten die Frage nach der Tragfähigkeit des therapeutischen Erklärungsansatzes zu beurteilen, stellt sich die Lage als komplexer dar.

Der Gedanke eines „absolut neutralen",[1280] in jeder Hinsicht unvoreingenommenen Gutachters erscheint zwar theoretisch sinnvoll, dürfte sich allerdings in der Praxis als nahezu unmöglich erweisen. Ein Gutachter, der sich bereits mit einer alternativen Heilmethode befasst hat, wird sich in der Regel hierzu bereits eine Meinung gebildet haben. Ein Gutachter, dem die Methode und ihre Wirkungsweise bisher völlig unbekannt waren, eignet sich demgegenüber mangels Sachkenntnissen nur eingeschränkt als Sachverständiger. Während sich die Forderung nach unbedingter Neutralität kaum aufrechterhalten lässt, ist jedoch die Fähigkeit zur kritischen Auseinandersetzung mit dem theoretisch gelernten Wissen im Hinblick auf die medizinische Praxis (und umgekehrt) unbedingte Voraussetzung eines geeigneten Sachverständigen.[1281] Zudem muss der Sachverständige unparteilich sein, und Stil und Inhalt des Gutachtens dürfen keine Zweifel an dieser Unparteilichkeit aufkommen lassen.[1282]

Die Auswahl des Sachverständigen trifft das Gericht gemäß § 404 I 2 ZPO nach pflichtgemäßem Ermessen.[1283] Ermessensfehler können dazu führen, dass ein Gutachten unverwertbar ist.[1284] Zunächst liegt auf der Hand, dass sich nur eine Person als Sachverständiger eignet, die über das nötige Fachwissen verfügt,[1285] in diesem Fall also über ein fundiertes Maß an medizinischen Erkenntnissen. In Betracht kommen schon von daher nur Ärzte und sonstige Personen, die ein medizinisches Hochschulstudium absolviert haben. In der Praxis ist (fast) jeder Arzt zumindest auch Schulmediziner. Auch Homöopathen und anthroposophische Ärzte wenden regelmäßig neben ihrer jeweiligen Therapierichtung Methoden der Schulmedizin an (s. Kap. 1 B I 5 b, II 4).

Die Frage, ob die Beurteilung durch einen Schulmediziner erfolgen soll,[1286] ist daher unpräzise formuliert. Tatsächlich geht es darum, in welcher Beziehung der Sachverständige zu Schulmedizin bzw. nicht schulmedizinischen Methoden idealerweise stehen soll und nach welchen Kriterien dies in der Praxis zu bewerten ist.

Ziel der Begutachtung ist nicht die Erkenntnis, ob die Behandlungsmethode tatsächlich wirksam bzw. ob ihre Wirksamkeit nachgewiesen ist, sondern lediglich, ob die Maßnahme objektiv vertretbar ist. Zu beachten ist, dass grundsätzlich auch Sachverständige zulässig sind, deren Sachverstand auf Theorien beruht, die nicht

---

1280 Vgl. Ehlers/*Schlund*, Medizinisches Gutachten im Prozess, Rn 51.

1281 Vgl. Stegers/*Hansis*, Sachverständigenbeweis, Rn 22.

1282 Ehlers/Broglie/*Gräfin von Strachwitz-Helmstatt*, Arzthaftungsrecht, Rn 699.

1283 Musielak/*Huber*, ZPO, § 404 Rn 3.

1284 BLAH/*Hartmann*, ZPO, § 404 Rn 5.

1285 Musielak/*Huber*, ZPO, § 404 Rn 2.

1286 *Zuck*, VersR 1994, 505, 506; *Schmidt*/*Kalis*, VersR 1993, 1319, 1323; MünchKomm-VVG/*Kalis*, § 192 Rn 22.

allgemein anerkannt sind.[1287] Allerdings muss eine nicht allgemein anerkannte Auffassung doch gewissen Kriterien standhalten. Insbesondere muss sie einer Überprüfung zugänglich und gewissen Kontrollstandards und Kontrollmechanismen unterworfen sein.[1288] Auch wenn der Prüfungsmaßstab hier verschoben ist – geprüft wird die Vertretbarkeit der medizinischen Notwendigkeit, nicht die Notwendigkeit selbst – sollte das Gericht diese Kriterien auch der Auswahl des Sachverständigen zur Beurteilung der medizinischen Notwendigkeit im Ausgangspunkt zugrunde legen. Im Übrigen ist darauf zu achten, dass der Sachverständige seine persönliche Überzeugung nicht verabsolutiert, sondern auch andere Schulen objektiv beurteilt.[1289]

Als problematisch erweist sich freilich, dass der Sachverständige ja eigentlich erst die Wissenschaftlichkeit des Erklärungsansatzes beurteilt. Hier droht ein Zirkelschluss: Ein Sachverständiger aus der jeweiligen Therapierichtung wird die Wissenschaftlichkeit der eigenen Therapierichtung attestieren. Dies spricht dafür, eher einen Sachverständigen auszuwählen, der den allgemein anerkannten Stand der Erkenntnisse vertritt. Vertreter der jeweiligen Therapierichtung sind – gerade entgegen der herrschenden Auffassung – von der grundsätzlichen Wirksamkeit der Methoden ihrer Therapierichtung überzeugt, und zwar ohne das Vorliegen von Wirksamkeitsnachweisen nach den Maßstäben der evidenzbasierten Medizin.

Bei Anhängern der Alternativmedizin außerhalb der konkreten Therapierichtung, also etwa Inhabern der Zusatzbescheinigung „Arzt für Naturheilverfahren“,[1290] tritt dies weniger deutlich zu Tage. Voreingenommenheit gegenüber der Schulmedizin kann dennoch zu ungerechtfertigter positiver Bewertung alternativer Heilmethoden führen. Ein Arzt, der selbst Naturheilverfahren und andere alternative Heilmethoden vertritt und anwendet, ist aber jedenfalls nicht von vornherein als Sachverständiger ungeeignet.

Vertreter der evidenzbasierten Medizin werden von Anhängern alternativmedizinischer Methoden als voreingenommen betrachtet.[1291] Dies beruht jedoch auf einem Missverständnis der evidenzbasierten Medizin. Die evidenzbasierte Medizin ist im Grundsatz vorurteilsfrei und objektiv, ganz im Gegensatz zu den Vertretern der Alternativmedizin, die oft persönliche – vermeintliche – Erfahrungen und subjektive Einschätzung an die Stelle objektiv und nach wissenschaftlichen Maßstäben gewonnener Erkenntnisse stellen (s. Kap. 1 A II 2, B I 5 a aa, B II 4).[1292] Es sprechen allerdings aus der Perspektive der Alternativmedizin gute Gründe dafür, solche Sachverständige auszunehmen, die sich in einer Weise durch Kritik an alternativmedizinischen Methoden hervorgetan haben, dass ihre Objektivität und

1287 Wieczorek/Schütze/*Ahrens*, ZPO, § 404 Rn 9.
1288 Näher Wieczorek/Schütze/*Ahrens*, ZPO, § 404 Rn 9.
1289 Stegers/*Stegers*, Sachverständigenbeweis, Rn 389.
1290 Vgl. Bach/Moser/*Kalis*, PKV, § 4 MB/KK Rn 59; van Bühren/*Müller-Stein*, VR, 3. Auflage, § 17 Rn 137.
1291 Vgl. *Zuck*, VersR 1994, 505, 506.
1292 Zutreffend daher *Schmidt/Kalis*, VersR 1993, 1319, 1323.

Unvoreingenommenheit in Frage steht: Ein Schulmediziner, der die Grundlagen der Schulmedizin als Dogma betrachtet, anstatt der wissenschaftlichen Methode zu vertrauen, ist ähnlich voreingenommen und als Gutachter ungeeignet wie ein Anhänger der jeweiligen Therapierichtung. Der Versicherungsnehmer muss nicht damit rechnen, dass Methoden, von deren Wirksamkeit nach objektiven Kriterien auszugehen ist, aufgrund einer besonders kritischen Einzelmeinung doch ausgenommen sind. Der Sachverständige sollte einerseits die nötige Distanz zu der fraglichen Therapierichtung aufweisen, andererseits aber sich sein Urteil nicht bereits unwiderruflich gebildet haben.[1293]

Zieht man noch die Überlegung zu Rate, dass nicht die Wirksamkeit bzw. Geeignetheit selbst, sondern die Vertretbarkeit der Geeignetheit zu beurteilen ist, sollte der ideale Sachverständige ein Vertreter der evidenzbasierten Medizin sein, der einen gewissen Überblick über alternativ- und komplementärmedizinische Methoden besitzt, ohne konkret einer der alternativen Therapierichtungen anzugehören oder sich ihr verbunden zu fühlen. Mediziner, die sich regelmäßig mit der unabhängigen Erprobung von Arzneimitteln und anderen Therapien befassen, sind daher vorzuziehen.

Befangenheit gemäß § 406 I 1 i.V.m. § 42 ZPO ergibt sich demgegenüber noch nicht aus der Einstellung des Sachverständigen zu Alternativ- bzw. Schulmedizin. Vertreter der jeweiligen Therapierichtung können gemäß §§ 406 I 1, 42 ZPO befangen sein. Hiervon kann allerdings nicht grundsätzlich ausgegangen werden. Befangenheit ergibt sich erst daraus, dass der Sachverständige Anhaltspunkte für fehlende Objektivität liefert, etwa indem er das Beweisthema abändert.[1294] Dies ist etwa der Fall, wenn ein Sachverständiger allein die Anerkennung des jeweiligen Ansatzes innerhalb der Therapierichtung zum Gegenstand des Gutachtens erhebt.

C. Die rechtliche Stellung der Alternativmedizin nach Maßgabe der Musterbedingungen

I. Rechtsnatur und Bedeutung der Musterbedingungen

Die Musterbedingungen für die Krankheitskosten- und Krankenhaustagegeldversicherung (MB/KK) werden vom Verband der privaten Krankenversicherung e.V. als unverbindliche Empfehlung allgemeiner Versicherungsbedingungen herausgegeben.[1295] Dennoch werden die MB/KK von allen privaten Krankenversicherungen

1293 In dieser Richtung OLG Saarbrücken, 27.02.2002, 5 U 804/98–71, VersR 2002, 1015: Der Sachverständige solle alternativen Behandlungsmethoden „zwar mit der nötigen kritischen Distanz, aber auch mit Aufgeschlossenheit“ gegenüberstehen.

1294 Vgl. BGH, 11.04.2013, VII ZB 32/12, NJW-RR 13, 851; Musielak/*Huber*, ZPO, § 406 Rn 9; Prütting/Gehrlein/*Katzenmeier*, ZPO, § 406 Rn 17; Thomas/Putzo/*Reichold*, ZPO, § 406 Rn 2.

1295 Vgl. Looschelders/Pohlmann/Reinhard, VVG, Vor § 192 Rn 1.

weitgehend einheitlich als allgemeine Vertragsbedingungen übernommen.[1296] Zwingend ist dies aber nicht; es stünde den PKV grundsätzlich frei, ihre eigenen Vertragsbedingungen zu verwenden. Auch Individualabreden sind zulässig.[1297]

Die weite Verbreitung der MB/KK als Vertragsbedingungen führte dazu, dass die einzelnen Bestimmungen der MB/KK für AGB in zahlreichen Urteilen ausgelegt und in der Kommentarliteratur systematisch aufgearbeitet wurden. Ihre Bedeutung ist daher in ähnlichem Maße geklärt wie die der Normen des VVG selbst. Die weite Verbreitung ändert jedoch nichts am Rechtscharakter als AGB.[1298] Die MB/KK unterliegen dementsprechend der Inhaltskontrolle gemäß §§ 305 ff. BGB.[1299]

Neben den MB/KK finden die Allgemeinen Versicherungsbedingungen für den Basistarif (MB/BT) und die Musterbedingungen für die Krankentagegeldversicherung (MB/KT) Anwendung. Die MB/BT nehmen hierbei eine Sonderrolle ein, da hier die Brancheneinheitlichkeit in § 12 Ia VAG gesetzlich vorgeschrieben ist. Bei der Regelung des Basistarifs sind abweichende eigene Vertragsbedingungen somit unzulässig.[1300] Im Anwendungsbereich der MB/BT finden die MB/KK keine Anwendung.[1301]

II. Medizinische Notwendigkeit in den MB/KK

1. § 1 MB/KK

§ 1 II 1 MB/KK definiert den Versicherungsfall als die medizinisch notwendige Heilbehandlung einer versicherten Person wegen Krankheit oder Unfallfolgen.[1302] Die Norm entspricht sinngemäß der Regelung des § 192 I Var. 1 SGB V. Historisch ging hierbei § 1 II MB/KK der gesetzlichen Regelung voraus, mit welcher die zuvor bereits in der Praxis ganz überwiegend geltenden Grundsätze des Rechts der privaten Krankenversicherung kodifiziert wurden.[1303] Aus der Perspektive des heutigen Rechtsanwenders ist der Begriff der medizinisch notwendigen Heilbehandlung ungeachtet der historischen Entwicklung als bloße Wiederholung des Gesetzeswortlauts zu betrachten. Er kann dementsprechend in dem MB/KK nicht anders verstanden werden als in der gesetzlichen Regelung.[1304]

1296 Vgl. MünchKomm-VVG/*Kalis*, § 192 Rn 35.

1297 Vgl. Bach/Moser/*Staudinger*, PKV, Einl. Rn 70.

1298 Bach/Moser/*Staudinger*, PKV, Einl. Rn 69.

1299 BGH, 30.10.2002, IV ZR 60/01, BGHZ 152, 262, 265; *Schimikowski*, Versicherungsvertragsrecht, Rn 384 ff.; vgl. *Wandt*, Versicherungsrecht, Rn 1336; *Gärtner*, Privatversicherungsrecht, S. 225 ff.; *Präve*, Versicherungsbedingungen, Rn 352; *Martin*, VersR 1984, 1107, 1112; *Baumann*, VersR 1991, 490, 496 f.; einschränkend *Schaefer*, VersR 1978, 4, 8 f.

1300 FKBP/*Kaulbach*, VAG, § 12 Rn 21.

1301 Prölss/Martin/*Voit*, VVG, § 1 MB/KK Rn 1.

1302 Vgl. Bach/Moser/*Kalis*, PKV, § 1 MB/KK Rn 14; *Hofmann*, Privatversicherungsrecht, § 22 Rn 3.

1303 Vgl. BT-Drs. 12/6959, S. 104.

1304 Vgl. Bach/Moser/*Kalis*, PKV, § 1 MB/KK Rn 29.

2. *§ 5 II MB/KK*

Wird das Maß des Notwendigen überschritten, stellt § 5 II MB/KK klar, dass die Versicherung zu einer Kürzung auf einen angemessenen Betrag berechtigt ist.[1305] Nach hM hat anders als nach § 192 I VVG hier der Versicherer zu beweisen, dass die Leistung das Maß des medizinisch Notwendigen überstiegen hat.[1306] Bei näherer Betrachtung erscheint dies zweifelhaft. Bereits aus § 192 I VVG selbst ergibt sich, dass der Versicherer für Leistungen nicht aufzukommen hat, soweit sie nicht notwendig sind, wofür der Versicherungsnehmer die Beweislast trägt (s.o., B II 1 d). Hieran ändert § 5 II MB/KK im Grundsatz nichts. Die Regelung stellt lediglich eine Rechtsfolge klar, die sich bereits aus dem Gesetz ergibt.[1307]

Aus der verständigen Sicht eines durchschnittlichen Versicherungsnehmers ergeben sich keine Hinweise darauf, dass die sich aus § 192 I VVG ergebenden Rechte des Versicherers durch § 5 II MB/KK in irgendeiner Weise, also etwa durch eine Beweislastumkehr, eingeschränkt werden sollen. Die Auslegung, dass § 5 II MB/KK hinsichtlich der Beweislast die Regelung des § 192 I VVG verdrängen soll, wird durch den Wortlaut nicht gestützt. Sie erscheint – insbesondere aus Sicht des durchschnittlichen, juristisch nicht geschulten Versicherungsnehmers, der mit der *Rosenbergschen* Normentheorie[1308] nicht vertraut ist – so fernliegend, dass mangels Auslegungszweifeln auch die anwenderfeindliche Auslegung nach § 305c II BGB zu keinem anderen Ergebnis kommt.[1309] § 5 II MB/KK tritt daher neben § 192 I VVG und verdrängt diesen nicht. Entgegen der hM richtet sich die Beweislast somit weiterhin nach § 192 I VVG. Nur wenn der Versicherer sich auf über § 192 I VVG hinausgehende Rechte aus § 5 II MB/KK beruft – wobei nicht erkennbar ist, worin diese Rechte bestehen könnten – hat er seinerseits das Überschreiten der medizinischen Notwendigkeit zu beweisen.

Nach der ehemals herrschenden Meinung, die zunächst auch vom BGH vertreten wurde, stellte die Klausel einen Anknüpfungspunkt für das Erfordernis wirtschaftlicher Notwendigkeit dar. Aus § 5 III MB/KK 1976 (§ 5 II MB/KK n.F.) ergebe sich mittelbar das Recht, die Kosten auf angemessene Honorarsätze zu beschränken.[1310] So wie der Versicherer nach der Klausel befugt sei, Leistungen für eine Heilbehandlung, die das medizinisch notwendige Maß übersteige, auf einen angemessenen Betrag herabzusetzen, müsse dies auch für unangemessen hohe Entgelte gelten.

1305 Bach/Moser/*Kalis*, PKV, § 1 MB/KK Rn 36; Spickhoff/*Eichelberger*, Medizinrecht, § 192 VVG Rn 40.

1306 BGH, 29.05.1991, IV ZR 151/90, VersR 1991, 987; Bach/Moser/*Kalis*, PKV, § 1 MB/KK Rn 39.

1307 Vgl. Bach/Moser/*Kalis*, PKV, § 1 MB/KK Rn 36.

1308 *Rosenberg*, Die Beweislast, S. 330 ff.

1309 Vgl. MünchKomm-BGB/*Basedow*, § 305c Rn 29.

1310 BGH, 30.11.1977, IV ZR 69/76, BGHZ 70, 158 (juris – Rn 31).

Der BGH hat diese Auffassung mit der Alphaklinik-Entscheidung aufgegeben.[1311] Die Einbeziehung von Kostengesichtspunkten sei § 5 II MB/KK aus der Sicht des durchschnittlichen Versicherungsnehmers nicht zu entnehmen.[1312] Die neuere Rechtsprechung ist insoweit konsequent: § 5 II MB/KK kann nach dem Grundsatz der anwenderfeindlichen Auslegung nicht so verstanden werden, dass auch unangemessen teure Leistungen ausgeschlossen sein sollen. Die Einbeziehung von Kostengesichtspunkten ist der Regelung für den durchschnittlichen Versicherungsnehmer nicht zu entnehmen.

Überraschenderweise wurde in der Folge kein eindeutiges Wirtschaftlichkeitsgebot in die MB/KK aufgenommen. In § 5 II 2 MB/KK wird lediglich die Regelung des § 192 II VVG wiederholt, die der Gesetzgeber zur Abmilderung der Folgen der Alphaklinik-Entscheidung eingeführt hatte (s. B II 2 c dd (2), (4)).

III. Besondere Regelungen der MB/KK und MB/BT für alternativmedizinische Behandlungsmethoden

1. Die reine Wissenschaftlichkeitsklausel nach § 5 I f) MB/KK 1976

§ 5 I f) MB/KK in der Fassung von 1976 sah vor, dass die PKV nur die Kosten wissenschaftlich anerkannter Methoden tragen. Diese sogenannte „reine Wissenschaftlichkeitsklausel" oder „erste Wissenschaftlichkeitsklausel"[1313] lautete im Wortlaut:

> „§ 5 (1) Keine Leistungspflicht besteht [...]
>
> f) für wissenschaftlich nicht allgemein anerkannte Untersuchungs- oder Behandlungsmethoden und Arzneimittel".

Entgegen der Mehrheit der vorausgegangen Instanzrechtsprechung[1314] und Literatur[1315], die die Klausel für unbedenklich hielt, erklärte der BGH § 5 I f) MB/KK 1976 in einem Urteil vom 23.06.1993[1316] wegen Verstoßes gegen § 9 AGBG – der dem heutigen § 307 BGB entsprach – für unwirksam. Die Wissenschaftlichkeitsklausel beschränke das Hauptleistungsversprechen und sei daher der Inhaltskontrolle

---

1311 BGH, 12.03.2003, IV ZR 278/01, BGHZ 154, 154 (juris-Rn 34); vgl. *Rogler*, VersR 2009, 573 f.; RHS/*Rogler*, VVG, § 192 Rn 17.

1312 BGH, 12.03.2003, IV ZR 278/01, BGHZ 154, 154 (juris-Rn 34).

1313 *Deutsch/Iversen*, VVR, Rn 446.

1314 OLG Frankfurt/Main, VersR 1988, 733; OLG Stuttgart, VersR 1992, 1080; LG Braunschweig, VersR 1990, 1341; LG Nürnberg-Fürth, VersR 1992, 688; LG Duisburg, VersR 1992, 1082; a.A. LG Stuttgart, VuR 1991, 311 (wegen unangemessener Benachteiligung); LG Düsseldorf, NJW-RR 1993, 488 (wegen Unklarheit).

1315 *Flore*, VersR 1992, 1436, 1437 f.; vgl. *Henrichs*, VersR 1990, 464, 467 f.; zur damaligen Kommentarliteratur vgl. BGH, 23.06.1993, IV ZR 135/92, VersR 1993, 957, 958; differenzierend *Lanz*, NJW 1989, 1528 f.

1316 BGH, 23.06.1993, IV ZR 135/92, BGHZ 123, 83.

zugänglich.[1317] Nach der Auslegung des verständigen Versicherungsnehmers sei eine Methode dann allgemein anerkannt, wenn sie zwar nicht ausnahmslos, aber zumindest überwiegend Anerkennung gefunden habe.[1318] Die Beschränkung auf wissenschaftliche Anerkennung verweise aus Sicht des verständigen Laien auf alles, was „an den wissenschaftlichen Hochschulen in der Bundesrepublik Deutschland an Forschung und Lehre" stattfinde. Dies entspreche dem allgemeinen Verständnis des Begriffs „Schulmedizin".[1319] Nach der kundenfeindlichsten Auslegung schränke die Klausel wesentliche Rechte des Versicherungsnehmers so sehr ein, dass der Vertragszweck i.S.d. § 9 II Nr. 2 AGBG (§ 307 II Nr. 2 BGB n.F.) gefährdet sei.[1320] Der Versicherer habe ein berechtigtes Interesse, Wunderheilungen und Scharlatanerie auszuschließen. § 5 I f) MB/KK 1976 gehe aber darüber hinaus.[1321] Auch Methoden, die keine wissenschaftlich allgemeine Anerkennung gefunden hätten, könnten sich in der Praxis als erfolgversprechend bewährt haben. Auch schulmedizinisch ausgebildete Ärzte wendeten in der Praxis Behandlungsmethoden der alternativen Medizin als erprobt und erfolgversprechend an, obwohl diese an den medizinischen Hochschulen (noch) nicht allgemein anerkannt seien.[1322] Die Regelung des § 5 I f) MB/KK 1976 stehe im Widerspruch zu § 4 II MB/KK, wonach – vorbehaltlich abweichender Tarifbedingungen – auch die Behandlung durch Heilpraktiker in Anspruch genommen werden darf. Diese seien regelmäßig außerhalb der Schulmedizin tätig.[1323] § 5 I f) MB/KK 1976 schränke dieses Leistungsversprechen wieder ein. Zudem führe die Klausel dazu, dass in Bereichen, in denen noch keine wissenschaftlich nicht allgemein anerkannte Behandlungsmethode bestehe, also bei nach derzeitigem Stand der medizinischen Erkenntnisse unheilbaren Krankheiten, keine Leistungspflicht des Versicherers bestehe, worin eine unzumutbare Einschränkung der Rechte des Versicherungsnehmers liege.[1324] Besondere Kritik seitens der Literatur auf das Urteil blieb in der Folge aus.[1325]

Das Urteil überzeugt nur teilweise. Der BGH erliegt dem Verständnis der „Schulmedizin" und „wissenschaftlichen Anerkennung", wie er von Vertretern der Alternativmedizin regelmäßig propagiert wird. Zu diesem Selbstverständnis der Alternativmediziner gehört die Unterteilung in eine etablierte „Schulmedizin" und alternative Behandlungsrichtungen, die von dieser ausgegrenzt bzw. unterdrückt

1317 BGH, 23.06.1993, IV ZR 135/92, BGHZ 123, 83, 84 f.
1318 BGH, 23.06.1993, IV ZR 135/92, BGHZ 123, 83, 85.
1319 BGH, 23.06.1993, IV ZR 135/92, BGHZ 123, 83, 85 f.
1320 BGH, 23.06.1993, IV ZR 135/92, BGHZ 123, 83, 88 ff.
1321 BGH, 23.06.1993, IV ZR 135/92, BGHZ 123, 83, 88.
1322 BGH, 23.06.1993, IV ZR 135/92, BGHZ 123, 83, 92.
1323 BGH, 23.06.1993, IV ZR 135/92, BGHZ 123, 83, 88 f.; vgl. auch BVerfG, 10.05.1988, 1 BvR 111/77, BVerfGE 78, 155, (juris-Rn 23); *Lanz*, VersR 1992, 1331.
1324 BGH, 23.06.1993, IV ZR 135/92, BGHZ 123, 83, 89 f.
1325 Dem BGH insgesamt zustimmend *Präve*, Versicherungsbedingungen, Rn 543; *Uzunovic*, Medizinische Notwendigkeit, S. 38 f.; kritisch etwa Fritze/*Fritze*/*Ostendorf*, ärztliche Begutachtung, S. 186 f.

würden (vgl. Kap. 1 A II 1). Dies mag in der Zeit vor der Etablierung der evidenzbasierten Medizin eine gewisse Berechtigung gehabt haben. Das Verständnis von Wissenschaftlichkeit seitens der heutigen Schulmedizin ist jedoch ein völlig anderes: Wissenschaftlich anerkannt werden hiernach Behandlungsmethoden, die nach den Maßstäben der evidenzbasierten Medizin als wirksam anzusehen sind. Wissenschaftlichkeit bezieht sich also nicht auf die Zugehörigkeit zu einer bestimmten Therapierichtung oder die tatsächliche Etablierung einer Therapie bzw. in der herrschenden Lehre, sondern auf Evidenzkriterien, die für alle Therapien identisch sind, unabhängig von dem zugrunde liegenden Verständnis von Krankheit und Heilungsprozess. Die Wissenschaftlichkeit zeigt sich darin, dass Methoden einer Prüfung anhand der wissenschaftlichen Methode standhalten, nicht in einem besonderen Maß an Verbreitung in bestimmten „schulmedizinischen" bzw. „wissenschaftlichen" Kreisen. Eigentlich wird der oft als Kampfbegriff verwendete Begriff der „Schulmedizin" daher der Sache nicht gerecht. Es geht nicht um einen Schulenstreit, sondern um den Wissenschaftlichkeitsanspruch, der auch bei bestimmten Formen der Naturheilkunde[1326] und der Phytotherapie besteht. Dementsprechend wäre der Verband der privaten Krankenversicherung gut beraten, diesen Begriff zu meiden (vgl. aber § 4 VI 2 MB/KK), um Missverständnissen auf Seiten der Rechtsprechung vorzubeugen. Allerdings hat im konkreten Fall die Verwendung des Begriffs der „wissenschaftlichen Anerkennung" dieses Missverständnis nicht verhindert. Eindeutiger wäre der ausdrückliche Verweis auf die Maßstäbe der evidenzbasierten Medizin. Dies ändert jedoch nichts daran, dass die Begriffe der wissenschaftlichen Anerkennung und der Schulmedizin auch aus der verständigen Sicht des durchschnittlichen Versicherungsnehmers darauf abzielen, nach wissenschaftlicher Methodik erprobte Methoden einzubeziehen.[1327]

Anders sind jedoch die Ausführungen des BGH zur Heilung unheilbarer Erkrankungen zu werten. Nach dem Wortlaut der Wissenschaftlichkeitsklausel und ihrer Auslegung durch einen verständigen Laien muss in der Tat davon ausgegangen werden, dass bei Krankheiten ohne wissenschaftlich anerkannte Heilmethode die PKV von der Leistungspflicht frei bleibt. Dies an sich steht noch nicht der gesetzlichen Wertung entgegen, welche Leistungen von der Krankenversicherung umfasst sein sollen. Ungesicherte Methoden und Heilversuche sind schließlich auch im Rahmen der GKV grundsätzlich ausgeschlossen, ohne dass dies für problematisch gehalten wird. Jedenfalls aber führte § 5 I f) MB/KK a.F. auch zu einem Ausschluss ungesicherter Methoden, die der Heilung unheilbarer lebensbedrohlicher oder regelmäßig tödlich verlaufender Krankheiten dienen. Bei der Auslegung der Generalklausel des § 307 I 1 BGB (bzw. § 9 AGBG a.F.), kommen hier im Rahmen der mittelbaren Drittwirkung der Grundrechte die Erwägungen, die das BVerfG im Nikolaus-Beschluss[1328] getroffen hat, (s.o., Kap. 2 A II 3 c cc) zur Geltung. Die

1326 Vgl. Bach/Moser/*Kalis*, § 4 MB/KK Rn 51.
1327 A.A. *Dettling*, PharmR 2008, 273, 276.
1328 BVerfG, 06.12.2005, 1 BvR 347/98, BVerfGE 115, 25.

unangemessene Benachteiligung liegt somit darin, dass der Versicherungsnehmer einerseits Prämienzahlungen für die Übernahme von Krankheitsbehandlungskosten leisten muss, andererseits aber seitens des Versicherers nicht einmal die einzige, wenn auch schwache, Aussicht gewährleistet wird, sein Recht auf Leben zu schützen. Da eine geltungserhaltende Reduktion allgemeiner Geschäftsbedingungen ausgeschlossen ist,[1329] hat der BGH die Wirksamkeit des § 5 I f) MB/KK 1976 im Ergebnis zutreffend verneint.

Unerheblich ist hierbei, ob im konkreten Fall auch Werbeaussagen, die im Widerspruch zur Wissenschaftlichkeitsklausel standen, oder eine Verletzung des Transparenzgebots die Unwirksamkeit der Klausel nach sich ziehen mussten.[1330]

2. Die modifizierte Wissenschaftlichkeitsklausel nach § 4 VI 1, 2 MB/KK n.F.

a) Allgemeines

Nachdem der BGH die reine Wissenschaftlichkeitsklausel verworfen hatte, führte der Verband der privaten Krankenversicherung an ihrer Stelle die sogenannte „modifizierte" oder „zweite" Wissenschaftlichkeitsklausel[1331] ein. § 4 VI MB/KK lautet nunmehr:

> „Der Versicherer leistet im vertraglichen Umfang für Untersuchungs- oder Behandlungsmethoden und Arzneimittel, die von der Schulmedizin überwiegend anerkannt sind. Er leistet darüber hinaus für Methoden und Arzneimittel, die sich in der Praxis als ebenso erfolgversprechend bewährt haben oder die angewandt werden, weil keine schulmedizinischen Methoden zur Verfügung stehen; der Versicherer kann jedoch seine Leistungen auf den Betrag herabsetzen, der bei der Anwendung vorhandener schulmedizinischer Methoden oder Arzneimittel angefallen wäre."

§ 4 VI 2 MB/KK sieht ein Stufenverhältnis vor.[1332] Erstattungsfähig sind zunächst Leistungen, die schulmedizinisch anerkannt sind, darüber hinaus aber auch nicht schulmedizinisch anerkannte Leistungen, die sich als ebenso erfolgversprechend wie schulmedizinische Leistungen bewährt haben. Schließlich sind auch nicht schulmedizinisch anerkannte Leistungen eingeschlossen, die in Ermangelung

1329 BGH, 04.04.1984, VIII ZR 313/82, NJW 1984, 2687, 2688.

1330 So *Römer*, Versicherungsvertragsrecht, Rn 386.

1331 *Deutsch/Iversen*, VVR, Rn 447.

1332 Vgl. BGH, 30.10.2002, IV ZR 60/01, BGHZ 152, 262, 265 f.; OLG Köln, 26.03.2001, 5 U 140/00, VersR 2001, 851, 852; *Boetius*, VVG, § 192 Rn 100; Prölss/Martin/*Voit*, VVG, § 4 MB/KK 2009 Rn 84; *Wandt*, Versicherungsrecht, Rn 1341; *Deutsch/Iversen*, VVR, Rn 439; *Armbrüster*, Privatversicherungsrecht, Rn 2008; SHW/*Baumhackel*, Versicherungsrecht, § 4 MB/KK Rn 46; a.A. OLG Hamburg, 23.01.2001, 9 U 327/99, VersR 2001, 849, 851.

einer schulmedizinisch anerkannten Leistung, also insbesondere bei unheilbaren Krankheiten erbracht werden.

b) *AGB-rechtliche Wirksamkeit*

aa) Streitstand

Nach einer Auffassung soll § 4 VI MB/KK mit §§ 305 ff. BGB unvereinbar sein.[1333] So hielt das OLG Hamburg § 4 VI MB/KK für unwirksam.[1334] Das Gleichwertigkeitserfordernis in S. 2 führe in unzulässiger Weise dazu, dass alternative Behandlungsmethoden aus schulmedizinischer Sicht zu beurteilen seien. *Zuck* ist der Ansicht, das Gleichwertigkeitserfordernis werde den Vorgaben des BGH im Urteil zur ersten Wissenschaftlichkeitsklausel[1335] nicht gerecht.[1336] Zudem stehe die Klausel im Widerspruch zu § 4 II MB/KK, der Heilpraktikerleistungen grundsätzlich einschließe.[1337] *Schubach* hält das Gleichwertigkeitserfordernis zwar für unbedenklich, meint aber, das Wort „erfolgversprechend" benachteilige den Versicherungsnehmer unangemessen, da es andere, neben der Erfolgsorientierung zu berücksichtigende Komponenten bei der Prüfung der medizinischen Notwendigkeit außer Acht lasse.[1338] Zudem sei die Klausel sei intransparent, da viele „klassische Hausärzte" auch alternative Heilmethoden anwendeten und für den Versicherer nicht ersichtlich sei, welche Methoden erfasst seien.[1339] Demgegenüber meint *Hübner*, die Klausel sei in sich widersprüchlich, da für den Fall, dass keine schulmedizinischen Behandlungsmethoden zur Verfügung stehen, ein Betrag nicht ermittelbar sei.[1340]

Der BGH – und mit ihm die hM – hält § 4 VI MB/KK hingegen für wirksam.[1341] Der Inhalt der Klausel sei durch Auslegung zu ermitteln.[1342] Satz 1 regle die Leistungspflicht für schulmedizinisch überwiegend anerkannte Methoden und Arzneimittel.[1343] Satz 2 regle zwei weitere Fälle der Einbeziehung:[1344] Als nach der ersten Alternative ebenso erfolgversprechend seien Methoden anzusehen, die eine gleiche Erfolgsprognose aufweisen; Gleichheit im Hinblick auf Art, Ausführung und Dauer

---

1333 *Guttmann*, PharmR 2010, 270, 274; *Zuck*, VersR 1994, 505, 508 f.; Terbille/Höra/*Schubach*, Versicherungsrecht, § 23 Rn 273 f.

1334 OLG Hamburg, 23.01.2001, 9 U 327/99, VersR 2001, 849, 850.

1335 BGH, 23.06.1993, IV ZR 135/92, BGHZ 123, 83 = VersR 1993, 957.

1336 *Zuck*, VersR 1994, 505, 508.

1337 *Zuck*, VersR 1994, 505, 509; so auch *Guttmann*, PharmR 2010, 270, 275.

1338 Terbille/Höra/*Schubach*, Versicherungsrecht, § 23 Rn 274.

1339 Terbille/Höra/*Schubach*, Versicherungsrecht, § 23 Rn 273.

1340 *Hübner*, AVB, Rn 710.

1341 BGH, 30.10.2002, IV ZR 60/01, BGHZ 152, 262; OLG Frankfurt/Main, VersR 2001, 848 f.; OLG Karlsruhe, VersR 2001, 180; *Frommeyer*, JuS 2004, 7, 9 ff.; Prölss/Martin/*Voit*, VVG, § 4 MB/KK 2009 Rn 84; Bach/Moser/*Kalis*, PKV § 4 MB/KK Rn 57; MünchKomm-VVG/*Kalis*, § 192 Rn 23.

1342 BGH, 30.10.2002, IV ZR 60/01, BGHZ 152, 262, 265.

1343 BGH, 30.10.2002, IV ZR 60/01, BGHZ 152, 262, 265.

1344 BGH, 30.10.2002, IV ZR 60/01, BGHZ 152, 262, 265.

sei nicht erforderlich.[1345] Die zweite Alternative beziehe sich allein auf Fälle, in denen weder schulmedizinisch überwiegend anerkannte noch gleichwertige andere Methoden oder Arzneimittel bestehen.[1346] Entgegen der Vorinstanz[1347] lasse sich die zweite Alternative nicht so auslegen, dass nicht einmal ein schulmedizinischer Ansatz bestehen dürfe.[1348]

Nach dieser Auslegung verstoße die Regelung nicht gegen § 307 I, II BGB.[1349] Die Beschränkung auf schulmedizinisch anerkannte, gegenüber schulmedizinischen Methoden gleichwertige und in Ermangelung einer schulmedizinischen Methode verwendete Methoden entspreche dem billigenswerten Interesse des Versicherers ebenso wie den berechtigten Erwartungen des Versicherungsnehmers, dass nur bewährte Methoden erstattet werden, wenn denn solche existieren.[1350] Die Klausel sei auch hinreichend transparent. Dem durchschnittlichen Versicherungsnehmer sei erkennbar, dass eine abgestufte Regelung der Leistungspflicht für schulmedizinische und nicht schulmedizinische Behandlungen vorliege.[1351]

bb) Stellungnahme

Das Stufenverhältnis des § 4 VI MB/KK kommt der oben (s. B II 2 f bb) herausgearbeiteten Auslegung zum Begriff der medizinischen Notwendigkeit sehr nahe. Kerngedanke der Regelung ist die Subsidiarität wissenschaftlich nicht hinreichend gesicherter Heilmethoden. Das sich aus dem Gesetz ergebende Stufenverhältnis wird lediglich um die Möglichkeit ergänzt, dass eine schulmedizinisch nicht anerkannte Methode eine mit anerkannten Methoden vergleichbare Erfolgsaussicht aufweist. Die Herabsetzungsmöglichkeit nach § 4 VI 2 HS. 2 MB/KK besteht nur im Falle dieser 1. Alternative: Die Herabsetzungsbefugnis setzt ausdrücklich voraus, dass schulmedizinische Methoden „vorhanden" sind. Insoweit ist ein innerer Widerspruch folglich nicht gegeben.

Die aus der ersten Wissenschaftlichkeitsklausel resultierende unangemessene Benachteiligung wegen Missachtung der Grundrechte im Falle unheilbarer Krankheiten wurde behoben: § 4 VI 2 MB/KK n.F. sieht für den Bereich der unheilbaren Krankheiten eine Ausnahmeregelung vor. Als etwas problematischer stellt sich das Verhältnis zu § 4 II 2 MB/KK dar. Anders als in der Entscheidung zur reinen Wissenschaftlichkeitsklausel[1352] hat sich der BGH mit dieser Frage zu § 4 VI 2 MB/KK nicht näher auseinandergesetzt.[1353] Im Zusammenspiel ergibt sich aus § 4 II 2 MB/

1345 BGH, 30.10.2002, IV ZR 60/01, BGHZ 152, 262, 266.
1346 BGH, 30.10.2002, IV ZR 60/01, BGHZ 152, 262, 266.
1347 OLG Hamburg, 23.01.2001, 9 U 327/99, VersR 2001, 849, 850.
1348 BGH, 30.10.2002, IV ZR 60/01, BGHZ 152, 262, 266.
1349 BGH, 30.10.2002, IV ZR 60/01, BGHZ 152, 262, 267 f.
1350 BGH, 30.10.2002, IV ZR 60/01, BGHZ 152, 262, 267.
1351 BGH, 30.10.2002, IV ZR 60/01, BGHZ 152, 262, 268.
1352 BGH, 23.06.1993, IV ZR 135/92, BGHZ 123, 83 (juris-Rn 24).
1353 BGH, 30.10.2002, IV ZR 60/01, BGHZ 152, 262.

KK und § 4 VI 2 MB/KK, dass Heilpraktikerleistungen zwar grundsätzlich von der Versicherung eingeschlossen sind, aber nur soweit sie wissenschaftlich anerkannt oder in gleicher Weise wie wissenschaftlich anerkannte Methoden bewährt sind bzw. keine anerkannte Heilmethode besteht.[1354] § 4 II MB/KK gilt gemäß S. 2 nur, wenn keine anderweitige Bestimmung vorliegt. Zwar werden ausdrücklich nur Tarifbedingungen genannt. Hieraus ergibt sich aber eindeutig, dass Heilpraktikerleistungen nicht etwa pauschal privilegiert werden, sondern dass Einschränkungen möglich sind. Ein vollständiger Ausschluss liegt hierin nicht, da Heilpraktiker einerseits schulmedizinisch anerkannte Leistungen erbringen können, anderseits ihre Leistungen mit schulmedizinischen Leistungen gleichwertig sein können und überdies eine subsidiäre Heilpraktikerbehandlung bei unheilbaren Krankheiten in Betracht kommt.[1355] So verstanden widersprechen sich demnach die Absätze 2 und 6 des § 4 MB/KK nicht.[1356]

Auch die Bedenken, die modifizierte Wissenschaftlichkeitsklausel sei intransparent, weil der Patient als Laie nicht abschätzen könne, welche Leistungen erfasst sind,[1357] sind unberechtigt. Wenden Allgemeinmediziner komplementäre Heilmethoden neben schulmedizinischen an, ohne hierauf hinzuweisen, ist dies ein Problem des Behandlungsverhältnisses, nicht des Versicherungsverhältnisses. Der Arzt ist verpflichtet, den Patienten hinreichend aufzuklären. Unterlässt er dies, ist er ggf. in Haftung zu nehmen (näher Kap. 7 A III).

c) Grundsatz: Wissenschaftlich anerkannte Methoden

Zunächst sind somit Methoden zulässig, die von der Schulmedizin überwiegend anerkannt sind. Für welche Methoden dies zutrifft, ließe sich entsprechend der Auffassung des BGH durch eine Prüfung der wissenschaftlichen Forschung und Lehre an den Hochschulen ermitteln.[1358] Der Begriff der Wissenschaftlichkeit hat jedoch im schulmedizinischen Bereich eine Bedeutung, die nicht unbedingt an die universitäre Wissenschaftsausübung gebunden ist. Wissenschaftliche Anerkennung zeigt sich darin, dass eine Methode den strengen Prüfungen nach der wissenschaftlichen Methode standhält, insbesondere den Kriterien der evidenzbasierten Medizin (s.o., Kap. 1 A II 2).

Als wissenschaftlich anerkannt in diesem Sinne können grundsätzlich alle Methoden gelten, für die der G-BA eine Empfehlung abgegeben hat. Negative Empfehlungen indizieren demgegenüber das Fehlen einer wissenschaftlichen Anerkennung. Auch das Fehlen einer Empfehlung deutet in diesem Falle darauf hin, dass eine wissenschaftliche Anerkennung nicht besteht. Da eine § 135 I SGB V vergleichbare Regelung nicht existiert, gilt dies jedoch nur im Zweifel. Den Versicherten kann

---

1354 So auch Prölss/Martin/*Voit*, VVG, § 4 MB/KK 2009 Rn 84.
1355 Vgl. Flore, VersR 1992, 1436, 1436 f.
1356 Ebenso OLG Köln, 26.03.2001, 5 U 140/00, VersR 2001, 851, 852 f.
1357 Terbille/Höra/*Schubach*, Versicherungsrecht, § 23 Rn 273.
1358 Vgl. BGH, 23.06.1993, IV ZR 135/92, BGHZ 123, 83, 85 f.

nicht entgegengehalten werden, dass eine Empfehlung des G-BA nicht besteht, wenn die Leistung tatsächlich bereits wissenschaftlich anerkannt ist, der G-BA dies jedoch – sei es mangels Antrags, aufgrund Systemversagens oder weil das Anerkennungsverfahren noch läuft – nicht umgesetzt hat.

Ob eine aus dem Bereich der Alternativmedizin stammende Methode schulmedizinisch anerkannt ist, muss jeweils im Einzelfall ermittelt werden. Die Behauptung *Guttmanns*, die Homöopathie sei insgesamt schulmedizinisch anerkannt,[1359] entbehrt jeglicher Grundlage. Dass Schulmediziner im Einzelfall – in der Regel auf Verlangen des Patienten – homöopathische Arzneimittel verschreiben, führt nicht zu einer Anerkennung durch die als evidenzbasierte Medizin verstandene Schulmedizin.

d) Ausnahme 1: Bewährung

Ist eine Methode nicht nach schulmedizinischen Maßstäben wissenschaftlich anerkannt, verlangt § 4 VI 2 MB/KK eine Vergleichsbetrachtung: Die Methode muss sich in der Praxis als ebenso erfolgversprechend bewährt haben wie schulmedizinische Methoden.[1360]

Aus dem Wortlaut ergibt sich eindeutig, dass die Gleichwertigkeit auf die Erfolgsprognose bezogen sein muss.[1361] Die Methode muss daher aufgrund praktischer Erfahrungen grundsätzlich geeignet sein, den Erfolg ebenso zu bewirken wie die Methode der Schulmedizin.[1362] Zu vergleichen ist allein die Erfolgsaussicht, nicht die Methode selbst; diese kann durchaus ganz anderer Natur sein als die konkurrierende schulmedizinisch anerkannte Methode.[1363]

Die Gleichwertigkeit der Erfolgsaussicht ist praktisch schwer zu überprüfen.[1364] Diskutiert wird, ob Therapien mit geringeren Nebenwirkungen bei geringerer Erfolgsaussicht als gleichwertig angesehen werden können.[1365] Dies kann jedenfalls nicht allgemein gelten. Eine Methode, deren Erfolgsaussicht sehr viel geringer ist, kann selbst dann nicht als gleichwertig mit einer wissenschaftlichen Methode gesehen werden, wenn sie überhaupt keine Nebenwirkungen aufweist. Dies würde auch Wunderheilungen und zahlreiche Formen der Scharlatanerie einschließen. Beispielsweise sind schädliche Nebenwirkungen beim Gesundbeten oder Handauflegen nicht zu erwarten, während ein Heilerfolg zumindest aufgrund des Placebo-Effekts durchaus möglich ist. Der Vergleich muss sich also auf den zu erwartenden

---

1359 *Guttmann*, PharmR 2010, 270, 274.

1360 BGH, 30.10.2002, IV ZR 60/01, BGHZ 152, 262, 265 f.; Prölss/Martin/*Voit*, VVG, § 4 MB/KK 2009 Rn 84; van Bühren/*Commer*, VR, § 17 Rn 529.

1361 BGH, 30.10.2002, IV ZR 60/01, BGHZ 152, 262, 266; Prölss/Martin/*Voit*, VVG, § 4 MB/KK 2009 Rn 86.

1362 Vgl. *Boetius*, PKV, § 192 VVG Rn 102.

1363 Vgl. BGH, 30.10.2002, IV ZR 60/01, BGHZ 152, 262, 266; SHW/*Baumhackel*, Versicherungsrecht, § 1 MB/KK Rn 49.

1364 Van Bühren/*Commer*, VR, § 17 Rn 529.

1365 Van Bühren/*Commer*, VR, § 17 Rn 529.

Heilerfolg abzüglich der zu erwartenden schädlichen Nebenwirkungen und Risiken beziehen.

Der Bewertungsmaßstab ist wiederum streitig, wobei im Allgemeinen die Argumentation dem Streitstand zum Begriff der medizinischen Notwendigkeit selbst entspricht.

Allerdings entnehmen einige Stimmen in der Literatur dem § 4 VI 2 MB/KK eine großzügigere Behandlung alternativmedizinischer Methoden. Bloße Anwendungsbeobachtungen und Gutachten von Alternativmedizinern seien ausreichend.[1366] *Guttmann* nimmt gar an, homöopathische Arzneimittel seien aufgrund der Wissenschaftspluralität stets als gleichwertig anzusehen.[1367] Die hM verweist demgegenüber zu Recht auf den Standpunkt der Schulmedizin, wobei aber noch nicht abschließend gesicherte Erkenntnisse zu berücksichtigen seien.[1368] Auch der Begriff der vergleichbaren Erfolgsaussicht ist objektiv zu bestimmen. Sonderansichten zu berücksichtigen würde den Begriff der Vergleichbarkeit *ad absurdum* führen.

Die Beweislast für die Vergleichbarkeit der Erfolgsaussicht trägt grundsätzlich der Versicherungsnehmer.[1369] Nach der Rechtsprechung muss der Versicherer die Gleichwertigkeit jedoch substantiiert bestreiten.[1370]

Wie bereits erörtert (vgl. B II 2 f bb (4) (c)), stellt die Beurteilung anhand der Bewährung in der Praxis ein erhebliches Problem dar. Ohne ausreichend kontrollierte Studien lässt sich überhaupt nicht mit hinreichender Sicherheit sagen, ob eine Methode ursächlich für den Heilerfolg war.[1371] Richtiger erscheint es daher, den Zusatz „in der Praxis" nicht als Verweis auf den Erfolg im medizinischen Alltag zu verstehen, sondern ihn als Gegensatz zu „in der Theorie" zu begreifen. Die Erfolgsaussicht der Methode muss also praktisch erprobt sein, nicht nur in der medizinischen Theorie zum Erfolg führen.

Die erste Ausnahme greift daher nur, wenn die durchgeführte Behandlung dem gegenwärtigen Stand der medizinischen Wissenschaft entspricht und kunstgerecht durchgeführt wurde.[1372] Sie wird daher nur selten tatsächlich zur Anwendung kommen, da eine als mit schulmedizinischen Leistungen gleichwertig anerkannte Behandlungsmethode in der Regel auch in den Kanon der schulmedizinischen Leistungen aufgenommen werden wird. In Betracht kommt die Anwendung der ersten

---

1366 Prölss/Martin/*Voit*, VVG, § 4 MB/KK 2009 Rn 86; SHW/*Baumhackel*, Versicherungsrecht, § 4 MB/KK Rn 50.

1367 *Guttmann*, PharmR 2010, 270, 274 f.

1368 Vgl. BGH, 10.07.1996, IV ZR 133/95, VersR 1996, 1224 (juris-Rn 17); Schmidt/*Kalis*, VersR 1993, 1319, 1323; Bach/Moser/*Kalis*, PKV, § 4 MB/KK Rn 59; *Deutsch/Iversen*, VVR, Rn 448.

1369 Prölss/Martin/*Voit*, VVG, § 4 MB/KK 2009 Rn 85; van Bühren/*Commer*, VR, § 17 Rn 531.

1370 BGH, 30.10.2002, IV ZR 60/01, NJW 2003, 294, 295; Prölss/Martin/*Voit*, VVG, § 4 MB/KK 2009 Rn 93; vgl. van Bühren/*Müller-Stein*, VR, 3. Auflage, § 17 Rn 309.

1371 Zutreffend daher OLG Frankfurt/Main, VersR 2001, 848.

1372 *Schmidt/Kalis*, VersR 1993, 1319, 1323.

Ausnahme dann, wenn die Anerkennung durch die Schulmedizin ausnahmsweise tatsächlich allein aufgrund weltanschaulicher Differenzen verweigert wird oder eine nach Evidenzkriterien wirksame Methode erst dabei ist, sich durchzusetzen, aber die vollständige schulmedizinische Anerkennung noch nicht erfahren hat.

Letztlich dient die erste Ausnahme dazu, der Auslegung des Begriffs der „wissenschaftlichen Anerkennung", wonach dies ein Verweis auf die „Therapierichtung Schulmedizin" – im Sinne der an Hochschulen gelehrten Medizin – sein soll,[1373] die Grundlage zu entziehen. Sie stellt klar, dass die Bewertung der Methode ohne Rücksicht auf ein bestimmtes medizinisches Vorverständnis vorzunehmen ist.

Ein Sonderproblem stellt sich im Hinblick auf nicht allgemein anerkannte Untersuchungsmethoden: Ist die Diagnose zutreffend, so sind die (anerkannten) Leistungen zur Behandlung als medizinisch notwendig anzusehen.[1374] Die fehlende Anerkennung der Untersuchungsmethode bleibt im Hinblick auf die eigentliche Behandlung folgenlos. Demgegenüber gelten für die Untersuchungsmethode selbst die allgemeinen Regeln. Ist sie nicht wissenschaftlich anerkannt und auch nicht mit einer anerkannten schulmedizinischen Methode in der Praxis als gleichwertig bewährt, kann sie nur subsidiär angewandt werden. Der Rückschluss vom konkreten Erfolg der Untersuchungsmethode auf deren generelle Zweckmäßigkeit ist nicht ohne Weiteres zulässig. Dass die Diagnose zutreffend war, kann als (schwaches) Indiz für eine Bewährung in der Praxis berücksichtigt werden. Aus einem einmaligen (möglicherweise zufälligen) Erfolg allein kann die Bewährung jedoch nicht gefolgert werden.

e) Ausnahme 2: Subsidiäre Anwendung

Die zweite Ausnahme bezieht sich auf unheilbare oder unerforschte Krankheiten.[1375] In diesen Fällen liegt keine allgemein anerkannte schulmedizinische Heilmethode vor, so dass das Gleichwertigkeitserfordernis schon rein praktisch nicht aufrechterhalten werden kann.[1376] Auf diesem Wege sind alternativmedizinische Methoden – ebenso wie andere (noch) nicht allgemein anerkannte Methoden – subsidiär anwendbar.

Die zum Heilversuch angestellten Überlegungen (s. B II 2 e) sind hier uneingeschränkt übertragbar. Ist die Krankheit lebensbedrohlich, ergibt sich der Maßstab aus dem Nikolaus-Beschluss des BVerfG.[1377] Bei weniger schweren Erkrankungen muss eine höhere Erfolgsaussicht bestehen.

1373 Vgl. BGH, 23.06.1993, IV ZR 135/92, BGHZ 123, 83, 85 f.

1374 Vgl. OLG Hamm, 23.05.1990, 20 U 186/89, VersR 1991, 409.

1375 BGH, 30.10.2002, IV ZR 60/01, BGHZ 152, 262, 266; *Boetius*, PKV, § 192 VVG Rn 103.

1376 Vgl. BGH, 30.10.2002, IV ZR 60/01, BGHZ 152, 262, 266; van Bühren/*Commer*, VR, § 17 Rn 533; i.E. auch Prölss/Martin/*Voit*, VVG, § 4 MB/KK Rn 91.

1377 BVerfG, 06.12.2005, 1 BvR 347/98, BVerfGE 115, 25 (juris-Rn 51); vgl. *Deutsch/Iversen*, VVR, Rn 445.

Der Gedanke der Gleichwertigkeit gilt im Übrigen auch für die 2. Ausnahme: Die Regelung des § 4 VI 2 MB/KK unterscheidet nicht danach, ob der subsidiär angewandten Methode ein schulmedizinischer oder alternativmedizinischer Denkansatz zugrunde liegt.[1378] Eine Sonderstellung der Alternativmedizin ist ihr nicht zu entnehmen.

f) Begrenzung auf Kosten schulmedizinischer Leistungen

§ 4 VI 2 HS. 2 MB/KK enthält eine Kostentragungsregel. Der Versicherer kann hiernach seine Leistungen auf den Betrag herabsetzen, der bei der Anwendung vorhandener schulmedizinischer Methoden oder Arzneimittel angefallen wäre. Hierin liegt eine Sonderregelung bezüglich der wirtschaftlichen Notwendigkeit: Der Kostenaufwand ist hier über das allgemeine Maß hinaus berücksichtigungsfähig.[1379]

Die Regelung beschränkt sich allerdings darauf, dass eine schulmedizinisch nicht anerkannte Methode anstelle einer vorhandenen schulmedizinischen Methode angewendet wird. Sie ist nicht auf die Konkurrenz mehrerer alternativmedizinischer Methoden übertragbar.[1380] Kostenintensivere Behandlungsmethoden hat der VN selbst zu tragen, soweit die Kosten den durch die schulmedizinische Methode vorgegebenen Sockelbetrag übersteigen. In Betracht kommen insbesondere Sonderkosten, die mit einem ganzheitlichen Therapiekonzept verbunden sind. Soweit etwa homöopathische Leistungen nicht nach § 4 VI MB/KK ausgeschlossen sind, übernimmt die PKV dementsprechend gleichwohl nicht die Mehrkosten, die mit einer homöopathischen Anamnese verbunden sein könnten.

3. Sonderregelungen in den MB/BT

Auf Versicherungen im Basistarif finden die MB/KK keine Anwendung. Stattdessen gelten die Allgemeinen Versicherungsbedingungen über den Basistarif (MB/BT).[1381]

Gemäß § 12 Ia 1 VAG müssen die Vertragsleistungen in Art, Umfang und Höhe den zwingenden Leistungen nach dem Dritten Kapitel des SGB V vergleichbar sein. Dies erstreckt sich also auf die §§ 11 bis 68 SGB V. Der Beurteilungsmaßstab gemäß § 2 I 2, 3 SGB V ist dem Grundsatz nach hiervon nicht erfasst. Das Wirtschaftlichkeitsgebot nach § 12 SGB V ist aber ebenso wie die Ausschlussregelungen des § 34 SGB V Bestandteil der Verweisung. Da Vergleichbarkeit nicht genaue Übereinstimmung bedeutet, können die Versicherungsbedingungen in Detailfragen vom Leitbild des SGB V abweichen.

Der Verband der privaten Krankenversicherung hat dies gelöst, indem er das dritte Kapitel des SGB V in § 1 V MB/BT insgesamt in Bezug genommen hat, soweit auf die Leistungen ein Anspruch besteht. § 34 SGB V findet somit uneingeschränkte

---

1378 Vgl. OLG Köln, 26.03.2001, 5 U 140/00, VersR 2001, 851, 852.

1379 Vgl. *Pauly*, VersR 1996, 1323, 1327.

1380 Insoweit zumindest missverständlich *Pauly*, VersR 1996, 1323, 1328.

1381 Prölss/Martin/*Voit*, VVG, § 1 MB/KK Rn 1.

Anwendung. § 1 I 4 MB/BT etabliert ein strenges Wirtschaftlichkeitsgebot. Das Kriterium der (wirtschaftlichen) Notwendigkeit wird nicht ausdrücklich genannt, dürfte aber aus dem Begriff der Wirtschaftlichkeit und dem Verweis auf das gesamte 3. Kapitel des SGB V abzuleiten sein. Insoweit gelten keine Abweichungen zum Recht der GKV.[1382] § 2 I 2, 3 SGB V werden zwar ebenfalls nicht genannt, sehr wohl werden aber die Richtlinien und Empfehlungen des G-BA in § 92 SGB V in Bezug genommen. Dies läuft darauf hinaus, dass letztlich die Wirksamkeit und Wirtschaftlichkeit nach denselben Maßstäben zu beurteilen ist wie in der GKV.

Unklar ist, ob auch § 135 I SGB V Anwendung findet. Ist dies der Fall, sind Kosten für Arzneimittel, über deren Zweckmäßigkeit der G-BA bisher nicht entschieden hat, nicht zu erstatten. Ein ausdrücklicher Verweis auf § 135 SGB V liegt nicht vor. Der Verweis auf die Richtlinien und Empfehlungen nach § 92 SGB V lässt sich in diesem Sinne auslegen. Denkbar ist aber auch, dass nur die Richtlinien und Empfehlungen selbst einbezogen sein sollen, nicht aber die Rechtsfolge ihres Fehlens. Aus der verständigen Sicht eines durchschnittlichen Versicherungsnehmers ist aber durchaus erkennbar, dass der Verweis die Rechtslage offensichtlich an die gesetzlichen Krankenversicherungen angleichen soll. Bindungswirkung entfalten somit nicht nur die Empfehlungen und Richtlinien des G-BA, sondern – von der Krankenhausbehandlung abgesehen – auch ihr Fehlen.[1383]

1382 Vgl. *Rogler*, VersR 2009, 573, 580; Prölss/Martin/*Voit*, VVG, § 1 MB/BT 2009 Rn 7.
1383 So auch Bach/Moser/*Reif*/*Juppe*, PKV, MB/BT Rn 7.

Kapitel 6 – Alternativmedizin im Beihilferecht

A. Bundesrecht

I. Allgemeines

Beamte, Versorgungsempfänger und frühere Beamte nach Maßgabe des Gesetzes sind gemäß § 80 I BBG beihilfeberechtigt. Die Beihilfe ist ein besonderer Bestandteil der in § 78 BBG geregelten Fürsorge- und Schutzpflicht des Staates für seine Beamten.[1384] Der Dienstherr übernimmt im Rahmen der Beihilfe einen Anteil an den tatsächlichen Kosten der Krankenversorgung.[1385] Da die Beihilfe die Versorgung nicht vollständig deckt, sind die Beihilfeberechtigten zusätzlich gemäß § 193 III 1 VVG in der PKV versicherungspflichtig. Beihilfe und private Krankenversicherung gewährleisten gemeinsam die Kostenübernahme für die medizinische Versorgung des Beamten.

§ 80 IV BBG ermächtigt das Bundesministerium des Innern, im Einvernehmen mit dem Auswärtigen Amt, dem Bundesministerium der Finanzen, dem Bundesministerium der Verteidigung und dem Bundesministerium für Gesundheit die Einzelheiten der Beihilfegewährung einschließlich des Ausschlusses von Arznei-, Heil- und Hilfsmitteln in Anlehnung an das SGB V durch Rechtsverordnung zu regeln. Umgesetzt wurde dies durch die Bundesbeihilfeverordnung (BBhV).[1386]

II. Notwendigkeit und Wirtschaftlichkeit

Gemäß § 80 II BBG sind nur notwendige und wirtschaftlich angemessene Aufwendungen in Krankheits- und Pflegefällen, zur Vorbeugung und Behandlung von Krankheiten oder Behinderungen und in den weiteren im Gesetz genannten Fällen beihilfefähig. Nach der Gesetzesbegründung soll sich der Nachweis der Wirksamkeit aus Arzneimittelgesetz und Medizinproduktegesetz ergeben.[1387] Für traditionelle pflanzliche ebenso wie für homöopathische Arzneimittel sieht das im AMG vorgesehene Registrierungsverfahren allerdings überhaupt keine Prüfung der Wirksamkeit vor (s. Kap. 3 B III 3 a, C III 4). Ein Nachweis der Wirksamkeit allein aufgrund der Zulassung kommt daher nicht in Betracht. Eine Auslegung, nach der gemäß §§ 38 ff. AMG registrierte traditionelle pflanzliche oder homöopathische Arzneimittel allein aufgrund der Registrierung beihilfefähig wären, wird durch den Wortlaut nicht gestützt. Auch für diese Arzneimittel setzt § 80 II BBG Notwendigkeit

---

1384 Vgl. *Schnellenbach*, Beamtenrecht in der Praxis, § 9 Rn 9; *Scheerbarth*, Beamtenrecht, S. 607.

1385 *Behrens*, Beamtenrecht, § 6 Rn 42.

1386 Verordnung über Beihilfe in Krankheits-, Pflege- und Geburtsfällen vom 13.02.2009 (BGBl. I, S. 326), zuletzt geändert am 27.05.2015 (BGBl. I, S. 842).

1387 BT-Drs. 16/7076, S. 118; vgl. auch *Battis*, BBG, § 80 Rn 9.

und Wirtschaftlichkeit voraus, was inzident eine Prüfung der Wirksamkeit und Zweckmäßigkeit erforderlich macht.

§ 6 II 1 BBhV konkretisiert die Regelung, indem er grundsätzlich verlangt, dass Untersuchung und Behandlungen nach einer wissenschaftlich anerkannten Methode vorgenommen werden. Die Verwaltungsvorschriften zur BBhV verweisen in 6.2 S.1 auf das Recht der gesetzlichen Krankenversicherungen: Im Regelfall seien von der GKV anerkannte neue Behandlungsmethoden beihilfefähig. Zu verstehen ist dies als Verweis auf die NUB-Richtlinien des G-BA gemäß § 135 SGB V.

III. Nachweis nach dem allgemein anerkannten Stand der medizinischen Erkenntnisse

Einen wissenschaftlichen Nachweis der Wirksamkeit und Wirtschaftlichkeit verlangt auch § 7 S. 1 BBhV:

> „Soweit sich Inhalt und Ausgestaltung von Leistungen, zu denen Beihilfe gewährt wird, an Vorschriften des Fünften Buches Sozialgesetzbuch anlehnen, setzt die Beihilfefähigkeit der Aufwendungen voraus, dass für die Leistungen einschließlich der Arzneimittel nach dem allgemein anerkannten Stand der medizinischen Erkenntnisse der diagnostische oder therapeutische Nutzen, die medizinische Notwendigkeit und die Wirtschaftlichkeit nachgewiesen sind sowie insbesondere ein Arzneimittel zweckmäßig ist und keine andere, wirtschaftlichere Behandlungsmöglichkeit mit vergleichbarem diagnostischen oder therapeutischen Nutzen verfügbar ist."

Die Verständlichkeit der Vorschrift lässt zu wünschen übrig. Nach dem Wortlaut setzt die Regelung voraus, dass „Inhalt und Ausgestaltung" der Leistungen an Vorschriften des SGB V angelehnt sind. Inhalt und Ausgestaltung medizinischer Leistungen richten sich jedoch nicht nach den Vorschriften des SGB V. Die Norm lässt sich nur so verstehen, dass für Regelungen des BBG bzw. der BBhV, die denen des SGB V entsprechen, das Wirtschaftlichkeitsgebot und das Erfordernis eines Nachweises der Wirksamkeit und Wirtschaftlichkeit entsprechend § 135 I 1 SGB V auch im Beihilferecht gelten sollen. Es kommt also darauf an, ob Inhalt und Ausgestaltung der Regelungen im Beihilferecht an Vorschriften des SGB V angelehnt sind, nicht Inhalt und Ausgestaltung der Leistungen selbst.

Da § 6 II 1 BBhV nicht nach einer wissenschaftlich anerkannten Methode vorgenommene Leistungen nur grundsätzlich ausschließt, kommen nicht näher bestimmte Ausnahmen in Betracht. Ausnahmen für besondere Therapierichtungen sind aber nicht vorgesehen. Zu denken ist insbesondere an Fälle, wie sie dem Nikolausbeschluss des BVerfG[1388] zugrunde lagen.

1388 BVerfG, 06.12.2005, 1 BvR 347/98, BVerfGE 115, 25.

B. Landesrecht NRW

Das Beihilferecht für die Landesbeamten unterliegt der Gesetzgebung der Länder. Exemplarisch werden hier nur die Regelungen des nordrhein-westfälischen Landesrechts erörtert.

I. LBG NRW

Das LBG NRW selbst enthält keine näheren Bestimmungen über alternativmedizinische Methoden. § 77 VIII LBG NRW bildet die Ermächtigungsgrundlage für eine Rechtsverordnung des Finanzministeriums:

> „Das Finanzministerium regelt das Nähere durch Rechtsverordnung. Darin können unabhängig von der Notwendigkeit und Angemessenheit der Aufwendungen unter Beachtung der Grundsätze beamtenrechtlicher Fürsorge Bestimmungen getroffen werden [...]
>
> 2.
>
> a) durch die Einführung von Höchstgrenzen
>
> b) durch die Beschränkung auf bestimmte Indikationen
>
> c) durch die Beschränkung oder den Ausschluss von Aufwendungen für Untersuchungen und Behandlungen nach wissenschaftlich nicht allgemein anerkannten oder unwirtschaftlichen Methoden
>
> d) durch die Beschränkung oder den Ausschluss von Aufwendungen für [...] Heilpraktikerleistungen, [...] nicht verschreibungspflichtige oder verschreibungspflichtige Arzneimittel, Medizinprodukte sowie Heil- und Hilfsmittel [...]“

II. BVO NRW

Aufgrund des § 77 VIII LBG NRW ist die Beihilfeverordnung NRW (BVO NRW) ergangen.

1. Wissenschaftlichkeitserfordernis

Gemäß § 4 I Nr. 1 S. 2 BVO NRW sind Aufwendungen für nicht wissenschaftlich anerkannte Heilbehandlungen grundsätzlich von der Beihilfefähigkeit ausgeschlossen. Gemäß S. 3 können aber aufgrund des Gutachtens eines Amts- oder Vertrauensarztes bzw. -zahnarztes auch Aufwendungen für wissenschaftlich noch nicht anerkannte Heilbehandlungen vom Finanzministerium für beihilfefähig erklärt werden, wenn wissenschaftlich anerkannte Heilbehandlungen bereits erfolglos angewendet wurden.

S. 4 lässt unabhängig davon Ausnahmeregelungen durch das Finanzministerium zu. Durch die Verwaltungsvorschriften zu § 4 BVO NRW ist dies konkretisiert worden. Nach 4.1.1.2 VV BVO NRW kann es die Fürsorgepflicht des Dienstherren in besonderen Einzelfällen erfordern, eine Beihilfe zu den Kosten einer wissenschaftlich nicht allgemein anerkannten Behandlungsmethode zu zahlen. Die Vorschrift verweist auf den Nikolaus-Beschluss des BVerfG, setzt aber die Voraussetzungen einer Kostenerstattung selbst fest: Alternativ ist erforderlich, dass entweder eine allgemein anerkannte Methode noch nicht besteht, ein allgemein anerkanntes Heilverfahren im konkreten Fall nicht anwendbar ist oder ein wissenschaftlich anerkanntes Heilverfahren bereits ohne Erfolg angewandt wurde. Kumulativ muss aber die nicht ganz entfernte Möglichkeit einer erkennbaren Linderung hinzutreten.

Die Vorschriften sehen demnach eine Erstattung auch in Fällen vor, in denen die Rechtsprechung des BVerfG dies nicht erfordert. Zunächst wird das Vorliegen einer lebensbedrohlichen (oder zumindest ähnlich schweren) Krankheit nicht vorausgesetzt. Außerdem beruhen die Alternativen der Kontraindikation des allgemein anerkannten Heilverfahrens oder der Nachrangigkeit nicht auf der Rechtsprechung. Besonders weitreichend ist die Einbeziehung nicht wissenschaftlich anerkannter Behandlungsmethoden im Anschluss an das Scheitern eines anerkannten Heilverfahrens. Eine solche Regelung kennt weder das Recht der gesetzlichen noch das der privaten Krankenversicherungen.

Besondere Bedeutung dürfte hier der Frage zukommen, wann die Möglichkeit eines Heilungserfolgs nicht ganz entfernt ist. Jedenfalls erfolgt die Bewilligung in der Regel nur für maximal 6 Monate; danach ist die Wirksamkeit „im Einzelfall" zu überprüfen. Andererseits werden nur Therapien erfasst, die „noch" nicht wissenschaftlich anerkannt sind. Es muss also nach gegenwärtigem Stand der Wissenschaft noch die Aussicht auf eine Anerkennung bestehen.[1389]

Akupunkturbehandlungen werden in 4.1.1.4 VV BVO NRW allgemein für beihilfefähig erklärt, wenn wissenschaftlich anerkannte Behandlungsmethoden nicht erfolgreich waren oder wenn sie zur Behandlung chronischer Schmerzen dienen. In bestimmten Fällen wird auch die Extrakorporale Stoßwellentherapie (ESWT) in 4.1.1.5 VV BVO NRW für beihilfefähig erklärt.

2. *Besondere Regelung für Arzneimittel*

§ 4 I Nr. 7 BVO NRW regelt, in welchem Umfang Arzneimittel, die im Rahmen der Behandlungen nach Nr. 1 eingesetzt werden oder ärztlich verordnet wurden, erstattungsfähig sind. § 4 I Nr. 7 S. 2 BVO NRW verweist hierbei auf die Richtlinien des G-BA nach § 91 ff. SGB V. § 4 I Nr. 7 S. 2 Alt. 2 BVO NRW sieht einen § 34 I SGB V entsprechenden Ausschluss nicht verschreibungspflichtiger Arzneimittel vor, der – etwas weitergehend als § 34 I 5 SGB V – gemäß S. 3 nicht für Minderjährige gilt. Gemäß § 4 I Nr. 7 S. 4 BVO NRW kann das Finanzministerium bestimmen, zu welchen Arzneimitteln, die bei der Behandlung schwerwiegender Erkrankungen als

---

1389 *Mohr/Sabolewski*, Beihilfenrecht, B 60/26; vgl. zum Bundesrecht BVerwG, 18.06.1998, 2 C 24/97, NJW 1998, 3436.

Therapiestandard gelten oder die sich noch in der klinischen Erprobung befinden, abweichend von S. 2 Beihilfen gewährt werden können.

§ 4 I Nr. 7 S. 5 BVO NRW legt aber fest, dass dies nicht für Arzneimittel und Medizinprodukte der besonderen Therapierichtungen gelte. Festzuhalten ist, dass bis zum 31.12.2012 § 4 I Nr. 7 S. 5 BVO NRW genau gegenteilig lautete: S. 4 sollte auch für Arzneimittel der besonderen Therapierichtungen gelten. 4.1.7.2 VV BVO NRW führt hierzu aus: „Arzneimittel der Anthroposophie, Homöopathie und Phytotherapie sind auch im Ausnahmeweg nicht beihilfefähig, da bei Präparaten dieser Fachrichtungen eine wissenschaftliche Anerkennung nicht zu erwarten ist." Die Regelung greift demnach den Gedanken auf, dass nur wissenschaftlich „noch" nicht anerkannte Leistungen ausnahmsweise beihilfefähig sein können, also Leistungen, bei denen prognostisch eine wissenschaftliche Anerkennung zumindest möglich erscheint.

Die Regelung des nordrhein-westfälischen Beihilferechts trifft damit eine gegenläufige Entscheidung zur Wertung des § 34 I 3 SGB V, wonach der therapeutischen Vielfalt Rechnung zu tragen ist. Der Begriff des Therapiestandards wird hier deutlich konsequenter verfolgt als im Recht der GKV. Methoden, die einer besonderen Therapierichtung zuzuordnen sind, sind gerade keine Standardtherapien.

Nicht vollends überzeugend ist die Begründung in den Verwaltungsvorschriften bezüglich der Phytotherapie. Bei traditionellen pflanzlichen Arzneimitteln ist eine wissenschaftliche Anerkennung keinesfalls *de facto* ausgeschlossen. An dieser Stelle zeigt sich erneut, dass das Konzept der besonderen Therapierichtungen der Phytotherapie nicht gerecht wird. Phytotherapeutika, deren Wirksamkeit allgemein anerkannt ist und die auch in der Schulmedizin verwendet werden, sind in diesem Sinne schon nicht der Phytotherapie als besonderer Therapierichtung zuzuordnen. Daher kann § 2 I Nr. 7 S. 5 BVO NRW diese nach seinem Sinn und Zweck nicht erfassen. Für die Homöopathie bedeutet § 2 I Nr. 7 S. 5 BVO NRW demgegenüber einen praktisch vollständigen Ausschluss aus der Beihilfefähigkeit. Anthroposophische Methoden kommen nur (subsidiär) in Betracht, soweit sie keine Arzneimitteltherapien sind.

Kapitel 7 – Alternativmedizin im Vertragsverhältnis zwischen Behandelndem und Patient

A. Der Behandlungsvertrag

I. Allgemeines

Der Behandlungsvertrag ist seit dem am 26.03.2013 in Kraft getretenen Patientenrechtegesetz[1390] in §§ 630a-h BGB gesetzlich geregelt. Das Gesetz sollte das vormalige Richterrecht kodifizieren[1391], die Patientenrechte transparenter gestalten[1392] und die Verfahrens-, Beteiligungs- und Informationsrechte der Patienten stärken.[1393]

Der Gesetzgeber hat den Behandlungsvertrag als spezielle Ausgestaltung des Dienstvertrages konzipiert.[1394] Der Behandelnde schuldet somit nur die Durchführung der Behandlung, nicht ihren Erfolg, den er in den seltensten Fällen seriös versprechen kann. Eine Ausgestaltung als Werkvertrag ist aufgrund der gesetzlichen Regelung nicht unzulässig, aber nur ausnahmsweise sinnvoll.[1395]

Das Recht des Behandlungsvertrags bezieht sich nicht allein auf den Arztvertrag, sondern gilt allgemein für alle Heilberufe.[1396] Insbesondere sind auch Verträge mit Heilpraktikern erfasst.[1397] Nicht zu den Heilberufen, die medizinische Behandlungen im Sinne des § 630a BGB vornehmen, gehören Apotheker, die selbst keine Heilleistungen erbringen,[1398] und Veterinärmediziner, die keine Heilleistung am Menschen erbringen.[1399] Krankenhausverträge sind demgegenüber gemischte Verträge mit miet-, dienst- und werkvertraglichen Komponenten.[1400] Soweit Gegenstand des Krankenhausvertrags die Behandlung des Patienten ist, sind jedoch die Rechtsgrundsätze des Behandlungsvertrags anzuwenden.

1390 Gesetz zur Verbesserung der Rechte von Patientinnen und Patienten (PatientenRG) vom 20.02.2013 (BGBl. I 277).

1391 PWW/*Schneider*, BGB, § 630a BGB Rn 1.

1392 *Wagner*, VersR 2012, 789, 798; PWW/*Schneider*, BGB, § 630a Rn 1.

1393 PWW/*Schneider*, BGB, § 630a Rn 1.

1394 BT-Drs. 17/10488, S. 17; Erman/*Rehborn*/*Gescher*, § 630a Rn 1; PWW/*Schneider*, BGB, § 630a Rn 2; *Looschelders*, Schuldrecht BT, Rn 613; *Medicus*/*Lorenz*, Schuldrecht II, Rn 672.

1395 Vgl. *A. Schneider*, JuS 2013, 104 f.; *Spickhoff*, ZRP 2012, 65, 66.

1396 *Olzen*/*Kaya*, Jura 2013, 661; *Looschelders*, Schuldrecht BT, Rn 612; vgl. BT-Drs. 17/10488, S. 18.

1397 Erman/*Rehborn*/*Gescher*, BGB, § 630a Rn 2.

1398 Vgl. *Thurn*, MedR 2013, 153, 154; Erman/*Rehborn*/*Gescher*, § 630a Rn 16 ff.

1399 *Oechsler*, Vertragliche Schuldverhältnisse, Rn 1060.

1400 Staudinger/*Richardi*, BGB, Vorb. zu § 611 ff. Rn 1257.

Das Behandlungsverhältnis kommt unabhängig von der Versicherung des Patienten durch einen Behandlungsvertrag zustande. Auch die Behandlung von Kassenpatienten beruht im Verhältnis Arzt-Patient auf einem Vertrag.[1401] Dies war vor Einführung der §§ 630a ff. BGB nicht unumstritten.[1402] Allerdings wird der Behandlungsvertrag zwischen Vertragsarzt und Kassenpatient durch das SGB V überlagert.[1403] Der Vertrag ist in diesem Fall grundsätzlich auf eine für den Patienten kostenlose Behandlung auf Kosten der Krankenkasse gerichtet.[1404] Anders als bei Privatpatienten gilt das Sachleistungsprinzip, sodass der Kassenpatient auch nicht in Vorleistung tritt. Der Behandlungsvertrag wirkt quasi zu Lasten der GKV als Drittem. Ob es sich tatsächlich um einen Vertrag zu Lasten Dritter handelt,[1405] ist unerheblich, da sich die Berechtigung zum Abschluss dieses Vertrages jedenfalls aus § 2 I 1 i.V.m. §§ 69 ff. SGB V, insbesondere den Gesamtverträgen gemäß § 83 SGB V, ergibt.

II. Die Behandlung gemäß dem fachlichen Standard

1. Grundsatz

Gemäß § 630a II BGB hat die Behandlung nach den zum Zeitpunkt der Behandlung bestehenden fachlichen Standards zu erfolgen, soweit nicht etwas anderes bestimmt ist. Die Bestimmung des Standards ist hierbei nicht unproblematisch. Beim „Standard“ handelt es sich um einen anhand medizinischen Wissens ausfüllungsbedürftigen Rechtsbegriff.[1406] Der Begriff des Standards ist nicht allein deskriptiv, sondern normativ: Dem Standard genügt nur eine nach dem jeweiligen Stand der (medizinischen) Erkenntnisse richtige Behandlung.[1407]

1401 BT-Drs. 17/10488, Rn 18 f.; BGH, 18.03.1980, VI ZR 247/78, BGHZ 76, 259, 261; 28.04.2005, III ZR 351/04, BGHZ 163, 42, 46; *Spickhoff*, VersR 2013, 267, 270; *Olzen/Kaya*, Jura 2013, 661; *Medicus/Lorenz*, Schuldrecht II, Rn 686; *Looschelders*, Schuldrecht BT, Rn 614; *Brox/Walker*, § 22 Rn 6; Rosenau/Hakeri/*Rehborn*, Patientenrechte, S. 86; *ders.*, MDR 2013, 497; Hk-BGB/*Schreiber*, § 630a Rn 5.

1402 Vgl. BGH, 18.03.1980, VI ZR 247/78, BGHZ 76, 259, 261; Erman/*Rehborn/Gescher*, § 630a Rn 6; *Schnapp/Düring*, NJW 1989, 2913, 2916; Huster/Kaltenborn/*Rehborn*, Krankenhausrecht, § 12 Rn 6 ff.; *Stern*, SozVers 1976, 206, 209; *Krause*, SGb 1982, 425, 431; *Lüke*, SGb 1985, 305, 306; *Schmidt-De Caluwe*, VSSR 1998, 207, 224 ff.; *Schulin*, ZSR 1994, 357, 362.

1403 BT-Drs. 17/10488, S. 19.

1404 BT-Drs. 17/10488, S. 19; BGH, 28.04.2005, III ZR 351/04, BGHZ 163, 42, 46; *Medicus/Lorenz*, Schuldrecht II, Rn 686; *Oetker/Maultzsch*, Vertragliche Schuldverhältnisse, § 7 Rn 135; *Oechsler*, Vertragliche Schuldverhältnisse, Rn 1061.

1405 Vgl. *Stern*, SozVers 1976, 206, 209; kritisch *Krause*, SGb 1982, 425, 431.

1406 *Katzenmeier*, Arzthaftung, S. 279; *Hase*, GesR 2012, 601, 602.

1407 *Katzenmeier*, Arzthaftung, S. 279.

2. Abweichende Vereinbarungen

§ 630a II BGB sieht ausdrücklich vor, dass der allgemein anerkannte fachliche Standard nur maßgeblich ist, soweit nichts anderes vereinbart wurde. Es besteht demnach grundsätzlich Dispositionsfreiheit.[1408] Die Parteien können hiernach insbesondere Neulandverfahren vereinbaren, die noch nicht allgemein anerkannt sind.[1409] Nichts anderes kann auch für alternative Behandlungsmethoden gelten.[1410] Ist es – nach entsprechender Aufklärung durch den Behandelnden – der Wille des Patienten, dass eine bestimmte Therapie durchgeführt wird, würde es sein Selbstbestimmungsrecht verletzen, wenn ihm ein solcher Vertragsschluss durch die Rechtsordnung verweigert würde.[1411]

Allgemein können Behandelnder und Patient eine Abweichung vom Standard bzw. eine Unterschreitung des Standards vereinbaren. Große Bedeutung kommt hierbei den Informations- und Aufklärungspflichten zu.[1412] Der Arzt ist berechtigt, vom Standard abzuweichen, wenn der Patient hierin einwilligt. Dies umfasst auch die Anwendung nicht schulmedizinischer Heilmethoden.[1413] Erforderlich ist aber, dass der Patient die Tragweite seiner Entscheidung kennt, also über die mit dem Verzicht auf schulmedizinische Methoden ggf. verbundenen Risiken aufgeklärt wurde.[1414] Die Aufklärungspflicht wird hierbei durch die §§ 630c ff. BGB konkretisiert (näher III).[1415]

Zu beachten sind auch die allgemeinen Grenzen der Vertragsfreiheit, die sich insbesondere aus den §§ 134, 138, 242 sowie §§ 305 ff. BGB ergeben.[1416] In der Regel wird es nicht im Interesse des Patienten sein, dass der Behandelnde überhaupt keine Standards befolgt. So wird auch ein Patient, der schulmedizinische Behandlungsmethoden ablehnt, in der Regel ein Interesse daran haben, dass der Behandelnde etwa Hygienestandards einhält. Soweit die Behandlung nach einer bestimmten Therapierichtung vereinbart wurde, lässt sich vom fachlich anerkannten Therapiestandard innerhalb der jeweiligen Therapierichtung sprechen. Es kann also insoweit ein Therapiestandard existieren, der nicht nach naturwissenschaftlichen

---

1408 *Olzen/Uzunovic*, JR 12, 447; *Olzen/Kaya*, Jura 2013, 661, 664; PWW/*Schneider*, BGB, § 630a Rn 9.

1409 *Olzen/Uzunovic*, JR 12, 447; *Thole*, MedR 2013, 145, 146; *Katzenmeier*, NJW 2013, 817, 818; *Rehborn*, MDR 2013, 497, 498.

1410 Vgl. OLG Stuttgart, 16.04.2002, VersR 2003, 992, 993; *Frahm*, GesR 2005, 529, 531.

1411 Vgl. *Gehrlein*, Arzthaftpflicht, B Rn 30; Ratzel/Luxenburger/*Kaiser*, Medizinrecht, § 13 Rn 49.

1412 *Neelmeier*, NJW 2015, 374 f.

1413 *Frister/Lindemann/Peters*, Arztstrafrecht, Rn 95; Ulsenheimer/*Ulsenheimer*, Arztstrafrecht, Rn 81.

1414 *Frister/Lindemann/Peters*, Arztstrafrecht, Rn 95.

1415 Vgl. Ulsenheimer/*Biermann*, Arztstrafrecht, Rn 407 ff.

1416 PWW/*Schneider*, BGB, § 630a Rn 9; vgl. auch Spickhoff/*Spickhoff*, Medizinrecht, § 630a BGB Rn 41.

Erkenntnismethoden abgesichert ist.[1417] Die Anwendung von Maßstäben der Binnenanerkennung ist hier unproblematisch, da es dem Patienten nach entsprechender Aufklärung frei steht, Leistungen auf eigene Kosten zu verlangen, deren wissenschaftliche Anerkennung nicht gesichert ist.[1418] Eine konkludente Vereinbarung eines anderen Therapiestandards ist allerdings nur anzunehmen, wenn der Sachverhalt eindeutig ist.[1419] Unerheblich ist hierbei, um welche Form der Therapierichtung es sich handelt. Vereinbart werden kann nicht nur die Anwendung der besonderen Therapierichtungen im Sinne des SGB V, sondern jeglicher Therapierichtung, einschließlich der echten Außenseitermethoden.

Im Grundsatz muss dies auch für gänzlich esoterische Methoden ohne jeglichen Wissenschaftsbezug gelten. Auch Scharlatanerie, Gesundbeten, Teufelsaustreibung und ähnliche Praktiken sind nach der Privatautonomie grundsätzlich zulässig. Hierbei sind freilich die allgemeinen Grenzen besonders zu beachten. So ist § 1 HeilPraktG als Verbotsgesetz i.S.d. § 134 BGB einzusehen.[1420] Wer weder als Arzt approbiert noch als Heilpraktiker zugelassen ist, kann somit keine rechtswirksamen Behandlungsverträge abschließen. „Behandlungen", die keinerlei Fachkenntnisse erfordern bzw. keine potenziellen Gefahren aufweisen, sind jedoch nicht als Heileingriffe zu charakterisieren (näher zum HeilPraktG D II).[1421] Sittenwidrigkeit gemäß § 138 I BGB kommt in Betracht, wenn der Behandelnde bestimmte abergläubische Vorstellungen des Patienten gezielt zum eigenen Vorteil ausnutzt.

3. Medizinischer Standard

a) Grundsatz

Für die konkrete Behandlung gilt jeweils der medizinische Standard innerhalb des Fachgebiets.[1422] Der Maßstab bezieht sich auf die jeweilige Heilberufsgruppe, sodass von höheren Standards für Ärzte auszugehen ist.[1423] Allerdings verstoßen Ärzte und Heilpraktiker in gleichem Maße gegen die Sorgfaltspflicht, wenn sie sich nicht im erforderlichen Maße mit der Methode vertraut gemacht haben.[1424] Der Behandelnde wird also nicht durch mangelnde Kenntnis entlastet, es sei denn,

---

1417 Vgl. *Hart*, GesR 2012, 385, 386.

1418 Dies entspricht der Beurteilung der Qualität i.S.d. § 70 I 2 SGB V, die ebenfalls nach Maßstäben der Binnenanerkennung zu beurteilen ist (s.o., Kap. 4 E VI).

1419 Vgl. *Spickhoff*, VersR 2013, 267, 271 f.

1420 OLG München, 29.02.1984, 20 U 3369/83, NJW 1984, 1826, 1827; *Eberhardt*, NJW 1985, 664, 665.

1421 Vgl. BVerwG, 14. 10. 1958, I C 25/56, NJW 1959, 833, 834; *Haage*, HeilPraktG, § 1 Rn 10.

1422 BGH, 10.02.1987, VI ZR 68/86, NJW 1987, 1479, 1480; PWW/*Schneider*, BGB, § 630a Rn 8.

1423 Vgl. PWW/*Schneider*, BGB, § 630a Rn 8.

1424 BGH, 29.01.1991, VI ZR 206/90, BGHZ 113, 297, 302; PWW/*Schneider*, BGB, § 630a Rn 8.

er konnte ausnahmsweise nicht selbst erkennen, dass ihm notwendige Kenntnisse bzw. Fähigkeiten fehlten.[1425] Bei mangelnder Qualifikation muss der Arzt bzw. Heilpraktiker den Patienten an einen Spezialisten überweisen.[1426] Kann der Behandelnde den Standard nicht gewährleisten und behandelt den Patienten gleichwohl, kommt eine Haftung unter dem Gesichtspunkt des Übernahmeverschuldens in Betracht.[1427]

Maßgeblich ist gemäß § 630a II BGB jeweils der Standard zum Zeitpunkt der Behandlung.[1428] Soweit sich ein Behandlungsstandard für die konkrete Diagnose noch nicht herausgebildet hat, kommt ein Heilversuch jenseits der Standardbehandlung in Betracht.[1429] Hierfür gelten jedoch besondere Sorgfaltspflichten. Namentlich ist die Sorgfalt eines vorsichtig Behandelnden zu verlangen.[1430]

Ist der medizinische Standard zwischen den Parteien im Prozess streitig, kommt ebenso wie bei der Beurteilung einer Methode im Streit zwischen Versichertem und PKV dem Gutachter eine entscheidende Bedeutung zu.[1431] Die Ausführungen hierzu lassen sich im Wesentlichen auf das Behandlungsvertragsrecht übertragen. Zu beachten ist allerdings, dass eine fachärztliche Behandlung regelmäßig durch einen anderen Facharzt des jeweiligen Gebietes überprüft werden muss, da nur dieser den Facharztstandard (s.u., b aa) ausreichend beurteilen kann.[1432]

b) Medizinischer Standard für ärztliche Behandlungen

aa) Allgemeines

Der medizinische Standard für ärztliche Behandlungen ist anhand des jeweils anerkannten Erkenntnisstandes der medizinischen Wissenschaft und Bewährung in der Praxis zu beurteilen.[1433] Nachdem sich – innerhalb der Schulmedizin – die evidenzbasierte Medizin durchgesetzt hat, ist sie auch als Methode zur Ermittlung des medizinischen Standards vorrangig heranzuziehen.[1434] Der Bewährung in der Praxis des medizinischen Alltags kommt dementsprechend nur noch eine untergeordnete Bedeutung zu.

1425 Vgl. *Looschelders*, Schuldrecht BT, Rn 616 f.

1426 *Medicus/Lorenz*, Schuldrecht II, Rn 674.

1427 *Heberer*, Berufs- und Standesrecht, S. 230; *Groß*, VersR 1996, 657, 664.

1428 Vgl. *Rehborn*, GesR 2013, 257, 259.

1429 Vgl. *Hart*, MedR 1998, 8, 9; *Geiß/Greiner*, Arzthaftpflichtrecht, B Rn 37.

1430 BT-Drs. 17/10488, S. 19; BGH, 22.05.2007, VI ZR 35/06, BGHZ 172, 254, 259 (juris-Rn 19); *von Pentz*, MedR 2011, 222.

1431 Vgl. *Taupitz*, AcP 211 (2011), 353, 356; *Rumler-Detzel*, VersR 1999, 1209; *Stöhr* in FS G. Hirsch, S. 431, 438 f.; Ratajczak/Stegers/*Stegers*, Arzthaftungsrecht, S. 139 f.

1432 Erman/*Rehborn*/*Gescher*, BGB, § 630a Rn 38.

1433 *Looschelders*, Schuldrecht BT, Rn 615; PWW/*Schneider*, BGB, § 630a Rn 8; *Kern*, GesR 2002, 5; *A. Walter*, GesR 2003, 165, 166.

1434 Vgl. *Hase*, GesR 2012, 601, 603 f.

Der medizinische Standard ist nirgends verbindlich festgehalten. Umstritten ist, inwieweit die aktuellen Leitlinien der wissenschaftlichen Fachgesellschaften[1435] bzw. die Richtlinien des G-BA herangezogen werden können. Als Indizien kommen auch Fachzeitschriften, Kongressprotokolle und Lehrbücher in Betracht, bei denen aber die Gefahr besteht, dass es sich um von der Mehrheitsauffassung abweichende Einzelmeinungen handelt.[1436]

Bei fachärztlichen Leistungen ist der Facharztstandard maßgeblich, also die von einem Facharzt zu erwartenden Standards.[1437] Es kommt hierbei nicht darauf an, ob der Leistungserbringer selbst Facharzt ist, sondern ob die Leistung dem jeweiligen Fachbereich zuzurechnen ist. Nimmt ein Arzt eine fachärztliche Leistung vor, ohne selbst Facharzt in diesem Bereich zu sein, ist dies allein allerdings noch keine Verletzung des Facharztstandards.[1438] Maßgeblich ist nicht der ideale Standard, sondern der unter den konkreten Bedingungen erreichbare Standard, soweit er noch als ausreichend angesehen werden kann.[1439]

Grundsätzlich für den Standard unerheblich sind Wirtschaftlichkeitsüberlegungen.[1440] Spätestens durch das Patientenrechtegesetz dürfte die Problematik ins Informationsrecht verlagert sein: Gemäß § 630c III BGB ist der Behandelnde verpflichtet, den Patienten aufzuklären, wenn Zweifel an der Kostenübernahme bestehen (s. III 3). Die Entscheidung, ob der Behandelnde eine – aus Wirtschaftlichkeitserwägungen hinter dem medizinischen Standard zurückbleibende – günstigere Behandlung oder eine teurere, teils auf eigene Kosten erfolgende, aber dem medizinischen Standard genügende Leistung erbringt, trifft somit der Patient.

bb) Streitstand: Einfluss von Leitlinien der Wissenschaftlichen Medizinischen Fachgesellschaften

Besonders umstritten ist der Einfluss der Leitlinien der Wissenschaftlichen Medizinischen Fachgesellschaften auf die Bestimmung des ärztlichen Standards. Hierbei handelt es sich um Handlungsempfehlungen durch ärztliche Fachgremien,[1441] die gewissermaßen als Regeln „guten ärztlichen Handelns“ dienen,[1442] aber selbst keine Rechtsnormen darstellen,[1443] anders als etwa die Richtlinien des G-BA nach §§ 91 ff.

1435 Vgl. PWW/*Schneider*, BGB, § 630a Rn 8; *Taupitz*, AcP 211 (2011), 353, 362 ff.

1436 *Taupitz*, AcP 211 (2011), 353, 361.

1437 BT-Drs. 17/10488, S. 19; BGH, 10.02.1987, VI ZR 68/86, NJW 1987, 1479, 1480; *Olzen/Metzmacher*, JR 12, 272; *Spickhoff*, VersR 2013, 267, 271; Hk-BGB/*Schreiber*, § 630a Rn 7; *Frahm/Nixdorf*, Arzthaftungsrecht, Rn 75; Ehlers/Broglie/*Broglie*, Rn 752; *Frister/Lindemann/Peters*, Arztstrafrecht, Rn 82.

1438 Vgl. *Osmialowski*, Arztrecht, 2014, 89, 92; *Gehrlein*, Arzthaftpflicht, B Rn 33; *Boemke*, NJW 2010, 1562, 1563.

1439 BGH, 14.12.1993, VI ZR 67/93, NJW 1994, 1596, 1597 f.; *Groß*, VersR 1996, 657, 664.

1440 Vgl. *Kern*, MedR 2004, 300, 301 ff.

1441 *A. Walter*, GesR 2003, 165, 167.

1442 *Bergmann*, GesR 2006, 337.

1443 *Taupitz*, NJW 2003, 1145 ff.

SGB V. Die Zielrichtungen und Erscheinungsformen entsprechender Leitlinien unterscheiden sich ebenso wie ihre Bezeichnungen.[1444] Für die Einordnung als Leitlinie ist unerheblich, ob sie etwa als „Richtlinie“ oder „Empfehlung“ betitelt ist; auch „Richtlinien“ etwa der BÄK sind in diesem Sinne nur Leitlinien, da sie selbst keine Rechtsnormen sind.[1445]

Leitlinien werden in drei Klassen eingeteilt.[1446] Leitlinien, die von einer repräsentativ zusammengesetzten Expertengruppe der wissenschaftlichen Fachgesellschaft im informellen Konsens erarbeitet wurden, werden als S1-Leitlinien bezeichnet,[1447] teilweise auch als „Empfehlungen“.[1448] S2-Leitlinien werden demgegenüber in einem formalen Konsensverfahren (Nominaler Gruppenprozess, Konsensuskonferenz oder Delphikonferenz) erarbeitet oder beruhen auf einer formalen „Evidenz“-Recherche.[1449] Am strengsten formalisiert ist die Entstehung der S3-Leitlinien, bei denen (zusätzlich zu den Anforderungen an S2-Leitlinien) die Methoden der evidenzbasierten Medizin zum Einsatz kommen und die auf einer systematischen Vorgehensweise beruhen, die logische Struktur, Entscheidungs- und „Outcome“-Analyse einschließt.[1450]

(1) Unverbindliche Information

Nach einer Mindermeinung sollen die Leitlinien lediglich der Information des Arztes dienen und somit unverbindlich sein.[1451] Legitimität, Qualität und Aktualität der Richtlinien seien zu umstritten, um aus ihnen weitergehende Rechtsfolgen abzuleiten.[1452]

(2) Konstitutive Wirkung

Die Gegenansicht nimmt an, die Leitlinien legten selbst den ärztlichen Standard fest.

1444 *A. Walter*, GesR 2003, 165, 167; *Bergmann*, GesR 2006, 337.

1445 Vgl. *Taupitz*, NJW 2003, 1145 ff.

1446 Vgl. AWMF, Erarbeitung von Leitlinien für Diagnostik und Therapie, Methodische Empfehlungen, Stand: Dezember 2004, S. 1 f.; *Frister/Lindemann/Peters*, Arztstrafrecht, Rn 87.

1447 *Bergmann*, GesR 2006, 337, 338; *Spickhoff*, NJW 2007, 1628; *Stöhr* in FS Hirsch S. 431, 437.

1448 Vgl. AWMF, Erarbeitung von Leitlinien für Diagnostik und Therapie, Methodische Empfehlungen, Stand: Dezember 2004, S. 1; *Bergmann*, GesR 2006, 337, 338.

1449 Vgl. AWMF, Erarbeitung von Leitlinien für Diagnostik und Therapie, Methodische Empfehlungen, Stand: Dezember 2004, S. 1 f.

1450 AWMF, Erarbeitung von Leitlinien für Diagnostik und Therapie, Methodische Empfehlungen, Stand: Dezember 2004, S. 2; *Bergmann*, GesR 2006, 337, 338; *Stöhr* in FS Hirsch S. 431, 437.

1451 OLG Naumburg, 19.12.2001, 1 U 46/01, MedR 2002, 471 (juris-Rn 13); Ratzel/Lissel/*Kern*, Medizinschadensrecht, § 2 Rn 27 f.

1452 OLG Naumburg, aaO.

Ziegler[1453] kommt zu diesem Ergebnis, indem er eine Reduzierung des Ermessens auf Null fordert: Der Richter könne nicht nur, sondern müsse die Leitlinien einbeziehen. Nur so könne die (verfassungsrechtlich anerkannte[1454]) Waffengleichheit hergestellt und der Wissensvorsprung des Arztes ausgeglichen werden. Eine Abweichung von diesem allgemeinen Standard müsse geboten sein und dokumentiert werden. Anderenfalls sei ein Behandlungsfehler zu vermuten.[1455] Leitlinien seien ebenso wie DIN-Normen normative Sätze.[1456]

Zu einem ähnlichen Ergebnis kommt *Hart*.[1457] Leitlinien seien „Handlungsempfehlungen mit Abweichungskorridoren" und als solche grundsätzlich verbindlich; nur bei begründeten Ausnahmen sei eine Abweichung zulässig.[1458] Leitlinien, die valide und reproduzierbar seien und dem jeweiligen Stand der Erkenntnisse entsprächen, seien selbst Standards, keine bloßen Empfehlungen.[1459] Der Einfluss des Streits sei im Ergebnis aber gering.[1460]

Einschränkend meint *Bergmann*, nur S3-Leitlinien legten selbst den medizinischen Standard fest.[1461]

(3) Deklaratorische Wiedergabe und Indizwirkung

Die herrschende Meinung nimmt eine vermittelnde Position ein. Sie setzt zwar Leitlinien nicht mit dem ärztlichen Standard gleich und verneint auch eine konstitutive Wirkung auf den Standard, sie geht jedoch von einer deklaratorischen Wiedergabe bzw. einer Indizwirkung auf den Standard aus.[1462] Der BGH nimmt an,

---

1453 *Ziegler*, VersR 2003, 545, 548; *ders.*, GesR 2006, 109.

1454 Vgl. BVerfG, 25.07.1979, 2 BvR 878/74, VersR 1979, 907 (juris-Rn 68 ff.).

1455 *Ziegler*, VersR 2003, 545, 548.

1456 *Ziegler*, GesR 2006, 109.

1457 *Hart*, MedR 1998, 8, 11; *ders.*, GesR 2011, 387, 389.

1458 *Hart*, MedR 1998, 8, 11.

1459 *Hart*, MedR 1998, 8, 11; differenzierend, aber im Ergebnis unverändert *ders.*, GesR 2011, 387, 389.

1460 *Hart*, GesR 2011, 387, 389.

1461 *Bergmann*, GesR 2006, 337, 338.

1462 BGH, 28.03.2008, VI ZR 57/07, GesR 2008, 361; OLG Hamm, 11.01.1999, 3 U 131/98, VersR 2000, 1373; 09.05.2001, 3 U 250/99, VersR 2002, 857, 858; OLG Düsseldorf, 15.06.2000, 8 U 99/99, VersR 2000, 1019, 1020; *Stöhr* in FS Hirsch, S. 431, 437; *Dressler* in FS Geiß, S. 379 ff.; Stegers/*Stegers*, Sachverständigenbeweis, Rn 184 f.; LKL/*Katzenmeier*, Arztrecht, X Rn 9; *Katzenmeier*, Arzthaftung, S. 280; *Steffen* in FS Deutsch, S. 615, 619 ff.; *Rehborn*, GesR 2011, 391, 393; *ders.*, GesR 2013, 257, 259; *Ihle*, GesR 2011, 394; *Heberer*, Berufs- und Standesrecht, S. 287; *Frahm*, GesR 529, 531; Ulsenheimer/*Ulsenheimer*, Arztstrafrecht, Rn 62 ff.; *Janda*, Medizinrecht, S. 132; Spickhoff/*Spickhoff*, Medizinrecht, § 630a Rn 38 ff.; *A. Walter*, GesR 2003, 165, 168 f.; PWW/*Schneider*, BGB, § 630a Rn 8; *Taupitz*, AcP 211 (2011), 353, 362 ff.; Ratzel/Lippert/*Ratzel*, MBO, § 11 Rn 8; *Kopp*, GesR 2011, 385, 386; *Frister*/*Lindemann*/*Peters*, Arztstrafrecht, Rn 87; i.E. wohl auch *Martis*/*Winkhart-Martis*, Arzthaftungsrecht, Rn B 72.

dass Leitlinien von ärztlichen Fachgremien oder Verbänden nicht unbesehen mit dem medizinischen Standard gleichgesetzt werden könnten.[1463]

Spickhoff sieht eine Indizwirkung in beide Richtungen: Einerseits indiziere die Befolgung ein pflichtgemäßes Verhalten. Andererseits indiziere ein feststehender Verstoß gegen Leitlinien regelmäßig die Verletzung der Sorgfaltspflicht.[1464] *Stöhr* betont, Leitlinien könnten den medizinischen Standard nur deklaratorisch wiedergeben, hätten aber keine konstitutive Wirkung.[1465] Sie könnten daher nur als Anhaltspunkt oder Wegweiser dienen. Dies gelte auch für S3-Leitlinien, denen zwar die stärkste Indizwirkung zukomme, die aber dennoch nicht immer auf den konkreten Einzelfall übertragbar seien.[1466] Auch *Steffen* verweist darauf, dass S3-Leitlinien keinen Normcharakter hätten, da den Wissenschaftlichen Medizinischen Fachgesellschaften die Normsetzungskompetenz fehle.[1467] Zudem dürften Evidenzkriterien nicht überbewertet werden.[1468] Auch *A. Walter* nimmt an, der faktische Einfluss von Leitlinien stehe außer Frage; die Leitlinien hätten jedoch keine unmittelbare Wirkung auf den Standard.[1469]

Rehborn schlägt vor, die Leitlinien sollten generell in ein Sachverständigengutachten einfließen.[1470] Ihnen komme eine zentrale Bedeutung bei der Suche nach dem Standard zu, auch wenn sie diesen nur deklaratorisch wiedergäben.[1471] Auch *Dressler* geht davon aus, der Sachverständige habe sich an existierenden Leitlinien auszurichten, dürfe diese aber nicht als allein maßgeblich behandeln.[1472] Leitlinien seien keine verbindlichen Normen, ähnelten aber einem „antizipierten Sachverständigengutachten“, indem sie den Standard ärztlichen Handels bei einer derartigen Problemlage darstellten.[1473] Der Sachverständige müsse die Aktualität der Leitlinie prüfen und darlegen, inwieweit Abweichungen und Übereinstimmungen zwischen Leitlinie und konkretem Fall bestünden.[1474] Demgegenüber ist *Stegers* der Auffassung, die Leitlinie sei kein antizipiertes Sachverständigengutachten.[1475] Auch *Katzenmeier* meint, Leitlinien könnten Sachverständigengutachten nicht ersetzen und nicht unbesehen als Maßstab für den Standard übernommen werden.[1476]

1463 BGH, 28.03.2008, VI ZR 57/07, GesR 2008, 361; 20.09.2011, VI ZR 55/09, MedR 2012, 450, 452; ähnlich *Ihle*, GesR 2011, 394; *L. Schneider*, Neue Behandlungsmethoden, S. 18.
1464 Spickhoff/*Spickhoff*, Medizinrecht, § 630a BGB Rn 40.
1465 *Stöhr* in FS Hirsch, S. 431, 437; ebenso *Rehborn*, GesR 2013, 257, 259.
1466 *Stöhr* in FS Hirsch, S. 431, 437.
1467 *Steffen* in FS Deutsch, S. 615, 622 f.
1468 *Steffen* in FS Deutsch, 615, 619 ff.
1469 *A. Walter*, GesR 2003, 165, 168 f.
1470 *Rehborn*, GesR 2011, 391, 393.
1471 *Rehborn*, GesR 2013, 257, 259.
1472 *Dressler* in FS Geiß, S. 379, 384.
1473 *Dressler* in FS Geiß, S. 379, 384; ähnlich Ratzel/Lippert/*Ratzel*, MBO, § 11 Rn 8.
1474 *Dressler* in FS Geiß, S. 379, 384.
1475 Stegers/*Stegers*, Sachverständigenbeweis, Rn 184.
1476 LKL/*Katzenmeier*, Arztrecht, X Rn 9.

cc) Streitstand: Einfluss von Richtlinien des G-BA

Den Richtlinien des G-BA gemäß §§ 92 ff. SGB V wird zumeist ein höherer Stellenwert zur Ermittlung des medizinischen Standards eingeräumt als den Leitlinien der Wissenschaftlichen Medizinischen Fachgesellschaften. Die Einzelheiten sind aber auch hier streitig.

(1) Deklaratorische Wiedergabe des Standards, starke Indizwirkung

Nach einer Auffassung sollen den Richtlinien eine – verglichen mit der hM zu den Leitlinien stärkere – deklaratorische Wirkung und Indizfunktion zukommen.[1477]

Ulsenheimer meint, die Richtlinien wirkten sich nicht unerheblich auf das Entstehen eines medizinischen Standards aus.[1478] Sie seien aber nicht notwendigerweise selbst ärztlicher Standard.[1479] Nach *L. Schneider* sollen die Richtlinien keine unmittelbare haftungsrechtliche Verbindlichkeit begründen.[1480] *Kern* warnt davor, dass die Richtlinien des G-BA u.U. weniger durch ärztliche Gesichtspunkte, sondern durch die Interessen der gesetzlichen Krankenversicherungen bestimmt werden könnten.[1481] Etwas weiter geht die Auffassung von *Stöhr*, der die Richtlinien zwar im Ausgangspunkt ebenfalls als deklaratorisch ansieht, aber annimmt, gemäß § 135 SGB V ausgeschlossene Methoden würden sich kaum jemals zum Standard entwickeln.[1482] Die Unterschreitung der Richtlinien verletze den Standard, der Standard könne aber über die Richtlinie hinausgehen und strengere Anforderungen setzen.[1483]

(2) G-BA-Richtlinien als ärztlicher Standard

Die Gegenauffassung, zu der auch der BGH tendiert, nimmt an, die Richtlinien des G-BA setzten selbst den ärztlichen Standard fest.[1484] *Steffen* meint, die Grenzen aus dem SGB V gälten auch für das Haftungsrecht. Der Standard nach dem Haftungsrecht könne nicht über Standard nach dem SGB V hinausgehen.[1485] Ziel müsse der

---

1477 OLG Dresden, 20.09.2001, 4 U 1598/95, KH 2002, 222, juris-Rn 65; Ulsenheimer/*Ulsenheimer*, Arztstrafrecht, Rn 64 f.; *G. Müller* in FS Hirsch, S. 413, 420; *L. Schneider*, Neue Behandlungsmethoden, S. 17 f.; *Stöhr* in FS Hirsch, S. 431, 437 f.; *Rehborn*, GesR 2013, 257, 259; *Kern*, GesR 2002, 5, 9; *Martis/Winkhart-Martis*, Arzthaftungsrecht, Rn B 83.

1478 Ulsenheimer/*Ulsenheimer*, Arztstrafrecht, Rn 65.

1479 Ulsenheimer/*Ulsenheimer*, Arztstrafrecht, Rn 64.

1480 *L. Schneider*, Neue Behandlungsmethoden, S. 17 f.

1481 *Kern*, GesR 2002, 5, 9.

1482 *Stöhr* in FS Hirsch, S. 431, 437 f.; ebenso *Rehborn*, GesR 2013, 257, 259.

1483 *Stöhr* in FS Hirsch, S. 431, 437 f.

1484 BGH, 25. 11. 2003, VI ZR 8/03, NJW 2004, 1452, 1453 f.; 28.03.2008, VI ZR 57/07, GesR 2008, 361; KG, 02.10.2003, 20 U 402/01, NJW 2004, 691; *Steffen* in FS Hirsch S. 487, 493; *Geiß/Greiner*, Arzthaftpflichtrecht, B Rn 9a; Stegers/*Stegers*, Arzthaftungsrecht, Rn 186 f.; LKL/*Katzenmeier*, Arztrecht, X Rn 9.

1485 *Steffen* in FS Hirsch, S. 487, 493.

Gleichklang von Haftungsrecht und Sozialrecht sein.[1486] *Stegers* sieht die Richtlinien als verbindliche Mindestvorgaben,[1487] die zumindest gälten, so lange nicht ernst zu nehmende Stimmen in der Fachwelt deren Sinnhaftigkeit und Aktualität widersprächen.[1488]

dd) Stellungnahme

Aus dem Begriff ergibt sich bereits, dass der fachliche Standard anhand der Auffassungen innerhalb der Ärzteschaft zu ermitteln ist. Standard sind jeweils diejenigen Methoden, die von der überwiegenden Ansicht der Ärzte als vorzugswürdig angesehen werden. Der medizinische Standard beschreibt also das typischerweise geforderte ärztliche Verhalten.[1489] Der Grundgedanke des Standards liegt nahe an dem des allgemein anerkannten Stands der medizinischen Erkenntnisse, der Bezugspunkt ist allerdings ein anderer: Während der allgemein anerkannte Stand der medizinischen Erkenntnisse sich auf konkrete, im Idealfall objektiv eindeutig zu beantwortende Fragestellungen wie denen nach Wirksamkeit oder Wirtschaftlichkeit bezieht, gibt der medizinische Standard einen Sollzustand vor, die „Richtigkeit" der Methode, ist also stets wertend.[1490]

Bei der systematischen Einordnung des Begriffs ist zu beachten, dass das Recht des Behandlungsvertrags andere Ziele verfolgt als etwa das Krankenversicherungsrecht. Inwieweit der Arzt die Einhaltung des medizinischen Standards schuldet, unterliegt beim Behandlungsvertrag – bis zu den allgemeinen Grenzen – der Vereinbarung der Parteien. Ausgangspunkt muss daher die Auslegung des Vertrages und das Verständnis der Parteien sein. Der Patient darf im Allgemeinen davon ausgehen, dass der Arzt die einschlägigen Leitlinien und Richtlinien beachtet.

(1) Richtlinien des G-BA

Die Bedeutung der Richtlinien des G-BA ist insbesondere für Kassenpatienten hoch, bei denen der Behandlungsvertrag durch die Regelungen des SGB V überlagert wird. Es entspricht dem Interesse beider Parteien, wenn der Arzt genau diejenigen Leistungen erbringt, deren Kosten die GKV übernimmt, also eine einerseits ausreichende, andererseits zweckmäßige, notwendige und wirtschaftliche Leistung, die den Anforderungen des § 135 SGB V entspricht.

Nach dem Zweck des § 630a II BGB dient der medizinische Standard der Festlegung dessen, was der Arzt im Allgemeinen schuldet, und zwar einerseits aus dem Behandlungsvertrag, andererseits im Hinblick auf die deliktische Handlung. Demgegenüber präzisieren die G-BA-Richtlinien nach ihrem Zweck diejenigen

---

1486 *Steffen* in FS Hirsch, S. 487, 494, 498.

1487 Stegers/*Stegers*, Sachverständigenbeweis, Rn 186.

1488 Stegers/*Stegers*, Sachverständigenbeweis, Rn 187.

1489 So auch *Kohte*, in: Lilie/Bernat/Rosenau, Standardisierung in der Medizin als Rechtsproblem, S. 79, 81.

1490 Vgl. *Katzenmeier*, Arzthaftung, S. 279.

Leistungen, für deren Kosten die gesetzliche Krankenversicherung aufkommen muss. Dementsprechend werden die G-BA-Richtlinien nicht allein von der Ärzteschaft, sondern in Kooperation zwischen den Spitzenverbänden der Ärzte und Krankenversicherer erlassen. Bereits dieser Einfluss der gesetzlichen Krankenversicherungen widerspricht der Annahme, dass die Richtlinien des G-BA selbst den medizinischen Standard festsetzen.[1491]

Dies steht jedoch einer starken Indizwirkung, wie sie bereits für die Auswirkung der G-BA-Richtlinien auf die Erstattungspflichten der privaten Krankenversicherungen angenommen wurde, nicht entgegen. Bei Kassenpatienten überlagert § 135 SGB V das Behandlungsvertragsrecht derart, dass letztlich überhaupt nicht mehr der medizinische Standard ausschlaggebend ist, sondern dieser durch die Richtlinien des G-BA im Ergebnis verdrängt wird. Ob nun für Kassenpatienten die G-BA-Richtlinien als konstitutiv für den medizinischen Standard angesehen, oder ob dies als Verdrängung des medizinischen Standards angesehen wird, ist eine rein terminologische Frage.

Eine Diskrepanz zwischen den Richtlinien und den medizinischen Standards ist auch darin zu sehen, dass ärztlicher Erfahrung bei der Bestimmung des Standards ein höherer Stellenwert zukommt als bei der Ermittlung der Richtlinien des G-BA, die sich auf wissenschaftliche Erkenntnis fokussieren.[1492]

Hat der G-BA noch keine Entscheidung getroffen, kann dieser Tatsache demgegenüber grundsätzlich keine Indizwirkung dahingehend zukommen, dass die Methode nicht dem ärztlichen Standard entspreche. Für Kassenpatienten ist diese Erkenntnis aber unerheblich, da § 135 I 1 SGB V die Anerkennung durch den G-BA als unmittelbare Voraussetzung normiert.

(2) Leitlinien der Wissenschaftlichen Medizinischen Fachgesellschaften

Die Leitlinien der Wissenschaftlichen Medizinischen Fachgesellschaften werden demgegenüber allein aus den Reihen der Ärzteschaft festgelegt. Sie geben wieder, ob eine Methode von der herrschenden (medizinischen) Meinung als „richtig" angesehen wird. Insoweit deckt sich ihr Zweck mit dem des medizinischen Standards. Allerdings kommt den Leitlinien im Gegensatz zu den G-BA-Richtlinien kein Rechtsnormcharakter zu. Sie sind schon deshalb nicht konstitutiv, weil hierfür den verantwortlichen Gremien die Kompetenz fehlt. Dementsprechend haben sie auch keine unmittelbare Bindungswirkung.

In aller Regel ist jedoch davon auszugehen, dass die Leitlinien zumindest zum Zeitpunkt des Erlasses den medizinischen Standard korrekt wiedergegeben haben. Eine Indizwirkung für den medizinischen Standard ist daher zu bejahen: Nur im Ausnahmefall geben Leitlinien nicht den Standard wieder, nämlich wenn das Gremium einem Irrtum erlegen oder wenn die Leitlinie veraltet ist. Je höher die Klasse

---

1491 Insoweit zutreffend *Kern*, GesR 2002, 5, 9.

1492 Vgl. *Buchner*, in: Lilie/Bernat/Rosenau, Standardisierung in der Medizin als Rechtsproblem, S. 63, 69.

der Leitlinie, desto stärker ist die Indizwirkung, da ein Irrtum unwahrscheinlicher ist. Auch S3-Leitlinien definieren aber nicht selbst konstitutiv den medizinischen Standard, sondern geben diesen nur deklaratorisch wieder, haben dementsprechend ebenfalls nur eine (starke) Indizwirkung. Umgekehrt nimmt die Indizwirkung mit zunehmendem Alter der Leitlinien ab, wenn keine zwischenzeitliche Kontrolle erfolgt, da ihre Aktualität in Frage stehen kann.

ee) Leitlinien der Alternativmedizin

Auch bei alternativen Heilmethoden bestehen teilweise Leitlinien, die für die Bestimmung des (Binnen-)Standards herangezogen werden können (zur vergleichbaren Problematik der Qualität nach § 70 I 2 SGB V vgl. Kap. 4 E VI). Insbesondere gilt dies in der anthroposophischen Medizin. So hat die Medizinische Sektion der Freien Hochschule für Geisteswissenschaft Goetheanum in Dornach/Schweiz eine Leitlinie für die (anthroposophische) Heileurythmie herausgegeben.[1493]

Soweit die Anwendung alternativer Heilmethoden vereinbart wurde, ist im Zweifel davon auszugehen, dass auch die einschlägigen Leitlinien beachtet werden sollen.[1494] Ausgangspunkt muss auch hier die Auslegung des Behandlungsvertrags sein: Geht es dem Patienten darum, eine Therapie nach den fachlichen Standards der jeweiligen Therapierichtung zu erhalten? In der Regel ist hiervon auszugehen. Zu beachten ist aber, dass der Patient sich in der Regel weniger für Meinungsverschiedenheiten innerhalb einer Therapierichtung interessieren wird, wie etwa den Schulenstreit innerhalb der Homöopathie. Es erscheint hierbei sachgerecht, an die nach § 630c BGB ohnehin gebotenen Informationspflichten des Arztes anzuknüpfen. Wendet also etwa ein Homöopath Methoden an, die innerhalb der Therapierichtung Homöopathie umstritten sind, muss er hierauf hinweisen. Hat er dies getan, ist davon auszugehen, dass auch eine Abweichung vom Standard der jeweiligen Therapierichtung vereinbart wurde.

c) Standard der Behandlung durch Heilpraktiker

Die Kriterien zur Bestimmung des für Heilpraktiker maßgeblichen Standards sind weit weniger geklärt. Ein gesicherter Standard wie für die ärztliche Behandlung existiert nicht.[1495] Der ärztliche Standard i.S.d. anerkannten Stand der medizinischen Wissenschaft kann hier nicht den Ausgangspunkt bilden: Nach den Umständen können die Parteien nicht davon ausgehen, dass der Heilpraktiker den anerkannten Stand der Wissenschaft beachtet.[1496] Der Heilpraktiker kann aber nicht gänzlich

---

1493 Leitlinie zur Methode der Heileurythmie / Eurythmietherapie, 17. Fassung, Stand: September 2013.

1494 Vgl. *Wimmer* in Oepen/Prokop, Außenseitermethoden in der Medizin, S. 275, 292; *Müller*/*Raschke*, NJW 2013, 428, 430 f.

1495 Vgl. Quaas/Zuck/*Zuck*, Medizinrecht, § 34 Rn 9; *Taupitz*, NJW 1991, 1505, 1508.

1496 So auch Ratzel/Luxenburger/*Kaiser*, Medizinrecht, § 13 Rn 47.

außerhalb jeglicher medizinischer Standards handeln.[1497] Anderenfalls wäre kaum zu bestimmen, ob ein Behandlungsfehler vorliegt, der eine Haftung auslöst.[1498] Nach der Gesetzesbegründung soll § 630a II BGB von dem Heilpraktiker die typischerweise von einem Heilpraktiker zu erwartende fachgerechte medizinische Heilpraktikerbehandlung verlangen.[1499]

Auszugehen ist vom Erwartungshorizont eines durchschnittlichen Patienten, der einen Heilpraktiker aufsucht.[1500] Der Patient erwartet in der Regel, dass die Methoden des Heilpraktikers schonender und weniger riskant als die allgemein anerkannten Behandlungsmethoden sind.[1501] Grundsätzlich ist daher keine Einwilligung des Patienten in riskante Behandlungsmethoden anzunehmen.[1502] Je höher die mit Eingriffen verbundene Gefahr, desto höher sind auch die Anforderungen an den Behandlungsstandard.[1503] Bei invasiven Methoden muss daher auch hier der Facharztstandard gelten.[1504]

Ob ein Übernahmeverschulden des Heilpraktikers vorliegt, ist anhand des gleichen Sorgfaltsmaßstabs zu ermitteln wie bei Ärzten.[1505] Der Heilpraktiker muss gewissenhaft prüfen, ob die Krankheit bzw. die Behandlung seine Fähigkeiten übersteigt.[1506]

Auch ein Heilpraktiker darf im Übrigen Methoden nur anwenden, wenn er Anhaltspunkte für deren Wirksamkeit hat.[1507] Anderenfalls muss er den Patienten jedenfalls hierüber aufklären und insoweit eine Abweichung von dem für Heilpraktiker geltenden Standard vereinbaren. Eine Untermauerung durch wissenschaftliche Erkenntnisse ist aber nicht erforderlich.[1508] Soweit für die Alternativmedizin Leitlinien der Vertreter der Therapierichtung bestehen, kommt diesen ähnlich wie ärztlichen Leitlinien eine Indizwirkung zu. Demzufolge muss auch der Heilpraktiker die erforderliche Sachkenntnis über die von ihm angewandten Methoden aufweisen.[1509]

1497 Vgl. Quaas/Zuck/*Zuck*, Medizinrecht, § 34 Rn 9; *Ehlers*, Heilpraktiker, S. 219; *Eberhardt*, VersR 1986, 110, 114 f.

1498 *Eberhardt*, VersR 1986, 110, 114 f.

1499 BT-Drs. 17/10488, S. 19.

1500 BGH, 29.01.1991, VI ZR 206/90, NJW 1991, 1535, 1537; Palandt/*Weidenkaff*, BGB, § 630a Rn 11.

1501 Vgl. *Grupp*, MedR 1992, 256, 259; *Eberhardt*, VersR 1086, 110, 113.

1502 Vgl. BT-Drs. 17/10488, S. 19.

1503 *Taupitz*, NJW 1991, 1505, 1508 f.

1504 BT-Drs. 17/10488, S. 19; *Gehrlein*, Arzthaftpflicht, B Rn 33; vgl. BGH, 29.01.1991, VI ZR 206/90, NJW 1991, 1535, 1537.

1505 BGH, 29.01.1991, VI ZR 206/90, BGHZ 113, 297, 302; *Deutsch/Spickhoff*, Medizinrecht, Rn 69; *Taupitz*, NJW 1991, 1505, 1509; Ratzel/Lissel/*Kern*, Medizinschadensrecht, § 2 Rn 56; Igl/Welti/*Nebendahl*, Gesundheitsrecht, Rn 945.

1506 Ratzel/Lissel/*Kern*, Medizinschadensrecht, § 2 Rn 56.

1507 Vgl. Ratzel/Luxenburger/*Kaiser*, Medizinrecht, § 13 Rn 49.

1508 Vgl. Ratzel/Luxenburger/*Kaiser*, Medizinrecht, § 13 Rn 49.

1509 So konkret zur Akupunktur *Eberhardt*, VersR 1986, 110, 116.

Eine durch einen Heilpraktiker nach ungesicherten Methoden erstellte, für den Patienten psychisch belastende Diagnose, die diesem mitgeteilt wird, kann bereits einen Behandlungsfehler beinhalten.[1510] Rät der Heilpraktiker von medizinisch notwendigen Methoden ab, liegt auch hierin ein Behandlungsfehler.[1511]

III. Informations- und Aufklärungspflichten

1. Allgemeines

Schon vor dem Patientenrechtegesetz war in der Rechtsprechung anerkannt, dass der Behandelnde den Patienten über die geplante Behandlung aufklären muss.[1512]

Die §§ 630c ff. BGB unterscheiden zwischen Informationspflichten und Aufklärungspflichten.[1513] Die Informationspflichten nach § 630c BGB dienen allgemein der Information des Patienten. Besondere Bedeutung kommt hierbei der therapeutischen Aufklärung oder Sicherungsaufklärung zu.[1514] Aufklärungspflichten gemäß § 630e BGB dienen demgegenüber konkret dazu, dem Patienten den nötigen Einblick zu verschaffen, um eine rechtswirksame Einwilligung in die medizinische Maßnahme zu ermöglichen.

Die Verletzung von Informations- bzw. Aufklärungspflichten kann ggf. auch eine Strafbarkeit wegen Abrechnungsbetrugs oder (fahrlässiger) Körperverletzung nach sich ziehen. Die Missachtung von Aufklärungspflichten kann eine Täuschung durch Unterlassung darstellen. Die hierfür erforderliche Garantenstellung ist gegeben, sobald die Behandlung aufgenommen wird.[1515]

2. Informationspflichten über die Behandlung (Allgemeine und therapeutische Aufklärung)

Gemäß § 630c II 1 BGB ist der Behandelnde verpflichtet, dem Patienten in verständlicher Weise zu Beginn der Behandlung und, soweit erforderlich, in deren Verlauf sämtliche für die Behandlung wesentlichen Umstände zu erläutern.

Dies beinhaltet die therapeutische Aufklärung oder Sicherungsaufklärung.[1516] Diese umfasst ausdrücklich Diagnose, voraussichtliche gesundheitliche Entwicklung, Therapie und die Maßnahmen, die nach der Therapie zu ergreifen sind.[1517]

1510 OLG Braunschweig, 07.10.1988, 4 U 2/88, VersR 1990, 57, 58.

1511 OLG Frankfurt/Main, 14.12.2010, 8 U 108/07, GesR 2011, 187, 188.

1512 BGH, 16.01.1959, VI ZR 179/57, BGHZ 29, 176 (juris-Rn 16); 16.11.2004, VI ZR 328/03, MedR 2005, 226 (juris-Rn 7).

1513 In diesem Sinne schon *von Pentz*, MedR 2011, 222, 224 f.; kritisch *Thurn*, MedR 2013, 153, 155.

1514 PWW/*Schneider*, BGB, § 630c Rn 4.

1515 Roxin/Schroth/*Schöch*, Medizinstrafrecht, S. 163.

1516 BGH, 16.11.2004, VI ZR 328/03, MedR 2005, 226 (juris-Rn 7); Hk-BGB/*Schreiber*, § 630c Rn 2.

1517 PWW/*Schneider*, BGB, § 630c Rn 5.

Zweck der therapeutischen Aufklärung ist die Gewährleistung, dass der Patient sich therapiegerecht verhält und sich nicht selbst gefährdet.[1518]

Nach der Gesetzesbegründung sollen die Informationspflichten „insbesondere“ mit den von der Rechtsprechung entwickelten Grundsätzen der therapeutischen Aufklärung und Sicherungsaufklärung „identisch“ sein.[1519] Der Patient ist zu informieren, soweit die Mitwirkung des Patienten für den Heilungsprozess wichtig ist.[1520] Die Verwendung der Begriffe „insbesondere“ und „identisch“ lässt sich nur so in Einklang bringen, dass die Informationspflicht gerade nicht mit der therapeutischen Aufklärung deckungsgleich sein soll, sondern dass therapeutische Aufklärung und Sicherungsaufklärung vollständig erfasst sein sollen und den Kerngehalt der Informationspflicht nach § 630c II 1 BGB bilden, umgekehrt aber auch weitere Aufklärung erfasst sein kann.

Der Gesetzeswortlaut geht über die therapeutische Aufklärung und Sicherungsaufklärung hinaus.[1521] Erfasst ist demnach auch Information, die der Ausübung des Selbstbestimmungsrechts dient,[1522] obwohl dieser Aspekt eigentlich eher der Aufklärungspflicht nach § 630e BGB zuzuordnen wäre.[1523] Ein „barmherziges Verschweigen“ einer für den Patienten psychisch belastenden Diagnose ist grundsätzlich nicht vorgesehen,[1524] ausnahmsweise kommt dies aber etwa bei konkreter Suizidgefahr in Betracht.[1525]

Der Patient ist über alle für ihn wesentlichen Aspekte der Behandlung zu informieren.[1526] Dies wirft die Frage auf, ob der Behandelnde den Patienten schon gemäß § 630c II 1 BGB darüber aufklären muss, dass eine Methode wissenschaftlich nicht gesichert ist. § 630c II 1 BGB verlangt die Erläuterung sämtlicher für die Behandlung wesentlichen Umstände. Demgegenüber verlangt § 630e I BGB die Aufklärung über sämtliche für die Einwilligung wesentlichen Umstände. Das Verhältnis dieser beiden fast deckungsgleichen Pflichten zueinander ist noch weitgehend ungeklärt.[1527] Eine eigenständige Bedeutung des § 630c II 1 BGB kommt nur insoweit in Betracht, wie die Behandlung keine Einwilligung erforderlich macht. § 630d I 1

1518 BT-Drs. 17/10488, S. 21; *Wagner*, VersR 2012, 789, 792; *Looschelders*, Schuldrecht BT, Rn 615a.

1519 BT-Drs. 17/10488, S. 21.

1520 Spickhoff/*Spickhoff*, Medizinrecht, § 630c BGB Rn 9; PWW/*Schneider*, BGB, § 630c Rn 1.

1521 *Spickhoff*, VersR 2013, 267, 273.

1522 Erman/*Rehborn/Gescher*, § 630c Rn 5.

1523 Vgl. Jauernig/*Mansel*, BGB, § 630c Rn 5; *Spickhoff*, ZRP 2012, 65, 67; *Katzenmeier*, NJW 2013, 817, 818.

1524 Erman/*Rehborn/Gescher*, § 630c Rn 5; in dieser Richtung wohl noch *Deutsch*, NJW 1980, 1305 ff.

1525 *Rehborn*, GesR 2013, 257, 260.

1526 PWW/*Schneider*, BGB, § 630c Rn 1.

1527 Vgl. Jauernig/*Mansel*, BGB, § 630c Rn 5; *Spickhoff*, ZRP 2012, 65, 67; *Katzenmeier*, NJW 2013, 817, 818.

BGB sieht eine Einwilligung aber für alle medizinischen Maßnahmen vor. Dies soll zwar „insbesondere“ für Eingriffe in Körper oder Gesundheit gelten, ist aber nicht hierauf beschränkt. § 630c II 1 BGB kommt daher insoweit keine eigenständige Bedeutung zu, sodass hier auf die Erörterung zur Aufklärungspflicht verwiesen werden kann, zu der Literatur und Rechtsprechung bereits umfangreich Stellung genommen haben (s.u., 4).

3. *Informationspflichten über die Kosten*

§ 630c III BGB verlangt eine Aufklärung des Patienten durch den Behandelnden darüber, dass die Behandlungskosten nicht oder nicht vollständig durch einen Dritten übernommen werden, wenn dies dem Behandelnden bekannt ist oder er hinreichende Anhaltspunkte hierfür hatte. Aus diesen Anhaltspunkten muss sich nicht zweifelsfrei ergeben, dass eine Kostenübernahme nicht erfolgen wird. Es genügt, wenn begründete Zweifel an der Kostenübernahme bestehen. Dritter ist in diesem Falle regelmäßig die private oder gesetzliche Krankenversicherung bzw. das LBV oder der Dienstherr im Falle der Beihilfe.

Ist eine Methode wissenschaftlich nicht allgemein anerkannt, ergeben sich bereits hieraus Anhaltspunkte, die darauf schließen lassen, dass die gesetzliche bzw. private Krankenversicherung oder die Beihilfe die Kosten ggf. nicht übernimmt.[1528] Bei gesetzlich Krankenversicherten ist davon auszugehen, dass der Behandelnde die im SGB V einheitlich geregelten Voraussetzungen im Wesentlichen kennt.[1529] Bei privaten Krankenversicherungen ist dies für den Behandelnden schwieriger zu beurteilen, da unterschiedliche Bedingungen der Kostenübernahme bestehen können.[1530] Die Informationspflicht besteht nur, soweit tatsächlich ein Informationsvorsprung des Behandelnden besteht. Grundsätzlich liegt die Verantwortung für die Kenntnis der Versicherungsbedingungen beim privat versicherten Patienten selbst.[1531] Einen Sonderfall stellen unwirtschaftliche Leistungen dar, die nach § 192 VVG grundsätzlich nicht von der Leistungspflicht des Versicherers ausgenommen sind (vgl. Kap. 5 B II 2 c dd). Der Behandelnde muss in diesem Fall jedoch damit rechnen, dass eine der Rechtslage vor der Alphaklinik-Entscheidung (s. Kap. 5 B II 2 c dd (2)) entsprechende Wirtschaftlichkeitsklausel vereinbart wurde (s. Kap. 5 B

1528 Vgl. OLG Hamm, 15.06.1994, 3 U 31/94, NJW 1995, 790; *Bergmann*, Arzthaftung, S. 131.

1529 *Olzen/Metzmacher*, JR 2012, 271, 273; *Schelling*, MedR 2004, 422, 423; PWW/*Schneider*, BGB, § 630c Rn 15.

1530 Vgl. *Michalski*, VersR 1997, 137, 144 f.; *Schelling*, MedR 2004, 422, 424; *Schelling/Warntjen*, MedR 2012, 506, 509; *Katzenmeier*, NJW 2013, 817, 819; *Preis/Schneider*, NZS 2013, 281, 284.

1531 *Spickhoff*, ZRP 2012, 65, 67.

II 2 c dd (8)). Allein die Tatsache, dass die Leistung unwirtschaftlich ist, ist bereits ein Anhaltspunkt für Zweifel an der Kostenübernahme.[1532]

Keine besonderen Schwierigkeiten werfen hierbei Versicherungen im Basistarif auf. Hier dürfte der Informationsvorsprung des Arztes sich nicht wesentlich von dem gegenüber Kassenpatienten unterscheiden. Außerhalb des Basistarifs sollte der Behandelnde zumindest die üblicherweise geltenden Regelungen nach §§ 92 VVG und den MB/KK kennen. Ist eine Leistung nach diesen Regelungen nicht umfasst, gibt dies zumindest Anlass zu Zweifeln, ob die PKV die Kosten übernehmen wird. Eine Übernahme der Kosten durch die PKV aus Kulanzgründen ist zwar stets möglich, Zweifel werden aber bereits durch die Regelung an sich begründet, wenn dem Behandelnden nicht ausnahmsweise bekannt ist, dass die entsprechende PKV die Kosten in ähnlichen Fällen üblicherweise aus Kulanz übernimmt. Auch die Beihilferegelungen, die in demjenigen Bundesland gelten, indem der Arzt praktiziert, sollten diesem bekannt sein.[1533]

In jedem Falle gilt: Je weiter sich eine Methode vom allgemein anerkannten Stand der medizinischen Erkenntnisse entfernt, desto eher muss der Arzt damit rechnen, dass die Kosten möglicherweise nicht übernommen werden. Bei individuellen Gesundheitsleistungen (IGeL) ist i.d.R. Kenntnis des Arztes anzunehmen.[1534] Demgegenüber ist dem Patienten in aller Regel nicht bekannt, welche Leistungen nicht übernommen werden.[1535] Ist eine Behandlung nicht notwendig, ist dies ein Anhaltspunkt für eine möglicherweise nicht zu erwartende Kostenübernahme.[1536]

4. *Aufklärungspflichten*

a) *Zweck*

Anders als die Informationspflichten gemäß § 630c BGB befasst sich die Aufklärungspflicht gemäß § 630e BGB mit der Eingriffs- und Risikoaufklärung.[1537] Zweck ist der Schutz des Selbstbestimmungsrechts des Patienten, der gemäß § 630d BGB

1532 Käme man zu einem anderen Ergebnis, hätte dies Folgen für die AGB-rechtliche Zulässigkeit der Wirtschaftlichkeitsklausel. Nähme man in diesem Fall keine Informationspflicht an, wäre der Versicherte nicht hinreichend vor den Folgen einer Wirtschaftlichkeitsklausel geschützt. Zumindest wäre in diesem Fall ein ausdrücklicher Hinweis des Versicherers auf die Wirtschaftlichkeitsklausel erforderlich, um eine unangemessene Benachteiligung zu vermeiden.

1533 Vgl. *Spickhoff*, ZRP 2012, 65, 67.

1534 *Olzen/Metzmacher*, JR 2012, 271, 273; *Katzenmeier*, NJW 2013, 817, 819; *U. Walter*, Das neue Patientenrechtegesetz, Rn 140; einschränkend *Preis/Schneider*, NZS 2013, 281, 284.

1535 *Schelling*, MedR 2004, 422, 423 f.; vgl. auch *Thole*, MedR 2013, 145, 147; *Montgomery u.a.*, MedR 2013, 149, 153.

1536 BGH, 01.02.1983, VI ZR 104/81, NJW 1983, 2630; *Michalski*, VersR 1997, 137, 143; Palandt/*Weidenkaff*, BGB, § 630c Rn 9.

1537 Hk-BGB/*Schreiber*, § 630e Rn 1; vgl. auch § 8 MBO.

in eine Behandlung einwilligen muss, deren Tragweite ihm als Laien in der Regel nicht bewusst ist. Der Patient muss daher die erforderlichen Informationen erhalten, um selbstbestimmt in die Behandlung einwilligen zu können.[1538] Dementsprechend erfasst die Aufklärungspflicht gemäß § 630e I 1 BGB sämtliche für die Einwilligung wesentlichen Umstände. § 630e I 2 BGB präzisiert, dass dies insbesondere Art, Umfang, Durchführung, zu erwartende Folgen und Risiken der Maßnahme sowie ihre Notwendigkeit, Dringlichkeit, Eignung und Erfolgsaussichten im Hinblick auf die Diagnose oder die Therapie umfasst.

b) Aufklärungspflicht bei wissenschaftlich nicht allgemein anerkannten Methoden

aa) Problemstellung

Wie bereits erörtert, sind Informationspflicht gemäß § 630c II 1 BGB und Aufklärungspflicht gemäß § 630e I 1 BGB im Wesentlichen deckungsgleich. Die Frage, inwieweit der Behandelnde bei wissenschaftlich nicht allgemein anerkannten Methoden besonders aufklären muss, kann daher nur einheitlich beantwortet werden.

Keine Aufklärungspflicht besteht, wenn erhebliche therapeutische Gründe entgegenstehen.[1539] Dies ist u.a. der Fall, wenn die Aufklärung zu Reaktionen führen würde, die das Leben oder die Gesundheit des Patienten gefährden[1540] bzw. den Erfolg der Therapie in Frage stellen.[1541] Als therapeutischer Grund könnte aber auch der Placebo-Effekt in Betracht kommen.[1542] Sind dem Patienten Umstände bekannt, die ihn zu der Überzeugung verleiten, eine Methode sei unwirksam, kann dies die Heilwirkung schwächen.[1543] Das Ziel, den Placebo-Effekt zu wahren, kann aber nicht genügen, um die Aufklärungspflicht außer Kraft zu setzen. Dies würde entweder den Schutz durch § 630c BGB völlig aushöhlen, da ein objektiv ungerechtfertigter Optimismus seitens des Patienten theoretisch immer positiv wirken kann, oder – wenn dies nur für Methoden gälte, bei denen der Placebo-Effekt im Mittelpunkt steht – dazu führen, dass für ungesicherte Methoden geringere Informationspflichten gälten.

Als Minimalanforderung ist eine Aufklärung des Patienten darüber zu verlangen, dass die Methode wissenschaftlich nicht anerkannt ist und nicht dem Therapiestandard entspricht.[1544] In der Regel ist dies allerdings nicht ausreichend. Bei Außenseitermethoden gelten verschärfte Anforderungen für die

---

1538 PWW/*Schneider*, BGB, § 630e Rn 1; *Looschelders*, Schuldrecht BT, Rn 615b.

1539 BT-Drs. 17/10488, S. 23; PWW/*Schneider*, BGB, § 630c Rn 18; Ulsenheimer/*Biermann*, Arztstrafrecht, Rn 459.

1540 BT-Drs. 17/10488, S. 23.

1541 LKL/*Katzenmeier*, Arztrecht, V Rn 36.

1542 Vgl. *Prang*, Alternativmedizin, S. 22 f.

1543 Vgl. zur Qualitätsaufklärung *Pflüger*, MedR 2000, 6, 8.

1544 BGH, 13. 6. 2006, VI ZR 323/04, NJW 2006, 2477, 2478 m.w.N. aus der Rspr.; LKL/*Katzenmeier*, Arztrecht, V Rn 28; *Frister/Lindemann/Peters*, Arztstrafrecht, Rn 32.

Methodenaufklärung:[1545] Je neuartiger und weniger erprobt das Verfahren ist, desto mehr bedarf der Patient des Schutzes vor übereilten Einwilligungen aus unzureichender Kenntnis der relevanten Umstände und desto umfangreicher muss er demnach aufgeklärt werden.[1546] Gleiches gilt auch für alternativmedizinische Methoden: Je umstrittener und weniger anerkannt die Methode ist, desto umfassender fällt die Aufklärungspflicht aus.[1547] Sind die kritischen Stimmen eher vereinzelt, kann demzufolge ein kurzer Hinweis hierauf genügen. Für Behandlungsmethoden, die einer der besonderen Therapierichtungen zuzurechnen sind, gilt im Grundsatz nichts anderes.

Gemäß § 630e I 3 BGB muss der Behandelnde auf mehrere medizinisch gleichermaßen indizierte und übliche Methoden hinweisen. Sind die Voraussetzungen des § 630e I 3 BGB nicht gegeben, liegt es im Ermessen des Behandelnden, ob er über Alternativmethoden aufklärt.[1548] Üblich i.S.d. § 630e I 3 BGB sind alle Methoden, die entweder dem Standard entsprechen oder zumindest nach Heilversuchsregeln zulässig sind.[1549] Alternative Heilmethoden sind hierbei nicht in gleichem Maße üblich wie schulmedizinische Methoden. Der Behandelnde muss daher nicht über alternativmedizinische Methoden aufklären, wenn er eine dem allgemein anerkannten Stand der medizinischen Erkenntnisse entsprechende Methode anwenden will.[1550] Will der Behandelnde umgekehrt eine noch nicht anerkannte oder alternativmedizinische Methode anwenden, folgt aus einem Erst-Recht-Schluss zu § 630e I 3 BGB, dass auch eine Aufklärung über wissenschaftlich anerkannte Methoden geboten ist,[1551] insbesondere über die bei der konkreten Diagnose vorgesehene Standardmethode.[1552]

1545 BGH, 22. 5. 2007, VI ZR 35/06, NJW 2007, 2774, 2775; Laufs/Kern/*Ulsenheimer*, Handbuch des Arztrechts, § 139 Rn 51; *Frister/Lindemann/Peters*, Arztstrafrecht, Rn 32; *Tamm*, Außenseitermethoden, S. 161; *Schmid*, NJW 1986, 2339, 2340; *Jung*, ZStW 97 (1985), 47, 57 f.

1546 Ulsenheimer/*Biermann*, Arztstrafrecht, Rn 381.

1547 LKL/*Katzenmeier*, Arztrecht, X Rn 76; *Gehrlein*, Arzthaftpflicht, B Rn 30; Ratzel/Lissen/*Kern*, Medizinschadensrecht, § 2 Rn 48; *Grupp*, MedR 1992, 256, 259.

1548 BGH, 11.05.1982, VI ZR 171/80, NJW 1982, 2121, 2122.

1549 *Hart*, GesR 2012, 385, 386; *Katzenmeier*, NJW 2013, 817, 820; Erman/*Rehborn/Gescher*, § 630e Rn 14.

1550 Ehlers/Broglie/*Ehlers*, Arzthaftungsrecht, Rn 907; Ratzel/Lissel/*Uphoff/Hindemith*, Medizinschadensrecht, § 4 Rn 116.

1551 Vgl. LKL/*Katzenmeier*, Arztrecht, V Rn 28; Ratzel/Lissel/*Uphoff/Hindemith*, Medizinschadensrecht, § 4 Rn 116; *Wimmer* in Oepen/Prokop, Außenseitermethoden in der Medizin, S. 275, 286 f.

1552 *Frister/Lindemann/Peters*, Arztstrafrecht, Rn 32; Ulsenheimer/*Biermann*, Arztstrafrecht, Rn 381; *Tamm*, Außenseitermethoden, S. 162; *Müller/Raschke*, NJW 2013, 428, 432.

bb) Ärzte

Es entspricht der Erwartungshaltung des durchschnittlichen Patienten, dass ein Arzt auf Behandlungsmethoden zurückgreift, deren Wirksamkeit außer Frage steht. Weicht der Arzt von diesen Grundsätzen ab, muss er den Patienten hierüber informieren. Insbesondere muss der Arzt darauf hinweisen, dass eine Methode in der Fachliteratur erheblicher Kritik ausgesetzt ist,[1553] dass sie nicht medizinischer Standard ist und ihre Wirksamkeit (noch) nicht statistisch abgesichert ist.[1554] Darüber hinaus muss der Arzt zumindest im Ansatz darlegen, warum er von einer existierenden Standardbehandlung abweichen will.[1555]

Genauere Ausführungen, warum eine Methode nicht anerkannt bzw. umstritten ist, sind in der Regel nicht erforderlich, wenn der Patient nicht gezielt nachfragt. Schon gar nicht ist der Behandelnde gehalten, in irgendeiner Weise den Patienten von der Unwirksamkeit der Methode zu überzeugen. Allerdings kommt den Informationspflichten auch eine Warnfunktion zu, die der Arzt nicht einfach umgehen darf. Relativiert der Arzt etwa die Bedenken aus der Sicht der evidenzbasierten Medizin, kann dies dazu führen, dass die Informationspflicht nicht ordnungsgemäß erfüllt wurde. So wäre z.B. die pauschale Behauptung, der allgemein anerkannte Stand der medizinischen Erkenntnisse sei unerheblich und die Erfahrungsmedizin der evidenzbasierten Medizin überlegen, unzulässig.

Auch Ärzte, die Methoden der besonderen Therapierichtungen einsetzen, müssen ihre Patienten über die fehlende wissenschaftliche Anerkennung und über die sonstigen wesentlichen Umstände der Behandlung informieren. Demzufolge hat auch der Homöopath den Patienten grundsätzlich in Kenntnis zu setzen, dass die Therapie keine Standardbehandlung und wissenschaftlich nicht anerkannt ist.[1556] Er muss den Patienten auch über die angenommene Wirkungsweise der Homöopathie informieren, um ihm die Ausübung seines Selbstbestimmungsrechts zu ermöglichen. Zu den Grundprinzipien der Homöopathie gehören etwa das Ähnlichkeitsprinzip und die Anwendung extrem verdünnter Wirkstoffe, wobei die Verwendung der aus wissenschaftlicher Sicht problematischen Begriffe „Dynamisierung“ und „Potenzierung“ nicht schadet, da diese genau das Selbstverständnis der Homöopathie wiedergeben. Diese Grundprinzipien können gerade nicht als allgemein bekannt vorausgesetzt werden. Der Irrglaube, Homöopathie sei lediglich eine besonders schonende bzw. auf pflanzlichen Wirkstoffen basierende Therapie, ist in der Bevölkerung weit verbreitet.

1553 *Frahm/Nixdorf*, Arzthaftungsrecht, Rn 179; vgl. auch *Geiß/Greiner*, Arzthaftpflichtrecht, B Rn 9.

1554 BGH, 22.05.2007, VI ZR 35/06, BGHZ 172, 254, 260 (juris-Rn 24).

1555 *Tamm*, Außenseitermethoden, S. 163; *Müller/Raschke*, NJW 2013, 428, 432; *Jung*, ZStW 97 (1985) S. 47, 58.

1556 LKL/*Katzenmeier*, Arztrecht, X Rn 75 f.; *Gehrlein*, Arzthaftpflicht, C Rn 39.

cc) Heilpraktiker

Auch der Heilpraktiker muss den Patienten in gewissem Umfang über die fehlende Anerkennung seiner Methoden informieren.[1557] Die Einzelheiten sind umstritten.

(1) Streitstand

Nach einer Auffassung entsprechen die Aufklärungspflichten des Heilpraktikers im Wesentlichen denen des Arztes.[1558] So verlangt das OLG München auch von Heilpraktikern die Aufklärung, dass eine Außenseitermethode vorliegt.[1559] *Eberhardt* geht davon aus, dass die Konsequenzen des Eingriffs von Arzt oder Heilpraktiker gleichwertig seien. Dementsprechend dürfe es auch keine Unterschiede im Hinblick auf Aufklärungspflicht und Selbstbestimmungsrecht geben. Insbesondere sei eine Aufklärung über typische Gefahren der angewandten Methoden erforderlich.[1560] *Ehlers* betont die Aufklärungspflicht über die Standardmethode als Behandlungsalternative. Das Aufsuchen des Heilpraktikers rechtfertige noch nicht die Schlussfolgerung, dass der Patient in jede alternative „Therapie" einwillige.[1561] Auch *Cramer* fordert eine umfassende Aufklärung einschließlich der Besonderheiten des Heilpraktikerberufs und seiner verglichen mit Ärzten geringeren Qualifikation.[1562] Die Unkenntnis des Patienten über die Ausbildung eines Heilpraktikers und mögliche Gefahren einer Behandlung müsse behoben werden. Es sei grundsätzlich davon auszugehen, dass der Patient nur von jemandem behandelt werden wolle, „der sein Handwerk versteht".[1563]

Die Gegenauffassung geht von einer eingeschränkten Aufklärungspflicht aus. *Taupitz* meint, die Risikoaufklärung dürfe nicht dazu missbraucht werden, etwaige Regelungsdefizite an anderer Stelle auszugleichen. Es dürfe als allgemein bekannt vorausgesetzt werden, dass Ärzte i.d.R. besser ausgestattet seien als Heilpraktiker. Übe der Patient sein Selbstbestimmungsrecht dahingehend aus, von einem Heilpraktiker behandelt zu werden, müsse er sich daran festhalten lassen. Der Heilpraktiker müsse über Gefahren und Behandlungsalternativen nur nach dem Fachwissen eines gewissenhaften, sorgfältigen Heilpraktikers aufklären.[1564]

1557 *Deutsch/Spickhoff*, Medizinrecht, Rn 70.

1558 OLG Hamm, 05.11.1986, 3 U 310/85, juris; *Eberhardt*, VersR 1986, 110, 115 f.; *Ehlers*, Heilpraktiker, S. 231; i.E. auch OLG München, 26.04.1989, 27 U 68/88, VersR 1991, 471, 473.

1559 OLG München, 26.04.1989, 27 U 68/88, VersR 1991, 471, 473.

1560 *Eberhardt*, VersR 1986, 110, 115 f.

1561 *Ehlers*, Heilpraktiker, S. 231.

1562 *Cramer*, Strafrechtliche Grenzen der Therapiefreiheit und der Heilbehandlung durch den Heilpraktiker, S. 94 ff.

1563 *Cramer*, Strafrechtliche Grenzen der Therapiefreiheit und der Heilbehandlung durch den Heilpraktiker, S. 95.

1564 *Taupitz*, NJW 1991, 1505, 1510.

Eine vermittelnde Auffassung vertritt *Tamm*:[1565] An die Aufklärungspflichten des Heilpraktikers seien nicht pauschal dieselben Anforderungen zu stellen wie an die des Arztes.[1566] Der Heilpraktiker sei verpflichtet, darüber aufzuklären, dass er keine akademische Ausbildung genossen hat und die Kontrolle durch das Gesundheitsamt eingeschränkt erfolgt ist.[1567] In der Bevölkerung verankerte Fehlvorstellungen über die Qualifikation von Heilpraktikern seien auf diesem Wege zu beseitigen.[1568] Keine zusätzliche Aufklärung sei aber darüber erforderlich, dass der Heilpraktiker zur vollständigen Aufklärung über mögliche Risiken nicht in der Lage sei, da die Risiken nicht zwingend höher seien als bei der Anwendung schulmedizinischer Methoden.[1569] Eine Aufklärung, dass von der Schulmedizin abgewichen werde, sei dann entbehrlich, wenn für den Heilpraktiker eindeutig erkennbar sei, dass sich der Patient von der Schulmedizin abgewandt habe.[1570]

(2) Stellungnahme

Im Ausgangspunkt ist *Ehlers* und *Eberhardt* dahingehend zuzustimmen, dass an die Aufklärung durch Heilpraktiker ähnliche Anforderungen zu stellen sind wie an die Aufklärung durch Ärzte, die dieselbe bzw. eine vergleichbare Behandlung vornehmen. Entgegen *Taupitz* vermag das geringere Fachwissen des Heilpraktikers dessen Aufklärungspflichten nicht abzusenken. Die Grundsätze des Übernahmeverschuldens lassen sich insoweit übertragen: Ist der Heilpraktiker nicht in der Lage, über die angewandte Methode und über Behandlungsalternativen sachgerecht aufzuklären, so darf er die Behandlung nicht durchführen. Eine grobe Beschreibung der in Betracht kommenden Standardmethode genügt allerdings; im Übrigen kann der Heilpraktiker darauf verweisen, dass der Patient sich an einen Arzt wenden soll, wenn er weitergehende Aufklärung wünscht.

Geringere Anforderungen lassen sich demzufolge nicht aus der geringeren Qualifikation folgern, sondern allein daraus, dass eine weitere Aufklärung nicht erforderlich ist, da die entsprechenden Umstände dem Patienten bekannt sind bzw. allgemein als bekannt vorausgesetzt werden können. Da von einem Heilpraktiker in der Regel nicht erwartet wird, dass er nach (schulmedizinischen) Standardmethoden vorgeht, erübrigt sich etwa eine Erläuterung über seine Beweggründe für dieses Abweichen vom (ärztlichen) Standard. Demgegenüber ist *Tamm* und *Cramer* zuzustimmen, dass Fehlvorstellungen über die Qualifikation des Heilpraktikers weit verbreitet sind, sodass ein Hinweis hierauf – und auf die geringe Kontrolldichte durch das Gesundheitsamt – sich nicht ohne Weiteres erübrigt. Ein Verzicht auf die Aufklärung kommt nur dann in Betracht, wenn keine Zweifel bestehen, dass der

1565 *Tamm*, Außenseitermethoden, S. 175 ff.
1566 *Tamm*, Außenseitermethoden, S. 175 f.
1567 *Tamm*, Außenseitermethoden, S. 176.
1568 *Tamm*, Außenseitermethoden, S. 178.
1569 *Tamm*, Außenseitermethoden, S. 179.
1570 *Tamm*, Außenseitermethoden, S. 179 f.

Patient den Heilpraktiker gerade deshalb aufsucht, um sich von einer schulmedizinischen Behandlung zu distanzieren.

IV. Unmöglichkeit bei erwiesenermaßen unwirksamer Heilmethode?

Becker[1571] schlägt vor, medizinische Leistungen, deren Erfolg nach den Naturgesetzen oder nach dem Stand der wissenschaftlichen Erkenntnisse unmöglich ist, die also völlig ungeeignet sind, gemäß § 275 I BGB auszuschließen. Konsequenz dessen sei auch der Wegfall der Gegenleistung gemäß § 326 I BGB.[1572] Nach einer Entscheidung des BGH[1573] erstrecke sich dies auf das Dienstrecht und damit auch auf den Behandlungsvertrag.[1574]

Dies würde im Ergebnis dazu führen, dass Behandlungsverträge, bei denen nach wissenschaftlichen Erkenntnissen widerlegte Methoden angewandt werden sollen, ausgeschlossen wären. Hierin läge nicht nur eine Beschränkung der Therapie- sondern – weitaus wichtiger – der Vertragsfreiheit. Wenn ein Patient eine Methode, deren Ungeeignetheit nach dem Stand der wissenschaftlichen Erkenntnisse unzweifelhaft feststeht, dennoch unbedingt wünscht, wäre es eine Bevormundung der Parteien, ihnen einen solchen Vertrag zu untersagen.

Der Behandelnde schuldet nicht den Behandlungserfolg, sondern allein die Durchführung der Behandlung. Wünscht der Patient etwa die Durchführung einer Teufelsaustreibung, ist nicht ersichtlich, warum der Gesetzgeber dies ausschließen sollte, solange die allgemeinen Grenzen – etwa § 138 BGB – eingehalten werden. Richtigerweise ist hierbei auf den Vertrag und seine Auslegung abzustellen.[1575] Schuldet nach dem Inhalt des Vertrages der Behandelnde nur bestimmte Maßnahmen und Dienstleistungen, deren Durchführung unproblematisch möglich ist, mag ein Erfolg auch nach wissenschaftlichen Erkenntnissen auszuschließen sein, so widerspricht die Dienstleistung selbst – im Sinne der schlichten Durchführung eines „Rituals" – noch nicht den Naturgesetzen und ist demzufolge auch nicht unmöglich im Sinne des § 275 I BGB. Schuldet er nach dem Vertrag eine „magische", mit den Naturgesetzen nicht zu vereinbarende Dienstleistung – also etwa den Einsatz seiner „magischen" Kräfte während eines Rituals –, ist Unmöglichkeit gegeben.

Auf Heilmethoden, deren Wirksamkeit nach den Naturgesetzen oder nach dem Stand der wissenschaftlichen Erkenntnisse unmöglich ist, lässt sich die Rechtsprechung des BGH jedenfalls nicht pauschal übertragen. Setzt der Arzt etwa ein Arzneimittel ein, dessen Wirksamkeit unzweifelhaft widerlegt ist, ist dies unproblematisch, da er nach dem Vertrag i.d.R. nur den Einsatz des Arzneimittels schuldet.

1571 *Becker*, MedR 2014, 475.

1572 *Becker*, MedR 2014, 475, 476.

1573 BGH, 13.01.2011, III ZR 87/10, BGHZ 188, 71, 73 f. (juris-Rn 10).

1574 *Becker*, MedR 2014, 475.

1575 In dieser Richtung auch BGH, 13.01.2011, III ZR 87/10, BGHZ 188, 71, 73 f. (juris-Rn 10 f.).

Der Homöopath schuldet etwa den Einsatz eines nach den Vorschriften des Homöopathischen Arzneimittelbuchs hergestellten Arzneimittels, nicht den Einsatz eines tatsächlich entsprechend den Vorstellungen der Homöopathie dynamisierten und energetisierten Arzneimittels.

Zu Recht kritisiert *Becker* die Vermischung von schul- und alternativmedizinischen Methoden durch manche Ärzte, bei denen der Patient im ungünstigsten Falle nicht mehr erkennen kann, wie gesichert die Erfolgsaussichten der angewandten Methode tatsächlich sind.[1576] Zu lösen ist dies aber nicht durch einen Ausschluss der Leistung, sondern durch höhere Anforderungen an die Aufklärungspflichten. Zuzustimmen ist *Becker* allerdings in den Fällen, in denen der Behandelnde dem Patienten im Einzelfall den Erfolg der Methode oder zumindest den tatsächlichen Einsatz übernatürlicher Mittel verspricht. In diesem Fall erhält der Behandlungsvertrag eine werkvertragliche Komponente, und der Behandelnde ist objektiv nicht in der Lage, den geschuldeten Erfolg zu bewirken.

B. Haftung wegen Behandlungsfehlern

I. Vertragsrecht und Deliktsrecht

Der Behandelnde haftet für Behandlungsfehler sowohl gemäß §§ 280 ff. BGB aus dem Behandlungsvertrag als auch gemäß §§ 823 ff. BGB.[1577] Die Haftungsgrundsätze sind jedoch dieselben: Der Haftungsmaßstab des fachlich anerkannten Standards erstreckt sich auf das Deliktsrecht.[1578]

II. Behandlungsfehler

Eine Pflichtverletzung i.S.d. § 280 I 1 BGB liegt vor, wenn der Behandelnde einen Behandlungs- oder Aufklärungsfehler begeht. Ein ärztlicher Behandlungsfehler liegt vor, wenn der Behandelnde nicht diejenigen Maßnahmen ergreift, die „von einem gewissenhaften und aufmerksamen Arzt aus berufsfachlicher Sicht seines Fachbereichs vorausgesetzt und erwartet werden".[1579] Entsprechend setzt ein Behandlungsfehler eines Heilpraktikers voraus, dass dieser die an einen sorgfältigen Heilpraktiker zu stellenden Anforderungen missachtet.

Der Sorgfaltsmaßstab richtet sich im Grundsatz nach § 276 BGB.[1580] Allerdings wird dieser Maßstab durch die allgemeinen fachlichen Standards gemäß § 630a II

1576 *Becker*, MedR 2014, 475, 477.

1577 BT-Drs. 17/10488, S. 17; *Medicus/Lorenz*, Schuldrecht II, Rn 678; PWW/*Schneider*, BGB, § 630a Rn 11; *Looschelders*, Schuldrecht BT, Rn 616.

1578 BGH, 20.09.1988, VI ZR 37/88, VersR 1988, 1273 f.; *Wagner*, VersR 2012, 789, 791, 801.

1579 BGH, 16.05.2000, VI ZR 321/98, BGHZ 144, 296, 305 f.; *A. Schneider*, JuS 2013, 104, 107.

1580 PWW/*Schneider*, BGB, § 630a Rn 8.

BGB konkretisiert und objektiviert.[1581] Die Abgrenzung von Pflichtverletzung und Vertretenmüssen ist im Arzthaftungsrecht nicht strikt durchzuhalten. Die für die Beweislastverteilung nach § 280 I 1, 2 BGB maßgebliche Abgrenzung zwischen Pflichtverletzung und Vertretenmüssen ist hierbei nicht unproblematisch. Anders als nach der Konzeption des § 280 I BGB ist ein Behandlungsfehler u.U. objektiv kaum zu bestimmen.[1582] Die Beweislast für Behandlungsfehler trägt aber weiterhin der Patient. Der Arzt muss demgegenüber darlegen und ggf. beweisen, dass eine Abweichung vom Standard geboten war.[1583]

Ein Behandlungsfehler liegt auch dann vor, wenn der Behandelnde über die notwendigen subjektiven Fähigkeiten und Kenntnisse für eine adäquate Behandlung nicht verfügt.[1584] Fehlen dem Behandelnden die Fähigkeiten und Kenntnisse, eine Behandlungsmethode korrekt anzuwenden, muss er den Patienten weiterverweisen.[1585] Umgekehrt sind allerdings besondere überdurchschnittliche Fähigkeiten einzusetzen.[1586]

Auch in Notsituationen und unter ungünstigen Bedingungen darf ein Mindeststandard grundsätzlich nicht unterschritten werden.[1587] Wird eine Behandlung im Notfall durchgeführt, obwohl der Mindeststandard nicht eingehalten werden kann, fehlt es zwar grundsätzlich am Vertretenmüssen, wenn die Behandlung geboten und anders nicht zu beschaffen war. In Betracht kommt aber ein Organisationsverschulden.[1588] Die Objektivierung ändert jedoch nichts daran, dass dem Behandelnden Fahrlässigkeit vorzuwerfen sein muss.[1589]

Aus der Nichtbefolgung des Standards ergibt sich noch nicht zwingend ein Behandlungsfehler; umgekehrt kann aber angenommen werden, dass der Behandelnde keinen Behandlungsfehler begangen hat, soweit der jeweilige medizinische Standard eingehalten wurde.[1590] Weicht der Behandelnde vom Standard ab, ergeben sich hieraus besondere Sorgfaltspflichten.[1591] Je weiter sich die Behandlung vom Standard entfernt, desto sorgfältiger muss der Behandelnde handeln.[1592] Erforderlich sind eine verantwortungsvolle medizinische Abwägung und ein besonders sorgfältiger Vergleich zwischen den zu erwartenden Vorteilen und den abzusehenden oder zu

---

1581 *Looschelders*, Schuldrecht BT, Rn 616f; Palandt/*Weidenkaff*, BGB, § 630a Rn 9; vgl. *Steffen* in FS Geiß, S. 487, 492; *Deutsch*, JZ 2012, 588, 590.

1582 Vgl. *Spindler/Rieckers*, JuS 2004, 272, 274 f.; *Spickhoff*, NJW 2002, 2530, 2535.

1583 *Spickhoff*, NJW 2002, 2530, 2535.

1584 *Stöhr* in FS G. Hirsch, S. 430.

1585 *Diederichsen*, GesR 2011, 257, 258.

1586 *Gehrlein*, Arzthaftpflicht, B Rn 9.

1587 *Diederichsen*, GesR 2011, 257 f.

1588 *Diederichsen*, GesR 2011, 257, 258.

1589 Näher *Deutsch*, NJW 1993, 1506, 1508 f.

1590 *Hart*, MedR 1998, 8, 12; vgl. auch *Geiß/Greiner*, Arzthaftpflichtrecht, B Rn 38; Ehlers/Broglie/*Konrad*, Arzthaftungsrecht, Rn 207.

1591 BGH, 22.05.2007, VI ZR 35/06, NJW 2007, 2774, 2775; PWW/*Schneider*, BGB, § 630a Rn 8; Ratzel/Lissel/*Kern*, Medizinschadensrecht, § 2 Rn 47.

1592 *Hart*, MedR 1998, 8, 16.

vermutenden Nachteilen unter besonderer Berücksichtigung des Wohls des Patienten. Der Behandelnde muss auch eher entfernt liegende, aber noch nicht auszuschließende Risiken berücksichtigen[1593] und sich ständig über mögliche Risiken und Nebenwirkungen informieren.[1594]

III. Kausalität bei Fehlern im Rahmen wissenschaftlich nicht anerkannter Behandlungsmethoden

Der Behandlungsfehler führt nur zu einer Haftung, soweit er einen Schaden verursacht. Gemäß § 253 II BGB kommen auch bloße Körper- oder Gesundheitsverletzungen in Betracht. Der Schaden muss adäquat kausal auf den Behandlungsfehler zurückzuführen sein. Bei wissenschaftlich nicht anerkannten Therapierichtungen ist die Kausalität schwer überprüfbar: Liegt nach den Standards der jeweiligen Therapierichtung ein Behandlungsfehler vor, ist fraglich, inwieweit eine Verschlechterung des Gesundheitszustands hierauf beruht. So ist etwa eine Kausalität zwischen der Verabreichung eines falschen Homöopathikums – abgesehen von der Verwendung einer zu geringen „Potenz", also einer zu hohen Dosis, die zu Vergiftungserscheinungen führt – und der Verschlechterung i.d.R. nicht nachzuweisen. Im Prozess genügt aber ein Verweis auf ungesicherte und zweifelhafte Erfahrungswerte nicht den Anforderungen an einen Beweis.[1595] Daher kommt eine schadensersatzrechtliche Haftung des Arztes für Behandlungsfehler, die nur nach den Vorstellungen einer alternativmedizinischen Richtung zu einer Verschlechterung führen können, nach dem allgemein anerkannten Stand der medizinischen Erkenntnisse jedoch unerheblich sind, nicht in Betracht.

Auch die Beweislastregelung des § 630h V BGB hilft dem Patienten hier nicht. Diese setzt voraus, dass der Behandlungsfehler (erwiesenermaßen) grundsätzlich geeignet ist, die eingetretene Folge herbeizuführen.

Umgekehrt kann der Behandelnde sich nicht darauf berufen, eine Kausalität sei nach den Grundsätzen der angewandten alternativen Methode nicht gegeben. Praktisch ist dies allerdings eher unbedeutsam, da der Behandelnde, der den Standard der jeweiligen Therapierichtung erfüllt, schon keinen Behandlungsfehler begeht.

IV. Deliktische Haftung für nutzlose Methoden?

Eine mögliche Abweichung des Deliktsrechts vom Behandlungsvertragsrecht ergibt sich bei der Anwendung völlig nutzloser Methoden. Wählt der Arzt eine nutzlose Methode, soll er nach einer Auffassung nach den §§ 823 ff. BGB auch dann haften, wenn er diese auf den ausdrücklichen Wunsch des Patienten hin anwendet.[1596] Dies geht auf ein Urteil des BGH zurück, der eine Einwilligung in die Extraktion aller

---

1593 *Geiß/Greiner*, Arzthaftpflichtrecht, Rn 37.

1594 Ratzel/Lissel/*Kern*, Medizinschadensrecht, § 2 Rn 47.

1595 Vgl. MünchKomm-ZPO/*Prütting*, § 286 Rn 58; *G. Walter*, ZZP 90 (1977), 270, 280 ff.

1596 Ratzel/Luxenburger/*Kaiser*, Medizinrecht, § 13 Rn 74.

Zähne aufgrund einer unsinnigen, vom – an Kopfschmerzen leidenden – Patienten selbstgestellten Diagnose für unwirksam erklärte.[1597] Entscheidend war hier, dass die Einwilligung des Patienten nur für einen Heileingriff galt, die gewählte Methode aber unter keinen Umständen, auch nicht nach der Überzeugung des Arztes, geeignet war, eine Heilung herbeizuführen. Über diese Konstellation hinaus ist das Urteil nicht übertragbar. Solange der Arzt selbst einen Behandlungserfolg für möglich hält, liegt ein Heileingriff vor, selbst wenn objektiv eine Wirksamkeit nicht anzunehmen ist. Eine Übertragung des Urteils auf (selbst erwiesenermaßen unwirksame) Außenseitermethoden wäre mit den Maßstäben des Arztvertragsrechts und dem Selbstbestimmungsrecht des Patienten kaum in Einklang zu bringen.

C. Gebühren- und Entgeltrecht

I. Gebührenordnung für Ärzte

Die Gebührenordnung für Ärzte und die Gebührenordnung für Zahnärzte treffen zwingende Regelungen über die Vergütung der Ärzte bzw. Zahnärzte.[1598] § 2 GOÄ und § 2 GOZ lassen unter bestimmten Bedingungen allerdings eine schriftliche Vereinbarung vor Leistungserbringung über die Gebührenhöhe zu.[1599] Die Regelungen in GOÄ und GOZ stellen auch eine taxmäßige Vergütung i.S.d. § 612 II BGB dar.[1600] Für den Bereich der vertragsärztlichen Versorgung werden die Gebührenordnungen durch die einheitlichen Bewertungsmaßstäbe (EBM bzw. Bema) verdrängt.[1601]

Gemäß § 1 II 1 GOÄ darf ein Arzt nur Leistungen berechnen, die nach den Regeln der ärztlichen Kunst für eine medizinisch notwendige ärztliche Versorgung erforderlich sind. Da die private Krankenversicherung dazu dient, gerade das Risiko der Kosten für Heilbehandlungen aufzufangen, liegt es nahe, den Begriff der medizinisch notwendigen Heilbehandlung in § 1 II GOÄ ähnlich wie in § 192 I VVG zu verstehen und die Maßstäbe für das Vorliegen einer medizinisch notwendigen Heilbehandlung i.S.d. § 192 I VVG zu übertragen. Die medizinische Notwendigkeit der jeweiligen Heilbehandlung muss demnach objektiv vorliegen. Ein derartiges Verständnis droht aber der Alternativmedizin völlig den Boden zu entziehen, was weder mit dem Selbstbestimmungsrecht des Patienten noch mit der Therapiefreiheit des Arztes zu vereinbaren wäre. Diese Rechte erfordern, dass es dem Patienten auch möglich sein muss, zumindest auf eigene Kosten – also als individuelle Gesundheitsleistung (IGeL)[1602] – eine medizinische Leistung zu erhalten, deren Wirksamkeit und Zweckmäßigkeit in Frage steht. Gemäß § 1 II 2 GOÄ ist dies zulässig, aber nur auf

1597 BGH, 22.02.1978, 2 Str 372/77, NJW 1978, 1206.
1598 BGH, 23.03.2006, III ZR 223/05, VersR 2006, 935 (juris-Rn 10); LKL/*Lipp*, III Rn 41; *Heberer*, Berufs- und Standesrecht, S. 249; van Bühren/*Commer*, VR, § 17 Rn 211.
1599 LKL/*Lipp*, III Rn 44; *Heberer*, Berufs- und Standesrecht, S. 249.
1600 Van Bühren/*Commer*, VR, § 17 Rn 209.
1601 Spickhoff/*Spickhoff*, Medizinrecht, § 1 GOÄ Rn 8.
1602 Vgl. Terbille/Clausen/Schroeder-Printzen/*Clausen*, Medizinrecht, § 7 Rn 301.

Verlangen des Patienten. Hiermit korrespondiert eine Aufklärungspflicht darüber, dass der Patient selbst die Kosten zu tragen hat, gemäß § 630c III BGB.[1603]

§ 1 II GOZ bildet die Parallelnorm zu § 1 II GOÄ im zahnärztlichen Gebührenrecht und bestimmt, dass Leistungen nach den Regeln der zahnärztlichen Kunst für eine zahnmedizinisch notwendige zahnärztliche Versorgung erforderlich sind. Sinngemäß sind beide Regelungen identisch, so dass auf die Ausführungen zu § 1 II GOÄ verwiesen werden kann.

II. Krankenhausentgeltgesetz

Das KHEntgG unterscheidet zwischen Allgemeinen Krankenhausleistungen (§ 2 II KHEntgG) und Wahlleistungen (§ 17 KHEntgG). Erstere müssen gemäß § 2 II 1 KHEntgG für die medizinisch zweckmäßige und ausreichende Versorgung des Patienten notwendig sein. Wahlleistungen können darüber hinausgehen, müssen aber gemäß § 17 II KHEntgG schriftlich und unter Wahrung besonderer Informationspflichten vereinbart werden.

Nicht eindeutig geht aus dem Gesetz hervor, inwieweit nicht wissenschaftlich abgesicherte Leistungen den allgemeinen Leistungen unterfallen. Den verfassungsrechtlichen Vorgaben wird es auch gerecht, sie als Wahlleistungen zu klassifizieren, da dies das Selbstbestimmungsrecht des Patienten nicht beeinträchtigt. Da § 2 II KHEntgG die Versorgung des Patienten nach dem aktuellen Stand der medizinischen Erkenntnisse bezweckt,[1604] sollten nicht allgemein anerkannte Methoden zum Schutz des Patienten den Wahlleistungen zugeordnet werden. Hierfür spricht auch die Parallelität zu § 39 I 3 SGB V[1605], dessen Voraussetzungen nach Maßgabe des § 2 I SGB V zu beurteilen sind.[1606]

D. Berufs- und Standesrecht

I. Berufs- und Standesrecht der Ärzte

1. Rechtsgrundlagen

Das ärztliche Berufs- und Standesrecht ist überwiegend Gegenstand der Gesetzgebungskompetenz der Länder.[1607] Unter die (konkurrierende) Gesetzgebungszuständigkeit des Bundes fällt nur die Zulassung zu ärztlichen und anderen Heilberufen gemäß Art. 74 I Nr. 19 GG. Dies umfasst lediglich Erteilung, Zurücknahme und

1603 Vgl. van Bühren/*Commer*, VR, § 17 Rn 212.

1604 Vgl. Uleer/Miebach/Patt/*Patt*, Abrechnung von Arzt- und Krankenhausleistungen, § 2 KHEntgG Rn 2.

1605 Vgl. Spickhoff/*Kutlu*, Medizinrecht, § 2 KHEntgG Rn 7.

1606 Vgl. KassKomm/*Brandts*, SVR, § 39 SGB V Rn 88.

1607 Spickhoff/*Scholz*, Medizinrecht, Vorb. MBO Rn 2; *Heberer*, Berufs- und Standesrecht, S. 47, 265; *Narr*, Ärztliches Berufsrecht, D I 3 Rn 1; Jarass/Pieroth/*Pieroth*, GG, Art. 74 Rn 51.

Verlust der Approbation (bzw. der entsprechenden Befugnis zur Ausübung nicht ärztlicher Berufe),[1608] die in der Bundesärzteordnung (BÄO) geregelt sind.

In den einzelnen Ländern wird das Berufsrecht durch sogenannte Heilberufs- oder Kammergesetze geregelt.[1609] Gemeinsam ist allen landesrechtlichen Regelungen, dass sie die jeweiligen Ärztekammern zum Erlass einer Berufsordnung ermächtigen.[1610] Die Bundesärztekammer erstellt hierbei die Musterberufsordnung für die in Deutschland tätigen Ärztinnen und Ärzte (MBO),[1611] die für die einzelnen Landesärztekammern jedoch nicht bindend ist und keine unmittelbare Wirkung entfaltet.[1612] Die einzelnen Landesärztekammern erlassen – üblicherweise in Anlehnung an die MBO – jeweils ihre eigene Berufsordnung.[1613] Das dort geregelte Satzungsrecht ist für Kammermitglieder verbindlich.[1614]

Da für das Land NRW zwei Landesärztekammern bestehen, die Ärztekammer Nordrhein und die Ärztekammer Westfalen-Lippe, haben im Bundesgebiet insgesamt siebzehn verschiedene Berufsordnungen und sechzehn Heilberufs- oder Kammergesetze Gültigkeit.

2. Inhalt

Weder die Landesgesetze noch die Berufsordnungen enthalten besondere Regelungen für alternativmedizinische Verfahren. Die Regelungen für „besondere medizinische Verfahren" (etwa § 13 MBO, § 13 BO Nordrhein[1615]) beziehen sich nicht auf alternativmedizinische Methoden, sondern auf medizinische Maßnahmen und Verfahren, die besondere ethische Probleme aufwerfen, etwa genetische Diagnostik, Präimplantationsdiagnostik[1616] oder In-Vitro-Fertilisation[1617].

§ 2 I MBO verpflichtet Ärzte, ihren Beruf nach ihrem Gewissen, den Geboten der ärztlichen Ethik und der Menschlichkeit auszuüben. § 2 II MBO betont die gewissenhafte Berufsausübung, wobei § 2 III MBO näher bestimmt, die gewissenhafte Berufsausübung erfordere insbesondere die notwendige fachliche Qualifikation und die Beachtung des anerkannten Standes der medizinischen Erkenntnisse.

1608 *Heberer*, Berufs- und Standesrecht, S. 47; Jarass/Pieroth/*Pieroth*, GG, Art. 74 Rn 51.

1609 Terbille/Clausen/Schroeder-Printzen/*Simon*, Medizinrecht, § 17 Rn 54; LKL/*Katzenmeier*, Arztrecht, IX Rn 44; *Narr*, Ärztliches Berufsrecht, D I 3 Rn 1.

1610 Z.B. § 31 I Heilberufsgesetz NRW.

1611 (Muster-)Berufsordnung für die in Deutschland tätigen Ärztinnen und Ärzte in der Fassung der Beschlüsse des 114. Deutschen Ärztetages 2011 in Kiel.

1612 Spickhoff/*Scholz*, Medizinrecht, Vorb. MBO Rn 1; *Heberer*, Berufs- und Standesrecht, S. 266.

1613 LKL/*Lipp*, Arztrecht, II Rn 6.

1614 *Heberer*, Berufs- und Standesrecht, S. 269.

1615 Berufsordnung für die nordrheinischen Ärztinnen und Ärzte vom 14.11.1998 in der Fassung vom 10.11.2012.

1616 Spickhoff/*Scholz*/*Pethke*, Medizinrecht, § 13 MBO Rn 5; vgl. auch Ratzel/Lippert/*Ratzel*, MBO, § 13 Rn 1.

1617 Vgl. Spickhoff/*Scholz*/*Pethke*, Medizinrecht, § 13 MBO Rn 1.

Die Regelungen wurde in die meisten Berufsordnungen unverändert übernommen: § 2 III BO Baden-Württemberg[1618], § 2 III BO Bayern[1619], § 2 III BO Berlin[1620], § 2 III BO Brandenburg[1621], § 2 III BO Bremen[1622], § 2 III BO Hamburg[1623], § 2 III BO Hessen[1624], § 2 III BO Mecklenburg-Vorpommern[1625], § 2 III BO Niedersachsen[1626], § 2 III BO Nordrhein[1627], § 2 III BO Saarland[1628], § 2 III BO Sachsen[1629], § 2 III BO Sachsen-Anhalt[1630], § 2 III BO Schleswig-Holstein[1631] und § 2 III BO Thüringen[1632] sind im Wortlaut mit § 2 III MBO identisch. § 2 III BO Westfalen-Lippe[1633] verweist auf den anerkannten Stand „der Medizin". Allein in § 2 III i.V.m. Anhang C Nr. 2 BO Rheinland-Pfalz[1634] wird im Einklang mit der vorherigen Fassung der MBO[1635]

1618 Berufsordnung der Landesärztekammer Baden-Württemberg vom 14.01.1998 in der Fassung vom 17.09.2014.

1619 Berufsordnung für die Ärzte Bayerns vom 12.10.1997 in der Fassung vom 25.10.2014.

1620 Ärztekammer Berlin – Berufsordnung vom 26.11.2014.

1621 Berufsordnung der Landesärztekammer Brandenburg vom 25.06.2003 in der Fassung vom 09.11.2012.

1622 Berufsordnung für Ärztinnen und Ärzte im Lande Bremen vom 20.09.2004 in der Fassung vom 21.11.2011.

1623 Berufsordnung der Hamburger Ärzte und Ärztinnen vom 27.03.2000 in der Fassung vom 02.12.2013.

1624 Berufsordnung für die Ärztinnen und Ärzte in Hessen vom 02.09.1998 in der Fassung vom 01.10.2014.

1625 Berufsordnung für die Ärztinnen und Ärzte in Mecklenburg-Vorpommern vom 20.06.2005 in der Fassung vom 15.01.2014.

1626 Berufsordnung der Ärztekammer Niedersachsen vom 22.03.2005 in der Fassung vom 27.11.2012.

1627 Berufsordnung für die nordrheinischen Ärztinnen und Ärzte vom 14.11.1998 in der Fassung vom 10.11.2012.

1628 Berufsordnung für die Ärztinnen und Ärzte des Saarlandes in der Fassung vom 12.12.2012.

1629 Berufsordnung der Sächsischen Landesärztekammer vom 24.06.1998 in der Fassung vom 23.11.2011.

1630 Berufsordnung der Ärztekammer Sachsen-Anhalt vom 08.11.1997 in der Fassung vom 26.04.2014, genehmigt durch das Ministerium für Arbeit und Soziales am 07.05.2014.

1631 Berufsordnung (Satzung) der Ärztekammer Schleswig-Holstein vom 03.02.1999 in der Fassung vom 13.05.2014.

1632 Berufsordnung der Landesärztekammer Thüringen vom 21.10.1998 in der Fassung vom 19.04.2012.

1633 Ärztekammer Westfalen-Lippe – Berufsordnung in der Fassung vom 15.11.2014.

1634 Berufsordnung für die Ärztinnen und Ärzte in Rheinland-Pfalz vom 20.04.2005 in der Fassung vom 01.10.2014.

1635 (Muster-)Berufsordnung für die deutschen Ärztinnen und Ärzte in der Fassung der Beschlüsse des 100. Deutschen Ärztetages 1997 in Eisenach, zuletzt geändert durch den Beschluss des Vorstands der Bundesärztekammer am 24.11.2006.

lediglich die gewissenhafte Ausführung der gebotenen medizinischen Maßnahmen nach den Regeln der ärztlichen Kunst verlangt.

Die Bedeutung der Beachtung des anerkannten Standes der medizinischen Erkenntnisse im Rahmen der Berufsordnungen ist weitgehend ungeklärt und wird in der Literatur bisher kaum erörtert. Es erscheint nicht völlig abwegig, hierin eine strenge Festlegung auf den allgemein anerkannten Stand der medizinischen Erkenntnisse i.S.d. § 2 I 3 SGB V zu verstehen. Allerdings wäre auch hier ein derartiges Verständnis mit der Therapiefreiheit und dem Selbstbestimmungsrecht des Patienten nicht zu vereinbaren (s. A II 2). Dies macht eine verfassungskonforme Auslegung erforderlich.

Der Wortlaut unterscheidet sich von § 2 I 3 SGB V insoweit, als dass hier nur „einfache" Anerkennung, keine „allgemeine" Anerkennung gefordert wird. Die Anerkennung durch einen Teil der Ärzteschaft reicht demnach aus.[1636]

Darüber hinaus ist der anerkannte Stand der medizinischen Erkenntnisse nur zu „beachten". Dies lässt einen gewissen Interpretationsspielraum: Ein Arzt, der den anerkannten Stand der medizinischen Erkenntnisse beachtet, kann gleichwohl zu dem Ergebnis kommen, dass eine alternative Behandlungsmethode im konkreten Fall eine Heilung begünstigen kann. Selbst die Verabreichung eines Placebos „beachtet" den anerkannten Stand der medizinischen Erkenntnisse, da die Möglichkeit von Heilerfolgen aufgrund des Placebo-Effekts nicht in Zweifel steht.[1637] Der Arzt missachtet den anerkannten Stand der medizinischen Erkenntnisse nur, wenn er völlig unvertretbare Entscheidungen trifft. Zu denken ist hierbei weniger an Methoden mit geringer Erfolgsaussicht als an Methoden, die ein unvertretbares Risiko für den Patienten darstellen oder die Verweigerung dringend gebotener Behandlungen.

§ 11 I MBO sieht darüber hinaus eine Versorgung mit „geeigneten Untersuchungs- und Behandlungsmethoden" vor. Auch hier verlangen Therapiefreiheit und Selbstbestimmungsrecht, dass nicht schon standesrechtlich eine Eingrenzung auf die Schulmedizin erfolgt.[1638] Der Arzt muss jedoch subjektiv überzeugt sein, auf dem gewählten Weg dem Patienten besser helfen zu können als mit der Standardmethode.[1639] § 11 II MBO verbietet, Vertrauen, Unwissenheit, Leichtgläubigkeit oder Hilflosigkeit der Patienten zu missbrauchen. Ein Missbrauch durch leichtfertige Verordnung alternativer Heilmethoden kommt zwar in Betracht,[1640] liegt aber jedenfalls dann nicht vor, wenn der Patient ordnungsgemäß aufgeklärt wurde. § 11 MBO wurde – von gender-bezogenen inhaltlich unerheblichen Verschiebungen abgesehen – unverändert in alle 17 Berufsordnungen übernommen.

1636 Vgl. Spickhoff/*Scholz*, Medizinrecht, § 2 MBO Rn 12.

1637 Vgl. *Prang*, Alternativmedizin, S. 22 f.

1638 Vgl. Spickhoff/*Pethke*, Medizinrecht, § 11 MBO Rn 2.

1639 *Becker*, MedR, 2014, 475, 479; vgl. auch *Müller/Raschke*, NJW 2013, 428, 430.

1640 Vgl. Spickhoff/*Pethke*, Medizinrecht, § 11 MBO Rn 3.

II. Heilpraktikergesetz

Gemäß § 1 I HeilPraktG setzt die Ausübung der Heilkunde eine ärztliche Approbation oder eine Erlaubnis zur Ausübung der Heilkunde voraus.[1641] Heilkunde ist allerdings nur solche Heiltätigkeit, die medizinische Fachkenntnisse erfordert und zumindest bei einer generalisierenden und typisierenden Betrachtungsweise gesundheitliche Schäden verursachen kann.[1642] Ursprüngliches Ziel des 1939 verabschiedeten Gesetzes war die Elimination des Heilpraktikerberufs.[1643] Dementsprechend sah § 2 I HeilPraktG auch vor, dass in Zukunft die Erlaubnis nur noch in besonders begründeten Fällen zu erteilen sei. Das BVerwG hat die vorkonstitutionelle Norm für verfassungswidrig erklärt, da Fragen der Berufswahl nicht völlig in das Ermessen einer Behörde gestellt werden dürften.[1644] Das Ziel, den Heilpraktikerberuf einzudämmen, wird nach der aufgrund dessen erfolgten verfassungskonformen Auslegung nicht erreicht und geradezu ins Gegenteil verkehrt.[1645] Die Erlaubnis ist hiernach nur zu verweigern, wenn die Ausübung der Heilkunde eine Gefahr für die Allgemeinheit oder die Volksgesundheit bedeuten würde.[1646] Eine Ausbildung zum Heilpraktiker ist für eine Erlaubnis nicht erforderlich.[1647]

Eine besondere Reglementierung der Heilpraktikertätigkeit sieht das Gesetz nicht vor.[1648] Es bestehen allerdings verschiedene Verbote, die bestimmte Behandlungen und Tätigkeiten ausschließen. Verboten ist Heilpraktikern z.B. die Ausübung der Zahnheilkunde (§ 6 HeilPraktG) oder Geburtshilfe (§ 4 Hebammengesetz) und bestimmte Ärzten vorbehaltene Maßnahmen wie die Verschreibung von Arzneimitteln (§ 48 I 1 AMG) oder die Organentnahme (§ 3 Abs. 1 Nr. 3 TPG).[1649] Nach dem Gesetz besteht keine Beschränkung auf wissenschaftlich anerkannte oder umgekehrt auf gerade nicht wissenschaftlich anerkannte Heilmethoden.

1641 *Ehlers*, Heilpraktiker, S. 95.
1642 BVerwG, 14. 10. 1958, I C 25/56, NJW 1959, 833, 834; *Haage*, HeilPraktG, § 1 Rn 10.
1643 *Ehlers*, Heilpraktiker, S. 101 m.w.N.
1644 BVerwG, 24.01.1957, I C 194.54, BVerwGE 4, 250, juris-Rn 28; vgl. auch BVerfG, 10.05.1988, 1 BvR 482/84, 1 BvR 1166/85, BVerfGE 78, 179, juris-Rn 5.
1645 *Haage*, HeilPraktG, § 2 Rn 1.
1646 BVerwG, 18. 12. 1972, I C 2/69, NJW 1979, 579, 580.
1647 *Ehlers*, Heilpraktiker, S. 138; *Haage*, HeilPraktG, § 1 Rn 25.
1648 Vgl. *Henrichs*, VersR 1990, 464, 465.
1649 Näher *Ehlers*, Heilpraktiker, S. 96.

Schlussbetrachtung

A. Thesen

I. Die gesetzlichen Regelungen der Gesundheitsversorgung sind grundsätzlich auf wissenschaftlich überprüfbare (schulmedizinische) Methoden ausgelegt. Methoden, deren Wirksamkeit wissenschaftlich nicht nachweisbar ist, haben hierin nur ausnahmsweise ihren Platz. Dies gilt auch für die besonderen Therapierichtungen, die der Gesetzgeber weder privilegiert noch in irgendeiner Form „anerkannt" hat. Ausgeschlossen ist lediglich eine ungerechtfertigte Diskriminierung durch die Schulmedizin.

II. Besondere Therapierichtungen i.S.d. Gesetzes sind umfassende Konzepte verschiedener Heilmethoden zur Behandlung verschiedener Krankheiten, denen im weitesten Sinne ein von der Schulmedizin abweichender weltanschaulicher Denkansatz zugrunde liegt, bei dem der Patientenfürsorge eine besondere Bedeutung zukommt und die im Inland einen relativ hohen Verbreitungsgrad bei Ärzten und Patienten genießen. Der Begriff der besonderen Therapierichtungen ist hierbei nicht auf die drei im Gesetz aufgezählten Therapierichtungen, Homöopathie, anthroposophische Medizin und Phytotherapie, beschränkt. Derzeit ist allerdings keine andere Therapierichtung erkennbar, die alle Merkmale einer besonderen Therapierichtung erfüllt.

III. Für die verfassungsrechtliche Einordnung der Alternativmedizin ist letztlich der allgemeine Gleichheitssatz gemäß Art. 3 I GG von zentraler Bedeutung. Dieser verbietet Diskriminierungen einer bestimmten Therapierichtung ohne hinreichende Rechtfertigung. Eine Differenzierung anhand eines besonderen weltanschaulichen Denkansatzes ist problematisch, da dieser den Kriterien des Art. 3 III GG nahekommt. Dies führt dazu, dass eine Bevorzugung oder Benachteiligung einer besonderen Therapierichtung besonders zu rechtfertigen ist; ein sachlicher Grund allein genügt nicht. Das Gleichheitsgebot verlangt andererseits keine Deutungsautonomie der besonderen Therapierichtungen. Alle Therapierichtungen sind den gleichen Kriterien zu unterwerfen. Dass die Schulmedizin sich die allgemeingültigen Kriterien zu eigen gemacht hat, ist keine Bevorzugung der Schulmedizin. Im Gegenteil haben sich gerade diejenigen Therapien als Schulmedizin herausgebildet, die eben diesen Kriterien genügen.

Unterschiede zwischen GKV und PKV sind systembedingt und aufgrund der Verschiedenheit der Versorgungskonzepte gerechtfertigt.

IV. Therapiefreiheit und Selbstbestimmungsrecht gewährleisten, dass auch alternative, von der medizinischen Mehrheitsauffassung abweichende Heilmethoden erbracht werden dürfen. Sie sind jedoch ohne größeren Begründungsaufwand einschränkbar. Kollidieren diese Rechte mit dem Interesse an der Erhaltung der Leistungsfähigkeit der gesetzlichen Krankenkassen, ist ihr Einfluss daher gering. Die allgemeine Verhaltensfreiheit in Verbindung mit dem Sozialstaatsprinzip verpflichtet die GKV aber – ebenso wie die Beihilfestellen und im Wege der mittelbaren Drittwirkung der Grundrechte auch die PKV –, im Falle einer nach derzeitigem Stand der medizinischen Erkenntnisse unheilbaren lebensbedrohlichen Erkrankung alles Erdenkliche zu tun, um das Leben des Versicherten zu retten, insbesondere alle Therapien zu finanzieren, deren Erfolg nicht völlig fernliegend ist.

V. Die weltanschauliche Neutralität ist zwar im Grundgesetz angelegt, jedoch nicht bestimmt genug ausgeprägt, um – jedenfalls außerhalb des Staatskirchenrechts – konkret zur Begründung bestimmter Rechte und Pflichten herangezogen zu werden.

VI. Der Wissenschaftsfreiheit unterliegt jede auf Erkenntnisgewinn ausgerichtete Forschung. Allerdings garantiert sie lediglich die freie Ausübung der Forschung und Lehre, keine irgendwie geartete Berücksichtigung der gefundenen Ergebnisse durch Dritte. Insbesondere verlangt die Wissenschaftsfreiheit keine Beurteilung der besonderen Therapierichtungen oder echter Außenseitermethoden anhand einer reinen Binnenanerkennung oder auch nur nach therapieimmanenten Kriterien.

VII. Das Arzneimittelrecht dient der Sicherheit des Arzneimittelverkehrs, die nach dem Gesetz Qualität und Wirksamkeit der Arzneimittel einschließt (§ 1 AMG). Für homöopathische oder traditionelle pflanzliche Arzneimittel ist alternativ zum Zulassungsverfahrens das deutlich vereinfachte Registrierungsverfahren vorgesehen. Dieses dient dazu, die Verhältnismäßigkeit im Hinblick auf das Selbstbestimmungsrecht der Patienten zu wahren, da von diesen Arzneimitteln ein geringeres Gefahrenpotential ausgeht als von herkömmlichen Arzneimitteln. Einer Täuschung des Patienten wird durch besondere Kennzeichnungspflichten vorgebeugt. Die hierdurch erlangte Transparenz rechtfertigt in Verbindung mit dem geringeren Risiko einen Verzicht auf einen umfassenden Wirksamkeitsnachweis. Demgegenüber ist der Gedanke des 21. Erwägungsgrundes der Richtlinie 2001/83/EG, dass ein Wirksamkeitsnachweis bei homöopathischen Arzneimitteln aufgrund der Schwierigkeit eines solchen Wirksamkeitsnachweises entbehrlich sei, als unsachlich zu verwerfen.

VIII. Für die Entscheidung, inwieweit die besonderen Therapierichtungen von den Leistungen der GKV umfasst sind, enthalten § 2 I S. 2 und 3 SGB V grundlegende Vorgaben. S. 2 und S. 3 stehen jedoch in offenem Widerspruch zueinander: Methoden der besonderen Therapierichtungen sind schon *qua definitione* niemals allgemein anerkannt, da ein Wesensmerkmal in ihrer Abgrenzung zur Schulmedizin besteht. S. 3 genießt hierbei grundsätzlich Vorrang. Auch für die besonderen Therapierichtungen bildet der allgemein anerkannte Stand der medizinischen Erkenntnisse den entscheidenden Maßstab.

IX. Im Ausgangspunkt bezieht sich § 2 I 3 SGB V nicht auf die Beweisbarkeit von Wirksamkeit und Qualität der angewandten Methoden. Da sich die evidenzbasierte

Medizin als allgemein anerkannter Beurteilungsmaßstab durchgesetzt hat, wird faktisch jedoch die Wirksamkeit einer Methode gerade dann anerkannt, wenn sie beweisbar ist.

X. Der allgemein anerkannte Stand der medizinischen Erkenntnisse ist ein unbestimmter Rechtsbegriff, der auf die herrschende Meinung der Ärzteschaft Bezug nimmt und faktisch durch die Empfehlungen und Richtlinien des G-BA gemäß §§ 135 ff. SGB V ausgefüllt wird. In Einzelfällen können der allgemein anerkannte Stand der Erkenntnisse und die Auffassung des G-BA darüber, was allgemein anerkannt ist, auseinanderfallen. Der G-BA genießt jedoch einen erheblichen Beurteilungsspielraum, sodass die Gerichte die Entscheidung des G-BA nur eingeschränkt überprüfen können, etwa hinsichtlich der Feststellung des Sachverhalts oder der Befolgung allgemeiner Grundsätze und höherrangigen Rechts.

XI. Soweit eine Empfehlung des G-BA nicht erforderlich ist, insbesondere in der Krankenhausversorgung (§ 137c SGB V), ist der allgemein anerkannte Stand der Erkenntnisse ggf. durch das erkennende Gericht zu ermitteln. § 137c III SGB V lässt jedoch auch noch nicht allgemein anerkannte Methoden zu, wenn sie das Potenzial einer Behandlungsalternative bieten. Dies ist jedoch gerade bei Methoden der besonderen Therapierichtungen Homöopathie und Anthroposophie nicht der Fall, da eine allgemeine Anerkennung der Methode – oder ein den Maßstäben der evidenzbasierten Medizin genügender Wirksamkeitsnachweis – kaum zu erwarten ist.

XII. Raum für die Anwendung von Methoden, die den Maßstäben der evidenzbasierten Medizin nicht genügen, verbleibt letztlich nur dort, wo eine allgemein anerkannte Methode nicht existiert. Auch insoweit ist jedoch ein Mindestmaß an Evidenz zu verlangen. Bloße Expertenmeinungen kommen hierbei nur dann in Betracht, wenn die Schwere der Krankheit gemäß § 2 Ia SGB V eine Behandlung auch mit ungesicherten Methoden erforderlich macht.

XIII. Überdies relativiert § 34 SGB V die Entscheidung des § 2 I 2 SGB V weitgehend, da er faktisch weite Teile der besonderen Therapierichtungen ausschließt. Die Ausnahmeregelung des § 34 I 2, 3 SGB V hilft den Methoden der besonderen Therapierichtungen hierbei nur bedingt. Der therapeutischen Vielfalt ist lediglich „Rechnung zu tragen". Besondere Therapierichtungen sind nur grundsätzlich zu berücksichtigen, aber in keiner Weise zu privilegieren, insbesondere nicht von den gesetzlichen Anforderungen zu befreien.

XIV. Spezifische Leistungen der Homöopathie oder anthroposophischen Medizin wie homöopathische Anamnese oder Heileurythmie sind nicht im EBM bzw. Bema aufgeführt und können demzufolge nicht bzw. nur nach den allgemein vorgesehenen Positionen abgerechnet werden. Dies steht nicht im Widerspruch zu § 2 I 2 SGB V, da dieser nicht die gesamte Therapierichtung garantiert, sondern lediglich eine Diskriminierung untersagt.

XV. Der allgemein anerkannte Stand der medizinischen Erkenntnisse ist auch für die Beurteilung der Wirtschaftlichkeit maßgeblich. Methoden der besonderen Therapierichtungen werden daher nur ausnahmsweise als zweckmäßig i.S.d. § 12 SGB V erachtet werden können. Ist dies aber der Fall, wird die Methode nur im Ausnahmefall als nicht notwendig oder unwirtschaftlich i.S.d. § 12 SGB V anzusehen sein. Bei der Wahl zwischen mehreren zweckmäßigen Leistungen kommt der Therapiefreiheit des Arztes eine größere Bedeutung zu.

Für die Beurteilung der Qualität der (konkreten) Leistung ist demgegenüber die Auffassung innerhalb der jeweiligen Therapierichtung maßgeblich, da außerhalb dieser überhaupt keine Maßstäbe und Leitlinien für die jeweilige Methode existieren.

XVI. Ein Systemversagen liegt in dem weitgehenden Ausschluss der besonderen Therapierichtungen nicht. Das SGB V schützt die besonderen Therapierichtungen nur vor einer unbegründeten Diskriminierung durch die Schulmedizin, nicht aber davor, dass ihre Methoden allgemein gültigen Anforderungen nicht genügen. Um sicherzustellen, dass Methoden der besonderen Therapierichtungen überhaupt die Möglichkeit erhalten, vom G-BA empfohlen zu werden, sind die Spitzenverbände der besonderen Therapierichtungen jedoch in analoger Anwendung des § 135 I 1 SGB V als antragsbefugt anzusehen.

XVII. Die Einbeziehung der besonderen Therapierichtungen in die medizinische Versorgung wurde seitens des Gesetzgebers bereits bei der Einführung des SGB V halbherzig umgesetzt. Letztlich sind keiner der Sonderregelungen Anhaltspunkte für eine tatsächliche Privilegierung zu entnehmen, die auch ausweislich der Gesetzgebungsmaterialien überhaupt nicht gewollt war. Später ergänzte Regelungen – etwa die Einführung des den Maßstäben der evidenzbasierten Medizin verpflichteten IQWiG – relativieren die vermeintliche Sonderstellung der besonderen Therapierichtungen weiter.

XVIII. Ihren Platz finden die besonderen Therapierichtungen – neben den Fällen des § 2 Ia SGB V, der jedoch für alle Therapierichtungen gleichermaßen gilt – im Rahmen des entsprechenden Wahltarifs gemäß § 53 V SGB V. Der Wahltarif ist rechtspolitisch sinnvoll, da er das Selbstbestimmungsrecht des Patienten gewährleistet, ohne dass die Kosten der wissenschaftlich ungesicherten Behandlung der Solidargemeinschaft zur Last fallen. Um diesen Zweck sicherzustellen, muss die Wahl des Tarifs über den Wortlaut des § 53 V SGB V hinaus nicht nur zur Überwindung des Ausschlusses von OTC-Arzneimitteln in § 34 I SGB V, sondern auch zur Anwendung von Maßstäben der Binnenanerkennung führen.

XIX. Das Recht der privaten Krankenversicherungen weist – abgesehen vom Basistarif, der auf das SGB V verweist – keine Sonderregelungen für die besonderen Therapierichtungen auf. Der Begriff der besonderen Therapierichtung wird im VVG und in den Musterbedingungen überhaupt nicht verwendet. Für eine analoge Anwendung der – ohnehin wenig ergiebigen – Vorschriften des SGB V ist kein Raum.

XX. Ein strenges Wirtschaftlichkeitsprinzip entsprechend § 12 I SGB V kennt das VVG nicht. § 192 I VVG verlangt nur die medizinische Notwendigkeit der Leistungen, nicht die wirtschaftliche Notwendigkeit oder die Wirtschaftlichkeit i.e.S. Nur im Falle eines groben Missverhältnisses zwischen Leistung und Aufwendungen ist die Leistungspflicht der PKV ausgeschlossen. Auch das Kriterium der ausreichenden Leistung wird nicht geprüft. Erforderlich ist aber die Geeignetheit der Leistung, die der Zweckmäßigkeit im SGB V entspricht.

XXI. Die medizinische Notwendigkeit ist objektiv zu beurteilen. Auffassungen, deren Kernaussagen wissenschaftlich nicht überprüfbar sind, sind grundsätzlich nicht zu berücksichtigen. Ist keine allgemein anerkannte bzw. nach Maßstäben der evidenzbasierten Medizin wirksame Methode vorhanden, kommt allerdings eine großzügigere Handhabung in Betracht. Für die Beurteilung der medizinischen Notwendigkeit ist vorzugsweise ein Vertreter der Schulmedizin als Sachverständiger heranzuziehen, der anderen Denkansätzen aber möglichst objektiv und unvoreingenommen gegenüberstehen sollte.

Anders als in der gesetzlichen Krankenversicherung bzw. Beihilfe steht es den Parteien des privaten Krankenversicherungsvertrages jedoch – bis an die allgemeinen Grenzen – frei, abweichende Vereinbarungen zu treffen.

XXII. Die Regelung in § 5 I f) MB/KK 1976, die ein strenges Wissenschaftlichkeitsgebot vorsah, hat der BGH – wenn auch nur im Ergebnis – zu Recht für unwirksam erklärt. Die Klausel verstieß gegen § 307 I 1 BGB (bzw. § 9 AGBG a.F.), da sie nicht einmal für den Fall einer nach dem derzeitigen Stand der medizinischen Erkenntnisse unheilbare lebensbedrohliche Erkrankung eine Ausnahme vorsah.

XXIII. Der heute stattdessen verwendete § 4 VI MB/KK sieht für wissenschaftlich nicht allgemein anerkannte Methoden ein Stufenverhältnis vor. Dies beschreibt im Wesentlichen die Rechtslage, die sich bereits aus dem Erfordernis der medizinischen Notwendigkeit in § 192 I VVG selbst ergibt. Dementsprechend führt § 4 VI MB/KK auch nicht zu einer unangemessenen Benachteiligung des Versicherten.

Ist eine anerkannte Methode vorhanden und bei der konkreten Indikation angezeigt, muss eine andere Methode schulmedizinisch anerkannt oder sich „in der Praxis“ als ebenso erfolgversprechend bewährt haben. Hierdurch wird klargestellt, dass letztlich nicht die institutionell verstandene „Schulmedizin“ maßgeblich ist, sondern die praktische Bewährung, also die evidenzbasierte Medizin.

Steht keine anerkannte oder bewährte Leistung zur Verfügung, kommt subsidiär die Anwendung anderer Behandlungsmethoden in Betracht. Hierbei kann jedoch nicht jede noch so abwegige Behandlungsmethode erfasst sein. Grundsätzlich ist ein nach wissenschaftlichen Maßstäben nachvollziehbarer Denkansatz erforderlich. Nur wenn die Krankheit lebensbedrohlich ist, genügt eine nicht ganz fernliegende Aussicht auf Erfolg.

XXIV. Im Innenverhältnis zwischen Behandelndem und Patient ist der Behandelnde grundsätzlich zur Beachtung des therapeutischen Standards verpflichtet. Für die Ermittlung des Standards haben hierbei die Leitlinien der Wissenschaftlichen Medizinischen Fachgesellschaften und die Richtlinien des G-BA eine starke Indizwirkung. Bei Kassenpatienten überlagert das Sozialrecht das Recht des Behandlungsvertrags derart, dass die Vorgaben des SGB V einschließlich der Richtlinien des G-BA bindend sind.

Abweichungen vom Standard können jedoch vertraglich vereinbart werden. Dies beinhaltet die Vereinbarung alternativmedizinischer Behandlungsmethoden. Soweit dies nicht vom (gesetzlichen oder privaten) Versicherungsschutz abgedeckt ist, erfolgt dies auf eigene Kosten des Patienten.

XXV. Eine zentrale Stellung kommt hierbei den Informations- und Aufklärungspflichten des Behandelnden gemäß §§ 630c ff. BGB zu. Der Behandelnde muss den Patienten über alle für die Behandlung wesentlichen Umstände aufklären. Hinzu tritt eine Informationspflicht bei Zweifeln an der Übernahme der Behandlungskosten durch GKV, PKV oder Beihilfe. Wendet der Behandelnde umstrittene Methoden an, was die gesamte Alternativmedizin einschließt, erhöht dies die Anforderungen an die Aufklärung. Erforderlich ist zusätzlich eine Aufklärung über die bestehenden Zweifel an der Methode, die alternativ anwendbare Standardmethode und die Gründe für die Abweichung vom Standard. Aufzuklären ist auch über die angenommene besondere Wirkungsweise der Methode, da die Vorkenntnisse eines durchschnittlichen Patienten nicht ausreichen, um alternativmedizinische Ansätze richtig einzuordnen.

XXVI. Die Aufklärungspflichten eines Heilpraktikers sind gegenüber denen eines Arztes nur geringfügig herabgesetzt. Ist der Heilpraktiker nicht in der Lage, die Behandlung sachgerecht durchzuführen oder den Patienten angemessen aufzuklären, muss er den Patienten an eine hinreichend qualifizierte Person verweisen. Auf der anderen Seite ist der Heilpraktiker zur Aufklärung über seine Qualifikation bzw. über deren Fehlen verpflichtet.

B. Systemvergleich

Nach vergleichender Betrachtung aller einschlägigen Rechtsbereiche lassen sich einige generelle Prinzipien des Rechts der Alternativmedizin festhalten.

Im Verhältnis zwischen dem Patienten und dem Behandelnden bzw. dem Arzneimittelhersteller oder Apotheker sind Selbstbestimmungsrecht und Therapiefreiheit die tragenden Prinzipien. Als Regelfall ist hierbei jeweils der Fall anzusehen, dass die Wirksamkeit der angewandten Behandlungsmethode bzw. des Arzneimittels erwiesen ist. Selbstbestimmungsrecht und Vertragsfreiheit lassen aber Abweichungen hiervon zu, wenn der Patient angemessen informiert wurde. Im Arzneimittelrecht wird dies durch entsprechende Kennzeichnungspflichten (§§ 10 f. AMG) gewährleistet; dies ist jedoch auf homöopathisch hergestellte und traditionelle pflanzliche Arzneimittel beschränkt. Im Behandlungsrecht stehen die Aufklärungspflichten (§§ 630c ff. BGB) im Zentrum, die umso umfangreicher ausfallen, je ungesicherter die angewandte Methode ist. Das Gebührenrecht lässt medizinisch nicht notwendige Leistungen nur auf Verlangen des Patienten zu. Das Krankenhausrecht verlangt darüber hinaus eine schriftliche Vereinbarung unter Wahrung besonderer Informationspflichten.

Die Übernahme der Behandlungskosten durch Dritte ist demgegenüber an strengere Voraussetzungen gebunden. Am großzügigsten ist hierbei naturgemäß das Recht der privaten Krankenversicherung. Es steht dem Versicherer frei, sich dazu zu verpflichten, dem Patienten auch die Kosten wissenschaftlich völlig ungesicherter Außenseitermethoden zu erstatten. Liegt keine besondere Vereinbarung vor, ist der Versicherer zur Übernahme der Kosten für nicht nach den Maßstäben der evidenzbasierten Medizin wissenschaftlich abgesicherte Methoden jedoch nur subsidiär verpflichtet. Ein gewisses Minimum an Plausibilität ist auch dann erforderlich, das jedoch mit der Schwere der Krankheit herabgesetzt wird.

Die grundsätzliche Konzeption ist im Rahmen der gesetzlichen Krankenversicherung nicht unähnlich. Maßgeblich ist hier primär die allgemeine Anerkennung, die sich letztlich ebenfalls in den Maßstäben der evidenzbasierten Medizin manifestiert. Besteht keine allgemein anerkannte Methode, können subsidiär andere Methoden in Betracht kommen. Im Falle unheilbarer, aber nicht lebensbedrohlicher Erkrankungen bleiben die Maßstäbe jedoch relativ streng. Nur im Falle unheilbarer lebensbedrohlicher (oder zumindest vergleichbar schwerer) Krankheiten kommt eine Kostenübernahme auch für Methoden in Betracht, deren Erfolg nicht ganz fernliegt. Besonderheiten liegen aber im grundsätzlichen Ausschluss nicht verschreibungspflichtiger Arzneimittel und dem Erfordernis einer Empfehlung des G-BA für neue Untersuchungs- und Behandlungsmethoden in der vertragsärztlichen Versorgung, die im Recht der privaten Krankenversicherung keine Entsprechung haben.

Das Beihilferecht des Bundes orientiert sich im Grundsatz an den Vorgaben des SGB V. Die Beihilferechte der Länder setzen teils abweichende Maßstäbe fest. So schließt das nordrhein-westfälische Beihilferecht Arzneimittel der besonderen Therapierichtungen aus.

C. Ausblick

So verstanden führt das Recht der besonderen Therapierichtungen auch *de lege lata* zu zufriedenstellenden Ergebnissen. *De lege ferenda* wäre es dennoch wünschenswert, die missverständlichen Regelungen im SGB V zu bereinigen. Regelungen wie § 2 I 2, § 34 I 3, III 2 SGB V oder der Verweis auf die „jeweilige Therapierichtung“ in § 135 I 1 SGB V sollten ersatzlos gestrichen werden. Für den beschränkten Bereich, in dem eine Einbeziehung nicht allgemein anerkannter Methoden notwendig ist, wird dies durch § 2 Ia SGB V sichergestellt. § 53 V SGB V gewährleistet darüber hinaus die Möglichkeit, dem Wunsch des Versicherten nach Einbeziehung der besonderen Therapierichtungen Rechnung zu tragen. Dort sollte allerdings klargestellt werden, dass mit dem Wahltarif „Arzneimittel der besonderen Therapierichtungen“

auch die Erfordernisse der allgemeinen Anerkennung und der Empfehlung durch den G-BA aufgehoben und durch die Maßstäbe der Binnenanerkennung ersetzt werden. Konsequenterweise sollte dies über Arzneimittel hinaus auf andere Therapieformen erstreckt werden und eine Abweichung vom EBM beinhalten, sodass homöopathische Anamnese und anthroposophische Heilmittel Bestandteile des Wahltarifs werden.

Mit Hilfe dieser beiden nachträglich eingeführten Regelungen werden die mit § 2 I 2 SGB V und den ergänzenden Regelungen angestrebten Ziele weitaus besser erreicht als mit einer „Pseudo-Privilegierung" der besonderen Therapierichtungen.

Abkürzungsverzeichnis

a.A.	anderer Ansicht
aaO.	am angegebenen Ort
ABl.	Amtsblatt
Abs.	Absatz
abw.	abweichend
AcP	Archiv für die civilistische Praxis
a.F.	alter Fassung
AEUV	Vertrag über die Arbeitsweise der Europäischen Union
AGB	Allgemeine Geschäftsbedingungen
AGBG	Gesetz zur Regelung des Rechts der Allgemeinen Geschäftsbedingungen
allg.	allgemein
Alt.	Alternative
AMG	Arzneimittelgesetz
AMNOG	Arzneimittelmarktneuordnungsgesetz
AM-RL	Arzneimittelrichtlinie
AMuwV	Verordnung über unwirtschaftliche Arzneimittel in der gesetzlichen Krankenversicherung
AMVV	Arzneimittelverschreibungsverordnung
Anh.	Anhang
Anm.	Anmerkung
AOK	Allgemeine Ortskrankenkasse
AöR	Archiv für öffentliches Recht
Archivnr.	Archivnummer
Art.	Artikel
AT	Allgemeiner Teil
Aufl.	Auflage
AVB	Allgemeine Versicherungsbedingungen
AVR	Allgemeines Versicherungsrecht
AWMF	Arbeitsgemeinschaft der Wissenschaftlichen Medizinischen Fachgesellschaften
BÄK	Bundesärztekammer
BAnz	Bundesanzeiger
BÄO	Bundesärzteordnung
BBG	Bundesbeamtengesetz
BBhV	Bundesbeihilfeverordnung
Bd.	Band
BeckOK	Beck'scher Online-Kommentar
Bema	Einheitlicher Bewertungsmaßstab für zahnärztliche Leistungen
BGB	Bürgerliches Gesetzbuch

BGBl.	Bundesgesetzblatt
BGH	Bundesgerichtshof
BGHSt	Entscheidungssammlung des Bundesgerichtshofs in Strafsachen
BGHZ	Entscheidungssammlung des Bundesgerichtshofs in Zivilsachen
BHO	Bundeshaushaltsordnung
BHR	Berchtold/Huster/Rehborn
BKK	Die Betriebskrankenkasse
BMG	Bundesministerium für Gesundheit
BO	Berufsordnung
BPI	Bundesverband der Pharmazeutischen Industrie
BSG	Bundessozialgericht
BSGE	Amtliche Sammlung der Entscheidungen des Bundessozialgerichts
BT	Besonderer Teil
BT-Drs.	Bundestagsdrucksache
BVAKT	Berufsverband der anthroposophischen Kunsttherapie
BVerfG	Bundesverfassungsgericht
BVerfGE	Amtliche Sammlung der Entscheidungen des Bundesverfassungsgerichts
BVerwG	Bundesverwaltungsgericht
BVerwGE	Amtliche Sammlung der Entscheidungen des Bundesverwaltungsgerichts
BVO	Beihilfeverordnung
bzw.	beziehungsweise
ca.	circa
CDU	Christlich-Demokratische Union
CSU	Christlich-Soziale Union
ders.	derselbe
d.h.	das heißt
dies.	dieselbe(n)
DNeuG	Dienstrechtsneuordnungsgesetz
DOK	Die Ortskrankenkasse
DTW	Diering/Timme/Waschull
DZVhÄ	Deutscher Zentralverband homöopathischer Ärzte
EBM	Einheitlicher Bewertungsmaßstab
EBM-Ä	Einheitlicher Bewertungsmaßstab für ärztliche Leistungen
EG	Europäische Gemeinschaft
Einl.	Einleitung
Erl.	Erläuterung
etc.	et cetera
EuGH	Europäischer Gerichtshof
EuZW	Europäische Zeitschrift für Wirtschaftsrecht

EWG	Europäische Wirtschaftsgemeinschaft
f.	folgende
FDP	Freie Demokratische Partei
ff.	fortfolgende
FKBP	Fahr/Kaulbach/Bähr/Pohlmann
FKF	Fuhrmann/Klein/Fleischfresser
Fn	Fußnote
FS	Festschrift
G-BA	Gemeinsamer Bundesausschuss
GesR	Gesundheitsrecht
GG	Grundgesetz
ggf.	gegebenenfalls
ghM	ganz herrschende Meinung
GKV	Gesetzliche Krankenversicherung
GMG	Gesetz zur Modernisierung der gesetzlichen Krankenversicherung
GOÄ	Gebührenordnung für Ärzte
GOZ	Gebührenordnung für Zahnärzte
gr.	griechisch
GRG	Gesundheits-Reformgesetz
grds.	grundsätzlich
HAB	Homöopathisches Arzneimittelbuch
HeilPraktG	Heilpraktikergesetz
Hk-BGB	Handkommentar Bürgerliches Gesetzbuch
HKS	Hänlein/Kruse/Schuler
hL	herrschende Lehre
hM	herrschende Meinung
Hrsg.	Herausgeber
HS.	Halbsatz
HWG	Heilmittelwerbegesetz
i.E.	im Ergebnis
i.e.S.	im engeren Sinne
IQWiG	Institut für Qualität und Wirtschaftlichkeit im Gesundheitswesen
i.S.d.	im Sinne des
i.V.m.	in Verbindung mit
i.w.S.	im weiteren Sinne
JR	Juristische Rundschau
JurisPK	juris Praxiskommentar
JuS	Juristische Schulung
JZ	Juristenzeitung
Kap.	Kapitel
KassKomm	Kasseler Kommentar
KBV	Kassenärztliche Bundesvereinigung

KHEntgG	Krankenhausentgeltgesetz
KHG	Krankenhausfinanzierungsgesetz
KKW	Knickrehm/Kreikebohm/Waltermann
KMH	Kügel/Müller/Hofmann
KV	Kassenärztliche Vereinigung
LBG	Landesbeamtengesetz
LG	Landgericht
LKL	Laufs/Katzenmeier/Lipp
LSG	Landessozialgericht
MB	Musterbedingungen
MB/BT	Allgemeine Versicherungsbedingungen für den Basistarif
MB/KK	Musterbedingungen für die Krankheitskosten- und Krankenhaustagegeldversicherung
MB/KT	Musterbedingungen für die Krankentagegeldversicherung
MBO	(Muster-)Berufsordnung für die in Deutschland tätigen Ärztinnen und Ärzte
MDR	Monatsschrift für Deutsches Recht
MedR	Medizinrecht
MünchKomm	Münchener Kommentar
m.w.N.	mit weiteren Nachweisen
n.F.	neuer Fassung
NJW	Neue Juristische Wochenschrift
No.	Number, Nummer
NOG	Neuordnungsgesetz
Nr	Nummer
NUB	Neue Untersuchungs- und Behandlungsmethoden
NVersZ	Neue Zeitschrift für Versicherung und Recht
NVwZ	Neue Zeitschrift für Verwaltungsrecht
NZS	Neue Zeitschrift für Sozialrecht
OLG	Oberlandesgericht
OTC	over the counter (nicht verschreibungspflichtig)
PatientenRG	Gesetz zur Verbesserung der Rechte von Patientinnen und Patienten
PharmR	Fachzeitschrift für das gesamte Arzneimittelrecht
PKV	Private Krankenversicherung
PWW	Prütting/Wegen/Weinreich
RCT	randomized controlled trial (randomisierte kontrollierte Studie)
RHS	Rüffer/Halbach/Schimikowski
RL	Richtlinie
Rn	Randnummer
Rspr.	Rechtsprechung
RVO	Reichsversicherungsordnung
s.	siehe
S.	Seite, Satz

SGb	Die Sozialgerichtsbarkeit
SGB	Sozialgesetzbuch
SGG	Sozialgerichtsgesetz
SHH	Schmidt-Bleibtreu/Hofmann/Henneke
SHW	Staudinger/Halm/Wendt
SKV	Soziale Krankenversicherung
s.o.	siehe oben
sog.	sogenannt
SozR	Sozialrecht, Entscheidungssammlung, bearbeitet von den Richtern des Bundessozialgerichts
SozVers	Die Sozialversicherung
SPD	Sozialdemokratische Partei Deutschlands
StGB	Strafgesetzbuch
str.	streitig
st. Rspr.	ständige Rechtsprechung
s.u.	siehe unten
SVR	Sozialversicherungsrecht
SZG	Schweizer Zeitschrift für Ganzheitsmedizin
u.	unter
u.a.	unter anderem, und andere(s)
u.U.	unter Umständen
TCM	traditionelle chinesische Medizin
TPG	Transplantationsgesetz
v.	von, vom
VAG	Versicherungsaufsichtsgesetz
VAEWGDG	Gesetz zur Durchführung versicherungsrechtlicher Richtlinien des Rates der Europäischen Gemeinschaften
Var.	Variante
v. Chr.	vor Christus
VerfO	Verfahrensordnung
VersMed	Versicherungsmedizin
VersR	Versicherungsrecht
vgl.	Vergleiche
Vorb	Vorbemerkung
VR	Versicherungsrecht
VSSR	Vierteljahresschrift für Sozialrecht
VStG	Versorgungsstrukturgesetz
VuR	Verbraucher und Recht
VV	Verwaltungsvorschriften
VVDStRL	Veröffentlichungen der Vereinigung der Deutschen Staatsrechtslehrer
VVG	Versicherungsvertragsgesetz
VVR	Versicherungsvertragsrecht
WRV	Weimarer Reichsverfassung

WSG	Wettbewerbsstärkungsgesetz
z.B.	zum Beispiel
zit.	zitiert
ZPO	Zivilprozessordnung
ZRP	Zeitschrift für Rechtspolitik
ZSR	Zeitschrift für Sozialrecht
ZStW	Zeitschrift für die gesamte Strafrechtswissenschaft
ZZP	Zeitschrift für Zivilprozess

Literaturverzeichnis

Al-Talal, Daniel: § 69 SGB V und der Wettbewerb in der gesetzlichen Krankenversicherung; Frankfurt am Main 2011.

Arbeitsgemeinschaft der Wissenschaftlichen Medizinischen Fachgesellschaften (AWMF): Methodische Empfehlungen, Erarbeitung von Leitlinien für Diagnostik und Therapie; Düsseldorf 2004.

Armbrüster, Christian: Privatversicherungsrecht; Tübingen 2013.

Augsberg, Steffen: Kooperative Wissensgenerierung im Gesundheitsrecht, Zum Umgang der Sozialgerichte mit Evidenzbasierter Medizin; GesR 2012, 595.

Bach, Peter: Medizinisch notwendige Heilbehandlung und stationäre Nulldiät, Zugleich Anmerkung zum Urteil des BGH vom 29.11.1978 (VersR 79, 221 ff.); VersR 1979, 792.

Bach, Peter/Moser, Hans: Private Krankenversicherung, MB/KK- und MB/KT-Kommentar; 4., völlig neu bearbeitete Auflage; München 2009.

Battis, Ulrich: Bundesbeamtengesetz; 4., völlig neubearbeitete Auflage; München 2009.

Baumann, Horst: Zur Inhaltskontrolle von Produktbestimmungen in Allgemeinen Geschäfts- und Versicherungsbedingungen, VersR 1991, 490.

Baumbach, Adolf/Lauterbach, Wolfgang/Albers, Jan/Hartmann, Peter: Zivilprozessordnung; 73., völlig neubearbeitete Auflage; München 2015.

Becker, Maximilian: Die Erfolgsgeeignetheit in der vertraglichen Arzthaftung, Zugleich ein Beitrag zur Grenze der Therapiefreiheit; MedR 2014, 475.

Becker, Ulrich/Kingreen, Thorsten: SGB V, Gesetzliche Krankenversicherung, Kommentar; 4., neu bearbeitete Auflage; München 2014.

Beckmann, Roland Michael/Matusche-Beckmann, Annemarie: Versicherungsrechts-Handbuch; 3., vollständig überarbeitete Auflage; München 2015.

BeckOK-GG: s. Epping/Hillgruber.

BeckOK-Sozialrecht: s. Rolfs/Giesen/Kreikebohm/Udsching.

BeckOK-Strafrecht: s. von Heintschel-Heinegg.

Behrens, Hans-Jörg: Beamtenrecht; 2. Auflage; München 2001.

Bender, Albrecht W.: Finanzierung neuer Untersuchungs- und Behandlungsmethoden (NUB) im Krankenhaus; NZS 2012, 761.

Benedetti, Fabrizio: Placebo Effects; 2. Auflage; Oxford 2014.

Berchtold, Josef/Huster, Stefan/Rehborn, Martin: Gesundheitsrecht; SGB V, SGB VI; Baden-Baden 2015.

Berger, Klaus-Peter/Kleine, Lucas: AGB-Gestaltung und Transparenzgebot – Beispiele aus der jüngeren BGH-Rechtsprechung zum unternehmerischen Geschäftsverkehr; NJW 2007, 3526

Bergmann, Karl-Otto: Die Arzthaftung; 2. Auflage; Berlin 2004.

–: Leitlinien, Richtlinien und Empfehlungen in der Zahnheilkunde – rechtliche Implikationen und Überlegungen; GesR 2006, 337.

Bergmann, Karl-Otto/Pauge, Burkhard/Steinmeyer, Heinz-Dietrich: Gesamtes Medizinrecht; 2. Auflage; Baden-Baden 2014.

Biehl, Stephan/Ortwein, Heinz: Sind Außenseitermethoden Maßnahmen außerhalb des Leistungskataloges der gesetzlichen Krankenversicherung (GKV)?; SGb 1991, 529.

Boemke, Burkhard: Facharztstandard bei fachübergreifendem Bereitschaftsdienst; NJW 2010, 1562.

Boetius, Jan: Private Krankenversicherung; Kommentar zum Recht der PKV (VVG, VAG, KalV, SGB, GG, Europarecht, Nebengesetze); München 2010.

–: „Gegen die Wand" – Der Basistarif der Gesundheitsreform bricht Europa- und Verfassungsrecht; NJW 2007, 431.

–: Notwendige Heilbehandlung und Bedingungsanpassung in der privaten Krankenversicherung; Zugleich eine kritische Betrachtung der Urteile des BGH vom 12.3.2003 (IV ZR 278/01) VersR 2003, 581 sowie vom 12.12.2007 (IV ZR 130/06) VersR 2008, 246 und (IV ZR 144/06) VersR 2008, 386; VersR 2008, 1431.

Bönninghausen, Clemens Maria Franz Freiherr von: Systematisch-alphabetisches Repertorium der homöopathischen Arzneien; 2., vermehrte Auflage; Münster 1833.

Bothe, Benjamin: Beginnt für die klassische Homöopathie wirklich eine neue Ära in der gesetzlichen Krankenversicherung?; PharmR 2002, 37.

Brox, Hans/Walker, Wolf-Dietrich: Besonderes Schuldrecht (zit. Schuldrecht BT); 39., aktualisierte Auflage; München 2015.

Brück, D./Klakow-Franck, Regina: Kommentar zur Gebührenordnung für Ärzte (GOÄ); 3. Auflage, 28. Ergänzungslieferung, Stand: November 2014; Köln 2014.

Buchner, Benedikt: Die Abhängigkeit des haftungsrechtlichen vom sozialrechtlichen Standard; In: Lilie, Hans/Bernat, Erwin/Rosenau, Henning: Standardisierung in der Medizin als Rechtsproblem, S. 63 ff.

Bühren, Hubert van: Handbuch Versicherungsrecht; 3. Auflage, Bonn 2007 (zit. VR, 3. Aufl.); 5. Auflage, Bonn 2012 (zit. VR).

Bullinger, Martin: Das Ermessen der öffentlichen Verwaltung – Entwicklung, Funktionen, Gerichtskontrolle –; JZ 1984, 1001.

Bülow, Peter/Ring, Gerhard: Heilmittelwerbegesetz, Kommentar; 3., völlig neu bearbeitete und erweiterte Auflage; Köln 2005.

Bundestagsdrucksache 7/3060: Entwurf eines Gesetzes zur Neuordnung des Arzneimittelrechts; Gesetzentwurf der Bundesregierung.

Bundestagsdrucksache 11/2237: Entwurf eines Gesetzes zur Strukturreform im Gesundheitswesen (Gesundheits-Reformgesetz — GRG); Gesetzentwurf der Fraktionen der CDU/CSU und FDP.

Bundestagsdrucksache 11/3320: Beschlußempfehlung des Ausschusses für Arbeit und Sozialordnung (11. Ausschuß) zu dem von den Fraktionen der CDU/CSU und FDP eingebrachten Entwurf eines Gesetzes zur Strukturreform im Gesundheitswesen (Gesundheits-Reformgesetz GRG) – Drucksache 11/2237 – u.a.

Bundestagsdrucksache 11/3480: Bericht des Ausschusses für Arbeit und Sozialordnung (11. Ausschuß) zu dem Gesetzentwurf der Fraktionen der CDU/CSU und FDP – Drucksache 11/2237 – Entwurf eines Gesetzes zur Strukturreform im Gesundheitswesen (Gesundheits-Reformgesetz — GRG) u.a.

Bundestagsdrucksache 12/6959: Entwurf eines Dritten Gesetzes zur Durchführung versicherungsrechtlicher Richtlinien des Rates der Europäischen Gemeinschaften (Drittes Durchführungsgesetz/EWG zum VAG); Gesetzentwurf der Bundesregierung.

Bundestagsdrucksache 13/6087: Entwurf eines Zweiten Gesetzes zur Neuordnung von Selbstverwaltung und Eigenverantwortung in der gesetzlichen Krankenversicherung (2. GKV-Neuordnungsgesetz – 2. GKV NOG); Gesetzentwurf der Fraktionen CDU/CSU und F.D.P.

Bundestagsdrucksache 13/7264: Beschlußempfehlung und Bericht des Ausschusses für Gesundheit (14. Ausschuß); zu dem Gesetzentwurf der Fraktionen der CDU/CSU und F.D.P., Entwurf eines Zweiten Gesetzes zur Neuordnung von Selbstverwaltung und Eigenverantwortung in der gesetzlichen Krankenversicherung (2. GKV-Neuordnungsgesetz – 2. GKV NOG) – Drucksache 13/6087 – u.a.

Bundestagsdrucksache 14/1245: Entwurf eines Gesetzes zur Reform der gesetzlichen Krankenversicherung ab dem Jahr 2000 (GKV-Gesundheitsreform 2000); Gesetzentwurf der Fraktionen SPD und BÜNDNIS 90/DIE GRÜNEN.

Bundestagsdrucksache 15/1525: Entwurf eines Gesetzes zur Modernisierung der gesetzlichen Krankenversicherung (GKV-Modernisierungsgesetz – GMG); Gesetzentwurf der Fraktionen SPD, CDU/CSU und BÜNDNIS 90/DIE GRÜNEN.

Bundestagsdrucksache 16/3100: Entwurf eines Gesetzes zur Stärkung des Wettbewerbs in der gesetzlichen Krankenversicherung (GKV-Wettbewerbsstärkungsgesetz – GKV-WSG); Gesetzentwurf der Fraktionen der CDU/CSU und SPD.

Bundestagsdrucksache 16/3945: Entwurf eines Gesetzes zur Reform des Versicherungsvertragsrechts; Gesetzentwurf der Bundesregierung.

Bundestagsdrucksache 16/4247: Bericht des Ausschusses für Gesundheit (14. Ausschuss) zu dem Gesetzentwurf der Fraktionen der CDU/CSU und SPD – Drucksache 16/3100 – Entwurf eines Gesetzes zur Stärkung des Wettbewerbs in der gesetzlichen Krankenversicherung (GKV-Wettbewerbsstärkungsgesetz – GKV-WSG) u.a.

Bundestagsdrucksache 16/5862: Beschlussempfehlung und Bericht des Rechtsausschusses (6. Ausschuss) zu dem Gesetzentwurf der Bundesregierung – Drucksache 16/3945 – Entwurf eines Gesetzes zur Reform des Versicherungsvertragsrechts.

Bundestagsdrucksache 16/7076: Entwurf eines Gesetzes zur Neuordnung und Modernisierung des Bundesdienstrechts (Dienstrechtsneuordnungsgesetz – DNeuG); Gesetzentwurf der Bundesregierung.

Bundestagsdrucksache 17/2413: Entwurf eines Gesetzes zur Neuordnung des Arzneimittelmarktes in der gesetzlichen Krankenversicherung (Arzneimittelmarktneuordnungsgesetz – AMNOG); Gesetzentwurf der Fraktionen der CDU/CSU und FDP.

Bundestagsdrucksache 17/3698: Beschlussempfehlung und Bericht des Ausschusses für Gesundheit (14. Ausschuss) zu dem Gesetzentwurf der Fraktionen der CDU/CSU und FDP – Drucksache 17/2413 – Entwurf eines Gesetzes zur Neuordnung des Arzneimittelmarktes in der gesetzlichen Krankenversicherung (Arzneimittelmarktneuordnungsgesetz – AMNOG) u.a.

Bundestagsdrucksache 17/6906: Entwurf eines Gesetzes zur Verbesserung der Versorgungsstrukturen in der gesetzlichen Krankenversicherung (GKV-Versorgungsstrukturgesetz – GKV-VStG); Gesetzentwurf der Bundesregierung.

Bundestagsdrucksache 17/10488: Entwurf eines Gesetzes zur Verbesserung der Rechte von Patientinnen und Patienten; Gesetzentwurf der Bundesregierung.

Bundestagsdrucksache 18/4095: Entwurf eines Gesetzes zur Stärkung der Versorgung in der gesetzlichen Krankenversicherung (GKV-Versorgungsstärkungsgesetz – GKV-VSG); Gesetzentwurf der Bundesregierung.

Bundesverband der Pharmazeutischen Industrie e.V. (BPI) (Hrsg.): Pharmadaten 2014; 44., überarbeitete Auflage; Berlin 2014.

Burkhard, Barbara: Anthroposophische Arzneimittel, Eine kritische Betrachtung; Eschborn 2000.

–: Dialogforum Pluralismus und seriöses Therapieren; VersMed 2011, 33.

Burkhard, Barbara/Kittel, R.: Die „bildschaffenden“ Methoden der anthroposophischen Medizin (1); VersMed 2009, 126.

Busse, Angela: Eine Dogmatik der besonderen Therapierichtungen des SGB V; SGb 2000, 61.

Carlson, Sandra Birte: Leistungsausschlüsse als Rationierungsinstrument im Gesundheitswesen, Eine vergleichende Untersuchung der Rechtslage in Deutschland und England; Berlin 2014.

Clemens, Thomas: Grundlegende Fragen des Schiedsverfahrens nach dem KHG; MedR 2012, 769.

Coulter, Harris L.: Hahnemann und die Homöopathie, Eine medizinhistorisch begründete Einführung in die Grundgedanken der homöopathischen Heilkunst; Heidelberg 1994.

Cramer, Regine: Strafrechtliche Grenzen der Therapiefreiheit und der Heilbehandlung durch den Heilpraktiker; Krefeld 1995.

Dannheiser, Ilana/Edwards, Penny: Homöopathie, Sanfte Wege zur Gesundheit; Köln 1999.

Danzer, Gerhard: Personale Medizin; Bern 2012.

Day, Christopher: Gesunde Rinderbestände durch Homöopathie; Aufzucht, Haltung und Behandlung; 3., unveränderte Auflage; Stuttgart 2008.

Dettling, Heinz-Uwe: Wissenschaftlichkeit im Arzneimittelrecht – Zum Begriff des jeweils gesicherten Standes der wissenschaftlichen Erkenntnisse – (Teil 1); PharmR 2008, 273.

–: Wissenschaftlichkeit im Arzneimittelrecht – Zum Begriff des jeweils gesicherten Standes der wissenschaftlichen Erkenntnisse – (Teil 2); PharmR 2008, 323.

Dettling, Heinz-Uwe/Gerlach, Alice: Krankenhausrecht, Kommentar; München 2014.

Deutsch, Erwin: Das therapeutische Privileg des Arztes: Nichtaufklärung zugunsten des Patienten; NJW 1980, 1305.

–: Fahrlässigkeitstheorie und Behandlungsfehler; NJW 1993, 1506.

–: Die Medizinhaftung nach dem neuen Schuldrecht und dem neuen Schadensrecht; JZ 2002, 588.

Deutsch, Erwin/Lippert, Hans-Dieter: Kommentar zum Arzneimittelgesetz (AMG); 3. Auflage; Berlin 2011.

Deutsch, Erwin/Iversen, Thore: Versicherungsvertragsrecht; 7. Auflage; Karlsruhe 2015.

Deutsch, Erwin/Spickhoff, Andreas: Medizinrecht; Arztrecht, Arzneimittelrecht, Medizinproduktegesetz und Transfusionsrecht; 6., neu bearbeitete und erweiterte Auflage; Berlin 2008.

Dickert, Thomas: Naturwissenschaften und Forschungsfreiheit; Berlin 1991.

Diederichsen, Angela: Aktuelle Rechtsprechung des BGH zum Arzthaftungsrecht, Schwerpunkt: Notfall- und Intensivmedizin; GesR 2011, 257.

Dieners, Peter/Reese, Ulrich: Handbuch des Pharmarechts, Grundlagen und Praxis; München 2010.

Diering, Björn/Timme, Hinnerk/Waschull, Dirk: Sozialgesetzbuch X; Sozialverwaltungsverfahren und Sozialdatenschutz; Lehr- und Praxiskommentar; 3. Auflage; Baden-Baden 2011.

Dorcsi, Mathias: Homöopathie; Band 1: Einführung in die Homöopathie; 7., erweiterte Auflage; Heidelberg 1992.

Dreier, Horst: Grundgesetz, Kommentar; Band I: Präambel, Artikel 1–19; 3. Auflage; Tübingen 2013.

Dressler, Wolf-Dieter: Ärztliche Leitlinien und Arzthaftung; in: Brandner/Hagen/Stürner, Festschrift für Karlmann Geiß, Zum 65. Geburtstag (zit.: FS Geiß); Köln 2000, S. 379 ff.

Eberhardt, Lothar: Zur Ausübung psychotherapeutischer Behandlung ohne Erlaubnis; NJW 1985, 664.

–: Die zivilrechtliche Haftung des Heilpraktikers; VersR 1986, 110.

Ebsen, Ingwer: Der Behandlungsanspruch des Versicherten in der gesetzlichen Krankenversicherung und das Leistungserbringungsrecht; in: Gitter/Schulin/Zacher, Festschrift für Otto Ernst Krasney, zum 65. Geburtstag; München 1997; S. 81 ff.

Eckart, Wolfgang U.: Geschichte, Theorie und Ethik der Medizin; 7., völlig neu bearbeitete Auflage; Berlin 2013.

Effer-Uhe, Daniel: Zur außerordentlichen Kündbarkeit privater Kranken- und Pflegeversicherungsverträge; Zugleich Besprechung von BGH VersR 2012, 219 und VersR 2012, 304; VersR 2012, 684.

Ehlers, Alexander P.F.: Medizin in den Händen von Heilpraktikern – „Nicht-Heilkundigen"; Berlin 1995.

–: Medizinisches Gutachten im Prozess, Anwaltliche Strategie und Taktik im Umgang mit Sachverständigen; 3. Auflage; München 2005.

Ehlers, Alexander P.F./Broglie, Maximilian G.: Arzthaftungsrecht; 5. Auflage; München 2014.

Eichelberger, Jan: Außerordentliche Kündigung einer die Versicherungspflicht erfüllenden Krankheitskostenversicherung durch den Versicherer und Beschränkung des Kontrahierungszwangs im Basistarif im Spannungsverhältnis zur Krankenversicherung; VersR 2010, 886.

Eichelberger, Otto: Klassische Homöopathie; Band 1: Lehre und Praxis; 4., erweiterte Auflage; Heidelberg 1989.

Eichenhofer, Eberhard/Wenner, Ulrich: Kommentar zum Sozialgesetzbuch V; Köln 2013.

Eicher, Wolfgang: Kurierfreiheit und alternative Medizin; VersMed 1993, 50.

Eicher, Wolfgang u.a.: SGB II; Kommentar; 3. Auflage; München 2013.

Eick, Klaus J.: Homöopathie 2000, Organismus der Heilkunde; Anger 1991.

Enderlein, Wolfgang: Der Begriff „allgemeiner Stand der medizinischen Erkenntnisse" im SGB V; VSSR 1992, 123.

Engelmann, Klaus: Die Kontrolle medizinischer Standards durch die Sozialgerichtsbarkeit, Zur Anerkennung neuer Untersuchungs- und Behandlungsmethoden und zur Stellung des IQWiG; MedR 2006, 245.

Epping, Volker/Hillgruber, Christian: Beck'scher Online-Kommentar, Grundgesetz; 25. Edition (Stand: Juni 2015); München 2015.

Erman, Walter: Bürgerliches Gesetzbuch, Handkommentar; Band 1; 14., neu bearbeitete Auflage; Köln 2014.

Ernst, Edzard: Praxis Naturheilverfahren, Evidenzbasierte Komplementärmedizin; Heidelberg 2001.

Estelmann, Martin: Die Einbindung unkonventioneller Behandlungsmethoden in das System der gesetzlichen Krankenversicherung, – Erbringung und Abrechnung der Leistungen –; SGb 1991, 515.

Estelmann, Martin/Eicher, Wolfgang: Die Leistungspflicht der gesetzlichen Krankenkassen vor dem Hintergrund der Pluralität ärztlicher Therapien, – Die sogenannten Außenseitermethoden –; SGb 1991, 247.

Evans, Imogen/Thornton Hazel/Chalms Iain/Glasziou: Wo ist der Beweis?, Plädoyer für eine evidenzbasierte Medizin; Bern 2013.

Eykmann, Melanie: Verfassungsrechtliche Anforderungen an die öffentlicherechtlichen Gewährleistungen im Gesundheitssystem; Hamburg 2007.

Fahr, Ulrich/Kaulbach, Detlef/Bähr, Gunne/Pohlmann, Petra: Versicherungsaufsichtsgesetz – VAG – mit Solvabilität II, Anlageverordnung und Kapitalausstattungsverordnung; Kommentar; 5., neu bearbeitete Auflage; München 2012.

Felix, Dagmar: Innovation im Krankenhaus – wer entscheidet?; MedR 32 (2014), 283.

Felix, Dagmar/Deister, Sören: Innovative Medizin im Krankenhaus – erfordert das Versorgungsstrukturgesetz eine grundlegende Neubewertung?; NZS 2013, 81.

Fintelmann, Volker/Weiss, Rudolf Fritz: Lehrbuch der Phytotherapie; 11., durchgesehene Auflage; Stuttgart 2006.

Flore, Ingo: Die Wissenschaftlichkeitsklausel in § 5 Nr. 1 f MBKK 76; NJW 1992, 1436.

Frahm, Wolfgang: Einschränkung der Therapiefreiheit durch das Haftungsrecht; GesR 2005, 529.

Frahm, Wolfgang/Nixdorf, Wolfgang: Arzthaftungsrecht, Leitfaden für die Praxis; Karlsruhe 1996.

Francke, Robert: Richtlinien, Normsetzungsverträge und neue Behandlungsmethoden im Rechtskonkretisierungskonzept des Bundessozialgerichts; SGb 1999, 5.

Frei-Erb, Martin: Klassische Homöopathie; Schweizer Zeitschrift für Ganzheitsmedizin 2011, 237.

Friauf, Karl Heinrich/Höfling, Wolfram: Berliner Kommentar zum Grundgesetz; 46. Lieferung; Berlin 2015.

Frister, Helmut/Lindemann, Michael/Peters, Th. Alexander: Arztstrafrecht; München 2011.

Fritze, Eugen: Die ärztliche Begutachtung; 5., vollständig überarbeitete und erweiterte Auflage; Darmstadt 1996.

Frommeyer, Ingo: Schulmedizin oder Alternativmedizin: Die „Gleichwertigkeitsklausel" in Allgemeinen Versicherungsbedingungen – BGHZ 152, 262; JuS 2004, 7.

Fuchs, Maximilian/Preis, Ulrich: Sozialversicherungsrecht; Lehrbuch für Studium und Praxis; 2. Auflage; Köln 2009.

Fuhrmann, Stefan/Klein, Bodo/Fleischfresser, Andreas: Arzneimittelrecht; Handbuch für die pharmazeutische Rechtspraxis; 2. Auflage; Baden-Baden 2014.

Ganz, Chrischta: Anthroposophische Medizin; Schweizer Zeitschrift für Ganzheitsmedizin 2013, 314.

Gärtner, Rudolf: Privatversicherungsrecht; 2., völlig neu bearbeitete Auflage; Neuwied, Darmstadt 1980.

Gebhardt, Karl-Heinz: Beweisbare Homöopathie; 2., verbesserte und erweiterte Auflage; Heidelberg 1986.

Geers, Volker J.: Die gesundheitsökonomischen Grundsätze der Krankenpflege nach § 182 Abs. 2 RVO; SGb 1983, 55.

Gehrlein, Markus: Grundriss der Arzthaftpflicht, nach der Rechtsprechung des Bundesgerichtshofes; München 2006.

Geiß, Karlmann/Greiner, Hans-Peter: Arzthaftpflichtrecht; 7., überarbeitete Auflage; München 2014.

Geißler, Jan/Quak, Thomas: Leitfaden Homöopathie; 2. Auflage; München 2009.

Genneper, Thomas/Wegener, Andreas: Lehrbuch der Homöopathie; 2., überarbeitete Auflage; Stuttgart 2004.

Giesen, Richard: Wahltarife der gesetzlichen Krankenversicherung; Baden-Baden 2010.

Glowatzki, Georg: Magisches Denken in der Heilkunde und seine anthropologischen Hintergründe; in: Oepen/Prokop, Außenseitermethoden der Medizin; Darmstadt 1986; S. 45 ff.

Goerlich, Helmut: Art. 141 GG als zukunftsgerichtete Garantie der neuen Länder und die weltanschauliche Neutralität des Bundes; NVwZ 1998, 819.

Grams, Natalie: Homöopathie neu gedacht, Was Patienten wirklich hilft; Berlin 2015.

Greiner, Stefan/Benedix, Mathias: Struktur und Systematik des Wirtschaftlichkeitsgebotes im SGB V; SGb 2013, 1.

Groß, Werner: Die Entwicklung der höchstrichterlichen Rechtsprechung im Haftungs- und Schadensrecht; VersR 1996, 657.

Grupp, Klaus: Rechtliche Probleme alternativer Behandlungsmethoden; MedR 1992, 256.

Günter, Rudolf/Pelzer, Theo: Leistungspflicht der GKV für Behandlungsmethoden, Arznei- und Heilmittel der besonderen Therapierichtungen; PharmR 2006, 110.

Guttmann, Jens: Die Erstattungsfähigkeit homöopathischer Arzneimittel in der PKV; PharmR 2010, 270.

Haage, Heinz: Heilpraktikergesetz; 2. Auflage; Baden-Baden 2013.

Hahnemann, Samuel: Organon der Heilkunst; 6. Auflage (posthum von Richard Haehl herausgegebene Fassung); Leipzig 1921.

Handkommentar BGB: s. Schulze.

Hänlein, Andreas/Kruse, Jürgen/Schuler, Rolf: Sozialgesetzbuch V, Gesetzliche Krankenversicherung; Lehr- und Praxiskommentar, 4. Auflage; Baden-Baden 2012.

Hart, Dieter: Heilversuch, Entwicklung therapeutischer Strategien, klinische Prüfung und Humanexperiment; Grundsätze ihrer arzneimittel-, arzthaftungs- und berufsrechtlichen Beurteilung; MedR 1994, 94.

–: Ärztliche Leitlinien – Definitionen, Funktionen, rechtliche Bewertungen; Gleichzeitig ein Beitrag zum medizinischen und rechtlichen Standardbegriff; MedR 1998, 8.

–: Evidenz-basierte Medizin und Gesundheitsrecht; Überlegungen zu rechtlichen Konsequenzen der Verwissenschaftlichung der Medizin; MedR 2000, 1.

–: Leitlinien und Haftung: Grundlagen – ein Update 2011; GesR 2011, 387.

–: Ein Patientenrechtegesetz ohne Eigenschaften, Über den Mangel an legislativer Eigenständigkeit; GesR 2012, 385.

–: Entwicklung von Medizin und Medizinrecht; MedR 2015, 1.

Hase, Friedhelm: Ärztliche Leitlinien und „medizinischer Standard“; Überlegungen zur Berücksichtigung medizinischen Wissens im Privatrecht; GesR 2012, 601.

Hauck, Ernst: Medizinischer Fortschritt im Dreieck IQWiG, GBA und Fachgesellschaften: Wann wird eine innovative Therapie zur notwendigen medizinischen Maßnahme?; NZS 2007, 461.

–: Gestaltung des Leistungsrechts der gesetzlichen Krankenversicherung durch das Grundgesetz?, Auswirkungen des Beschlusses des BVerfG vom 6. 12. 2005; NJW 2007, 1320.

–: Rechtliche Schnittstellen im SGB V zwischen ambulanter und stationärer Arzneimittelversorgung; MedR 2010, 226.

–: Der Gemeinsame Bundesausschuss (G-BA) – ein unbequemes Kind unserer Verfassungsordnung?; NZS 2010, 600.

Hauck, Ernst/Noftz, Wolfgang: SGB IV, Gemeinsame Vorschriften für die Sozialversicherung, Kommentar; Stand: März 2015; Berlin 2015.

–: SGB V, Gesetzliche Krankenversicherung, Kommentar; Stand: September 2014; Berlin 2014.

Heberer, Jörg: Das ärztliche Berufs- und Standesrecht; 2. völlig überarbeitete Auflage des Werkes Ärztliche Berufs- und Standeskunde von Wolfgang Spann; Landsberg 2001.

Heinig, Hans Michael: Verschärfung der oder Abschied von der Neutralität?; Zwei verfehlte Alternativen in der Debatte um den herkömmlichen Grundsatz religiös-weltanschaulicher Neutralität; JZ 2009, 1136.

Heintschel-Heinegg, Bernd von: Beck'scher Online-Kommentar, StGB; 27. Edition (Stand: Juni 2015); München 2015.

Helle, Jürgen/Frölich, Jürgen/Haindl, Hans: Der Heilversuch in der klinischen Prüfung von Arzneimitteln und Medizinprodukten; NJW 2002, 857.

Henrichs, Michael: Ausschluß besonderer medizinischer Behandlungsmethoden in der privaten Krankenversicherung, Kein Erstatungsanspruch für Außenseitermethoden; VersR 1990, 964.

Hentschel, Hans-Dieter: Naturheilverfahren in der ärztlichen Praxis; Köln 1991.

Hess, Rainer: Die Dynamik des medizinischen Wissens und die Anforderungen an die Institutionen des Gesundheitsversorgungssystems; GesR 2012, 591.

Heßhaus, Matthias: Die Registrierung traditioneller pflanzlicher Arzneimittel – Zwischen Bestandsschutz und Neuentwicklung; PharmR 2006, 158.

Höfling, Wolfram: Forum: „Sterbehilfe" zwischen Selbstbestimmung und Integritätsschutz; JuS 2000, 111.

Hofmann, Edgar: Privatversicherungsrecht; 4., völlig überarbeitete Auflage; München 1998.

Hollenbach, Axel: Grundrechtsschutz im Arzt-Patienten-Verhältnis; Eine Untersuchung zur Umsetzung verfassungsrechtlicher Vorgaben in einfaches Recht; Berlin 2003.

Holzhauser, Guido: Versicherungsvertragsrecht; München 1999.

Holzke, Frank: Die „Neutralität" des Staates in Fragen der Religion und Weltanschauung; NVwZ 2002, 903.

Hopff, Wolfgang H.: Homöopathie kritisch betrachtet; Stuttgart 1991.

Huber, Peter M./ Storr, Stefan: Die Wahltarife im SGB V, Verfassungs- und unionsrechtliche Zulässigkeit; Berlin 2008.

Hübner, Ulrich: Allgemeine Versicherungsbedingungen und AGB-Gesetz; 5., neubearbeitete Aufl.; Köln 1997.

Hufen, Friedhelm: In dubio pro dignitate; Selbstbestimmung und Grundrechtsschutz am Ende des Lebens; NJW 2001, 849.

–: Das Urteil des Bundesverfassungsgerichts zur Privaten Krankenversicherung – Ein Freibrief für den Gesetzgeber?; NZS 2009, 649.

Huster, Stefan: Rechte und Ziele, Zur Dogmatik des allgemeinen Gleichheitssatzes; Berlin 1993.

–: Anmerkung zu BVerfG, Beschluss v. 6.12.2005 – 1 BvR 347/98; JZ 2006, 466.

–: Krankenhausrecht und SGB V – Medizinische Innovationen im stationären Sektor; GesR 2010, 337.

Huster, Stefan/Kaltenborn, Markus: Krankenhausrecht; Praxishandbuch zum Recht des Krankenhauswesens; München 2010.

Hütt, Stephan: Voraussetzungen für Erstattungsfähigkeit der Kosten einer LASIK-Operation; Anmerkung zu LG DO, Urteil vom 05.10.2006, 2 S 17/05, VersR 2007, 1401 und LG K 28.03.2007, 23 S 15/06, VersR 2007, 1402; VersR 2007, 1402.

Igl, Gerhard/Welti, Felix: Gesundheitsrecht, Eine systematische Einführung; München 2012.

Ihle, Judith: Medizinische Leitlinien und juristische Entscheidung?; GesR 2011, 394.

Isensee, Josef: Wahltarif „Krankenhauskomfort"; Chefarztbehandlung und Ein-/Zweibettzimmer als Wahlleistungen der Kassen – Sicht des Sozial- und des Verfassungsrechts; NZS 2007, 449.

Isensee, Josef/Kirchhof, Paul: Handbuch des Staatsrechts; Band VII: Freiheitsrechte; 3., völlig neubearbeitete und erweiterte Auflage; Heidelberg 2009.

–: Handbuch des Staatsrechts; Band VIII: Wirtschaft, Verfahren, Gleichheit; 3., völlig neubearbeitete und erweiterte Auflage; Heidelberg 2010.

–: Handbuch des Staatsrechts; Band IX: Allgemeine Grundrechtslehren; 3., völlig neubearbeitete und erweiterte Auflage; Heidelberg 2011.

Janda, Constanze: Medizinrecht; 2., überarbeitete und aktualisierte Auflage; Konstanz 2013.

Jarass, Hans D./Pieroth, Bodo: Grundgesetz für die Bundesrepublik Deutschland, Kommentar; 13. Auflage; München 2014.

Jauernig, Othmar: Bürgerliches Gesetzbuch, Mit allgemeinem Gleichbehandlungsgesetz; 15., neubearbeitete Auflage; München 2014.

Jung, Heike: Außenseitermethoden und strafrechtliche Haftung; ZStW 97 (1985), 47.

juris Praxiskommentar SGB V: Sozialgesetzbuch Fünftes Buch (SGB V); Gesetzliche Krankenversicherung; 2. Auflage; Saarbrücken 2015.

Jütte, Robert: Geschichte der Alternativen Medizin, Von der Volksmedizin zu den unkonventionellen Therapien von heute; München 1996.

Kalis, Bernhard: Erstattungspflicht für eine vom VN mit einer Privatklinik vereinbarte so genannte selbstdefinierte Fallpauschale; Anmerkung zu BGH, Urteil vom 12.03.2003 (IV ZR 278/01), VersR 2003, 581; VersR 2004, 456.

Kasseler Kommentar: Sozialversicherungsrecht; 85. Ergänzungslieferung (Stand: April 2015); München 2015.

Katzenmeier, Christian: Arzthaftung; Tübingen 2002.

–: Alternative Therapierichtungen im Recht der gesetzlichen und der privaten Krankenversicherung; NVersZ 2002, 537.

–: Der Behandlungsvertrag – Neuer Vertragstypus im BGB; NJW 2013, 817.

Kern, Bernd-Rüdiger: Haftungsrechtliche Aspekte bei Abweichung von medizinischen Qualitätsstandards und qualitätssichernden Vorgaben in der gesetzlichen Krankenversicherung; GesR 2002, 5.

–: Das Spannungsverhältnis von Haftungsrecht und Kassenarztrecht; MedR 2004, 300.

Kienle, Gunver Sophia/Kiene, Helmut/Albonico, Hans-Ulrich: Anthroposophische Medizin in der klinischen Forschung; Wirksamkeit Nutzen, Wirtschaftlichkeit, Sicherheit; Stuttgart 2006.

Kirchhof, Paul: Die Steuerung des Verwaltungshandelns durch Haushaltsrecht und Haushaltskontrolle; NVwZ 1983, 505.

Kirsten, Peter: Unorthodoxe Krankenbehandlung, Sachleistungsprinzip und Beschaffungsweg; SGb 1991, 257.

Kloesel, Arno/Cyran, Walter: Arzneimittelrecht, Kommentar; 3. Auflage mit 129. Aktualisierungslieferung (Stand: Dezember 2014); Stuttgart 2014.

Knickrehm, Sabine/Kreikebohm, Ralf/Waltermann, Raimund: Kommentar zum Sozialrecht; 4. Auflage; München 2015.

Köbberling, Johannes: Der Begriff der Wissenschaft in der Medizin; AWMF online 1998.

Koch, Tankred: Die Paramedizin und die Medizin in der „Krise"; in: Oepen/Prokop, Außenseitermethoden der Medizin; Darmstadt 1986; S. 21 ff.

Kohte, Wolfhard: Standards im Medizinrecht – Abhängigkeit des haftungsrechtlichen vom sozialrechtlichen Standard; in: Lilie/Bernat/Rosenau: Standardisierung in der Medizin als Rechtsproblem; Baden-Baden 2009.

Kopp, Ina: Wissensgewinn und Leitlinien – die Sicht der Medizin; GesR 2011, 385.

Krause, Peter: Die Rechtsbeziehungen zwischen Kassenarzt und Kassenpatient; SGb 1982, 425.

Krauskopf, Dieter: Soziale Krankenversicherung, Pflegeversicherung; Kommentar; 88. Ergänzungslieferung; München 2015.

Kriele, Martin: „Stand der medizinischen Wissenschaft" als Rechtsbegriff; NJW 1976, 355.

Krüger, Carsten: Werbliche Besonderheiten für Arzneimittel der besonderen Therapierichtungen; PharmR 2006, 10.

Kügel, Wilfried/Müller, Rolf-Georg/Hofmann, Hans-Peter: Arzneimittelrecht, Kommentar, München 2012.

Kunz, Regina u.a.: Lehrbuch Evidenzbasierte Medizin in Klinik und Praxis; 2. überarbeitete und erweiterte Auflage; Köln 2007.

Laars, Reinhard: Versicherungsaufsichtsgesetz; 3. Auflage; Baden-Baden 2015.

–: Die Reform des Versicherungsvertragsgesetzes; 2. Teil: Die einzelnen Versicherungssparten; NJW 2007, 3745.

Langheid, Theo/Wandt, Manfred: Münchener Kommentar zum Versicherungsvertragsgesetz; Band 3: § 192–215 VVG, Synopsen, Materialien; München 2009.

Lanz, Hugo: Zur Beratungspflicht des Arztes über die Wissenschaftlichkeitsklausel; NJW 1989, 1528.

–: Kontroverse Entscheidungen zur Erstattung von Heilpraktikertherapien; VersR 1992, 1331.

Laufs, Adolf/Katzenmeier, Christian/Lipp, Volker: Arztrecht; Arztrecht; 6., völlig neu bearbeitete Auflage; München 2009.

Laufs, Adolf/Kern, Bernd-Rüdiger: Handbuch des Arztrechts; 4., neubearbeitete Auflage; München 2010.

Leibholz, Gerhard/Rinck, Hans-Justus: Grundgesetz für die Bundesrepublik Deutschland; Kommentar; 65. Lieferung (Juli 2014); Köln 2014.

Lewinski, Kai von/Burbat, Daniela: Bundeshaushaltsordnung; Baden-Baden 2013.

Lilie, Hans/Bernat, Erwin/Rosenau, Henning: Standardisierung in der Medizin als Rechtsproblem; Baden-Baden 2009.

Linde, Klaus u.a.: Are the clinical effects of homoeopathy placebo effects?, A meta-analysis of placebo-controlled trials; Lancet 350, No. 9081, S. 834 (1997).

Looschelders, Dirk: Schuldrecht, Besonderer Teil; 10., neu bearbeitete Auflage; München 2014.

Looschelders, Dirk/Pohlmann, Petra: VVG-Kommentar; 2. Auflage; Köln 2011.

Lüdtke, Peter-Bernd: Sozialgerichtsgesetz, Handkommentar; 4. Auflage; Baden-Baden 2012.

Lüke, Gerhard: Anmerkung zu BGH, Urteil vom 10.01.1984, VI ZR 297/81, SGb 1985, 301; SGb 1985, 305.

Mangoldt, Hermann von/Klein, Friedrich/Starck, Christian: Kommentar zum Grundgesetz; Band 1: Präambel, Artikel 1 bis 19; 6., vollständig neubearbeitete Auflage; München 2010.

Mann, Thomas/Sennekamp, Christoph/Uechtritz, Michael: Verwaltungsverfahrensgesetz, Großkommentar; Baden-Baden 2014.

Marko, Volker: Private Krankenversicherung, nach GKV-WSG und VVG-Reform; 2., überarbeitete Auflage; München 2010.

Marlow, Sven: Privatversicherer des unfruchtbaren Mannes muss Kosten der homologen In-vitro-Fertilisation übernehmen; Anmerkung zu BGH, Urteil vom 03.03.2004, IV ZR 25/03, VersR 2004, 588; VersR 2005, 1123.

Marlow, Sven/Spuhl, Udo: Das neue VVG kompakt, Ein Handbuch für die Rechtspraxis; 4. Auflage; Karlsruhe 2010.

–: Aktuelles aus Rechtsprechung und VVG-Reform zum Begriff der medizinischen Notwendigkeit in der Privaten Krankenversicherung; VersR 2006, 1334.

–: Die Neuregelung der privaten Krankenversicherung durch das VVG, Einige versicherungs- und verfassungsrechtliche Betrachtungen; VersR 2009, 593.

Martin, Anton: Inhaltskontrolle von Allgemeinen Versicherungsbedingungen (AVB) nach dem AGBG; Zugleich Anmerkung zum Urteil des BGH vom 09.05.1984 (IVa ZR 176/82) VersR 84, 830; VersR 1984, 1107.

Martis, Rüdiger/Winkhart-Martis, Martina: Arzthaftungsrecht, Fallgruppenkommentar; 3. Auflage; Köln 2010.

Marx, H.H.: Wird die ärztliche Therapiefreiheit mißbraucht?; VersMed 1997, 183.

Maunz, Theodor/Dürig, Günter: Grundgesetz, Kommentar; 73. Lieferung (Stand: Dezember 2014); München 2014.

Medicus, Dieter/Lorenz, Stephan: Schuldrecht II, Besonderer Teil; 17., neu bearbeitete Auflage; München 2014.

Meixner, Oliver/Steinbeck, René: Allgemeines Versicherungsvertragsrecht; 2. Auflage; München 2011.

Merten, Detlef: Zum Richtlinienerlass durch den Gemeinsamen Bundesausschuss; Zugleich Anmerkung zum Urteil des LSG Nordrhein-Westfalen vom 19. 1. 2005; NZS 2006, 337.

Merten, Detlef/Papier, Hans-Jürgen: Handbuch der Grundrechte in Deutschland und Europa; Band V: Grundrechte in Deutschland: Einzelgrundrechte II; Heidelberg 2013.

Michalski, Lutz: (Zahn-)Ärztliche Aufklärungspflicht über die Ersatzfähigkeit von Heilbehandlungskosten; VersR 1997, 137.

Mohr, K.H./Sabolewski, H.: Beihilfenrecht, Unterstützungsgrundsätze Vorschussrichtlinien Nordrhein-Westfalen; Kommentar; 99. Ergänzungslieferung; Siegburg 2015.

Montgomery, Frank Ulrich/Brauer, Daniel/Hübner, Marlis/Seebohm, Annabel: Das Patientenrechtegesetz aus Sicht der Ärzteschaft; MedR 2013, 149.

Mortimer, Charles E./Müller, Ulrich: Das Basiswissen der Chemie; 11., vollständig überarbeitete Auflage; Stuttgart 2014.

Mrozynski, Peter: SGB I, Allgemeiner Teil; 5., vollständig neu bearbeitete Auflage; München 2014.

Much, Theodor: Der veräppelte Patient?, Alternativmedizin zwischen (Aber-) Glauben und Wissenschaft; Wien 2003.

Müller, Gerda: Arzthaftung in Zeiten knapper Kassen; in: Müller/Osterloh/Stein, Festschrift für Günter Hirsch zum 65. Geburtstag; München 2008, S. 413.

Müller, Sebastian: Leistungspflicht der GKV für nicht allgemein anerkannte Behandlungsmethoden – die Notwendigkeit der Einbeziehung einer Ethik-Kommission; SGb 2012, 386.

Müller, Sebastian/Raschke, Andreas: Homöopathie durch Ärzte und die Einhaltung des medizinischen Standards; NJW 2013, 428.

Münch, Ingo von/Kunig, Philip: Grundgesetz, Kommentar; Band 1: Präambel bis Art. 69; 6., neubearbeitete Auflage; München 2012.

MünchKomm-ZPO: s. Rauscher, Thomas/Krüger.

MünchKomm-VVG: s. Langheid/Wandt.

Musielak, Hans-Joachim: Zivilprozessordnung mit Gerichtsverfassungsgesetz, Kommentar; 11., neubearbeitete Auflage; München 2014.

Narr, H.: Ärztliches Berufsrecht; Ausbildung, Weiterbildung, Berufsausübung; Bande 2; 2. völlig neu bearbeitete und erweiterte Auflage, 23. Ergänzungslieferung; Köln 2014.

Neelmeier, Tim: Einvernehmliche Unterschreitung medizinischer Behandlungsstandards; NJW 2015, 374.

Neugebauer, Gabriele: Das Wirtschaftlichkeitsgebot in der gesetzlichen Krankenversicherung; Berlin 1996.

Niederleithinger, Ernst: Das neue VVG; Erläuterungen, Texte, Synopse; Köln 2007.

Nimis, Jens: Der Anspruch des Patienten auf neue Untersuchungs- und Behandlungsmethoden in der gesetzlichen Krankenversicherung; Baden-Baden 2012.

Oechsler, Jürgen: Vertragliche Schuldverhältnisse; Tübingen 2013.

Oepen, Irmgard: Zur rechtlichen Beurteilung paramedizinischer Heilverfahren; VersMed 1992, 22.

–: Unkonventionelle medizinische Verfahren – Mängel der Rechtsprechung; VersMed 2000, 132.

Oepen, Irmgard/Prokop, Otto (Hrsg.): Außenseitermethoden in der Medizin; Ursprünge, Gefahren, Konsequenzen; Darmstadt 1986.

Oesterreich, Jens: Versicherungspflicht oder Versicherungsfreiheit; Das deutsche Gesundheitssystem auf dem Weg in die Verfassungswidrigkeit?; Marburg 2007.

Oetker, Hartmut/Maultzsch, Felix: Vertragliche Schuldverhältnisse; 4. Auflage; Heidelberg 2013.

ohne Verfasser: Leitlinie zur Methode der Heileurythmie / Eurythmietherapie; Medizinische Sektion der Freien Hochschule für Geisteswissenschaft, Goetheanum, Schweiz; 17. Fassung; Dornach 2013.

Olzen, Dirk/Kaya, Eylem: Der Behandlungsvertrag, §§ 630a-h BGB; Jura 2013, 661.

Olzen, Dirk/Metzmacher, Angela: Erste Überlegungen zum Referentenentwurf für ein Patientenrechtegesetz; JR 2012, 271.

Olzen, Dirk/Uzunovic, Haris: Der Behandlungsvertrag im BGB – Ein Vergleich des Referenten- und des Regierungsentwurfs für ein Gesetz zur Stärkung der Patientenrechte; JR 2012, 447.

Osmialowski, Christoph: Arzthaftung – ein Update nach dem Patientenrechtegesetze; Arztrecht 2014, 89.

Ostendorf, Gerd-Marko: Die Bedeutung der „Wissenschaftlichkeitsklausel" der privaten Krankenversicherung (§ 5/1f MB/KK 1976) unter Berücksichtigung der neueren Rechtsprechung; VersMed 1991, 134.

Palandt, Otto: Bürgerliches Gesetzbuch; 73., neubearbeitete Auflage; München 2014.

Pannenbecker, Arnd: Die allgemeine Bekanntheit der Anwendung als homöopathisches Arzneimittel i.S.d. § 39 Abs. 2 Nr. 7a AMG als „K.O.-Kriterium" bei der Registrierung?; PharmR, 2004, 181.

Pannenbecker, Arnd/Natz, Alexander: Defizite der 14. AMG-Novelle im Hinblick auf homöopathische Humanarzneimittel; PharmR 2005, 266.

Pap, Michael: Zur Leistungspflicht der Krankenkassen für medizinisch vertretbare Heilversuche bei Fehlen erfolgversprechender Standardtherapien; MedR 1988, 10.

Papier, Hans-Jürgen: Der Wesentlichkeitsgrundsatz – am Beispiel des Gesundheitsreformgesetzes; VSSR 1990, 123.

Pauly, Holger: Medizinisch notwendige Heilbehandlung in der privaten Krankenversicherung nach dem Urteil des BGH vom 26. 3. 1993 zur „Wissenschaftlichkeitsklausel"; VersR 1996, 1323.

Pentz, Vera von: Tendenzen der neueren höchstrichterlichen Rechtsprechung zur Arzthaftung; MedR 2011, 222.

Peters, Horst: Handbuch der Krankenversicherung, Teil II – Sozialgesetzbuch; 19. Auflage (einschließlich 82. Ergänzungslieferung); Stuttgart 2015.

Pflüger, Frank: Patientenaufklärtung über Behandlungsqualität und Versorgungsstrukturen – Erweiterte Haftungsrisiken für Arzt und Krankenhaus?; MedR 2000, 6.

Piechowiak, Helmut: Gefälliges Heilen mit „natürlichen" Verfahren, Überlegungen zum Verhältnis zwischen Schulmedizin und sogenannten alternativen Heilmethoden; in: Oepen/Prokop, Außenseitermethoden der Medizin, Darmstadt 1986; S. 3 ff.

Prang, Michael: Alternativmedizin, Was sie leistet, Wann sie schadet; München 2014.

Präve, Peter: Versicherungsbedingungen und AGB-Gesetz; München 1998.

Prehn, Annette: Des Menschen Wille ist sein Himmelreich, aber auch auf Kosten der Solidargemeinschaft? Wunscherfüllende Medizin und body modifications unter dem Blickwinkel der Leistungsbeschränkung in der gesetzlichen Krankenversicherung; NZS 2010, 260.

Preis, Ulrich/Schneider, Angie: Das Patientenrechtegesetz – eine gelungene Kodifikation?; NZS 2013, 281.

Prokop, Otto: Homöopathie; in: Oepen/Prokop, Außenseitermethoden der Medizin; Darmstadt 1986; S. 45 ff.

Prölls, Jürgen/Martin, Anton: Versicherungsvertragsgesetz, mit Nebengesetzen, Vermittlerrecht und Allgemeinen Versicherungsbedingungen; 29., überarbeitete Auflage; München 2015.

Prütting, Hanns/Gehrlein, Markus: ZPO, Kommentar; 7. Auflage; Köln 2015.

Prütting, Hanns/Wegen, Gerhard/Weinreich, Gerd: BGB, Kommentar; 10. Auflage; Köln 2015.

Pütz, Hildegard: Wirksamkeit der Anthroposophischen Kunsttherapie (BVAKT); Kompetente Patienten erfahren anhaltende Besserung; Gesundheit aktiv, Ausgabe 11 (Sommer 2013).

Quaas, Michael/Zuck, Rüdiger: Medizinrecht; 3., vollständig neu bearbeitete Auflage; München 2014

Raspe, Heiner: Von der Erfahrung zur Evidenz; Zum Wandel der Wissensgrundlagen in der Medizin; GesR 2012, 584.

Ratajczak, Thomas/Stegers, Christoph-M.: Arzthaftungsrecht – Rechtspraxis und Perspektiven; Heidelberg 2006.

Rätsch, Christian: Heilkräuter der Antike, in Ägypten, Griechenland und Rom; Mythologie und Anwendung einst und heute; München 1995.

Ratzel, Rudolf/Lippert, Hans-Dieter: Kommentar zur Musterberufsordnung der deutschen Ärzte (MBO); 5. Auflage; Heidelberg 2010.

Ratzel, Rudolf/Lissel, Patrick M.: Handbuch des Medizinschadensrechts; München 2013.

Ratzel, Rudolf/Luxenburger, Bernd: Handbuch Medizinrecht; 2. Auflage; Bonn 2011.

Rauscher, Thomas/Krüger, Wolfgang: Münchener Kommentar zur Zivilprozessordnung mit Gerichtsverfassungsgesetz und Nebengesetzen; Band 2; 4. Auflage; München 2013.

Rehborn, Martin: Leitlinien und Haftung – die Sicht der Praxis; GesR 2011, 391.

–: Das Patientenrechtegesetz; GesR 2013, 257.

–: Patientenrechtegesetz 2013 – Behandlungsvertrag, Mitwirkung, Information, Einwilligung, Aufklärung; MDR 2013, 497.

Rehmann, Wolfgang A.: Arzneimittelgesetz (AMG), Kommentar; 4. Auflage; München 2014.

Riker, Ulf: Homöopathie – Leitfaden für Ihre erfolgreiche Behandlung; 2. Auflage; Berlin 2011.

Rixen, Stephan: Sozialrecht als öffentliches Wirtschaftsrecht; Tübingen 2004.

Rogler, Jens: Die Wiederentdeckung des Übermaßverbots in der privaten Krankenversicherung – § 192 II VVG; Zugleich Stellungnahme zu Boetius VersR 2008, 1431; VersR 2009, 573.

Rolfs, Christian/Giesen, Richard/Kreikebohm, Ralf/Udsching, Peter: Beck'scher Online-Kommentar; Sozialrecht; Edition: 38, Stand: Juni 2015; München 2015.

Römer, Wolfgang: Versicherungsvertragsrecht; Neuere höchstrichterliche Rechtsprechung; 7., neubearbeitete Auflage; Köln 1997.

Römer, Wolfgang/Langheid, Theo: Versicherungsvertragsgesetz, mit VVG-Informationspflichtenverordnung, Kommentar; 4. Auflage; München 2014.

Rosenau, Henning/Hakeri, Hakan: Kodifikation der Patientenrechte; Beiträge des X. Deutsch-Türkischen Symposiums zum Medizin- und Biorecht; Baden-Baden 2014.

Rosenberg, Leo: Die Beweislast, Auf der Grundlage des Bürgerlichen Gesetzbuches und der Zivilprozessordnung; 5., durchgesehene Auflage; München 1965.

Rossboth, Dieter/Gay, John/Lin, Vivian: Einführung in Evidence based Medicine; Wissenschaftstheorie, Evidence Based Medicine und Public Health; Wien 2007.

Roters, Dominik: Die Bewertung medizinischer Methoden nach der Verfahrensordnung des G-BA; NZS 2007, 176.

Roxin, Claus/Schroth, Ulrich: Handbuch des Medizinstrafrecht; 4., aktualisierte, überarbeitete und erweiterte Auflage; Stuttgart 2010.

Rüffer, Winfried/Halbach, Dirk/Schimikowski, Peter: Versicherungsvertragsgesetz, Handkommentar; 2. Auflage; Baden-Baden 2011.

Rühl, Gisela: Obliegenheiten im Versicherungsvertragsrecht, Auf dem Weg zum Europäischen Binnenmarkt für Versicherungen; Tübingen 2004.

Rumler-Detzel, Pia: Anforderungen an ein ärztliches Gutachten aus der Sicht der Zivilgerichte; VersR 1999, 1209.

Rupp, Hans Heinrich: Das Grundrecht der Berufsfreiheit in der Rechtsprechung des Bundesverfassungsgerichts; AöR 92, 212.

Sachs, Michael: Grundgesetz, Kommentar; 7. Auflage; München 2014.

–: Verfassungsrecht II, Grundrechte; 2. Auflage; Berlin 2003.

–: Die Maßstäbe des allgemeinen Gleichheitssatzes – Willkürverbot und neue Formel; JuS 1997, 124.

Säcker, Franz Jürgen/Rixecker, Roland: Münchener Kommentar zum Bürgerlichen Gesetzbuch; Band 2: §§ 241–432 BGB; 6. Auflage; München 2012.

Sander, Axel: Arzneimittelrecht, Kommentar für die juristische und pharmazeutische Praxis zum Arzneimittelrecht; 52. Lieferung; Stuttgart 2014.

Schad, Friedemann: Anthroposophische Arzneimitteltherapie; Komplementäre und Integrative Medizin 2008, 38.

Schaefer, Frithjof: Inhaltskontrolle nach dem AGB-Gesetz bei Allgemeinen Versicherungsbedingungen?; Zugleich Anmerkung zu LG Frankfurt/M. vom 11.10.1976 VersR 77, 351 und zu LG München I vom 11.02.1977 VersR 77, 711; VersR 1978, 4.

Scheerbarth, Walter u.a.: Beamtenrecht; 6. völlig überarbeitete Auflage; Siegburg 1992

Schelling, Philip: Die Pflicht des Arztes zur wirtschaftlichen Aufklärung im Lichte zunehmender ökonomischer Zwänge im Gesundheitswesen; MedR 2004, 422.

Schelling, Philip/Warntjen, Maximilian: Die Pflicht des Arztes zur Offenbarung von Behandlungsfehlern – Zugleich Überlegungen zum Entwurf eines Patientenrechtegesetzes –; MedR 2012, 506.

Schimanski, Werner: Die herrschende medizinische Lehrmeinung; SGb 1983, 98.

Schimikowski, Peter: Versicherungsvertragsrecht; 5. Auflage; München 2014.

Schimmelpfeng-Schütte, Ruth: Richtliniengebung durch den Bundesausschuß der Ärzte und Krankenkassen und demokratische Legitimation; NZS 1999, 530.

Schlenker, Rolf-Ulrich: Das Entscheidungsmonopol des Bundesausschusses für neue medizinische Verfahren und Außenseitermethoden – Konsequenzen einer neuen Rechtsprechung des Bundessozialgerichts; NZS 1998, 411.

Schmid, Hugo: Die Grenzen der Therapiefreiheit; NJW 1986, 2339.

Schmidt, Walter/Kalis, Bernhard: Die Wissenschaftlichkeitsklausel auf dem Prüfstand; VersR 1993, 1319.

Schmidt-Bleibtreu, Bruno/Hofmann, Hans/Henneke, Hans-Günter: GG Kommentar zum Grundgesetz; 13. Auflage; Köln 2014.

Schmidt-De Caluwe, Reimund: Das Behandlungsverhältnis zwischen Vertragsarzt und sozialversichertem Patienten; VSSR 1998, 207.

Schmitz, Martin: Strömungen der Homöopathie; 2., bearbeitete Auflage; Essen 2002.

Schnapp, Friedrich/Düring, Ruth: Die Rechtsbeziehung zwischen Kassenzahnarzt und sozialversichertem Patienten nach dem Gesundheitsreformgesetz; NJW 1989, 2913.

Schnapp, Friedrich/Wigge, Peter: Handbuch des Vertragsarztrechts, Das gesamte Kassenarztrecht; 2. Auflage; München 2006.

Schneider, Angie: Der Behandlungsvertrag; JuS 2013, 104.

Schneider, Egon/Schnapp, Friedrich: Logik für Juristen; Die Grundlagen der Denklehre und der Rechtsanwendung; 6., neu bearbeitete und erweiterte Auflage; München 2006.

Schneider, Günther: Rechtliche Grundlagen der Qualitätssicherung in der vertragsärztlichen Versorgung; NZS 1997, 267.

Schneider, Lena: Neue Behandlungsmethoden im Arzthaftungsrecht; Berlin 2010.

Schnellenbach, Helmut: Beamtenrecht in der Praxis; 7., völlig neubearbeitete Auflage; München 2011.

Schulin, Bertram: Wandel vom Kassenarzt zum Vertragsarzt – Definition oder Statusänderung?; ZSR 1994, 357.

Schulze, Reiner (Hrsg.): Bürgerliches Gesetzbuch, Handkommentar; 8. Auflage; Baden-Baden 2014.

Schüssler, Bertram: Die In-Vitro-Fertilisation als medizinisch notwendige Heilmaßnahme; Ein Beitrag zur Problematik des Versicherungsschutzes; VersR 1986, 322.

Schwerdtfeger, Gunther: Dauertherapie mit nicht verschreibungspflichtigen Arzneimitteln ohne ausreichenden Versicherungsschutz; Verfassungsrechtliches Gutachten zu § 34 I 1–4 SGB V/GMG; PharmR 2004, 394.

Schwintowski, Hans-Peter/Brömmelmeyer, Christoph: Praxiskommentar zum Versicherungsvertragsrecht; 2. überarbeitete Auflage; Münster 2014.

Sewing, Karl-Friedrich: Zum Problem der „Binnenanerkennung" von „besonderen Therapierichtungen"; NJW 1995, 2400.

Shang, Aijing u.a.: Are the clinical effects of homeopathy placebo effects?; Comparative study of placebo-controlled trials of homeopathy and allopathy; The Lancet 366, No. 9487, S. 726 (2005).

Siebert, Arvid: Strafrechtliche Grenzen ärztlicher Therapiefreiheit; MedR 1983, 216.

Siekmann, Helmut/Duttge, Gunnar: Staatsrecht 1: Grundrechte; 3. Auflage; Frankfurt am Main 2000.

Sieweke, Herbert: Anthroposophische Medizin – Studien zu ihren Grundlagen; Erster Teil; 2., durchgesehene Auflage; Dornach 1982.

–: Gesundheit und Krankheit als Verwirklichungsformen menschlichen Daseins; Anthroposophische Medizin – Studien zu ihren Grundlagen; Zweiter Teil; Dornach 1967.

Singh, Simon/Ernst, Edzard: Gesund ohne Pillen – was kann Alternativmedizin?; München 2009.

Slachmuylders, Astrid: Heilmittel und Hilfsmittel in der gesetzlichen Krankenversicherung; Begriffsbestimmung und Abgrenzung; Frankfurt am Main 1992.

Smend, Rudolf: Das Recht der freien Meinungsäußerung; VVDStRL 4, 44.

Sodan, Helge: Grundgesetz; 2., wesentlich überarbeitete Auflage; München 2011.

–: Zur Verfassungsmäßigkeit der Ausgliederung von Leistungsbereichen aus der gesetzlichen Krankenversicherung, Dargestellt am Beispiel der Versorgung mit Zahnersatz; NZS 2003, 393.

–: Gesundheitsreform 2006/2007 – Systemwechsel mit Zukunft oder Flickschusterei?; NJW 2006, 3617.

–: Das GKV-Wettbewerbsstärkungsgesetz; NJW 2007, 1313.

Spellbrink, Wolfgang: Sozialrecht durch Verträge?; NZS 2010, 649.

Spickhoff, Andreas: Medizinrecht; 2. Auflage; München 2014.

–: Das System der Arzthaftung im reformierten Schuldrecht; NJW 2002, 2530.

–: Die Entwicklung des Arztrechts 2006/2007; NJW 2007, 1628.

–: Patientenrechte und Gesetzgebung; Rechtspolitische Anmerkungen zum geplanten Patientenrechtegesetz; ZRP 2012, 65.

–: Patientenrechte und Patientenpflichten – Die medizinische Behandlung als kodifizierter Vertragstypus; VersR 2013, 267.

Spindler, Gerald/Rieckers, Oliver: Die Auswirkungen der Schuld- und Schadensrechtsreform auf die Arzthaftung; JuS 2004, 272.

Spoerr, Wolfgang: Medizinischer Fortschritt unter Verbot mit Erlaubnisvorbehalt?; NJW 1999, 1773.

Stachels, Hans Jakob: Marktzugangsregeln für pflanzliche Arzneimittel; Frankfurt am Main 2011.

Staudinger, Ansgar/Halm, Wolfgang E./Wendt, Domenik Henning: Fachanwaltskommentar Versicherungsrecht; Berlin 2013.

Staudinger, Julius von: Kommentar zum Bürgerlichen Gesetzbuch mit Einführungsgesetz und Nebengesetzen; Buch 2, Recht der Schuldverhältnisse, Einleitung zum Schuldrecht, §§ 241–243 (Treu und Glauben); Berlin 2009.

–: Kommentar zum Bürgerlichen Gesetzbuch mit Einführungsgesetz und Nebengesetzen; §§ 611–615 (Dienstvertragsrecht 1); Berlin 2005.

Steffen, Erich: Die Arzthaftung und die Anspruchsbegrenzungen des Sozialrechts; in: Brandner/Hagen/Stürner, Festschrift für Karlmann Geiß, Zum 65. Geburtstag (zit.: FS Geiß); Köln 2000; S. 487 ff.

–: Einige Gedanken zur Arzthaftung unter einer evidenz-basierten Medizin; in: Ahrens/von Bar/Fischer/Spickhoff/Taupitz (Hrsg.), Medizin und Haftung, Festschrift für Erwin Deutsch zum 80. Geburtstag; Berlin 2009; S. 615 ff.

Stegers, Christoph-M u.a.: Sachverständigenbeweis im Arzthaftungsrecht; 2., neu bearbeitete Auflage; Heidelberg 2008.

Stein, Friedrich/Jonas, Martin: Kommentar zur Zivilprozessordnung; Band 5; 22. Auflage; Tübingen 2006.

Steiner, Rudolf: Die Geheimwissenschaft im Umriss; Leipzig 1910 (Rudolf Steiner Online Archiv, 4. Auflage 2010).

Steiner, Rudolf/Wegmann, Ita: Grundlegendes zur Erweiterung der Heilkunst – Nach geisteswissenschaftlichen Erkenntnissen; Dornach 1925 (Rudolf Steiner Online Archiv, 4. Auflage 2010).

Steingassner, Hans Martin: Homöopathie verstehen; Eine Einführung in eine alternative Heilmethode; 2., überarbeitete Auflage; Wien 2009.

Stern, Klaus: Das Staatsrecht der Bundesrepublik Deutschland; Band IV/2: Die einzelnen Grundrechte; München 2011.

Stern, Klaus/Becker, Florian: Grundrechte-Kommentar; Köln 2010.

Stern, Marc: Die Haftung des Kassenarztes gegenüber dem Kassenpatienten und seinen Angehörigen; SozVers 1976, 206.

Stöhr, Karlheinz: Leitlinien, Richtlinien und ärztliche Haftung; in: Müller/Osterloh/Stein, Festschrift für Günter Hirsch zum 65. Geburtstag, München 2008, S. 431.

Tamm, Burkhard: Die Zulässigkeit von Außenseitermethoden und die dabei zu beachtenden Sorgfaltspflichten; Berlin 2007.

Taupitz, Jochen: Der Heilpraktiker aus der Sicht des Haftungsrechts: „Arzt", „Mini-Arzt" oder „Laie"?; NJW 1991, 1505.

–: Richtlinien in der Transplantationsmedizin; NJW 2003, 1145.

–: Medizinische Informationstechnologie, leitliniengerechte Medizin und Haftung des Arztes; AcP 211 (2011), 353.

Terbille, Michael/Clausen, Tilman/Schröder-Printzen, Jörn: Münchener Anwaltshandbuch Medizinrecht; 2. Auflage; München 2013.

Terbille, Michael/Höra, Knut: Münchener Anwaltshandbuch Versicherungsrecht; 3., überarbeitete und erweiterte Auflage; München 2013.

Thieme, Werner: Deutsches Hochschulrecht; Das Recht der Universitäten sowie der künstlerischen und Fachhochschulen in der Bundesrepublik Deutschland; 3., vollständig neu bearbeitete Auflage; Köln 2004.

Thole, Larissa: Das Patientenrechtegesetz – Ziele der Politik; MedR 2013, 145.

Thomas, Heinz/Putzo, Hans: Zivilprozessordnung, Kommentar; 35. Auflage; München 2014.

Thurn, Peter: Das Patientenrechtegesetz – Sicht der Rechtsprechung; MedR 2013, 153.

Thüsing, Gregor: Wahltarife nach § 53 Abs. 4 bis 6 SGB V n.F. im Lichte des Verfassungsrechts (Teil 1, Auswirkungen der Neuregelungen); NZS 2008, 449.

–: Wahltarife nach § 53 Abs. 4 bis 6 SGB V n.F. im Lichte des Verfassungsrechts (Teil 2, Verfassungsrechtliche Würdigung); NZS 2008, 510.

Thüsing, Gregor/von Medem, Andreas: Vertragsfreiheit und Wettbewerb in der privaten Krankenversicherung; Die Regelung der privaten Krankenversicherung durch das Gesetz zur Stärkung des Wettbewerbs in der gesetzlichen Krankenversicherung (GKV-WSG) im Lichte des Verfassungsrechts; Berlin 2008.

Töns, Hans: Zweckmäßigkeit und Wirtschaftlichkeit als Anspruchsbestimmungen im Leistungswesen der gesetzlichen Krankenversicherung; DOK 1977, 451.

–: Zweckmäßigkeit und Wirtschaftlichkeit als Anspruchsbestimmungen in der kassenärztlichen Versorgung; BKK 1980, 231.

–: Die Wirksamkeit des Arzneimittels im Verständnis des Arzneimittelgesetzes und des Rechts der Krankenversicherung; DOK 1980, 769.

Uleer, Christoph/Miebach, Jürgen/Patt, Joachim: Abrechnung von Arzt- und Krankenhausleistungen; 3., völlig neubearbeitete Auflage; München 2006.

Ulsenheimer, Klaus: Arztstrafrecht in der Praxis; 5., neu bearbeitete und erweiterte Auflage; München 2015.

Umbach, Dieter C./Clemens, Thomas: Grundgesetz; Mitarbeiterkommentar und Handbuch; Band I; Heidelberg 2002.

Uzunovic, Haris: Der Streit um die medizinische Notwendigkeit; Prozessuale Möglichkeiten zur Klärung der medizinischen Notwendigkeit einer Heilbehandlung in der PKV; Baden-Baden 2012

Vithoulkas, Georgos: Die wissenschaftliche Homöopathie; Theorie und Praxis naturgesetzlichen Heilens; Lehrbuch; 5. Auflage; Göttingen 1993.

Wagner, Gerhard: Kodifikation des Arzthaftungsrechts? – Zum Entwurf eines Patientenrechtegesetzes –; VersR 2012, 789.

Walter, Alexander: Medizinische Leitlinien und Behandlungsfehlerhaftung; GesR 2003, 165.

Walter, Gerhard: Der Anwendungsbereich des Anscheinsbeweises; ZZP 90 (1977), 270.

Walter, Ute: Das neue Patientenrechtegesetz; Praxishinweise für Ärzte, Krankenhäuser und Patienten; München 2013.

Wandt, Manfred: Versicherungsrecht; 5. Auflage; Frankfurt 2010.

Weber, Klaus: Betäubungsmittelgesetz, Arzneimittelgesetz; Kommentar; 4., neu bearbeitete Auflage; München 2013.

Wein, Claudia: Qualitätsaspekte klinischer Studien zur Homöopathie; Essen 2002.

Weingärtner, Otto: Homöopathische Potenzen; Wunsch und Wirklichkeit bei der Suche nach der therapeutischen Komponente; Berlin 1992.

Welti, Felix/Raspe, Heiner: Evidenz und Akzeptanz von Medizin und Recht; NJW 2002, 874.

Wendt, Rudolf: Der Gleichheitssatz; NVwZ 1988, 778.

Wenigmann, Margret: Phytotherapie; Arzneipflanzen, Wirkstoffe, Anwendung; München 1999.

Werber, Manfred: Tarifwechsel, Vertragskontinuität und Gleichbehandlung in der substitutiven Krankenversicherung; in: Liber amicorum für Gerrit Winter (zit.: FS Winter II), Karlsruhe 2007, S. 599.

Wieczorek, Bernhard/Schütze, Rolf: Zivilprozessordnung und Nebengesetze; Großkommentar; Sechster Band: §§ 355–510c; 4., neu bearbeitete Auflage; Berlin 2014.

Wigge, Peter: Ärztliche Leistungserbringung durch Einzelverträge – Ein Zukunftsmodell für die gesetzliche Krankenversicherung?; MedR 1996, 51.

–: Legitimation durch Partizipation – Zur verfahrensrechtlichen Beteiligung der Leistungserbringer im Entscheidungsprozess des Bundesausschusses – (Teil 2); NZS 2001, 623.

Willi, Robert: Homöopathie und Wissenschaftlichkeit; Georg Wünstel und der Streit im Deutschen Zentralverein von 1969 bis 1974; Essen 2003.

Wimmer, Wolf: Medizinische Außenseitermethoden und Rechtsordnung; in: Oepen/Prokop, Außenseitermethoden der Medizin; Darmstadt 1986; S. 275 ff.

Wolf, Ursula: Anthroposophische Medizin; Schweizer Zeitschrift für Ganzheitsmedizin, 2010, 304.

Wulffen, Matthias von: Besondere Therapiemethoden in der Rechtsprechung des Bundessozialgerichts; SGb 1996, 250.

Ziegler, Hans-Berndt: Leitlinien im Arzthaftungsrecht; VersR 2003, 545.

–: Nochmals: Zur Einschränkung der Therapiefreiheit durch das Haftungsrecht – eine Erwiderung auf den Aufsatz von Frahm, GesR 2005, 529; GesR 2006, 109.

Zöller, Richard: Zivilprozessordnung, Kommentar; 30. neubearbeitete Auflage; Köln 2014.

Zuck, Rüdiger: Homöopathie und Verfassungsrecht; Baden-Baden 2004.

–: Das Recht der anthroposophischen Medizin; Baden-Baden 2007.

–: DerStandort der besonderen Therapierichtungen im deutschen Gesundheitswesen; NJW 1991, 2933.

–: Die neue Wissenschaftsklausel; VersR 1994, 505.

–: Die Behandlungsmethoden, Arznei- und Heilmitteltherapien der (anerkannten) Besonderen Therapierichtungen; NJW 1999, 313.

–: Der verfassungsrechtliche Rahmen von Evaluation und Pluralismus; MedR 2006, 515.

Bonner Schriften zum deutschen und europäischen Recht der Arbeit und der Sozialen Sicherheit

Herausgegeben von Gregor Thüsing und Raimund Waltermann

Band 1 Sven Kürvers: Betriebliche Altersversorgung in Deutschland und den USA im Rechtsvergleich. Unverfallbarkeit, Portabilität und Unisex-Tarife. 2008.

Band 2 Alexandra Geißler: Der Lohnanspruch des Arbeitnehmers bei Nichterbringung der Arbeit. Ein Vergleich des deutschen und polnischen Arbeitsrechts. 2008.

Band 3 Daniela Fink-Jamann: Das Antidiskriminierungsrecht und seine Folgen für die kirchliche Dienstgemeinschaft. Eine Bestandsaufnahme nach Erlass der Richtlinie 2000/78/EG und ihrer Umsetzung durch das deutsche Allgemeine Gleichbehandlungsgesetz (AGG) unter besonderer Berücksichtigung der Loyalitätsobliegenheiten im kirchlichen Dienst. 2009.

Band 4 Jens Sebastian Groh: Einstellungs- und Kündigungskriterien kirchlicher Arbeitgeber vor dem Hintergrund des § 9 AGG. 2009.

Band 5 Thomas Gerdom: Gemeinschaftsrechtliche Unterrichtungs- und Anhörungspflichten und ihre Auswirkungen auf das Betriebsverfassungs-, Personalvertretungs- und Mitarbeitervertretungsrecht. Zum Umsetzungsbedarf der Richtlinie 2002/14/EG. 2009.

Band 6 Daniel Stolz: Der beurlaubte Beamte im Angestelltenverhältnis. Eine Darstellung der Doppelrechtsstellung am Beispiel der Postnachfolgeunternehmen. 2010.

Band 7 Kristina Ruch: Dreiseitige Vereinbarungen. Vereinbarungen zwischen Arbeitgeber, Gewerkschaft und Betriebsrat. 2010.

Band 8 Manuel Schwering: Das Allgemeine Gleichbehandlungsgesetz als Aufgabe und Instrument des Betriebsrates. 2010.

Band 9 Julia Bietmann: Gesetzliche Wege zu einem systemkonformen Mindestlohn. 2010.

Band 10 Wolfgang Schorn: Die Unklarheitenregel des § 305c Abs. 2 BGB - insbesondere im Arbeitsrecht. 2011.

Band 11 Jan Kraus: Regulierung von Pensionsfonds. Eine rechtsvergleichende Untersuchung einer neuen Einrichtung der betrieblichen Altersversorgung in Deutschland. 2011.

Band 12 Gregor Thüsing: Scheinselbständigkeit im internationalen Vergleich. 2011.

Band 13 Marc Tobias Rosenau: Die Koalitionsbetätigungsfreiheit im gewandelten Kontext. 2013.

Band 14 Martin Kalf: Die Änderungskündigung im Lichte des Verhältnismäßigkeitsprinzips. Tatsächliches Potential und rechtliche Grenzen. 2013.

Band 15 Franz Josef Düwell / Manfred Löwisch / Raimund Waltermann / Rolf Wank (Hrsg.): Das Verhältnis von Arbeitsrecht und Zivilrecht in Japan und Deutschland. 2013.

Ab Band 16 läuft die Reihe unter einem neuen Reihentitel

Schriften zum deutschen und europäischen Recht der Arbeit und der Sozialen Sicherheit

Herausgegeben von Stefan Greiner, Gregor Thüsing und Raimund Waltermann

Band 16 Luca Rawe: Auslegung von Zusagen der betrieblichen Altersversorgung. Zugleich ein Beitrag zu den Entwicklungen im Betriebsrentenrecht anhand einer Rechtsprechungsanalyse. 2017.

Band 17 Florian Göhner: Die betriebsverfassungsrechtliche Stellung der Leiharbeitnehmer im Entleiherbetrieb. 2017.

Band 18 Mathias Benedix: Die besonderen Therapierichtungen und der Neutralitäts- und Objektivitätsanspruch des Staates. 2017.

www.peterlang.de

www.ingramcontent.com/pod-product-compliance
Ingram Content Group UK Ltd.
Pitfield, Milton Keynes, MK11 3LW, UK
UKHW021833290926
8980IPUK00004B/436

9 783631 728857